해양경찰학 I

KOREA COAST GUARD

김종선 저

문운당

머리말

긴 터널을 통과한 것처럼 어둠 속에서 이제야 빛을 본 느낌이다. 해양경찰에 관한 책을 몇 권 출간했지만 책을 쓴다는 것이 힘들고 외롭다. 그동안 보이지 않게 나를 압박해온 부담감을 이제야 어느 정도 떨쳐버릴 수 있지 않을까 생각한다. 해양경찰 공무원뿐만 아니라 공무원이 되고자 하는 학생을 가르치면서 체계적으로 만들어진 교재가 없어 언젠가는 이러한 교재를 만들기 위해 10여년 동안 조금씩 강의 자료를 모우고 메모를 적어두었던 것을 차곡차곡 정리하여 미숙하지만 이 책을 출간한다.

1996년 유엔해양법협약 발효 이후 국내외적 해양환경 변화는 해양의 치안과 국민의 생명과 재산을 지키는 해양경찰기관도 급속하게 변화하여 해양경찰의 정책의 기조와 제도도 많이 변하였다. 그동안 해양경찰이라는 고유적인 업무영역과 기능이 존재하고 태생까지도 육상의 일반경찰과 다르지만 법적·제도적 뒷받침이 없어 육상일반경찰의 제도와 학문적 이론을 바탕으로 65년 동안 정체성이 불분명한 채 이어져 오고 있어 책을 출간한다는 것이 조심스러울 수밖에 없었다. 그러나 급변하는 해양환경의 변화에 능동적으로 대처하여 해양안보를 수호하고 해양자원을 보호하기 위한 국민의 여망과 신뢰를 바탕으로 해양경찰의 활동을 위한 2012. 2. 22.「해양경비법」이 제정되어 업무수행에 관한 법적인 근거를 마련함과 동시에 해양에서 사람의 생명·신체 및 재산을 보호하고, 해양사고에 효율적으로 대응하며 해양영토 수호와 해양치안질서 유지를 위하여「해양경찰법」이 2019. 8. 20. 제정되어 명실상부하게 법적인 제도가 마련되어 독립적인 중앙행정기관의 일원으로 재탄생하게 되어 거기에 걸맞게 여러 학회활동을 기반으로 학문적 이론들이 탄생하고 있다.

특히「해양경찰학」은 대학 해양경찰학과 전공과목이면서 해양경찰채용시험의 필수과목이며, 해양경찰공무원의 승진시험에도 연관되어 광범위하게 사용되고 있지만 이론적으로 미미하고 학문적 연구가 더욱 필요하다는 숙제를 안고 있다.

우리나라 대학들 중 10여개 국립대학을 중심으로 해양경찰학과가 설치되어 매년 250여명 정도 해양경찰학과 학생들이 배출되고, 해양경찰학회도 10여년 동안 각 대학 해양경찰학과, 경찰학과 교수들뿐만 아니라 해양학자, 해양경찰 직원 모두 참여하여 학문적 연구를 토론과 발표로 공유하며 해양경찰에 대한 연구가 심층적으로 이루어지고 활동을 계속하고 있다. 해양경찰학도 계속 연구 중이지만 해양경찰의 업무가 해양이라는 특수한 공간에서 이루어지고 법적 집행보다 대국민 서비스 업무가 차지하는 비율이 높아 이론보다 실무중심적인 경향이 많다보니 학자들마다 접근하기가 곤란하고 방대하다는 이야기를 많이 듣게 된다.

이 책에서는 그동안 실무에서 경험하고 경찰교육원, 해양경찰교육원에서 경찰직원들 그리고 대학교 해양경찰학과 학생들을 가르친 교수 경력을 바탕으로 해양경찰의 업무영역을 총체적으로 접근하려고 법령뿐만 아니라 다양하게 구성된 해양경찰 업무를 집행하기 위하여 내부적으로 규정된 훈령과 예규, 지침, 고시까지 접근하여 업무를 운영하고 관리하는 내용까지 첨부하였다.

해양경찰학을 전공하는 학부 학생용 교재로 집필하였기 때문에 해양경찰의 업무를 이해하고 우선 접근하기 쉽도록 하였지만 구체적으로 담는 데는 한계가 있고, 가능한 해양경찰학의 단순 지식이 아니라 미래 해양경찰이 어떠한 방향성과 가치를 지향해야 하는지에 대한 문제인식을 가질 수 있도록 내용을 보강하는 것이 차기 연구자들의 숙제다.

이번 「해양경찰학」은 Ⅰ, Ⅱ라는 두 가지로 분리하여 서술했다.「해양경찰학 Ⅰ」은 흔히 총론으로 불리는 내용으로 해양경찰의 개념과 역사, 비교 해양경찰, 해양경찰관계법령과 제도, 해양경찰행정관리(경무행정, 인적자원관리, 재무관리, 장비관리, 보안관리)등이 포함되었다. 반면에 「해양경찰학 Ⅱ」는 주로 해양경찰 실무적인 내용으로 해양경비, 수색구조, 해양안전관리, 정보수사, 국제외사, 해양환경오염 등 해양경찰의 일선 현장에서 직무를 수행하기 위해 필요한 내용들로 구성했다.

아직도 부족한 면이 많다. 좀 더 시간적 여유를 가지고 완성도를 높일 부분도 있지만 자주 변하는 환경에 따라 해양경찰 제도도 바뀌기 때문에 차후 변화를 지켜보면서 검토하고 보충하고자 한다. 교재를 완성한다는 것 자체가 어려운 일이다. 전공 이외의 다른 영역까지 모두 이해하고 정리하는 것이 쉽지 않다. 그러다 보니 보이지 않게 비전공 영역에 대한 이해와 체계성이 떨어질 수 있음을 솔직히 시인하지 않을 수 없다. 이런 부분에 대한 이해와 정리가 가능했던 것은 그래도 과거 경험과 경찰관, 대학생들을 가르치는 일이 있었기 때문이다.

이 책이 나 혼자만의 노력의 결과가 아니라 많은 학자들의 연구 자료와 해양경찰교육원 직원들의 도움, 그리고 함께했던 목포해양대학교 교수들의 격려가 있었다는 점을 밝히고 그분들께 감사를 드린다.

2020. 7.

김 종 선

목 차

제1편 해양경찰학 개관

제2편 해양경찰의 역사

목 차

Contents

제3편 해양경찰 법령과 제도

목 차

제4편 해양경찰 행정관리론

Contents

해양경찰학개론 I

제 1 편 해양경찰학 개관

1장 해양경찰의 개념

1 해양경찰의 의의

[1] 해양경찰의 정의

해양경찰청(KCG : Korea Coast Guard)은 해양에서 공공의 안녕과 질서를 유지하고 해양자원과 환경을 보호하기 위해 정부조직법 제43조 제2항 "해양에서의 경찰 및 오염방제에 관한 사무를 관장하기 위하여 해양수산부장관 소속으로 해양경찰청을 둔다."에 근거하여 해양수산부 독립 외청으로 설치·운영되고 있는 중앙행정기관이다.

하지만, 해양경찰에 대한 개념 정의는 실정법이나 학문적으로 아직까지 명확하게 규정되어있지 않다. 이에 따라 앞에서 살펴본 정부조직법 제43조 제2항의 내용과 더불어 경찰관직무집행법 제2조(경찰관의 직무범위)[1], 해양경찰법 제14조(직무)[2], 해양경비법 제7조(경비활동의 범위)[3]의 국가경찰공무원의 직무범위 규정에 대한 해석을 통하여 구체화할 수밖에

1) 제2조(직무의 범위) 경찰관은 다음 각 호의 직무를 수행한다.
   1. 국민의 생명·신체 및 재산의 보호
   2. 범죄의 예방·진압 및 수사
      2의2. 범죄피해자 보호
   3. 경비, 주요 인사(人士) 경호 및 대간첩·대테러 작전 수행
   4. 치안정보의 수집·작성 및 배포
   5. 교통 단속과 교통 위해(危害)의 방지
   6. 외국 정부기관 및 국제기구와의 국제협력
   7. 그 밖에 공공의 안녕과 질서 유지

2) 제14조(직무) ① 해양경찰은 해양에서의 수색·구조·연안안전관리 및 선박교통관제와 경호·경비·대테러작전에 관한 직무를 수행한다. ② 해양경찰은 해양에서 공공의 안녕과 질서유지를 위하여 해양관련 범죄의 예방·진압·수사와 치안정보의 수집·작성·배포에 관한 직무를 수행한다. ③ 해양경찰은 해양오염 방제 및 예방활동에 관한 직무를 수행한다. ④ 해양경찰은 직무와 관련된 외국 정부기관 및 국제기구와 협력하여야 한다.

3) 제7조(해양경비 활동의 범위) 해양경찰청 소속 경찰공무원(이하 "해양경찰관"이라 한다)은 다음 각 호의 어느 하나에 해당하는 해양경비 활동을 수행한다.
   1. 해양 관련 범죄에 대한 예방
   2. 해양오염 방제 및 해양수산자원 보호에 관한 조치
   3. 해상경호, 대(對)테러 및 대간첩작전 수행
   4. 해양시설의 보호에 관한 조치
   5. 해상항행 보호에 관한 조치

없으며, 이 경우 일반적으로 정립된 경찰 개념에 근거할 수밖에 없다. 해양경찰 개념은 실질적 의미의 해양경찰과 형식적 의미의 해양경찰로 구분하여 살펴볼 수 있다.

[2] 실질적 의미의 해양경찰

실질적 의미의 해양경찰은 해양에서 공공의 안녕과 질서에 대한 위험을 방지하기 위하여 일반통치권에 의거하여 국민에게 명령·강제함으로써 국민의 자연적 자유를 제한하는 작용이라고 정의할 수 있다(박상희, 2007: 82).

법규에서는 해양경찰이 위험·위해를 예방하고 제거하기 위한 수단으로서 타인에게 명령·강제할 수 있는 권한을 부여하고 있다. 해양경찰권이 발동되는 위험·위해는 추상적이라기보다는 구체적·직접적이며, 긴박성을 가지고 있을 때 가능한 것이다.

즉, 해양경찰에게 불확실한 장래에 발생할 위험·위해까지 적극적으로 예방·제거할 수 있는 권한까지 부여한다면, 해양경찰 권한의 오·남용 문제가 제기될 수 있으며, 비례원칙에도 위배가 될 것이다. 따라서 해양경찰은 소극적 위험·위해의 방지 및 제거에 개입하게 되며, 그 수단으로 명령·강제할 수 있는 권력적 작용을 기본적으로 갖는다고 보는 것이다(홍정선, 2007: 4).

여기에서 특히 타인에 대하여 명령·강제할 수 있는 물리적 강제력은 실질적 의미의 경찰을 이해하는데 매우 중요한 의미를 갖는다. 즉, 실질적 의미의 해양경찰이라는 것은 수많은 국가작용들 중에서, 해양경찰이라는 명칭으로 불리는 것과는 관계없이 위해의 방지 및 제거라는 국가목적 달성을 위하여 타인에게 명령·강제 할 수 있는 물리적 강제력을 행사하는 모든 활동을 실질적 의미의 경찰활동으로 보는 것이다(최선우, 2013: 31). 따라서 여기에서는 세관공무원, 어업감독공무원, 선장 및 해원, 선원근로감독관 등과 같이 제반 국가활동 중에서 위해의 방지를 위한 권력작용을 실질적 의미의 해양경찰로 볼 수 있다.

[3] 형식적 의미의 해양경찰

형식적 의미의 해양경찰은 앞서 살펴본 실질적 의미의 성질 또는 수단을 불문하고, 제도적 의미의 해양경찰기관이 관장하는 모든 사무와 관련이 있다. 즉, 해양경찰기관에 분배되어 있는 임무를 달성하기 위해 행해지는 모든 해양경찰의 활동을 의미한다. 이와 같은 점에서 형식적 의미의 해양경찰은 제도적 의미의 해양경찰과 같은 의미를 가진다고 볼 수 있다.

즉, 형식적 의미의 해양경찰은 법적으로 제도화된 해양경찰기관이 수행하는 업무와 관련

6. 그 밖에 경비수역에서 해양경비를 위한 공공의 안녕과 질서유지

된 것으로서, 그 내용이 무엇인가를 가리지는 않는다. 실질적 의미의 해양경찰에서 말하는 위험방지와 관련된 권력작용 이외에도 법에서 규정하고 있는 다른 해양경찰활동도 형식적 의미의 해양경찰에 포함 된다(최선우, 2013: 73).

따라서 현재 법에서 규정하고 있는 해양경비, 해양안전, 범죄수사, 정보활동, 해양경찰의 대국민 서비스 등의 사항들도 그 성질을 불문하고 모두 형식적 의미의 해양경찰활동으로 볼 수 있다.

2 해양경찰의 종류

[1] 해양경찰과 육상경찰

해양경찰과 육상경찰은 관할에 따라 구분되는 개념이다. 해양경찰청은 해양에서 경찰에 관한 사무를 관장하며, 경찰청은 육상에서 경찰에 관한 사무를 관장하고 있다. 이는 1991년 이전 해양경찰청이 경찰청에 속해 있을 때에는 문제가 없었으나, 1996년 해양수산부가 신설됨에 따라 해양경찰청이 해양수산부장관 소속으로 이관됨에 따라 관할에 대한 범위를 명확히 할 필요성이 생겼다.

해양경찰청도 경찰청과 마찬가지로 보통경찰관청으로서, 경찰청이 육상에서 모든 경찰사무를 관장하는 것과 같이 해양경찰청도 해양 관련 행정기관이 관장하는 행정작용에 부수하여 일어나는 질서유지에 관한 사무만을 담당하는 것이 아닌, 해양에서의 경찰 및 오염방제에 대한 업무를 담당하고 있다(김경락, 2013: 295-296).

[2] 행정해양경찰과 사법해양경찰

행정해양경찰과 사법해양경찰은 해양경찰공무원의 직무를 수행하는 목적에 따라 구분되는 개념이다. 즉, 해양경찰은 해양에서의 공공의 안녕과 질서를 유지하는 권력적 작용으로서 실질적 의미의 해양경찰을 의미한다. 이에 반하여 사법해양경찰은 해양에서 범죄를 일으킨 범죄자를 체포해서 처벌하는 권력적 작용으로서 형식적 의미의 해양경찰을 의미한다.

우리나라의 경우는 이론상 행정해양경찰과 사법해양경찰을 구분하지만, 조직상으로는 양자를 구별하지 않고 일반해양경찰기관이 모두 관장하고 있다. 행정해양경찰은 해양경찰작용이기 때문에 행정법규의 적용을 받으며, 사법해양경찰은 형벌권의 작용이므로 형사법의 적용을 받는다.

[3] 일반사법해양경찰과 특별사법해양경찰

일반사법해양경찰과 특별사법해양경찰은 직무범위의 차이에 따라 구분되는 개념이다. 해양범죄에 대한 수사기관은 일반사법해양경찰관리와 특별사법해양경찰관리로 구분된다. 해양범죄에 대한 일반사법해양경찰관리는 해양경찰과 검사가 있으며, 특별사법해양경찰관리는 세관공무원, 어업감독공무원, 선장과 해원, 선원근로감독관, 등대에서 근무하는 국가공무원 등이 있다. 해양경찰은 해양에서 발생하는 모든 범죄에 대한 사법경찰권이 있으며, 해양에서의 특별사법경찰관리는 개별법령이 정한 한정된 분야에서 사법 경찰권을 갖는다.

[4] 보안해양경찰과 협의의 행정해양경찰

보안해양경찰과 협의의 행정해양경찰은 해양경찰업무의 독자성을 기준으로 구분되는 개념이다. 보안해양경찰은 사회공공의 안녕·질서를 유지하기 위하여 다른 종류의 행정작용에 부수되지 아니하고 오직 경찰작용만이 독립하여 행정의 일부분을 구성하고 있는 것을 의미한다. 예를 들어, 해양경찰, 교통경찰, 풍속경찰, 방범경찰, 소방경찰 등이 있으며, 해양경찰청장, 경찰청장, 광역자치단체장(소방)의 소관 사무들이 여기에 속한다.

협의의 행정해양경찰은 다른 행정작용에 부수하여 그 다른 행정분야에서 생길 수 있는 사회공공의 안녕과 질서를 유지하기 위하여 행하여지는 작용을 의미한다. 예를 들어 위생경찰, 산업경찰, 관세경찰 등을 들 수 있다.

[5] 예방해양경찰과 진압해양경찰

예방해양경찰과 진압해양경찰은 경찰권 발동 시점을 기준으로 하여 분류한 것이다. 예방해양경찰은 사전에 경찰상의 위해의 발생을 방지하기 위한 작용으로 행정해양경찰 보다는 좁은 개념이다. 진압해양경찰은 이미 발생한 경찰상의 위해를 제거하기 위한 권력적 작용을 의미한다.

[6] 질서해양경찰과 봉사해양경찰

질서해양경찰과 봉사해양경찰은 경찰활동의 질과 내용을 기준으로 분류한 것이다. 질서해양경찰은 강제력을 수단으로 사회공공의 안녕과 질서유지를 위하여 법집행을 주로 하는 해양경찰활동을 말한다. 봉사해양경찰은 강제력이 아닌 서비스·계몽·지도 등을 통하여 해양경찰 직무를 수행하는 경찰활동을 의미한다. 예를 들어 수색구조, 선박교통정보의 제공, 항·포구의 순찰활동 등이 이에 해당한다.

[7] 평시해양경찰과 비상해양경찰

평시해양경찰과 비상해양경찰은 공공의 안녕과 질서에 대한 위해의 정도, 적용법규, 위해를 제거할 담당기관을 기준으로 분류한 것이다. 평시해양경찰은 일상적 상태에서 해양경찰기관이 일반경찰법규에 의하여 평시에 행하는 경찰작용을 의미한다. 비상해양경찰은 전국 또는 특정지역에 비상사태가 발생하여 계엄령[4] 또는 위수령[5]이 선포될 경우에 군대가 병력으로 공공의 안녕과 질서를 유지하기 위하여 행정사무의 일환으로 경찰사무를 관장하는 경우를 의미한다. 특정경비해역 및 일반경비해역에서의 통합방위법에 의한 통합방위작전은 함대사령관이 수행한다고 규정되어 있고(통합방위법 제15조),[6] 통합방위법 시행령은 특정경비해역 및 일반경비해역에서 함대사령관이 관할해역의 해양경찰공무원을 작전 통제하여 군·경합동작전을 수행하며, 해안경계 부대의 장은 선박의 입항·출항 신고기관에 근무하는 해양경찰공무원을 작전 통제하여 임무를 수행한다(통합방위법시행령 제23조)[7]고 규정하고 있다.

---

4) 계엄령은 전시, 사변 또는 이에 준하는 국가 비상사태 시에 병력으로써 군사상의 필요에 대응하거나 공공의 안녕질서를 유지할 필요가 있을 때 국가 최고 통수권자인 대통령이 헌법을 근거로 제정된 계엄법에 따라 발동하는 국가 긴급명령의 일종이다.

5) 육군 부대가 계속 한 지역에 주둔하며 그 지역의 경비와 질서 유지, 군기(軍紀)의 감시와 군에 딸린 건축물이나 시설물 따위를 보호할 것을 규정한 대통령령. 1970년 제정되었다.

6) 제15조(통합방위작전) ① 통합방위작전의 관할구역은 다음 각 호와 같이 구분한다.
1. 지상 관할구역: 특정경비지역, 군관할지역 및 경찰관할지역
2. 해상 관할구역: 특정경비해역 및 일반경비해역
3. 공중 관할구역: 비행금지공역(空域) 및 일반공역

② 지방경찰청장, 지역군사령관 또는 함대사령관은 통합방위사태가 선포된 때에는 즉시 다음 각 호의 구분에 따라 통합방위작전(공군작전사령관의 경우에는 통합방위 지원작전)을 신속하게 수행하여야 한다. 다만, 을종사태가 선포된 경우에는 지역군사령관이 통합방위작전을 수행하고, 갑종사태가 선포된 경우에는 통합방위본부장 또는 지역군사령관이 통합방위작전을 수행한다.
1. 경찰관할지역: 지방경찰청장
2. 특정경비지역 및 군관할지역: 지역군사령관
3. 특정경비해역 및 일반경비해역: 함대사령관
4. 비행금지공역 및 일반공역: 공군작전사령관

③ 통합방위사태가 선포된 때에는 해당 지역의 모든 국가방위요소는 대통령령으로 정하는 바에 따라 통합방위작전을 효율적으로 수행하기 위하여 필요한 지휘·협조체계를 구축하여야 한다.

④ 제1항부터 제3항까지에서 규정한 사항 외에 통합방위작전 관할구역의 세부 범위 및 통합방위작전의 시행 등에 필요한 사항은 실무위원회의 심의를 거쳐 통합방위본부장이 정한다.

⑤ 통합방위작전의 임무를 수행하는 사람은 그 작전지역에서 대통령령으로 정하는 바에 따라 임무 수행에 필요한 검문을 할 수 있다.

7) 제23조(경계태세 발령 시의 지휘 및 협조 관계) ① 법 제11조제1항 및 이 영 제22조제1항에 따라 경계태세 1급 발령 시 국가방위요소 간 지휘 및 협조 관계는 다음 각 호의 구분에 따른다.
1. 경찰관할지역: 지방경찰청장이 지역군사령관으로부터 위임받은 군 작전요소를 작전통제(지휘를 받는 부대, 부서 또는 기관에 통합방위를 위한 작전임무를 부여하고 지시하는 것을 말한다. 이하 같다)하여 군·경 합동작전을 수행한다.
2. 군관할지역: 지역군사령관이 지방경찰청장으로부터 위임받은 경찰 작전요소를 작전통제하여 군·경 합동작전을 수행한다.
3. 특정경비지역: 지역군사령관이 해당 지역의 모든 국가방위요소를 작전통제하여 작전을 수행한다.
4. 특정경비해역 및 일반경비해역: 함대사령관이 관할해역의 해양경찰을 작전 통제하여 군·경 합동작전을 수행한다.
5. 해안경계 부대의 장은 선박의 입항·출항 신고기관에 근무하는 해양경찰을 작전 통제하여 임무를 수행한다.
6. 지방자치단체의 장 및 읍·면·동장은 각 통합방위 지원본부를 통하여 작전을 지원한다.

② 법 제11조제1항 및 이 영 제22조제1항에 따라 경계태세 2급 또는 3급 발령 시 국가방위요소는 상호 협조하여 적의 침투·도발에 대비한다.

3 해양경찰의 임무 및 수단

[1] 임무

해양경찰의 임무는 정부조직법 제43조[8], 경찰관직무집행법 제2조[9], 해양경찰법 제2조[10]와 제14조[11], 해양경비법 제7조[12]에 규정되어 있다. 해양경찰의 기본임무에서 궁극적인 임무는 공공의 안녕과 질서유지(그 속에 국민의 생명·신체·재산의 보호가 포함)이다.

해양경찰은 해양에서 공공의 안녕과 질서를 유지하고 해양자원과 환경을 보호하는 중앙행정기관이다. 초기 해양경찰은 해양경비와 어로보호를 주요 임무로 담당하였으나, 점차 그 영역이 확대되어 오늘날에는 해양안전, 범죄수사, 해양교통안전, 수상레저, 해양오염방지, 환경자원보호, 대민서비스 등에 이르는 매우 다양한 업무를 수행하고 있다. 현재 해양경찰이 수행하고 있는 업무들을 영역별로 구분하여 살펴보면 다음과 같다.[13]

---

③ 지역군사령관, 지방경찰청장, 함대사령관, 지방해양경찰청장은 평시(平時)부터 적의 침투·도발에 대비하여 상호 연계된 각각의 작전계획을 수립하여야 한다.

8) 제43조(해양수산부) ① 해양수산부장관은 해양정책, 수산, 어촌개발 및 수산물 유통, 해운·항만, 해양환경, 해양조사, 해양수산자원개발, 해양과학기술연구·개발 및 해양안전심판에 관한 사무를 관장한다. ② 해양에서의 경찰 및 오염방제에 관한 사무를 관장하기 위하여 해양수산부장관 소속으로 해양경찰청을 둔다. ③ 해양경찰청에 청장 1명과 차장 1명을 두되, 청장 및 차장은 경찰공무원으로 보한다.

9) 제2조(직무의 범위) 경찰관은 다음 각 호의 직무를 수행한다.
1. 국민의 생명·신체 및 재산의 보호
2. 범죄의 예방·진압 및 수사
2의2. 범죄피해자 보호
3. 경비, 주요 인사(人士) 경호 및 대간첩·대테러 작전 수행
4. 치안정보의 수집·작성 및 배포
5. 교통 단속과 교통 위해(危害)의 방지
6. 외국 정부기관 및 국제기구와의 국제협력
7. 그 밖에 공공의 안녕과 질서 유지

10) 제2조(해양경찰의 책무) ① 해양경찰은 해양에서 사람의 생명·신체 및 재산을 보호하고, 해양사고에 효율적으로 대응하기 위한 시책을 추진하여야 한다. ② 해양경찰은 대한민국의 국익을 보호하고 해양영토를 수호하며 해양치안질서 유지를 위하여 필요한 조치와 제도를 마련하여야 한다. ③ 해양경찰은 해양경찰의 정책에 대한 국민의 의견을 존중하고, 민주적이고 투명한 조직운영을 위하여 노력하여야 한다.

11) 제14조(직무) ① 해양경찰은 해양에서의 수색·구조·연안안전관리 및 선박교통관제와 경호·경비·대테러작전에 관한 직무를 수행한다. ② 해양경찰은 해양에서 공공의 안녕과 질서유지를 위하여 해양관련 범죄의 예방·진압·수사와 치안정보의 수집·작성·배포에 관한 직무를 수행한다. ③ 해양경찰은 해양오염 방제 및 예방활동에 관한 직무를 수행한다. ④ 해양경찰은 직무와 관련된 외국 정부기관 및 국제기구와 협력하여야 한다.

12) 제7조(해양경비 활동의 범위) 해양경찰청 소속 경찰공무원(이하 "해양경찰관"이라 한다)은 다음 각 호의 어느 하나에 해당하는 해양경비 활동을 수행한다.
1. 해양 관련 범죄에 대한 예방
2. 해양오염 방제 및 해양수산자원 보호에 관한 조치
3. 해상경호, 대(對)테러 및 대간첩작전 수행
4. 해양시설의 보호에 관한 조치
5. 해상항행 보호에 관한 조치
6. 그 밖에 경비수역에서 해양경비를 위한 공공의 안녕과 질서유지

〈표 1-1〉 공공의 안녕과 공공의 질서

구분	항목	내용
공공의 안녕	의의	법질서, 권리, 각 개인의 법익, 국가 또는 기타 공권력 주체의 기관과 집행의 불가침성을 의미 (성문의 법규범) ⇒ 개인과 국가의 이중적 개념으로 구성
	구성요소	(1) 법질서의 불가침성 ⇒ 공공의 안녕 제1의 요소 ▶공법규범 위반 : 원칙적으로 공공의 안녕에 대한 위험으로 취급 ▶사법규범 위반 : 보충성의 원칙상 경찰의 개입은 최후·최소의 수단이 되어야 함
		(2) 국가의 존립과 국가기관의 불가침성 ▶군은 적국과의 관계에서, 경찰은 사회공공과의 관계에서 국가존립을 보호 ▶정보·보안·외사경찰의 중요성 ⇒ 국가 목적적 치안유지 작용
		(3) 개인의 권리 및 법익의 불가침성 ▶공공의 안녕과 관련된 개인법익의 경우 경찰의 원칙적인 임무사항 ▶사법적 개인법익의 침해의 경우 개인은 효과적인 보호시기를 놓쳐 권리가 무효화되거나 사실상 어려워질 때만 경찰에 원조요청을 할 수 있으며, 이 경우에도 경찰원조는 잠정적 보호에 국한되어야 한다. (보충성의 원칙)
공공의 질서	의의	당시의 지배적 윤리와 가치관을 기준으로 판단할 때, 원만한 공동체 생활을 위한 불가결의 전제조건이 되는 각 개인의 행동에 대한 불문규범의 총체
	내용	(1) 유동적 개념으로서 제한적 사용과 엄격한 통제를 요한다. (2) 오늘날 규범의 성문화의 요청으로 인해 공공질서 개념의 사용범위는 점차 축소되는 경향이 있다.

(1) 해양주권 수호

독도, 이어도 등 해양 영토·주권 수호를 위한 경비활동과 국민 권익과 수산자원 보호를 위한 불법조업 외국어선 단속, 해양대테러 및 대량살상무기 확산 방지 활동을 하고 있다.

(2) 해양 수색·구조·연안안전관리

각종 선박사고 및 연안해역 안전사고 발생 시 구조 대응뿐만 아니라 태풍, 지진해일 등 해양재난에 대한 대비·대응하고, 해양사고 예방 및 해양 레저활동에 대한 안전관리 그리고 선박교통관제 등 해상질서유지를 위한 활동을 하고 있다.

(3) 해상교통관제(VTS) 및 선박 출·입항 관리

유·도선, 낚싯배 등 다중이용선박 안전관리와 유조선, 유해물질(HNS) 운반선 등 위험물질을 운송하는 선박의 안전관리업무를 수행하고 있다.

---

13) 해양경찰청 홈페이지(기관소개), 2020년 06월 기준.

(4) 해양관련 범죄 예방·진압·수사

해양범죄에 대한 수사·정보활동과 해양·수산 관련 민생침해범죄 수사를 비롯하여 밀입·출국, 밀수, 해적 등 국제성 범죄 단속업무를 수행하고 있다.

(5) 해양오염 예방·방제

국가 해양오염방제정책 수립·운영과 해양오염 예방·점검, 해양오염 조사 그리고 해양·해안오염 방제 총괄지휘 등 해양오염사고에 대하여 신속하게 방제하고 대응하며 기름, 폐기물 투기 등의 해양오염사범을 단속하는 제반활동을 하고 있다.

[2] 수단

인간의 존엄성과 인권은 누구에게나 중요하다. 따라서 누군가의 고의나 부주의로 공공의 안녕 혹은 질서에 위해가 발생하면 당연히 국가(해양경찰)가 개입하여 제거해야 할 것이다. 이처럼 공공의 안녕, 질서에 위험이 발생하였거나 발생하려는 상황을 "경찰상태"라고 하며, 그러한 상태를 야기한 당사자를 "경찰책임자"라고 한다. 이런 상황에서 경찰이 지향하는 공공의 안녕·질서의 회복 또는 공공의 안녕·질서에 대한 위해의 방지를 경찰목적이라고 한다. 경찰목적을 위하여 법률 또는 명령이나 처분을 통하여 개인에게 부과하는 의무를 경찰의무라고 한다. 경찰목적을 위해 경찰의무를 부과하려면 이를 위한 행정적 조치가 필요하게 된다. 이때 요구되는 행정절차를 경찰수단이라고 총칭한다.

(1) 권력적 수단

1) 경찰하명

경찰의 하명이 발하게 되면 상대방에게는 경찰의무(작위, 부작위, 수인, 급부의무)가 발생하고 경찰의무의 실현을 통하여 공공의 안녕과 질서에 대한 위험 또는 경찰위반의 상태를 방지하고 제거하게 된다. 요트조종면허가 없는 자가 요트를 운전해서는 안 된다는 부작위 의무(경찰상 금지)를 통하여 해상교통질서를 유지할 수 있다.

2) 경찰강제

경찰강제의 종류에는 경찰상의 강제집행과 즉시강제가 있다. 강제집행은 경찰의무의 불이행에 대하여 강제적으로 의무를 이행시키거나 의무의 이행이 있었던 것과 동일한 상태를 실현하는 작용이다. 즉시강제는 목전의 급박한 장애를 제거해야 할 필요가 있으나 미리 의무를 명할 여유가 없는 때, 또는 그 성질상 의무를 명해서는 목적을 달성하기 어려운 때에 직접 국민의 신체 또는 재산에 실력을 가해 경찰상 필요한 상태를 실현하는 작용을 말한다.

(2) 비권력적 수단

오늘날 해양경찰활동 중에는 개인의 자유와 권리에 개입하지 않으면서 구체적 수권조항이 없어도 임무에 관한 일반적 수권조항만으로도 행할 수 있는 광범위한 위험방지활동이 관심의 대상이 되고 있다. 서비스 지향적 활동에 속하는 다양한 해양순찰, 일상적인 해상교통의 관리, 정보의 제공, 지리 안내, 행정지도와 해양범죄를 예방하는 활동 등이 있다. 또한 정보경찰이 수행하는 정보의 수집이나 작성·배포활동도 비권력적 활동에 속한다.

(3) 범죄수사를 위한 수단

범죄수사와 관련하여 여러 가지 수단을 마련해 놓고 있다. 실제적 진실의 발견과 인권보장의 조화를 위하여 임의수사를 원칙으로 하고, 강제수사는 예외적으로 허용되고 있다. 또한 임의수사 또는 강제수사를 할 경우에도 해양경찰공무원은 피의자 또는 다른 사람의 인권을 존중해야 한다. 그리고 범죄수사에 있어서는 형법 및 형사소송법에 규정된 법령을 충분히 숙지하고 이를 철저하게 준수하는 법정주의의 원칙이 있다.

[3] 관할

해양경찰관청이 법률상 유효하게 국가행위를 할 수 있는 범위를 해양경찰의 관할이라 한다.

(1) 사물관할

해양경찰이 처리할 수 있고 또 처리해야 하는 사무내용의 범위를 의미한다. 광의의 해양경찰이 발동될 수 있는 범위를 설정함으로써 그 범위를 넘는 것에 대해서는 해양경찰권이 개입될 수 없다는 것을 의미한다. 우리나라의 경우 정부조직법 제43조 제2항[14], 경찰관직무집행법 제2조[15], 해양경비법 제7조[16], 해양경찰법 제14조[17]에 규정되어 있는 임무가 해양경찰

---

14) 해양에서의 경찰 및 오염방제에 관한 사무를 관장하기 위하여 해양수산부장관 소속으로 해양경찰청을 둔다.

15) 2조(직무의 범위) 경찰관은 다음 각 호의 직무를 수행한다.
1. 국민의 생명·신체 및 재산의 보호
2. 범죄의 예방·진압 및 수사
2의2. 범죄피해자 보호
3. 경비, 주요 인사(人士) 경호 및 대간첩·대테러 작전 수행
4. 치안정보의 수집·작성 및 배포
5. 교통 단속과 교통 위해(危害)의 방지

의 사물관할에 속한다. 즉, 해양에서 공공의 안녕과 질서유지 그리고 위험방지 및 수난구호 등과 같은 서비스 영역도 포함된다.

(2) 인적관할

광의의 해양경찰권이 발동될 수 있는 인적범위로서 해양경찰권은 원칙적으로 대한민국 내의 모든 사람에게 적용된다. 다만, 국내법으로는 대통령, 국회의원, 국제법적으로는 외국의 원수, 외교사절과 주한미군에 대해서는 일정한 제한이 있다.

(3) 지역관할

해양경찰권이 대한민국의 영역 내에 모두 적용됨이 원칙이다. 해양경찰의 지역관할은 영해, 접속수역, 배타적경제수역, 대륙붕까지이며 우리나라 국토의 4.5배에 이르는 매우 광범위한 관할을 가지고 있다. 또한, 수상레저안전법에 따라 내수면도 해양경찰의 지역관할에 포함된다.

---

6. 외국 정부기관 및 국제기구와의 국제협력
7. 그 밖에 공공의 안녕과 질서 유지

16) 제7조(해양경비 활동의 범위) 해양경찰청 소속 경찰공무원(이하 "해양경찰관"이라 한다)은 다음 각 호의 어느 하나에 해당하는 해양경비 활동을 수행한다.
1. 해양 관련 범죄에 대한 예방
2. 해양오염 방제 및 해양수산자원 보호에 관한 조치
3. 해상경호, 대(對)테러 및 대간첩작전 수행
4. 해양시설의 보호에 관한 조치
5. 해상항행 보호에 관한 조치
6. 그 밖에 경비수역에서 해양경비를 위한 공공의 안녕과 질서유지

17) 제14조(직무) ① 해양경찰은 해양에서의 수색·구조·연안안전관리 및 선박교통관제와 경호·경비·대테러작전에 관한 직무를 수행한다. ② 해양경찰은 해양에서 공공의 안녕과 질서유지를 위하여 해양관련 범죄의 예방·진압·수사와 치안정보의 수집·작성·배포에 관한 직무를 수행한다. ③ 해양경찰은 해양오염 방제 및 예방활동에 관한 직무를 수행한다. ④ 해양경찰은 직무와 관련된 외국 정부기관 및 국제기구와 협력하여야 한다.

2장 해양경찰의 정체성

1 해양경찰 미션과 비전

[1] 해양경찰 조직의 정체성

정체성(正體性, identity)은 존재의 본질 또는 이를 규명하는 성질이다. 조직정체성은 조직의 핵심가치나 이념을 담고 있어 조직을 구분 짓는 특징이 되고 일정기간 동안 지속적으로 나타난다(Albert and Whetten 1985). 조직정체성은 조직의 재구조화, 전략 재정립, 새로운 제도도입, 조직문화의 문제점 해결, 조직통폐합을 하는 경우 면밀하게 고려되어야 한다(Hatch and Schultz 2004). 따라서 조직정체성 관리는 조직 리더의(최고지도자)의 중요한 역할이라는 인식이 확산되고 있어 조직정체성(Organizational Identity)은 구별되고, 중심적이며, 지속적인 조직 특성들의 집합이라고 정의된다(Albert and Whetten, 1985).

조직정체성의 특성은 자기 조직 자체를 다른 조직과 다르다고 확인시켜 주는 내·외적요인으로 구성되어 있다. 해양경찰이라는 정체성은 해양이라는 특수한 환경에서 활동하고 있는 국민의 생명, 신체, 재산을 보호하고 범죄를 예방, 진압, 수사하여 사회공공의 안녕과 질서를 유지하는 치안활동 뿐만 아니라 불법조업 단속, 수색구조, 해양환경오염 방지까지 전문가로서 지식, 기술, 가치, 역할, 태도 등을 내면화 시키고 자율적으로 윤리강령을 준수하며 치안활동을 실천하는 과정에 대한 자기인식이라고 정의할 수 있다.

그러면 이러한 해양경찰의 조직 구성원이 조직의 가치관과 정체성을 함께 공유하기 위해서는'미션과 비전'을 수립하는 작업이 필요하다. 미션은 조직의 '존재 이유'를 설명해주고, 비전은 조직의 구체적인 미래를 설명하기 때문에 이 둘은 일반적으로 조직과 운명을 함께한다고 볼 수 있다. 단지 두 개념의 차이라면 조직의 앞날에 일정 부분 변화가 생겼을 경우 비전은 재정립이 불가피한 반면, 미션은 조직의 존재 이유를 밝히고 조직이 가지는 정체성을 드러내 준다는 측면에서 바뀌지 않는다는 것이다.

[2] 해양경찰의 미션과 비전

미션은 '우리는 왜 존재하는가?' '우리는 누구를 위해 존재하는가?' '우리는 무엇을 제공하기 위해 존재하는가?'라는 본질적인 질문에 대한 답이라면, 비전은 중장기적인 미래상을 구체적으로 진술하는 것이다. 물론 비전 역시 조직의 존재 이유를 반영해야 한다. 아울러 비전은 조직이 달성하려는 바를 구체적으로 표현할 수 있어야 한다. 해양경찰은 2018년 재도약을 위한 선포식에서 미션은 "안전하고 깨끗한 희망의 바다" 구현으로 선포하고, 해양경찰의 「가치 중심 VISION 전략」의 내용으로는, '존중, 정의, 소통, 공감'을 해양경찰 4대 가치로 선정했다. 이러한 핵심가치를 기반으로 국민이 체감할 수 있는 창의적이고 효과적인 정책을 추진하기 위해 해양경찰의 새 비전을 "소통과 공감으로 바다를 안전하게"로 설정했다.

2 해양경찰의 기본이념

해양경찰의 기본이념이란 조직에서 해양경찰이 추구해야 할 기본가치·방향·규범 및 정신 등을 의미한다.

해양경찰의 기본이념에는 민주주의, 법치주의, 인권존중주의, 정치적 중립주의, 경영주의 등이 있다. 더불어 해양경찰의 본질적 이념으로서 자유와 정의가 주장되고 있으며, 해양경찰의 수단적 이념으로는 민주성, 능률성, 합법성, 인권존중주의, 정치적 중립주의 등이 있다.

[1] 민주주의

해양경찰권은 국민에게 있고 모든 해양경찰권은 국민으로부터 나온 것이므로 해양경찰은 국민을 위하여 해양경찰권을 행사하여야 한다(헌법 제1조). 또한 해양경찰공무원은 국민 전체에 대한 봉사자로서 국민에게 책임을 져야한다(헌법 제7조).

그러므로 해양경찰은 민주성을 확보하기 위한 방안으로는 다음과 같다(윤성현·박주상·김경락, 2018: 19).

해양경찰의 민주성 확보 방안

첫째, 해양경찰조직 내부의 민주화이다. 해양경찰은 민주적으로 조직되고 관리·운영되어야 한다.

둘째, 해양경찰에 대한 민주적 통제와 참여 장치이다. 해양경찰이 민주적이기 위해서는 해양경찰에 대한 민주적 통제와 참여 장치가 마련되어야 한다. 이를 위한 장치로서 행정절차법[18]이 제정되어 있다.

셋째, 해양경찰활동의 공개이다. 해양경찰의 민주화가 촉진되기 위해서는 해양경찰활동이 폐쇄적이어서는 안 되며, 공개적이어야 한다. 이를 보장하기 위한 제도적 장치로서 공공기관의 정보공개에 관한 법률이 제정되어 있다.

넷째, 권한의 적절한 분배이다. 해양경찰공무원 개개인에게 책임에 걸 맞는 권한이 주어져야하고, 중앙과 지방간 그리고 상·하간에 권한의 분배가 적절히 이루어져야 한다.

다섯째, 개개 해양경찰공무원의 민주의식 확립이다. 해양경찰공무원의 민주의식이 확립되어야 하고, 특히 해양경찰 간부에게는 해양경찰조직 전체를 민주적으로 관리·운영하고 통합적 민주적 리더십이 요청된다.

[2] 법치주의

법치주의란 의회에서 제정한 법률에 의거해서 행정이 이루어져야 한다는 원칙이다. 즉, 국민의 자유와 권리를 보호하기 위하여 국가권력의 발동을 법률로 규제함으로써 자의를 막으려는 것에 근본적인 취지가 있다. 따라서 해양경찰권의 발동은 사전적으로 법률에 근거하여 법률의 내용에 적합하게 행사되어야 한다. 사후적으로는 해양경찰권의 발동이 법률에 적합했는지를 통제할 수 있는 제도적 장치의 보장이 중요하다(김상호 외, 2006: 300).

해양경찰의 법치주의

첫째, 법률유보의 원칙이다. 해양경찰권의 발동은 법률의 수권, 즉 법적 근거가 있어야 한다. 해양경찰기관은 수권 규정 없는 상태에서 자기의 판단에 따라 독창적으로 행위 할 수 없다. 국민의 자유와 권리를 제한하고 의무를 부과하는 권력적 해양경찰작용은 법치주의의 원리가 강하게 요구된다. 그러나 국민의 자유와 권리를 제한하지 아니하고, 국민에게 의무를 과하지 아니하는 비권력적 해양경찰작용은 해양경찰직무 범위 내에서라면 법률의 개별적 수권규정이 없더라도 행할 수 있다.

둘째, 법률우위의 원칙이다. 해양경찰작용은 법률규정에 위반, 즉 모순·저촉되어서는 안 된다. 법률은 해양경찰기관이 국민에게 법률의 취지에 저촉되는 명령을 할 수 없도록 하는 제약규범으로서의 역할을 한다(허경미, 2003: 22).

[3] 인권존중주의

해양경찰은 국민 개개인 인권의 불가침성을 보호해야 할 의무가 있을 뿐만 아니라 해양경찰 자신의 직무수행으로 인한 인권의 침해가 없도록 하여야 한다(헌법 제10조). 특히 인권존

18) 행정절차법은 행정절차에 관한 공통적인 사항을 규정하여 국민의 행정참여를 도모함으로써 행정의 공정성·투명성 및 신뢰성을 확보하고 국민의 권익을 보호함을 목적으로 한다(행정절차법 제1조).

중주의는 수사경찰이 피의자 등을 대면하는 과정에서 가장 중요시 된다. 형사소송법은 임의수사를 원칙으로 하고, 강제처분 법정주의를 채택하는 등 인권보장을 위한 다양한 장치를 규정하고 있다.

> **해양경찰의 인권존중주의**
>
> 첫째, 국가의 기본권 보장의무이다. 국가는 개인이 가지는 불가침의 기본적 인권을 확인하고 보장할 의무를 진다(헌법 제10조).
>
> 둘째, 해양경찰은 국민의 자유와 권리를 존중해야 한다.
>
> 셋째, 자유·권리의 본질적 내용에 침해금지이다. 국민의 모든 자유와 권리는 국가의 안전보장·질서유지 또는 공공복리를 위하여 필요한 경우에 한하여 법률로써만 제한할 수 있다. 다만 이 경우에도 자유와 권리의 본질적 내용은 침해할 수 없다(헌법 제7조).
>
> 넷째, 해양경찰의 권한남용 금지이다. 해양경찰은 법률의 규정에 의하여 그 권한을 행사함에 있어, 직무수행에 필요한 최소한도의 범위 내에서 행사하여야 하며 이를 남용하여서는 안 된다(해양경찰법 제3조[19], 경찰관직무집행법 제1조 제2항).

[4] 정치적 중립주의

해양경찰권은 국민에게 있고 모든 해양경찰 권력은 국민으로부터 나온 것이므로 해양경찰은 국민을 위하여 해양경찰권을 행사하여야 하고, 해양경찰공무원은 국민 전체에 대한 봉사자로서 국민에게 책임을 져야한다. 따라서 해양경찰은 특정 정당이나 정치단체를 위해 활동하여서는 아니 되며, 오로지 주권자인 전체 국민과 국가의 이익을 위하여 활동하여야 한다(헌법 제7조).

> **해양경찰의 정치적 중립주의 확보방안**
>
> 첫째, 정치운동의 금지이다. 공무원은 정당이나 그 밖의 정치단체에 가입할 수 없고, 또한 선거에 있어서 특정정당 또는 특정인의 지지나 반대를 위한 행위를 해서는 안 된다(국가공무원법 제65조).
>
> 둘째, 해양경찰공무원의 신분보장에 의한 뒷받침으로 공무원은 형의 선고·징계처분 또는 법정사유에 의하지 아니하고는 그 의사에 반하여 휴직·강임 또는 면직을 당하지 아니한다(국가공무원법 제68조).

[5] 경영주의

오늘날 해양경찰은 기존의 능률성이나 효과성의 차원을 넘어 해양경찰경영 차원에서 고객만족을 목표로 고객인 국민의 요구에 대한 대응성과 서비스의 질을 향상시킬 수 있도록 조직을 관리·운영해 나가야 할 것을 강하게 요구받고 있다. 우리 해양경찰이 치안서비스의 제공

19) 해양경찰법 3조(권한남용의 금지 등) 해양경찰은 그 직무를 수행할 때 국민 전체에 대한 봉사자로서 공정·중립을 지켜야 하고, 헌법과 법률에 따라 국민의 자유와 권리를 존중하며, 부여된 권한을 남용하여서는 아니 된다.

자로서 조직구조가 합당한 서비스 요구수준에 부합되는지, 인력과 예산 및 장비를 적정한 배분은 이루어지고 있는지, 해양경찰의 임무를 달성하기 위하여 생산성 개념을 공유하고 있는지 등을 분석·평가하고 이를 토대로 개혁에 나가야만 한다(우정열, 2004: 275).

경영주의의 내용으로 불필요한 부서의 폐지·통합·축소 등 조직의 슬림화, 인력의 재배치, 예산의 적재적소에의 사용, 구성원의 구태의연한 관행과 형태척결 등이 있다.

3 해양경찰 윤리와 예절

[1] 공직윤리

(1) 개념

해양경찰 윤리는 해양경찰 철학이라고 하는 개념과 밀접한 연관성을 갖는다. 해양경찰윤리는 해양경찰과 관련한 정형적인 규범 및 가치들과 관계가 있을 뿐만 아니라 비정형적인 규범 및 가치들에도 관계가 있다(윤성현·박주상·김경락, 2018: 25).

해양경찰윤리는 해양경찰의 목표 및 역할과 관련하여 올바른 방향으로 행위를 인도하는 당위적 행동규범이다. 이는 공직윤리의 일부분을 구성하는 동시에 해양경찰업무의 특수성으로 인해 독자적인 영역을 구성하고 있다. 따라서 해양경찰이 직무수행에 있어서 그 전문적 능력에 의해서 최선을 다하며, 국민 전체의 봉사자로서 공공목적을 달성해야 할 자발적 의무 또는 행위규범으로 표현될 수 있다. 이러한 해양경찰 윤리는 해양경찰공무원의 자율적 행동윤리를 설정하여 규제해야 하며, 이를 보완하기 위하여 각종 법적규제를 두고 있다(최응렬, 2015: 200).

(2) 공직윤리와 법

공직윤리란 공직에 종사하는 사람들이 마땅히 지켜야 할 도리 또는 공무원으로서의 직업윤리를 말한다(김중양·김명식, 2000: 51). 공직윤리는 일반시민의 시민윤리와 직업윤리에 더하여, '공직자로서의 신분에 관한 윤리'와 공직자체에 대한 '직무윤리'가 더하여진 개념으로 볼 수 있다. 공직윤리는 공무원이라는 신분으로부터 당연히 발생하는 '신분윤리'와 공직이라는 직무의 특수성으로부터 나오는 '직무윤리'로 분류할 수 있다. 이러한 공직윤리를 확립하기 위한 방법으로는 공무원의 행동윤리를 법적으로 강제하는 방법이 있고, 공무원이 자율적으로 행동지침을 만들고 스스로 행동지침에 따른 행동윤리를 준수하도록 하는 방법이 있다.

1) 공무원 헌장과 신조

공무원 헌장

우리는 영광스러운 대한민국의 공무원이다. 오늘도 민족중흥의 최일선에 서서 겨레와 함께 일하며 산다. 이 생명은 오직 나라를 위하여 있고, 이 몸은 영원히 겨레위해 봉사한다. 충성과 성실은 삶의 보람이요 공명과 정대는 우리의 길이다. 이에 우리는 국민 앞에 다하여야 할 숭고한 사명을 민족의 양심으로 다지며 우리가 나가야 할 바 지표를 밝힌다.

우리는 민족사적 정통성 앞에 온 신명을 바침으로써 통일 새 시대를 창조하는 역사의 주체가 된다.
우리는 겨레의 엄숙한 소명 앞에서 솔선헌신 함으로써 조국의 번영을 이룩하는 민족의 선봉에 된다.
우리는 창의적 노력으로 최대의 능력을 발휘함으로써 민주한국을 건설하는 국가의 역군이 된다.
우리는 불의를 물리치고 언제나 바른 길을 걸음으로써 정의사회를 구현하는 국민의 귀감이 된다.
우리는 공익우선의 정신으로 국리민복을 추구함으로써 복지국가를 실현하는 겨레의 기수가 된다.

공무원의 신조

1. 국가에는 헌신과 충성을
1. 국민에게 정직과 봉사를
1. 직무에는 창의와 책임을
1. 직장에선 경애와 신의를
1. 생활에는 청렴과 질서를

2) 공직윤리 법적근거

〈표 1-2〉 법적인 근거

자율규제윤리		공무원윤리헌장
법령적·강제적 규제윤리	헌법	① 공무원은 국민에 대한 봉사자이며 국민에 대해 책임짐 ② 공무원의 정치적 중립과 신분은 법률로 보장된다.
	국가공무원법	① 성실의무 : 법령을 준수하며 성실히 직무 수행 ② 복종의무 : 상관의 정당한 직무상 명령 ③ 직장이탈금지의무 ④ 친절·공정의무 ⑤ 종교중립의 의무 ⑥ 비밀엄수의무 ⑦ 청렴의무 ⑧ 영예 등의 수령규제 ⑨ 품위유지의무 ⑩ 영리행위 및 겸직금지 ⑪ 집단행위금지 ⑫ 정치활동금지 ⑬ 선서의 의무

〈표 1-2〉 계속

<table>
<tr><th colspan="2">자율규제윤리</th><th>공무원윤리헌장</th></tr>
<tr><td rowspan="3">법령적·강제적 규제윤리</td><td>공직자윤리법</td><td>① 재산등록 및 공개의무
• 재산등록의무 : 4급이상(고위공무원단 포함)공무원과 이에 상당하는 공무원, 정무직, 공기업 등의 장과 부기관장, 감사 등은 본인·배우자·직계존비속의 보유재산을 등록
• 재산공개의무 : 1급 이상, 정무직, 공기업의 장·부기관장, 감사 등은 이를 공개해야 한다.
② 선물수수의 신고·등록의무
③ 취업제한의무 : 재산등록의무자이던 공직자 등은 퇴직전 5년이내에 담당했던 직무와 관련 있는 기업체에 퇴직일로부터 2년간은 취업할 수 없다.
④ 이해충돌방지의무 : 공직자의 이해와 관련되어 공정한 업무수행이 곤란치 않도록 해야 함
⑤ 주식백지신탁의무 : 재산공개대상자와 기재부·금융위 소속공직자는 일정금액 이상의 주식을 매각 또는 백지 신탁하여야 한다.</td></tr>
<tr><td>김영란법</td><td>① 부정청탁 금지의무
② 금품수수 금지의무 : 대가성 무관 1회, 100만원, 연간 300만원이상 수수 금지
③ 위반행위 신고의무</td></tr>
<tr><td>부패방지및 국민권익위 설치운영법</td><td>① 공직내부비리 발견시 신고할 의무
② 비위로 면직된 공직자 취업제한 : 퇴직전 3년간 담당한 직무와 관련된 공사기업체에 5년간</td></tr>
</table>

(3) 부정부패

1) 부패의 개념

'부패'라는 용어는 모든 언어에 존재하고, 오랜 역사를 가질 정도로 인류사회 공통의 문제점이다. 한자로 부패(腐敗)는 썩을 부(腐) 무너질 패(敗)로 되어 있어, 공동체가 썩어 무너진다는 뜻이고, 영어 corruption은 라틴어 cor[함께]과 rupt[파멸하다]의 합성어로, 함께 파멸하다는 의미이다.

그동안 부패의 원인을 주로 개인적·도덕적·문화적 측면에서 설명하려는 시도가 많았으나, 이러한 접근법은 부패근절을 위해 '도덕적 각성'을 촉구하는 수준의 대응 밖에 도출할 수 없었다. 많은 국가에서 부패를 저지른 개인에게 일벌백계 차원의 강한 처벌을 해 왔지만 부패는 근절되지 않았으며, 또한 사회전반의 도덕적 각성과 문화의식 제고 촉구는 부패의 구조적인 문제를 가리고, 부패와 하등 관계가 없는 일반 국민들에게 책임을 돌렸다는 비판이다.

부패는 개인적 차원의 일탈이 아니라 법·제도적 요인과 인간의 선택이 결합된 기회주의적 행동이 구조화된 것으로 국가권력의 문제이다. 국제투명성기구[20]는 부패를 '사적 이득을 위한 위임된 권력의 남용'으로 정의하고, 세계은행 역시 부패를 '사적 이득을 위한 공적 직위의 남용'이라고 말한다. 즉, 부패란 국가 자원 배분을 국민으로부터 위임받은 공적 직위의 개인·조직이 사적 이익(금전적, 지위상 이익)을 추구하면서 권한을 남용하는 것을 말한다.

2) 부정부패의 유형 비교

〈표 1-3〉 부정부패 유형비교

구분	공직자의 직무와 관련한 부패행위	공공기관의 예산사용 등과 관련한 부패행위
요건	공직자가 직무와 관련하여 그 지위 또는 권한을 남용하거나 법령을 위반하여, 자기 또는 제3자의 이익을 도모하는 행위	공공기관의 예산사용, 공공기관의 재산의 취득·관리·처분 또는 공공기관을 당사자로 하는 계약의 체결 및 그 이행에 있어서 법령을 위반하여 공공기관에 대하여 재산상 손해를 가하는 행위
보충설명	1. "공직자"란 「부패방지 및 국민권익위원회의 설치와 운영에 관한 법률」 제2조의 규정에 의한 "공직자"를 말함 2. 직무와 관련이 없는 사적인 분쟁은 제외(예: 금전차용 관련 분쟁 등) 3. 지위·권한남용 또는 법령위반 등 위법행위가 있어야 함 4. 법률상 또는 사실상의 이익이 있어야 하며, 반사적 이익은 제외 5. 적극적인 의미의 사전모의 등이 있어야 함	1. "공공기관"이란 「부패방지 및 국민권익위원회의 설치와 운영에 관한 법률」 제2조의 규정에 의한 "공공기관"을 말함 2. 법령을 위반한 위법행위가 있어야 함 3. 그 결과 공공기관에 대하여 재산상의 손해가 있어야 함
혐의대상자	해당 공직자	해당공직자 또는 사인

위의 두 가지 유형의 직접적인 부패행위 및 그 은폐를 강요, 권고, 제의, 유인하는 간접적인 행위까지 부패행위로 규정함.

20) 국제투명성기구(TI: Transparency International)는 독일 베를린에 본부를 둔, 부패지수를 매년 발표하는 NGO이다. 국제투명성기구(TI)가 발표한 2019년도 국가별 부패인식지수(CPI, Corruption Perceptions Index)에서 우리나라는 100점 만점에 59점, 180개국 중 39위로 나타났다.

3) 부패행위 사례

〈표 1-4〉 부패행위 사례

구분	부패행위에 해당하는 사례	부패행위에 해당하지 않는 사례
공직자 해당여부	담당공무원이 자신이 아는 납품업자에게 비싼 가격으로 물품을 구입하고 검수절차까지 생략하고 대금을 지급	회사의 회장이 법을 위반하여 회사 돈을 개인 돈처럼 사용 · **공직자가 아님**
공직자의 직무관련	공무원이 자신이 직무상 알게 된 계약관련 비밀을 업체에게 제공하고 금품 등을 수수한 경우	공무원이 이웃집 지인의 부탁으로 부동산 매수자를 소개해주고 사례비로 금품을 수수한 경우 · **직무관련성 없음**
제3자의 이익도모	교통사고 조사 경찰관이 당사자로부터 조사를 잘해 달라는 청탁과 함께 금품 등을 수수하고 그 당사자에게 유리한 쪽으로 조사를 해 준 경우	사건을 조사·수사하는 공무원이 금품수수 등이 없이 증거자료 중 상대방에게 유리한 증거를 채택 재판장이 재판을 진행하면서 금품수수 등이 없이 상대방 측 증인 등의 진술을 채택하여 상대방이 승소한 경우 · **위법행위를 통한 제3자 이익도모가 없음**
공공기관 해당여부	공공기관이 불용되는 예산을 소진할 목적으로 법령에 위반하여 필요없는 기자재를 구매하여 수년간 창고에 방치	공공기관이 아닌 사기업에서 전문경영인이 지인이 경영하는 회사를 도울 목적으로 필요없는 설비를 발주하여 회사자금을 낭비 · **공공기관에 해당되지 않음**
공공기관의 예산사용등과 관련성	국민건강보험공단의 의료수가를 과다하게 타내기 위해 환자수, 진료횟수, 진료내역 등을 허위로 조작하여 청구한 행위	보험급여대상 진료내역을 비급여 항목으로 환자에게 알리고 환자에게 비싼 진료비를 청구한 경우 실제로는 주사1대를 처치하고는 2대분을 환자에게 청구한 경우 · **공공기관의 예산사용 등과 관련성 없음**

4) 부정부패의 이론

가) 미끄러운 경사이론

작은 호의가 나중에 심한 부정부패로 발전할 수 있다고 보는 주장이다. 공짜커피, 작은 선물 등의 사소한 호의가 나중에 엄청난 부패로 이어진다는 이론이다.

나) 전체사회 가설

시민사회의 부패를 경찰사회의 부패의 원인으로 보는 것이다. 윌슨은 시카고 경찰의 부패를 '경찰은 시카고 시민에 의해서 부패되었다.'고 주장하였다. 경찰의 부패와 관련하여 미끄러운 경사이론과 유사하다.

다) 구조원인 가설

구조원인 가설은 신임경찰이 기존의 부패한 경찰로부터 부패의 사회화를 통하여 동일시된다는 것이다.

라) 썩은 사과 이론

썩은 사과 한 개가 상자에 있는 모든 사과를 썩게 만드는 것과 같이, 부정부패할 가능성이 있는 경찰관 일부가 조직에 유입되면 전체가 부패될 수 있다는 이론이다.

마) 카오스 이론

카오스이론은 나비효과를 의미한다. 나비효과란 브라질에 있는 나비의 날갯짓이 미국 텍사스에 토네이도를 발생시킬 수도 있다는 비유로, 조직 내의 작은 부패가 예측할 수 없는 부패를 만들어낼 수도 있다는 것이다.

(4) 해양경찰에게 요구되는 윤리

1) 자율

해양경찰의 활동에는 광범위한 재량이 인정되고 현장에서의 신속한 판단과 대응이 요구된다. 이에 해양경찰공무원 개개인은 업무에 대한 법률지식 등 전문지식과 직업윤리를 바탕으로 합리적인 판단능력을 배양하도록 노력해야 한다.

2) 책임

해양경찰은 직업인으로서 자율에 바탕을 둔 임무수행이 요구되지만 해양경찰공무원이 이에 따르지 아니 할 때 책임을 묻게 된다. 책임에는 위법이나 비위에 대한 민사·형사·행정적 책임도 있으나 여기서 강조하는 것은 직업인으로서의 책임감이다.

3) 창의

창의성은 여러 가지 사안에 대하여 기존의 틀에 구속되지 않고 새롭게 독창적으로 사고하는 것을 의미하며 해양경찰의 목표를 달성하기 위해서는 다양한 방법을 개발하고 그 중에서 가장 생산성이 높으면서도 국민들의 지지를 받을 수 있는 방법을 선택하는 등 창의적인 자세가 요구된다.

4) 양심

양심이란 직업인으로서의 해양경찰공무원에게 요구되는 기본적인 마음가짐으로써 정직, 책임 의식, 사명감 등을 포함하는 것이다. 해양경찰 현장은 해양경찰이 오직 양심에 따라 올바르게 법을 집행하는 의로운 해양경찰을 천명하고 있다.

(5) 해양경찰 헌장

1) 목적

21세기 신 해양시대에 부응하는 해양경찰의 독자적 위상을 제고하고, 1996년 독립 외청 발족이후 해양경찰 고유의 정신함양, 사명감 고취 및 정통성 확립 등을 통한 새로운 해양경찰상을 정립하기 위해 제정한 해양경찰헌장의 합리적인 운용을 위하여 필요한 사항을 규정함을 목적으로 한다.

2) 헌장 구성

> 해 양 경 찰 헌 장
>
> 우리는 해양민족의 기상과 전통을 계승하여 우리의 바다를 지키는 자랑스런 대한민국 해양경찰이다.
>
> 우리는 국민의 자유와 권익을 보호하고 국가의 안정과 번영을 추구하며 나아가 인류 평화에 이바지하는 역사적 사명을 지고 있다.
>
> 이에 우리는 맡은 바 책임을 완수할 것을 다짐하여 우리의 나아갈 길을 밝히고자 한다.
>
> 1. 우리는 해양치안의 주역으로서 어떠한 고난에도 굴하지 않고 헌신하는 충성스런 해양경찰이다.
> 1. 우리는 법과 정의의 상징으로서 오직 양심에 따라 올바르게 법을 집행하는 의로운 해양경찰이다.
> 1. 우리는 국제 해양질서를 유지하고 인류공동의 자산인 해양을 보전하는 세계적인 해양경찰이다.
> 1. 우리는 창의적 자세로 지식과 능력을 개발하여 미래를 지향하는 발전적인 해양경찰이다.

가) 전문

전문은 해양경찰의 정통성과 헌법의 기본이념에 부응한 사명과 정신을 표현한다.

나) 강령

① 충성 : 어떠한 고난에도 굴하지 않고 헌신하며 국가에 대한 충성심을 표현

② 정신 : 해양경찰기관에 근무하는 공무원으로서 양심에 따라 공정하게 법을 집행하는 의로운 정신을 나타냄

③ 임무 : 해양질서 유지와 해양환경보전의 임무를 표현

④ 자기개발 : 공복으로서 무한한 봉사와 부단한 자기개발에 대한 각오를 표현

다) 인용범위

① 해양경찰기관 내부의 공식행사시

② 각종 간행물 발간시

[2] 해양경찰 예절 규칙[21)]

(1) 예절의 일반

이 규칙(해양경찰청 훈령)은 해양경찰청과 그 소속기관(이하 "해양경찰관서"라 한다)에 근무하는 공무원 및 의무경찰로서 지켜야 할 예절로써 상·하급자, 동료간에 상호 존중함을 목적으로 한다. 이 규칙에서 "상급자"라고 함은 다음과 같다.

1) 지휘·감독의 직위에 있는 자.

2) 해양경찰관서에 근무하는 공무원 중 상위 계급자.

(2) 경례

1) 경례 및 답례

가) 하급자는 상급자에 대하여 먼저 경례를 하여야 한다.

나) 경례를 받는 상급자는 일어서서 정중하고 부드러운 자세로 답례를 하여야 한다. 다만, 특별한 경우가 있을 때에는 바른 자세로 앉아서 고개만 숙여 답례하거나 이를 생략할 수 있다.

다) 제복과 모자를 착용하고 있을 경우에는 거수경례(답례의 경우를 포함한다. 이하 같다)를 하여야 하며, 제복을 착용하고 모자를 벗고 있는 경우에는 목례를 할 수 있다.

라) 사복을 착용하고 있는 경우에는 상체를 약 15도 숙여 경례한다(이때 모자를 쓰고 있으면 경례 전에 벗는다). 다만, 의식 및 단체경례(국기에 대한 경례를 제외한다)를 하는 때에는 별도의 명령이 없으면 거수경례를 하여야 한다.

마) 동급자는 상호 경례를 하여야 한다.

2) 2인 이상의 상급자에 대한 경례

가) 2인 이상의 상급자에 대한 경례는 그 중 최상급자에 대하여 이를 행한다.

나) 상급자어게 경례를 하였을 때에는 그 상급자 중 최상급자만 답례를 한다.

다) 2인 이상의 동일계급의 상급자가 한 장소에 있을 때에는 선임 상급자에게 경례를 한다.

3) 수행

가) 상급자를 수행할 때는 상급자의 1보 뒤 또는 1보 왼쪽의 위치에서 따르고, 수행자가 수인일 때 등 경우에 따라서는 뒤쪽 또는 양쪽에서 따를 수 있다. 다만, 필요한 경우 안내자를 둔 때에는 그에 한하여 상급자의 뒤쪽 적당한 위치에서 따른다.

---

21) 해양경찰 예절 규칙, [해양경찰청훈령 제130호, 2019. 7. 10., 일부개정], 해양경찰청(운영지원과).

나) 상급자가 수인일 경우에는 주된 상급자의 뒤쪽 적당한 위치에서 따른다.

다) 도보로 안내할 때에는 상급자의 1보 앞, 1보 오른쪽의 위치에서 안내한다.

라) 승용차를 동승할 때에는 하급자가 먼저 타고, 내릴 때는 상급자가 먼저 내린다. 버스·전동차·열차·선박·항공기·승강기 및 자동계단을 탈 때에는 상급자가 먼저 타고, 내릴 때도 먼저 내린다. 다만, 특별한 경우가 있을 때에는 이에 의하지 않을 수 있다.

마) 차량으로 안내할 때에는 특별한 경우를 제외하고는 상급자가 승차한 차량보다 운행상의 안전거리 이상 떨어진 위치에서 선행한다.

4) 상급자의 좌석

가) 회의장, 행사장 등에 있어서 최상급자의 좌석은 특별한 경우를 제외하고는 전면 중앙 좌석으로 하고 차상급자는 최상급자의 뒷열 양측 좌석으로 한다.

나) 차량 등에 있어서 상급자의 좌석은 특별한 경우를 제외하고는 오른쪽 또는 오른쪽 뒤쪽의 좌석으로 정한다.

5) 경례의 생략

가) 다음 각 호의 어느 하나에 해당하는 경우에는 경례를 하지 않는다.

① 훈련 등 임무수행에 부득이한 때

② 두 손에 물건을 들고 있거나 그 밖의 사정으로 경례하기 곤란한 자세에 있을 때

③ 상급자와 대화 중 그보다 하위 상급자를 만난 때

④ 차량을 운전하고 있을 때

⑤ 도서실·식당·화장실 등 공공장소 내에 있을 때

⑥ 경호에 종사할 때

⑦ 수인·피고인·피의자를 호송할 때

⑧ 그 밖의 특히 주의를 요하는 직무에 종사할 때

나) 형사근무 등 사복을 착용하고 특수근무에 종사하는 사람은 해양경찰관서 이외의 장소에서 근무할 때에는 주위의 사정을 고려하여 경례를 아니 할 수 있다.

다) 작업 또는 휴식 중일 때에는 그중 상급자만 전원을 대표하여 단독으로 경례를 한다.

6) 악수

가) 상급자가 먼저 요청이 있을 때에 한하여 1보전에서 차렷 자세로 오른손을 내어 이에 응한다.

나) 이때에 손은 가볍게 잡고 상대방의 눈을 마주보며 자연스럽게 교환하며, 절도 있는 목소리로 계급 성명이나 "감사 합니다"라는 인사를 건넨다.

다) 악수시 허리를 굽히거나, 고개를 숙이는 등 저자세 악수법은 삼가며, 손을 너무 흔들거나 두 손을 움켜쥐는 것은 실례가 된다.

7) 칭호

가) 상급자에 대하여는 성명과 직위(또는 직급) 다음에 "님"의 경칭을 붙인다.

나) 하급자나 동급자에 대하여는 성명과 직위(또는 직급)로 호칭한다.

다) 상급자에 대하여 자기를 호칭할 경우에는 "저" 또는 성명과 직위(또는 직급)를 사용하며, 하급자나 동급자에 대하여는 "나" 또는 성명과 직위(또는 직급)를 사용한다.

라) 성과 이름을 함께 사용하기 곤란할 때에는 이름은 생략할 수 있으며, 지휘감독의 직위에 있을 때는 성명을 모두 생략할 수 있다.

8) 실내 및 실외의 구분

실내는 건물 내부 및 함정 내부이고 실외는 그 이외의 장소를 말한다.

가) 실내에 들어갈 때는 실외에서 탈모하여 왼손에 쥐어야 한다.

나) 실내경례는 다음 각 호에 따라 한다.

① 하급자가 제복을 착용했을 때는 상급자 전면 약 3보 떨어진 위치에서 '차렷 자세'로 탈모한 채 거수경례를 한다.

② 모자는 왼손으로 쥐고 내면이 상급자에게 보이지 아니하도록 왼쪽 옆구리에 끼고 경례를 한다.

③ 하급자가 사복을 착용했을 때는 상급자 전면 약 3보 떨어진 위치에서 '차렷 자세'로 상체를 약15도 숙여 몸을 앞으로 굽혀 경례를 한다.

④ 상급자로부터 명령·지시 등을 받을 때와 보고 등을 할 때에는 경례를 한 후 앞으로 나아가 하되, 그 장소를 물러날 때는 원위치로 복귀하여 재차 경례를 하여야 한다.

다) 상급자 출입할 경우의 예절은 다음 각 호와 같다.

① 상급자가 처음 입실하는 때에는 처음 본 사람이 '차렷'이라는 구령 후에 경례를 하되, 재실 상급자의 '쉬어'라는 구령에 원자세로 한다.

② 퇴실할 때는 상급자가 제1항에 준하여 행한다.

③ 입·토실하는 상급자가 사무실 등에 있는 상급자의 직급보다 하급자인 경우에는 일어서지 아니 한다.

라) 답례 및 신고의 예절은 다음 각 호와 같다.
① 하급자에 대해 기립하지 아니하고 답례할 수 있다.
② 하급자가 사복을 착용하고 있을 때에는 상체를 상급자에게 숙여 답례한다.
마) 하급자가 상급자에게 응답할 때에는 일어서야 한다. 다만, 상급자의 허락이 있을 때에는 그러하지 아니한다.

9) 실외경례

가) 실외에서 제복을 착용하였을 때에는 모자를 써야 한다.
나) 실외경례는 다음 각 호에 따라 한다.
① 하급자는 상급자 전면 6보 앞에서 거수경례를 하되, 제14조를 준하여 행한다.
② 총을 쥐거나 지녔을 때에는 해양경찰관서의 장 또는 총경급 이상의 상급자에 대하여는 '받들어 총' 그 이외에는 약식경례를 하는 동시에 근무 중 이상 유무에 대한 보고를 하고 상급자를 향하여 주목한다. 다만, 우로어깨걸어총 시에는 왼손의 손가락을 모두 모아 손바닥이 땅을 향하게 하여 왼손 인지의 첫째마디를 멜빵을 쥔 오른손 윗부분에 대고 하박은 수평선이 되도록 한다.
③ 약식경례는 '차렷 자세'로서 상급자에게 주목하고 '세워총'시에는 왼손의 손가락을 모아서 펴고 칼꽂이 바로 아래에 제1마디를 부착하여야 하며, '우로어깨총'시에는 동일한 요령으로 총가늠자 바로 아래에 왼손인지 제1마디를 부착한다.
다) 보행간 경례는 다음 각 호와 같다.
① 하급자는 바른걸음의 보조로서 상급자 전면 약 6보 앞에서 경례를 한다.
② 하급자는 급한 용무로 인하여 뛰어갈 때에는 상급자 전면 약10보 앞에서 바른걸음의 보조를 취하고 상급자 전면 약 6보 앞에서 경례를 한다.

10) 국기에 대한 경례

가) 국기(자유우방 국기를 포함한다. 이하 같다)에 대한 경례는 제복을 착용한 경우는 거수경례를 하며, 사복을 착용한 경우는 오른손(착모 시는 모자를 벗는다)을 심장부에 붙였다가 원자세를 취한다.
나) 국기가 앞을 통과할 때 또는 국기를 게양·하강할 때는 적당한 거리에서 위치하여 경례를 하여야 한다.
다) 국기에 대한 단체경례는 지휘자의 '국기에 대하여 경례'라는 구령으로 일제히 같은 조 제1항 및 제2항에 따라 경례를 한다.

11) 그 밖에 경례

의식 및 특별한 경우에 예포를 발사할 때 또는 국가가 연주될 때에는 예포와 관악이 울리는 쪽을 향하여 '차렷 자세'로 경례를 한다. 다만, 조포를 발사할 때에는 머리를 숙이는 것으로 경례에 갈음한다.

(3) 함상예절

1) 함상예절 종류

가) 기장예절

나) 개인예절

다) 함내예절

2) 기장예절

가) 함정에서의 국기는 연중 24시간 게양할 수 있다. 다만, 국기가 심한 눈·비와 바람 등으로 그 훼손이 우려되는 경우에는 이를 게양하지 아니한다.

나) 국기 및 관서기 게양 장소는 다음 각 호와 같다.

① 국기는 함(정)미 깃봉에 게양하며, 관서기는 항행중일 때 마스트(MAST) 게양하고 정박 중일 때는 함(정)수 깃봉에 게양한다. 단 순찰정 등 연안구조장비는 앞에서 바라보아 선미 우측에 관서기, 좌측에 태극기를 게양한다.

② 항공기는 장소를 정하지 않고 필요에 따라 잘 보이는 곳에 달거나 표시한다.

③ 예포를 쏘는 동안에는 항해, 정박을 막론하고 메인마스트(MAIN MAST)에 게양한다.

다) 국기의 게양 방법은 다음 각 호와 같다.

① 국기를 옆으로 붙일 때는, 왼쪽에서 괘의 건이 가로로 하고 태극의 진홍색(양)이 위로 향하도록 한다.

② 길이로 세워 붙일 때는 태극의 진홍색(양)이 오른쪽으로 하게하고, 괘의 건이 오른쪽 위에 향하도록 한다.

③ 기를 반양 또는 하강시는 깃봉 끝까지 올렸다가 내린다.

④ 어떤 기든지 국기와 같이 달게 될 때는 국기를 가장 높은 깃대에 게양한다.

⑤ 국기를 제일 먼저 게양하고 하강시는 반대로 국기를 맨 뒤에 내린다.

라) 반기게양은 다음 각 호와 같다.

① 조의를 표할 때 국기를 반양하며, 항해·정박 중을 불문하고 게양한다.

② 반기를 게양한 함정 옆을 지나는 함정은 이에 대하여 반기로 예를 표하고, 갑판상 전원 경례로서 조의를 표하여야 한다.

③ 외국함정과 동일한 정박지에서 정박하고 있을 때 그 함정에서 장의를 위하여 반기를 게양한다는 통보를 받거나 혹은 다른 함정이 동일한 정박지나 항내 400야드(YDS) 내의 거리에서 반기를 게양하고 있는 것을 발견시는 우리 함정도 반기를 게양하여 예를 표해야 한다.

마) 2척 이상의 함정이 편대를 구성하여 기동할 때는 국기게양 및 강하는 선임함의 지휘에 의하여 실시한다.

바) 대통령이 내함할 때는 함내에 있을 때까지 메인마스트(MAIN MAST)에 게양한다.

사) 외국국기의 게양 법은 다음 각 호와 같다.

① 우리나라가 승인한 타국의 국기에 대한 예절은 일반적으로 우리국기에 대한 예절과 같다.

② 우리국기와 외국국기를 게양한 경우에는 안에서 밖을 향하여 우현에 우리나라 국기, 좌현에 외국국기를 게양한다.

③ 외국 원수가 내함 하였을 때는 우리 대통령과 동일한 예우를 하며, 그 나라의 국기를 함내에 있는 동안 메인마스트(MAIN MAST)에 게양한다.

④ 함정이 예포를 쏘고 있는 동안에 해당국의 국기를 메인마스트에 게양하며, 그밖에 정부에서 특별히 지정할 때에도 외국 국기를 게양한다.

아) 국기의 취급 및 예의는 다음과 각 호와 같다.

① 육상, 해상을 막론하고 나팔이나, 악대에 의하여 국기를 게양 혹은 강하할 때에는 그 연주시간과 맞도록 올리고, 내리고 한다.

② 국기에 대하여 국가나 나팔이 연주되고 있을 때는 게양, 강하가 끝나거나 국가나 나팔이 끝날 때까지 국기를 향하여 경례 혹은 차렷 자세를 취한다. 외국 혹은 국내에서 외국국기가 게양, 강하할 때에도 동일한 예의를 지킨다.

③ 국기를 게양하러 가거나 강하하여 보관하러 가는 사람 등은 단정한 태도로써 엄숙히 행동해야 한다.

④ 국기를 전할 때는 절대로 던지는 등 불량한 자세는 금하며, 필요로 땅에 펴놓는 경우를 제외하고는 땅에 닿지 않도록 해야 한다.

자) 특수기의 게양은 다음 각 호와 같다.

① 특수기는 메인마스트에 게양한다.

② 특수기만 게양할 때는 내함하는 최상위자 기 하나만 게양한다.

③ 특수기는 내함자가 갑판상에 올라 설 때 게양하고, 내려설 때 강하한다.

3) 개인예절

가) 함상에서의 경례는 다음 각 호와 같이 한다.

① 보행중인 경우 외에는 경례는 반드시 차렷 자세를 취해야 한다.

② 함정소속 상급자에 대한 경례는 처음 만났을 때, 만나러 갔을 때, 부를 때 경례한다.

③ 상관이 지나가는데 방해가 되는 경우에는 비켜서고 차렷 자세를 취한 채 주목 경례한다.

④ 여러 사람이 함께 있을 때, 상급자가 가까이 오면 먼저 본 사람이 '차렷'하는 구호를 걸고 선임자가 경례한다.

⑤ 상급자를 앞질러 가야 할 경우에는 상급자의 왼쪽을 통과하여야 하며, 상급자 옆에 도달하였을 때, "실례합니다"라고 말하면서 경례한다.

나) 다음 각 호의 경우에는 경례를 생략한다.

① 열중에서

② 작업 중(감독자만 경례)

③ 오락 등을 하기 위해서 모였을 때

④ 두 손에 물건을 들고 걸어갈 때

⑤ 전투 혹은 훈련 중

⑥ 단정 조종 중

⑦ 식사 중

4) 함내예절

가) 함정에서 예식갑판은 모든 의식장소로 사용한다.

나) 함정장이 예식갑판 한계선을 설정하며, 다음 각 호의 사항을 금한다.

① 탈모, 탈의 및 흡연

② 모든 운동과 난잡한 행동

다) 대통령 승하함시 전 직원이 현문 측에 정열하고 주장에 대통령기를 게양하는 동시 지휘자의 구령 또는, 경적에 맞추어 일제히 영송하며, 하함시 상급자가 선행한다.

라) 단정에서는 다음 각 호의 사항을 지킨다.

① 단정에 탈 때는 하급자가 먼저 타고 상급자는 뒤에 타며 내릴 때에는 그 반대로

내린다.

② 단정 내 우현은 최고 상급자의 좌석으로서 하급자의 착석을 금한다.

③ 단정 내에서 난잡한 언동을 취해서는 안 된다.

④ 단정 내에서 흡연을 금하며, 언제나 질서 있는 행동을 해야 한다.

마) 영송(迎送)시 도열은 다음 각 호와 같다.

① 치안정감 이상 : 8명

② 경무관 이상 치안감까지 : 6명

③ 서장 등 총경급 : 4명

④ 호각을 짧게 한번 불면 영송병은 차렷 자세를 취하고, 길게 불면 일제히 경례를 하며, 그 다음 짧게 불면 열중쉬어 자세를 취한다.

5) 함정예절

가) 함정이 서로 마주칠 때, 정박함 근처를 지나갈 때는 다음 각 호의 예법을 따른다.

① 함정이 서로 마주칠 때 : 상호 경례실시범위는 함은 400~600야드(YDS), 정은 200야드(YDS)이내 거리에서 실시한다.

② 함정이 정박함 근처를 지나갈 때 : 갑판 위에 보이는 전원은 정렬할 필요 없이 그 자리에서 '차렷 자세'를 취하고 거수경례를 교환(해상기동훈련, 전투 및 전투 준비태세 중은 제외)한다.

나) 후임함정이 먼저 경례하며, 같은 방법으로 답례한다.

다) 함정간 경례절차는 다음 각 호와 같다.

① 양함정의 함수가 교차할 때 : 후임함정에서 먼저 차렷 자세

② 후임함정의 함수가 상대함정의 함교를 지날 때 : 전원 거수경례

③ 후임함정의 함교가 상대함정의 함미를 지날 때 : 바로

④ 후임함정의 함미가 상대함정의 함미를 지날 때 : 쉬어

(4) 항공예절

1) 항공 탑승예절

가) 항공기를 탑승할 때는 상급자가 먼저 타며, 내릴 때는 상급자가 나중에 내린다.

나) 승무원은 출입문 옆에서 대기하여 상급자가 항공기에 안전하게 탑승하도록 안내한다.

다) 항공기에서 상급자의 좌석은 다음과 같다.

〈표 1-5〉 해양경찰 항공기 상급자의 좌석 위치

기종명	CL-604 CN-235	C-212	AW-139	그 밖의 기종
상급자 좌석위치	임무장비석 후방 좌측(창측) 좌석	임무장비석 후방 우측(창측) 좌석	오른쪽 조종사 2번째 뒷자리	오른쪽 조종사 뒤쪽 좌석

2) 상급자에 대한 예의

가) 상급자가 항공기로 접근 또는 이탈하면서 조종사와 시각이 교우할 때 조종사석에서 경례한다.

나) 승무원은 탑승자에게 다음 각 호의 사용방법을 알린다.

① 소음방지 귀마개 사용

② 기내 통화 장치 사용

③ 구명조끼 사용 및 안전벨트 착용

④ 탑승자 유의사항 공지 및 안전서약서 수리

다) 기장은 탑승자의 편의를 위해 항로기상, 비행항로, 시간계획이 포함된 지도 현황판을 준비한다.

3장 비교 해양경찰

1 해양경찰과 육상경찰의 비교

[1] 유사성

(1) 유사한 조직구조

해양경찰청은 해양수산부의 독립 외청으로 되어 있으며, 경찰청은 행정안전부의 독립외청으로 되어있어 조직편제에 유상성이 있다(윤성현·박주상·김경락, 2018: 29-31). 토지관할 측면에서 보면, 해상과 육상이라는 공간적 차이가 있으며, 사물관할 측면에서 보면, 해양오염방제라는 업무를 제외하고 유사한 구조를 가지고 있다. 해양경찰청장과 경찰청장은 경찰공무원 신분이며 차장도 동일하다. 조직의 부서편성은 해양경찰청은 기획조정관, 5국, 국제협력관, 감사담당관, 대변인을 두고 있으며, 부속기관으로는 해양경찰교육원, 해양경찰정비창, 중앙해양특수구조단이 있다. 지방행정기관으로는 5개의 지방해양경찰청과 19개의 해양경찰서 및 서해5도특별경비단을 두고 있다. 해양경찰서 예하에 95개소의 파출소와 235개의 출장소를 설치·운용하고 있다.

경찰청은 8국, 8관, 대변인을 두고 있으며, 부속기관으로 경찰대학, 경찰교육원, 중앙경찰학교, 경찰수사연수원, 경찰병원을 두고 있다. 지방행정기관으로는 17개의 지방경찰청과 252개의 경찰서를 설치·운용하고 있다.

(2) 신분의 동일성

해양경찰과 육상경찰은 동일하게 경찰공무원법의 적용을 받는 국가직 경찰공무원으로 특정직 공무원에 속한다. 또한 경찰공무원법임용령, 경찰공무원징계령이 적용되어 채용, 교육훈련, 승진, 포상, 징계, 전보, 전직, 퇴직 등에 관한 내용의 대부분이 동일하게 적용되고 있다(김종선 외, 2016: 28). 해양경찰과 육상경찰은 동일하게 경찰공제회법에 의해 공제회원으로서의 권리를 가지며, 퇴직 후에는 대한민국 재향경우회법에 의해 경우회 회원으로 활동을 할 수 있다. 또한 해양경찰 및 육상경찰은 공·사상시 국가를 위해 국가유공자와 그 유족에게 합당한 예우를 하고 국가유공자에 준해 군·경 지원 혜택을 받을 수 있는 국가유공자 등 예우 및 지원에 관한 법률의 적용을 받는다.

(3) 작용법의 동일성

해양경찰은 해양경비법 뿐만 아니라 일부는 육상경찰과 동일하게 경찰관직무집행법을 작용법으로 사용하며 규정하고 있는 직무범위와 개별적 수권조항 및 일반적 수권조항에 따라 업무를 수행하고 있다. 이에 따라 범죄의 예방, 위험발생의 방지, 사실의 확인, 장구의 사용, 무기의 사용, 유치장의 설치 등이 동일하게 적용받고 있다. 다만, 경찰관직무집행법이 해양의 특수성을 반영하지 못하였다는 지적에 따라 해양경비법이 2012년 8월 23일에 제정되었다.[22)]

(4) 일반사법경찰권 수행

형사소송법 제197조(사법경찰관리)는 '경무관, 총경, 경정, 경감, 경위는 사법경찰관으로서 범죄의 혐의가 있다고 사료하는 때에는 범인, 범죄사실과 증거를 수사한다. 그리고 경사, 경장, 순경은 사법경찰리로서 수사의 보조를 하여야 한다.'[23)]고 규정하고 있어 해양경찰도 동일한 일반사법경찰권을 보유하여 범죄에 대한 수사와 범인을 체포할 수 있다. 해양경찰공무원은 순경에서 치안총감까지 보통경찰기관으로서 임무를 수행한다.

형사소송법 개정 이전에는 검사의 지휘를 받아 수사를 하도록 되어있는데 개정된 형사소송법 제195조는 '검사와 사법경찰관은 수사, 공소제기 및 공소유지에 관하여 서로 협력하여야 하고, 수사를 위하여 준수하여야 하는 일반적 수사준칙에 관한 사항은 대통령령으로 정한다.'라고 규정하고 있어 검찰과 경찰로 하여금 국민의 안전과 인권 수호를 위하여 서로 협력하게 하고, 수사권이 국민을 위해 민주적이고 효율적으로 행사되도록 하였다.

(5) 제복의 착용과 무기의 휴대

해양경찰과 육상경찰은 동일하게 경찰공무원법 제20조에 의해 제복을 착용할 의무가 있으며, 복제에 관한 사항은 해양수산부령과 행정안전부령에 명시되어 있다. 또한, 양 경찰은 직무수행을 위하여 필요하면 무기를 휴대할 수 있다.

---

22) 해양경비법은 경비수역에서의 해양안보 확보, 치안질서 유지, 해양수산자원 및 해양시설 보호를 위하여 해양경비에 관한 사항을 규정함으로써 국민의 안전과 공공질서의 유지에 이바지함을 목적으로 한다.

23) 형사소송법 제197조(사법경찰관리) ① 경무관, 총경, 경정, 경감, 경위는 사법경찰관으로서 범죄의 혐의가 있다고 사료하는 때에는 범인, 범죄사실과 증거를 수사한다. ② 경사, 경장, 순경은 사법경찰리로서 수사의 보조를 하여야 한다.〈개정 2020. 2. 4. 시행일 미지정〉-2020년 6월 15일 국가법령정보센터 검색.

(6) 장기간 동일한 조직 소속

육상경찰은 1945년 10월 21일 미 군정청에 경무국과 각 도에 경찰부로 창설되었으며, 해양경찰은 1953년 12월 23일 창설 당시 내무부 치안국 소속으로 창설되었다. 해양경찰이 상공부 해무청 소속으로 있었던 약 7년을 제외하고, 1996년까지 동일한 조직에 소속되어 있었다. 또한 해양경찰 주요 임무가 불법어선 단속, 대간첩작전 수행 등 권력적 작용을 중심으로 육상경찰과 동일한 임무를 수행함에 따라 정서적·문화적으로 동질성을 가지고 있다.

(7) 관할구역의 획정

해양경찰은 지방해양경찰청, 해양경찰서의 관할도 내수면과 해수면으로 설정하고 있다. 내수면의 관할구역은 수상레저안전법에 명시되어 있다.[24] 육상경찰도 소속기관에 대한 관할구역을 지방경찰청, 경찰서 관할 등으로 설정하고 있다.

[2] 차별성

(1) 해양이라는 환경적 특수성

우리나라의 영해와 배타적경제수역을 포함한 주권해역은 국토면적의 4.5배에 달하며, 총연장 11,542km의 긴 해안선과 3,153개의 도서지역을 보유하고 있다. 해상은 기상의 가변성이 커 사고와 사건발생시 대응에 많은 시간이 소요되고 현장보존이 불가능하여 수색과 구조가 어려운 특성이 있다. 선박의 속력은 육상과 비교할 수 없지만 해상이라는 특수성으로 태풍·바람·파도 등의 영향을 받아 그 속도를 낼 수 없고, 또한 해상의 사고는 다수·다량의 인명·재산·화물·오염피해를 동반한다. 그리고 사고 현장의 보존이 바람, 조류, 파도, 해류 등의 영향을 받아 빠르게 확산되어 광범위하게 퍼지게 된다.

(2) 인접국과의 외교적 분쟁 가능성

UN해양법은 국제적인 협약이지만 국가간에 해양에 관한 관할문제에서 완벽한 합의가 이루어지지 않았기 때문에 해석이 다를 수 있다. 해양경찰이 관할하는 수역은 영해뿐만 아니라 배타적경제수역 등 공해까지 관장하고 있다. 이러한 수역은 외국적 선박이 자유로이 통항할 수 있으며, 해양경찰의 법집행에 따라서 외교적 문제로 비화될 수 있다. 더불어, 밀입국, 해상강도, 해적행위, 불법조업, 해양오염, 인명구조 등과 관련하여 국제적인 분쟁이 발생 가능하다.

---

24) 해양경찰청과 그 소속기관 직제 시행규칙 제19조〈별표 2〉 지방해양경찰관서의 관할구역, 수상레저안전법 시행규칙 제8조 제2항에 따르면 동력수상레저기구 조종면허증 재발급 신청서를 관할해양경찰서장에게 제출하여야 한다.

(3) 해양오염방제 업무수행

해양경찰은 정부조직법에 근거해 해양에서 발생한 오염의 사전예방 및 방제에 관한 국가긴급방제계획을 수립하여 시행하고 있다. 그리고 해양오염사고로 인하여 긴급방제 그 밖의 조치를 수행하기 위해 해양경찰청에 방제대책본부를, 해양경찰서에 지역방제대책본부를 각각 설치할 수 있다. 이는 순수한 경찰업무라기보다 행정경찰에 가까우며 이 업무를 수행하기 위해 신분상 경찰공무원이 아닌 일반직 공무원이 직제에 편성되어있다.

(4) 법집행 서비스의 수단으로서 장비 의존성

해양경찰은 육상과 달리 바다에서 법집행을 한다. 이에 따라 육상과 달리 바다에서는 함정이라는 수단이 없다면 업무집행이 어려다. 해양경찰은 함정을 비롯하여 인명구조정, 항공기 등 장비가 필수적이다. 특히, 함정을 활용하여 법집행을 하기 때문에 자연적 제약을 많이 받을 수 있다.

(5) 기술적 전문성

해양경찰은 업무집행에 함정, 항공기 등 장비에 많이 의존하고 있기 때문에 이러한 장비를 운용하기 위해 항해, 기관, 통신 등 특수 분야의 전문성을 필로로 한다. 이와 같은 이유로 직제상 국 단위의 해양장비기술국이 편제되어 있으며, 해양경찰청의 부속 기관으로 책임운영기관인 해양경찰정비창이 있다.

(6) 국가경찰기관

해양경찰은 육상경찰과 달리 국가경찰기관으로서 자치경찰로 변화될 가능성이 없다. 육상경찰은 자치제도와 연계하여 지역실정에 부합한 업무집행이 바람직 하지만, 해양경찰은 국가안보 및 경비기능의 비중이 크기 때문에 자치경찰의 기능이 요구되지 않는다. 미국의 코스트가드, 일본 해상보안청 등 선진국의 해상치안기관도 자치경찰 기능이 없다.

2 국내외 관련 비교

해상치안기관들이 성립되는 것은 비교적 최근의 일이다. 미국의 경우 처음에는 밀수를 방지하기 위하여 1790년에 세관감시기관(Revenue Cutter Service)이 설치되고, 1874년에 설치된 인명구조기관(Life Saving Service)와 통합되어 1915년에 Coast Guard라는 공식 명칭이 성립되었으며, 일본의 해상보안청은 밀항과 밀수를 방지하기 위하여 US Coast Guard를 모델로 해상보안청이 1948년에 창설되었다(노호래, 2012: 107-112).

[1] 미국의 해안경비대(USCG)

미국 해안경비대(United States Coast Guard, USCG)은 미국 국토안보부 산하의 해안경비 및 구난을 목적으로 하는 군사 조직으로, 미군을 구성하는 6군(육군, 해군, 공군, 해병대, 우주군, 해안경비대로 구성, 6군 중 해안경비대는 평시때 국토안보부 소속, 전시때 해군의 지휘를 받음) 중 가장 작은 군으로, 해양에서의 인명구조부터 환자수송과 국경지역, 해양에서의 밀입국자 수색과 체포, 범죄자 추적, 마약단속, 밀수단속등의 상당히 위험한 고강도의 임무를 수행한다. 현역 41,873명, 예비역 30,000명, 경비함 244척, 소형 함정 1844척, 항공기 204대를 보유하였다. 2020년 1월 기준 미 해안경비대의 병력수는 56,569명이다.[25)]

(1) 설립근거

1790년에 밀무역의 단속과 관세 징수 임무를 띄는 관세밀수감시청(U.S. Revenue Cutter service)라는 명칭으로 창설되었다가 1799년 미국과 프랑스가 상호간 준 전쟁(Quasi-War of 1798~1801) 상태에 돌입하자 세관 감시선을 미국 해군과 협력하도록 입법화하였으며 이것이 해안경비대가 해군 기능을 가지게 된 최초의 입법조치이다. 초창기 등대서비스(Lighthouse Service), 세금징수서비스(Revenue Cutter Service), 인명구조서비스(Life-Saving Service) 등 현재 미국 해안경비대가 수행하는 업무를 각각의 독립된 기관들이 담당하였으나 서로 비슷한 기능들이 중복되는 단점이 있어 미국은 1915년 미국 구조청(US Life-Saving Service : 국세징수기관과 인명구조기관)을 통합하여 해안경비대를 정식 발족하였다.

1939년에 미국 등대청(U.S. Lighthouse Service)을 1946년에는 증기선 점검서비스기

25) https://www.uscg.mil/, https://namu.wiki/미국해안경비대(2020. 5. 22. 자료).

관, 항행 담당기관을 흡수하여 업무 효율성 극대화 및 경제적 문제 해결을 위해 노력하였다. 해안경비대는 1967년을 기점으로 재무부에서 교통부 소속으로 옮겨졌으며 9.11 테러 이후에는 2002년에 신설된 국토안보부 소속으로 옮겨져 미국 해양 및 해안방어의 핵심세력이 되었다. 미국 해안경비대는 미국연방법(United States Code; U.S.C)에 설립근거를 마련하였으며 "미군 해군 소속으로서 운용되는 경우를 제외하고 평시에는 미국 국토안보부 소속이 된다."고 규정하고 있으며, 국방부가 아닌 국토안보부 소속으로 국토안보부 장관이 해경사령관을 지휘한다. 해안경비대본부의 경우에 주요 부서장 가운데 민간인도 많다.

신대륙 개척과 건국 당시 해적과 유럽강호 세력을 견제해야 했던 역사적 배경으로 인하여 미국의 긴 해안선을 수호하기 위해 연방군은 지상군보다 해상군에 전력을 집중했기 때문에 해안경비대의 모체는 해군보다 먼저 설립되었다. 현재에도 미국의 해안을 수호하며, 특히 동남부의 불법이민과 마약밀수 등을 차단하기 위하여 상당한 무력을 갖추고 있다. 해안경비대는 평상시 국토안보부(Department of Homeland Security)에 소속이지만 미 대통령에 의하여 또는 전시 상황에서 의회에 의하여 해군(Department of the Navy)으로 이전될 수 있다. 해안경비대는 해안의 수호와 연방 해사법(maritime law)의 집행을 맡고 있다는 점에서 미국의 다른 네 개의 군조직과도 차별화된다. 해안경비대는 평시와 전시를 막론하고 해상안전, 선박검사, 해상교통관리 및 관련 법률 집행 등의 업무를 담당하고 있으며 전시에는 해군의 기능을 부여한다.

표어 : Semper Paratus! (언제나 준비되어 있다!)

(2) 경찰권 행사 근거

1) 미국연방법 제14편 제 89조(Title 14 § 89)에서는 해안경비대가 선박에 대한 정선, 승선, 검색, 나포, 추적권 등 광범위한 권한을 가질 수 있도록 규정
2) U.S.C Title 14 § 89(a)에서는 미국 관할권 내 공해(high seas)와 수역(waters)에서 해안경비대가 법령위반 범죄예방, 적발 및 퇴치를 위해 질의(inquiries), 심사(examination), 검사(inspection), 수색(search), 압류(seizures) 그리고 체포(arrests)를 행사할 수 있도록 실정법상의 권한을 부여
3) 미국의 해안경비대는 자국 관할 구역 내 모든 선박을 정선시키고 수색할 수 있는 권한
4) U.S.C Title 14 § 89(b)에서는 해안경비대의 사관들이 U.S.C Title 14 § 89(a)에서 명시된 권한에 따라 업무를 수행하는 행위는 특정 법령집행 권한이 있는 개별기관의 대리인(agents)으로서의 업무를 수행한 것으로 간주

(3) 조직구성

해안경비대 본부는 워싱턴에 위치하고, 본부에는 사령관(대장), 부사령관(중장), 참모장(소장) 아래 소장급을 지휘관으로 하는 9개 구역(1관구, 5관구, 7관구, 8관구, 9관구, 11관구, 13관구, 14관구, 17관구)을 둔다.

1) 해양경비대가 관할하는 9개 구역은 크게 2가지 지역으로 구분하는 데 태평양 지역은 4개 구역(11관구, 13관구, 14관구, 17관구), 대서양 지역은 5개 구역(1관구, 5관구, 7관구, 8관구, 9관구)으로 구분하며 각각 1개소의 정비 및 병참기지를 운영한다.
2) 사령관(Commandant)은 대장이며 각 지역 및 구역 지휘관과 해안경비대 소속의 모든 훈련기관, 항공기 수리센터, 함정 수리센터, 정보 조정센터, 해안경비대 사관학교, 항해센터, 인사담당기관 등 본부에 소속된 기관들을 지휘 감독한다.
3) 지역사령관(Area Commandant)은 중장이며 대서양 해역과 태평양 해역으로 구분하여 2명의 지역사령관이 중·대형 함정과 쇄빙선, 통신국 등을 직접 지휘함은 물론 관할 구역 사령관(District)과 정비 및 병참사령관(Maintenance and Logistic Commander)의 임무를 지휘 및 감독한다.
4) 구역사령관은 준장 또는 소장이며 관할구역 내 항공기지(Air Station), 항구안전부대(Port Security Unit), 소형 경비함정(Cutter), 선박교통서비스(Vessel Traffic Service), 해상검사국(Marine Safety Offices), 그룹(Group-본부, 함정, 항행팀을 위한 보조기구) 등을 지휘 및 감독한다.
5) 군수 및 병참 사령관은 준장이며 지역과 구역 내 소속기관들에서 필요한 기술, 장비 등을 효과적으로 지원하는 임무 수행한다.
6) 해안경비대는 정규조직 이외에도 산하에 보조대(Coast Guard Auxiliary)를 설치한다. 보조대는 주로 해상구조 업무에 종사하고 있으며 이외에도 해안경비대의 명령에 따라 임무를 수행하고 그에 따른 경비를 해안경비대로부터 지원받고 있다.

(4) 주요 수행업무

해안경비대의 역할은 크게 비(非)국토안보 임무와 국토안보 임무 두 가지로 나누어져있다. 첫 번째 역할인 비국토안보 임무에는 (1) 해양안전, (2) 수색과 구조, (3) 항해 지원, (4) 생물해양자원(수산법 집행), (5) 해양 환경 보호, (6) 빙상 작업의 임무가 포함된다. 두 번째 역할인 국토안부 임무란 (1) 항만, 수로 및 연안 보안, (2) 마약류 차단, (3) 이주 차단, (4) 방위준비태세, (5) 기타 법 집행의 임무를 말한다.

1) 해안경비대의 주요 임무

해양경비대는 국가의 안보 및 번영을 위해 크게 5가지 임무인 ① 해상안전, ② 해상보안, ③ 해상기동성 향상, ④ 국가방어, ⑤ 천연자연 보호 임무를 수행한다.

가) 해상안전

해상운송, 어로, 여가 보트 놀이 등에서 발생된 사망 및 부상사고 재화의 손실 최소화 임무 수행

나) 해상보안

① 해상항로를 통한 마약, 밀입국자 밀수품 반입 저지

② 불법어로 방지

③ 미국연방법 위반자들로부터 미국 해양 국경 보호

④ 배타적 경제수역과 공해상의 중요지역 보호

다) 해상기동성 향상

① 선박을 통한 해상 이동시 방해 및 장해요인 제거

② 교통신호정보 제공

라) 국가방어

① 해안, 항국, 내륙수로 등이 위협받을 경우 방어책임이 있음

② 해상으로부터 밀수, 밀입국, 폭발물, 대량살상무기 유입 방지

③ 지역의 안정성 증진

2) 해양경비대의 세부적인 임무

해양경비대가 수행해야 하는 임무는 U.S.C Title 6 § 468에서 자세히 언급하고 있다. U.S.C Title 6 § 468에서는 해양경비대의 11개 임무에 대해 세부적으로 구분하여 법률로써 정해놓고 해안경비대의 임무를 ① 비권력적 작용 임무 ② 권력적 작용임무로 구분하였다.

가) 비권력적 작용 임무

① 해상안전(Marine safety)

② 수색과 구조(Search and rescue)

③ 항해지원(Aid to navigation)

④ 내국어업과 관련된 해양생물자원

⑤ 해상환경보호(Marine environmental protection)

⑥ 쇄빙 작업(Ice operations)

나) 권력적 작용 임무

① 항만, 수로 및 연안경비(Ports, waterways and coastal security)

② 마약 차단(Drug interdiction)

③ 밀입국 차단(Migrant interdiction)

④ 국가방어 준비(Defense readiness)

⑤ 외국인의 어업에 대한 기타 법집행

다) 임무 관련 세부 내용(U.S.C Title 14 § 2)

① 미국 관할권 내 해상, 해저, 공중에 적용되는 모든 연방법령 집행 및 지원

② 해상항공감시활동(maritime air surveillance) 또는 금지활동(interdiction)

③ 행정규칙 제정 및 집행

④ 해상운항 지원활동

⑤ 쇄빙설비 및 구조설비 개발, 구축, 유지, 운용

라) CFR 33 Title Part 101~107

① 안전예방조치

② 불법행위

③ 임해중요시설 보호

④ 기타 공공안녕 및 해상질서 관련 해상경비 등 관련 업무 상세 규정

⑤ Part6에서는 선박, 항만 및 부두 보호, 경비에 관한 업무 규정

⑥ Part § 6.04-5(선박, 부두 시설의 인원, 물품, 사물에 대한 접근방지)에서 항만 책임자는 해당 선박의 피해 보호 및 손해나 손상 예방을 위해 필요한 경우 사람, 물품, 물건의 상하차 및 부두시설 내부 진입을 허용 및 통제하는 것이 가능

마) 미국 해안경비대와 우리나라 해안경찰청과 임무 차이점

가) 선박검사 업무 수행

나) 해기사 면허관리 업무 담당

[2] 일본의 해상보안청

해상보안청(海上保安庁, Japan Coast Guard, 약칭: JCG)[26]은 일본 국토교통성 산하의 행정기관이다. 업무는 영해의 경비, 치안 유지, 해난시의 구조, 해상교통의 안전 보장 등이다. 2019년 기준으로 병력 수는 1만 4,178명, 총 137척의 순시선, 239척의 순시정과 13척의 측량선, 그리고 총 74대의 항공기를 보유하고 있다.

26) https://namu.wiki/w/일본해상보안청(2020. 5. 23.)

(1) 설립 근거

1945년 제2차 세계대전 패전 후 주변행사에서 잦은 해난사고, 밀수, 밀항 등의 불법행위가 증가함에 따라 일본 또한 미국의 해안경비대(USCG)와 같은 제도 확립의 필요성을 논하게 되었고, 1946년 7월 1일 운수성 해운총국에 불법입국선박감시본부를 설치하였다.

1947년 5월 22일 차관희의에서 운수성(현, 국토교통성)에 해상보안기관을 설치하는 결정을 내리고 이후 1948년 4월 27일 「해상보안청법」(법률 제 28호)이 제정되었으며, 같은 해 5월 1일에 동법을 근거로 해상에서의 인명 및 재산 보호, 치안 유지, 해상교통을 담당할 목적으로 당시 운수성 외국에 해상보안청을 발족하였다. 해상보안청은 1948년 맥아더 군정에 의한 군사력 보유를 금지한 헌법정신 및 일본제국주의 폐해를 교훈 삼아 평화체계를 지향하는 국가목표에 부합하도록 군사전력을 제외한 순수 해상안보(범죄 단속 등), 수색·구조, 해양 오염방제 등 해양에서의 안전업무 기능을 수행하는 중심기관으로 창설되었다.

일본 「해상보안청법」 제1조 제1항에서는 동법의 입법목적 및 해상보안청의 설립근거를 보여주고 있다. 인명 및 재산보호는 해상안전을 가리키고 법률위반의 예방·수사·진압은 주로 해상치안의 유지를 가리키고 있다. 동법의 '법률위반 예방'이라는 것은 좁은 의미의 해상보안을 유지하기 위한 「형법」, 행정적 단순법령인 「어업법」, 「수산업법」, 「관세법」 등과 단지 항해안전 그 자체를 목적으로 한 「선박안전법」과 「선박직원법」 등 다양한 직무범위를 포함한다.

(2) 주요 소관 업무

1) 해상 여행, 해난구조, 해양오염 등의 방지
2) 선박 항행의 질서 유지
3) 해상 범죄 예방 및 진압
4) 해상 범인의 수사 및 체포
5) 선박 교통에 관한 규제
6) 수로, 항로 표식에 관한 사무
7) 기타 해상의 안전의 확보에 관한 사무
8) 해상의 안전 및 치안의 확보

(3) 경찰권 행사 근거

1) 「해상보안청법」 제1조제1항에서는 해상보안청을 두는 목적이 해상에서의 인명 및 재산을 보호하고 법률위반에 대한 예상·수사 및 진압을 하기 위한 것이라고 명시

2) 동법 제1조제2항에서는 "하천입구에 있는 항과 하천과의 경계는 「항칙법」 제2조의 규정에 근거한 정령에서 정하는 바에 따른다."고 규정
3) 「해상보안청법」 제2조는 사물관할에 해당하는 것으로 이른바 사법경찰권 행사시의 관련 사건 등에 대해 관해 육상에서도 그 권한을 행사할 수 있다고 규정하고 있어 해상보안청의 관할권이 해상에만 국한된 것은 아니라 함
4) 「해상보안청법」 제2조제2항에서는 "종래 운수대신관방, 운수성 해운총국 장관관방, 해운국, 선박국 및 선원국, 해난심판소의 이사관, 등대국, 수로부 및 기타 행정기관의 소관에 속하는 사무이나 전항의 사무에 해당하는 해상보안청 소관으로 옮기는 것으로 한다."라고 규정
5) 경찰권 행사 예외규정

일본 해상보안청은 자국 영해내 해상보안업무에 있어 영해는 영토에 준하고, 일본의 주권 또는 관할권이 당연히 미치므로 일본의 국내법에서 불법으로 명시하고 있는 행위에 대해 원칙적으로 모든 선박에 대해 경찰권을 행사할 수 있다는 것에 이견이 없지만 예외적으로 다음과 같은 경우 경찰권 행사에 있어 제한적으로 허용하고 있다.

가) 외국 군함에 대해서는 통상 치외법권과 불가침권이 인정되므로 직접 그 권한은 행사할 수 없으나, 승무원이 군함을 본래의 목적에 맞지 않게 사용함에 따라 군함으로써 신분을 상실한 경우에는 예외로 한다.
나) 외국 공선에 대한 불가침권은 원칙적으로 인정되지 않지만, 통상 치외법권이 인정되므로 공용(公用)으로서의 선박 신분을 벗어난 경우 치외법권은 인정되지 않는다.
다) 외국 상선에 대해 기본적으로 무해통항권이 인정되나, 연안국의 법률을 위반한 불법행위에 대해서는 일본의 선박과 같은 권한을 행사할 수 있다. 단 상선 내부에서 발생한 범죄로 그것이 전혀 외부에 영향을 미치지 않는 것에 대해서는 「영해 및 접속수역에 관한 조약」 제19조에 의해 범죄가 전혀 외부에 영향이 없고, 선장 또는 선적국의 영사에 의해 요청이 없을 경우 연안국은 이에 대해 관할권이 없으므로 해상보안 업무 또한 이에 따라 운영하는 것이 합당하다.

(4) 조직구성

해안보안청은 중앙기구와 지방기구로 나누어 운영하고 있다. 중앙기구에는 차관급인 해상보안청장관 아래로 차장, 경비구난감, 수석감찰관 및 5개부(총무부, 장비기술부, 경비구난부, 해양정보부, 교통부)로 이루어져 있으며 총무부 소속의 해상보안시험연구센터를 두고 있

다. 지방기구로는 전국을 지역 특성 및 설립지의 특수 환경 등을 고려하여 11개 해상보안관구로 나누고 이곳에 관구해상보안본부를 설치하여 연안수역을 관리하고 있으며 부속기관으로는 해상보안대학교와 해사보안학교를 두고 있다.

1) 조직 규모

2019년 기준으로 1만 4,178명 수준이다. 일본에서는 자위대와 더불어 특별직 공무원으로 분류된다. 유사시에는 방위성의 지휘를 받을 수도 있다. 하지만 계급이 존재하지 않고, 직책으로 직무 범위를 나타내기 때문에 일반 상선사관과 유사하다. 방위성 장관의 지휘를 받더라도 임무 기능은 그대로 유지되며 전투에 참여하지는 않는 것으로 일본 법학계는 보고 있다.

2) 인적구성

방위대학교와 유사한 간부를 교육하는 해상보안대학교를 두고 있다. 이 학교는 문부과학성이 아닌 국토교통성 산하이다. 방위대학교가 방위성 산하인 것처럼. 간부가 아닌 직원을 교육하는 해상보안학교도 있다.

3) 편제 : 총 11개의 관구

① 제1관구 – 홋카이도 일대
② 제2관구 – 도호쿠 지역 일대
③ 제3관구 – 도쿄 주변 관동지역 일대
④ 제4관구 – 나고야 및 주변지역
⑤ 제5관구 – 오사카, 고베, 시코쿠 남부 지역
⑥ 제6관구 – 세토내해 주변지역
⑦ 제7관구 – 규슈 북부 및 야마구치 지역, 대한해협
⑧ 제8관구 – 시마네 부터 고마츠 서쪽지역까지 이르는 지역, 한국과의 독도문제 발생시 주로 출동하는 해상 보안청 함선들이 모두 해당 관구 소속
⑨ 제9관구 – 고마츠에서 니가타에 이르는 지역
⑩ 제10관구 – 규슈 남부지역
⑪ 제11관구 – 오키나와 및 주변 난세이군도 일부

(5) 특성

해상보안청은 육·해·공·해병대를 이어 제 5군의 역할을 하고 있는 미국해안경비대를 모델로 삼았다. 그에 따라 해상보안청은 현재 해상자위대 호위함급에 버금가는 레이더 등 장비를

갖춘 순시선과 각종 항공기를 보유 하고 있으며 중소국가 해군력 수준에 근접하고 있다. 이에 따라 예산도 계속 오르고 있는 추세인데 그 이유는 해상자위대보다 주변국 의심을 받지 않고 해양안보를 강화할 수 있는 방법이기 때문이다.

해상보안청이 오히려 군대 위치에 해당하는 자위대보다 해외 및 국내의 실력행사에 있어서 자유로운 이유는 평화헌법은 해상보안청에 해당 사항이 없다. 그러기 때문에 89식 소총도 자위대와 다르게 법적제한 없이 도입 가능했고, 자국민이 관련된 해상관련 사태에도 순조롭게 파견 가능하며 특수부대 역시 간사이국제공항 해상경비대라는 타이틀을 달고 있던 시절에도 해외파견 경호임무를 맡았던 것이다. 법적제한이 자위대에 비해 적은 것뿐만 아니라 해상보안청이라는 조직 자체가 가진 권한도 크기 때문이다. 이들은 조직 자체가 엄연한 "행정기관" 으로써 국토교통성 산하의 외국(外局)으로 특수한 사무와 독립성이 강한 사무를 관장하는 "독립청" 지위를 가진 조직이다.

해상보안청 업무를 보면 해양경찰 업무만이 아니고 항만관리, 수산물관리 및 감독, 심지어 기상 업무까지 담당하고 있다. 또한 다른 국가의 해양경찰이나 해안경비대와의 교류도 많고, 합동 훈련도 자주 실시하지만 영토 문제로 대립하는 경우가 잦다. 한국의 해양경찰청과는 독도문제, 중국의 해양경찰과는 센카쿠 열도에 관한 문제로 대립하고 있다.

(6) 관련 법령

1) 일본 해상보안청은 「해상보안청법」이라는 법률적 근거에 의해 운영, 총 4개의 장과 부칙으로 이루어졌는데, 제1장(조직), 제2장(삭제), 제3장(공조 등), 제4장(보칙) 및 기타 부칙으로 구성, 「해상보안청법」에서 기타 부칙을 제외하면 제4장까지 총 제33조로 이루어졌다.
2) 동법은 세부적으로 해상보안청의 설치목적 이외에도 임무의 범위, 각종 장비, 소장사무, 조직체계, 계급, 권한 및 무기휴대(사용) 등과 관련한 내용들을 포함하고, 조직법적인 측면뿐만 아니라 이에 추가하여 작용법적인 특성을 동시에 포함하고 있다. 해상보안청을 제도적 틀 안에서 국가기관으로서의 안정성을 확보할 수 있음은 물론 경찰권 행사로 인해 발생할 수 있는 침해행정으로부터 국민에 대한 법적 안정성을 보장하는데 있어서도 충분하다.
3) 「해상보안청법」은 미국해안경비대의 임무, 권한 등을 정한 U.S.C Title 14를 모델로 해서 제정된 법률이며 이를 통해 전쟁 직후 무질서한 일본 주변해역에 법적 질서를 가져오기 위한 수단으로 활용한다.

4) 일본은 미국의 U.S.C Title 14 § 2, § 89 등에서 규정한 미국해안경비대의 임무, 권한 등을 참고해서 해상보안청의 각종 세부규정을 정비하였다.
5) 「해상보안청법」 특징으로는 '횡단적 행정조직'의 성격, 집행기관으로서의 해상보안관을 규정, 법집행 기관으로서의 개념 도입(특별사법경찰권) 하였다.
   해상보안청의 선박은 번호 및 다른 선박과 분명하게 식별할 수 있는 표지를 첨부해 국기 및 해상보안청의 기를 게양하게 하고, 해상보안청 또는 그 직원이 군대조직으로 훈련하거나 근대기능을 금지하는 특수규정을 두었다.

(7) 해상자위대와의 관계

해상보안청법 제25조에 의해, 해상보안청은 군대가 아닌 것으로 규정되어 있다. 연안경비대는 국제적으로 준군대로 규정되어 있어, 일부 국가에서도 해군과 연안경비대를 함께 두는 경우가 있는데, 이것은 영해를 침범한 어민이나 항해자들을 대응하기 위한 기관으로, 군대보다는 경찰 등의 준군사조직으로 하는 것이 해당 사건이 분쟁화 되는 것을 막기에 유리하기 때문이다.

다만 유사시의 방위나 특별히 필요할 때 내각총리대신의 명령에 의해 치안을 유지하기 위해 출동하는 경우에는 방위청장관의 지휘하에 들어갈 가능성이 있다. 이것은 해상보안청의 모델이 된 미국의 해안경비대가 전시에는 미국 해군의 지휘에 따라 군대로 운용되는 규정을 모방한 것이다. 다만 방위청 장관이 지휘하는 경우에도, 그 행동 범위나 활동 권한은 평시와 마찬가지로 자위대의 필요에 의해 경비 등에만 운용하는 것으로 제한된다고 여겨진다.

(8) 한국 해양경찰청과의 관계 및 차이점

한국과는 영토 문제 등으로 대립하는 상태이나 합동수색구조훈련 등을 실시하고 있다. 한국 해양경찰은 경찰청 산하 해양경찰대에서 출발하여 해양경찰청 체제로 거쳐 왔지만, 일본 해상보안청은 일븐 해군에서 출발하여 사실상 계승하여 이어 오고 있다. 우선 해상보안청의 소해부대는 과거 일본 해군 소해부대였고 해상자위대 창설 후 자위대로 인수된다. 해상보안청의 순시선은 "선"이라는 민간 선박의 명칭을 쓰지만 해양경찰청은 "함정"이라는 군함 이름을 쓰고 실제로도 전투함으로도 포함된다. 즉, 비공식적으로 해군 예비군으로 보는 셈이다. 실제 수행 임무부터 전방 해역은 간첩선 격침 및 나포, 해안선 경계 등이며 현재도 후방 해안선은 해경이 주력으로 경계한다. 일본은 북한 공작선을 격파하는 건 해상자위대 함정이 아니라 해상보안청 순시선이다.

[3] 중국 해양경비대

(1) 개요

중화인민공화국의 해안경비대((中國海警, China Coast Guard)이다. 홍콩이나 마카오가 아닌 중국 본토의 해경이다. 똑같이 중화인민공화국의 주권이 미치지만 행정권이 없는 간접 통치지대인 홍콩특별행정구 및 마카오 특별행정구는 사실 상 독립국이기 때문에, 특별행정구 정부가 해상 치안과 안전을 책임진다. 홍콩은 홍콩 경찰과 홍콩 소방처, 마카오는 마카오 경찰과 마카오 소방국이 담당한다.

중국의 해양조직은 국가해양국 산하의 중국해감, 공안부 산하의 변방해경, 농림부 중국어업국, 세관총서 산하의 해상 밀수 단속경찰, 교통 운수부 산하 해사국이 있었다. 중국은 2013년 3월 해상 법집행을 통합하고, 법집행의 효율성을 높이기 위하여 다음 부서들을 국가해양국 산하로 통폐합하여 중국 해경을 창설하였다. 지휘는 국가해사국에서 지휘하며 소속은 여전히 중국 인민무장경찰부대로 되어 있다.

규모는 1만 6천명 수준이다. 해안경비대사령관에 해당하는 자리는 중국해경국국장(中国海警局局长)이라고 하며 장관급으로 대우한다.

한·중 관계에서 불법조업 문제에서 중국 어민들이 이들의 통제를 받는다는 의혹이 있다. 어민들로 구성된 해상민병대가 준군사조직의 존재로 이미 확인되었으며 중국 정부의 통제에 따라 영유권 주장 시위와 암초 매립, 순찰 및 정보수집 등을 수행한다고 한다. 한국도 이들로부터 자유롭지 않으며 중국 정부가 자국 어민 단속에 미온적인 태도를 보이는 것도 이러한 이유라고 한다. 미 해군도 이 어민들이 중국정부의 통제를 따른다는 것을 예의주시하고 있다.

미 해군은 '2014년부터 해상에서의 우발적 충돌방지 기준'(CUES, Code for Unplanned Encounters at Sea)을 마련하고 중국에 참여를 요구했으나, 중국 해경은 거부했으며 단순한 해안경비대가 아니라 중국의 패권주의, 팽창주의를 위한 기구로 발전하고 있다.

(2) 조직 구성

11개 총대(总队)로 구성된다. 조직은 국가해양국(国家海洋局) 소속이며 실질적인 운용은 중화인민공화국 공안부에서 담당한다.

1) 국가국기관내설기구(国家局机关内设机构) : 본부 역할
2) 국가해양국해경사(国家海洋局海警司) : 해경사령부이자 중국해경지휘센터
3) 국가해양국인사사(国家海洋局人事司) : 인사/행정 업무를 처리
4) 국가해양국재무장비사(国家海洋局财务装备司) : 복지 및 재무업무와 장비

5) 북해분국(北海分局) : 황해, 북해함대
6) 동해분국(东海分局) : 동중국해, 동해함대
7) 남해분국(南海分局) : 남중국해, 남해함대

(3) 주요 함정

2016년부터 12000톤급 경비함 건조를 시작으로, 장카이급과 장다오급을 기반으로 경비함을 건조하기 시작했다. 신형 함정은 76mm 함포 등으로 무장을 강화하고 화력관제 레이더, 2차원 대공 및 대수상 레이더를 탑재하고 있다. 이 정도로 무장하는 해안경비대는 러시아 해안경비대, 미국 해안경비대 정도 밖에 없다.

두 국가의 해안경비대도 76mm 함포는 과무장이라 판단했는지 미국의 신형 레전드급 경비함은 주포로 57mm Mk 110 함포를 탑재하고 러시아 해안경비대도 신형 루빈급 경비함은 AK-630 정도만 장착하는 등 화력을 줄이고 있지만 중국 해경은 210식 100mm 함포를 장착한 경비함들이 목격될 정도로 신형 경비함들의 무장을 강화중이다. 이 때문에 대한민국 해양경찰이 차기 경비함에 127mm 함포 탑재를 검토하고 일본 해상보안청과 대만 해양순방선도 함정에 40mm 기관포를 장착하는 경우가 흔해지는 등 아시아 해안경비대들의 군비 경쟁을 부추기고 있다.

아직까지 함정세력에 비해 항공기세력 및 성능이 미약하며 자국 개발의 항공기가 주 세력을 이루고 있다.[27]

[4] 영국 해안경비대

Her(His) Majesty's Coast Guard라고 부른다. 해군식의 수장을 달지만 계급명은 해군과 완전히 다르다. 과거에는 Inspector, District Officer 같은 경찰계급을 사용하여 한국의 해양경찰청과 비슷한 역할이었으나, 현재는 해상구조 및 선박안전 업무에 전념하기 때문에 경찰권은 없어진지 오래이다.

미국 해안경비대에 해당하는 준군사조직은 영국에 존재하지 않고 해안치안조직에 근접한 기관은 영국의 해상순찰 및 감시를 담당하는 내무부 국경통제국(Border Force)이다. 세관업무와 출입국관리사무소의 심사업무도 담당하기 때문에 사전적인 의미의 해안경비대라고 보기는 힘들다. 하지만 영국의 해안경비대가 주로 해사관리감독 및 해양구조 같은 관청 역할을 하지만, 국경통제국은 함선에 함포도 달고 있고 함선 옵션도 해경의 커터함들이 주류이기

27) https://namu.wiki/w/중국해경

에 해안치안조직에 더 가깝다고 볼 수 있다.

함정이나 항공기의 도색은 흰색과 붉은색으로 세계적으로 많이 쓰이는 색상을 따르고 있다. 한편 사고가 빈번한 지역마다 지구대를 설치하는 점은 타국과 비슷하지만 시설을 해·공군기지와 많이 공유한다. 해안경비대 작전센터(Coast guard Operations Centre)라는 별도의 기지를 운영하며 군과의 접점은 군 기지가 해안경비대보다 사고 현장과 가까울 때 초동조치를 대신해줄 것을 요청하는 게 전부다.

공공서비스를 대폭 민영화하여 해안경비 업무도 상당부분 민간업체와의 계약으로 수행한다. 대표적인 것이 해안경비대 항공대로 2015년 고정익 항공기는 RVL 그룹으로 부터, 헬리콥터는 브리스토 헬리콥터라는 업체가 정부와 계약을 맺고 지원하고 있다.[28)]

[5] 독일 해안경비대

독일은 다른 국가들과 달리 전담 부처가 따로 없고 연방정부 산하 여러 기관들이 합동으로 해안경비대를 구성하는 방식을 채택하고 있다.

연방경찰청과 연방관세청(Bundeszollverwaltung), 연방항만청(Wasserstraßen- und Schifffahrtsverwaltung des Bundes) 등이 주요 구성원이다. 그렇기 때문에 경비함의 도색도 소속기관마다 다른데 연방경찰은 파란색, 관세청은 초록색, 항만청은 검정색 등이며, 해안경비대(Küstenwache)라는 문구와 식별마크를 통해 해안경비대에 배속된 함정이라는 걸 알 수 있다.

함정에 함포를 장착하지 않는 것은 영국 국경통제국처럼 독일 해안경비대는 군대가 아니기 때문이다. 따라서 함정에 무기가 장착되지 않으며 국제법상 전투원으로 인정받지도 못한다. 하지만 해경에 배속된다고 해도 기존 조직에서 부여하던 권한은 그대로 가지고 있기 때문에 연방경찰관들은 총기를 휴대할 수 있다.[29)]

[6] 우리나라의 해양경찰

우리나라 해양경찰은 여러 차례 변화의 과정을 이어왔다.[30)]. 1953년 12월 23일 어업자원의 보호, 평화선의 수호, 해양치안을 목적으로 내무부 소속의 해양경찰대가 창설되었다. 그 후 정부의 유사기능 통·폐합방침에 따라 1955년 2월 7일 해사행정을 통합할 해무청이 발족

28) https://namu.wiki/w/영국연안경비대
29) https://namu.wiki/w/독일 해안경비대(2020. 5. 23.)
30) 해양경찰청, 「해양경찰50년사」, 2003, 3면.

되면서 내무부 산하에 있던 해양경찰대는 상공부 해무청소속으로 이관되고 기관명을 해양경비대로 개칭하게 되었다. 4·19와 5·16의 격동기인 1961년 10월 2일 정부의 행정간소화와 합리화를 위한 정부조직개편 방침에 따라 해무청이 해체되고, 해양경비대는 1962년 4월 3일 제정된 해양경찰대설치법에 의해 다시 해양경찰대가 되고 내무부장관의 직속기관이 되었으며, 공무원의 직급 또한 경찰계급으로 환원되었다. 1996년 8월 8일에는 경찰청의 소속에서 해양수산부의 해양경찰청으로 독립되어 중앙행정관청이 되었다. 2014년 11월 19일 정부조직개편에 의하여 기존의 해양경찰청은 국무총리 소속의 국민안전처 해양경비안전본부가 되었다. 그러다 2017년 7월 26일 정부조직법 개정 통과 다시 '해양경찰청'을 해양수산부 산하의 독립 외청으르 환원되었다.

해양경찰에 대한 법적인 개념정의는 실정법이나 학문적으로나 명확하게 규정되어 있는 것은 없다. 다만 해양경찰에 대한 법적인 근거 조항은 「정부조직법」 제43조 제2항의 "해양에서의 경찰 및 오염방제에 관한 사무를 관장하기 위하여 해양수산부장관소속으로 해양경찰청을 둔다."고 규정한 법적 근거와 해양경찰청법 제14조[31]의 직무와 제2조[32]의 해양경찰의 책무, 경찰관직무집행법 제2조[33]의 국가경찰공무원의 직무범위 규정에 대한 해석을 통하여 구체화할 수밖에 없으며, 이 경우 일반적으로 정립된 경찰개념에 근거할 수밖에 없다.

이에 의할 때, 해양경찰의 개념은 해상에서의 공공의 안녕·질서에 대한 위험을 방지하기 위하여 일반통치권에 기하여 국민에게 명령·강제함으로써 국민의 자연적 자유를 제한하는 작용이라고 정의할 수 있다(박상희, 2007: 82). 이와 같은 정의는 실질적 경찰개념에 해당한다.

위와 같은 실질적 경찰개념과 더불어 형식적 개념은 현재의 해양경찰이 제도상 수행하고 있는 것을 말한다. 형식적 의미의 경찰에 해당하는 것들은 명령·강제 작용이라고 볼 수 없는 정보경찰의 활동, 수사경찰의 활동, 수난구호 등의 서비스 활동을 포함한다. 해양경찰의 특

31) 해양경찰청법 제14조(직무) ① 해양경찰은 해양에서의 수색·구조·연안안전관리 및 선박교통관제와 경호·경비·대테러작전에 관한 직무를 수행한다. ② 해양경찰은 해양에서 공공의 안녕과 질서유지를 위하여 해양관련 범죄의 예방·진압·수사와 치안정보의 수집·작성·배포에 관한 직무를 수행한다. ③ 해양경찰은 해양오염 방제 및 예방활동에 관한 직무를 수행한다. ④ 해양경찰은 직무와 관련된 외국 정부기관 및 국제기구와 협력하여야 한다.

32) 제2조(해양경찰의 책무) ① 해양경찰은 해양에서 사람의 생명·신체 및 재산을 보호하고, 해양사고에 효율적으로 대응하기 위한 시책을 추진하여야 한다. ② 해양경찰은 대한민국의 국익을 보호하고 해양영토를 수호하며 해양치안질서 유지를 위하여 필요한 조치와 제도를 마련하여야 한다. ③ 해양경찰은 해양경찰의 정책에 대한 국민의 의견을 존중하고, 민주적이고 투명한 조직운영을 위하여 노력하여야 한다.

33) 경찰관직무집행법 제2조(직무의 범위) 경찰관은 다음 각 호의 직무를 수행한다.
1. 국민의 생명·신체 및 재산의 보호
2. 범죄의 예방·진압 및 수사
3. 경비, 주요 인사(人士) 경호 및 대간첩·대테러 작전 수행
4. 치안정보의 수집·작성 및 배포
5. 교통 단속과 교통 위해(危害)의 방지
6. 외국 정부기관 및 국제기구와의 국제협력
7. 그 밖에 공공의 안녕과 질서 유지

성으로는 육지경찰보다 급부행정 즉 국민에게 봉사하는 역할인 급부 행정적 서비스 활동이 더 많은 비중을 차지하는 편이다. 이러한 급부행정의 예로는 수난구호에 있어서 인명구조, 해양오염방제 및 예방활동을 들 수 있다.

제 2 편

해양경찰학개론 I

해양경찰의 역사

1장 해양경찰의 역사

1 해양경찰 역사일반

[1] 고대

경찰의 개념은 근현대에 들어 성립되고 확대되었다. 초기에는 치안질서 유지를 위한 소극적 보안작용에 한정되었지만, 점차 공공복리 증진을 위한 적극적 권력작용까지 확대되었다. 해양경찰도 마찬가지다. 이렇듯 경찰은 근대에 이르러 성립된 제도이므로 전근대 시대의 자료에서 오늘날의 경찰과 직접 관련된 자료를 찾아보기는 어렵다. 일반경찰보다 뒤늦게 출발한 해양경찰의 경우 더욱 그렇다. 또한 전근대의 시대에는 군대와 경찰, 육경과 해경, 해군과 육경이 분화되지 못했다는 점도 유의할 것이다. 물론 해양경찰에서는 전근대의 시대 뿌리 찾기를 시도하고 자료조사와 적극적인 해석을 연구하고 있다.

이러한 연구를 바탕으로 해양경찰의 뿌리는 신라와 중국 당나라(나당)전쟁 종식(676년) 직후 신라문무왕 18년(678년)에 선부(船府) 설치를 통해 해양진출을 위한 선박 건조기술의 혁신을 도모하여 동아시아 해상무역을 주도할 수 있도록 하였고, 장보고가 해적소탕을 명분으로 828년(흥덕왕 3)에 완도에 청해진(수군기지)을 설치하여 청해진 대사로 임명되어 1만 명의 군대를 거느리며 서·남해 해적을 소탕하면서 동아시아의 해상무역을 주도하였다. 829년(흥덕왕 4)에는 해양질서유지를 위해 당성진을 남양만에 설치하였고, 강화도 해역을 지키기 위해 844년(문성왕 6)에는 혈구진을 설치하기도 하였다.

고려시대 이후 서해상에서는 요소에 순검군(巡檢軍)을 배치하여 순찰과 검색을 하고, 서·남해상에 있어서는 특히 당시 성황을 이루던 송나라 상선의 왕래에 대해 검찰(檢察)하고, 송·왜 등 해적선의 순포(巡捕)에 중점을 두었다. 특히 선종 10년(1093) 연평도 일대에 순찰과 치안유지 임무를 띤 순검군이 송나라와 일본이 공모하여 우리 영해를 침략한 불법 선박을 나포하고 선적된 병장기와 물품을 관청에 납부하고 해적들은 영외로 유배시켰고, 원종 4년(1263년)에는 전라도안찰사는 송나라에서 일본으로 가는 도중 표류한 선박의 선원에게 양식과 선박을 지급하고 일본으로 호송하기도 하였다.

충렬왕 15년(1289) 10월에 군량 수송선의 해난사고를 구조하고 해난사고에 대한 수사도 하였다는 여러 사건의 기록들이 현대의 해양경찰 업무와 동일하다고 볼 수 있으며, 조선시대에는 수군 방어영(防禦營)을 설치하여 해적의 침공을 막기 위해 바다와 연안 해역을 방비하였다. 그리고 도서지역에 무단으로 출입하는 외국선박 적발과 왜구 등을 수색하여 토벌하기 위해 수토군(搜討軍)을 파견하여 치안유지를 하였다. 조선 중종 때 일본의 어선과 상선이 전라도 서남해역에 들어와 노략질을 하여 1587년(선조 20) 녹도만호 이대원은 해양주권 수호를 위해 손죽도에서 왜적과 싸우다 전사하였다는 기록도 있다.

[2] 근대(개항기)

개항기인 1893년 해군장교를 양성하기 위해 조선수사해방학당을 강화도에 설치하고 1891년에는 연안경비용 군함을 영국에서 도입하였다. 1876년 개항 이후 개항장 행정업무를 전담하는 감리서는 개항장 관리, 사공관리, 해적소탕 시도, 표류선 보호를 담당하였고, 치안유지를 담당하는 경무서는 항구 치안, 부두노동관리, 표류민 구조관리, 도서 치안을 담당하였다. 그리고 개항장 출입하는 선박과 물류에 관세를 부과하는 해관은 관세징수, 선박관리, 밀수방지, 전염병 검역 등을 담당하였다. 일제 강점기에는 경찰업무 중 교통경찰을 세분화하여 그 안에 해양경찰업무 일부를 포함하여 1910년 9월 목포와 여수 등 항구에 수상경비소를 두어 5척의 경비선을 배치하여 연안과 도서 단속 등 해양경찰 경비업무를 수행하였다.[34)]

[3] 현대(해방 이후)

일제 강점기를 거치고 해방이후 태동기(1945. 8. 15 – 1955. 2. 6)에는 해군에서 차출된 장병을 경찰관으르 임명하기도 하고, 해양경찰대 초대대장을 해군 대령 출신을 임명하였다. 해양경찰대기구의 조직구성과 부서편성 등을 살펴보면 해군의 성격이 강하였다. 해무청시기(1955. 2. 7 – 1962. 5. 4)에는 「해무청직제」에 의하여 수산국내에 해양경비과를 두고 어업자원보호법에 관련되는 해양경비와 항로표지보호에 관한 사항을 분장하게 하고 해양경비원이란 명칭을 사용하였고, 해양경비원은 어업자원보호법 제4조(범죄의 수사)에 규정한 사법경찰관의 직무를 행하였다.

또한 태동기와 해무청 시기에 수상경찰서가 존재하였다. 일제강점기에 신설되어 1945년

34) 해양경찰 뿌리 찾기 학술연구용역 중간 보고자료. 2019. 10. 01. 목포대학교 도서문화연구원.

부터 1957년 까지 존치했던 부산수상경찰서가 있었고, 인천수상경찰서는 1949년에 신설되어 1961년까지 유지되었고, 인천과 경기도 일대의 도서지역을 관할하였다. 부산수상경찰서는 해양경찰대가 발족되어 해무청 소속으로 변경되었던 시기에도 있었고 1957년에 영도경찰서로 변경되었다. 그리고 인천수상경찰서는 1961년 인천경찰서에 편입된다. 적어도 1957년까지는 2개의 수상경찰서와 해양경찰대 또는 해양경비대가 병존한 시기이다.

▶ 어업자원보호법 제정(1953. 12. 12)

「어업자원보호법」[35]은 평화선을 침범하는 외국어선을 단속하기 위해서 제정된 법이다. 한반도와 그 부속도서의 해안과 좌의 제선을 연결함으로써 조성되는 경계선간의 해양을 어업자원을 보호하기 위한 관할수역으로 한다(동법 제1조). 그리고 관할수역내에서 어업을 하려고 하는 자는 주무부장관의 허가를 받아야 한다(동법 제2조).

▶ 수상경찰서의 존재

해양경찰기능을 수행하면 해양경찰의 역사라고 볼 수 있으므로 해방된 후에 일본의 영향으로 부산수상경찰서가 존재하였으므로 이도 또한 해양경찰의 역사에 포함되어야 하고, 따라서 현대의 해양경찰사의 시작은 1953년 해양경찰대 창설 때부터 구분하는 것이 아니라 1945년 해방 때까지 거슬러 올라가야 한다고 생각된다. 그리고 1949년 5월에는 인천수상경찰서가 신설된 것도 해양경찰의 역사라고 보아야 한다. 그 이유는 해상에서 불법어업 단속 등의 해양경찰업무를 수행하였기 때문이다. 1953년 해양경찰대 신설된 이후에도 한 동안 해양경찰대와 수상경찰서가 병존한 시기가 있었다. 그 시기는 1953년부터 1961년 7월까지이다(노호래, 2011: 96-98).

1) 부산수상경찰서

1924년 3월 3일에는 부산수상경찰서가 총독부령 제8호로 신설되었다. 주 업무는 부산부 해상(수면) 일원을 관할구역으로 하고 수상에서의 경찰 및 위생사무 관리, 사법 행정업무를 맡았다. 수척의 경비선을 보유하고 있었으며, 경북연안 및 경남, 전남 연안 부정어업규제도 하였다. 즉 부산과 일본 시모노세키 사이를 왕래하던 관부연락선을 비롯한 부산항에 출입하는 모든 배와 사람들을 통제하는 기관이었다.

부산수상경찰서는 1924년 3월 3일 창설(현재의 부산시 중구 대교동)하면서 영도주재소(현재 대교파출소), 남항주재소(현재 남항파출소), 대풍포주재소(구 대평파출소) 3개소를 두고 영도구 행정구역과 부산해안 전역 치안을 담당하였고, 1947년 10월 8일 부산시 영도구 대교도 4가 63번지로 청사를 이전하여 1957년 7월 26일 영도경찰서로 개칭(대통령령 1298호)되면서 청사가 노후하여 1957년 12월 31일 부산시 영도구 대교동 4가 3번지로 청사를 이전하였다[36].

2) 인천수상경찰서

인천 수상경찰서는 1949년 5월 7일에 신설되었다. 그 관할 지역은 인천시 월미도, 사도 및 부천군 6개 도서이었고, 1961년 7월 9일 인천수상경찰서가 폐지되었다는 인천중부경찰서 연혁에 나타나고, 신문기사에는 1962년에 「경찰서직제중 개정 건」에서 인천수상경찰서를 폐지하고 인천경찰서에 병합한다는 기사가 있다[37].

1949년에 인천수상경찰경찰서 신설의 법적 근거는 「경찰서의 명칭·위치 및 관할구역변경에 관한 건」(대통령령 제101호, 1949. 5. 7)이고, 이 법규에 의해 경기도에 인천수상경찰서와 동인천 경찰서를 신설하고 관할구역을 설정하였다.

新해양경찰대 시기(1962. 5. 5 – 1991. 7. 22)는 4개의 정부 박정희, 최규하, 전두환, 노태우 등의 4개의 정부가 이어져 왔던 기간으로 30여년의 기간이다. 국가경제가 급격히 성장하는 시기로서 1961년 해양경찰대설치법의 제정, 1965년 한·일 어업협정 체결, 1986는 아시안 게임, 1988년 88올림픽, 우리 어선이 북한에 피랍되는 것을 방지하기 위한 어로보호본부의 설치, 1977년 12월 31일 해양오염방지법 제정에 따른 본대에 해양오염관리관실의 신설, 1986년부터 1989년까지 3차례에 걸쳐 선박출입항신고기관 368개소를 연안경찰서로부터의 인수 등의 변화가 있었다.

해양경찰청시기(1991. 7. 23 – 1996. 8. 7)는 1991년 5월 31일의 경찰법제정에 따라 경찰청 소속의 해양경찰청시기를 말한다. 이 시기는 경찰청 산하 해양경찰청 체제를 유지하면서 경찰기관으로서 지속적인 발전을 도모하였던 시기이다. 인력· 장비면에서 보강이 계속되었고, 조직편제도 지방청 단위로서 필요한 조직을 갖추기 시작하였다. 1996년 해양수산부가 발족되기까지 안정된 토대 위에 발전을 도모하였고 해상에서 경찰기능, 안전관리, 그리고 해양오염관리를 수행하는 중앙행정기관으로 인프라를 형성하는 시기였다.

新해양경찰청 시기(1996. 8. 8 – 2014 11. 18)는 국제적으로 유엔해양법협약이 발효되고, 정부는 우리나라의 권리를 확보하고 국제해양질서에 동참하기 위해 「배타적경제수역법」 등 9가지 국내법령을 제·개정하였으며, 1996년 8월 8일에는 해양경찰청의 소속이 경찰청에서 해양수산부의 외청으로 되어, 신 해양경찰청 시기를 맞이하게 되었다. 2008년 2월 29일에는 이명박 정부의 정부조직개편에 따라 해양경찰청의 소속이 해양수산부에서 국토해양부의 외청으로 개편되었다. 2013년 3월 23일에는 박근혜 정부의 공약이행을 위한 정부조직법 개정에 따라 다시 해양경찰청의 소속이 국토해양부에서 해양수산부의 외청으로 다시 환원되었다.

국민안전처 해양경비안전본부시기(2014. 11. 19 – 2017. 07. 25)는 2014년 세월호 사건 이후 박근혜 정부의 정부조직개편에 의하여 해양경찰은 중앙행정관청으로서의 지위가 없어

---

35) 어업자원보호법[시행 1953.12.12] [법률 제298호, 1953.12.12, 제정]
- 제1조 (관할수역) 한반도와 그 부속도서의 해안과 좌의 제선을 연결함으로써 조성되는 경계선간의 해양을 어업자원을 보호하기 위한 관할수역(이하 관할수역이라 칭함)으로 한다.
- 제2조 (관할수역내의 어업허가) 관할수역 내에서 어업을 하려고 하는 자는 주무부장관의 허가를 받아야 한다.
- 제3조 (벌칙) 전조에 위반한 자는 3년 이하의 징역, 금고 또는 50만환이하의 벌금에 처하고 그 소유 또는 소지하고 있는 어선, 어구, 체포물, 양식물 및 그 제품은 이를 몰수한다.
- 제4조 (범죄의 수사) 전조의 범죄수사에 있어서는 해군함정의 승무장교, 사병 기타 대통령령으로 정하는 공무원이 사법경찰관리의 직무를 행한다. 전항의 수사에 있어서 필요하다고 인정한 때에는 범칙선박의 회항을 명할 수 있다. 제2조위반의 혐의가 있다고 인정한 때에는 단순한 통과선박일지라도 이를 정지시키고 임검, 수색 기타 필요한 처분을 할 수 있다.

36) 부산지방경찰청, 「부산경찰사」, 2000, 100면.

37) 경향신문, 1962. 1. 27.

지고 국민안전처로 소속부서가 변경되었다. 이 시기에는 해양재난에 대한 관심이 증대되어 해양특수구조대가 신설되기도 했다. 해양수산부에서 관장하던 해상교통관제업무(VTS)가 국민안전처로 이관되어 중앙의 해양경비안전본부에 해상교통관제과가 신설되었으며, 해양경찰이 해상교통관제업무를 총괄하게 되었다. 新해양경찰청 시기(2017. 07. 26 – 현재)는 문재인 정부가 들어서면서 2017년 7월 26일 정부조직법 개정안이 통과되었다. 이에 따라 해양에서의 경찰 및 오염방제에 관한 사무를 관장하기 위하여 '해양경찰청'을 해양수산부 산하의 독립 외청으로 부활시켰다. 이로서 세월호사고 이후 국민안전처 해양경비안전본부에서 2년 8개월 만에 다시 '해양경찰청'이 출범하게 되었다. 그리고 해양경찰이 해양주권을 수호하고 해양 안전과 치안 확립에 필요한 책임을 다할 수 있도록 해양경찰의 특수하고 다양한 직무를 제도적으로 뒷받침할 필요가 있어 해양경찰법이 2019년 8월 20일 제정되어 시행은 2020년 2월 21일 부터이다.

2 해양경찰 시대구분

〈표 2-1〉 현대 해양경찰사 시대구분

구 분	정 부	기 간	소속기관	비 고
태동기	이승만 정부	1945 ~ 1955	내무부 치안국 해양경찰대	·부산수상경찰서(1924. 3. 3. 창설), ·인천수상경찰서(1949. 5. 7. 신설) ·어업자원보호법제정(1953.12. 12) ·일반사법경찰관리 신분
해무청 시기	이승만 ~ 윤보선 정부	1955 ~ 1962	상공부 해무청 해양경비대 (1955. 2. 7)	·부산수상경찰서(1957. 7. 26. 영도경찰서로 개칭) ·인천수상경찰서폐지(1961. 07. 19) ·특별사법경찰관리 신분 ·항로표지업무 수행 ·해양경찰대설치법제정(1961. 10. 2)
新해양 경찰대 시기	박정희 ~ 최규하 ~ 전두환 ~ 노태우 정부	1962 ~ 1991	내무부 치안국 해양경찰대 (1962. 5. 5) 내무부 해양경찰대 (1978. 8. 9)	·한·일 어업협정 체결(1965. 12. 18) ·1978년 해양오염 감시·방제기능 추가 ·일반사법경찰관리 신분 ·어로보호본부 설치(1969) ·해양경찰대본대 이전(부산→인천, 1979) ·1000톤급경비함정 취역 ·해양경찰대훈과 해양경찰가 제정(1985) ·선박출입항신고업무 인수
해양 경찰청 시기	노태우 ~ 김영삼 정부	1991 ~ 1996	경찰청소속 해양경찰청 (1991. 7. 23)	·경찰법제정(1991. 5. 31) ·1994년 해수면 유·도선사업 및 구조업무 관장 ·일반사법경찰관리 신분 ·SAR협약가입(1995. 10. 4.)
新해양 경찰청 시기	김대중 ~ 노무현 ~ 이명박 ~ 박근혜 정부	1996 ~ 2014. 11.	해양수산부 소속 해양경찰청 (1996. 8. 8) 국토해양부 소속 해양경찰청 (2008. 2. 29) 해양수산부 소속 해양경찰청 (2013. 3. 23)	·정부조직법개정(1996. 8. 8), 경찰청→해양수산부 외청으로 독립 ·배타적경제수역법 제정(1996. 8. 8) ·한·일 어업협정 개정(1999. 1. 22) ·수상레저안전법 제정(1999. 2. 8) ·한·중 어업협정 체결(2001. 6. 30) ·일반사법경찰관리 신분
국민안전처 해양경비안 전본부	박근혜 정부	2014. 11. ~ 2017. 07	국무총리 소속 국민안전처 (2014. 11. 19)	·정부조직법 개정(해양경찰청→해양경비안전본부로 변경), (본부를 인천→세종특별자치시로 이전. 2016. 8. 29) ·해양경비법 제정 ·해양에서의 경비·안전·오염방제 및 해상에서 발생한 사건의 수사 ·해상교통관제업무 총괄
新해양경 찰청 시기	문재인 정부	2017. 07. ~ 현재	해양수산 소속 해양경찰청 (2017. 07. 26)	·정부조직법 개정 ·해양경찰법 제정(2019. 8. 20) ·선박교통관제에 관한 법률 제정(2019. 12. 3) ·해양에서의 경찰 및 오염방제

〈자료 : 해양경찰청 내부자료〉

2장 해양경찰 창설

1 해양경찰 태동배경

[1] 맥아더 라인

1945년 8월 15일 조국 광복이후 혼란 속에서 해양경비의 허술한 틈을 타 제주도와 흑산도 등을 중심으로 서·남해의 주요 어장에서 일본의 불법조업이 만연하였다. 이를 미국 제5함대 사령관의 명의로 일본어선의 어로제한수역을 각서 제80호로 일본정부에 전달함으로써 군사상 통제뿐만 아니라 어자원 남획에 제동을 걸었다. 이 제한선을 당시 연합군 총사령관이었던 맥아더(McArthur Douglas)원수의 이름을 따서 「맥아더 라인」(McArthur Line)이라 부르게 되었다. 타격을 받은 일본 수산업계는 「맥아더 라인」의 철회를 요구하였고, 일본 어선들은「맥아더 라인」을 월선(越線)하여 제주도와 흑산도를 중심으로 한 서해 해역의 주요어장에 대거 침입하여 남획하기에 이르렀다. 이러한 불법어업에 대해 정부수립 초기의 우리 해군 함정은 「맥아더 라인」을 월선한 일본어선들을 발견하고도 나포하지 않고 퇴거하도록 경고만 했다. 그러나 일본 수산청 소속의 순찰선들이 이러한 행위를 묵인 비호하는 상황에서 계속적인 일본 어선들의 침범에 우리 국민들의 분노가 날로 고조되자 당시 이승만 대통령이 해군참모총장에게 "향후 맥아더라인을 월선 침범하는 일본 어선들을 모조리 나포하라"는 특명을 하달함으로써 우리나라 남·서해역에 침범하여 조업 중인 일본 어선들을 나포하기에 이른다. 이러한 정부의 강경한 조치는 한·일간 논란의 쟁점이 되었다.

[2] 평화선

1950년 6월 25일 북한의 불법남침으로 인한 피비린내 나는 동족상잔의 와중에 일본 어선들의 맥아더라인 월선조업은 더욱 심해졌으며, 1951년 9월 8일 샌프란시스코에서 미국과 일본의 평화조약이 조인됨으로써 자동적으로 「맥아더 라인」도 철폐될 단계에 이르렀다. 이에 정부는 우리 해양의 천연자원 개발과 어업자원을 보존하기 위하여 1952년 1월 18일 국무원 고시 제14호로「인접해양의 주권에 대한 대통령선언」을 내외에 선포하였다.[38] 이에 의한 주권선을 우리 국민들은「평화선」으로 불렀으며, 일본인들은 당시 대통령의 이름을 따서「이승만 라인」 또는「李라인」이라 호칭하였다. 이러한 우리 정부의 주권선 선포에 일본은 공해자유의 원칙을 주장하였지만, 우리 정부는 국제선례(國際先例)인 1945년「트루먼선언」과 1953년 국제법 위원회에서 채택된 9개 조문, 그리고 1955년 로마에서 개최된「해양자원의 보존에 관한 기술위원회」등에서 명시한 바와 같이 국제기구가 현 실정 하에서 모든 보존수역을 규제하고 관리하기가 불가능하기 때문에 연안국의 보존수역 설정은 필연적이며 연안국이 취한 일방적 조치가 타국에서도 적용된다는 근거에 의하여 일본 측의 주장을 단호히 거절하였다. 이 평화선은 한·일 어업협정이 체결된 1965년 6월까지 우리나라의 해양 주권선으로 사용되었다.

[3] 클라크라인

평화선이 설정되고 3개월이 지난 1952년 4월 25일「맥아더라인」이 철폐되었고, 그 후 1952년 9월 27일 당시 연합군 총사령관인 클라크 장군이 공산불순분자의 해상침투를 봉쇄하기 위하여 한반도 주변에 해상방위수역을 설정하였는데, 이것이「클라크라인; Clark Line」이다. 1952년 10월 4일 대통령 긴급명령 제12호로「포획심판령」[39]을 제정·공포하고 포획심판소 및 고등포획심판소를 개설하여「클라크라인」은 물론 평화선을 침범하는 일본어선은 모두 나포하여 포획심판령과 관계법령을 적용 처벌하게 되었다.

1953년 7월 27일 6.25 전쟁이 휴전되면서「클라크라인」도 철폐되자, 일본 어선들은 끊임없이 평화선을 침범하여 그들의 축출과 나포, 적색불순분자 침입 및 경제교란방지 등 해양경비의 필요성이 절실히 요구되었다. 이 때 우리나라 해군은 본연의 의무인 군작전과 해양주권선 수호의 이중의 임무를 담당함으로써 군작전 수행에 지장이 많을 뿐만 아니라 해군의 본래 업무를 벗어나 민간어선을 나포한다는 것은 국제법상의 질서에 위배된다는 문제가 있어 이승만 대통령은 유시(諭示)를 통해 해양주권선 경비임무를 경찰이 수행하라는 지시를 내렸다. 이에 정부는 1953년 10월 5일 해양경찰대 설치계획을 수립하고, 조직편성 및 예산조치 등을 추진하게 되었다.

---

38) 해양경찰청,「해양경찰50년사」, 2003, 5면.
39) 포획심판령[시행 1952.10.4] [대통령긴급명령 제12호, 1952.10.4, 제정]
- 제1조 본령은 포획사건을 조약과 일반적으로 승인된 국제법규에 의거하여 심판함을 목적으로 한다.
- 제2조 포획사건은 제1차는 포획심판소, 제2차는 고등포획심판소에서 심판한다.
- 제3조 포획심판소에는 소장 1인 및 심판관 6인을 둔다.
  소장은 5년 이상 판사, 검사, 변호사의 직에 있던 자 중에서 임용한다. 심판관은 3년 이상 좌의 각호 1에 해당하는 직에 있던 자 중에서 임용한다. 1. 판사, 검사, 변호사, 2. 해군장교, 3. 3급 이상의 외무부의 직원.

2 해양경찰 태동(1953. 12. 23)

[1] 내무부 치안국 해양경찰대 설치(1953-1955)

1953년 10월 5일 해양경찰대 설치계획을 수립하고 조직편성 및 예산조치 등을 추진하여, 1953년 12월 12일 평화선을 침범하는 외국어선 단속과 어업자원을 보호하기 위하여 「어업자원보호법」을 제정하고 관할수역의 경비를 담당하기 위하여 내무부 치안국 산하에 해양경찰대를 설치하게 되었으며 해군으로부터 180톤급 경비정 6척을 인수하여 1953년 12월 23일 부산에서 "해양경찰대"를 창설하였다(김종선, 2011: 35).

1953년 12월 14일 해양주권선 내의 해양경비를 담당하기 위하여 대통령령 제844호로 「해양경찰대편성령」[40]이 공포되고 동년 12월 16일 내무부 내훈 제11호로 「해양경찰대편성령시행규칙」이 제정됨으로써 내무부 치안국 경비과장 산하에 해양경찰대가 편성되었다.

해양경찰대장은 경무관으로 보하고 해양경찰대의 업무를 분장하기 위하여 참모장과 4개 참모(행정참모, 작전참모, 정비참모, 보급참모)를 두었으며, 참모장과 각 참모는 총경으로 보하고, 부산, 인천, 군산, 목포, 제주, 포항, 묵호 등 7개 기지대와 해양순찰반이 편성되었다.[41]

[2] 관할수역 변경(1954)

1954년 6월 26일 내무부 내훈 제12호에 의거 「해양경찰대편성령시행규칙」이 개정되어, 관할구역이 인근 해양주권선 내의 해양에서 연안 3마일 외부로부터 인접 해양주권 선까지의 해역으로 변경되었다(3마일 이내의 해역은 육상경찰 관할). 또한 기구 중 참모장 제도를 폐지하고, 통신참모를 신설하였으며, 7개 기지감을 기지대장으로 개칭하고 각 지구대의 경비구역을 설정하였다.

---

40) 「해양경찰대편성령(1953. 12. 14. 대통령령 제844호)
- 제1조 인접해양주권내의 해양경비에 당하게 하기 위하여 내무부 치안국 경비과에 경찰관으로써 동 경비과장 소속하에 해양경찰대를 편성한다.
- 제2조 대에 대장을 두되 경무관 중에서 내무부장관이 명한다. 대장은 상사의 명을 받아 직무를 담당하며 부하직원을 지휘 감독한다.
- 제3조 대의 기지는 경상남도 부산시에 둔다. 단, 내무부장관은 필요에 따라 이를 다른 지역에 이동시킬 수 있다. 대의 임무를 분담하기 위하여 해양순찰반을 편성한다.
- 제5조 반의 기지는 다음 지역에 둔다. 경기도 인천시, 전라북도 군산시, 전라남도 목포시, 경상북도 포항시, 강원도 강릉군 묵호읍, 제주도 북제주군 제주읍.
- 제6조 해면연안을 관할하는 경찰서장은 대의 경비업무에 적극 협력하여야 한다.
- 제7조 대운영에 필요한 사항은 내무부장관이 정한다."...이하생략.

41) 해양경찰청, 「해양경찰 50년사」, 2003, 8면.

3장 해무청 해양경비대 시기 해양경찰

1 상공부 해무청 산하 해양경비대(1955-1962)

[1] 조직축소 및 신분변화

우리나라는 3면이 바다로 지정학적 특성상 해양경비 외에도 수산자원과 항만, 해운관련 사항 등 해양관련 업무가 산적해 있었다. 정부는 이러한 해양업무가 여러 부처에 분산되어 있는 업무를 효과적으로 관리가 어려워 범정부 차원에서 유사기능 통폐합 방침에 따라 해양관련 업무를 통합 일원화 하였다. 이에 따라 1955년 2월 7일 정부조직법을 개정하여 해양관련 업무를 담당할 전담조직으로 상공부 산하에 '해무청'을 신설하였다.

해무청 해양경비대 시기는 내무부 소속의 해양경찰대에서 상공부의 해무청으로 변경되는 시기를 말한다. 이 시기는 구성원들이 경찰관 신분에서 특별사법경찰관리 신분으로 전환되었다.

법률 제354호에 의한 정부조직법 개정으로 수산, 해양경비, 조선, 항만공사에 관한 사무와 일반항만 및 해은행정을 일괄 관장하기 위하여 상공부 소속하에 해무청을 신설하고 해무청 내에 수산국, 해운국, 시설국을 두었다.

[2] 정부조직법 개정 및 직무권환

이에 따라 1955년 2월 17일 대통령령 제1010호의 해무청 직제에 의하여 수산국내에 해양경비과를 두고 어업자원보호법에 관련되는 해양경비와 항로표지[42]보호에 관한 사항을 분장하게 하고, 동년 8월 19일 대통령령 제1083호로 「해양경비에 종사하는 공무원의 직종, 정원 및 직무권한에 관한 건」이 공포되었다. 이 대통령령에서 해양경비원은 어업자원보호법 제4조(범죄의 수사)에 규정한 사법경찰관의 직무를 행하게 하고 계급은 총경, 경감, 경위를 각각 경령, 경정, 경위로, 경사를 경조장, 일등경조, 이등경조로 순경은 삼등경조, 일등경수, 이등

42) 항로표지란 등대, 등표, 입표, 부표, 안개신호, 전파표지, 특수신호 표지를 말한다.

경수로 분류하였다. 또한 해양경비과장이 그 과원으로써 해양경비대를 편성하고 필요한 곳에 해양순찰반을 두게 하였고, 서기관인 해양경비과장이 해양경비대장을 겸임하도록 하였으며 정원은 대장을 포함 572명으로 정하였다.[43)]

2 해양경비사령부로 개칭

[1] 해무청 해양경비사령부 개칭 (1956)

1956년 7월 23일 해무청 훈령 제12호로 해양경비대의 업무를 원활히 수행하기 위하여 '해양경비대'를 '해양경비사령부'로 개칭하고, 사령관은 이사관으로 참모장은 서기관으로 각각 보하였다. 하급조직으로서는 사령부내에 행정선임참모, 작전선임참모, 후방선임참모, 감찰관실, 본부사령실, 본부통신대, 제1정대사령, 제2정대사령, 해안구조대사령, 항공대사령, 기존의 7개기지 가운데 부산기지대를 폐지하고 나머지 6개 기지는 기지사령으로 개칭하였다. 이는 1955년 12월에 경비 임무수행 중이던 866정의 대원 4명이 중국 무장어선과 교전하다 피랍된 사건을 계기로, 해양경비대 전력을 강화하려는 목적에서 취해진 조치였다.

[2] 해무청 해양경비대로 전환 (1957)

1957년 들어 재정이 부족해진 정부가 범정부 차원에서 대대적인 예산절감 시책을 전개함에 따라, 해양경비사령부 역시 조직을 축소하고 인원을 감축하는 등 조직의 외형을 크게 줄여야 했다. 결국 1957년 11월 6일에는 '해양경비대'로 변경하고 인천, 군산, 포항, 묵호 기지대를 폐지하고 목포, 제주 등 2곳에만 기지대를 남겨두었다.

43) 해양경찰청, 「해양경찰 50년사」, 2003, 11-12면.

4장 내무부 해양경찰대 시기 (1962-1991)

1 해양경찰대 복원

[1] 내무부 치안국 해양경찰대 복원 (1962)

1960년 들어서면서 정부는 행정간소화 및 합리화 정책 등을 통해 강력한 예선절감 시책을 시작하였다. 이에 따라 1961년 10월 2일 정부조직법을 개정하여, 해무청을 해체하고 해양경비대를 내무부 치안국 소속으로 다시 이관하고 명칭도 '해양경찰대'로 복원하였다.

이와 같은 예산절감 시책에도 해상치안에 대한 문제는 더욱 중요한 현안으로 인식되어 그 기능을 강화하게 되었으며, 마침내 1962년 4월 3일 법률 제1048호로「해양경찰대설치법」을 제정·공포하여 내무부장관 소속하에 해양경찰대를 두고 어업자원보호법에 의한 관할수역내의 범죄수사와 기타 해상에 있어서의 경찰에 관한 사무를 관장하게 하였다. 대장은 행정부이사관, 부대장은 경무관으로 격상하여 보하도록 하는 한편 하부조직에 관한 해양경찰대의 직제, 공무원의 직증과 정원에 관한 사항을 각령으로 정하게 하였다. 따라서 1962년 5월 1일 이 법의 시행으로 1955년 대통령령 제1083호에 의한 해양경비에 종사하는 공무원의 직종, 직무권한에 관한 건은 폐지되었다.[44]

이「해양경찰대설치법」[45]은 1961년 10월 2일 법률 제724호 정부조직법 개정(제20조)의 기반이 되었고, 상공부 해무청 산하에 있던 해양경비대가 내무부 산하의 해양경찰대로 이관되는 근거가 된 것이다. 각령 제730호로 해양경찰대직제를 공포하고, 해양경찰대설치법의 목적에 따른 직무를 관장하도록 하였다. 해양경찰대의 대장·부대장·총경·경감·경위·경사·순경의 공무원을 두고, 하부조직으로서 경무과·경비과·정비과·통신과·기지대 및 항공대를

44) 해양경찰청,「해양경찰 50년사」, 2003, 16–159면. 1955년 8월 19일 대통령령 제1083호「해양경비에 종사하는 공무원의 직종, 정원 및 직무권한에 관한 건」이 공포.

45) 해양경찰대설치법은 1973년 1월 15일 폐지되었다. 법률 제2437호의 정부조직법 개정으로 1962년 4월 3일 제정되었던 해양경찰대설치법을 폐지하고, 정부조직법 제3조 제1항에 근거하여 대통령령으로 제정된 해양경찰대직제(1969년 9월 20일 전면개정, 1971년 7월 14일 및 1972년 5월 6일 일부개정)에 의한 조직기구가 되었다.

두었으며, 과장과 기지대 및 항공대의 장은 총경으로 보하도록 하였다. 그러나 당시 7개 기지대장과 항공대장은 주로 경감 또는 경위로 보해졌다.

[2] 한·일어업협정 체결 (1965)

1951년 10월부터 시작되었던 일본과의 국교 정상화를 위한 외교교섭이 숱한 파국과 우여곡절 끝에 타결을 보게 되어, 1965년 12월 18일 「한·일 어업협정」이 체결됨에 따라 시련과 고난 속에 평화선 경비는 어업전관수역 경비에 중점을 두게 되었다. 이 협정의 내용은 연안 또는 직선기선으로부터 12마일 이내는 한국전관수역으로하고, 전관수역선으로부터 평화선까지는 우리어선과 일본어선이 공동으로 조업할 수 있는 공동규제수역과 공동어자원조사수역으로 구분하여 일본어선의 조업척수와 어획량 등을 규제하는 것이었다. 이로써 한·일간의 조업질서는 새로운 질서를 맞이하게 되었다.

[3] 어로보호본부 설치 (1969)

우리 어선이 북한에 피랍되는 것을 방지하기 위하여 어로보호경비를 강화하게 되었다. 처음에는 해군이 담당하던 어로보호업무를 수산청으로 이관되었다가 1969년부터 해군, 수산청 등 관계기관의 협조 하에 해양경찰대가 주관하게 되었다.

따라서 1969년 3월 15일 경기도의 덕적도에 서해어로보호본부를 설치하였고, 동년 11월 1일에는 강원도 속초에 속초어로보호본부를 설치하게 되었다. 또한 속초기지대를 신설하여 동해어로보호업무를 지원하게 됨으로써 7개 기지대에서 8개 기지대로 기구가 증설되었다. 동·서해 어로보호본부는 1972년까지 서해의 조기 성어기와 동해의 명태 성어기에 한하여 해양경찰, 해군, 수산청의 파견요원으로 구성·운영되어 오다가 1972년 4월 17일 합동부령으로 「선박안전조업규칙」이 제정되면서 속초 및 인천지구대에 '어로보호본부'를 상설하고 지구해양경찰대장이 어로보호본부장을 겸하게 되었다.

[4] 직제 신설과 개정 (1969–1991)

1969년 9월 20일에 해양경찰대 본부에 정보수사과를 신설하여 종전 경비과에 속해 있던 정보수사기능을 강화하여 늘어나는 해상범죄의 수사와 해상관계 정보활동을 보강하게 되었고, 해상직무교육의 충실을 기하기 위하여 1971년 7월 해양경찰대교육대가 발족되었다.

1972년 5월 6일에는 해양경찰대 직제를 개정하여 부산지구해양경찰대를 신설하는 한편 기지대를 '지구해양경찰대'로 개칭함으로써 경찰기관으로서의 지위를 향상시켰다. 이리하여 하부조직으로 본대에 5개과와 9개 지구해양경찰대를 두었으며, 지구대에 함정을 배치하여 경비함정 운용체제를 종전의 본대 중심체제에서 지구대 중심체제로 전환하여 관할구역 내에서 독자적인 지휘권을 가지고 책임경비를 하게 되었다.

해상범죄수사, 해양오염감시 등 민생치안 질서 확립을 위해 1989년에 대공계, 형사계를 신설하고, 1990년 해난구조대 신설 및 해양오염관리관실을 해양오염관리부로 변경하였다.

2 치안본부 소속으로 변경

[1] 치안본부 소속으로 변경 (1974)

1974년 8월 15일 광복절 기념행사에서 육영수 여사 저격사건이 있었고, 이에 따라 경찰력을 강화할 필요성이 있었으므로 1974년 12월 24일 내무부 치안국을 치안본부(차관급)로 격상시켰다.

[2] 오염방제업무 신설 (1977)

산업발전으로 국가경제가 크게 성장하면서 환경보전의 필요성이 날로 증가하자 1977년 12월 31일 「해양오염방지법」을 제정하고, 해양오염방지업무를 담당하게 되는 등 업무량이 증가하자 해양경찰대 직제를 개정하여 조직을 개편하였다.

1978년 8월 9일 해양경찰대 직제에 의하면 본대에 관리부와 경비부, 해양오염관리관실을 신설하였고, 오염관리관 아래에 감시과, 방제과, 시험연구과를 두었으며, 지구대에 해상공해과를 둠으로써 본대에 2부 1실 9개과 지구대에 4개과를 두어 새로운 조직면모를 갖추었다.

[3] 해양경찰대 본대 청사이전 (1979)

1953년 부산에서 창설된 해양경찰대는 해상경비 전반의 업무를 보다 효율적으로 수행하는 한편, 내무부, 국방부, 수산청 등 관련 중앙기관과 긴밀하고 원활하게 업무협조 체계를 구축하기 위해, 1979년 10월12일 인천청사로 이전하였다.

[4] 1000톤급 경비함정 취역(1982)

1982년 2월 16일 1000톤급의 신조 경비함 낙동강호(1001함)가 첫 취역을 하였다. 당시 44억 4,150만 원의 예산이 투입된 1000톤급은 기존에 해양경찰대가 보유하고 있던 경비함보다 월등히 큰 대형함정으로, 해양경찰대에는 최초로 도입되는 대형 신조 함정이었다.

[5] 대장 직급 변화(1984-1991)

1984년에서 1991년의 기간에는 조직의 위상제고를 위해 대장의 직급을 치안감에서 치안정감으로 경정급 지구대장의 직급을 총경으로 격상하였다.

[6] 해양경찰대훈과 해양경찰대가 제정(1985)

해양경찰대는 해양경찰대원 모두가 공유하는 공통의 가치관을 정립하고 이를 바탕으로 고유의 조직문화를 구축하기 위하여 1985년 5월 13일에 '해양경찰대훈'과 '해양경찰대가(歌)'[46]를 제정하여 공포되었다(윤성현·박주상·김경락, 2018: 46).

[7] 선박입출항 신고업무 인수(1986-1989)

선박에 대한 안전조업·운항지도와 월선, 피랍방지 등 해양경찰 업무를 효율적으로 수행하기 위하여 1986년부터 1989년까지 3차례에 걸쳐 선박출입항신고기관 368개소를 연안경찰서로부터 인수하였다.[47]

---

46) '해양경찰 대훈은 해양경찰대원의 사고와 행동의 기준이 될 통일된 가치관을 상징하는 것으로, "굳센 체력과 강인한 정신력으로 조국수호에 신명을 다하는 역사적인 해양경찰이 되자"로 설정되었다. 해양경찰대가(歌)는 미당 서정주 시인이 작사를 맡고 작곡가 김동진 교수가 작곡하였으며, 역동적인 음률이 대원들의 사기를 북돋우고 해양경찰의 역동성을 부각하는 역할을 하였다.'

47) 선박출입항통제업무 인수는 3차례에 걸쳐 있었다. 이는 선박의 출입항 통제와 해상조업 통제에 관한 업무관장 기능을 일원화하고 해양경찰대의 기능강화 및 대원 사기진작을 목적이었다. 1차는 1986년 1월 1일 연안경찰서 관장 선박통제업무 해경 이관 지시(치안본부 작전 02643-12371호)에 의거 인천, 화수, 동해, 속초 등 통제소 4개소, 부산, 다대포, 중동, 해망, 동명, 서산, 중앙, 봉산, 포항, 충무, 제주 등 합동신고소 11개소, 부산 남항, 전북 군산시 해상검문소 2개소, 여객선안전승무원 12개 노선 12척 등을 인수하였고, 1986년 3월 1일 부산 북항 검문소를 인수하였다.
2차는 치안본부 작전 02643-5926(87. 4. 17)호 "선박통제업무 이관지시"에 의거 연안경찰서에서 관장하고 있는 출입항신고기관 중 소재지 행정구역내에 위치하고 지·파출소에서 겸하지 않는 통제소 8개소, 합동신고소 12개소, 신고소 48개소 등 선박출입항 신고기관 68개소를 1987년 5월 4일 인수하였다.
3차는 1989년 1월 21일 치안본부 작전 02643-19862(88. 12. 31)호 "선박통제업무 이관지시"에 의거 연안경찰서에서 관장하고 있는 출입항신고기관 중 울릉도를 제외한 통제업무를 기본임무로 하는 제주한림합동신고소와 신고소 288개소를 인수하였다.

5장 경찰청 산하 해양경찰청 시기 (1991-1996)

1 경찰청 소속 해양경찰청

[1] 경찰청 산하 해양경찰청으로 개편 시기 (1991)

1991년 5월 3일의 「경찰법」제정에 따라 경찰청 소속의 해양경찰청 시기를 말한다. 이 시기는 경찰청 산하 해양경찰청 체제를 유지하면서 경찰기관으로서 지속적인 발전을 도모하였던 시기이다. 인력과 장비 면에서 보강이 계속되었고, 조직편제도 지방청 단위로서 필요한 조직들을 갖추기 시작하였다. 1996년 해양수산부가 발족되기까지 안정된 토대 위에 발전을 도모하였고 해상에서 경찰기능, 안전관리, 그리고 해양오염관리를 수행하는 중앙행정기관으로 인프라를 형성하는 시기였다. 이 시기의 해양경찰 조직의 변화는 다음과 같다[48].

1991년 5월 31일 경찰법(법률 제4369호)이 제정되어 경찰청장 소속하에 해양경찰청으로 승격하여 최초의 청단위로 발전하게 되고, 지구해양경찰대가 해양경찰서로 승격하게 된다. 동년 7월 23일 「경찰청과 그 소속기관 등 직제」가 제정되어 본청은 4부 11과 1창 1담당관과 11개 해양경찰서로 편제된다.

[2] 소속명칭 변경과 직제 및 인원 변화

조직면에서도 1991년 5월 3일 「경찰법」제정으로 해양경찰대는 경찰청 소속기관인 "해양경찰청"으로, 지구해양경찰대는 "해양경찰서"로 변경되었다. 청장의 하부조직으로는 경무부(경무과, 기획감사과, 정비보급과, 전산담당관), 경비부(경비과, 구난과, 통신과), 정보수사부(수사과, 정보과), 해양오염관리부(감시과, 방제과, 시험연구과)와 정비창을 두었으며, 11개 해양경찰서에는 경무과, 경비통신과, 정비보급과, 정보수사과, 해양오염관리과를 기본으로 두도록 했다.

---

48) 해양경찰청, 「해양경찰 50년사」, 2003, 160-184면.

1993년 「경찰청과그소속기관등직제」를 개정하여 일반직공무원 직급별 명칭을 변경하였다. 이때의 정원은 경찰공무원 3,815명, 일반직 156명, 기능직 207명 등 총 4,178명으로 1982년에 비하면 2.2배, 1971년에 비하면 4.3배가 증가하였다.

1994년에는 「유선 및 도선사업법」이 개정되어 해수면의 유·도선 통제업무를 관장하게 되고 정원이 일부 증원되어 총 4,202명(경찰공무원 3,825명, 일반직 161명, 기능직 216명)으로 늘어났다.

1995년 10월 4일에는 「SAR협약」에 가입하여 동 협약 이행 기관으로서 역할을 담당하게 되었다. 유·도선 업무와 신조함정 5척, 헬기 3대 도입, 울릉도 선박출입항신고소 9개소 이관, 정비창 기능인력 등의 수요에 의하여 정원이 103명 증원되어 총 4,305명(경찰공무원 3,865명, 일반직 176명, 기능직 264명)이 되었다.

[3] 주변 환경변화

대외적으로는 1991년 9월 17일 남·북한 유엔 동시가입 및 1992년 '남북사이의 화해와 불가침 및 교류협력에 관한 합의서'와 '한반도 비핵화 공동선언' 합의 및 한·러, 한·중 국교정상화를 연달아 이루어 냄으로써 한반도에서도 불안하나마 평화체제가 서서히 터전을 굳히게 되었다. 이렇듯 육지에서 변화뿐만 아니라 해양은 1994년 「바다의 마그나카르트타」인 「유엔해양법협약」의 발효와 함께 연안국들은 200해리 배타적경제수역(EEZ)을 설정하고, 자국 EEZ내에서 외국어선에 대한 조업규제를 강화하는 등 해양은 국경 없는 바다에서 국경 있는 바다로 변화되었다.

국내적으로는 선복량[49]의 증가와 안전 불감증으로 인해 1993년 292명이 희생된 서해훼리호 침몰사고[50], 1995년 씨프린스 좌초사고[51] 등의 대형 해양사고는 우리나라가 국내·외적

49) 선복량(船腹量): 선박의 크기를 나타내는 단위로는 톤수가 사용되고 있는데 여기에는 여러 가지 종류가 있다. 가장 표준적인 것이 총톤수(gross tonnage)로 선박의 갑판 아래의 적재량과 갑판위의 객실, 선원용 시설 등을 추가한 용적을 100입방피트=1톤으로 해서 계산한다. 이는 조선량과 함께 각종 선박의 합계량을 나타내는 데 이용된다. 또한 화물선과 탱커 등의 선복량을 나타내는 데 이용되는 것이 중량톤수(dead weight)로, 적재할 수 있는 총중량을 나타낸다. 일반 화물선과 탱커의 경우 총톤수의 1.5배 정도가 중량톤수이다. 이밖에 총톤수에서 기관실, 선박조종실, 선원실 등 운항에 필요한 용적을 뺀 순톤수(net tonnage), 선체의 무게에 의해 배출되는 무게를 계산해서 산정한 배수톤수 (displacement tonnage) 등이 있다(네이버 용어사전).

50) 서해훼리호 침몰사고는 1993년 10월 10일 09:40경 전북 부안군 위도면 파장금항을 출항하여 격포항으로 항해중이던 여객선 서해훼리호(110톤, 정원 221명)가 10:00경 위도 동방 4.6km해상 임수도 근해에서 심한 풍파로 인하여 항해가 불가능해지자 위도로 회항하려고 선수를 돌리는 순간 파도에 기울여 과승, 과적된 승객과 화물이 한쪽으로 쏠리면서 전복·침몰하여 승선한 362명(승객 355, 선원 7)중 79명이 구조되고 나머지 292명이 사망하였다. 이 사고는 해양경찰에도 큰 변화를 가져오는 촉매가 되어 일관된 지휘체제를 갖지 못했던 해상구난체계를 정립하는 계기로 1994년 수난구호법을 개정하고, 해양경찰청장을 중앙구조조정본부장으로 하는 구난체제 일원화와 신속한 사고 접수 및 전파를 위해 5개 구난무선국과 위성 조기경보 수신체제를 구축 운영하게 되었다. 특히, 대형 인명사고 예방을 위하여 1996년도에 내무부로부터 여객선 및 유도선 안전관리 업무를 인수받았다.

51) 씨프린스호 좌초·오염사건(1995년 7월 23일)

으로 해양사고 다발국으로 인식되는 불명예를 가져왔고 우리 사회에서 안전에 대한 각성의 소리가 드높아지기 시작했으며, 한·중 수교로 인한 중국과의 관계 개선에 따라 중국어선의 우리수역 침범 불법조업과 해상 밀입국사건이 일간지 사회면의 중요기사로 다루어질 정도로 심각한 사회문제로 대두되어 우리나라 해역을 실질적으로 확보하고 지킬 수 있는 해양경찰의 역할이 그 어느 때보다 요구되는 중요한 시기였다.

[4] 특수해난구조단 발족

1991년 6월 28일 함정에 의한 기존의 인명구조체계로는 구조가 어려운 악천후의 사고나 화재, 폭발, 전복 등 위험성이 높은 사고 발생시 구조를 전담하기 위해 잠수요원 29명으로 구성된 특수해난구조단을 발대하였다.

[5] 울산해양경찰서 신설 (1992)

1992년 10월 17일 울산해양경찰서를 신설하여 경남 북부지역의 해상치안과 어민들의 안전조업에 기여하게 되었다. 특히 울산 지역은 다수의 정유공장과 석유화학공업단지, 대형 조선소 등이 입주해 있어 대형선박의 통행량이 많은 곳으로 이들 임해중요시설의 보호경비에도 일익을 담당하였다.

[6] 즉결심판 청구권 (1992)

1992년에는 「즉결심판에관한절차법[52]」이 개정되어 해양경찰서장이 해상관련 경미한 사범에 대하여 관할법원에 「경범죄처벌법」에 의한 즉결심판을 청구할 수 있게 되었다.

씨프린스호(140,537톤, 승선원 20명, 선종: 원유운반선)는 1995년 7월 23일 14시 10분경 전남 여천군 남면 소리도 동쪽 8km 지점에 위치한 작도와 부딪치는 사고가 발생하였다. 이날 사고는 태풍 "페이"로부터 피항하던 중 일어났으며 기관 연료유(방카C유) 1,400톤 중 약 700톤 정도 추정(700톤은 화재로 손실)하고 있으며, 좌초지점으로부터 남북으로 30km, 동서로 15km 범위 내에 위치한 여천군 남면 연도, 안도, 금오도 영안해상 및 돌산읍 성두, 임포 무술목 연안까지 부유, 일부 기름띠는 경남 남해군까지 이어진 사고로 전체 승선 인원 20명 중 1명이 실종되었다. 이 사고는 외국의 사례로만 생각하였던 대규모 기름유출사고가 우리나라에서도 발생할 수 있음을 입증시켜준 사고였으며 온 국민에게 기름오염의 심각성을 일깨워 준 계기가 되었다. 이에 따라 정부에서는 방제정책의 중요성을 인식하고 좀 더 빨리 추진할 수 있었으며, 주요 내용을 보면 방제업무를 해양경찰청으로 일원화, 국가·지역 방제실행계획 수립, 과학지원단 제도 도입, 해양경찰 방제능력 확충 및 방제조합 설립, 민간방제능력 확충, 국제협력 체제 구축 등 많은 발전을 가능하게 하는 전환점이 되었다(해양경찰청(2003). 해양경찰50년사, 208면).

52) 「즉결심판에 관한 절차법」은 수차례 개정되어 시행되고 있는 이 법의 목적은 범증이 명백하고 죄질이 경미한 범죄사건을 신속·적정한 절차로 심판하기 위하여 즉결심판에 관한 절차를 정하기 위한 것이다. 동법 제2조의 즉결심판의 대상은 "지방법원, 지원 드는 시·군법원의 판사는 즉결심판절차에 의하여 피고인에게 20만원이하의 벌금, 구류 또는 과료에 처할 수 있다"라고 규정하고 있고, 동법 제3조는 "즉결심판은 관할경찰서장 또는 관할해양경찰서장이 관할법원에 이를 청구한다."고 규정하고 있다.

[7] 수난구호법 개정 (1994) 및 SAR협약 가입 (1995)

해양경찰은 이러한 시대적 과제에 적극적으로 대응하기 위해 1993년 서해훼리호 사고 이후 1994년부터 해수면 유·도선의 안전관리업무를 일선 시·도지사로부터 이관 받고, 범국가적인 수난구호체제 구축을 위하여 1994년 12월 SAR 협약을 수용하기 위한 국내입법으로 「수난구호법」을 개정하고 이어서 1995년 10월 SAR협약에 가입하여 국제적 구난협력체제에 동참하는 등 국제적인 해양경찰로 도약하는 계기가 되었다.

또한 SAR(Search and Rescue)통신망 구축사업은 해난사고 발생시 신속하고 체계적인 조난신호 처리를 위하여 국제해사기구(IMO)에서 채택하여 시행하는 세계 해상조난 및 안전제도(GMDSS: Global Maritime Distress And Safety System)[53]에 규정한 선박조난신호 청취를 위한 '통신장치 설치' 및 해양경찰청과 예하 해양경찰서에 '수색구조용 전산망 구축' 사업으로 1995년부터 1998년까지 3단계로 나누어 해양경찰청을 '중앙구조본부'로, 부산, 인천, 동해, 목포, 제주해양경찰서를 5개 '구조조정본부'로 선정하여 추진하였다.

[8] 낚시어선어법 제정 (1995)

1995년 12월 29일 낚시어선을 이용하는 승객의 안전을 도모하고 낚시어선업의 건전한 발전과 어가(漁家)의 소득증대를 위해 법률 제5078호로 「낚시어선업법」을 제정하였다. 낚시어선업은 어선법에 의하여 등록된 어선에 수산동식물을 포획하거나 채취하고자 하는 자를 승선시켜 하천·호소(湖沼) 또는 바다의 낚시장소에 안내하거나 당해 어선의 선상(船上)에서 수산동식물을 포획·채취토록 하는 것을 영업으로 하는 사업을 지칭하며 일반 국민의 레저욕구를 만족시키고 어가(漁家)의 소득증대를 도모하기 위해 고안된 제도로서 일정한 내수면을 구획하여 시설을 갖춘 낚시터를 경영하는 「내수면어업법」에 따른 낚시업과는 구별되며, 「유선 및 도선사업법」의 적용이 배제되는 것이 특징이다.

[9] 해양오염방지법 개정 (1995)

선복량 증가에 따른 1995년 씨프린호 좌초사고 등의 대형 오염사고가 빈발하고, 연안 해

---

53) IMO(국제해사기구)의 SAR협약(International Convention on Maritime Search and Rescue, 1979): 해양경찰청은 SAR협약의 국내 이행 기관으로서 해상에서의 조난선박 및 인명에 대한 수색구조 업무를 수행하고 있다. SAR협약은 1979년 4월 27일 독일 함부르크에서 체결되어 1985년 6월 22일 발효되었으며, 우리나라에서는 1995년 10월 4일 발효되었다. SAR협약은 해상에서 조난자를 신속하고 효과적으로 구조하기 위해 연안국이 자국 주변의 일정 해역에 대해 수색구조의 책임을 분담하고 적절한 수색구조업무를 수행하기 위해 국내제도를 확립함과 동시에 관계국간의 수색구조 활동의 조정 등의 협력을 행할 수 있도록 세계적인 수색구조 협력 체제를 창설하는 것을 목표로 제정되었다 〔해양경찰청(2009). 해양경찰백서, 96면〕.

안의 적조현상 등으로 해양오염이 사회적인 문제로 대두됨에 따라 1995년 12월 29일 신속하고 체계적인 방제를 위하여 해양오염방지법을 개정하였다. 이때 정부는 해양경찰청, 수산청, 해운항만청 및 각 시·도에 분산되어 있던 해양오염방제업무의 책임기관을 해양경찰청으로 일원화하는 특단의 조치를 취하였다.

2 국제해양질서 변화와 해양경찰청 독립

1996년 1월 29일 유엔해양법협약을 비준(1996년 2월 28일 발효)함에 따라 해양경찰의 관할해역은 영해에서 배타적 경제수역으로 약 5.2배 넓어짐에 따라 광역해역의 경비 및 해양자원 확보가 최우선 과제로 대두되어 1996년 8월 8일 「정부조직법」개정으로 경찰청 소속기관에서 해양수산부의 외청으로 독립함으로써 '해양경찰청 시대'를 열었다.

6장 해양경찰청 독립외청 (1996-2014)

1 해양수산부 외청 해양경찰청 시기 (1996-2008)

[1] 해양수산부 외청 해양경찰청 시대 개막 (1996)

유엔해양법협약이 1994년 11월 16일 발효하였으나, 우리나라는 1995년 12월 국회의 비준을 거쳐 1996년 1월 29일 유엔에 비준서를 기탁하여 1996년 2월 28일 발효하게 되었다. 유엔해양법협약이 국내적으로 발효하게 됨에 따라 정부는 우리나라의 권리를 확보하고 국제해양질서에 동참하기 위해 배타적경제수역법[54] 등 9가지 국내법령을 제·개정하여 1996년 8월 8일부터 시행하게 됨에 따라 해양경찰청은 관할해역을 어업자원보호선 내측해역으로 한정되어 있던 것을 관할해역 외측범위를 두지 않도록 개정하였다. 그 결과 해양경찰의 관할해역은 영해에서 배타적 경제수역으로 약 5.2배 넓어짐에 따라 광역해역의 경비 및 해양자원 확보가 최우선 과제로 대두되었다[55].

이러한 배타적경제수역 선포에 따라 수역의 범위는 확대되었으나, 우리나라「배타적 경제수역에서의 외국인어업 등에 대한 주권적 권리의 행사에 관한 법률」제3조 2항은 외국과의 협정에 따라 정하는 경우에는 그 협정을 따르도록 되어 있어 외국어선의 불법조업 방지와 단속을 위해서는 어업협정을 체결할 필요가 있어, 1999년 1월 22일 한·일어업협정을 개정하고, 2001년 6월 30일 한·중어업협정이 발표되어 어업협정선을 침범하는 외국어선의 불법조업 단속 등 해상치안수요가 급증하였다.

이와 같이 격변하는 국내외 정세와 해양환경의 소용돌이 속에서 해양경찰은 1953년의 12월 23일 창설 이래 45년 만에 해양경찰 고유의 위상을 확보하지 못하다가 1994년 유엔해양

---

54) 우리나라가 1996년 1월 29일 유엔해양법협약을 비준(1996년 2월 28일 발효)함에 따라 동 협약에서 인정하고 있는 배타적 경제수역의 범위를 설정하고, 배타적 경제수역 안에서 우리나라의 권리와 외국인에게 허용되는 해양이용에 관한 자유 등을 정함으로써 국제적으로 중요성이 증대되고 있는 새로운 국제해양질서에 적극적으로 동참하기 위해 '배타적 경제수역법'이 제정되었다.

55) 해양경찰청,「해양경찰백서」, 2009, 217-218면.

법협약 발효 등 국제적으로 해양에 대한 중요성이 크게 부각되고, 해상교역량의 99.7%를 해상수송에 의존하고 있는 우리나라의 경제적 입지를 고려하여 정부의 해양 정책강화에 따라 1996년 8월 8일「정부조직법」개정으로 경찰청 소속기관에서 해양수산부의 외청으로 독립함으로써 '해양경찰청 시대'를 열었다.

[2] 직제개정과 조직변화

해양경찰청으로 독립됨에 따라 정부조직법에 의거 해양에서의 경찰 및 오염방제에 관한 사무가 신설되었으며, 해양경찰청은 종전 4부 1창 1담당관 11과에서 4국 1관 3담당관 12과로 확대 개편하고, 해양경찰서는 6-8과(1대) 17계 1실, 정비창은 7과 1단 8계로 개편되는 등 조직발전의 전기가 되었다.

1999년 5월 24일에는 21세기 신지식·정보화 시대에 대비하여 정부기능을 핵심역량 위주로 재편하고 일부부처간 기능을 재조정을 통하여 효율적인 국정운영체제를 구축하기 위하여 정부조직법이 개정됨에 따라 대통령령 제16363호로「해양경찰청과그소속기관직제」를 개정하여 청장의 업무대행체제 확립을 위해 차장을 신설하고, 경무과를 독립시켜 총무과로 신설하며, 기동방제과를 폐지하고 그 사무를 경비구난국과 해양오염관리국으로 분장 이관시키고, 수상레저업무 해상교통문자방송업무를 신설하며, 정원 31인(본청 12인, 소속기관 19인)을 감축하였다.

1999년 11월 9일 OPRC(International Convention on Oil Pollution Preparedness, Response and Co-operation, 1990)협약에 가입했다. 국가방제능력을 초과하는 재난적인 대형 유류오염사고를 대비하여 각 국가별로 대응태세를 구축하기에는 경제적인 부담이 크고 유출된 기름이 인접국까지 확산되어 해양환경의 피해를 가중시키는 등 국제적인 협력의 필요성이 대두되어 1990년 11월 유류오염 대비·대응 및 협력에 관한 국제협약(OPRC 협약)을 채택하여 1995년 5월 13일 발표되었다. 우리나라도 1999년 11월 9일에 이 협약에 가입하여 2000년 2월 9일 국내에 발표됨에 따라 국제협력체제 구축을 위한 기반을 갖추게 되었다. 한편, 1999년 1월 22일 한·일 어업협정과 2001년 6월 30일 체결한 한·중 어업협정으로 해양경찰은 영해구역 경비체제에서 배타적 경제수역 경비체제로 전환하였다.

[3] 수상레저활동의 안전 확보 및 위성조난통신소 설치

1999년 2월 8일에는 수상레저안전법[56]이 공포되었다. 국민소득의 향상과 수상레저활동의 다양화로 수상레저 인구가 급속히 증대됨에 따라 수상레저기구 조종자에 대한 면허제도, 수상레저 활동자의 안전준수의무, 수상레저기구사업자의 등록제도 등을 도입함으로써 수상레저 활동의 안전과 질서를 확보하고 수상레저사업의 건전한 발전을 도모하기 위한 것이었다.

1999년 2월부터 국제해사기구(IMO)의 권고에 따라 세계 해상조난 및 안전제도(GMDSS)의 시행으로 국제항로에 취항하는 모든 선박과 일정규모 이상의 선박·어선들은 조난 및 안전통신장비를 설치하였고, 해상에서의 선박 조난사실을 청취하기 위해 해양경찰청은 '중앙구조본부'로 하여 '위성조난통신소(Cospas-Sarsat System)'을 설치 운용하고, 부산·인천·동해·목포·제주해양경찰서를 '구조조정본부'로 구성하여 '구난무선국'을 운용하였다.

[4] 해양경찰 로고와 캐릭터 개발 (2003)

2003년 1월 해양경찰에 대한 국민들의 인지도와 친근감을 제고하고자 해양경찰을 상징하는 로고마크와 캐릭터를 처음으로 개발하여 선포하였다. 특히 캐릭터에는 해우리와 해누리라는 이름을 붙여 누구에게나 쉽고 친근하게 통용될 수 있도록 하였다.

[5] BSC 성과평가 도입 (2004)

해양경찰은 2004년 1월 공공기관 최초로 성과관리를 BSC 지표화하여 계량화·구체화하는 혁신적인 변화를 추진하였다. 성과관리와 BSC시스템은 해양경찰의 혁신활동의 상징이자 기본적인 틀이라고 할 수 있지만 평가방법과 운용에 많은 문제점이 도출되어 세월호사고 이후 폐지되었다.

[6] 차관급 외청으로 승격과 해양경찰연구소 설립 (2005)

2005년 7월 22일 해양경찰청장의 직급을 치안정감에서 치안총감으로, 차장의 직급을 치안감에서 치안정감으로 상향조정하고, 정책홍보관리관 및 국제협력관을 신설하며, 경무기획국을 장비기술국으로 개편(차장 6국(관) 16과 3담당관 1단)하였다. 또한 해양경찰청은 21세기 새로운 해양국가시대를 맞아 해양전문기관으로 역량과 전문성을 확보하기 위해 독자적인 연구기관이 필요하다고 생각하였다. 이에 2005년 12월 22일 기존의 해양환경 시험·연구 기능에 경찰장비 개발 및 해상과학수사·정보지원 기능의 업무를 확대·보강하여 '해양경찰연구개발센터'를 설립하였다.

56) 수상레저안전법의 제정은 해양경찰청의 기능이 육상의 내수면까지 확장될 수 있는 계기가 되어 수상레저활동의 안전관리에 대하여 총체적 책임기관으로 확대되었다.

[7] 지방해양경찰청으로 확대개편 및 신설

2006년 11월 9일에는 동해·목포·부산지방해양경찰본부를 각각 동해·서해·남해지방해양경찰청으로 확대 개편과 인천지방해양경찰본부를 폐지하고 인천해양경찰서를 본청 직할서로 개편하였다. 지방청 신설에 필요한 소요인력 확보를 위해 본청 인력 25인(총경2, 경정4, 경감6, 경위4, 경장5, 순경4)을 소속기관으로 이체하였고, 지방청 신설 및 연안인명구조장비 도입 등에 따른 운용인력 71인(경무관3, 총경7, 경정4, 경감19, 경사4, 순경3, 4급2, 5급1)을 소속기관에 증원하였다.

2012년 6월 1일에는 제주지방해양경찰청이 신설되고, 동년 6월 25일에는 서해지방해양경찰청장의 직급이 경무관에서 치안감으로 격상되었으며, 2012년 12월 4일에는 창원해양경찰서가 신설되었다. 2013년 11월 5일에는 「해양경찰청과 그 소속기관 직제」 제24조에 의해 남해지방해양경찰청장의 직급이 치안감으로 격상되었고, 서해지방해양경찰청에 안전총괄부가 신설되었다. 안전총괄부에 부장은 경무관으로 보하고 관장업무로는 해상경비에 관한 계획의 수립 및 지도, 해양에서의 수색·구조업무에 관한 사항, 파출소·출장소 운영 및 외근업무의 기획·지도, 수상레저의 안전관리, 수사업무와 그 지도 및 조정, 정보업무에 관한 지도 및 조정, 국제적 범죄 또는 외국인 관련 범죄의 수사지도, 해양오염 방제조치에 관한 사항, 해양오염예방을 위한 지도·점검 및 감시·단속에 관한 사항, 오염물질의 감식 및 분석에 관한 사항 등이다.

[8] 122 해양경찰구조대 운영 및 해양경찰학교(교육원) 이전

2007년 1월에는 전문적인 해양구조활동 및 응급구조서비스를 제공하기 위해 전국의 해양경찰서에 전문잠수요원 및 응급구조요원으로 구성된 '122해양경찰구조대'를 설치하여 연안해역 사고에 대응하였고, 2007년 12월 12월 28일에는 차관급 외청에 걸맞은 인프라를 구축하고 미래지향적인 해양경찰교육 설립의 기반을 조성하기 위해 충남 천안시 동남구 병천면으로 새 캠퍼스를 마련하여 해양경찰학교를 인천 영종도에서 이전하였다. 이후 국가균형발전을 위한 공공기관 지방 이전 정책에 따라 2013년 11월 12일에 전남 여수에 해양경찰 전문 교육기관을 신축하여 최첨단 훈련시설과 4,200톤급 실습훈련함을 보유하는 '해양경찰교육원'으로 이전하였다.

2 국토해양부 외청 해양경찰청 시기 (2008-2014)

[1] 국토해양부 소속으로 변경

2008년 출범한 이명박 정부에서는 급변하는 국내·외 환경에 신속하고 능동적으로 대처할 수 있는 작고 유능한 정부를 구현하여 공공부문의 효율성을 높인다는 취지에서 대통령 취임과 동시에 부처 통·폐합 등 정부조직을 대대적으로 개편하였다. 이 과정에서 해양수산부가 폐지되고 그 기능이 신설되는 국토해양부로 통합되었다. 이에 따라 해양경찰청도 국토해양부 외청으로 개편되었다.

[2] 해양경찰 복제 개정 및 상징표지 도입 (2008–2009)

해양경찰청은 오랫동안 경찰청과 동일한 복제를 사용하여 왔다. 그러나 외청 독립이후 해양경찰 고유의 복제가 필요하다는 의견에 따라 2008년부터 새 제복을 도입하였고, 2009년에는 해양경찰은 상징하는 모든 시각물에서 해양경찰의 이미지를 통합하고 심벌, 전용색상, 로고타입 등의 통일된 디자인체계를 확립하였다.

[3] 해양경찰의 날 변경 및 여경의 날 제정

해양경찰은 1998년 이후(이전은 경찰의 날) 해양경찰 창설기념일인 12월 23일을 해양경찰의 날로 지정하여 운용해 왔으나, 2011년부터 배타적경제수역 발효일인 9월 10일로 변경하여 행사를 진행하고 있다. 이후 2013년에는 해양경찰의 날이 법정기념일로 발전하였다. 또한 2013년 7월 해양경찰청은 1986년 해양경찰 최초로 여경 2명이 임용되었던 5월 1일을 '해양경찰 여경의 날'로 제정하였다.

[4] 해양경비법 제정 (2012)

기존에 제정된 경찰관직무집행법에 해양경찰의 업무특성을 반영한 특별법 형태로 만들어진 해양경비법이 2012년 2월 22일 공포되었다. 이를 통해 해양경찰공무원의 활동에 필요한 권한을 명문화하고, 해상검문검색제도 도입, 선박 추적·나포, 해상항행 보호조치 등의 내용을 신설하였다. 또한 무기사용에 대한 요건 등을 마련하였으며, 사용가능한 장비·장구를 명시해 해양경찰활동이 엄격한 법적 절차에 따라 집행되도록 하였다.

7장 국민안전처 해양경비안전본부 (2014-2017)

1 세월호사고와 조직개편

조직개편의 배경은 2014년 4월 16일 세월호사고가 발생하여 무고한 생명 304명이 사망하거나 실종되었다. 이 사건에 대한 대응에서 해양수산부, 안전행정부, 해양경찰청의 대응이 부실하였다고 지적하였다. 이에 따라 2014년 5월 19일 박근혜 대통령은 대한민국이 다시 태어나는 계기를 반드시 만들겠다고 담화문을 발표하면서 조직개편안을 제시하였다. 그 내용은 2014년 11월 19일부로 정부조직법을 개정하여 해양경찰청을 해체하고 해양경찰의 업무를 신설되는 '국민안전처' 소속의 '해양경비안전본부'에서 맡게 한다는 것이다. 2014년 조직개편안의 주요 내용은 다음과 같다.

첫째, 안전행정부의 재난안전 총괄·조정 기능 등과 소방방제청의 기능, 해양경찰청의 해양경비·안전 및 오염방제 기능을 통합하여 국무총리 소속으로 '국민안전처'를 설치한다.

둘째, 해양경찰청은 수사·정보 기능을 경찰청으로 이관하고, 해양에서의 경비·안전 및 오염방제 기능을 국민안전처로 이관하고 폐지한다.

2 국민안전처 해양경비안전본부 체제

2014년 11월 19일 정부조직법이 시행되어 국민안전처 해양경비안전본부는 기존의 6국 체제에서 3국 체제르 변화되었다. 그 3국은 해양경비안전국, 해양장비기술국, 해양오염방제국으로 변화되었다. 그 사무 범위는 해양에서의 경비안전오염방제 및 해상발생사건의 수사로 다소 축소되었으며, 조직개편에 의하여 정보수사국, 기획조정관, 국제협력관 등의 직제가 폐지되고, 그 업무는 해양경비안전국으로 통합되었다. 해양경찰청 소속 경찰공무원에서 국민안전처 소속 경찰공무원으로 신분이 변화되었고, 기존의 정보·수사 부서에서 근무하는 경찰관 250여명이 경찰청으로 소속이 변경되어 육지에서의 해양관련 업무를 담당하게 되었다.

[1] 중앙해양특수구조단 신설

세월호 참사 이후 동년 12월에 해양경찰의 구조·방재 전문인력 62명을 선발하여 중앙해양특수구조단을 신설하였다. 주요 임무로는 대형·특수해양사고의 구조 및 수중수색과 현장지휘, 중·대형 해양오염사고 발생시 응급방제조치 등이 있다.

[2] VTS 이관

2014년 11월 19일 정부조직법이 개정되면서 국민안전처가 신설되었고, 기존 해양수산부와 해양경찰청으로 이원화되었던 해상교통관제센터(VTS : Vessel Traffic Service)가 국민안전처 해양경비안전본부로 소속이 변경되었다. VTS는 1993년 포항에 해상교통관제시스템 최초도입 이후 부산 등 15개 항만 및 진도, 여수연안, 통영연안 등 총 18개소에 설치되어 있다.

[3] 수사·정보업무 일부 경찰청 이관

해양경찰 조직체계는 외형적으로는 본부의 국, 과의 감소로 축소되었고 특히, 정보와 수사의 경찰청 이관으로 정보수사국이 '과'단위로 축소되어 임력 감소를 가져왔다.

[4] 중부해양경비안전본부 신설

2014년 11월 28일 '중부해양경비안전본부'가 신설되어 서해 중부권 해역인 , 평택, 태안, 보령까지 4개 지역 해양경비안전서를 관할하였다. 산하에는 해양경비안전센터 24개, 출장소 46개를 운영하여, 해양경찰관 1,717명, 일반직 153명, 의경 501명 등 2,371명이 배치되었다. 보유장비는 1,00톤급 이상 경비함 4척 등 함정 68척, 항공기 6대 등이 있다. 이에 따라 해양경비안전본부는 중부해경본부를 포함해 모두 5개의 지방본부를 구축하게 되었다.

[5] 복수 치안정감 신설

해양경비안전본부에서는 해양경비안전조정관 1명만이 치안정감 계급을 보유하고 있었으나, 2016년 4월 중부해양경비안전본부장의 계급이 치안감에서 치안정감으로 격상됨에 따라 해양경찰은 63년 만에 복수 치안정감 시대를 맞게 됐다.

[6] 세종특별자치시로 본부 이전

국민안전처 해양경비안전본부가 37년간의 인천 시대를 뒤로하고, 2016년 8월 29일 세종특별자치시로 이전하였다. 동년 4월 22일부터 단계별로 이전하여 해경본부는 세종으로 완전히 떠나게 되었다.

8장 해양경찰청 재출범 시기

1 해양수산부 외청 신해양경찰청 (2017. 7. 26)

[1] 조직개편 배경

문재인 정부 들어오면서 2017년 7월 26일 '정부조직법' 개정안이 통과 되었다. 이에 따라 행정자치부와 국민안전처를 통합하여 '행정안전부'가 신설하였다. 또한 해양에서의 경찰 및 오염방제에 관한 사무를 관장하기 위하여 '해양경찰청'을 해양수산부 산하의 독립 외청으로 부활시켰다. 이로서 세월호사고 이후 국민안전처 해양경비안전본부에서 2년 8개월 만에 다시 '해양경찰청'이 출범하게 되었다.

[2] 수사·정보기능 회복

해양경찰청 조직 해체 이후 정보수사국은 해양경비안전국 내 해상수사정보과로 축소되었다가 2017년 7월 26일 다시 해양경찰청이 출발하면서 수사정보국으로 복원되었다. 이 과정에서 경찰청으로 이관되었던 정보·수사기능의 정원과 수사·정보 담당 해양경찰공무원을 다시 이관 받았다. 수사·정보가 '국'단위에서 '과'단위로 축소된 2년 8개월 동안 해양범죄의 검거실적은 많이 감소하였다.

[3] 해양경찰 혁신

해양경찰은 2017년 7월 26일 개청과 동시에 "내일보다 오늘이 더 안전한 바다"를 비전으로 하고, 또한 '든든한 안전, 당당한 주권, 공정한 치안, 깨끗한 바다, 탄탄한 해양경찰'의 5대 전략목표와 79개 세부과제로 이루어진'해양경찰 혁신 100일 프로젝트'를 추진하고 있다.

〈그림 2-1〉 해양경찰 조직도 (2020. 06. 기준)

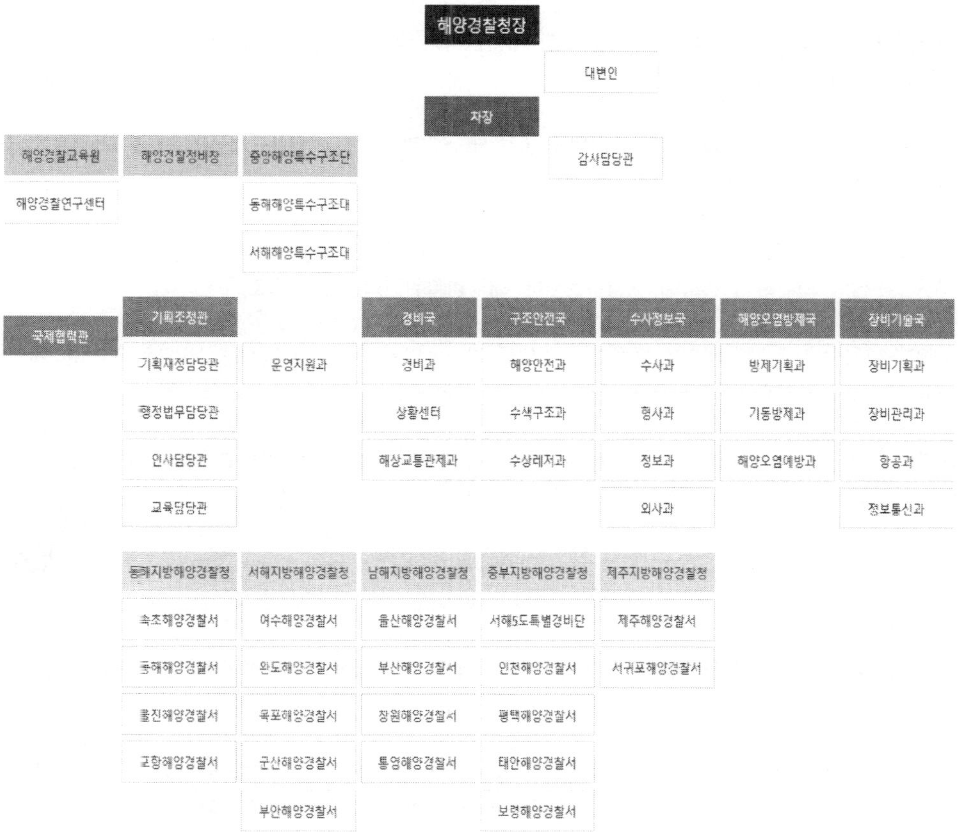

2 해양경찰법 제정 (2019. 8. 20)

[1] 해양경찰법 제정 (2019. 8. 20)

해양경찰이 해양주권을 수호하고 해양 안전과 치안 확립에 필요한 책임을 다할 수 있도록 해양경찰의 특수하고 다양한 직무를 제도적으로 뒷받침할 필요가 있어, 국가 해양관리 정책 환경의 변화를 수용하고 미래의 직무수행에 대비할 수 있도록 해양경찰의 책무, 해양경찰위원회의 설치, 해양경찰청의 조직과 직무, 해양안전 확보를 위한 협력과 참여, 해양경찰 직무수행의 기반 조성 등에 관한 법제도적 기반을 마련하려는 것으로, 시행은 2020년 2월 21일부터이다. 주요 내용은 다음과 같다.

해양경찰법 주요내용

① 해양에서 사람의 생명·신체 및 재산 보호, 대한민국의 국익 보호 및 해양영토 수호 등 해양경찰의 책무를 규정함(제2조).

② 해양경찰은 직무를 수행할 때 국민 전체에 대한 봉사자로서 공정·중립을 지켜야 하고, 국민의 자유와 권리를 존중하며, 권한을 남용해서는 아니 됨(제3조).

③ 해양경찰청 소관 법령의 제정·개정·폐지, 기본계획 등의 수립, 해양경찰청 인사운영 기준 등에 관한 사항을 심의·의결하기 위하여 해양수산부에 해양경찰위원회를 둠(제5조).

④ 해양경찰청장은 치안총감으로 보하고, 해양경찰에서 15년 이상 국가경찰공무원으로 재직한 자로서 치안감 이상 국가경찰공무원으로 재직 중이거나 재직했던 사람 중에서 임명함(제11조 및 제12조).

⑤ 해양경찰청장은 해양안전 확보를 위하여 적절한 교육·훈련 체계를 마련하고, 해양사고 등 관련 상황을 파악하고 전파할 수 있는 지휘·통신체계를 마련하도록 함(제16조).

⑥ 해양경찰청장은 해양재난 또는 해양사고의 대응에 필요한 경우 관계 기관에 협력을 요청할 수 있음(제17조).

⑦ 해양경찰청장은 해양경찰행정에 국민이 참여할 수 있도록 다양한 참여방법과 협력의 기회를 제공하도록 노력하여야 함(제18조).

⑧ 해양경찰청장은 우수한 인적자원을 양성하는 등 직무수행의 전문성 확보를 위하여 노력하고, 직무수행에 필요한 함정·항공기 등의 도입 및 관리계획을 시행하며, 해양경찰 업무에 필요한 연구개발 지원 등을 위한 시책을 마련하여 추진하여야 함(제19조부터 제21조).

[2] 해양경찰의 연혁

〈그림 2-2〉 해양경찰 연혁

1953.12 ~ 1991.07 해양경찰대/해양경비대 [내무부/상공부]	1953.12	내무부 치안국 소속 『해양경찰대』 창설
	1955.02	상공부 해무청 소속 『해양경비대』 변경
	1962.05	내무부 치안국 소속 『해양경찰대』 복귀
1991.07 ~ 1996.08 해양경찰청 [경찰청]	1991.07	경찰청 소속 『해양경찰청』 개편
	1992.10	울산해양경찰서 신설
	1995.09	해양경찰정비창 신설
1996.08 ~ 2008.02 해양경찰청 [해양수산부]	1996.08	해양수산부 외청 승격
	2002.07	완도해양경찰서 신설
	2004.01	해양경찰학교 신설
	2006.12	3개 지방해양경찰청 신설(동해·서해·남해)
2008.02 ~ 2013.03 해양경찰청 [국토해양부]	2008.02	국토해양부 외청 변경
	2008.08	서귀포해양경찰서 신설
	2011.03	평택해양경찰서 신설
	2012.06	제주지방해양경찰청 신설
	2012.12	창원해양경찰서 신설
2013.03 ~ 2014.11 해양경찰청 [해양수산부]	2013.03	해양수산부 외청 변경
	2013.11	해양경찰학교 → 해양경찰교육원 개편
	2014.03	보령해양경찰서 신설
2014.11 ~ 2017.07 해양경비안전본부 [국민안전처]	2014.11	국민안전처 소속 해양경비안전본부로 변경 중부본부 및 중앙해양특수구조단 신설
	2015.11	동해특수구조대(동해)·서해특수구조대(목포)신설
	2016.04	부안해양경비안전서 신설
	2017.04	서해5도 특별경비단 신설
2017.07 ~ 해양경찰청 [해양수산부]	2017.07	해양경찰청 신설

해양경찰학개론 I

제 3 편 해양경찰 법령과 제도

1장 해양경찰 법치행정

1 법치주의

법치주의란 '인(人)의 지배가 아닌 법(法)의 지배'를 말하는 것으로, 모든 국가적 활동과 국민의 대표기관인 국회가 제정한 법률에 따라 이루어져야 한다는 원칙을 말한다. 이러한 법치주의가 행정 영역에 구현된 것을 법치행정이라고 한다. 해양경찰의 행정작용도 당연히 법치행정의 범위 내에서 이루어져야 한다.

[1] 해양경찰과 법치행정

행정의 한 분야인 해양경찰작용은 국민의 권리와 자유를 침해하는 가장 전형적인 권력작용이므로 법치행정의 원칙이 특히 엄격하게 요청된다. 민주주의 사회에서 경찰권의 발동에는 민주성과 정당성이 요청되므로 해양경찰 행정이 국민의 권리·의무에 관계되는 작용을 할 경우에는 반드시 국민의 대표기관인 국회가 제정한 법률에 따라야 하고, 경찰관은 국가와 국민 모두에게 법을 준수할 책임을 지게 된다(허경미, 2013: 19).

[2] 법치주의 내용

(1) 실질적 법치주의

실질적 법치주의란 법적 안정성 유지와 더불어 인간의 존엄이라든가 실질적 평등과 같은 정의의 실천을 내용으로 하는 법에 의한 통치의 원리를 말한다.

오늘날 법치주의는 국민의 권리·의무에 관한 사항을 법률로써 정해야 한다는 형식적 법치주의에 그치는 것이 아니라, 그 법률의 목적과 내용 또한 기본권 보장의 헌법 이념에 부합되어야 한다는 실질적 적법 절차를 요구하는 법치주의를 의미한다. 이것은 영·미의 '법의 지배'원리와 상통하는 것으로 실질적 법치주의를 의미한다. 오늘날 경찰행정 등 국민의 권리를 침해하는 행정 분야에서는 사전 절차의 준수 등 절차적 권리가 강조되고 있다. 실질적 법치주의가 확립되려면 최소한 국민이 참여하는 행정통제와 사법적 권리구제제도가 완비되어야 한다.

(2) 형식적 법치주의

형식적 법치주의는 행정과 재판이 의회가 제정한 법률에 적합하도록 행해질 것을 요청할 뿐 법률의 목적이나 내용을 문제로 삼지 않는 형식적 합법주의를 의미하는 것이다. 형식적 법치주의는 법치주의에 대한 치명적인 위기를 의미하는 독재체제가 출현하자 법률을 개인의 권익보호를 위한 수단에서 억압의 수단으로 악용하게 되고, 이때 법치주의는 법의 지배가 아니라 법률을 도구로 이용한 합법적 지배를 의미할 뿐이었다.

(3) 법치주의의 내용

법에 의한 통치를 의미하는 법치주의는 구체적으로 법률의 법규창조력, 우위(優位), 유보(留保)를 뜻하며 구체적인 내용은 다음과 같다(남재성·이정덕, 2013: 108).

〈표 3-1〉 법치주의 내용

법률의 법규창조력	국민의 대표기관인 의회만이 국민을 구속하는 규범인 법규를 제정할 수 있다는 것을 말한다. 즉, 국민의 자유와 권리를 제한하거나 새로운 의무를 부과하는 것은 의회의 전권에 속하고, 의회가 정립하는 법률만이 법규로서의 구속력을 가진다는 것을 말한다.
법률의 우위 (優位)	법률은 모든 국가 의사 중에서 가장 우월적 지위에 있으며, 행정이나 사법은 법률에 저촉될 수 없다는 것을 말한다. 따라서 해양경찰관청은 국민에게 법의 취지에 저촉되는 명령을 발할 수 없다.
법률의 유보 (留保)	행정권은 법률의 수권이 있는 때, 즉 법률에 근거가 있는 때에만 발동될 수 있다는 원칙을 말한다. 그러나 모든 행정작용에 법률의 근거를 요구하는 것은 아니고 비권력적 작용(예: 해상안전정보제공 등과 같은 비권력적 경찰작용)은 이를 요하지 않는다. 만약 모든 행정작용에 법률의 근거를 요구한다면 과거보다 훨씬 복잡하고 정교한 현대 행정이 제대로 작동하기 어렵게 된다. 따라서 비권력적 작용은 법률의 수권이 없더라도 가능하다.

2 해양경찰 활동에서의 법치주의

법치주의의 내용을 해양경찰 활동과 연관시켜 보면 다음과 같다.

[1] 조직법적 근거(조직 규범)

해양경찰관의 행위는 해양경찰의 존립근거, 해양경찰기관의 권한 등을 규정한 조직법에 그 근거가 있어야 하고, 또한 정해진 권한의 범위 내에서만 행위를 할 수 있다. 따라서 해양경찰의 조직 규범인 해양경찰법 제14조에서 정한 직무범위 외의 행위를 하더라도 그것은 직무행위로 볼 수 없으며 그 효과는 국가에 귀속되지 않는다.

[2] 법률의 우위(제약 규범)

법률은 행정보다 우월적 지위에 있으므로 해양경찰활동도 법률의 실체적·절차적 규정에 위배되어서는 안 된다. 어떠한 해양경찰활동도 해양경찰활동을 제약하는 법률의 규정, 즉 '제약 규범'에 위반해서는 안 된다.

[3] 법률의 유보(근거 규범)

해양경찰기관은 자기의 판단에 따라 독창적으로 행위를 할 수 없고, 법률에 일정한 행위를 수행하도록 수권하는 '근거 규범'이 있어야만 행위를 할 수 있다. 다만 해양경찰행정의 경우는 해양경찰기관이 권력적 수단으로 활동하는 경우에만 법률의 수권이 필요하고, 비권력적 수단이나 순수한 서비스 활동의 경우는 법률의 근거를 요하지 않는다고 보는 것이 타당하다.

3 경찰공무원법

[1] 경찰공무원법 제정

초기 경찰공무원법이 제정하려는 목적은 경찰직무의 특수성에 비추어 경찰질서의 확립과 경찰인사의 합리화를 위하여 현행 국가공무원법에 포함되어 있는 경찰인사에 관한 규정을 분리하여 별도로 독립된 경찰공무원법을 법률 제2077호로 1969년 1월 7일 제정하여 그동안 수회(37회) 거정을 통해 현재에 이르고 있다. 최근에는 공직사회 내 성 관련 비위로 인해 공직에 대한 국민 신뢰가 심각하게 훼손되고 있는 점과 경찰공무원은 범죄의 예방 및 수사 등의 직무를 담당하므로 매우 높은 도덕적 기준에 의하여 임용될 필요가 있는 점 등을 고려하여 경찰공무원의 결격사유에 성범죄 관련 임용결격 사유를 추가하고, 파산선고를 받은 사람 등에 대한 당연퇴직 사유를 정비하는 등 현행 제도의 운영상 나타난 일부 미비점을 개선·보완하였다.[57)]

이 법은 국가경찰공무원의 책임 및 직무의 중요성과 신분 및 근무 조건의 특수성에 비추어 그 임용, 교육훈련, 복무(服務), 신분보장 등에 관하여 「국가공무원법」에 대한 특례를 규정함을 목적으로 한다.

(1) 용어의 정의

1) "임용"이란 신규채용·승진·전보·파견·휴직·직위해제·정직·강등·복직·면직·해임 및 파면을 말한다.
2) "전보"란 경찰공무원의 동일 직위 및 자격 내에서의 근무기관이나 부서를 달리하는 임용을 말한다.
3) "복직"이란 휴직·직위해제 또는 정직(강등에 따른 정직을 포함한다) 중에 있는 경찰공무원을 직위에 복귀시키는 것을 말한다.

(2) 계급 구분

국가경찰공무원(이하 "경찰공무원"이라 한다)의 계급은 다음과 같이 구분한다.

1) 치안총감(治安總監)
2) 치안정감(治安正監)
3) 치안감(治安監)
4) 경무관(警務官)
5) 총경(總警)
6) 경정(警正)
7) 경감(警監)
8) 경위(警衛)

57) 개선·보완한 내용은 2020. 2. 20부터 시행하도록 되어있다.

9) 경사(警査)
10) 경장(警長)
11) 순경(巡警)

(3) 경과 구분

경찰공무원은 그 직무의 종류에 따라 경과(警科)에 의하여 구분할 수 있고, 경과의 구분에 필요한 사항은 대통령령으로 정한다.

[2] 경찰공무원인사위원회의 설치

경찰공무원의 인사(人事)에 관한 중요 사항에 대하여 경찰청장 또는 해양경찰청장의 자문에 응하게 하기 위하여 경찰청과 해양경찰청에 경찰공무원인사위원회(이하 "인사위원회"라 한다)를 두고, 인사위원회의 구성 및 운영에 필요한 사항은 대통령령으로 정한다.

인사위원회는 다음 각 호의 사항을 심의한다.

1) 경찰공무원의 인사행정에 관한 방침과 기준 및 기본계획
2) 경찰공무원의 인사에 관한 법령의 제정·개정 또는 폐지에 관한 사항
3) 그 밖에 경찰청장 또는 해양경찰청장이 인사위원회의 회의에 부치는 사항

[3] 임용

(1) 임용권자

1) 총경 이상 경찰공무원은 경찰청장 또는 해양경찰청장의 추천을 받아 행정안전부장관 또는 해양수산부장관의 제청으로 국무총리를 거쳐 대통령이 임용한다. 다만, 총경의 전보, 휴직, 직위해제, 강등, 정직 및 복직은 경찰청장 또는 해양경찰청장이 한다.
2) 경정 이하의 경찰공무원은 경찰청장 또는 해양경찰청장이 임용한다. 다만, 경정으로의 신규채용, 승진임용 및 면직은 경찰청장 또는 해양경찰청장의 제청으로 국무총리를 거쳐 대통령이 한다.
3) 경찰청장 또는 해양경찰청장은 대통령령으로 정하는 바에 따라 경찰공무원의 임용에 관한 권한의 일부를 소속 기관의 장, 지방경찰청장 또는 지방해양경찰관서의 장에게 위임할 수 있다.
4) 경찰청장, 해양경찰청장 또는 제3항에 따라 임용권을 위임받은 자는 행정안전부령 또는

해양수산부령으로 정하는 바에 따라 소속 경찰공무원의 인사기록을 작성·보관하여야 한다.

(2) 임용자격 및 결격사유

경찰공무원은 신체 및 사상이 건전하고 품행이 방정(方正)한 사람 중에서 임용한다. 다음 각 호의 어느 하나에 해당하는 사람은 경찰공무원으로 임용될 수 없다.

① 대한민국 국적을 가지지 아니한 사람
② 「국적법」 제11조의2제1항에 따른 복수국적자
③ 피성년후견인 또는 피한정후견인
④ 파산선고를 받고 복권되지 아니한 사람
⑤ 자격정지 이상의 형(刑)을 선고받은 사람
⑥ 자격정지 이상의 형의 선고유예를 선고받고 그 유예기간 중에 있는 사람
⑦ 공무원으로 재직기간 중 직무와 관련하여 「형법」 제355조 및 제356조에 규정된 죄를 범한 사람으로서 300만 원 이상의 벌금형을 선고받고 그 형이 확정된 후 2년이 지나지 아니한 사람
⑧ 「성폭력범죄의 처벌 등에 관한 특례법」 제2조에 규정된 죄를 범한 사람으로서 100만 원 이상의 벌금형을 선고받고 그 형이 확정된 후 3년이 지나지 아니한 사람
⑨ 미성년자에 대한 다음 각 목의 어느 하나에 해당하는 죄를 저질러 형 또는 치료감호가 확정된 사람(집행유예를 선고받은 후 그 집행유예기간이 경과한 사람을 포함한다)
ⓐ 「성폭력범죄의 처벌 등에 관한 특례법」 제2조에 따른 성폭력범죄
ⓑ 「아동·청소년의 성보호에 관한 법률」 제2조제2호에 따른 아동·청소년대상 성범죄
⑩ 징계에 의하여 파면 또는 해임처분을 받은 사람

(3) 신규채용

1) 경정 및 순경의 신규채용은 공개경쟁시험으로 한다.
2) 경위의 신규채용은 경찰대학을 졸업한 사람 및 대통령령으로 정하는 자격을 갖추고 공개경쟁시험으로 선발된 사람(이하 "경찰간부후보생"이라 한다)으로서 교육훈련을 마치고 정하여진 시험에 합격한 사람 중에서 한다.
3) 다음 각 호의 어느 하나에 해당하는 경우에는 경력 등 응시요건을 정하여 같은 사유에 해당하는 다수인을 대상으로 경쟁의 방법으로 채용하는 시험(이하 "경력경쟁채용시험"

이라 한다)으로 경찰공무원을 신규채용할 수 있다. 다만, 다수인을 대상으로 시험을 실시하는 것이 적당하지 아니하여 대통령령으로 정하는 경우에는 다수인을 대상으로 하지 아니한 시험으로 경찰공무원을 채용할 수 있다.

가) 「국가공무원법」 제70조제1항제3호의 사유로 퇴직하거나 같은 법 제71조제1항제1호의 휴직 기간 만료로 퇴직한 경찰공무원을 퇴직한 날부터 3년(「공무원 재해보상법」에 따른 공무상 부상 또는 질병으로 인한 휴직의 경우에는 5년) 이내에 퇴직 시에 재직한 계급의 경찰공무원으로 재임용하는 경우

나) 공개경쟁시험으로 임용하는 것이 부적당한 경우에 임용예정 직무에 관련된 자격증 소지자를 임용하는 경우

다) 임용예정직에 상응하는 근무실적 또는 연구실적이 있거나 전문지식을 가진 사람을 임용하는 경우

라) 「국가공무원법」에 따른 5급 공무원의 공개경쟁채용시험이나 「사법시험법」에 따른 사법시험에 합격한 사람을 경정 이하의 경찰공무원으로 임용하는 경우

마) 「국가공무원법」 제85조에 따라 재학 중에 장학금을 받고 졸업한 사람을 임용하는 경우

바) 섬, 외딴곳 등 특수지역에서 근무할 사람을 임용하는 경우

사) 외국어에 능통한 사람을 임용하는 경우

아) 제주특별자치도의 자치경찰공무원(이하 "자치경찰공무원"이라 한다)을 그 계급에 상응하는 경찰공무원으로 임용하는 경우

4) 제2항에 따른 경찰간부후보생의 교육훈련, 경력경쟁채용시험 및 제3항 각 호 외의 부분 단서에 따른 채용시험(이하 "경력경쟁채용시험등"이라 한다)을 통하여 채용할 수 있는 경찰공무원의 계급, 임용예정직에 관련된 자격증의 구분, 근무실적 또는 연구실적, 전보 제한 등에 관한 사항은 대통령령으로 정한다.

(4) 부정행위자에 대한 제재

경찰청장 또는 해양경찰청장은 경찰공무원의 채용시험 또는 경찰간부후보생 공개경쟁선발시험에서 부정행위를 한 응시자에 대하여는 해당 시험을 정지 또는 무효로 하고, 그 처분이 있은 날부터 5년간 시험응시 자격을 정지한다.

(5) 채용후보자 명부 등

1) 경찰청장 또는 해양경찰청장(제6조제3항에 따라 임용권을 위임받은 자를 포함한다)은 신규채용시험에 합격한 사람(경찰대학을 졸업한 사람과 경찰간부후보생을 포함한다)을 대통령령으로 정하는 바에 따라 성적 순위에 따라 채용후보자 명부에 등재(登載)하여야 한다.
2) 경찰공무원의 신규채용은 제1항에 따른 채용후보자 명부의 등재 순위에 따른다. 다만, 채용후보자가 경찰교육기관에서 신임교육을 받은 경우에는 그 교육성적 순위에 따른다.
3) 제1항에 따른 채용후보자 명부의 유효기간은 2년의 범위에서 대통령령으로 정한다. 다만, 경찰청장 또는 해양경찰청장은 필요에 따라 1년의 범위에서 그 기간을 연장할 수 있다.
4) 신규채용시험에 합격한 사람이 채용후보자 명부에 등재된 이후 그 유효기간 내에 「병역법」에 따른 병역 복무를 위하여 군에 입대한 경우(대학생 군사훈련 과정 이수자를 포함한다)의 의무복무 기간은 제3항에 따른 기간에 넣어 계산하지 아니한다. 〈신설 2020. 6. 9.〉
5) 경찰청장 또는 해양경찰청장은 채용후보자 명부의 유효기간을 연장하기로 결정한 경우에는 그 사실을 공고하여야 한다.
6) 제1항에 따른 채용후보자 명부의 작성 및 운영에 필요한 사항은 대통령령으로 정한다.
7) 임용권자는 경찰공무원의 결원을 보충할 때 채용후보자 명부 또는 승진후보자 명부에 등재된 후보자 수가 결원 수보다 적고, 인사행정 운영상 특히 필요하다고 인정할 때에는 그 결원된 계급에 관하여 다른 임용권자가 작성한 자치경찰공무원의 신규임용후보자 명부 또는 승진후보자 명부를 해당 기관의 채용후보자 명부 또는 승진후보자 명부로 보아 해당 자치경찰공무원을 임용할 수 있다. 이 경우 임용권자는 그 자치경찰공무원의 임용권자와 협의하여야 한다.

(6) 시보임용

1) 경정 이하의 경찰공무원을 신규 채용할 때에는 1년간 시보(試補)로 임용하고, 그 기간이 만료된 다음 날에 정규 경찰공무원으로 임용한다.
2) 휴직기간, 직위해제기간 및 징계에 의한 정직처분 또는 감봉처분을 받은 기간은 제1항에 따른 시보임용기간에 산입하지 아니한다.
3) 시보임용기간 중에 있는 경찰공무원이 근무성적 또는 교육훈련성적이 불량할 때에는

「국가공무원법」 제68조 및 이 법 제22조에도 불구하고 면직시키거나 면직을 제청할 수 있다.

4) 다음 각 호의 어느 하나에 해당하는 경우에는 시보임용을 거치지 아니한다.
   가) 경찰대학을 졸업한 사람 또는 경찰간부후보생으로서 정하여진 교육을 마친 사람을 경위로 임용하는 경우
   나) 경찰공무원으로서 대통령령으로 정하는 상위계급으로의 승진에 필요한 자격 요건을 갖추고 임용예정 계급에 상응하는 공개경쟁 채용시험에 합격한 사람을 해당 계급의 경찰공무원으로 임용하는 경우
   다) 퇴직한 경찰공무원으로서 퇴직 시에 재직하였던 계급의 채용시험에 합격한 사람을 재임용하는 경우
   라) 자치경찰공무원을 그 계급에 상응하는 경찰공무원으로 임용하는 경우

(7) 경찰공무원과 자치경찰공무원 간의 인사 교류

경찰청장은 경찰공무원의 능력을 발전시키고 국가경찰과 자치경찰 사무의 연계성을 높이기 위하여 국가경찰과 자치경찰 간에 긴밀한 인사 교류가 될 수 있도록 노력하여야 하고, 자치경찰공무원을 경찰공무원으로 채용할 때에는 경력경쟁채용시험등을 거치지 아니할 수 있다.

[4] 승진

(1) 승진

1) 경찰공무원은 바로 아래 하위계급에 있는 경찰공무원 중에서 근무성적평정, 경력평정, 그 밖의 능력을 실증(實證)하여 승진 임용한다. 다만, 해양경찰청장을 보하는 경우 치안감을 치안총감으로 승진임용할 수 있다.
2) 경무관 이하 계급으로의 승진은 승진심사에 의하여 한다. 다만, 경정 이하 계급으로의 승진은 대통령령으로 정하는 비율에 따라 승진시험과 승진심사를 병행할 수 있다.
3) 총경 이하의 경찰공무원에 대하여는 대통령령으로 정하는 바에 따라 계급별로 승진대상자 명부를 작성하여야 한다.
4) 경찰공무원의 승진에 필요한 계급별 최저근무연수, 승진 제한에 관한 사항, 그 밖에 승진에 관하여 필요한 사항은 대통령령으로 정한다.

(2) 근속승진

1) 경찰청장 또는 해양경찰청장은 제11조제2항에도 불구하고 해당 계급에서 다음 각 호의 기간 동안 재직한 사람을 경장, 경사, 경위, 경감으로 각각 근속승진임용 할 수 있다.
   가) 순경을 경장으로 근속승진임용하려는 경우 : 해당 계급에서 4년 이상 근속자
   나) 경장을 경사로 근속승진임용하려는 경우 : 해당 계급에서 5년 이상 근속자
   다) 경사를 경위로 근속승진임용하려는 경우 : 해당 계급에서 6년 6개월 이상 근속자
   라) 경위를 경감으로 근속승진임용하려는 경우 : 해당 계급에서 10년 이상 근속자
2) 제1항에 따라 근속승진한 경찰공무원이 근무하는 기간에는 그에 해당하는 직급의 정원이 따로 있는 것으로 보고, 종전 직급의 정원은 감축된 것으로 본다.
3) 제1항에 따른 근속승진임용의 기준, 절차 등에 관하여 필요한 사항은 대통령령으로 정한다.

(3) 승진심사위원회

1) 승진심사를 위하여 경찰청과 해양경찰청에 중앙승진심사위원회를 두고, 경찰청·해양경찰청·지방경찰청과 대통령령으로 정하는 경찰기관 및 지방해양경찰관서에 보통승진심사위원회를 둔다.
2) 승진심사위원회는 승진대상자 명부의 선순위자(제11조제2항 단서에 따른 승진시험에 합격된 승진후보자는 제외한다) 순으로 승진시키려는 결원의 5배수의 범위에 있는 사람 중에서 승진후보자를 심사·선발한다.
3) 승진심사위원회의 구성·관할 및 운영에 필요한 사항은 대통령령으로 정한다.

(4) 승진후보자 명부 등

1) 경찰청장 또는 해양경찰청장(제6조제3항에 따라 임용권을 위임받은 자를 포함한다)은 제11조제2항 및 제3항에 따른 승진시험에 합격한 사람과 제12조제2항에 따라 승진후보자로 선발된 사람을 대통령령으로 정하는 바에 따라 승진후보자 명부에 등재하여야 한다.
2) 경무관 이하 계급으로의 승진은 제1항에 따른 승진후보자 명부의 등재 순위에 따른다.
3) 승진후보자 명부의 유효기간과 작성 및 운영에 관하여는 제9조를 준용한다.

(5) 특별유공자 등의 특별승진

1) 경찰공무원으로서 다음 각 호의 어느 하나에 해당되는 사람에 대하여는 제11조에도 불구하고 1계급 특별승진시킬 수 있다. 다만, 경위 이하의 경찰공무원으로서 모든 경찰공무원의 귀감이 되는 공을 세우고 전사하거나 순직한 사람에 대하여는 2계급 특별승진시킬 수 있다.
   가) 「국가공무원법」 제40조의4제1항제1호부터 제4호까지의 규정 중 어느 하나에 해당되는 사람
   나) 전사하거나 순직한 사람
   다) 직무 수행 중 현저한 공적을 세운 사람
2) 특별승진의 요건과 그 밖에 필요한 사항은 대통령령으로 정한다.

(6) 시험실시기관 및 응시자격 등

1) 경찰공무원의 신규채용시험 및 승진시험과 경찰간부후보생 선발시험은 경찰청장 또는 해양경찰청장이 실시한다. 다만, 경찰청장 또는 해양경찰청장이 필요하다고 인정할 때에는 대통령령으로 정하는 바에 따라 그 권한의 일부를 소속 기관의 장, 지방경찰청장 또는 지방해양경찰관서의 장에게 위임할 수 있다.
2) 각종 시험의 응시자격, 시험방법, 그 밖에 시험의 실시에 필요한 사항은 대통령령으로 정한다.

[5] 보훈

경찰공무원으로서 전투나 그 밖의 직무 수행 또는 교육훈련 중 사망한 사람(공무상 질병으로 사망한 사람을 포함한다) 및 부상(공무상의 질병을 포함한다)을 입고 퇴직한 사람과 그 유족 또는 가족은 「국가유공자 등 예우 및 지원에 관한 법률」 또는 「보훈보상대상자 지원에 관한 법률」에 따라 예우 또는 지원을 받는다.

[6] 교육훈련

1) 경찰청장 또는 해양경찰청장은 모든 경찰공무원에게 균등한 교육훈련의 기회가 주어지도록 교육훈련에 관한 종합적인 기획 및 조정을 하여야 한다.
2) 경찰청장 또는 해양경찰청장은 경찰공무원의 교육훈련을 위한 교육훈련기관을 설치·운영할 수 있다.

3) 경찰청장 드는 해양경찰청장은 교육훈련을 위하여 필요하면 대통령령으로 정하는 바에 따라 경찰공무원을 국내외의 교육기관에 위탁하여 일정 기간 교육훈련을 받게 할 수 있다.
4) 경찰공무원 교육훈련기관의 설치 및 운영에 필요한 사항과 제3항에 따라 교육훈련을 받은 경찰공무원의 복무에 관한 사항은 대통령령으로 정한다.
   교육 중인 경찰간부후보생에게는 대통령령으로 정하는 바에 따라 보수와 그 밖의 실비(實費)를 지급한다.

[7] 거짓 보고 등의 금지

경찰공무원은 직무에 관하여 거짓으로 보고나 통보를 하여서는 아니 되고, 직무를 게을리 하거나 유기(遺棄)해서는 아니 된다.

[8] 지휘권 남용 등의 금지

전시·사변, 그 밖에 이에 준하는 비상사태이거나 작전수행 중인 경우 또는 많은 인명 손상이나 국가재산 손실의 우려가 있는 위급한 사태가 발생한 경우, 경찰공무원을 지휘·감독하는 사람은 정당한 사유 없이 그 직무 수행을 거부 또는 유기하거나 경찰공무원을 지정된 근무지에서 진출·퇴각 또는 이탈하게 하여서는 아니 된다.

[9] 복제 및 무기 휴대

경찰공무원은 제복을 착용하여야 하고, 직무 수행을 위하여 필요하면 무기를 휴대할 수 있다. 복제(服制)에 관한 사항은 행정안전부령 또는 해양수산부령으로 정한다.

[10] 당연퇴직

경찰공무원이 제7조제2항 각 호의 어느 하나에 해당하게 된 경우에는 당연히 퇴직한다. 다만, 같은 항 제4호는 파산선고를 받은 사람으로서 「채무자 회생 및 파산에 관한 법률」에 따라 신청기한 내에 면책신청을 하지 아니하였거나 면책불허가 결정 또는 면책취소가 확정된 경우만 해당하고, 같은 항 제6호는 「형법」 제129조부터 제132조까지, 「성폭력범죄의 처벌 등에 관한 특례법」 제2조, 「아동·청소년의 성보호에 관한 법률」 제2조제2호 및 직무와 관련하여 「형법」 제355조 또는 제356조에 규정된 죄를 범한 사람으로서 자격정지 이상의 형의 선고유예를 받은 경우만 해당한다.

[11] 직권면직

임용권자는 경찰공무원이 다음 각 호의 어느 하나에 해당될 때에는 직권으로 면직시킬 수 있다.

1) 「국가공무원법」 제70조제1항제3호부터 제5호까지의 규정 중 어느 하나에 해당될 때
2) 경찰공무원으로는 부적합할 정도로 직무 수행능력이나 성실성이 현저하게 결여된 사람으로서 대통령령으로 정하는 사유에 해당된다고 인정될 때
3) 직무를 수행하는 데에 위험을 일으킬 우려가 있을 정도의 성격적 또는 도덕적 결함이 있는 사람으로서 대통령령으로 정하는 사유에 해당된다고 인정될 때
4) 해당 경과에서 직무를 수행하는 데 필요한 자격증의 효력이 상실되거나 면허가 취소되어 담당 직무를 수행할 수 없게 되었을 때

   제1항제2호·제3호 또는 「국가공무원법」 제70조제1항제5호의 사유로 면직시키는 경우에는 제26조에 따른 징계위원회의 동의를 받아야 한다.

   「국가공무원법」 제70조제1항제4호의 사유로 인한 직권면직일은 휴직기간의 만료일이나 휴직 사유의 소멸일로 한다.

[12] 실종된 경찰공무원의 휴직기간 등

「국가공무원법」 제71조제1항제4호의 사유로 인한 경찰공무원의 휴직기간은 같은 법 제72조제3호에도 불구하고 법원의 실종선고를 받는 날까지로 한다. 휴직자가 있는 경우에는 그 휴직자의 계급에 해당하는 정원이 따로 있는 것으로 보고, 결원을 보충할 수 있다.

[13] 정년

1) 경찰공무원의 정년은 다음과 같다.
   가) 연령정년: 60세
   나) 계급정년
      ① 치안감 : 4년
      ② 경무관 : 6년
      ③ 총경 : 11년
      ④ 경정 : 14년
2) 징계로 인하여 강등(경감으로 강등된 경우를 포함한다)된 경찰공무원의 계급정년은 제1항제2호에도 불구하고 다음 각 호에 따른다.

가) 강등된 계급의 계급정년은 강등되기 전 계급 중 가장 높은 계급의 계급정년으로 한다.

나) 계급정년을 산정할 때에는 강등되기 전 계급의 근무연수와 강등 이후의 근무연수를 합산한다.

3) 수사, 정보, 외사(外事), 보안 등 특수 부문에 근무하는 경찰공무원으로서 대통령령으로 정하는 바에 따라 지정을 받은 사람은 총경 및 경정의 경우에는 3년의 범위에서 대통령령으로 정하는 바에 따라 제1항제2호에 따른 계급정년을 연장할 수 있다.

4) 경찰청장 또는 해양경찰청장은 전시·사변이나 그 밖에 이에 준하는 비상사태에서는 2년의 범위에서 제1항제2호에 따른 계급정년을 연장할 수 있다. 이 경우 경무관 이상의 경찰공무원데 대하여는 행정안전부장관 또는 해양수산부장관과 국무총리를 거쳐 대통령의 승인을 받아야 하고, 총경·경정의 경찰공무원에 대하여는 국무총리를 거쳐 대통령의 승인을 받아야 한다.

5) 경찰공무원은 그 정년이 된 날이 1월에서 6월 사이에 있으면 6월 30일에 당연퇴직하고, 7월에서 12월 사이에 있으면 12월 31일에 당연퇴직 한다.

6) 제1항제2호에 따른 계급정년을 산정할 때 자치경찰공무원으로 근무한 경력이 있는 경찰공무원의 경우에는 그 계급에 상응하는 자치경찰공무원으로 근무한 연수(年數)를 산입한다.

[14] 고충심사위원회

1) 경찰공무원의 인사상담 및 고충을 심사하기 위하여 경찰청, 해양경찰청, 지방경찰청, 대통령령으로 정하는 경찰기관 및 지방해양경찰관서에 경찰공무원 고충심사위원회를 둔다.

2) 경찰공무원 고충심사위원회의 심사를 거친 재심청구와 경정 이상의 경찰공무원의 인사상담 및 고충심사는 「국가공무원법」에 따라 설치된 중앙고충심사위원회에서 한다.

3) 경찰공무원 고충심사위원회의 구성, 심사 절차 및 운영에 필요한 사항은 대통령령으로 정한다.

[15] 징계위원회

1) 경무관 이상의 경찰공무원에 대한 징계의결은 「국가공무원법」에 따라 국무총리 소속으로 설치된 징계위원회에서 한다.

2) 총경 이하의 경찰공무원에 대한 징계의결을 하기 위하여 대통령령으로 정하는 경찰기관 및 해양경찰관서에 경찰공무원 징계위원회를 둔다.
3) 경찰공무원 징계위원회의 구성·관할·운영, 징계의결의 요구 절차, 그 밖에 필요한 사항은 대통령령으로 정한다.

(1) 징계의 절차

경찰공무원의 징계는 징계위원회의 의결을 거쳐 징계위원회가 설치된 소속 기관의 장이 하되, 「국가공무원법」에 따라 국무총리 소속으로 설치된 징계위원회에서 의결한 징계는 경찰청장 또는 해양경찰청장이 한다. 다만, 파면·해임·강등 및 정직은 징계위원회의 의결을 거쳐 해당 경찰공무원의 임용권자가 하되, 경무관 이상의 강등 및 정직과 경정 이상의 파면 및 해임은 경찰청장 또는 해양경찰청장의 제청으로 행정안전부장관 또는 해양수산부장관과 국무총리를 거쳐 대통령이 하고, 총경 및 경정의 강등 및 정직은 경찰청장 또는 해양경찰청장이 한다.

(2) 행정소송의 피고

징계처분, 휴직처분, 면직처분, 그 밖에 의사에 반하는 불리한 처분에 대한 행정소송의 경우에는 경찰청장 또는 해양경찰청장을 피고로 한다. 다만, 제6조제3항에 따라 임용권을 위임한 경우에는 그 위임을 받은 자를 피고로 한다.

[16] 「국가공무원법」과의 관계

1) 경찰공무원에 대하여는 「국가공무원법」 제73조의4, 제76조제2항부터 제5항까지의 규정을 적용하지 아니하며, 치안총감과 치안정감에 대하여는 「국가공무원법」 제68조 본문을 적용하지 아니한다.
2) 「국가공무원법」을 경찰공무원에게 적용할 때에는 다음 각 호에 따른다.
   가) 「국가공무원법」 제32조의5 및 제43조 중 "직급"은 "계급"으로 본다.
   나) 「국가공무원법」 제42조제2항, 제85조제1항 및 제2항 중 "인사혁신처장"은 "경찰청장 또는 해양경찰청장"으로 본다.
   다) 「국가공무원법」 제67조, 제68조, 제78조제1항제1호 및 제2항, 제80조제7항 및 제8항 중 "이 법"은 "이 법 및 「국가공무원법」"으로 본다.
   라) 「국가공무원법」 제71조제2항제3호 중 "중앙인사관장기관의 장"은 "경찰청장 또는 해양경찰청장"으로 본다.

[17] 벌칙

1) 경찰공무원으로서 전시·사변, 그 밖에 이에 준하는 비상사태이거나 작전 수행 중인 경우에 제18조제2항 또는 제19조, 「국가공무원법」 제58조제1항을 위반한 사람은 3년 이상의 징역이나 금고에 처하며, 제18조제1항, 「국가공무원법」 제57조를 위반한 사람은 7년 이하의 징역이나 금고에 처한다.
2) 제1항의 경우 외에 집단 살상의 위급 사태가 발생한 경우에 제18조 또는 제19조, 「국가공무원법」 제57조 및 제58조제1항을 위반한 사람은 7년 이하의 징역이나 금고에 처한다.
3) 경찰공무원으로서 「국가공무원법」 제65조를 위반한 사람은 3년 이하의 징역과 3년 이하의 자격정지에 처하고, 그 죄에 대한 공소시효의 기간은 「형사소송법」 제249조제1항에도 불구하고 10년으로 한다.
4) 경찰공무원으로서 「국가공무원법」 제44조 또는 제45조를 위반한 사람은 1년 이하의 징역 또는 100만 원 이하의 벌금에 처하고, 같은 법 제66조를 위반한 사람은 2년 이하의 징역 또는 200만 원 이하의 벌금에 처한다.

2장 해양경찰 조직법

1 해양경찰 조직과 법률 근거

[1] 해양경찰 조직 법제화 현황

(1) 해양경찰조직 법적 기반

행정조직은 그 자체가 국민의 권리·의무와 직접적 관계가 없다고 하더라도 행정조직의 목적은 국민을 대상으로 하는 행정권의 행사에 있으며, 어떠한 행정기관이 설치되고 어떠한 행정권한을 행사하는가는 국민생활에 중대한 영향을 미치고 있다. 뿐만 아니라 행정기관의 설치·운영은 국민에게 적지 않은 경제적 부담을 줄 수 있기 때문에 행정조직의 문제는 국가생활에 있어서 중요하고도 본질적인 사항으로 인식되어 원칙적으로 법률에 의하여 규율되어야 한다는 관념이 오늘날 일반적으로 받아들여지고 있다(정하중, 2008: 129).

법률에 근거하여 설치되는 행정기관이 담당하는 직무와 관련하여서는, 특히 그것이 국민의 권리와 자유를 제한하는 내용과 관계되는 침익적(侵益的) 행정이라면 '법률유보의 원칙'[58]에 따라 반드시 국회에서 제정된 법률적 근거가 마련되어야 한다. 앞서 살펴본 것과 같이 해양경찰이 담당하는 기능과 직무 중에는 국민의 권리 및 자유를 제한하는 것과 관련된 내용이 많고, 해양산업의 발전과 해양행정 영역의 확대에 따라 해양경찰이 담당하여야 할 직무는 점점 더 다양해지고 있어 해양경찰의 담당 직무와 해양경찰권의 행사에 대해서는 견실한 법적 기반의 마련이 필요하고 해양경찰 조직의 계속적인 진화에 따른 세심한 법률적 보완이 수반되어야 할 것이다.

현재 해양경찰이 담당하는 직무에 대한 법적 기반은 국회에서 제정한 '법률' 및 이 법률의 위임에 따른 '법규명령'으로 구성되어 있다. 일반적으로 헌법상의 입법절차에 따라 나타나는 입법기관의 의사, 즉 국회의 의결에 의하여 제정되는 법의 형식을 '법률'이라고 하고, 국민의

---

58) 법률유보의 원칙이란 행정활동은 법률에 근거하여 행하여져야만 한다는 것, 즉 행정권의 발동에 있어서는 조직규범 이외에 '작용규범'의 근거가 필요하다는 것을 의미함.

대표기관인 국회가 만든 법률이라는 명칭을 가진 국가의 의사만이 국민의 자유와 권리를 제한하거나, 국민에게 새로운 의무를 부과할 수 있다(헌법 제40조).

이에 반해 '법규명령'은 행정기관이 정립한 일반적·추상적 명령 중에서 법규의 성질을 가지는 것으로서 국가기관은 물론 국민에 대해서도 직접 구속력을 가지는 법규범이고, 실무적으로는 시행령(대통령령)과 시행규칙(총리령, 부령)을 의미한다.

(2) 해양경찰 조직의 기본법제

국가의 행정조직에 관한 기본법은 정부조직법이다. 행정조직법정주의에 따라 육상경찰의 경우에는 헌법 제96조에 근거한 국가중앙행정조직에 관한 기본법인 정부조직법 이외에 정부조직법 34조 제6항에 근거한 경찰조직에 관한 기본법인 경찰법이 제정되어있다.

해양경찰도 해양경찰법이 2019년 8월 20일 제정되었지만 육상경찰의 경찰법과 같은 해양경찰조직에 관한 기본법이 제정되어 있지 않다. 현재 해양경찰의 조직에 관한 법률로는 헌법 제96조에 근거한 국가중앙행정조직에 관한 기본법인 정부조직법 제43조 제2항(해양에서의 경찰 및 오염방제에 관한 사무를 관장하기 위하여 해양수산부장관 소속으로 해양경찰청을 둔다)이 유일한 실정이다.

다만 법률인 정부조직법 이외에 헌법 제75조(대통령은 법률에서 구체적으로 범위를 정하여 위임받은 사항과 법률을 집행하기 위하여 필요한 사항에 관하여 대통령령을 발 할 수 있다)에 근거한 대통령령인「해양경찰청과 그 소속기관 직제」와 헌법 제95조(국무총리 또는 행정각부의 장은 소관사무에 관하여 법률이나 대통령령의 위임 또는 직권으로 총리령 또는 부령을 발할 수 있다)에 근거한 해양수산부령인「해양경찰청과 그 소속기관 직제 시행규칙」에서 해양경찰조직에 관하여 상세히 규정하고 있다.

헌법에 따른 중앙행정조직에 관한 기본법인 정부조직법 제3조 제1항이 조직상 구체적인 사항의 상당부분을 대통령령으로 규정함으로 인해, 사실상 행정조직법정주의의 의미는 상당히 퇴색되고 있다(홍정선, 2007: 96).

일반적으로 구분되는 행정기관 관련 법규의 분류방법인 행정조직법[59], 행정작용법[60], 공무원법[61]에 따라 해양경찰 관련 법제를 살펴보면 다음과 같다.

---

59) 행정주체의 조직에 관한 법을 총칭하는 개념으로, 행정주체를 구성하는 행정기관의 설치·조직·폐지와 이들의 사무범위 및 상호간의 관계에 대하여 규율하는 법을 말한다.

60) 행정주체가 행정목적을 달성하기 위하여 행하는 일체의 법률적·사실적 작용을 총칭하여 행정작용이라고 한다.

61) 행정을 행하는 인적 요소인 공무원의 법 관계를 규율하는 법규의 총괄개념이다.

〈표 3-2〉 해양경찰 소관 법령

구분	법률(11)	대통령령(12)	부령(13)
행정 조직법	(정부조직법)		
행정 작용법	- 경찰공무원법 - 해양경찰법 - 해양경비법 - 수상에서의 수색·구조 등에 관한법률 - 수상레저안전법 - 연안사고예방에관한법률 - 선박교통관제에 관한 법률 - 재난 및 안전관리 기본법 (행안부, 소방청 공동) - 경범죄처벌법 (경찰청 공동) - 밀항단속법(법무부공동) - 자동차등 특정동산저당법	- 해양경비법 시행령 - 수상에서의 수색·구조 등에 관한법률 시행령 - 수상레저안전법 시행령 - 연안사고 예방에 관한 법률 시행령 - 선박교통관제에 관한 법률 시행령 - 재난 및 안전관리 기본법 시행령 - 경범죄 처벌법 시행령(경찰청 공동) - 자동차등 특정동산 저당법 시행령	- 해양경비법 시행규칙 - 수상에서의 수색·구조 등에 관한법률 시행규칙 - 선박교통관제의 시행등에 관한 규칙 - 수상레저안전법 시행규칙 - 연안사고 예방에 관한 법률 시행규칙 - 선박교통관제의 시행 등에 관한 규칙 - 재난 및 안전관리 기본법 시행규칙 - 경범죄 처벌법 시행규칙 (경찰청 공동)
공무원법	- 경찰공무원보건안전 및 복지기본법	- 경찰공무원 보건안전 및 복지 기본법 시행령(경찰청 공동) - 해양경찰청과 그 소속기관 직제 - 해양경찰청 소속 경찰공무원 임용에 관한규정 - 경찰위원회규정 - 해양경찰분야 과학기술진흥에 관한규정	- 해양경찰청과 그 소속기관 직제 시행규칙 - 해양경찰청 소속 경찰공무원 임용령 시행규칙 - 해양경찰청 소속 경찰공무원 승진임용규정 시행규칙 - 해양경찰청 소속 경찰공무원 특수지근무수당 지급규칙 - 해양경찰청 소속 경찰공무원 복제에 관한 규칙 - 경찰공무원 지급품에 관한 규칙 (경찰청 공동)

자료: 해양경찰청 홈페이지, 법령정보, 〈www.kcg.go.kr/kcg/law/, 2020. 6. 15. 검색〉

[2] 해양경찰 조직에 관한 법률

(1) 해양경찰의 공무원법

해양경찰 조직 구성원의 신분은 1953년 경찰공무원으로 출발하였다. 출범 2년 후 상공부 해무청 소속의 해양경비대로 그 소속이 변경되면서 공안직으로 전환되었다가, 1961년『해양경찰대설치법』이 제정되어 해양경찰대로 개칭됨에 따라 내무부 소속의 경찰기관으로 발전하면서 정보·수사기능, 경범죄처벌 및 즉결심판업무, 해양오염관리, 수상레저 등 안전업무를 담당하게 되었고, 그 신분은 다시 경찰공무원으로 환원되었다. 그리고 1996년 경찰청 소속으로부터 해양수산부의 외청으로 전환되면서 해양경찰청 소속 공무원의 신분에 관하여 논의되었다.

그러나 2019년 해양경찰법이 제정되어 제13조에 '해양경찰청 소속 공무원은 ① 해양경찰청 소속 공무원은 국가경찰공무원과 일반직공무원으로 구성한다. ② 해양경찰청 소속 국가경찰공무원의 계급은 치안총감·치안정감·치안감·경무관·총경·경정·경감·경위·경사·경장·순경으로 한다. ③ 해양경찰청 소속 공무원의 임용·교육훈련·복무·신분보장 등에 관하여는 이 법에서 특별히 정한 것을 제외하고는「국가공무원법」과「경찰공무원법」에서 정하는 바에 따른다.'라고 규정되어 해양경찰 공무원의 신분과 관련된 내용은 경찰청의『경찰공무원법』을 그대로 준용하고 있다.

다른 나라의 해양경찰 조직과 달리 우리나라 해양경찰 조직 탄생의 역사적 배경을 고려해 볼 때 특별하게 적용되는 부분이라고 할 수 있을 것이다.

일반 경찰공무원과 달리 해양경찰공무원에게는 대통령령인『해양경찰청 소속 경찰공무원 임용에 관한 규정』과 이에 따른 해양수산부령인『해양경찰청 소속 경찰공무원임용령 시행규칙』,『해양경찰청 소속 경찰공무원 승진임용규정 시행규칙』,『해양경찰청 소속 경찰공무원 특수지근무수당 지급규칙』,『해양경찰청 소속 경찰공무원 복제에 관한 규칙』, 경찰청과 공동으로『경찰공무원 지급품에 관한 규칙』등 소수의 시행규칙과 해양경찰청 자체의 훈령이 특별히 적용되고 있다.

(2) 해양경찰의 조직법

현재 해양경찰 조직에 관한 일반법은 없고,『정부조직법』제43조 제2항에서 "해양에서의 경찰 및 오염방제에 관한 사무를 관장하기 위하여 해양수산부장관 소속으로 해양경찰청을 둔다."그리고 동조 제3항에서 "해양경찰청에 청장 1명과 차장 1명을 두되, 청장 및 차장은 경찰공무원으로 보한다."라고 규정하고 있다. 그리나 2019년 8월20일 제정되고 2020년 2

월21일 시행되는 「해양경찰법」제14조 직무에서 "① 해양경찰은 해양에서의 수색·구조·연안안전관리 및 선박교통관제와 경호·경비·대테러작전에 관한 직무를 수행한다. ② 해양경찰은 해양에서 공공의 안녕과 질서유지를 위하여 해양관련 범죄의 예방·진압·수사와 치안정보의 수집·작성·배포에 관한 직무를 수행한다. ③ 해양경찰은 해양오염 방제 및 예방활동에 관한 직무를 수행한다. ④ 해양경찰은 직무와 관련된 외국 정부기관 및 국제기구와 협력하여야 한다."

그리고 제11조에서 "① 해양경찰청에 해양경찰청장을 두며, 해양경찰청장은 치안총감으로 보한다. ② 해양경찰청장은 해양경찰위원회의 동의를 받아 해양수산부장관의 제청으로 국무총리를 거쳐 대통령이 임명한다. ③ 해양경찰청장은 해양경찰에 관한 사무를 총괄하고 소속 공무원 및 각급 해양경찰기관의 장을 지휘·감독한다. ④ 해양경찰청장의 임기는 2년으로 하고, 중임할 수 없다."

제12조에서 "해양경찰청장은 해양경찰에서 15년 이상 국가경찰공무원으로 재직한 자로서 치안감 이상 국가경찰공무원으로 재직 중이거나 재직했던 사람 중에서 임명한다."라고 제정되어 해양경찰이 해양주권을 수호하고 해양 안전과 치안 확립에 필요한 책임을 다할 수 있도록 해양경찰의 특수하고 다양한 직무를 제도적으로 뒷받침하고, 국가 해양관리 정책 환경의 변화 수용과 미래의 직무수행에 대비할 수 있도록 해양경찰의 책무, 해양경찰청의 조직과 직무, 해양안전 확보를 위한 협력과 참여, 해양경찰 직무수행의 기반 조성 등에 관한 법제도적 기반을 마련하였다.

2 해양경찰청과 그 소속기관

[1] 서설

현재 해양경찰의 조직에 관한 법률로는 헌법 제96조에 근거한 국가중앙행정조직에 관한 기본법인 정부조직법 제43조 제2항(해양에서의 경찰 및 오염방제에 관한 사무를 관장하기 위하여 해양수산부장관 소속으로 해양경찰청을 둔다)이 유일한 실정이고, 정부조직법 이외에 헌법 제75조(대통령은 법률에서 구체적으로 범위를 정하여 위임받은 사항과 법률을 집행하기 위하여 필요한 사항에 관하여 대통령령을 발할 수 있다)에 근거한 대통령령인 「해양경찰청과 그 소속기관 직제」가 있다.

[2] 소속기관

1) 해양경찰청장의 관장사무를 지원하기 위하여 해양경찰청장 소속으로 해양경찰교육원 및 중앙해양특수구조단을 둔다.
2) 해양경찰청장의 관장사무를 분장하기 위하여 해양경찰청장 소속으로 지방해양경찰청을 두고, 지방해양경찰청장 소속으로 해양경찰서를 둔다.
3) 해양경찰청장의 관장사무를 지원하기 위하여 「책임운영기관의 설치·운영에 관한 법률」 제4조제1항, 같은 법 시행령 제2조제1항 및 별표 1에 따라 해양경찰청장 소속의 책임운영기관으로 해양경찰정비창을 둔다.

[3] 해양경찰청

1) 직무 : 해양경찰청은 해양에서의 경찰 및 오염방제에 관한 사무를 관장한다.
2) 청장 : 해양경찰청장은 치안총감으로 보한다.
3) 차장 : 해양경찰청 차장은 치안정감으로 보한다.

[4] 하부조직

1) 해양경찰청에 운영지원과·경비국·구조안전국·수사정보국·해양오염방제국 및 장비기술국을 둔다.
2) 청장 밑에 대변인 1명을 두고, 차장 밑에 기획조정관 및 감사담당관 각 1명을 둔다.

[5] 대변인

대변인은 4급 또는 총경으로 보한다. 대변인은 다음 사항에 관하여 청장을 보좌한다.

1) 주요정책에 관한 대언론 홍보 계획의 수립·조정 및 소속기관의 대언론 정책홍보 지원·조정
2) 보도계획의 수립, 보도자료 작성·배포
3) 인터뷰 등 언론과 관련된 업무
4) 온라인대변인 지정·운영 등 소셜 미디어 정책소통 총괄·점검 및 평가

[6] 기획조정관

기획조정관 밑에 국제협력관 1명을 둔다. 기획조정관은 치안감으로, 국제협력관은 고위공

무원단에 속하는 일반직공무원 또는 경무관으로 보한다. 또한 기획조정관 밑에 기획재정담당관·혁신행정법무담당관, 인사담당관 및 교육담당관을 두되, 기획재정담당관·혁신행정법무담당관 및 인사담당관은 총경으로, 교육담당관은 서기관 또는 총경으로 보한다. 기획조정관은 다음 사항에 관하여 차장을 보좌한다.

(1) 기획조정관

1) 주요정책과 업무계획의 수립 및 종합·조정
2) 각종 지시사항 및 국정과제의 점검·관리
3) 청 내 정부혁신 관련 과제 발굴·선정, 추진상황 확인·점검 및 관리
4) 예산 편성·집행 조정 및 재정성과 관리
5) 국유재산관리계획 수립 및 집행
6) 국회 관련 업무의 총괄·조정
7) 해양경찰위원회의 간사업무에 관한 사항
8) 행정관리 업무의 총괄·조정
9) 조직진단 및 평가를 통한 조직과 정원의 관리
10) 소관 법제 업무 총괄
11) 소관 행정심판 및 소송 업무, 규제개혁업무 총괄
12) 성과관리 및 행정개선의 총괄·지원
13) 소속 공무원의 임용·상훈 및 그 밖의 인사
14) 소속 공무원의 교육·훈련
15) 해양경찰업무와 관련된 국제협력 업무에 관한 계획의 수립·조정 업무
16) 외국 해상치안기관 및 주한외국공관과의 교류·협력 업무
17) 해양경찰 관련 국제기구 참여 및 국제협약 등과 관련된 업무
18) 해외주재관 파견·운영 및 공무 국외여행
19) 국제해양 정보 수집·분석 및 배포

(2) 국제협력관

국제협력관은 15)호부터 19)호까지의 사항에 관하여 기획조정관을 보좌하고, 고위공무원단에 속하는 일반직공무원 또는 경무관으로 보하되, 고위공무원단에 속하는 일반직공무원으로 보하는 경우에 그 직무등급은 나등급으로 한다.

[7] 감사담당관

감사담당관은 4급 또는 총경으로 보한다. 감사담당관은 다음 사항에 관하여 차장을 보좌한다.

① 행정감사제도의 운영 및 행정감사계획·부패방지종합대책의 수립·조정
② 해양경찰청 및 그 소속기관에 대한 감사
③ 해양경찰청 및 그 소속기관에 대한 다른 기관의 감사결과 처리
④ 소속 공무원의 재산등록·선물 신고 및 취업제한에 관한 업무
⑤ 사정업무 및 징계위원회의 운영
⑥ 진정·민원 및 비위사실의 조사·처리
⑦ 해양수산구조 안전성 등에 대한 감사

> **(스마트해양경찰추진단)** ①「행정기관의 조직과 정원에 관한 통칙」 제29조제3항 및 제4항에 따라 차장 밑에 스마트해양경찰추진단을 둔다.
> ② 스마트해양경찰추진단에 단장 1명을 두며, 단장은 서기관 또는 총경으로 보한다.
> ③ 스마트해양경찰추진단장은 다음 사항에 관하여 차장을 보좌한다.
> 1. 해양경찰 분야 첨단 기술 활용 관련 계획의 수립·시행
> 2. 해양경찰 분야 맞춤형 기술 개발에 관한 연구·기획
> 3. 아이디어 발굴을 통한 해양경찰 장비 개발에 관한 사항
> 4. 해양경찰 개인 장비의 현장 적합성 제고에 관한 사항

[8] 운영지원과

운영지원과장은 총경으로 보한다. 운영지원과장은 다음 사항을 분장한다.

1) 보안·당직·청내안전 및 관인의 관리
2) 소속 공무원의 복무·연금·급여 및 복리후생에 관한 사무
3) 문서의 분류·수발·보존 및 관리, 기록관의 운영·관리
4) 물품의 구매 및 조달
5) 자금의 운용 및 회계
6) 의무경찰의 운영 및 관리
7) 민원의 접수·관리 및 정보공개제도 업무
8) 그 밖에 다른 국 및 담당관의 주관에 속하지 아니하는 업무

[9] 경비국

경비국에 국장 1명을 두고, 국장은 치안감 또는 경무관으로 보한다. 그리고 경비과·종합상황실 및 해상교통관제과를 두되, 경비과장·종합상황실장은 총경으로 보하고, 해상교통관제과장은 서기관 또는 기술서기관으로 보한다. 국장은 다음 사항을 분장한다.

1) 해양경비에 관한 계획의 수립·조정 및 지도
2) 경비함정·항공기 등의 운용 및 지도·감독
3) 동·서해 특정해역에서의 어로 경비
4) 해양에서의 경호, 대테러 예방·진압
5) 통합방위 및 비상대비 업무의 기획 및 지도·감독
6) 해양상황의 처리와 관련된 주요업무계획의 수립·조정 및 지도
7) 해양상황의 접수·처리·전파 및 보고
8) 해상교통관제(VTS) 정책 수립 및 기술개발
9) 해상교통관제센터의 설치·운영
10) 해상교통관제센터의 항만운영 정보 제공
11) 해상교통관제 관련 국제교류·협력

[10] 구조안전국

구조안전국에 국장 1명을 두고, 국장은 치안감 또는 경무관으로 보한다. 그리고 해양안전과·수색구조과 및 수상레저과를 두며, 각 과장은 총경으로 보한다. 국장은 다음 사항을 분장한다.

1) 연안해역 안전관리에 관한 정책의 수립·조정 및 지도
2) 연안해역 안전 관련 법령·제도의 연구·개선
3) 파출소 및 출장소 운영
4) 해수면 유선 및 도선 사업 관련 제도 운영
5) 해수면 유선 및 도선 사업의 면허·신고 및 안전관리
6) 해수욕장 안전관리
7) 어선출입항 신고업무
8) 해양사고 재난 대비·대응
9) 해양에서의 구조·구급 업무
10) 중앙해양특수구조단 운영 지원 및 해양경찰구조대 등 해양구조대 운영 관련 업무

11) 해양안전 관련 민·관·군 구조협력 및 합동 구조 훈련
12) 해양수색구조 관련 국제협력 및 협약 이행
13) 수상레저 안전관리에 관한 정책의 수립·조정 및 지도
14) 수상레저 안전 관련 법령·제도의 연구·개선
15) 수상레저 안전문화의 조성 및 진흥
16) 수상레저 관련 조종면허 및 기구 안전검사·등록 등에 관한 업무
17) 수상레저 사업의 등록 및 안전관리의 감독·지도
18) 수상레저 안전 관련 단체 관리 및 민관 협업체계 구성

[11] 수사정보국

수사정보국에 국장 1명을 두고, 국장은 치안감 또는 경무관으로 보한다. 수사과·형사과·정보과 및 외사과를 두되, 각 과장은 총경으로 보한다. 국장은 다음 사항을 분장한다.

1) 수사업무 및 범죄첩보에 관한 기획·지도 및 조정
2) 범죄통계 및 수사 자료의 분석
3) 해양과학수사업무에 관한 기획·지도 및 조정
4) 정보업무의 기획·지도 및 조정
5) 정보의 수집·분석 및 배포
6) 보안경찰업무의 기획·지도 및 조정
7) 범죄의 수사
8) 외사경찰업무의 기획·지도 및 조정
9) 국제형사 관련 업무

[12] 해양오염방제국

해양오염방제국에 국장 1명을 두고, 국장은 고위공무원단에 속하는 일반직공무원으로 보하되, 그 직위의 직무등급은 나등급으로 한다. 해양오염방제국에 방제기획과·기동방제과 및 해양오염예방과를 두며, 방제기획과장은 부이사관 또는 기술서기관으로, 기동방제과장 및 해양오염예방과장은 기술서기관으로 보한다. 국장은 다음 사항을 분장한다.

1) 해양오염 방제 조치
2) 국가긴급방제계획의 수립 및 시행
3) 해양오염 방제자원 확보 및 운영

4) 해양오염 방제를 위한 관계기관 협조
5) 국제기구 및 국가 간 방제지원 협력
6) 해양오염 방제 관련 조사·연구 및 기술개발
7) 방제대책본부의 구성·운영 및 긴급방제 총괄지휘
8) 해양오염 방제매뉴얼 수립 및 조정
9) 방제훈련 계획의 수립 및 조정
10) 기름 및 유해화학물질 사고 대비·대응
11) 오염물질 해양배출신고 처리
12) 방제비용 부담 등에 관한 업무
13) 방제조치에 필요한 전산시스템 구축·운용
14) 지방자치단체의 해안 방제조치 지원에 관한 업무
15) 해양오염 방지를 위한 예방활동 및 지도·점검
16) 선박해양오염·해양시설오염 비상계획서 검인 등에 관한 업무
17) 방제자재·약제 형식승인
18) 오염물질 해양배출행위 조사 및 오염물질의 감식·분석 등에 관한 업무
19) 해양환경공단의 방제사업 중 긴급방제조치에 대한 지도·감독
20) 해양오염방지를 위한 구난조치

[13] 장비기술국

장비기술국에 국장 1명을 두고, 국장은 치안감 또는 경무관으로 보한다. 그리고 장비기획과·장비관리과·항공과 및 정보통신과를 두되, 장비기획과장·장비관리과장·항공과장은 총경으로, 정보통신과장은 서기관·기술서기관 또는 총경으로 보한다. 국장은 다음 사항을 분장한다.

1) 해양경찰장비(함정, 항공기, 차량, 무기 등)의 개선 및 획득
2) 해양경찰장비의 정비 및 유지 관리
3) 해양경찰정비창에 대한 지도·감독
4) 물품·무기·탄약·화학 장비 수급관리 및 출납·통제
5) 경찰복제 및 피복의 보급·개선
6) 해양항공 업무 관련 계획의 수립·조정 등에 관한 업무
7) 해양에서의 항공기 사고조사 및 원인분석
8) 정보통신 업무계획의 수립·조정 등에 관한 업무
9) 정보통신 보안업무

[14] 위임규정

「행정기관의 조직과 정원에 관한 통칙」 제12조제3항 및 제14조제4항에 따라 해양경찰청에 두는 보좌기관 또는 보조기관은 해양경찰청에 두는 정원의 범위에서 해양수산부령으로 정한다.

[15] 해양경찰교육원

(1) 직무

해양경찰교육원(이하 이 장에서 "교육원"이라 한다)은 다음 사무를 관장한다.

1) 소속 공무원(의무경찰을 포함한다. 이하 이 장에서 같다)의 교육 및 훈련
2) 해양에서의 경찰 및 오염방제 업무와 관련된 기관·단체가 위탁하는 교육 및 훈련
3) 해양에서의 경찰 및 오염방제 업무에 관한 연구·분석 및 장비·기술 개발

(2) 원장

1) 교육원에 원장 1명을 두며, 원장은 치안감으로 보한다.
2) 원장은 해양경찰청장의 명을 받아 소관 사무를 총괄하고, 소속 공무원을 지휘·감독한다.

(3) 하부조직

「행정기관의 조직과 정원에 관한 통칙」 제12조제3항 및 제14조제4항에 따라 해양경찰교육원에 두는 보좌기관 또는 보조기관은 해양경찰청의 소속기관(해양경찰정비창은 제외한다)에 두는 정원의 범위에서 해양수산부령으로 정한다. 해양경찰교육원(이 장에서 "교육원"이라 한다)에 운영지원과·교무과·교수과·종합훈련단 및 학생과를 두며, 운영지원과장·교무과장·교수과장 및 종합훈련단장은 총경으로, 학생과장은 경정으로 보한다〈개정 2020. 3. 31.〉.

(4) 해양경찰연구센터

1) 해양에서의 경찰 및 오염방제 업무에 관한 연구·분석·장비개발 등에 관한 사무를 관장하기 위하여 해양경찰교육원장 소속으로 해양경찰연구센터(이하 "연구센터"라 한다)를 둔다.
2) 연구센터에 센터장 1명을 두며, 센터장은 4급으로 보한다.
3) 센터장은 해양경찰교육원장의 명을 받아 소관사무를 총괄하고, 소속 공무원을 지휘·감독하고, 해양경찰연구센터장은 기술서기관으로 보한다.

4) 「행정기관의 조직과 정원에 관한 통칙」 제12조제3항 및 제14조제4항에 따라 연구센터에 두는 보좌기관 또는 보조기관은 해양경찰청의 소속기관(해양경찰정비창은 제외한다)에 두는 정원의 범위에서 해양수산부령으로 정한다. 해양경찰연구센터(이하 "연구센터"라 한다)에 연구기획팀·해양경찰연구팀 및 방제연구팀을 두며, 각 팀장은 공업사무관·보건사무관·환경사무관·해양수산사무관·방재안전사무관·공업연구관 또는 환경연구관으로 보한다.

[16] 중앙해양특수구조단

(1) 직무

중앙해양특수구조단(이하 "특수구조단"이라 한다)은 다음 사무를 관장한다.

1) 대형·특수 해양사고의 구조·수중수색 및 현장지휘
2) 잠수·구조 기법개발·교육·훈련 및 장비관리 등에 관한 업무
3) 인명구조 등 관련 국내외 기관과의 교류 협력
4) 중·대형 해양오염사고 발생 시 현장출동·상황파악 및 응급방제조치
5) 오염물질에 대한 방제기술 습득 및 훈련

(2) 단장

1) 특수구조단에 단장 1명을 두며, 단장은 총경으로 보한다.
2) 단장은 해양경찰청장의 명을 받아 소관사무를 총괄하고, 소속 공무원을 지휘·감독한다.

(3) 해양특수구조대

1) 특수구조단의 소관 사무를 분장하기 위하여 특수구조단장 소속으로 서해해양특수구조대 및 동해해양특수구조대를 둔다.
2) 특수구조단 및 해양특수구조대의 위치는 별표 1과 같고, 그 관할구역은 해양수산부령으로 정한다.
3) 서해해양특수구조대 및 동해해양특수구조대에 대장 각 1명을 두며, 서해해양특수구조대장은 경정으로, 동해해양특수구조대장은 경감으로 보한다.
4) 서해해양특수구조대장 및 동해해양특수구조대장은 특수구조단장의 명을 받아 소관 사무를 총괄하고, 소속 공무원을 지휘·감독한다.

[17] 지방해양경찰관서

지방해양경찰청은 관할 해양에서의 경찰 및 오염방제에 관한 사무를 수행한다. 지방해양경찰청의 명칭 및 위치는 별표 2와 같고, 그 관할구역은 해양수산부령으로 정한다.

(1) 지방해양경찰청장

1) 지방해양경찰청에 청장 1명을 둔다.
2) 중부지방해양경찰청장은 치안정감으로, 서해지방해양경찰청과 남해지방해양경찰청의 청장은 치안감으로, 그 밖의 지방해양경찰청장은 경무관으로 보한다.
3) 지방해양경찰청장은 해양경찰청장의 명을 받아 소관사무를 총괄하고, 소속 공무원을 지휘·감독한다.

> **서해5도 특별경비단**
>
> 서해5도 특별경비단장은 다음 사항에 관하여 **중부지방해양경찰청장**을 보좌한다.
> 1. 불법외국어선 단속, 수사 및 사후처리에 관한 사항
> 2. 서해5도 해역에서의 경비 및 작전 업무에 관한 사항
> 3. 서해5도 해역에서의 경비·작전 관련 위기관리 업무에 관한 사항
> 4. 서해5도 해역에서의 수색 및 구조 업무에 관한 사항

(2) 하부조직

1) 서해지방해양경찰청 및 남해지방해양경찰청에 각각 안전총괄부를 둔다.
2) 「행정기관의 조직과 정원에 관한 통칙」 제12조제3항 및 제14조제4항에 따라 지방해양경찰청에 두는 보좌기관 또는 보조기관은 해양경찰청의 소속기관(해양경찰정비창은 제외한다)에 두는 정원의 범위에서 해양수산부령으로 정한다.

(3) 지방해양경찰청 안전총괄부

1) 서해지방해양경찰청 안전총괄부 및 남해지방해양경찰청 안전총괄부에 부장 각 1명을 둔다.
2) 부장은 경무관으로 보한다.
3) 부장은 다음 사항을 분장한다.
   ① 해상경비에 관한 계획의 수립 및 지도
   ② 해양에서의 수색·구조업무

③ 파출소·출장소 운영 및 외근업무의 기획·지도
④ 해상교통관제센터 운영 및 관제업무의 지도·감독
⑤ 수상레저 안전관리
⑥ 항만 운영 정보 제공 및 연안해역 안전 관리
⑦ 수사업무와 그 지도 및 조정
⑧ 정보업무에 관한 지도 및 조정
⑨ 국제적 범죄 또는 외국인 관련 범죄의 수사지도
⑩ 해양오염 방제조치 관련 업무
⑪ 해양오염예방을 위한 지도·점검 및 감시·단속
⑫ 오염물질 감식 및 분석
⑬ 해양상황의 접수·처리·전파 및 보고

(4) 직할단·직할대

1) 지방해양경찰청장은 해양수산부령으로 정하는 범위에서 그 밑에 각각 직할단과 직할대를 둘 수 있다.
2) 직할단의 장과 직할대의 장은 특정한 해양경찰사무에 관하여 각각 지방해양경찰청장을 보좌한다.

(5) 해양경찰서

1) 해양경찰서에 서장 1명을 둔다.
2) 서장은 총경으로 보한다.
3) 서장은 지방해양경찰청장의 명을 받아 소관사무를 총괄하고, 소속 공무원을 지휘·감독한다.
4) 지방해양경찰청에 두는 해양경찰서의 명칭 및 위치는 별표 3과 같고, 해양경찰서의 하부조직·관할구역, 그 밖에 필요한 사항은 해양수산부령으로 정한다.

(6) 파출소 등

1) 지방해양경찰청장은 해양경찰서장의 소관 사무를 분장하기 위하여 해양수산부령으로 정하는 바에 따라 해양경찰서장 소속으로 파출소를 둘 수 있다.
2) 지방해양경찰청장은 필요한 경우에는 해양수산부령으로 정하는 바에 따라 해양경찰서장 소속으로 출장소를 둘 수 있다.

3) 파출소 및 출장소의 명칭·위치와 관할구역, 그 밖에 필요한 사항은 지방해양경찰청장이 정한다.

(7) 해상교통관제센터

1) 지방해양경찰청의 소관 사무를 분장하기 위하여 지방해양경찰청장 소속으로 해상교통관제센터를 둔다.
2) 해상교통관제센터는 연안교통관제센터와 항만교통관제센터로 구분한다.
3) 해상교통관제센터의 명칭 및 위치는 해양수산부령으로 정하고, 관할구역 등 그 밖에 필요한 사항은 지방해양경찰청장이 정한다.
4) 해상교통관제센터에 센터장 1명을 두며, 연안교통관제센터장은 5급 또는 경정으로, 항만교통관제센터장은 5급으로 보한다.

[18] 해양경찰정비창

(1) 직무

해양경찰정비창은 함정의 정비 및 수리에 관한 사무를 관장한다.

(2) 하부조직의 설치 등

1) 해양경찰정비창의 하부조직의 설치와 분장사무는 「책임운영기관의 설치·운영에 관한 법률」 제15조제2항에 따라 같은 법 제10조에 따른 기본운영규정으로 정한다.
2) 「책임운영기관의 설치·운영에 관한 법률」 제16조제1항 후단에 따라 해양경찰정비창에 두는 공무원의 종류별·계급별 정원은 이를 종류별 정원으로 통합하여 해양수산부령으로 정하고, 직급별 정원은 같은 법 시행령 제16조제2항에 따라 같은 법 제10조에 따른 기본운영규정으로 정한다.

[19] 공무원의 정원

(1) 해양경찰청에 두는 공무원의 정원

1) 해양경찰청에 두는 공무원의 정원은 「해양경찰청과 그 소속기관 직제」 별표 4와 같다. 다만, 필요한 경우에는 별표 4에 따른 총 정원의 5퍼센트를 넘지 아니하는 범위에서 해양수산부령으로 정원을 따로 정할 수 있다.

2) 해양경찰청에 두는 공무원의 직급별 정원은 해양수산부령으로 정한다. 이 경우 총경의 정원은 17명을 그 상한으로 하고, 4급 공무원의 정원(3급 또는 4급 공무원 정원을 포함한다)은 7명을, 3급 또는 4급 공무원 정원은 4급 공무원의 정원(3급 또는 4급 공무원 정원을 포함한다)의 3분의 1을 각각 그 상한으로 하며, 4급 또는 5급 공무원 정원은 5급 공무원의 정원(4급 또는 5급 공무원 정원을 포함한다)의 3분의 1을 그 상한으로 한다.

(2) 소속기관에 두는 공무원의 정원

1) 해양경찰청의 소속기관(해양경찰정비창은 제외한다. 이하 같다)에 두는 공무원의 정원은 「해양경찰청과 그 소속기관 직제」 별표 5와 같다. 다만, 필요한 경우에는 별표 5에 따른 총 정원의 5퍼센트를 넘지 아니하는 범위에서 해양수산부령으로 정원을 따로 정할 수 있다.
2) 해양경찰청의 소속기관에 두는 공무원의 소속기관별·직급별 정원은 해양수산부령으로 정한다. 이 경우 총경의 정원은 44명을 그 상한으로 하고, 4급 공무원의 정원(3급 또는 4급 공무원 정원을 포함한다)은 3명을, 3급 또는 4급 공무원 정원은 4급 공무원의 정원(3급 또는 4급 공무원 정원을 포함한다)의 100분의 15를 각각 그 상한으로 하며, 4급 또는 5급 공무원 정원은 5급 공무원의 정원(4급 또는 5급 공무원 정원을 포함한다)의 100분의 15를 그 상한으로 한다.

3 해양경찰법

[1] 해양경찰법의 역사

(1) 초기의 해양경찰법

1953년 12월 23일 해양주권선 경비임무 담당을 위해 내무부 치안국 소속으로 창설된 해양경찰대는 1962년 4월 3일 해상치안 수요가 증가함에 따라 「해양경찰대설치법(법률1048호)」이 제정되면서 사법권이 강화되고 장비와 인력이 강화되었다. 이 법에서는 해양경찰대가 「어업자원보호법」에 의한 '관할수역 내의 범죄수사와 기타 해상에 있어서의 경찰에 관한 사무를 관장'하도록 규정하였는데 이는 매우 큰 의미를 갖는다. 어업자원 보호 등에 한정하여 제한된 사법경찰권이 부여되었던 종전과는 달리, 어업자원보호는 물론 간첩의 해상침투방지, 밀수·밀항자 단속, 평화선상의 관할수역 경비와 조난선박의 구조, 항로표지의 보호 등 거의 모든 해상사법경찰권이 부여된 것이었다. 창설 이후 10년 정도 열악한 시설과 장비 그리고 소속 기관마저 오락가락하며 운영되던 해양경찰대가 「해양경찰대설치법」을 근거로 비로소 뿌리를 내리고 안정적으로 임무를 수행하는 계기가 되었다. 하지만 1973년 1월 15일 박정희 정부가 들어서면서, 「정부조직법」개정으로 「해양경찰대설치법」은 폐지되었고 해양경찰조직에 관한 규정은 대통령령으로 정하게 되었다.

(2) 「경찰법」제정과 해양경찰청이 경찰청 소속으로 이관

1991년 5월 31일 정부는 법률 제4369호로 「경찰법」을 제정하였다. 기존 내무부장관 소속의 해양경찰대는 경찰청장 소속의 해양경찰청으로 승격되고, 대통령령에 규정되어있던 조직은 「경찰법」에 명시되었다. 해양경찰의 조직이 비록 경찰법 내에 근거를 두게 된 것이지만, 기존의 대통령령에서 경찰법이라고 하는 법률로 규정된 것에 의의가 있다. 한편, 경찰법에서는 경찰청장 소속하에 해양경찰청을 두고, 해양경찰청 산하에는 해양경찰서를 둔다고 규정함에 따라 해양경찰청은 경찰청 소속 기관이 되었다. 해양경찰의 임무는 경찰법 제3조가 규정한 경찰의 직무, 즉 '국민의 생명·신체 및 재산의 보호와 범죄의 예방·진압 및 수사, 치안정보의 수집·작성 및 배포, 교통의 단속과 기타 공공의 안녕과 질서유지 등'을 그대로 따르게 되었다.

(3) 해양수산부 소속의 독립외청으로 승격, 별도의 조직법 제정은 좌절

1996년 8월8일 정부가 「정부조직법」을 개정하여 해양수산부를 신설하고, 해양경찰청을 해양수산부 외청으로 분리시킴에 따라, 해양경찰청은 창설 이후 43년 만에 독립적 지위를 가진 중앙행정기관으로 그 지위가 경상되었다. 하지만 「경찰법」에 기재된 '해양경찰청의 설치·조직'에 관한 법적 근거가 삭제되었고, 독립외청으로 지위가 격상됨과 동시에 별도의 조직법이 제정되었어야 했으나, 제반여건이 갖춰지지 않아 대통령령으로 제정된 「해양경찰청과 그 소속기관 직제」가 해양경찰의 조직법을 대체하게 되었다.

(4) 마침내 「해양경찰법」이 제정

해양경찰은 법 제정을 위해 노력해 왔으나 내부적으로는 법 제정의 공감대를 형성하지 못하였고, 외부적으로는 국회대응과 관계기관과의 협의도 원만하지 못해 실패를 거듭하였다.

그러나 세월호사고 이후 해양안전정책이 더욱 강화되고, 바다에서 일어난 재난과 재해는 해양경찰이 완벽하게 책임을 질수 있는 법 제정을 추진한 결과 2019년 8월 20일 오랜 숙원이던 「해양경찰법」이 법률 제16515호로 재정·공포 되었다.

[2] 해양경찰법 제정 추진 배경

(1) 국민과 함께하는 해양경찰

국민소득 향상과 해양레저객 증가로 인한 해양안전에 관한 정책이 요구되지만 관(官) 주도의 정책에 따라 해양의 안전정책은 일관성이 없어 행정실패를 초래하고, 또한 세월호 사고 이후 국민들의 해양안전을 더욱 강화하라는 요구로 국민의 관점에서 정책을 계획하고 독립적인 외부 인사에 의해 정책을 평가받는 시스템을 도입하여 정책의 민주성과 투명성 및 안정성을 확보할 필요가 있었다.

(2) 공권력행사기관으로 기본권 제한의 근거법률 부재

국민의 기본권을 제한하거나 침해하는 경찰권을 행사하는 경우에는 '법률유보의 원칙'에 따라 반드시 법률에 근거해야 하며, 그것이 바로 헌법정신에도 부합되는 것이다. 이에 따라 '국민의 신체와 자유에 직접적인 영향을 주는 기관'으로서 검찰청과 경찰청은 별도의 독립된 법률로 조직과 직무에 관하여 엄격하게 규정하고 있다. 해양경찰청 역시 국민의 신체와 자유에 직접적인 영향을 줄 수 있는 일반사법권을 가진 기관임에도 불구하고, 직무범위에 대한 명확한 법적 근거 없이[62] 국민의 기본권을 제한하고 있다는 염려와 국민의 법적 안정성·예측가능성을 담보하지 못한다는 우려가 있었다.

〈표 3-3〉 독립된 법률로 규정된 기관

국 내			해 외	
경찰청	검찰청	국가정보원	미국	일본
「경찰법」	「검찰청법」	「국가정보원법」	「US CODE Title. 14」	「해상보안청법」

62) 해양경찰의 직무수행의 법적 근거로는 정부조직법 제43조제2항 '해양에서의 경찰 및 오염방제'라는 추상적인 임무와 이외, 법률이 아닌 대통령령으로 「해양경찰청과 그 소속기관 직제」, 해양수산부령인 「해양경찰청과 그 소속기관 직제 시행규칙」에 직무를 규정하여 임무를 수행하는 등 법률적 근거 기반이 취약하였다.

(3) 해양경찰의 특수한 직무를 반영 못한 법제 현실

해양경찰은 창립 초기엔 영해경비와 어업자원보호 업무로 시작했지만, 이후에는 각종 해양재난으로부터 국민의 생명과 신체·재산을 보호하는'수색·구조 및 안전'을 비롯해 '해양치안질서유지', 해양오염방제를 통한 '해양환경보전' 및 독도·이어도에 이르는 '해양주권 수호'에 이르기 까지 매우 다양한 영역으로 직무가 추가되어 왔다. 오늘날에는 육상에서는 존재하지 않은 국내 유일의 해양 종합 법집행기관으로서의 특수성을 가지고 있지만, 법·제도적으로는 해양경찰의 직무를 충분히 반영하지 못하였다. 그리고 해양경찰의 직무를 수행할 수 있는 근거가 되는 「정부조직법」에는 '해양에서의 경찰 및 오염방제에 관한 사무'로만 규정되어 있어 직무범위의 한계를 명확히 알 수 없었다.

(4) 해양사고 발생 시 마다 지적받는 '전문성 부족'

해양경찰의 직무는 오랜 실무경험과 전문적인 지식이 겸비되어야 하는 특수 분야다. 특히 국가 간 대외업무의 비중이 매우 높고 중요성이 강조되고 있는 오늘날 현실에서 해양경찰 조직이 안정적이고 독자적으로 운영되려면 다른 부처와 차별화된 직무수행의 전문성과 독립성이 부여된 입법적 기반이 필요하다. 특히 전문 역량을 가진 자체 청장이 임명되기 위해서는 현행 법제도에 대한 개선이 시급한 상황이었다.

(5) 조직의 기반 약화와 신분의 불안정

1953년 「해양경찰대」로 창설된 해양경찰은 이후 경찰청, 해양수산부, 국토해양부, 국민안전처 등으로 소속과 명칭이 자주 변경됨과 함께 업무의 범위 또한 변화되었다. 이러한 조직 변천과정은 국민들의 여망이나 소속 직원들의 의사보다는 주로 중앙정부 판단이나 정치적 상황에 따라 개편이 이루어짐에 따라 조직의 정체성에 큰 영향을 미치고, 직원의 사기 저하로 이어져 왔다

[3] 해양경찰법의 법원

해양경찰법의 법원(法源)이란 해양경찰 행정에 관한 법이 어떻게 성립되고 어떠한 형식으로 존재하는가의 문제, 즉 해양경찰법의 존재 형식 또는 인식근거를 말한다, 이러한 해양경찰법의 법원에는 성문 법원(헌법, 법률, 명령, 국제조약, 자치법규)과 불문 법원(관습법, 판례법, 조리)이 있다. 다만 행정처분은 구체적 사실에 대한 행정청의 권력적 법집행 작용으로서 법원이 될 수 없다.

[4] 해양경찰법 구성 체계

해양경찰법은 총 5개의 장과 21개 조문 그리고 부칙으로 이루어졌으며, 세부적으로는 다음과 같이 구성되어 있다.

〈표 3-4〉 해양경찰법 구성체계

구분	내용
제1장 총칙 (제1조 – 제4조)	목적, 해양경찰의 책무, 권한남용의 금지 등, 해양경찰의 날
제2장 해양경찰위원회 (제5조 – 제10조)	해양경찰위원회 설치 등, 위원회의 구성 및 위원의 임명, 위원의 임기 및 신분보장, 재의요구, 의견 청취 등, 위원회의 운영 등
제3장 해양경찰청 (제11조 – 제15조)	해양경찰청장, 해양경찰청장 임명자격, 해양경찰청소속 공무원, 직무, 직무수행
제4장 해양안전 확보 등 (제16조 – 제18조)	해양안전 확보노력, 협력, 국민참여의 확대
제5장 해양경찰 직무수행의 기반조성 (제19조 – 제21조)	직무수행의 전문성 확보, 해양경찰 장비의 관리 등, 연구개발의 지원 등
부칙	시행일, 다른 법률의 개정

[5] 해양경찰법의 내용[63)]

(1) 목적(제1조)

> 이 법은 해양주권을 수호하고 해양 안전과 치안 확립을 위하여 해양경찰의 직무와 민주적이고 효율적인 운영에 필요한 사항을 규정함을 목적으로 한다.

'해양주권 수호'라는 개념은 해양경찰의 중요성이 증대되고 있는 오늘날의 신해양시대에 발맞춘 해양경찰직무의 확장성을 고려할 때 가장 포괄적인 표현이다. '해양안전'을 별도로 규정한 이유는 시대적 상황에 따라 해양안전 확보가 국민의 염원임을 더욱 강조하기 위함이다. '치안확립'은 해양에서 일반사법경찰권을 행사하는 기관으로서 달성해야 할 목적을 표현한 것이다.

63) 해양경찰청, 「해양경찰법해설서」, 2019, 36-108면.

► 해양의 정의

「해양수산발전 기본법」 제3조 1호에서는 '"해양"이라 함은 대한민국의 내수·영해·배타적경제수역·대륙붕 등 대한민국의 주권·주권적권리 또는 관할권이 미치는 해역과 헌법에 의하여 체결·공포된 조약 또는 일반적으로 승인된 국제법규에 의하여 대한민국의 정부 또는 국민이 개발·이용·보전에 참여할 수 있는 해역을 말한다.'라고 규정하고 있다.

다만, '내수면'이 '해양'에 포함되는지는 법률마다 상이하게 해석되고 있다. 「해양경찰법」에서 해양의 범위를 명확하게 규정하지 않은 이유는 해양환경 변화에 따라, 해양경찰의 직무범위가 변동될 경우 유연하게 대처하기 위함이다.

► '해양주권 수호'의 의미

'해양주권 수호'는 해양경찰의 독창적이고 고유한 직무이다. 사전적 의미로는 '해양에서 가장 주요한 권리를 지키고 보호 한다'는 뜻을 가지고 있다. 독도에서의 한·일간 충돌, 불법조업 중국어선 흉포화, 북한과 NLL 대치 등은 '해양주권 수호'를 위한 해양경찰의 중요한 직무로 인식되고 있다.

① 독도 및 이어도의 주권적 권리보호
② 영토 및 영해에서 관세·재정·출입국관리·보건·위생에 관한 위법행위 방지·제재(영해 및 접속수역법)
③ 관할수역에서 국내·외국선박의 권리 보장 및 불법행위의 억제(배타적경제수역 및 대륙붕에 관한 법률, 선박 및 해상구조물에 대한 위해행위의 처벌 등에 관한 법률)
④ 배타적경제수역의 자원보호를 위한 불법어로행위 단속활동(배타적경제수역에서의 외국인어업 등에 대한 주권적 권리의 행사에 관한 법률)
⑤ 공해 또는 국가관할권 밖에서 발생한 해적행위 등에 대한 단속과 해적선의 나포 및 수사(국제항해선박 등에 대한 해적행위 피해예방 관한 법률)
⑥ 그 밖에 해양에서 우리 국민의 권익을 보장하기 위한 보호활동

► 「해양경찰법」을 해양경찰의 조직법으로 볼 수 있는지?

- 해양경찰법은 해양경찰의 조직 및 직무뿐만 아니라 해양경찰의 운영, 직무수행의 기반이 되는 사항을 규정하고 직무수행의 방향성을 제시한 해양경찰의 조직법이자 기본법이다.
- 제3장 해양경찰청과 해양경찰의 직무, 국가경찰공무원으로서 신분 등은 대표적인 조직법적 규정이라고 볼 수 있다.
- 그러나 「해양경찰법」은 청장 및 직무 등을 규정하는 조직법적 규정이 포함되어 있지만 차장, 하부조직 등에 대한 구체적인 조직규정을 두지 못하여 조직법적 색채는 상대적으로 옅다. 반면에 해양경찰위원회, 해양안전 확보노력·협력·국민참여의 확대, 해양경찰 직무수행의 전문성 확보·장비관리 및 연구개발의 지원 등 해양경찰 만의 특색을 나타내는 기본법적 규정들이 다수 포함되어 있다.

(2) 해양경찰의 책무 (제2조)

① 해양경찰은 해양에서 사람의 생명·신체 및 재산을 보호하고, 해양사고에 효율적으로 대응하기 위한 시책을 추진하여야 한다.
② 해양경찰은 대한민국의 국익을 보호하고 해양영토를 수호하며 해양치안질서 유지를 위하여 필요한 조치와 제도를 마련하여야 한다.
③ 해양경찰은 해양경찰의 정책에 대한 국민의 의견을 존중하고, 민주적이고 투명한 조직운영을 위하여 노력하여야 한다.

직무규정은 해양경찰의 구체적인 업무의 범위를 나타내는 규정이며, 책무규정은 해양경찰의 선언적이고 포괄적인 업무 방향성이라고 할 수 있다. 해양경찰의 직무 중에서 최우선적인 가치를 부여해야할 것은 책무로 규정하였으며, 이와 관련된 정책수립과 집행 의무를 명시적으로 부여하였다.

이 법의 목적을 달성하도록 강제하는 효과가 있으며, 국가발전과 국민복지 향상을 위해 해양경찰의 적극적인 직무집행을 유도하기 위한 규정이다. 책무규정은 의무적 성격을 가지고 있지만 사실상 권한으로서의 성격도 갖고 있다. 이 규정은 다른 부처·기관의 권한과 직무를 침해하는 것이 아니라, 현재 다수의 타 부처 소관 법률에 분포되어 업무경계가 명확하지 않은 상태로 수행되고 있는 해양경찰의 업무범위를 간접적으로 확정하는 기능을 한다.

일반적으로 책무는 '국가 및 지방자치단체의 책무'에 부여하고 있으며, 특정 정부부처의 책무를 선언적으로 규정한 입법례는 거의 찾아보기 어렵다. 그럼에도, 조직법이자 기본법인 「해양경찰법」에 '책무'규정을 둔 이유는, 해양 안전관리, 국익 보호, 해양영토 수호 및 치안질서 유지 등 해양경찰의 소관 직무의 중요성을 다시 한번 강조함으로써, 이 법의 목적을 보다 효과적으로 달성하기 위함이다.

► '해양영토'의 의미
영해, 접속수역 및 배타적경제수역 등 대한민국 법령과 국제법에 따라 대한민국의 권리와 관할권이 인정되는 해역을 의미하는 용어로 사용되고 있다.

► 해양영토 수호
해군에서 수행하는 '해양영토 수호'는 군사력에 대한 대응에 한정된다. 해양경찰에서 수행하는 '해양영토 수호'는 이보다 넓은 개념으로, 국제법상 대한민국의 관할권이 인정되는 해양에서 주권을 보전하려는 비군사적 대응을 말한다. 대표적으로 해양경찰이 수행하는 '해양영토 수호' 업무로는 일본과 중국의 독도·이어도 인근해역에서의 과학조사 차단, 중국 불법조업 어선 단속 등이 있다.

(3) 권한남용의 금지 등 (제3조)

> 해양경찰은 그 직무를 수행할 때 국민 전체에 대한 봉사자로서 공정·중립을 지켜야 하고, 헌법과 법률에 따라 국민의 자유와 권리를 존중하며, 부여된 권한을 남용하여서는 아니 된다.

국민의 기본권을 직접적으로 제한하는 공권력 행사기관인 해양경찰이 직무를 수행함에 있어 가장 지켜야 할 원칙을 규정한 조문이다. 헌법상 법률유보 및 과잉금지의 원칙과 함께 '공무원은 국민 전체의 봉사자'라는 헌법 제7조제1항의 취지가 반영되어 국민의 봉사자로서 공정하고, 정치적으로 중립성을 유지해야 한다는 점과 공권력 행사의 제한점을 천명한 것이다.

(4) 해양경찰의 날 (제4조)

> 국민에게 해양주권 수호의 중요성을 널리 알리고 해양안전 의식을 높이기 위하여 매년 9월 10일을 해양경찰의 날로 하고, 기념행사를 한다.

「해양경비법」은 해양경찰 직무중 일부를 개별적으로 규정하는 작용법이지만, 그간 '해양경찰의 날'을 수용할 수 있는 기본법이 없어 동법 제5조의2에 '해양경찰의 날'을 규정해 오다가 해양경찰 조직과 직무를 포괄하는 「해양경찰법」이 제정됨에 따라 이관하여 규정하였다. 행정안전부에서는 정부가 주관하는 각종 기념일과 기념일에 거행되는 각종 행사를 대통령령인 「각종 기념일 등에 관한 규정」에 명시하고 있다. 그러나 '해양경찰의 날'은 개별 법률을 통해 별도로 정하고 있다. 행정안전부 소관 기념일 행사는 정부가 주관하지만, 개별 법률에 지정된 기념일은 사전에 국무회의에 보고를 한 후 행사를 시행한다는 점과 해당 중앙행정기관의 장이 주관하는 차이점이 있다.

국민에게 해양주권의 수호의 중요성을 널리 알리고 해양안전 의식을 고양하기 위하여 「배타적 경제수역 및 대륙붕에 관한 법률」시행일인 9월 10일을 '해양경찰의 날'로 정하고 이를 기념하는 행사를 개최하고 있다.

(5) 해양경찰위원회의 설치 등 (제5조)

> ① 해양경찰행정에 관하여 다음 각 호의 사항을 심의·의결하기 위하여 해양수산부에 해양경찰위원회(이하 "위원회"라 한다)를 둔다.
> 1. 해양경찰청 소관 법령 또는 행정규칙의 제정·개정·폐지, 소관 법령에 따른 기본계획·관리계획 등의 수립 및 이와 관련된 사항
> 2. 인권보호와 부패방지 및 청렴도 향상에 관한 주요 정책사항
> 3. 해양경찰청 소속 공무원의 채용·승진 등 인사운영 기준과 교육 및 복지증진에 관한 사항
> 4. 해양경찰장비·시설의 도입·운영에 관한 사항
> 5. 그 밖에 주요 정책과 제도 개선 및 업무발전에 관하여 필요하다고 인정되어 위원회 의결로 회의에 부치는 사항
>
> ② 제1항에도 불구하고 해양수산부장관 또는 해양경찰청장은 중요하다고 인정되어 위원회의 심의·의결이 필요한 사항은 회의에 부칠 수 있다.
>
> ③ 해양수산부장관은 제1항 또는 제2항에 따라 심의·의결된 내용이 적정하지 아니하다고 판단할 때에는 재의를 요구할 수 있다.

해양경찰위원회는 해양경찰 정책의 민주성과 투명성 제고를 위한 통제장치이다. 해양경찰위원회는 해양경찰의 주요정책에 관한 심의·의결기구로서 국민의 권익을 보호하는 독립적인 외부 통제장치의 역할을 수행함으로써, 해양경찰이 '국민의 해양경찰'로 거듭나는데 이바지할 것이다.

해양수산부소속으로 해양경찰위원회를 두고 해양경찰의 주요 법령, 인사, 장비 등 주요 정책과 인권보호와 같은 주요사항에 대해 심의·의결을 수행하도록 규정하였다. 해양경찰청 소관법령은 「해양경찰법」을 포함 총 31개이며(2020년 6월 말 기준), 이중 법률은 11개, 시행령은 10개, 시행규칙은 12개가 있다.

〈표 3-5〉 해양경찰 단독소관 법령

단독 소관법령		
법 률	시 행 령	시행규칙
「해양경찰법」		
「수상에서의 수색·구조 등에 관한 법률」	「수상에서의 수색·구조 등에 관한 법률 시행령」	「수상에서의 수색·구조 등에 관한 법률 시행규칙」
「연안사고 예방에 관한 법률」	「연안사고 예방에 관한 법률 시행령」	「연안사고 예방에 관한 법률 시행규칙」
「수상레저안전법」	「수상레저안전법 시행령」	「수상레저안전법 시행규칙」
「해양경비법」	「해양경비법 시행령」	「해양경비법 시행규칙」
선박교통관제에 관한 법률 (2019.12.3. 제정, 2020.6.4. 시행)	선박교통관제에 관한 법률 시행령	선박교통관제의 시행 등에 관한 규칙
	「해양경찰청과 그 소속기관 직제」	「해양경찰청과 그 소속기관 직제 시행규칙」
	「해양경찰청 소속 경찰공무원 임용에 관한 규정」	「해양경찰청 소속 경찰공무원 임용령 시행규칙」
		「해양경찰청 소속 경찰공무원 승진임용규정 시행규칙」
		「해양경찰청 소속 경찰공무원 복제에 관한 규칙」
		「해양경찰청 소속 경찰공무원 특수지 근무수당 지급규칙」
공동 소관법령		
「밀항단속법」(법무부 공동)		
「경범죄처벌법」(경찰청 공동)	「경범죄처벌법 시행령」 (경찰청 공동)	「경범죄처벌법 시행규칙」 (경찰청 공동)
「자동차 등 특정동산 저당법」 (국토부, 법무부, 해수부 공동)	「자동차 등 특정동산 저당법 시행령」 (국토부, 법무부, 해수부 공동)	
「경찰공무원 보건안전 및 복지기본법」(경찰청 공동)	「경찰공무원 보건안전 및 복지기본법 시행령」 (경찰청 공동)	
「경찰공무원법」(경찰청 공동)		

행 정 규 칙				
구분	합계	훈령	예규	고시
개수	193	132	41	20

법령과 행정규칙은 제정·개정·폐지를 위해서는 위원회의 안건으로 상정해야 한다. 상정 시기는 제·개정 등 계획보고가 지휘부 결재를 득한 후이다.

그리고 법령에 따른 기본·관리계획은 총 11건으로 이 중 매년 수립해야 하는 계획은 6건이다(2020. 6월 기준).

〈표 3-6〉 법령에 따른 기본·관리계획

연번	기본계획, 관리계획 등	근거법령	주기
1	경찰공무원 보건안전 및 복지증진 기본/시행계획	경찰복지법 제5조	5년/1년
2	수난대비 기본/집행계획	수상구조법 제4조	5년/1년
3	연안사고 예방 기본/시행계획	연안사고예방법 제5조	5년/1년
4	해양경비 기본계획/해양경비계획	해양경비법 제6조	5년/1년
5	수상레저안전관리계획	수상레저안전법 제29조의2	1년
6	선박교통관제 기본계획/시행계획	선박교통관제에 관한 법률제8조	5년/1년

► 「선박교통관제에 관한 법률」 및 「해양경찰분야 과학기술진흥에 관한 규정」(대통령령)이 제정되면 위원회의 심의·의결 항목 증가

그리고 이법 제3항의 재의요구권은 해양수산부장관에게만 부여된 권한으로, 심의·의결된 내용이 적정하지 아니하다고 판단될 때에는 재의를 요구할 수 있도록 하여 해양경찰위원회의 심의·의결 권한에 대해 최소한의 견제장치를 두었다.

(6) 위원회 구성 및 위원의 임명 (제6조)

제6조(위원회의 구성 및 위원의 임명) ① 위원회는 위원장 1명을 포함한 7명의 위원으로 구성하되, 위원장 및 위원은 비상임으로 한다.
② 위원 중 2명은 법관의 자격이 있는 사람이어야 한다.
③ 위원은 해양수산부장관의 제청으로 국무총리를 거쳐 대통령이 임명한다. 이 경우 해양수산부장관은 위원 임명을 제청할 때 해양경찰의 정치적 중립이 보장되도록 하여야 한다.
④ 다음 각 호의 어느 하나에 해당하는 사람은 위원이 될 수 없다.
1. 당적을 이탈한 날부터 3년이 지나지 아니한 사람
2. 선거에 의하여 취임하는 공직에서 퇴직한 날부터 3년이 지나지 아니한 사람
3. 경찰, 검찰, 국가정보원 직원 또는 군인의 직에서 퇴직한 날부터 3년이 지나지 아니한 사람
4. 「국가공무원법」 제33조 각 호의 어느 하나에 해당하는 사람

해양경찰위원회는 「정부조직법」 제5조에 근거한 대외적으로 법적구속력을 갖는 의사결정을 할 수 있는 합의제행정청(행정위원회)의 성격을 갖는 것은 아니다. 「행정기관 소속 위원회의 설치·운영에 관한 법률」제5조 제2항에 따른 자문위원회 등으로 전원 비상임위원으로 구성되었다.

즉 의결권한은 가지나, 정해진 의사를 대외적으로 표시하는 권한은 없는 '의결기관의 성격을 갖는 위원회'토 볼 수 있다. 따라서 위원장 1명을 포함한 7명의 위원 전원을 비상임으로 구성하였다.

(7) 위원의 임기 및 신분보장(제7조)

> 제7조(위원의 임기 및 신분보장) ① 위원의 임기는 3년으로 하며, 연임할 수 없다. 이 경우 보궐위원의 임기는 전임자 임기의 남은 기간으로 한다.
> ② 위원은 정당에 가입하거나 제6조제4항제2호 또는 제3호의 직에 취임 또는 임용되거나 제4호에 해당하게 된 때에는 당연히 퇴직된다.
> ③ 위원은 중대한 신체상 또는 정신상의 장애로 직무를 수행할 수 없게 된 경우를 제외하고는 그 의사에 반하여 면직되지 아니한다.
> ④ 위원에 대하여는 「국가공무원법」 제60조 및 제65조를 준용한다.

위원의 임기와 신분보장에 대해 법률로 규정하여 위원회의 독립성을 강화하고, 또한 당연퇴직과 면직 사유를 규정하여 위원에 대한 신분을 보장하였다.

위원의 임기는 「행정기관 소속 위원회의 설치·운영에 관한 법률(제8조 제2항)」에 따라 3년으로 정하였고, 연임금지[64]와 보궐위원의 임기도 규정하였다.

그리고 위원에 대해서는 「국가공무원법」상의 비밀엄수의 의무(제60조)와 정치운동금지의 의무(제65조)를 준용하도록 하였다.

(8) 재의요구(제8조)

> 제8조(재의요구) ① 제5조제3항에 따라 해양수산부장관이 재의를 요구하려고 하는 경우에는 의결한 날부터 10일 이내에 재의요구서를 위원회에 제출하여야 한다.
> ② 위원장은 재의요구가 있으면, 그 요구를 받은 날부터 7일 이내에 회의를 소집하여 다시 의결하여야 한다.

해양경찰 주요 정책에 대한 심의·의결권을 가지고 있는 해양경찰위원회의 권한을 견제하기 위해 해양수산부장관에게 재의요구권을 부여한 것은 법률의 자기완결성과 명확성을 제고

64) 연임금지란 정해진 임기를 마친 후에는 거듭하여 연속적으로 그 위원의 직에 머무르는 일을 금한다는 뜻이다.

하고자 함이다. 심의·의결한 내용이 적절하지 않다고 판단할 경우 의결한 날부터 10일 이내로 할 수 있는데 10일의 기산점은 「민법」제157조 본문(초일불산입의 원칙)에 따라 의결한 날의 다음날부터이다. 7일 이내 회의 소집도 기산점은 마찬가지이다.

(9) 의견청취 등 (제9조)

> 제9조(의견 청취 등) ① 위원장은 위원회의 심의를 위하여 필요한 경우에는 관계 공무원에게 필요한 사항의 보고 또는 자료의 제출을 요구하거나 관계 전문가로부터 의견을 청취할 수 있다.
> ② 제1항에 따라 보고 또는 자료의 제출을 요구받은 관계 공무원은 성실히 이에 응하여야 한다.

의견청취를 통해 안건에 대한 위원들의 이해도를 높여 실질적이고 원활한 심의·의결이 되도록 위원장의 권한으로 관계공무원[65]으로 하여금 보고 또는 자료를 받거나, 관계 전문가로부터 의견을 청취할 수 있도록 하였다. 이것은 공무원의 불성실함으로 인해 위원회가 형식적인 심의·의결을 방지하고, 위원들이 안건에 대한 객관성 및 전문성을 보충함으로써 실질적인 심의가 가능하도록 한 것이다.

(10) 위원회 운영 등 (제10조)

> 제10조(위원회의 운영 등) ① 위원회의 사무는 해양경찰청에서 수행한다.
> ② 위원회의 회의는 재적위원 과반수의 출석과 출석위원 과반수의 찬성으로 의결한다.
> ③ 이 법에 규정된 것 외에 위원회의 운영 등에 필요한 사항은 대통령령으로 정한다.

위원회는 해양수산부소속으로 설치되었지만, 실질적인 심의사항은 해양경찰과 관련된 내용이므로, 일반적인 입법례에 따라 해양경찰청이 위원회의 사무를 관장·수행하도록 규정하고, 간사업무도 해양경찰청 혁신기획재정담당관이 수행하도록 「해양경찰위원회 규정」에 명시하였다. 그리고 안건을 의결하려면 위원회 소속 위원 7인중 4인 이상이 해당회의에 출석하여야 하며, 출석한 위원 중 절반이상의 찬성이 필요하다. 「해양경찰법」에는 위원회에 관한 기본적인 입법사항만을 규정하고, 운영에 필요한 구체적인 사항은 대통령령으로 위임하였는데, 이는 「해양경찰위원회 규정」제정의 입법적 근거가 된다.

---

65) 해양경찰청 소속 공무원에는 국가경찰공무원, 그리고 해양오염방제국과 해상교통관제과(VTS) 등에서 근무하는 일반직공무원이 있어, '관계공무원'은 양자를 포함하는 개념이다.

(11) 해양경찰청장(제11조)과 해양경찰청장 임명자격(제12조)

> 제11조(해양경찰청장) ① 해양경찰청에 해양경찰청장을 두며, 해양경찰청장은 치안총감으로 보한다.
> ② 해양경찰청장은 해양경찰위원회의 동의를 받아 해양수산부장관의 제청으로 국무총리를 거쳐 대통령이 임명한다.
> ③ 해양경찰청장은 해양경찰에 관한 사무를 총괄하고 소속 공무원 및 각급 해양경찰기관의 장을 지휘·감독한다.
> ④ 해양경찰청장의 임기는 2년으로 하고, 중임할 수 없다.
> 제12조(해양경찰청장 임명자격) 해양경찰청장은 해양경찰에서 15년 이상 국가경찰공무원으로 재직한 자로서 치안감 이상 국가경찰공무원으로 재직 중이거나 재직했던 사람 중에서 임명한다.

해양경찰은 해양과 함정이라는 장소와 수단의 특수성으로, 상황에 따른 신속·정확한 지휘판단을 위해서는 장기간의 직무경험으로 축적된 전문성이 필수적이다. 그동안 독립외청(1996년) 출범 후 16명의 해양경찰청장 중 14명이 경찰청 출신으로, 자체 청장은 2명에 불과하였다. 해양경찰청장은 종합적 해양전문 지식과 위기 대처경험이 많은 자가 필요하여, 이 법에서 해양경찰청장 임명자격을 해양경찰에서 15년 이상 재직한 전·현직 치안감이상 국가경찰공무원으로 제한하였다.

그러나 해양경찰청 치안정감이 2명인 체제하에서 청장후보군이 협소하다는 현실적인 문제점이 있어 후보군을 치안점감(2인), 치안감(5인)까지 확대하였으며, 무엇보다도 해양경찰청장에 대한 전문성 요구에 전직 치안감 이상까지 후보군을 넓히게 되었지만, 전직 치안감이상으로 후보군을 확대하더라도 만 60세 미만자 중 임기 2년을 충족할 수 있는 자는 소수에 불과할 것으로 보인다.

경찰청도 청장을 경찰공무원 중에서 치안총감으로 보하고 있으나, 최근 후보군 인력풀 확대를 위해 치안감까지 청장으로 임명될 수 있도록 개정안을 발의중이다.

우리나라 육·허·공군 참모총장의 임명은 「군 인사법」에 다라 해당 군의 장성급 장교[66] 중에서 임명하도록 하여 각 군의 전문성을 확보하고 있다.

미국해안경비대 대장은 4성 제독으로 10년 이상 현역으로 복무한 연안경비대 준장이상의 장교 중에서 임명한다.[67]

해양경찰청장 후보군을 치안감까지 확대(2계급 승진)하는 법적 근거로는 「경찰공무원법」으로는 바로 아러 하위계급에서만 승진 임용이 가능하나, 「해양경찰법」부칙 제2조 타법 개정을 통해 「경찰공무원법」제11조제1항 단서 조항을 신설하여 근거를 마련하였다.[68]

---

66) 장성에 해당하는 계급, 즉 대장, 중장, 소장, 준장을 이른다.

67) 연안경비대 계급체계는 대장, 중장, 소장, 준장, 대령, 중령, 소령, 대위, 중위, 소위, 주임준위, 사관생도, 준위 및 사병으로 구성된다. 사령관드 10년 이상 현역으로 복무한 연안경비대 장교로서 현역 진급예정자 명단에 등재된 준장이상의 장교 중에서 임명한다.

(12) 해양경찰 소속 공무원(제13조)

> 제13조(해양경찰청 소속 공무원) ① 해양경찰청 소속 공무원은 국가경찰공무원과 일반직공무원으로 구성한다.
> ② 해양경찰청 소속 국가경찰공무원의 계급은 치안총감·치안정감·치안감·경무관·총경·경정·경감·경위·경사·경장·순경으로 한다.
> ③ 해양경찰청 소속 공무원의 임용·교육훈련·복무·신분보장 등에 관하여는 이 법에서 특별히 정한 것을 제외하고는 「국가공무원법」과 「경찰공무원법」에서 정하는 바에 따른다.

「경찰공원법」제2조(계급 구분)에서도 국가경찰공무원의 계급을 정하고 있으나 「해양경찰법」이 조직법인 관계로 해양경찰의 계급체계를 재차 법률로 규정한 것이다. 해양경찰청 소속 공무원의 임용·교육훈련·복무·신분보장 등에 관하여는 이 법에서 특별히 정한 것을 제외하고는 「국가공무원법」과 「경찰공무원법」에서 정하는 바에 따르도록 함으로써 「국가공무원법」과 「경찰공무원법」의 적용을 유지하도록 하였다. 이것은 '해양경찰 소속 공무원'이라는 새로운 공무원 신분이 창설된 것이 아니라는 점을 명확히 한 것이다.

(13) 직무(제14조)

> 제14조(직무) ① 해양경찰은 해양에서의 수색·구조·연안안전관리 및 선박교통관제와 경호·경비·대테러 작전에 관한 직무를 수행한다.
> ② 해양경찰은 해양에서 공공의 안녕과 질서유지를 위하여 해양관련 범죄의 예방·진압·수사와 치안정보의 수집·작성·배포에 관한 직무를 수행한다.
> ③ 해양경찰은 해양오염 방제 및 예방활동에 관한 직무를 수행한다.
> ④ 해양경찰은 직무와 관련된 외국 정부기관 및 국제기구와 협력하여야 한다.

국민의 기본권에 관련되는 경찰작용의 행사는 대통령령인 직제규정만으로는 부족하고 법률상 직수행의 근거를 마련해야 한다. 다만, 다른 조직법과 달리 직무조항을 각 호로 나열하지 않고 서술형으로 한 이유는, 「해양경찰법」에는 포괄적인 직무를 규정하고, 개별적이고 구체적인 직무는 직제를 따름으로써 향후 업무환경변화에 대응하기 위한 정책적 판단으로 보인다.

제1항에서 '해양에서의 수색·구조·연안안전관리'를 해양경찰의 첫 번째 직무로 규정함으로서 현 시대적 상황에 맞추어 해양에서의 안전을 중시하고 있음을 나타내고 있다. 이 직무들의 수행과 관련된 개별법으로는 「수상레저안전법」, 「수상에서의 수색·구조 등에 관한 법률」, 「연안사고 예방에 관한 법률」이 있다. '선박교통관제'도 통항안전 등과 관련하여 해양

68) 경찰공무원법 제11조(승진) ① 경찰공무원은 바로 아래 하위계급에 있는 경찰공무원 중에서 근무성적평정, 경력평정, 그 밖의 능력을 실증(實證)하여 승진임용 한다. 다만, 해양경찰청장을 보하는 경우 치안감을 치안총감으로 승진임용 할 수 있다〈 2019. 8. 20.〉.

경찰이 수행하고 있는 중요한 직무로서, 이 직무수행과 관련된 개별법 규정들은 현재 「해사안전법」, 「선박의 입항 및 출항 등에 관한 법률」등에 산재되어 있다. 이 법들은 타 부처 소관으로 되어 해양경찰의 직무임에도 불구하고 개정하는데 어려움에 있다. 「해양경찰법」에서는 '선박교통관제'에 대한 기본적 직무만 담고 법률을 재정추진 중에 있다.

'해양에서의 경호·경비·대테러작전'은 해양경찰의 고유 업무로서, 그 구체적인 내용은 「해양경비법」에 규정되어 있다.

제2항의 수사와 정보에 관련된 사항은 국민의 기본권 제한과 의무의 부담을 필연적으로 전제하고 이루어지는 공법적 행위로써 반드시 법률의 근거를 필요로 한다. 수사에 관해서는 「형사소송법」 및 「경찰관직무집행법」에, 정보에 관해서는 「경찰관직무집행법」등에 그 근거를 두고 있었지만, 헌법상 법률유보의 원칙에 비추어 해양경찰의 수사·정보 직무에 대한 명확한 근거가 있어야 한다. 육상 경찰의 경우 조직법인 「경찰법」과 작용법인 「경찰관직무집행법」 등을 통해 공권력 행사에 대한 확실한 법적근거를 마련하고 있는 반면, 해양경찰의 경우 조직법 부재에 따라 법적 공백 상태에 있었지만 이번 「해양경찰법」이 제정되면서 '해양관련 범죄의 예방·진압·수사'를 직무로 명확히 규정함으로써 이러한 문제점을 해소하였다.

한편, '해양관련 범죄'라 함은 ① 해양에서 발생한 범죄, ② 해양에서 발생하여 육상으로 이어지는 범죄, ③ 육상에서 발생하여 해양으로 이어지는 범죄 중 해양관련성이 높거나 해양에 중대한 영향을 미치는 범죄, ④ 어민 등 해양관련 조사자의 해양관련 범죄, ⑤ 선박, 조선소, 해양플랜트, 물양장 등 해양과 관련된 장소에서의 해양관련 범죄를 의미한다.[69]

범죄의 예방이란 경찰관이 범죄행위가 발생하기 전에 대처하기 위해 관계인에게 필요한 경고를 하거나 그 행위를 제지하는 것을 말한다.

범죄의 진압이란 집단적 범죄가 막 일어나려고 하는 것을 미연에 방지하거나, 또는 집단적 범죄가 이미 발생한 뒤에도 그 확산을 방지하고 이를 종식시키는 활동을 말한다. 따라서 그 활동의 내용은 범죄의 예방뿐만 아니라, 수사에도 관련된다. 특히 집단적 범죄의 경우에는 예방과 수사 양자를 합쳐서 진압이라는 용어를 사용하기도 한다.

범죄의 수사란 사건에 관한 공소제기 여부의 결정 또는 공소 제기 및 이를 유지, 수행하기 위한 준비로서 범죄 사실을 조사하고 범인 및 증거를 발견, 수집, 보전하는 수사기관의 일련의 활동을 말한다. 더불어 이 법의 제정으로 해양수사기관으로서의 직무에 대한 법률적 기반을 마련하였다.

'해양관련 치안정보의 수집·작성·배포'는 해양경찰 정보활동 업무의 법적 기반을 제고하고, 공권력 행사의 법률적 근거 마련이라는 원칙적이고 근본적인 사항에 대해 규정된 조문이

69) 2017. 7. 26. 국무조정실 국무1차장 주재로 「해양경찰청과 경찰청간 수사 관할 양해각서」가 체결하고, 양해각서 제4조(수사 관할)에서 해양경찰 수사 관할 5가지를 결정하였다.

다. '치안정보'라 함은 치안정책의 수립·집행과 치안행정 전반에 걸친 문제점 및 제도개선에 관한 정보 또는 치안과 관련되는 제반 기초정보 등으로 정의할 수 있다. 다시 말하면 경찰의 모든 활동을 지원하는 정보로 해석할 수 있다.

제3항의 '해양오염 및 예방활동'은 해양경찰의 독자적이고 고유한 직무로서, 이와 관련된 개별법으로는 「해양환경관리법」등이 있다. 해양오염 예방활동의 사무는 대통령령인 「해양경찰청 그 소속기관 직제」에 규정되어 있었으나, 직무로써 법적 근거를 마련한 만큼 향후 주도적으로 직무를 수행할 수 있게 되었다.

제4항에서 해양경찰은 필연적으로 국제 업무를 수반할 수밖에 없는 특징을 갖고 있으므로 외국 정부기관 및 국제기구와의 협력사항은 해양경찰의 중요한 직무에 해당한다. '국제기구'란 조약에 입각하여 복수의 주권국가(정부)로 구성되기 때문에 '정부간 기구'라고도 불린다.

국제기구는 일정한 목적 하에 국제법상 독자적으로 존재하면서 행동하는 조직체로서, 그 종류로는 그 구성원이 세계 여러 나라를 포함하는 일반적 국제기구(국제연합, 국제노동기구 등)와 지역적으로 한정되어 있는 지역적 국제기구(북대서양조약기구, 유럽연합 등)가 있다. 해양경찰은 업무 연관성이 있는 경우 국제기구와도 협력하여야 하며, 해양경찰의 국제협력 직무는 「경찰관 직무집행법」상 직무의 범위(제2조) 및 국제협약(제8조의2)의 규정에도 명시되어 있다.

(14) 직무수행(제15조)

제15조(직무수행) ① 해양경찰청 소속 공무원은 상관의 지휘·감독을 받아 직무를 수행하고, 그 직무수행에 관하여 서로 협력하여야 한다.
② 해양경찰청 소속 공무원은 구체적 수사와 관련된 제1항의 지휘·감독의 적법성 또는 정당성 여부에 대하여 이견이 있는 경우에는 이의를 제기할 수 있다.
③ 해양경찰청 소속 공무원의 직무수행에 필요한 사항은 따로 법률로 정한다.

해양경찰의 직무수행의 기본적 원칙과 부당한 지휘·감독에 대한 이의 제기의 근거를 마련함으로써 해양경찰의 민주적 직무수행과 절차에 관한 근거를 입법적으로 마련하였다. 제1항에서는 상관의 지휘·감독을 받는 직무수행과 상호간 협력의무를 규정하여 기본적인 직무수행의 원칙을 세웠고, 여기서 상관이란 자신이 직접 속한 부서의 직속상관을 말하는 것으로 자신이 속한곳이 팀이라면 '팀장' 계라면 '계장', 과라면 '과장'이 될 것이다.

제2항에서는 구체적 수사와 관련하여 이견이 있는 경우 이의를 제기할 수 있도록 규정하였다. '구체적 수사'라 함은 개별사건의 수사 개시·진행·송치, 수사대상·범위의 설정, 체포·구속 등의 수사방식과 법률 적용 등 사건 수사의 세부사항을 뜻한다.

구체적 수사에 관하여만 이의를 제기할 수 있도록 규정한 이유는 일반적인 업무에 대한 지휘·감독의 적법성 또는 정당성 여부는 사후판단으로 시정되거나 개선될 수 있으나, 수사업무의 경우 상관의 부당한 개입이 발생하면 원상회복이 곤란하고, 국민의 인권과 직결되기 때문이다.

제3항에는 해양경찰청 소속 공무원의 직무수행에 필요한 사항은 따로 법률에 정하도록 하였다. 여기서 '법률'이란, 현재 기본적인 경찰관 직무수행에 대해 규정한 「경찰관직무집행법」과 그 밖에 해양경찰의 직무수행과 관련된 「해양경비법」, 「수상레저안전법」, 「수상에서의 수색·구조 등에 관한법률」, 「연안사고예방에 관한 법률」, 「밀항단속법」 등을 의미한다. 또한 이 조항은 향후 해양경찰의 직무가 확대되어 추가적인 법적 근거가 필요하게 된 경우 새로운 법률을 제정하거나 개정하는 입법적 근거가 된다.

(15) 해양안전 확보 노력(제16조)

> 제16조(해양안전 확보 노력) ① 해양경찰청장은 해운·어로·자원개발·해양과학조사·관광 및 레저 활동 등을 통해 해양을 이용하는 사람의 안전을 보장하고 사고발생에 원활히 대응하기 위하여 적절한 교육·훈련 체계를 마련하여야 한다.
> ② 해양경찰청장은 해양안전 확보와 해양사고 대응을 위하여 관련 상황을 파악하고 전파할 수 있도록 지휘·통신체계를 마련하여야 한다.
> ③ 해양경찰청장은 제1항에 따른 해양안전보장 및 사고대응을 위하여 관련 기술, 해양구조방식 등의 연구개발 및 제도개선을 위한 시책을 시행하여야 한다.

제1항은 해양을 이용하는 사람의 안전을 보장하고, 사고 발생에 원활히 대응하기 위한 적절한 교육·훈련체계 마련 의무를 해양경찰청장에게 부여하였다.

또한 해양안전보장과 사고 대응을 위한 기반조성의 중요성을 명시하였다. 해운·어로·자원개발·해양과학조사·관광 및 레저활동[70] 등은 해양을 이용하는 형태를 예시한 것으로, 합법적으로 해양을 이용하는 모든 사람의 안전을 보장하되, 적대적 군사행위와 해적·해상강도 및 해양테러 행위 등 반인륜적 불법행위는 해양안전 책임의 대상에서 제외한다.

제2항은 해양안전 확보와 사고 대응을 위하여 신속·정확한 상황파악과 지휘·통신체계를 마련하도록 하였다. 해양안전 확보에 만전을 기할 수 있는 5세대 이동통신, 초고속 위성통신망을 활용한 지휘·통신체계를 적절한 시기에 마련하고, 현대화된 해상 조난·안전통신체계를 수립하는 등 기반을 조성하여야 한다. 제3항은 해양안전을 보장하고, 사고대응을 위해 관련 기술, 해양구조방식 등의 상시적인 연구개발과 제도개선을 위한 시책을 시행할 의무를 부여하였다.

70) 합법적으로 해양을 이용하는 형태에 대해 구체적 예시이고, 조문상 예시되지 않은 체육활동, 단순 항해선박 등 합법적 이용자를 모두 포함한다.

(16) 협력(제17조)

> 제17조(협력) ① 해양경찰청장은 국민의 안전을 위협하는 해양재난 또는 해양사고의 대응을 위하여 필요한 경우 관계 행정기관의 장 또는 지방자치단체의 장에게 필요한 협력을 요청할 수 있다.
> ② 해양경찰청장은 해양안전의 확보와 수색·구조 장비 및 기술의 보강을 위하여 민간단체·기관과의 협력관계를 증진하고 이에 필요한 계획과 시책을 마련하여 추진할 수 있다.

제1항은 해양재난 또는 사고 대응을 위해 필요한 경우 관계 행정기관의 장 또는 지방자치단체의 장에게 필요한 협력을 요청할 수 있도록 함으로써 해양재난에 대응하기 위한 규정이다. 한편, 「수상에서의 수색·구조 등에 관한 법률」상 수난구호협력기관과의 협조 등(제14조)과 「재난 및 안전관리 기본법」응원(재44조)에 해당하는 경우에는 요청받은 행정기관의 장 등에게 법적인 협력의무가 부과되어 있다.

제2항에서 해양안전의 확보와 수색·구조 장비 및 기술 보강을 위해서는 공공부문뿐만 아니라 민간부문의 협력 또한 필요하므로, 해양경찰청장에게 민간단체·기관과의 협력관계 구축의 시책마련 및 계획수립 의무를 입법적으로 부여하였다. 해양경찰은 민·관 협업[71]을 통해 안전문화 네트워크를 조성하고, 관리체계를 구축해 나가는 등 해양안전 인프라를 적극적으로 보강해야 할 것이다.

(17) 국민참여의 확대(제18조)

> 제18조(국민참여의 확대) ① 해양경찰청장은 해양경찰행정에 국민의 참여를 확대하기 위하여 다양한 참여방법과 협력의 기회를 제공하도록 노력하여야 한다.
> ② 해양경찰청장은 제1항에 따른 국민참여를 통해 수렴된 국민과 관계 전문가의 의견을 검토하여, 해양경찰의 직무수행에 필요한 경우 반영하여야 한다.

제1항은 국민과의 소통이 강조되는 시대정신에 부합하여 해양경찰행정에 대해 국민에게 다양한 참여방법과 협력의 기회를 제공하도록 노력할 것을 규정하고 있다. 해양경찰 내부의 의견 조정과 협의 아닌, 국민을 비롯한 행정 수요자들과의 직접적인 의견개진과 소통을 위한 장치로써, 국민이 직접 해양경찰 정책에 참여할 수 있는 입법적 근거이다. 법률에 근거를 둠으로써 해양경찰의 항구적인 민간의견 개진제도를 운영하기 위함이며, 이는 단순한 정책근거뿐만 아니라 해양경찰임무의 기본적인 방향과 대국민치안서비스의 기초적인 시작을 법률로 천명한 것이다.

---

71) 현재 해양경찰의 민·관 협업의 주요 정책으로는 수상구조사 자격제도 개선, 구조협회 자립도 향상, 민간해양구조대원 임무 확대 및 동원 체계 정립 등이 있지만 향후 다양한 방안이 도출되어야 할 것이다.

제2항에서는 국민 참여를 통해 수렴된 국민과 관계 전문가의 의견을 검토하여,[72] 해양경찰의 직무수행에 필요한 경우[73] 반영하도록 규정하고 있다. 이는 형식적인 국민 소통과 참여 확대를 위한 조치가 아니라, 수렴된 의견과 결과를 적극적 행정의 측면에서 해양경찰의 임무수행과 직무활동에 반영할 수 있도록 규정한 것이다.

많은 입법례에서 의견 청취절차는 반드시 거쳐야 하는 것으로 규정되어있고, 의견 청취의 필요성과 타당성이 인정되는 경우에 의무적으로 수용·반영하는 것이 일반적이므로, 이 법에서도 같은 취지로 규정되었다. 「행정절차법」제52조에서 행정청으로 하여금 행정과정에 국민의 참여를 확대하기 위하여 다양한 참여방법과 협력의 기회를 제공하도록 노력할 것을 규정하고 있다.

(18) 직무수행의 전문성 확보 (제19조)

> 제19조(직무수행의 전문성 확보) ① 해양경찰청장은 직무수행의 전문성을 확보하기 위하여 교육·훈련체계를 발전시키고, 우수한 인적자원을 양성하기 위한 노력을 지속하여야 한다.
> ② 해양경찰청장은 외부 전문가 영입을 위하여 「경찰공무원법」에 따른 경력경쟁채용시험 또는 「국가공무원법」에 따른 개방형직위 등을 활용한 경력경쟁채용시험 등을 실시할 수 있다.

제1항은 해양경찰의 직무수행에 대한 전문성 확보를 위하여 교육·훈련 체계를 발전시키고, 내부의 우수한 인적자원을 양성하기 위한 근거를 마련한 규정이다. 이는 민·관·군 합동 인명구조훈련이나 현장 근무자의 전문성을 극대화하기 위한 현장 분야별 교육은 물론 외부 전문기관에 대한 위탁교육, 상황지휘 역량교육 등 해양경찰 역량강화를 위한 입법적 근거가 된다.

제2항은 해양경찰에서 집행업무 분야는 해양주권수호, 해양안전관리, 치안질서 확립, 해양오염방제, 안보, 그리고 소방업무에 이르기까지 외청(17개) 기관 중에서도 가장 분야가 다양하다. 따라서 민간영역에서 전문적인 지식과 기술에 대한 수요는 꾸준히 발생된다. 이러한 수요를 충족시키기 위해 우수한 외부 전문가를 영입함으로써, 해양경찰의 다양하고 특수한 직무수행이 가지는 특성에 부합하여 풍부한 인적 자원을 확보하는 근거가 된다.

「해양경찰법」에서 규정하고 있는 직무수행의 전문성 확보는 '해양경찰 직무수행 기반 조성의 실천방안'으로 거시적 관점에서 내부인재 육성과 외부전문가 영입을 규정하였다. 따라서 직무수행의 전문성 확보를 위한 해양경찰의 의무를 「해양경찰법」에서 규정하고, 구체적인 집행방법은 「경찰공무원법」에 규정하고 있다.[74]

72) '검토하여'라는 의미는 우선적으로 의견을 모두 접수한다는 취지를 전제한다.

73) '필요한 경우'의 의미는 수렴된 모든 의견 중에서 검토하여 타당하거나 필요하다고 인정 되는 등 정책적 판단을 하게 되면, 의견을 의무적으로 반영하여야 한다.

(19) 해양경찰의 장비관리 등 (제20조)

제20조(해양경찰장비의 관리 등) ① 해양경찰청장은 해양경찰의 직무수행에 필요한 함정·항공기 및 공용 또는 개인용 무기·경찰장구와 각종 장비·시설(구조·구난·오염방제장비를 포함한다. 이하 "해양경찰장비등"이라 한다)의 도입 및 관리계획을 시행하여야 한다.
② 해양경찰청장은 해양경찰장비등의 도입 및 관리·운영계획을 효과적으로 추진하기 위하여 필요한 재원을 지속적이고 안정적으로 확보할 수 있는 방안을 마련하여야 한다.

해양경찰직무의 특수성으로 인하여 함정, 항공기, 공용 또는 개인용 무기, 경찰장구 및 각종 장비와 시설 등의 해양경찰장비를 지속적으로 확보하는 것은 매우 중요하다. 이 조항에서는 해양경찰장비에 대한 도입 및 관리에 관한 의무를 입법적으로 마련하였다. 이러한 장비들이 적기에 마련되어 '보다 안전하고 신속하게'직무수행으로 바다의 안전과 주권수호, 치안확립에 밑바탕이 될 것이다. 해양경찰장비 등의 도입 및 관리·운영 계획을 효과적으로 추진하기 위해서는 무엇보다도 필요한 재원을 지속적이고 안정적으로 확보할 수 있는 방안이 중요하다.

(20) 연구개발의 지원 등 (제21조)

제21조(연구개발의 지원 등) ① 해양경찰청장은 해양경찰 업무에 필요한 연구·실험·조사·기술개발(이하 "연구개발사업"이라 한다) 및 전문인력 양성 등 소관 분야의 과학기술진흥을 위한 시책을 마련하여 추진하여야 한다.
② 해양경찰청장은 연구개발사업을 효율적으로 추진하기 위하여 다음 각 호의 어느 하나에 해당하는 기관 또는 단체 등과 협약에 의하여 연구개발사업을 수행하게 할 수 있다.
1. 국공립 연구기관
2. 「특정연구기관 육성법」 제2조에 따른 특정연구기관
3. 「과학기술분야 정부출연연구기관 등의 설립·운영 및 육성에 관한 법률」에 따라 설립된 과학기술분야 정부출연연구기관
4. 「고등교육법」에 따른 대학·산업대학·전문대학 및 기술대학
5. 「민법」 또는 다른 법률에 따라 설립된 법인으로서 치안분야 연구기관 또는 법인 부설 연구소
6. 「기초연구진흥 및 기술개발지원에 관한 법률」 제14조의2제1항에 따라 인정받은 기업부설연구소 또는 기업의 연구개발전담부서
7. 그 밖에 대통령령으로 정하는 소관 분야 관련 연구·조사·기술개발 등을 수행하는 기관 또는 단체
③ 해양경찰청장은 제2항 각 호의 기관 또는 단체 등이 연구개발사업을 수행하는 데 필요한 경비의 전부 또는 일부를 지원할 수 있다.

---

74) 경찰공무원법 제8조(신규채용) ③다음 각 호의 어느 하나에 해당하는 경우에는 경력 등 응시요건을 정하여 같은 사유에 해당하는 다수인을 대상으로 경쟁의 방법으로 채용하는 시험(이하 "경력경쟁채용시험"이라 한다)으로 경찰공무원을 신규채용할 수 있다.

연구개발사업은 과학기술 발전에 따라 끊임없이 개선·발전되어야 할 분야로 해양경찰청장은 효과적인 연구개발사업을 통해 안정적이고 지속적인 정책을 발굴하여야 하며, 이는 미래의 해양경찰 직무수행의 기반이 될 것이다.

(21) 부칙 제1조 (시행일)

> 제1조(시행일) 이 법은 공포 후 6개월이 경과한 날부터 시행한다.

법률은 공포 후 안정적인 시행을 위해서는 하위 법령의 마련과 법령 준비시간이 필요하다. 그래서 「해양경찰법」도 2019년 8월 20일에 공포되었고, 6개월이 경과한 초일불산입 원칙을 적용하여 2020년 2월 21일부터 시행되었다.

(22) 부칙 제2조 (다른 법률의 개정)

> 제2조(다른 법률의 개정) ① 경찰공무원법 일부를 다음과 같이 개정한다.
> 제6조제1항 단서를 다음과 같이 한다.
> 다만, 총경의 전보, 휴직, 직위해제, 강등, 정직 및 복직은 경찰청장 또는 해양경찰청장이 한다.
> 제11조제1항에 단서를 다음과 같이 신설한다.
> 다만, 해양경찰청장을 보하는 경우 치안감을 치안총감으로 승진임용할 수 있다.
> ② 해양경비법 일부를 다음과 같이 개정한다.
> 제5조의2를 삭제한다.

'해양경찰청장 임명절차'를 이 법 제11조제2항에서 규정함에 따라 「경찰공무원법」제6조제1항을 개정하였다.[75] 그리고 '해양경찰청장 후보군'을 이 법 제12조에서 '치안감'으로 확대하였기에 「경찰공무원법」제11조제1항 단서를 신설하여 양 법의 충돌을 방지하였다.[76]

「해양경비법」제5조의2에 규정하고 있는 '해양경찰의 날'조문을 보다 상위법인 이 법 제4조로 이관함으로써 기존에 규정되어 있었던 「해양경비법」제5조의2의 조문[77]을 타법개정으로 삭제하였다.

---

75) 경찰공무원법 제6조(임용권자) ① 총경 이상 경찰공무원은 경찰청장 또는 해양경찰청장의 추천을 받아 행정안전부장관 또는 해양수산부장관의 제청으로 국무총리를 거쳐 대통령이 임용한다. 다만, 총경의 전보, 휴직, 직위해제, 강등, 정직 및 복직은 경찰청장 또는 해양경찰청장이 한다.

76) 경찰공무원법 제11조(승진) ① 경찰공무원은 바로 아래 하위계급에 있는 경찰공무원 중에서 근무성적평정, 경력평정, 그 밖의 능력을 실증(實證)하여 승진임용한다. 다만, 해양경찰청장을 보하는 경우 치안감을 치안총감으로 승진임용할 수 있다(신설).

77) 해양경비법 제5조의2(해양경찰의 날) 국민에게 해양주권 수호의 중요성을 널리 알리고 해양안전 의식을 높이기 위하여 매년 9월 10일을 해양경찰의 날로 정하여 기념행사를 한다(삭제).

3장 해양경찰 작용법

1 해양경찰 작용법

[1] 해양경찰작용에 관한 법

(1) 해양경찰 작용법의 의의

해양경찰 작용법은 해양경찰 행정의 내용을 규율하는 법규로서 해양경찰행정상의 법률관계 성립·변경·소멸에 관련된 모든 법규를 말한다. 이러한 해양경찰 작용법은 해양경찰의 임무, 해양경찰권 발동의 근거와 한계, 해양경찰행정의 유형, 해양경찰상 처분의 법적효력, 해양경찰강제 등에 관한 규율을 내용으로 한다. 일반적으로 경찰작용은 국민의 자유와 권리에 긴장관계를 일으킬 가능성이 큰 작용이므로 법치주의가 요구된다. 따라서 경찰작용의 근거, 요건, 한계 등에 관해 가능한 한 명백히 법률로 규정해야 한다. 그러나 경찰작용은 목전의 급박한 위험방지를 임무로 할 뿐만 아니라 변화하는 사회 사정이나 인간 활동 형태의 다양성으로 인해 입법기관이 미리 모든 경찰권 발동의 상태를 상정해서 그 요건을 법률에 규정하는 것은 불가능하다. 또한 경찰작용법은 체계적 통합성과 법적 명확성을 가지고 있지 못하다는 한계를 지니고 있다(이정덕·남재덕, 2013: 166).

(2) 현행 해양경찰작용에 관한 법

해양경찰의 작용과 관련한 일반적인 근거 법률이 없어 육상경찰과 마찬가지로 「경찰관직무집행법」을 해양경찰 작용의 일반법적 근거로 삼았지만 이 법은 육상에서 경찰의 직무활동을 전제로 하여 해양경찰 작용에 적용하기 문제가 많아, 2012년 2월 「해양경비법」이 제정되었다. 이 법도 해양경찰 활동 전반을 아우르기에는 아직까지 미흡한 수준이다.

현재 해양경찰청의 소관으로 해양경찰의 직무작용에 근간이 되고 직무수행과 가장 밀접한 관련을 가지고 있는 법령으로는 해양경비 전반에 「해양경비법」, 안전관리 부분에 대해 「수상에서의 수색·구조 등에 관한 법률」, 「수상레저안전법」, 「연안사고 예방에 관한 법률」,「선박교통관제에 관한 법률」(2019.12.3. 제정, 시행 2020.6.4.) 및 각 법률의 시행령과 시행규칙, 그리고 행정안전부와 소방청 공통인 「재난 및 안전관리 기본법(재난안전법)」, 법무부와 공통 소관으로 하고 있는 「밀항단속법」, 국토교통부, 법무부, 해양수산부와 공동인「자동차등 특정동산 저당법」을 들 수 있다.

그리고 해양이라는 장소적 여건만 다르게 적용될 뿐 해양에서의 경찰작용은 일반 경찰작용과 같은 법제의 적용을 받는다. 「경찰관직무집행법」등 일반적인 경찰법제를 기본적으로 포함하며, 경찰청과 공통 소관으로 「경범죄처벌법」과 그 시행령 및 시행규칙 등을 해양경찰작용에도 적용할 수 있다. 해상에서 해양경찰의 수사 활동은 다른 수사기관의 활동과 동일하므로 「형사소송법」을 그대로 적용하며, 해양의 오염방제와 관련하여 「해양환경관리법」의 내용을 수행한다.

또한 해양경찰청 소관의 법령은 아니지만 다른 중앙행정기관의 소관법령 중에서 해양경찰의 직무와 관련된 법령은 매우 광범위하다. 외교부 소관법령 중에서 「배타적경제수역법」, 「영해 및 접속수역법」, 해양수산부 소관법령 중에서 「배타적 경제수역에서의 외국인 어업 등에 대한 주권적 권리의 행사에 관한 법률」, 「수산업법」, 「수산자원관리법」, 「어업자원보호법」, 「해사안전법」, 「선박의 입항 및 출항 등에 관한 법률」, 「공간정보의 구축 및 관리 등에 관한 법률」(국토교통부 공동운영), 「항로표지법」, 「국제항해선박 및 항만시설의 보안에 관한 법률」 등이 있다(손영태, 2013: 317-318).

(3) 해양경찰작용법의 필요성과 한계

해양경찰이 기본적 임무에 충실하여 개인의 기본권을 보장하면서도 공공의 안녕과 질서에 대한 위험의 방지와 제거라는 양 이념의 조화를 이룰 수 있도록 법적 근거가 필요하다. 그러나 모든 경찰 상황을 법규화 한다는 것은 입법기술상으로나 사실상으로도 불가능하다. 그리고 개별적인 해양경찰작용에 대한 근거규정을 둔다하더라도 해양경찰권 발동에 대한 제한은 불가피 하다. 이러한 이유로 해양경찰작용에 관한 일반조항의 필요성이 논의되고 있고, 법적 근거가 있는 경우에도 해양경찰권 발동에 관한 한계 이론이 논의되고 있는 것이다.

[2] 해양경찰권 근거와 한계

〈 근거 〉

▸ 의의 : 해양경찰권은 개인에게 명령·강제하는 작용으로 그 발동에 법적 근거 필요

▸ 근거

1) 법률 : 국회가 제정하는 형식적 의미의 법률을 의미

2) 행정입법

가) 독립명령 : 대통령의 긴급명령, 긴급재정, 경제처분

나) 위임명령 : 위임명령도 경찰권의 근거 가능

다) 집행명령 : 법규를 집행하기 위한 집행명령도 가능

3) 관습법 : 국민 사이에 동일한 사실이 관행으로 반복된 관습법은 제한

4) 조약 : 조약도 경찰권의 근거

5) 조리법 : 학설의 다툼이 있으나 근거 가능

〈 한계 〉

▸ 서설 : 경찰법규는 경찰기관에게 광범한 재량권을 인정하나 그 재량은 기속재량으로서 경찰기관이 준수한 일정한 법규상 또는 조리상의 한계가 있다.

가. 법규상의 한계 : 경찰법규는 경찰권의 근거인 동시에 한계

나. 조리상의 한계

1) 경찰소극목적의 원칙 : 경찰권은 소극적인 질서유지를 위해서만 발동된다는 원칙

2) 경찰공공의 원칙 : 경찰권은 사회공공의 질서유지를 위해서만 발동된다는 원칙, 그 외 4개의 파생원칙(사생활 불가침 원칙, 사주소 불가침 원칙, 사경제 자유의 원칙, 민사관계 불간섭의 원칙)

3) 경찰비례의 원칙 : 경찰권은 필요한 최소한도에 있어서만 발동 된다는 원칙

4) 경찰평등의 원칙 : 모든 국민에게 평등하게 발동된다는 원칙

▸ 한계이탈의 효과 및 구제 : 무효 또는 취소가 가능하며 행정소송 등 통상의 구제방법 적용

(1) 해양경찰권의 의의와 근거

1) 해양경찰권의 의의

해양경찰권이란 사회 공공의 안녕·질서를 유지하기 위해 일반통치권에 의거하여 국민의 재산·신체에 대해 일방적으로 명령하고 강제할 수 있는 경찰작용상의 권한을 말하며, 해양경찰권은 해양경찰작용의 기초가 된다.

2) 해양경찰권의 근거

경찰은 공공의 안녕과 질서에 대한 위험의 방지를 그 임무로 하는데, 이러한 임무의 수행을 위해서는 국민의 자유와 권리를 침해하는 명령적이고 부담적인 행정행위를 그 수단으로 사용하는 것이 보통이고, 이러한 국민에게 명령·강제 등을 하는 권력적·침익적 작용이므로 경찰권의 발동에는 반드시 법률의 근거가 있어야 한다(법률유보원칙). 따라서 국민의 자유와

권리를 제한하는 경찰권의 근거는 원칙적으로 국민의 대표기관인 국회에서 제정한 법률에 의하여 마련되어야 하고, 여기에 대해 예외적으로 행정입법에 의하여 경찰권 발동의 근거가 될 수 있다. 그러나 법률에서 경찰권 발동의 근거를 명령에서 정하도록 위임의 경우에도 그 수권은 구체적으로 범위를 정하여 행하여야 한다(헌법 제75조, 제98조).

경찰권은 조약이나 자치법규에 근거하여서도 발동될 수 있다. 현행 헌법질서에 따르면 경찰권의 발동은 반드시 법률에 그 근거를 두어야 한다. 여기서 근거 법규범의 성격이 문제된다. 오늘날과 같이 법치주의원칙이 발달된 상황에서는 이른바 임무규범과 권한규범이 엄격하게 분리되어야 한다. 임무와 권한은 상이한 권한이지만, 양자는 목적과 수단의 관계에 있으며 권한 및 권한규정들은 임무의 내용을 반영한다. 따라서 경찰법상의 권한 발동을 위해서는 권한규범에 의한 수권을 요하며, 임무규범만을 근거로 하여 경찰권을 발동할 수 없다고 보아야 할 것이다.

그러므로 경찰권의 발동은 이를 위한 개별적인 수권규범에 근거하여야 한다는 기본원칙에 도달하게 된다. 이와 관련하여 개별적 수권규범이 존재하지 아니하는 예외적인 경우에 공공의 안녕 혹은 공공의 질서에 대한 위험을 방지 또는 제거하기 위하여 경찰권을 발동할 수 있도록 일반조항(개괄조항)을 규정하는 것이 허용되는가, 또한 그것이 허용된다고 할 때 현행법상 그러한 일반조항(개괄조항)이 존재하는가 등의 문제가 제기된다. 이하에서 개별적 수권조항과 일반적(개괄적) 수건조항의 문제를 살펴보기로 한다.

가) 개별적 수권조항에 근거한 경찰권

개별적 수권조항(Spezialklausel)은 개별적·구체적 사안에 관하여 특정한 종류·내용의 조치에 관한 법적 근거를 마련하는 경우를 말한다(특별 수권조항 또는 특별조항이라고도 한다). 경찰기관은 일반적인 위험방지라는 자신의 임무수행을 위래 여러 방식으로 개인의 자유와 재산을 침해한다.

경찰관직무집행법은 공적 안전과 질서를 유지하기 위하여 빈번히 이루어지는, 특히 개인의 자유영역에 대하여 침해를 가져오는 특별구성요건을 갖고 있다. 이를 소위 표준처분(StandardmaBnahmen)이라 부른다. 표준처분은 개인의 자유에 대한 전형적·유형적 침해를 의미한다. 표준처분(표준조치)들은 대체로 행정행위로서의 성질을 갖는다. 그 처분은 관계자에게 작위·부작위·수인의 의무를 부과한다.

경찰관직무집행법상 인정되고 있는 표준처분으로는 불심검문, 보호조치, 위험발생의 방지, 범죄의 예방과 제지, 위험방지를 위한 출입, 확인을 위한 출석요구 등이 있다(경찰관직무집행법 제3조, 제8조). 위험방지 및 장애의 제거라는 경찰법상의 목적달성을 위한 행정권한의 발동은 일반경찰법 이외에도 수많은 특별법령에 근거하여 행하여진다. ① 도로교통법, 자동차관리법, 선박법, 항공법 등 교통상의 안전 및 질서유지를 위한 법령, ② 식품위생법, 공중위생관리법, 직업안정법 등 영업경찰법령 ③ 건축법 ④ 의료법, 약사법, 전염예방법 등 보건관계법, ⑤ 폐기물관리법, 자연환경보전법, 수질환경보전법, 해양오염방지법, 대기환경보전법 등 환경상의 위험방지를 위한 법령 등이 특별행정법의 모든 영역에서 경찰권발동의 근거를 개별적으로 부여하고 있다.

나) 일반적 수권조항(일반조항)에 근거한 경찰권

일반적 수권조항이란 경찰권의 권한을 규정하면서 개별적인 권한 내용을 구체화하지 않고 일반적인 위해 방지를 위한 추상적인 내용으로 규정되어 있는 것을 말한다. 다시 말해서 그 위험의 예방·진압을 위한 법적근거가 특별경찰법에도 없을 뿐만 아니라 일반경찰법에도 특별한 규정으로 존재하지 않은 경우에 최종적으로 그 위험의 예방·진압을 위한 법적근거로서 적용되는 일반경찰법상 개괄적인 조항을 일반조항이라 한다. 즉, 경찰권의 발동권한을 포괄적으로 수권하는 규정을 말한다(개괄적 수권조항 또는 일반조항이라고도 한다).

일반적 수권조항(일반조항)을 긍정하는 입장에서는 기술수준의 변화, 사회적 사정의 변화 등으로 인해 입법자가 예상할 수 없는 경찰상의 위해가 발생하는 경우에 미리 규정된 개별적인 수권규정에 의하여 해결되지 못하는 경우가 존재하므로 이러한 경우에 대비하기 위해서 일반적 수권조항이 필요하다고 주장한다. 그리고 일반적 수권조항은 개별적 규정이 없는 때에 한하여 보충적으로 적용되며, 사회사정과 관념이 부단히 변하기 때문에 경찰권 발동의 요건이나 효과를 상세히 정한다는 것이 기술적으로 불가능하고, 일반적 수권조항에 의거한 경찰권 발동에 관련된 법원칙(조리상의 한계)이 충분히 발달되어 있으며, 일반조항의 확대해석, 그에 근거한 권한의 남용 등은 법원의 심판을 받는다는 이유를 들어 일반적 수권조항(일반조항)의 필요성을 긍정하는 견해도 있다.

우리나라에서는 일반적 수권조항의 인정여부에 대해서는 경찰관직무집행법 제2조 제5호의 "기타 공공의 안녕과 질서유지"규정을 일반적 수권조항(일반조항, 개괄적 수권조항)으로 보고 이에 근거하여 경찰권을 발동할 수 있는지에 대하여 견해가 대립되어 있다.

〈표 3-7〉 우리나라에서의 일반적 수권조항 인정여부

구분	내용
긍 정 설	긍정설은 경찰관직무집행법 제2조 7호의 규정(그 밖에 공공의 안녕과 질서 유지)을 일반적 수권조항으로 보고 개별적 근거규정이 없을 때는 이를 근거로 경찰권을 발동할 수 있다고 한다. ① 공공의 안녕과 질서를 유지하는 경찰의 고유의 직무이고, 모든 위해의 사항을 법률에 규정할 수 없기 때문에, 개별적인 수권규정이 없는 경우에도 경찰의 임무수행을 위해서는 일반규정이 필요하다는 점. ② 일반적 수권조항은 개별적 규정이 없을 때 한하여 보충적으로 적용된다는 점. ③ 일반적 수권조항에 의한 경찰권남용의 가능성은 조리상의 한계 등으로 통제가 가능하다는 점 등을 논거로 한다.
부 정 설	경찰권을 포함한 모든 권력적 작용에는 법률의 근거가 있어야 하는데 이 경우의 법률은 당연히 개별적·구체적인 경찰작용법이어야 하고, 포괄적·일반적 수권법은 허용 되지 아니하므로 일반조항을 인정할 수 없다고 한다. 경찰관직무집행법 제2조 7호는 경찰권의 발동근거에 관한 일반조항이 아니라 경찰의 직무범위만을 정한 것으로서 조직법적 성질의 규정이라고 본다.
절 충 설 (입법 필요성)	이 견해는 실정법상 일반 조항의 필요성과 허용성을 인정하면서도, 아직 우리나라 현행법은 수용하지 않고 있어 경찰법의 개정을 통해 일반조항이 규정되어야 한다고 주장한다.
판례입장	경찰관직무집행법 제2조 제7호가 일반적 수권조항인지 여부를 명시적으로 밝힌 판례는 없으나, 대법원은 청원경찰이 무허가 개축행위를 단속한 행위가 정당한 공무집행에 속한다고 판시함으로써 동 조항의 일반 조항을 긍정하는 것으로 해석된다.
결 론	일반 조항을 부정하는 견해에 따르게 되면 개별적 수권 조항이 없는 경우에는 경찰권 발동이 불가능하게 된다. 따라서 긍정설의 입장에서 개별적 수권조항이 없을 때 경찰관직무집행법 제2조 제7호를 권한 규범으로서 일반 조항으로 인정하여 경찰권발동이 가능하다고 할 것이다. 다만 이를 인정한다고 하여도 개괄적 수권조항은 개별적인 규정이 없는 경우에 보충적으로 적용되어야 하며, 일반적인 경찰권 행사의 조리상의 한계를 준수해야 할 것이다.

(2) 해양경찰권의 한계

경찰권의 발동은 국민의 자유와 권리를 제한하는 권력적 작용이므로 법치행정의 원칙이 특히 엄격하게 요청된다. 따라서 경찰권은 반드시 법규(법규와 법규명령)의 근거가 있을 때에만 발동할 수 있는 동시에 법규에 의해 허용된 한도 안에서만 발동되어야 한다. 이를 법규상의 한계 및 조리상의 한계로 구분할 수 있다.

1) 법규상의 한계

경찰작용은 국민의 권리와 자유를 침해하는 가장 전형적인 권력작용이므로 법치행정의 원칙이 특히 엄격하게 요청된다. 따라서 경찰권은 반드시 법규(법률과 법규명령)의 근거가 있을 때에만 발동할 수 있는 동시에 법규에 의해 허용된 한도 안에서만 발동되어야 한다. 즉, 경찰법규는 경찰권의 근거인 동시에 경찰권의 제1단계적 한계이기도 한다.

2) 조리상의 한계(소극적 한계)

경찰권 행사의 법규상의 한계는 경찰법규가 경찰권 발동의 요건을 불확정 개념으로 규정하고 있기 때문에 그 요건이 충족된 경우에도 경찰권의 행사와 관련해서는 행정편의주의가 적용되어 법규적 제약이 형식적인 것에 불과한 경우가 많게 된다. 따라서 경찰권 발동에 대한 제2단계적 제약으로 조리상의 한계는 매우 중요하다. 경찰권의 조리상 한계로는 주로 일반조항과 관련하여 전개된 것이다.

가) 경찰 소극 목적의 원칙(경찰권 발동의 목적)

경찰의 본질과 목적은 사회 공공의 안녕과 질서 유지에 있으므로 적극적으로 사회 공공의 복리를 증진하기 위해 경찰권을 발동할 수 없고, 사회공공의 안녕과 질서유지에 위해가 되는 것을 예방하고 제거하기 위한 소극목적을 위해서만 발동될 수 있다.

나) 경찰공공의 원칙(경찰권 발동의 영역)

경찰권은 사회 공공의 질서를 유지하기 위해서만 발동될 수 있고 사회 공공의 질서에 직접 관계되지 않은 사항(사생활, 사주소, 민사관계)은 경찰권 발동의 대상이 되지 않는다는 원칙이다.

① 사생활 불간섭의 원칙

사회 공공의 질서와 관계가 없는 개인의 사적생활 영역에 경찰권이 개입해서는 안 된다는 원칙을 말한다. 사생활의 개념은 사회의 통념에 따라 정해질 수밖에 없다. 다만 개인의 사생활이라도 그것이 사회 질서에 직접적인 영향을 줄 때는 경찰권의 대상이 된다. 전염병 환자에 대한 강제 격리, 청소년의 음주·흡연금지 등이 그 예이다.

② 사주소 불가침의 원칙

경찰은 직접 공중과 접촉되지 않는 개인의 사주소 내에서 일어나는 행위에 대해서는 관여할 수 없다는 원칙이다. 사주소의 개념은 사회 통념에 따라 정해질 수밖에 없다. 그러나 사주소 내의 행위가 사회 공공의 안녕과 질서에 직접 중대한 장애를 가져오는 경우(지나친 소음, 악취, 음향의 발생, 외부에서 보이는 사주소 내의 나체 등)에는 경찰의 개입이 가능하게 된다.

③ 민사관계불간섭의 원칙

사회 공공의 질서에 영향을 미치지 않는 채권·채무관계와 같은 민사상의 법률관계 내지 권리관계에 경찰이 개입할 수 없다는 원칙을 말한다. 따라서 경찰관은 사인간의 임대차 관계나 채무이행 관계 등에 개입할 수 없다.

④ 사경제 불간섭의 원칙

사경제적 거래는 원칙적으로 사유재산제도 및 계약자유의 원칙에 의해 개인의 자유에 속하고 경찰권은 원칙적으로 관여할 수 없다(예외: 암표상, 총포·도검의 거래, 청소년에의 술·담배 판매 등).

다) 경찰비례의 원칙(경찰권 발동의 조건과 정도) – 과잉금지의 원칙

① 의의 : 경찰권 행사에서 사회공공의 안녕과 질서에 대해 위해를 방지할 필요성과 그에 따른 당사자의 자유·권리의 제한 사이에는 사회통념상 적당하다고 인정되는 비례가 유지되어야 한다는 원칙을 말한다. 과잉금지의 원칙이라고도 한다. 일반적으로 행정작용에 있어 목적 실현을 위한 수단과 당해 목적 사이에 합리적인 비례관계가 있어야 한다는 원칙이다. 경찰비례의 원칙은 일반 조항에 근거하여 경찰권을 발동하는 경우는 물론 개별적 수권 조항에 근거하여 경찰권을 발동하는 경우에도 적용된다.

② 법적근거 : 헌법 제37조 2항[78]과 경찰관직무집행법 제1조 2항의 '경찰관의 직권은 그 직무수행에 필요한 최소한도 내에서 행사되어야 하며 이를 남용하여서는 아니 된다.', 해양경비법 '제8조(권한남용의 금지) 해양경찰관은 이 법에 따른 직무를 수행할 때 권한을 남용하여 개인의 권리 및 자유를 침해하여서는 아니 된다.'는 규정이 실정법적 근거이다.

③ 내용

ⓐ 경찰권 발동의 조건 : 경찰권은 사회질서 유지상 묵과할 수 없는 장애를 제거하기 위해서만 발동할 수 있다. 여기서 묵과할 수 없는 장애란 그 장애를 방치함으로써 생기는 사회적 불이익의 정도가 그 장애를 제거함으로써 생기는 사회적 불이익의 정도보다 크다고 평가되는 장애를 말한다.

ⓑ 경찰권 발동 수단 : 경찰권 발동의 수단은 위해 방지를 위한 적합한 수단이어야 하고(적합성의 원칙), 그 적합한 수단 중에서도 최소한의 침해를 주는 수단을 선택해야 한다(필요성의 원칙).

ⓒ 경찰권 발동의 정도(상당성의 원칙) : 당해 경찰수단의 행사 필요성과 이로 인한 당사자의 자유제한 사이에는 적당한 비례가 있어야 한다는 원칙이다. 이를 협의의 비례의 원칙이라고 한다. 이것은 경미한 위해의 제거를 위해 과도하게 개인의 자유를 제한해서는 안 된다는 것을 의미한다. 예를 들면 '해양경찰권이 범인을 제압하는 도중 상대방과 근접한 거리에서 얼굴을 향

78) 헌법 제37조 2항 국민의 모든 자유와 권리는 국가안전보장·질서유지 또는 공공복리를 위하여 필요한 경우에 한하여 법률로써 제한할 수 있으며, 제한하는 경우에도 자유와 권리의 본질적인 내용을 침해할 수 없다.

해 가스총을 발사하여 상대방 눈 한쪽이 실명된 경우 비례의 원칙을 준수했다고 보기 힘들다.' 이 원칙은 '참새를 잡기 위해 대포를 쏘아서는 안 된다'라는 말로 비유된다.

라) 경찰책임의 원칙(경찰권 발동의 대상)

① 의의 : 경찰권 발동은 원칙적으로 경찰 위반의 행위 또는 상태에 대해 직접적인 책임이 있는 자(경찰책임자)에 대해서만 행해져야 한다는 원칙을 말한다.

② 경찰책임의 요건 : 경찰책임을 인정하려는 이유는 사회 공공의 질서유지에 위해가 되는 행위 또는 상태를 제거하려는데 있으므로 어떤 자의 생활 범위로부터 사회적 장애가 발생했다는 외면적·객관적 표상만 있으면 그 자에게 경찰책임이 인정된다. 따라서 경찰책임은 형사책임과 달리 책임자가 자연인·법인인지의 여부, 고의·과실과 같은 주관적 요건 등을 불문한다 (남재성·이정덕, 2013: 171-172).

③ 경찰책임의 유형

〈표 3-8〉 경찰책임 유형

구분	내용
행위책임	- 자기 또는 자기의 지배에 속하는 사람의 행위로 인해 사회 공공의 질서에 대한 위해를 발생케 한 경우에 지는 책임이다. - 타인을 보호 감독할 지위에 있는 자는 그 범위 안에서 지배자로서 그 피지배자의 행위로 인해 발생하는 경찰위반에 대해 책임을 진다. 자녀의 행위에 대해서는 친권자가, 사용인의 행위에 대해서는 사용주가 책임을 진다. 이 경우 책임은 대위책임이 아니라 자기의 지배권 내에서 경찰 위반 상태가 발생한 데 대한 책임인 자기 책임이다. - 행위책임은 경찰 위해에 대한 직접적인 원인을 야기시킨 자에게 귀속한다. - 예: 상점의 TV에서 하는 스포츠 중계를 보려고 군중이 모여 도로 통행에 방해를 준 경우 →책임을 져야 하는 자는 TV를 설치한 상점주인이 아니라 군중이다.
상태책임	- 물건의 소유자, 점유자 또는 사실상의 지배권을 행사하는 사람이 자기가 점유 또는 소유하는 당해 물건의 상태나 동물의 행위로부터 야기된 경찰상의 장해에 대해 지는 책임이다. - 물건에 대한 권원(權原)의 정당성을 묻지 않으므로 경찰기관은 당해 물건의 소유관계와는 관계없이 당해 물건을 현실적으로 지배하고 있는 당사자에게 경찰권을 발동할 수 있다. - 예: 도심지에 광견을 방치한 자
경합책임	- 행위책임과 상태책임이 경합하는 경우에는 일반적으로 행위책임이 우선한다.
혼합책임	- 다수인의 행위 또는 다수인이 지배하는 물건의 상태로 인해 하나의 질서위반 상태가 발생했거나 행위책임과 상태책임이 중복하여 질서 위반 상태가 발생한 경우이다. - 이 경우 누가 경찰책임을 질 것인지가 문제되는데 다수설은 경찰책임자와 책임 정도의 결정은 경찰기관의 성실한 재량에 맡길 수밖에 없다고 한다.

④ 경찰책임의 예외

경찰권은 원칙적으로 질서 위반 상태를 발생케 한 직접 책임자에 대해서만 발동해야 하지만 예외적으로 긴급한 경찰상의 위해 방지나 장애 제거를 위해 질서 위반과 관계가 없는 제3자에게 경찰권을 발동하는 경우가 인정된다. 이는 형법상의 긴급피난과 동일한 법리에 의한 것이다. 따라서 비책임자에 대한 경찰권 발동은 경찰 위반의 상태가 현존·급박하고, 제1차적 경찰책임자에 대한 경찰권의 발동으로는 위해의 제거를 기대할 수 없고, 원칙적으로 법령에 근거가 있고, 피해에 대한 손실보상을 할 것 등의 요건을 충족해야 한다. 예를 들면「수상에서의 수색·구조 등에 관한 법률」제16조 제1항 '조난사실을 신고 또는 통보받거나 인지한 관할 구조본부의 장이나 소방관서의 장은 구조대에 구조를 지시 또는 요청하거나 조난현장의 부근에 있는 선박 등에게 구조를 요청하는 등 수난구호에 필요한 조치를 취하여야 한다.' 제29조 제1항 '구조본부의 장 및 소방관서의 장은 수난구호를 위하여 부득이하다고 인정할 때에는 필요한 범위에서 사람 또는 단체를 수난구호 업무에 종사하게 하거나 선박, 자동차, 항공기, 다른 사람의 토지·건물 또는 그 밖의 물건 등을 일시적으로 사용할 수 있다.' 등이 있다.

마) 경찰평등의 원칙

경찰평등의 원칙이란 경찰권의 행사에서 불합리한 근거, 즉 성별·종교·사회적 신분 등을 이유로 차별을 해서는 안 된다는 원칙을 말한다.

3) 적극적 한계(경찰개입 청구권)

가) 경찰개입청구권의 의의

자기의 이익을 위해 타인에 대한 경찰권의 발동을 청구할 수 있는 권리이다.

나) 인정논거

① 반사적 이익의 보호 법익화

종래의 자유주의적 법치국가에서는 행정권의 발동은 공익실현을 위한 것이며, 특정 개인을 위한 것이 아니기 때문에 행정권의 발동으로 특정 개인이 이익을 받더라도 그것을 반사적 이익에 불과하고, 따라서 개인은 자기의 이익을 위해 타인에 대한 일정한 행정권의 발동을 청구하는 것은 인정되지 않는다고 보았다. 그러나 오늘날의 사회적 법치국가에서는 대폭적으로 반사적 이익의 보호 법익화가 실현되어 종래에는 반사적 이익으로 보았던 것도 관계 법규가 공익과 동시에 개인적 이익도 보호하는 것으로 해석함으로써 행정개입청구권 또는 경찰개입청구권을 인정할 수 있는 근거가 마련되었다.

독일 판례의 경우 눈썰매 사건, 별장점탈사건, 혼잡교차로 교통정리 미실시 사건, 지뢰사건 등의 판결을 통해서 경찰권 불행사를 이유로 손해배상책임을 인정하였고, 나아가 띠톱판결[79]에서는 경찰개입청구권을 인정하기에 이르렀다. 특히 띠톱판결은 반사적 이익론의 극복과 재량권의 영으로의 수축법리를 모두 채용하고 있다(김창윤 외, 2015: 477).

② 재량권 0으로의 수축

ⓐ 행정편의주의 : 종래에는 행정편의주의에 의해 행정청에 재량이 인정되어 있는 경우에 행정권을 발동할 것인지의 여부는 행정청이 편의적으로 결정할 수 있기 때문에 행정개입청구권이 인정되지 않았다.

ⓑ 경찰권 행사의 편의주의의 원칙 : 경찰 위반의 상태가 있는 경우에도 반드시 경찰권을 발동해야 하는 것은 아니며 발동의 여부(결정재량) 또는 경찰권 발동이 전제된 상황에서 어떠한 종류의 조치를 취할 것인가의 여부(선택재량)는 경찰기관의 재량에 맡겨져 있었다.

ⓒ 재량권 0으로의 수축 : 행정청 또는 경찰기관에 재량이 인정되어 있는 경우라도 개인의 생명·신체·재산에 대한 목전의 급박한 위해를 예방 또는 제거하기 위해 긴급한 필요가 있는 경우에는 그 재량의 폭이 감소되어 마침내는 0에 도달함으로써 행정청은 오직 일정한 조치를 취해야만 의무에 합당한 재량권행사로 인정되는데 이를 '재량권의 0으로의 수축'이라고 한다.

ⓓ 재량권이 영으로 수축되면 경찰행정청은 일정한 행위를 해야 할 개입 의무를 지게 되며(재량행위의 기속행위화), 따라서 개인은 경찰 개입청구권을 가지게 되는 것이다.

③ 구제

경찰권 발동의무가 발생했음에도 불구하고 경찰기관이 부작위, 즉 경찰권을 발동하지 않으면 의무이행심판 및 부작위 위법확인소송이 가능하며 그로 인해 손해가 발생한 경우에는 손해배상소송을 제기하여 구제받을 수 있다 (남재성·이정덕, 2013: 174).

---

79) 무하자재량행사 청구권의 법리를 기초로 하여 독일에서 학설·판례를 통해 발전된 개념으로서(1960 Bandsageurteil-띠톱판결), 행정청의 위법한 부작위 등으로 인하여 권익을 침해당한 자가 당해 행정청에 대하여 (제3자에 대한)일정한 법에 규정된 행정권의 발동을 청구하는 권리이다. 이러한 행정개입청구권의 법리는 1960. 8. 18. 독일 연방행정재판소의 띠톱판결(Bandsägeurteil, BVerwGE 11, 95)에서 정립되었다. 이 사안은, 주거지역에 설치된 석탄제조업체에서 사용하는 띠톱에서 배출되는 먼지와 소음 등으로 피해를 받고 있던 인근주민이 행정청에게 건축경찰상의 금지처분을 발할 것을 청구하자, 행정청은 이 업소의 조업은 건축관계 법규에 위반되지 않는 것이라 하여 기각하였고, 이에 인근주민들이 기각처분에 대한 취소소송을 제기한 것이다.

2 해양경찰작용의 유형

경찰작용의 성질 및 종류

▸ 의의 : 국민에게 명령·강제하는 권력적 작용
▸ 성질 : 법치행정의 원칙상 법규의 근거를 요하며 재량권을 인정한다 해도 기속재량이 원칙
▸ 종류
1) 경찰명령
가) 의의 : 형식상 직접하명과 경찰처분이 있고 내용상은 경찰하명, 경찰허가, 경찰면제, 경찰벌
나) 내용
① 경찰하명 : 국민에게 작위·부작위·수인·급부를 명하는 행위
② 경찰허가 : 자연적 자유를 회복시키는 경찰처분
③ 경찰면제 : 작위·수인 지급의무를 해제하는 행정행위
2) 경찰강제
가) 의의 : 경찰상 필요한 상태를 실현하는 사실상의 작용
나) 내용
① 경찰상 강제집행 : 의무의 불이행에 대하여 강제실현 하는 작용
② 경찰상 즉시강제 : 급박한 장애 제거를 실력으로 필요한 상태실현
▸ 한계
1) 법규상의 한계 : 경찰권의 근거인 동시에 한계
2) 조리상의 한계 : 경찰소극목적의 원칙·경찰공공의 원칙·경찰비례의 원칙·경찰책임의 원칙·경찰평등의 원칙

[1] 경찰하명

(1) 하명의 의의

경찰하명이란 국가의 일반통치권에 기하여 경찰상의 목적, 즉 사회 공공의 안녕질서 유지를 위하여 국민에게 작위·부작위·수인·급부 등의 의무를 명하는 경찰작용을 말한다. 부작위의무를 과하는 것을 금지라고 하고, 작위·급부·수인의무를 과하는 것을 명령이라고 한다. 경찰하명의 법적 성격은 개인에게 특정의 의무를 명하는 명령적 행위로서 법률행위적 행정행위에 속한다. 그러므로 경찰하명은 개인의 자유와 권리를 제한하는 권력적 작용이므로 반드시 법적 근거를 두어야 한다.

(2) 하명의 형식

1) 법규하명

법규하명이란 별도의 행정행위를 요하지 아니하고 법령에 의해 직접 일정한 경찰의무를 발생케 하는 경우의 경찰하명을 말한다(도로교통법상 음주운전금지, 청소년보호법에 의한 술·담배판매금지, 성매매금지 등). 법규의 재정 후 공포에 의하여 구 효력이 발생한다.

2) 경찰처분

경찰처분이란 법령에 의거하여 경찰이 특정한 의무를 명하는 경우에 발생하는 구체적 행정행위를 말한다(유흥업소에 대한 영업정지, 전염병발생지역의 통행금지 등). 이는 법령의 수권범위 내에서 경찰권 한계에 관한 원칙의 구속을 받는다. 구두 또는 문서에 의하여 상대방에게 고지되어야 효과가 발생한다. 경찰처분은 개별적으로 행하여지는 것이 원칙이나, 불특정다수인에게 일반적으로 행하여지는 경우도 있다.

(3) 하명의 종류

1) 내용에 의한 구분

〈표 3-9〉 경찰하명 내용에 의한 구분

작위하명	적극적으로 어떤 행위를 행할 의무를 명하는 행위이다. 예) 교통법규 준수, 위험물 표시 등, 사체에 대한 신고의무, 화재발견시 소방서 또는 경찰서에 신속히 통지할 의무 등
부작위하명	– 소극적으로 어떤 행위를 하지 말 것을 명하는 행위이다(경찰금지). – 무면허 운전금지, 통행금지, 부패식품 판매금지, 청소년의 흡연·음주금지 등과 같이 절대적으로 해제할 수 없는 절대적 금지, 설치제한 구역 내 사격장 설치금지와 같이 허가를 유보한 상대적금지로 구분할 수 있다.
수인하명	– 자기의 신체·재산·가택 등에 가하여지는 사실상의 침해, 즉 경찰강제에 대하여 저항하지 말고 이를 참아야 할 의무를 명하는 것을 말한다. – 경찰강제 그 자체는 사실상의 작용이지만 그것이 적법하게 수행되기 위해서는 수인하명이 수반되어야 한다. 예) 경찰조사, 즉시강제, 경찰관이 범죄의 예방·제지를 위하여 극장에 출입하거나 극장내 손님을 조사할 때 극장주가 출입을 허용하고 조사에 응하는 것 등
급부하명	– 금전 떠는 물품의 급부의무를 명하는 것이다. – 이는 경찰처분이 특정인을 위하여 행하여지거나 또는 특정인을 위하여 필요하게 된 때에는 그 비용충당을 위하여 수수료, 기타의 급부를 명하는 것이 공평의 원칙상 인정된다. 예) 수수료, 통행료 등의 납부의무, 면허시험의 수수료 납부, 식품 등의 무상 수거 등

2) 대상에 의한 구분

경찰하명의 대상자가 불특정다수인인가, 특정인인가에 따라 일반하명과 개별하명으로 구분되기도 하며, 하명의 대상에 따라 대인적·대물적·혼합적 하명으로 구분된다. 사람의 행위에 중점을 둔 경우는 대인적 하명, 물적 상대에 중점을 둔 경우는 대물적 하명, 인적·물적 요소가 혼합된 경우는 혼합적 하명이라고 한다.

(4) 하명의 효과

경찰하명의 효과는 하명의 내용에 따라 수명자가 일정한 행위를 해야 할 또는 하지 않아야 할 공법상 의무를 지는데 있다. 경찰하명이 있는 경우에 상대방(수명자)은 행정주체에 대해서만 의무를 이행할 책임이 있고, 그 이외의 제3자에 대하여 법상 의무를 부담하는 것은 아니다. 따라서 의무불이행에 대해서는 경찰행정주체만이 그 이행을 강제하거나 처벌하는데 그치며, 제3자가 의무이행을 강제할 수 없다. 또한 경찰하명 자체의 효력으로서 하명에 위반한 법률행위의 효과까지 부인되는 것은 아니다. 예를 들면, 영업정지명령에 위반하여 영업을 계속하였을 경우 당해 영업에 대한 거래행위의 효력까지 부인되지는 않는다(하상군·김종길·조성택, 2013: 185).

하명의 위반은 처벌의 대상이 되나 그 자체가 사법상 무효인 것은 아니다. 경찰하명의 효과로 제3자가 이익을 얻는 경우에는 반사적 이익에 불과하므로 손해배상이나 행정쟁송의 대상이 되지 않는다. 예를 들어 의사의 의료법상 환자진료의무는 행정주체에 대한 의무일 뿐, 환자에 대한 의무가 아니므로 의사가 진료를 거부한 경우 이를 이유로 손해배상 등을 청구할 수 없다(홍정선, 2012: 1063).

(5) 하명 위반의 효과

경찰하명에 대한 위반에는 경찰의무의 불이행과 경찰의무의반의 두 가지 형태가 있다. 먼저, 경찰의무불이행의 경우에는 경찰상 강제집행이 행하여지고, 경찰의무위반의 경우에는 경찰벌이 과하여진다.

현행법상 경찰상 강제집행의 수단으로는 대체적 작위의무에 대해서는 대집행이 일반적으로 인정되고, 금전납부의무에는 국세징수법의 규정에 의하여 체납처분이, 그밖에 극히 예외적으로 직접강제가 인정되고 있다.

(6) 하명에 대한 구제

경찰하명의 하자가 중대하고도 명백한 법규 위반인 경우 무효의 대상이 된다. 또한 경찰하명의 하자가 단순한 위법사실이거나 경찰권의 한계를 일탈한 경우 등에는 취소사유에 해당한다.

〈표 3-10〉 경찰하명 구제

적법한 경우	– 경찰하명의 수명자는 수인의무를 지므로 적법한 경찰하명으로 인하여 어느 정도 손실이 발생하였다 하더라도 국가에 대하여 그 손실의 보상을 청구할 수 없다는 것이 원칙이다. – 그러나 예외적으로 경찰상 적법한 행위로 수명자 또는 책임없는 제3자에게 '특별한 희생'을 가한 경우에 사유재산권 보장과 공평이념에 배치될 때에는 그에 대한 보상청구가 인정되며 이것이 경찰상 손실보상청구이다.
위법·부당한 경우	– 위법·부당한 경찰하명으로 인하여 권익을 침해당한 자는 행정심판을 제기하여 취소·변경을 청구할 수 있다. – 또한 위법한 경찰하명으로 권익을 침해당자는 행정심판을 거쳐 행정법원에 행정소송을 제기할 수 있다. – 국가배상법에 의한 손해배상청구를 할 수 있다.

위법 또는 부당한 경찰하명에 대한 구제는 행정상 구제와 민사상 구제 및 형사상 구제 등의 방법이 있다.

행정상 구제에는 당해 경찰기관 또는 상급기관에 직권취소·정비, 해당 공무원에 대한 징계, 행정쟁송 제기 등이 있다. 민사상 구제에는 국가배상법에 따라 행정상 손해배상을 청구할 수 있다. 형사상 구제에는 당해 경찰관에 대한 정당방위, 고소·고발 등이 있다. 이 밖에도 헌법소원 및 청원제도가 있다. 한편 경찰기관의 적법한 경찰하명에 의한 손실은 보상하지 않은 것이 원칙이다. 그러나 경찰하명으로 인해 수인할 수 없는 정도의 특별한 손실이 발생한 경우에는 손실보상청구가 인정된다.

[2] 경찰허가

(1) 허가의 의의

경찰허가란 법규상 일반적·상대적 금지를 특정한 경우 해제함으로써 일정한 행위를 적법하게 행할 수 있게 하는 경찰처분을 말한다(음식점 영업허가, 운전면허, 특수경비법 허가 등). 경찰허가는 면허·특허·인가·승인 등의 용어로도 사용된다. 경찰허가는 경찰목적을 위하여 상대적으로 제한하였던 국민의 자연적 자유를 일정한 경우 회복시켜 그 행위를 적법하게 행할 수 있도록 하는 특별경찰작용이라고 할 수 있다.

(2) 경찰허가의 법적성질

경찰허가는 명령적 행위이며, 동시에 기속재량행위적 성격을 가진다. 경찰허가는 일반적·상대적으로 금지된 행위를 해제하여 적법하게 행위 할 수 있도록 하는 명령적행위로서 새로운 권리·능력을 설정하는 형성적 행위와 구별된다.

경찰허가는 원칙적으로 기속행위로서 경찰법규에 경찰허가의 여부에 대한 기준이 없는 경우에도 그 재량처분은 자유재량이 아니고 기속재량행위라고 본다. 따라서 경찰관청은 허가신청 대상이 공공의 안녕질서 유지에 위배되지 않는 한 재량권의 유무를 묻지 않고 허가하여야 한다 (박균성, 2012: 243-244). 다만 경찰법규에 허가제한이 없는 경우에 불허가처분을 내린 사안에 대하여 이를 적법하다고 본 경우도 있다.

(3) 경찰허가의 형식

경찰허가는 일반적·상대적 금지를 특정한 경우에 해제하는 것이므로 언제나 구체적인 경찰처분의 형식으로 행해진다. 경찰허가는 원칙적으로 상대방의 신청을 요하는 쌍방적 행정행위이다.

(4) 경찰허가의 요건

1) 요건(출원)

경찰허가는 원칙적으로 당사자의 신청을 요하는 쌍방적 행정행위이므로 신청 없는 허가는 무효라는 것이 다수설이다. 그러나 출원은 법령에 특별한 규정이 없는 한 경찰허가의 필요적 요건이 아니고, 허가를 희망하는 의사표시로 허가의 유인행위라고 보고, 출원이 없는 허가도 법령에 특별한 규정이 있거나 상대방이 명백하게 그 이익을 거부하지 아니하는 한 당연무효가 아니라는 견해도 있다.

2) 시험

일정한 시험에 합격하거나 물품이나 시설 등의 검사 등에 합격한 자에 대해서만 경찰허가를 부여하는 경우가 있다(운전면허, 허가대상시설·물품검사 등).

3) 수수료·세금 등의 납부

경찰기관이 경찰허가 행위시 허가에 필요한 일정한 수수료를 허가 대상자에게 납부하게 하거나(운전면허 발급시, 개인택시 면허증 발급시 수수료 등), 일정한 조세를 납부(의사면허세 등)하도록 하는 경우가 있다. 수수료나 조세의 납부는 경찰행위 자체는 아니며, 허가행위에 따른 부수적 행위라고 볼 수 있다.

4) 공증

경찰허가는 일정한 형식에 의한 공증행위를 허가의 효력발생요건으로 하는 경우가 있다. 시험합격증·운전면허증·감찰증의 교부나, 장부기재, 영업허가증의 교부 등을 허가의 효력발생요건으로 법령에 정하는 경우를 말한다.

5) 다른 행정기관의 동의

경찰법령에는 경찰허가시 다른 행정기관의 사전동의를 받거나(소방법 제8조 제1항), 협의를 거칠 것을 요구하고 있는 경우가 있다(군사시설보호법 제8조 제1항). 이 경우 다른 행정기관의 동의를 얻지 못한 때에는 관할 경찰관청은 허가를 내줄 수 없다.

6) 인근 주민의 동의

경찰법령에 경찰관청이 경찰허가를 함에 있어 허가신청 장소의 인근 주민의 동의를 요구하고 있는 경우에 허가신청자가 동의서를 제출하지 못한 경우 이를 이유로 허가를 거부할 수 있다(대법원 1991.4.9.선고 90누 4112판결).

(5) 경찰허가의 상대방

허가의 상대방은 원칙적으로 특정인 또는 특정 다수인을 대상으로 한다. 그러나 예외적으로 불특정 다수인에 대해 행해지는 경우도 있다(예: 야간통행금지 해제, 도로통행 금지해제, 입산금지 해제, 교통신호기의 파란색 신호등).

(6) 경찰허가의 종류

〈표 3-11〉 경찰허가의 종류

대인적 허가	사람의 주관적 요소를 심사대상으로 하는 허가	이전 불가능	예) 자동차운전면허, 의사면허, 약사면허, 위험물취급면허 등
대물적 허가	물건의 객관적 사정에 착안하여 행하는 허가	이전 가능	예) 차량검사 합격처분, 건축물 승인 등
혼합적 허가	사람과 물건을 모두 심사대상으로 하는 허가	이전 제한	예) 총포·도검·화약류 등 제조영업소허가

(7) 경찰허가의 효과

경찰허가의 효과는 상대적인 것으로서 당해 허가가 정하고 있는 경찰금지만을 해제하여 줄 뿐 다른 모든 경찰금지를 해제하는 것은 아니다. 예를 들면, 무허가 음식영업의 경우 음식

거래행위까지 무효로 되는 것은 아니며, 공무원이 음식점 영업허가를 받은 경우 식품위생법상의 금지만을 해제한 것이고 공무원법상의 영리업무금지까지 해제해 주는 것은 아니다.

허가의 효과로서 누리는 자연적 자유는 언제나 반사적 이익에 불과하다고 할수 없다. 판례도 경업자(競業者) 소속에서 기존 영업허가가 행정청의 신규허가에 대해 제기한 취소소송에서 소익을 인정함으로써 반사적 이익이 아닌 권리로 보는 경우가 있다.

(8) 경찰허가의 하자

〈표 3-12〉 경찰허가의 하자

무효인 경찰허가의 효과	- 처음부터 그 효과가 무효이므로 허가된 행위를 한 자는 경찰금지를 위반한 것이 되어 경찰벌의 대상이 된다. - 다만, 본인에게 책임 없는 사유로 그 효과가 무효임을 알지 못한 때는 제외된다.
취소원인이 있는 경찰허가의 효과	- 권한 있는 기관에 의하여 취소될 때까지는 공정력이 인정되어 그 효과가 인정된다. - 따라서 관계인을 구속하는 힘을 갖는다.

[3] 경찰면제

(1) 면제의 의의

경찰면제란 경찰 목적상 과해진 작위·급부·수인의 의무를 특정한 경우에 해제하여 주는 경찰상의 행정행위를 말한다. 이는 경찰상의 의무를 해제하여 자연의 자유를 회복시켜주는 행위로서 명령적 행정행위에 속하며, 경찰면제의 발급여부를 결정하는 것은 원칙적으로 기속재량행위에 속한다.

(2) 경찰허가와의 구별

경찰의무를 면제한다는 면에서는 경찰허가와 성질이 같지만, 경찰허가는 부작위의무를 해제하고, 경찰면제는 작위·급부·수인의무를 해제한다.

[4] 경찰부관

(1) 의의

경찰부관은 경찰처분의 효과를 일부 제한하기 위하여 주된 의사표시의 내용에 붙여진 종된 의사표시를 말한다. 부관에는 법규에 의하여 처분의 효과를 직접 제한하는 법정부관도 있으나 여기서 말하는 부관에는 포함되지 않는다 (하상군·김종길·조성택, 2013: 188-189).

경찰부관은 법규에 명문규정이 있는 경우는 물론 명문규정이 없을 지라도 법이 경찰기관에 대하여 재량을 인정하고 있는 경우에는 그 재량의 범위 내에서 경찰기관의 자주적인 판단으로 부관을 붙일 수 있다. 부관의 내용은 비례의 원칙에 반할 수 없으며, 행정행위의 일부이기 때문에 원칙적으로 독립하여 쟁송대상으로 할 수 없다.

부관을 붙일 수 있는 경우는 법률행위적 행정행위이어야 한다. 사후부관의 인정여부에 대하여 판례는 제한적으로 인정하고 있다. 행정처분에 이미 부담이 부가되어 있는 상태에서 그 의무의 범위 또는 내용 등을 변경하는 부관의 사후변경은 법률에 명문의 규정이 있거나 그 변경이 미리 유보되어 있는 경우 또는 상대방의 동의가 있는 경우에 한하여 허용되는 것이 원칙이지만, 사정변경으로 인하여 당초에 부담을 부가한 목적을 달성할 수 없게 된 경우에도 그 목적달성에 필요한 범위 내에서 예외적으로 허용된다(대판 1997.5.30 97누2627).

(2) 종류

〈표 3-13〉 경찰부관의 종류

구분	내용
조 건	– 경찰처분 효과를 장래의 발생이 불확실한 사실에 의존하게 하는 의사표시를 말한다. 예) 행진하지 아니할 것을 조건으로 하는 옥외집회장소허가 – '정지조건부'의 경우 장래에 일정한 사실이 발생하면 그때 비로소 처분의 효력이 발생하고, '해제조건부'의 경우 장래에 일정한 사실이 발생하면 그때부터 처분의 효력이 소멸된다. – 조건인 장래의 사실이란 그 발생여부가 불확정적이어야 하며, 발생이 확실한 사실인 경우에는 기한이지 조건은 아니다.
기 한	– 경찰처분의 효력을 장래에 발생할 것이 확실한 사실에 의존하게 하는 의사표시를 말한다. – 이때의 기한은 장래 도래하는 시기가 명확한 확정기한(예: 2020.10.31.)과 장래 도래할 것은 확실하나 그 시기가 정해지지 않은 불확정기한(예: 네가 사망하면)으로 구분된다. – 기한은 사건의 발생이 확실하다는 점에서 사건의 발생 자체가 불확실한 조건과 구별된다.
부 담	– 경찰처분의 주된 의사표시에 부수하여 상대방에게 작위·부작위·급부 또는 수인의무를 부과하는 부관이다. 예) 유흥음식점 영업허가를 하면서 일정한 신고의무를 부여하는 것 – 부담의 경우 조건이나 기한과는 달리 처분의 효력은 처음부터 발생하고 의무불이행의 경우에도 당연히 효력이 소멸하지 않는다. – 다만, 의무불이행의 경우 처분의 취소·철회 등 불이익을 가할 수 있다. – 부담은 다른 부관과 달리 그 자체가 행정행위이므로 부담만이 항고소송의 대상이 될 수 있다.

〈표 3-13〉 계속

부 담	- 부담만을 대상으로 하는 취소소송이 가능하 - 부담은 사후부관의 형태로 부가할 수 있다(판례). - 부담은 주된 행정행위와 독립된 행위로서 부담을 이행하지 않는 경우 행정청은 부담의 내용을 강제집행 할 수 있다.
철회권 (취소권) 유보	- 경찰처분의 주된 의사표시에 부가하여 일정한 경우에 그 처분을 철회할 수 있는 권리를 유보하는 의사표시이다. 예) 주류도매면허를 주면서 소속가맹점에 한해 주류를 중개해야 하며 이를 위반할 경우 그 면허를 취소한다는 부관 - 철회권의 유보에는 조리상 일정한 한계가 인정된다. - 따라서 철회를 해야 할 공익상의 필요가 있고 또한 당해 처분의 목적에 비추어 합리적인 이유가 있는 경우에만 유효하다. -철회권의 유보에 의한 철회권행사는 상대방의 권익보호 견지에서 제한 받는다.
법률효과의 일부배제	- 처분의 주된 의사표시에 부가하여 그 처분의 일반적 효과의 발생을 일부 제한하는 의사표시를 말한다. 예) 총포사용허가를 주면서 수렵지역을 제한하는 경우, 도로사용을 허가하면서 사용기간을 제한하는 경우, 택시영업허가를 해주면서 격일제 운행으로 제한하는 경우 등
수정부담	- 행정행위에 부가하여 새로운 의무를 부과하는 것이 아니라, 행정행위의 상대방이 신청한 것과는 다르게 경찰처분의 내용을 정하는 부관이다. 예) 유흥주점 허가신청에 대하여 대중음식점허가를 하는 경우, 5층건물 건축허가신청에 대하여 4층건물의 허가를 하는 경우

(3) 부관의 하자와 쟁송

부관은 재량행위에만 붙일 수 있고, 기속행위에는 붙일 수 없다(통설·판례). 부관도 행정행위의 일부로서 위법이나 부당이라는 하자를 가질 수 있고, 하자있는 부관은 경우에 따라 무효되거나 취소할 수 있는 부관이 된다. 어느 경우에 무효가 되고 어느 경우에 취소할 수 있는 부관이 되는가는 행정행위의 무효·취소의 구별기준에 준한다. 부관이 무효인 경우에 주된 행정행위는 원칙적으로 부관 없는 행정행위가 되나, 부관이 행정행위의 본질적 요소인 경우는 행정행위 전체가 무효로 된다는 것이 통설과 판례의 입장이다. 취소할 수 있는 부관이 취소되기 전에는 부관부 행정행위 전체가 효력을 가지며, 부관만이 취소된 경우에 주된 행정행위 효력은 부관이 무효인 경우와 같다.

3 경찰강제와 경찰벌

[1] 경찰강제

(1) 의의

1) 개념

경찰강제란 경찰상의 목적 달성을 위해 개인의 신체·재산 또는 가택에 실력을 가해 경찰상 필요한 상태를 실현시키는 작용을 말한다.

2) 특성

가) 자력 집행 : 경찰강제는 경찰법상의 의무 이행을 행정권이 자력으로 강제 시키는 점에서 법원의 개입을 필요로 하는 민사상의 강제집행과 다르다.

나) 상대의 수인의무 발생 : 경찰강제에는 그 속에 수인의무가 내포되어 있으므로 상대방이 이에 저항할 수 없으며, 저항할 경우 공무집행방해죄가 성립한다.

다) 구별개념

① 경찰하명, 경찰허가와의 구별 : 경찰강제는 권력적 실력행사로써 경찰상 필요한 상태를 실현시키는 사실행위인 점에서 경찰의무를 명하거나 해제하는 법적 행위인 경찰하명, 경찰허가와 구별된다.

② 경찰벌과의 구별 : 경찰강제는 직접 경찰목적을 실현하기 위해 실력행사를 하는 점에서 과거의 의무위반에 대해 제재를 가해 심리적 강제를 함으로써 간접적으로 의무이행을 확보하는 경찰벌과 구별된다.

(2) 종류

1) 경찰상 강제집행

가) 의의 : 경찰상 강제집행이란 경찰상의 의무 불이행에 대해 경찰 목적달성을 위해 개인의 신체 또는 재산에 실력을 가해 경찰상 필요한 상태, 즉 의무가 이행된 것과 동일한 상태를 실현하는 권력적 작용이다.

나) 구별 개념

〈표 3-14〉 경찰상 즉시강제와 경찰벌 비교

경찰상 즉시강제	- 같은 점 : 양자 모두 직접 국민의 신체·재산에 실력을 행사하는 점에서 동일함. - 차이점 : 경찰상 강제집행은 의무의 부과와 그 불이행을 전제로 하지만, 경찰상 즉시강제는 의무를 전제로 하지 않고 즉시 실력으로 경찰상 필요한 상태를 시현시킴.
경찰벌	- 같은 점 : 경찰 목적의 실현을 확보하기 위한 수단 - 차이점 : 경찰상 강제집행은 장래에 향해 의무이행을 강제하는 것을 직접 목적으로 하고, 경찰벌은 과거의 의무위반에 대한 제재를 직접 목적으로 함.

다) 근거

① 국민의 신체·재산에 실력을 행사하여 경찰상 필요한 상태를 실현하는 권력적 작용이므로 법치행정의 원칙상 법적 근거가 있어야 한다.

② 경찰상 강제집행에 관한 일반법으로 행정대집행법과 국세징수법이 있으며, 그 외 도로 교통법, 출입국관리법 등의 많은 개별법이 있다.

라) 수단

① 대집행 : 의무자가 대체적 작위 의무를 이행하지 않는 경우에 경찰행정청이 그 작위 의무를 스스로 행하거나 또는 제3자로 하여금 이를 행하게 하여 의무의 이행이 있었던 것과 동일한 상태를 실현시킨 후 그에 관한 비용을 의무자로부터 징수하는 것을 말한다(예 : 도로교통법 제31조의 주·정차 위반차량에 대한 대집행). 일반법으로 행정대집행법이 있다. 대집행의 절차는 계고 → 대집행 영장의 통지 → 실행 → 비용징수이다.

② 집행벌 : 비대체적 작위 의무 또는 부작위 의무를 이행하지 아니하는 경우 일정한 기한까지 의무를 이행하지 않을 때에는 일정한 과태료를 과할 뜻을 미리 계고하고 기한 안에 의무 이행이 없는 경우 과태료를 과함으로써 의무자에게 심리적인 압박을 주어 간접적으로 의무이행을 강제하는 것이다(예 : 도로교통법상의 범칙금 1차납부 기간 초과시 범칙금의 100분의 20을 더한 금액 부담). 의무 불이행의 상태가 계속되는 한 경찰행정청은 반복 부과할 수 있다.

③ 직접강제 : 경찰상의 의무의 불이행이 있는 경우에 직접 의무자의 신체나 재산에 실력을 가해 의무의 이행이 있었던 것과 같은 상태를 실현하는 작용을 말한다(예 : 집회 및 시위에 관한 법률 제18조에 따른 해산명령 불이행에 대한 해산조치). 불이행하고 있는 의무의 종류를 가리지 않는다. 따라서 대체적 작위 의무 뿐만 아니라 비대체적 작위 의무, 부작위 의무, 수인 의무 등에 대해 그 이행을 강제할 수 있다.

④ 강제징수 : 경찰상의 금전급부 의무를 이행하지 않는 경우에 경찰행정청이 의무자의 재산에 실력을 가하여 의무 이행이 있었던 것과 동일한 상태를 실현하는 작용을 말한다(예 : 도로교통법 제31조의 주·정차 위반차량에 대한 대집행에 따른 비용의 강제 징수). 일반법으로 국세징수법이 있다. 강제징수의 절차는 독촉 → 체납처분(압류 → 매각 → 청산)이다.

2) 경찰상 즉시강제

가) 의의 : 목전의 급박한 경찰상의 장애를 제거하기 위해 필요한 경우 또는 그 성질상 미리 의무를 명해서는 목적 달성이 불가능한 경우에, 직접 개인의 신체·재산에 실력을 가해 경찰상 필요한 상태를 실현하는 경찰작용을 말한다.

경찰상의 의무의 부과 및 그의 불이행을 전제로 하지 않는다. 경찰상 즉시강제는 국민의 의무와는 상관없이 경찰기관이 실력을 행사하여 경찰 목적을 도모하는 경우이므로 인권침해의 소지가 많다.

나) 근거 : 일반법으로 경찰관직무집행법이 있고 각 단행법으로 검역법, 소방법, 전염병예방법, 마약법, 식품위생법 등이 있다.

다) 수단 : 즉시강제의 수단은 그 대상에 따라 다시 대인적 강제, 대물적 강제 및 대가택 강제로 구별된다.

〈표 3-15〉 경찰상 즉시강제 수단

구분	내용
대인적 즉시강제	– 경찰관직무집행법 : 불심검문, 보호조치 경고·억류·피난 등 위험발생 방지조치, 범죄의 예방·제지 조치, 장구·무기사용 – 각 단행법 : 강제건강진단·강제격리·교통차단(전염병예방법), 강제수용(마약법), 원조강제(수상구조법, 소방법)
대물적 즉시강제	– 경찰관직무집행법 : 무기·흉기·위험물의 임시 영치, 위험발생 방지조치 – 각 단행법 : 물건의 폐기·압류·수거(검역법), 물건의 영치(행형법), 물건의 파괴(소방법) 등
대가택적 즉시강제	– 경찰관직무집행법 : 위험방지를 위한 건물·선박·여관·음식점 등에의 출입 – 각 단행법 : 임검·검사·수색 등(조세범처벌법, 총포도검화약류단속법)

라) 한계

① 필요성 : 경찰목적 달성을 위해 즉시강제가 필요한 경우라야 한다.

② 급박성 : 위해의 발생이 목전에 급박해야 한다.

③ 보충성 : 경찰상 즉시강제 이외의 다른 수단으로는 행정 목적을 달성할 수 없어야 한다.

④ 비례성 : 즉시강제의 수단은 목전에 급박한 위해를 제거하는데 적합하고 최소한의 침해를 가져오는 수단을 선택해야 하며, 즉시강제 조치로 인한 불이익이 그것에 의해 초래되는 이익보다 커서는 안된다.

⑤ 소극성 : 경찰상 즉시강제는 소극적으로 공공의 질서유지를 위한 필요한 범위내에서 그쳐야 한다.

마) 경찰상 즉시강제의 영장주의 : 헌법상 영장주의는 국민의 기본권을 보장하기 위해 경찰상의 즉시강제에도 동일하게 적용되어야 하나, 다만 즉시강제의 특수성으로 보아 경찰목적 달성을 위해 불가피하다고 인정할 만한 합리적 이유가 있는 특수한 경우에 한해 영장주의에 대한 예외를 인정할 수 있다는 견해가 통설(절충설)이다.

바) 경찰상 즉시강제에 대한 구제

① 적법한 즉시강제에 대한 구제 : 즉시강제가 적법할지라도 대상자가 귀책사유 없이 수인의 정도를 넘는 특별한 희생을 받는 경우에는 손실보상청구권이 인정된다.

② 위법한 즉시강제에 대한 구제 : 공무원의 위법한 즉시강제에 대해 정당방위가 가능하다.

또한 즉시강제는 사실행위이지만 행정소송의 대상이 된다. 그러나 즉시강제의 성질상 쟁송을 제기할 이익이 없는 경우가 보통이며 따라서 손해배상·원상회복을 청구할 수밖에 없다. 다만 권리침해 상태가 계속 중에 있거나 즉시강제의 취소로 인해 회복되는 법률상의 이익이 있는 때에는 취소 할 수 있다. 만약 위법한 경찰상 즉시강제로 인해 생명·신체 또는 재산상의 손해를 입었을 때 국가배상법에 의해 국가에 손해배상을 청구할 수 있다.

3) 경찰조사

경찰조사란 경찰기관이 경찰상 필요한 자료나 정보를 얻기 위해 영업소에 출입하는 등의 조사 작용을 말한다. 경찰조사는 종래 경찰상 즉시강제에 포함되어 논의 되었으나 지금은 분리하여 다루는 것이 일반적이다. 불심검문, 총포·화약류 제작소의 임검, 영업장소 등에의 출입·검사 등이 여기에 해당한다.

[2] 경찰벌

(1) 경찰벌의 의의

경찰벌이란 경찰법규상의 의무위반, 즉 경찰법규에 의한 명령 또는 금지위반에 대한 제재로서 일반통치권에 의거하여 사후적으로 과하는 처벌을 말한다. 직접적 기능은 과거의 의무위반에 대한 제재를 가함으로써 경찰 법규의 실효성을 확보하고, 간접적 기능으로는 의무자에게 심리적 압박을 가해 의무 이행을 확보하는 기능을 갖는다.

(2) 경찰벌의 성질

경찰벌은 일반통치권에 의거하여 일반 사인의 의무위반에 대하여 과하는 제재인 반면, 징계벌은 특별권력관계에 기초하여 특별권력관계 내부 질서 유지를 위하여 내부자에게 과하는 제재이다. 경찰벌은 과거의 의무위반에 대한 제재인 반면(일시적·과거적 성격), 집행벌은 의무불이행이 있는 경우 장래의 의무이행을 확보하기 위한 제재이다(계속적·장래적).

경찰벌은 경찰목적 달성을 위하여 경찰법규가 정한 명령·금지를 위반한 제재인 반면, 형사벌은 반사회성이 인정되는 자연범에 대한 비난 또는 응보로서의 제재이다. 경찰벌과 징계벌은 목적·대상·법률관계의 기초 등에 있어서 차이가 있기 때문에 양자의 병과가 가능하고, 일사부재리의 원칙에 반하지 않는다(남재성·이정덕, 2013: 187).

1) 징계벌과의 구별

〈표 3-16〉 경찰벌과 징계벌 구분

구 분	경찰벌	징계벌
목적	경찰법규의 실효성 확보	특별권력 관계의 내부 질서 유지
권력적 기초	일반통치권	특별권력
대상	경찰법상의 의무 위반자	특별권력 관계 내부의 질서 문란자
경찰벌과 징계벌은 그 목적 대상, 처벌의 권력적 기초가 다르므로 병과할 수 있다(일사부재리의 원칙이 적용되지 않는다).		

2) 집행벌과의 구별

〈표 3-17〉 경찰벌과 집행벌 구분

구 분	경찰벌	집행벌
차이점	경찰법상의 의무 위반이라는 과거의 비행에 대해 과하는 제재	경찰법상의 의무 불이행이 있는 경우에 장래의 이행을 강제하기 위한 금전벌
같은 점	양자 모두 경찰법상 의무 이행을 확보하기 위한 간접적 수단	

3) 형사벌과의 구별

경찰벌은 경찰 목적의 실현을 위한 국가의 명령·금지를 위반한 까닭에 범죄로 되는, 즉 법이 범죄로 규정했기 때문에 반사회성이 인정되는 행위(법정범)을 제재하는 것임에 반해, 형사벌은 법규에 범죄라고 규정하지 않더라도 행위 그 자체가 반사회적·반도덕성을 가졌기 때문에 행위(자연범)에 처벌하는 제재를 뜻한다.

(3) 경찰벌의 근거

1) 법률

경찰벌에도 죄형법정주의가 적용되므로 법률에 의하지 않고는 경찰벌을 과할 수 없다. 우리나라에서는 경찰벌에 대한 통칙적 규정은 없고, 각 단행법에서 개별적 규정을 두고 있다.

2) 법규명령

법률은 벌칙제정권을 개별적으로 법규명령에 위임할 수 있는데 명령으로써 경찰법법규를 제정할 때에는 법률에서 처벌 대상인 행위, 그 구성요건 및 처벌의 최고한도를 구체적으로 위임받아 그 한도 내에서 규정하는데 그쳐야 한다.

3) 조례

지방자치단체는 조례로써 1,000만 원 이하의 과태료의 벌칙을 정할 수 있다(지방자치법 제27조).

(4) 경찰벌의 종류

1) 경찰형벌

경찰형벌은 경찰법상의 의무위반에 대한 제재로서 형법 제41조에 규정된 형을 과하는 경찰벌을 말한다. 그 예로는 사형, 징역, 금고, 구류, 자격정지, 벌금, 과료, 몰수 등이 있다.

2) 경찰질서벌

경찰상의 질서에 장애를 줄 우려가 있는 의무위반에 대하여 과하는 제재이다. 그 예로는 주차위반, 신호위반, 경범죄처벌법위반, 식품위생법위반 등이 있다.

(5) 경찰벌의 절차적 특수성

1) 경찰형벌

가) 원칙 : 형사소송법이 정하는 절차

나) 예외

〈표 3-18〉 즉결심판절차와 통고처분

즉결심판절차	– 20만 원 이하의 벌금, 구류 또는 과료에 해당하는 경찰형벌은 즉결심판절차에 의해 과하고 경찰서장이 집행한다. – 만일 불복시에는 7일 이내에 정식재판을 청구할 수 있다.
통고처분	– 정식재판에 갈음하여 경찰서장이 벌금 또는 과료에 상당하는 금액의 납부를 명하는 행정처분이다.

2) 경찰질서벌

가) 원칙 : 과태료에 처할 자의 주소지를 관할하는 지방법원의 결정으로 비송사건절차법에 따라 과한다.

나) 예외 : 최근에 과태료부과 절차의 번잡을 피하기 위하여 경찰기관이 직접 부과·징수하는 경우가 있다.

3) 경찰벌의 과벌 절차

〈표 3-19〉 경찰과벌 절차

경찰형벌의 과벌절차	원칙	경찰형벌도 형사소송법이 정하는 바에 따라 법원의 선고에 의해 과하는 것이 원칙이다.
	예외적 절차	통고처분 : 정식재판에 갈음하여 절차의 간이·신속을 주안으로 하여 행정청이 일정한 벌금 또는 과료에 상당한 금액의 납부를 명하는 준사법적 행정행위이다. 조세범·관세범·출입국관리사범·교통사범 등에 대해 인정되고 있다. 만약 통고처분을 받은 자가 법정기간 내에 통고한 내용에 따라 이행한 때에는 일사부재리의 원칙의 적용을 받아 다시 소추할 수 없다. 법정 기간 내에 통고된 내용을 이행하지 않으면 통고처분은 당연히 효력을 상실하고 통고처분권자가 고발을 하면 형사소송법의 절차에 따라 수사·공소 제기를 한다.
	즉결심판 : 20만원 이하의 벌금·구류 또는 과료에 해당하는 경찰벌은 「즉결심판에 관한 절차법」이 정하는 바에 따라 즉결심판에 의해 과해지며, 그 형은 경찰서장에 의해 집행된다. 즉결심판에 불복이 있는 자는 고지를 받은 날로 부터 7일 이내에 정식재판을 청구할 수 있다.	
경찰질서벌의 과벌절차	– 국가의 법령에 근거한 과태료 : 다른 법률에 특별한 규정이 있는 경우를 제외하고는 과태료에 처할 자의 주소지를 관할하는 지방법원이 비송사건절차법상의 재판절차에 의한다. – 조례에 의한 과태료 : 조례에 의한 과태료의 징수는 지방세 징수의 예에 따라 징수한다. 그 밖에 과태료의 부과·징수는 관할구역 안의 지방자치단체장이 한다.	

4 경찰관직무집행법과 해양경비법

[1] 경찰관직무집행법

(1) 경찰관직무집행법의 제정

우리나라 최초의 경찰작용법은 1894년 「행정경찰장전」(일본의 행정경찰규칙 모방)이다. 이후 1914년 제정된 「행정집행령」이 1948년까지 존속(일본 행정집행법 모방)되었다. 6.25 전쟁이 끝난 직후인 1953년 12월 14일 경찰작용법인 「경찰관직무집행법」이 제정(프랑스법과 독일법 이외에 일부 영미법을 반영)되었다.

(2) 경찰관직무집행법의 목적

경찰찰관직무집행법은 경찰법이 규정하는 국민의 생명·신체·재산의 보호와 공공의 안녕과 질서유지라고 하는 경찰의 기본적 임무수행을 위해서 필요한 즉시강제 수단 등을 규정한 것이다.

그러나 즉시강제 등 경찰관의 직권은 그 직무수행에 필요한 최소한도 내에서 행사되어야 하며 이를 남용해서는 안 된다(제1조 제2항). 경찰관이 이를 남용하면 1년 이하의 징역이나 금고에 처하는 등 벌칙조항을 두고 있다(제12조).

(3) 경찰관직무집행법의 적용 범위

1) 경찰관직무집행법은 경찰공무원법상의 경찰공무원과 「의무경찰대 설치 및 운영에 관한 법률」상 의무경찰[80]의 직무수행에 적용된다.
2) 해양경찰은 경찰법의 적용 대상은 아니나 경찰공무원법의 적용 대상이며, 해양에서는 해양경비에 관하여 「해양경비법」이 규정한 것을 제외하고는 경찰관직무집행법에 의해 직무를 수행한다.[81]
3) 청원경찰은 그 경비구역 내에 한하여 경비 임무를 수행하기 위해 경찰관직무집행법에 의한 직무를 수행하도록 되어 있다(청원경찰법 제3조).

80) 간첩(무장공비를 포함한다)의 침투거부(浸透拒否), 포착(捕捉), 섬멸(殲滅), 그 밖의 대(對)간첩작전을 수행하고 치안업무를 보조한다.
81) 해양경비법 제5조(다른 법률과의 관계)

(4) 경찰관직무집행법의 직무범위(제2조)

경찰관은 국민의 생명·신체 및 재산의 보호, 범죄의 예방·진압 및 수사, 범죄피해자 보호, 경비, 주요 인사(人士) 경호 및 대간첩·대테러 작전 수행, 치안정보의 수집·작성 및 배포, 교통 단속과 교통 위해(危害)의 방지, 외국 정부기관 및 국제기구와의 국제협력, 그 밖에 공공의 안녕과 질서 유지를 위한 직무를 행한다.

(5) 경찰관직무집행법상의 기본원칙

1) 협의의 비례 원칙

경찰관직무집행법에 규정된 직권은 직무 수행을 위한 필요 최소한도의 범위 내에서 행사해야 한다. 이것은 즉시강제, 즉 상대방에게 사전에 의무를 과함이 없이 목전의 급박한 위험을 방지 또는 제거하는 작용을 행함에 있어 특히 인권침해의 소지가 많으므로 이를 방지하고자 하는데 있는 것이다. 따라서 경찰관은 직원을 남용하지 않도록 주의해야 한다(제1조 제2항, 제7조, 제10조, 제11조).

2) 상당성의 원칙

경찰관은 불심검문(제3조), 보호조치(제4조), 사실의 확인(제8조), 장구의 사용(제10조의 2) 등의 경우에, 그러한 조치를 취해야 할 상당한 이유가 있어야 즉시강제가 가능하며, 상당한 이유가 없는데도 직원을 행사해서는 안 된다.

3) 필요성의 원칙

경찰관은 사실의 확인(제8조), 장구의 사용(제10조의 2), 분사기 등의 사용(제10조의 3), 무기의 사용(제10조의 4) 등의 경우 그러한 조치를 취해야 할 필요 또는 부득이한 경우에 한해 직권의 행사가 가능하다.

4) 보충성의 원칙

경찰관이 무기를 사용할 때에는 무기를 사용하지 않고는 도저히 다른 수단이 없을 때에 한해 사용이 가능하다(제10조의 4 제1항 제1·2·3호). 다만 대간첩작전의 수행시 무장간첩이 경찰관의 투항명령을 받고도 이에 불응하는 경우에는 보충성을 요하지 않는다. 무기사용은 최후 수단이며, 이로 인한 생명의 살상 등 위해를 미칠 수 있으므로, 이를 엄격히 제한하고자 하는데 의미가 있다. 따라서 경찰은 장구로 해결할 수 있는 문제를 무기로 해결하고자 해서는 안 된다.

(6) 경찰관직무집행법의 주요내용

1) 대인적 즉시강제 수단

가) 불심검문 (제3조)

① 의의 : 불심검문이란 경찰관이 거동이 수상한 자를 발견한 때에 이를 정지시켜 질문하는 것을 말한다.

② 대상 : 어떠한 죄를 범하였거나 범하려 하고 있다고 의심할 만한 상당한 이유가 있는 자 또는 이미 행해진 범죄나 행하여지려고 하는 범죄행위에 관해 그 사실을 안다고 인정되는 자를 대상으로 한다.

③ 불심검문의 수단

ⓐ 정지와 질문 : 경찰관이 주위의 사정을 합리적으로 판단하여 거동 수상한 사람이라고 인정되는 때에는 그를 정지시켜 질문할 수 있다. 질문은 어디까지나 임의 수단이므로 질문에 대해 상대방은 답변을 강요당하지 않는다. 또한 질문은 수사의 단서를 얻기 위한 것이고 피의자 신문이 아니므로 진술거부권을 고지할 필요가 없다.

ⓑ 동행 요구(임의동행) : 그 장소에서 질문하는 것이 본인에게 불리하거나 교통에 방해가 된다고 인정되는 때에는 가까운 경찰서·지구대·파출소 또는 출장소(지방해양경찰관서를 포함하며, 이하 "경찰관서"라 한다)로 동행할 것을 요구할 수 있다.

이 동행은 임의적인 것이므로 당해인은 경찰관의 동행 요구를 거절할 수 있고 경찰관은 강요해서는 안 된다. 동행을 요구할 경우 경찰관은 자신의 신분을 표시하는 증표를 제시하면서 소속과 성명을 밝히고, 그 목적·이유를 설명해야 하며, 동행장소를 밝혀야 한다. 동행한 경우 경찰관은 당해인의 가족 또는 친지 등에게 동행한 경찰관의 신분, 동행장소, 동행목적과 이유를 고지하거나 본인에게 즉시 연락 기회를 부여해야 하며, 변호인의 조력을 받을 권리가 있음을 고지해야 한다. 질문, 동행, 흉기 조사의 경우에 당해인은 형사소송에 관한 법률에 의하지 아니하고는 신체를 구속당하지 아니하며, 그 의사에 반해 답변을 강요당하지 않는다. 경찰관은 당해인을 6시간을 초과하여 경찰관서에 머물게 할 수 없다.

ⓒ 흉기조사 : 불심검문에 수반하여 흉기 등의 소지여부를 밝히기 위해 거동이 수상한 자의 옷이나 휴대품을 조사할 수 있다.

나) 보호조치 (제4조)

① 의의 : 경찰관이 수상한 거동 기타 주위의 사정을 합리적으로 판단하여 긴급구호를 요하는 자를 발견한 때에 관계 기관에 긴급구호를 요청하거나 경찰관서에 일시적으로 보호하여 구호의 방법을 강구하는 조치를 말한다.

② 보호조치의 대상자

ⓐ 강제보호 대상자 : 정신착란 또는 술 취한 상태로 인해 자기 또는 타인의 생명·신체와 재산에 위해를 미칠 우려가 있는 자와 자살을 기도하는 자는 본인의 의사와 관계없이 강제 보호할 수 있다.

ⓑ 임의보호 대상자 : 미아, 병자, 부상자 등으로서 적당한 보호자가 없으며 응급의 구호를 요한다고 인정되는 자이다. 다만 당해인이 이를 거절하는 경우에는 보호할 수 없다.

③ 보호조치의 방법

ⓐ 긴급구호의 요청 : 경찰관이 긴급구호를 요하는 사람을 발견한 때에는 보건의료기관이나 공공구호기관에 긴급구호를 요청할 수 있다. 경찰관의 긴급구호 요청을 받은 보건의료기관이나 공공구호기관은 정당한 이유 없이 구호를 거절할 수 없다.

ⓑ 경찰관서의 일시보호 : 피구호자를 보호자나 관계 기관에 인계할 때까지 일시보호하거나 보호조치 사유가 해제될 때까지 일시 보호하는 것을 말한다. 경찰관서에서의 보호는 24시간을 초과할 수 없다.

④ 사후조치 : 경찰관이 보호조치를 한 때에는 지체 없이 피보호자의 가족, 친지, 기타의 연고자에게 통지해야 한다. 가족 등이 없을 경우 적당한 공공구호기관이나 의료 기관에 즉시 인계한다. 이 경우 즉시 그 사실을 소속 경찰서장에게 보고해야 한다.

다) 위험발생의 방지 조치 (제5조) – 대인적, 대물적, 대가택적 강제수단

① 의의 : 사람의 생명 또는 신체에 위해를 미치거나 재산에 중대한 손해를 끼칠 우려가 있는 위험한 사태가 발생할 경우에 이를 방지하기 위해 취하는 조치를 말한다.

② 요건 : 천재·사변, 공작물의 손괴, 교통사고, 위험물의 폭파, 광견·분마류 등의 출현, 극단의 혼란 기타 위험한 사태가 발생한 때이다.

③ 구체적 수단

ⓐ 경고 : 천재·사변, 공작물의 손괴, 교통사고, 위험물의 폭파, 광견·분마류 등의 출현, 극단의 혼란 기타 위험한 사태가 발생한 때이다.

ⓑ 억류 또는 피난조치 : 경찰관은 특히 긴급을 요할 때에는 위해를 받을 우려가 있는 자에 대해 필요한 한도에서 이를 억류하거나 피난시킬 수 있다.

ⓒ 위험방지조치 : 경찰관은 위험사태의 발생장소에 있는 자, 사물의 관리자, 기타 관계자에 대해 위험방지상 필요하다고 인정되는 조치를 취하게 하거나, 또는 스스로 그 조치를 취할 수 있다.

ⓓ 접근 또는 통행의 제한 및 금지 : 경찰관서의 장은 대간첩작전 수행 또는 소요사태에 진압을 위해 필요하다고 인정되는 상당한 이유가 있을 때에는 대간첩작전지역 또는 경찰관서·무기고 등 국가 중요시설에 재한 접근 또는 통행을 제한하거나 금지할 수 있다.

라) 범죄의 예방과 제지 조치 (제6조)

경찰관은 범죄행위가 목전에 행해지려 하고 있다고 인정될 때에는 이를 예방하기 위해 관계자에게 필요한 경고를 발하고, 그 행위로 인해 생명·신체에 위해를 미치거나 재산상의 중대한 손해를 끼칠 우려가 있어 긴급을 요하는 경우에는 그 행위를 제지할 수 있다.

마) 경찰장비의 사용 (제10조)

① 의의 : 경찰관은 직무수행 중 경찰장비를 사용할 수 있다. 다만 인명 또는 신체에 위해를 가할 수 있는 경찰장비에 대해서는 필요한 안전교육과 안전검사를 실시해야 한다.

② 개념 : 무기, 경찰장구, 최루제 및 그 발사장치, 감식기구, 해안감시기구, 통신기기, 차량, 선박, 항공기 등 경찰의 직무수행을 위해 필요한 장치와 기구를 말한다.

③ 사용기준 : 경찰장비는 통상의 용법에 따라 필요한 최소한의 범위 내에서 이를 사용해야 한다. 또한 경찰장비는 임의로 개조하거나 임의의 장비를 부착하여 통상의 용법과 달리 사용함으로써 타인의 생명·신체에 위해를 주어서는 아니 된다.

바) 경찰장구의 사용 (제10조의 2)

① 의의 : 경찰관은 현행범인인 경우와 사형·무기 또는 장기 3년 이상의 징역이나 금고에 해당되는 죄를 범한 범인의 체포·도주의 방지, 자기 또는 타인의 생명·신체에 대한 방호, 공무집행에 대한 항거의 억제를 위해 필요하다고 인정되는 상당한 이유가 있는 때에는 그 사태를 합리적으로 판단하여 필요한 한도 내에서 경찰장구를 사용할 수 있다.

② 개념 : 경찰장구란 경차관이 휴대하여 범인검거와 범죄 진압 등 직무수행에 사용하는 수갑·포승·경찰봉·방패 등을 말한다. 그 밖에 법에는 규정이 없지만 경적·호신용구·진압장구 등도 포함된다.

사) 분사기 등의 사용 (제10조의 3)

① 의의 : 경찰관이 범인의 체포·도주의 방지 또는 불법시위로 인한 현저한 위해발생을 억제하기 위해 분사기 또는 최루탄을 사용하는 조치를 말한다.

② 요건과 한계 : 경찰관은 범인의 체포·도주의 방지 또는 불법집회·시위로 인해 자기 또는 타인의 생명·신체와 재산 및 공공시설 안전에 대한 현저한 위해의 발생을 억제하기 위해 부득이한 경우 현장 책임자의 판단으로 필요한 최소한의 범위 안에서 분사기(총포, 도검, 화약류 등 단속법의 규정에 의한 분사기와 최루 등의 작용제) 또는 최루탄을 사용할 수 있다.

③ 기록 보관 : 분사기나 최루탄의 사용시 책임자는 사용 일시, 장소, 대상, 현장 책임자, 종류, 수량 등을 기록·보관해야 한다.

아) 무기의 사용 (제10조의 4)

① 의의 : 경찰관은 직무를 수행하기 위해 필요하다고 인정되는 범위 내에서 무기를 사용할 수 있다.

② 개념 : 무기란 인명 또는 신체에 위해를 가할 수 있도록 제작된 권총, 소총, 도검 등을 말한다. 대간첩·대테러 작전 등 국가 안전에 관련되는 작전을 수행할 때에는 개인화기 외에 공용화기를 사용할 수 있다.

③ 사용의 요건 : 위해를 수반하지 않는 무기의 사용은 범인의 체포·도주 방지를 위해 필요한 때, 자기 또는 타인의 생명·신체에 대한 방호를 위해 필요한 때, 공무집행에 대한 항거를 억제하기 위해 필요한 때에 가능하다. 반면 위해를 수반하는 무기의 사용은 형법에 규정한 정당방위와 긴급피난에 해당하는 때, 사형·무기 또는 장기 3년 이상의 징역이나 금고에 해당하는 범인을 체포하는 경우 또는 제3자가 범인을 도주시키려고 경찰관에게 항거하는 경우에 항거·도주 방지를 위해 무기를 사용하지 않고는 다른 수단이 없다고 인정되는 상당한 이유가 있는 때, 구속영장과 압수·수색영장 집행시 항거·도주의 방지를 위해 필요한 때, 무기·흉기 등 위험한 물건을 소지한 범인·소요행위자가 경찰관으로부터 3회 이상의 투기명령·투항명령을 받고도 불응하면서 계속 항거할 때, 대간첩작전 중 무장간첩이 경찰관의 투항명령을 받고도 이에 불응할 때에 가능하다.

④ 사용한계 : 사태를 합리적으로 판단하여 무기사용이 필요하다고 인정되는 상당한 이유가 있을 때 필요한 한도 내에서 사용해야 한다는 경찰 비례의 원칙과 무기를 사용하지 아니하고는 다른 수단이 없다고 인정되는 상당한 이유가 있을 때에 사용해야 한다는 보충성의 원칙이 있다.

2) 대물적 즉시강제 수단 : 임시영치 (제4조 제3항)

임시영치란 경찰관이 「경찰관직무집행법」제4조 1항에 따라 피구호자를 보호 조치하면서 휴대하고 있던 무기·흉기 등의 물건을 경찰관서에 10일 이내 임시로 영치하는 조치이다.

3) 대가택적 즉시강제 수단 : 위험방지를 위한 출입 (제7조)

〈표 3-20〉 대가택적 즉시강제 수단

의의	위험한 사태가 발생하여 인명·신체 또는 재산에 대한 위해가 절박한 때에 그 위해를 방지하거나 피해자를 구조하기 위해 부득이하다고 인정되는 경우 경찰관이 타인의 건물 등에 출입하는 조치를 말한다.	
일반 위험방지를 위한 출입 (긴급출입)	위험사태의 발생	– 인명 또는 신체에 위해를 미치거나 재산에 중대한 손해를 끼칠 수 있는 천재·사변·공작물의 손괴·교통사고·위험물의 폭발·광견 등의 출현 및 극단의 혼잡, 기타 위험한 사태가 있을 때(법 제5조 제1항의 사태) – 대간첩작전 수행중이거나 소요사태가 발생한 경우(제5조 제2항의 사태) – 범죄행위가 목전에 행해지려하고 있다고 인정될 때 – 위해의 절박 : 인명·신체 또는 재산에 대한 위해가 절박할 것. – 위해방지나 피해자를 구조하기 위해 부득이하다고 인정될 것.
	출입의 객체	– 타인의 토지·건물, 배 또는 차에 출입할 수 있다. 그 이외의 장소, 예컨대 항공기, 광갱(鑛坑)등도 이에 포함된다고 볼 것이다.
공개된 장소에 대한 출입	– 흥행장·여관·음식점·역 기타 다수인이 출입하는 장소의 관리자 또는 이에 준하는 관계인은 그 영업 또는 공개시간 내에 경찰관이 범죄의 예방 및 인명·신체와 재산에 대한 위해 예방의 목적으로 그 장소에 출입할 것을 요구한 때에는 정당한 이유 없이 이를 거절할 수 없다.	
출입시 주의사항	– 경찰관이 위험방지를 위해 필요한 장소에 출입할 때에는 그 신분을 표시하는 증표를 제시해야 하며, 함부로 관계인의 정당한 업무를 방해해서는 아니 된다.	
사후 조치	– 위험방지를 위한 출입 시에는 출입보고서를 작성하여 소속 경찰서장에 보고해야 한다.	

4) 직무수행을 위한 임의적 사실행위–사실 확인과 출석요구 (제8조)

경찰관서의 장은 직무수행에 필요하다고 인정되는 상당한 이유가 있을 때에는 국가기관 또는 공사단체 등에 대해 사실을 조회할 수 있다. 또한 경찰관서의 장은 직무수행에 필요하다고 인정되며, 긴급을 요할 때에는 소속 경찰관으로 하여금 현장에 출동하여 당해 기관 또는 단체의 장의 협조를 얻어 그 사실을 확인하게 할 수 있다. 아울러 경찰관은 미아를 인수할 보호자의 여부 확인, 유실물을 인수할 권리자의 여부 확인, 사고로 인한 사상자의 확인, 행정처분을 위한 교통사고 조사상의 사실 확인을 위해 필요한 때에는 관계인에게 경찰관서에 출석할 것을 요구할 수 있다. 관계인의 출석을 요구하는 경우에는 출석을 요하는 사유·일시 및 장소를 명확히 한 출석요구서에 의한다. 이 경우 출석을 강제할 수 는 없다.

5) 유치장 (제9조)

경찰서 및 해양경찰서에 법률이 정한 절차에 따라 체포·구속되거나 신체의 자유를 제한하는 판결 또는 처분을 받은 자를 수용하기 위해 유치장을 둔다(유치장의 설치 근거 : 경찰관직무집행법 제9조).

6) 경찰관의 직권남용시의 처벌 (제12조)

경찰관이 의무를 위반하거나 직권을 남용하여 다른 사람에게 해를 끼친 사람은 1년 이하의 징역이나 금고에 처한다.

[2] 해양경비법

(1) 해양경비법 제정배경

1) 해양경비 활동에 필요한 권한의 명문화

일반적으로 해양경찰청의 업무는 크게 3가지로 나누어 볼 수 있다. 첫째, 성질상 사법경찰에 속하는 경찰사무(예컨대 해상범죄의 예방, 진압 및 수사, 해상치안정보의 수집·작성·배포, 해상에서의 대간첩작전수행 및 해적단속, 외국선박의 단속 및 감시 기타 해상의 행사업무에 관한 사항, 밀항, 밀수, 마약운송행위 단속, 국제해상형사공조업무 등)이다. 둘째, 해상에서의 일반적인 위험방지활동과 같은 조직상의 해양경찰청이 담당하는 사무(예컨대, 해양구난, 해상교통안전, 수상레저안전, 영해 및 배타적 경제수역에서의 경비, 어로보호, 해저침몰제거 등)이다. 셋째는 오염방제활동 등 성질상 타 행정부처에서 관장할 수 없는 사무(예컨대 오염방제 활동, 여객 및 화물수송 안전확보 등)이다. 그리고 기타사항으로는 해상에서의 공공의 안녕과 질서에 대한 위험방지활동 등으로 나눌 수 있다.

이에 따라 해양경비법은 해양범죄에 대한 예방, 해양오염 및 해양자원 보호에 관한 조치, 해상경호·대테러 및 대간첩작전 수행, 해양시설의 보호에 관한 조치, 해상항행 보호에 관한 조치, 그 외의 공공의 안녕과 질서 유지를 해양경찰청의 직무로 규정하였다.

2) 해상에서의 선박 검문검색 제도 도입

일반적으로 불심검문이라 함은 경찰관이 수상한 거동 기타 주위의 사정을 합리적으로 판단하여 어떠한 죄를 범하였거나 범하려 하고 있다고 의심할 만한 상당한 이유가 있는 자 또는 이미 행하여진 범죄나 행하여지려고 하는 범죄행위에 관하여 그 사실을 안다고 인정되는 자를 정지시켜 질문하는 것을 말한다(경찰관직무집행법 제3조제1항).

그런데 「경찰관직무집행법」 제3조 제2항은 불심검문의 구체적 절차에 대해서 "경찰관은 제1항에 따라 같은 항 각 호의 사람을 정지시킨 장소에서 질문을 하는 것이 그 사람에게 불리하거나 교통에 방해가 된다고 인정될 때에는 질문을 하기 위하여 가까운 경찰서·지구대·파출소 또는 출장소(지방해양경찰관서를 포함하며, 이하 "경찰관서"라 한다)로 동행할 것을 요구할 수 있다. 이 경우 동행을 요구받은 사람은 그 요구를 거절할 수 있다."라고 규정함으로써 장소적으로 육상을 전제로 하였으며 그 결과 상당부분의 경찰행정이 해상에서 이루어지고 있는 해양의 특수한 경찰작용을 포괄하고 있지 못한다.

즉, 일반경찰의 경찰작용은 장소적으로 다른 국가의 주권과 직접적인 접촉이 없는 대한민국의 영토 내에서의 경찰작용인데 반하여, 해양경찰청의 경찰작용은 다른 국가와의 주권 및 국제법적인 관계가 밀접히 관련되어 있는 해상에서의 경찰작용이라는 점에서 근본적인 차이가 있으며, 특히 「경찰관직무집행법」은 다른 선박의 항행 안전에 대한 지장을 주는 선박, 대량 파괴무기나 그 밖의 무기류 또는 관련 물자의 수송에 사용되고 있다고 의심되는 선박 및 국내법령 등 대한민국이 체결·비준한 조약을 위반하거나 위반행위가 발생하려 하고 있다는 의심이 되는 선박 등을 법의 적용범위에서 충분히 고려하지 못하였다는 문제점이 있었다.

이에 해양경비법은 법령이나 조약을 위반한 사실이 의심되는 선박 등에 대하여 주위의 사정을 합리적으로 판단하여 상당한 이유가 있는 경우 해상검문검색을 실시할 수 있도록 하고, 해상검문검색 시에 선장에게 담당 해양경찰청 소속 경찰공무원의 신분과 검문검색의 목적과 이유를 고지하도록 해상검문검색의 대상, 요건 및 절차에 대한 규정을 설치하였다.

3) 해상항행 보호조치에 대한 제제 수단 신설

현행 「집회 및 시위에 관한 법률」 및 「해사안전법」은 다수의 선박 등이 다른 선박의 항행을 방해하는 등 해상집단행동을 할 경우 이를 규제하지 못하는 문제점이 있었다.

「집회 및 시위에 관한 법률」은 천장이 없거나 사방이 폐쇄되지 아니한 장소에서 여는 집회인 "옥외집회"와 여러 사람이 공동의 목적을 가지고 도로, 광장, 공원 등 일반인이 자유로이 통행할 수 있는 장소를 행진하거나 위력(威力) 또는 기세(氣勢)를 보여, 불특정한 여러 사람의 의견에 영향을 주거나 제압(制壓)을 가하는 행위인 "시위"에 대한 규정으로 헌법상 보장된 표현의 자유로서의 집회 및 시위를 육상에서 보장하기 위한 목적으로 제정된 것이어서 해상에서 적용하기는 무리가 있다.

또한, 「해사안전법」은 술에 취한 상태에 있는 자가 운항을 하기 위하여 조타기(操舵機)를 조작하거나 조작할 것을 지시하는 행위 또는 「도선법」에 따른 도선을 금지하는 술에 취한 상태에서의 조타기 조작 등에 대한 금지만 규정할 뿐 다수의 선박 등이 다른 선박의 항행이나 입항·출항을 방해하거나 항구·포구 내외의 수역을 점거하는 행위, 임해 중요시설 앞 경비수역에서 위력적인 방법으로 항해하여 안전사고가 발생할 우려가 높은 행위를 하는 경우에 대한 규정이 없는 실정이다. 따라서 해양경비법은 해상항행 보호조치를 위하여 선장에 대하여 경고, 이동·해산 명령 등을 할 수 있는 규정을 설치하였다.

4) 무기사용에 대한 요건 등 법적 근거 마련

무기사용의 근거 규정인 「경찰관직무집행법」은 육상을 전제로 하고 있어 선박의 나포, 도주방지 등 해상에서의 무기사용에 대한 명확한 법적 근거를 제시하지 못하는 문제점이 있었다. 그러나 경찰의 무기사용은 국민의 헌법상 기본권인 생명, 신체 등에 대한 직접적인 침해를 가할 수 있는 사항이므로 명확한 법 규정의 제정이 요청되었다.

따라서 해양경비법은 해양경찰청 소속 경찰공무원의 무기사용에 대한 명확한 요건을 규정하지 않을 수 없었으며, 그 결과 해양경찰청 소속 경찰공무원은 경비활동 중 선박 나포와 범인의 체포, 선박과 범인의 도주방지 등을 위하여 무기를 사용할 수 있도록 하고, 선박이 선체나 무기·흉기 등 위험한 물건을 사용하여 경비세력을 공격할 경우 개인화기 및 공용화기를 사용할 수 있도록 규정하였다.

5) 해양경비 장비 및 장구의 종류와 그 사용기준 마련

경찰장비 및 장구의 종류와 그 사용기준은 현재 「경찰관직무집행법」에서 규정하고 있다. 즉, 경찰장비는 "무기, 경찰장구, 최루제 및 그 발사장치, 감식기구, 해안감시기구, 통신기기, 차량·선박·항공기 등 경찰의 직무수행을 위하여 필요한 장치와 기구"(제10조제2항)를 말하며, 경찰장구는 "현행범인인 경우와 사형·무기 또는 장기 3년 이상의 징역이나 금고에 해당하는 죄를 범한 범인의 체포·도주의 방지, 자기 또는 타인의 생명·신체에 대한 방호, 공무집행에 대한 항거의 억제를 위하여 필요하다고 인정되는 상당한 이유가 있을 때에는 그 사태를 합리적으로 판단하여 필요한 한도 내에서" 사용할 수 있다.

특히, 분사기와 최루탄은 "범인의 체포·도주의 방지 또는 불법집회·시위로 인하여 자기 또는 타인의 생명·신체와 재산 및 공공시설안전에 대한 현저한 위해의 발생을 억제하기 위하여 부득이한 경우 현장책임자의 판단으로 필요한 최소한의 범위 안에서"(제10조의3) 사용할 수 있게 되어 있다.

그러나 이와 같은 경찰장비 및 장구의 사용 규정은 육상경찰을 중심으로 규정되어 있기 때문에 해상 검문검색, 추적·나포, 해상항행 보호조치 등에 필요한 해양경비 장비를 규정하기에는 부적절하며, 이에 따라 해양경비법은 해양장비 및 장구의 사용에 대한 근거규정을 설치하였다.

6) 유관기관과의 협력 제체 강화

해양은 함정 등 설비가 빠른 속도로 이동하는 것이 힘들고 해양기상 환경 등에 따른 제약을 많이 받는다. 또한 타국과의 경계가 맞닿아 있는 특성상 다른 기관과의 정보 교환, 시설 설비의 사용 요청 등에 대한 필요성이 수시로 존재한다. 이에 따라 해양경비법은 지원요청 및 협조요청에 관한 규정을 명문화 하여 타 기관과의 유기적인 협조가 가능하도록 하였다.

7) 해양사고에 대한 해양경찰청의 역할 확대 발판 마련

해양사고에 대한 긴급방제 활동을 해양경찰청에서 수행하였는데 사실 이러한 사고처리는 사고 당사자 및 민간업자간의 업무로서 해양경찰청이 관여하기 어려운 측면이 있었다.

그러나 해양사고의 처리는 그 피해속도가 빠르고 피해 범위가 광범위하기 때문에 신속한 대처가 필요하므로 해양경찰청과 같은 공권력의 개입이 절실하게 요청되는 분야라 할 것 이다. 따라서 해양경비법은 제7조 제2호에서 해양오염 방제 등에 대한 해양경찰청의 역할을 명문화하여 해양경찰청의 해양경비 활동의 범위에 포함되게 하였다.

(2) 해양경비법 주요 내용

1) 용어정의(법 제2조)

가) 해양경비

제2조 제1호에서 '해양경비'를 '해양경찰청장이 경비수역에서 해양주권의 수호를 목적으로 행하는 해양안보 및 해양치안의 확보, 해양자원 및 해양시설의 보호를 위한 경찰권의 행사를 말한다.'라고 정의하고 있다.

「경찰관직무집행법」제2조(직무의 범위)에서 말하는 경비의 개념은 인명과 재산을 인위적·자연적 위해로부터 보호하기 위하여 특정한 지역, 국가시설 및 중요시설을 경계·순찰·경비하는 것이라고 하고 있다.

이 법에서 해양경비는 「경찰관직무집행법」상의 경비의 개념과 유사하지만 기본적인 내용인 해양주권의 수호 및 해양안보 치안 뿐 아니라 해양자원 및 해양시설의 보호까지 함으로써 그 범위를 해양으로까지 확장시켰다.

나) 경비수역

제2조제2호에서 '경비수역'을 '대한민국의 법령과 국제법에 따라 대한민국의 권리가 미치는 수역으로서 연안수역, 근해수역 및 원해수역을 말한다.'라고 정의하고 있다. 대한민국의 법령은 「영해 및 접속수역법」 등이 해당하고, 국제법은 「유엔해양협약」과 같이 헌법에 의하여 체결, 공포된 조약 및 일반적으로 승인된 국제법규 등이 해당된다.

① 연안수역

제2조 제3호는 연안수역을 "「영해 및 접속수역법」 제1조 및 제3조에 따른 영해 및 내수(「내수면어업법」 제2조제1호에 따른 내수면은 제외한다)를 말한다."라고 정의하고 있다. 「영해 및 접속수역법」 제1조는 기선으로부터 그 외측 12해리까지 이르는 수역을 영해라고 규정하고, 제3조에서는 기선으로부터 육지 측의 수역은 내수라고 규정하고 있는 바, 위 영역이 연안수역이 된다. 다만 「내수면어업법」 제2조 제1호의 내수면은 제외한다고 규정하고 있어 하천, 댐, 호수, 늪, 저수지 및 그 외 인공적으로 조성된 담수, 기수의 물 흐름 또는 수면은 이 법의 적용범위에서 제외된다.

② 근해수역

제2조제4호는 근해수역을 "「영해 및 접속수역법」제3조의2에 따른 접속수역을 말한다."라고 정의하고 있다. 대한민국의 접속수역은 기선으로부터 측정하여 그 바깥쪽 24해리의 선까지에 이르는 수역에서 대한민국의 영해를 제외한 수역을 말하며, 이 수역을 이 법에서는 근해수역으로 규정하였다.

③ 원해수역

제2조 제5호는 원해수역을 "「해양수산발전 기본법」 제3조제1호에 따른 해양 중 연안수역과 근해수역을 제외한 수역을 말한다."라고 정의하고 있다. 「해양수산발전 기본법」 제3조 제1호의 '해양'은 대한민국의 내수, 영해, 배타적 경제수역, 대륙붕 등 대한민국의 주권, 주권적 권리 또는 관할권이 미치는 해역과 헌법에 의하여 체결, 공포된 조약 또는 일반적으로 승인된 국제법규에 의하여 대한민국의 정부 또는 국민이 개발 이용 보전에 참여할 수 있는 해역을 의미한다.

다) 해양자원

제2조 제6호는 '해양자원'을 "「해양수산발전 기본법」 제3조제2호에 따른 해양자원을 말한다."라고 정의하고 있다. 「해양수산발전기본법」 제3조제2호에서 규정한 '해양자원'은 개발, 이용이 가능한 해양생물자원, 해양광물자원, 해양에너지, 해양관광자원 및 해양공간자원 등 국가경제 및 국민생활에 유용한 자원을 말한다.

라) 해양시설

제2조제7호는 '해양시설'을 "「해양환경관리법」 제2조제17호에 따른 해양시설을 말한다.'라고 정의하고 있다." 해양환경관리법 제2조제17호에서 규정한 '해양시설'은 해역(「항만법」제2조제1호의 규정에 따른 항만을 포함한다)의 안 또는 해역과 육지 사이에 연속하여 설치, 배치하거나 투입되는 시설 또는 구조물로서 해양수산부령으로 정하도록 권한이 위임되어 있다.

〈표 3-21〉 해양환경관리법 시행규칙 별표

▸ 해양시설의 범위

구 분	시설의 종류	범 위
1. 기름, 유해 액체물질, 폐기물, 그 밖의 물건의 공급(공급받는 경우를 포함한다)·처리 또는 저장 등의 목적으로 해역 안 또는 해역과 육지 사이에 연속하여 설치·배치된 시설 또는 구조물(해역과 일시적으로 연결되는 시설 또는 구조물을 포함한다)	가. 기름 및 유해액체물질 저장(비축을 포함한다) 시설	계류시설(돌핀), 선박과 저장 시설을 연결하는 이송설비, 저장 시설, 자가처리시설
	나. 법 제38조에 따른 오염 물질 저장시설	저장시설, 교반시설, 처리시설
	다. 선박 건조 및 수리시설, 해체시설	저장시설, 상가시설 및 수리시설(이동식 시설은 제외한다)
	라. 시멘트·석탄·사료·곡물·고철·광석·목재·토사의 하역시설	국토해양부장관이 정하여 고시 하는 계류시설, 하역설비 (컨베이어 벨트를 포함한다)
	마. 폐기물 해양배출 업자의 폐기물 저장시설	폐기물저장시설, 교반시설 및 이송관
2. 해양레저, 관광, 주거, 해수이용, 그 밖의 목적으로 해역 안 또는 해역과 육지 사이에 연속하여 설치·배치·투입된 시설 또는 구조물	가. 연면적 100㎡ 이상의 해상 관광시설, 주거시설 (호텔·콘도), 음식점(「선박안전법」상 선박은 제외 한다)	해역 안에 설치된 시설, 해역과 육지 사이에 연속하여 설치된 시설의 경우에는 취수 및 배수 시설(배관을 포함한다)
	나. 관경의 지름이 600㎜ 이상의 취수·배수시설 (관이 2개 이상인 경우는 각각의 지름을 합한다)	취수 및 배수시설(배관을 포함 한다)
	다. 유어장	유어시설, 가두리낚시터
	라. 그 밖의 시설	해상 송전철탑, 해저 광케이블, 해상부유구조물
3. 그 밖에 해역 안에 설치·배치·투입된 시설 또는 구조물	해양수산발전기본법 제17조 제1항에 따른 국가해양관측을 위한 종합해양과학기지	기상관측 등 그 밖의 목적 시설

마) 경비세력

제2조제8호는 '경비세력'을 "해양경찰청장이 해양경비를 목적으로 투입하는 인력, 함정, 항공기 및 전기통신설비 등을 말한다."라고 정의하고 있다. 이 법에서 의미하는 경비세력이

란 본조 제1호의 해양경비업무를 위해 일반적으로 투입되는 모든 해양경찰청의 인력과 설비 등을 총칭하는 것이다. 또한 경비세력의 운용에 있어서 구체적으로 해양경찰청장의 지시가 필요한 것은 아니다.

바) 해상검문검색

제2조 제9호는 '해상검문검색'을 "해양경찰청장이 경비세력을 사용하여 경비수역에서 선박 등을 대상으로 정선(停船) 요구, 승선(乘船), 질문, 사실 확인, 선체(船體) 수색이나 그 밖에 필요한 조치를 하는 것을 말한다."라고 정의하고 있다. 이는 경찰관직무집행법에서 사용되고 있는 불심검문[82]에 해당하는 것이지만, 해양의 특수성을 고려하여 이보다 폭 넓은 권한을 부여한 것이다.

따라서 해상검문검색은 정선요구, 승선, 질문, 사실 확인, 선체 수색, 그 밖의 조치를 집행할 수 있는 포괄적 의미의 용어이다. 다만, '그 밖에 필요한 조치'라 함은 이 법 제8조 등의 규정을 고려할 때, 해상검문검색에 필요한 범위, 즉 이 법 제12조 각호의 의심 사유를 확인하는 범위 내에서 제한적으로 해석되어야 할 것이다. 왜냐하면 '필요한 조치'라는 법문은 법령상 불확정 개념에 해당하여, 자의적인 공권력행사 또는 재량권의 남용에 원인이 될 수 있고, 이는 국민의 재산과 권리의 불법적 침해로 이어질 수 있기 때문이다.

사) 선박 등

제2조 제10호는 '선박 등'을 "「선박법」 제1조의2 제1항에 따른 선박(이하 "선박"이라 한다), 「수상레저안전법」 제2조 제3호에 따른 수상레저기구, 그 밖에 수상에서 사람이 탑승하여 이동 가능한 기구를 말한다."라고 정의하고 있다.

여기서 '선박 등'이란 「선박법」 제1조의2 각 호에서 규정한 기선, 범선, 부선과 「수상레저안전법」 제2조 제3호의 것으로서 모터보트, 동력요트, 수상 오토바이, 고무보트, 스쿠터 호버크래프트, 수상스키, 패러세일, 조정, 카약, 카누, 워터슬레드, 수상자전거, 서프보드, 노보트(「수상레저안전법 시행령」 제2조 각 호), 무동력 요트, 윈드서핑, 웨이크보드, 카이트보드, 케이블수상스키, 케이블웨이크보드, 수면비행선박, 수륙양용기구(「수상레저안전법 시행규칙」 제1조의2 제1항 각 호) 및 이와 유사한 방식을 가진 수상에서의 탈 것이 모두 포함된다 할 것이다.

아) 임해중요시설

제2조(정의) 제11호는 '임해 중요시설'을 "바다와 인접하고 있는 공공기관, 공항, 항만, 발전소, 조선소 및 저유소(貯油所) 등 국민경제의 기간(基幹)이 되는 주요 산업시설로서 대통령

---

82) 불심검문이란 거동이 수상한 자를 정지시켜 조사하는 것을 말한다. 질문 외에 경찰관서에의 동행과 흉기 소지 여부의 조사가 포함된다.

령으로 정하는 시설을 말한다."라고 정의하고 있으며, 이 법 시행령 제2조(임해 중요시설의 범위)는 '임해 중요시설의 범위'를 다음과 같이 규정하고 있다.

임해 중요시설의 범위

① 국가, 지방자치단체 또는 「공공기관의 운영에 관한 법률」 제4조에 따른 공공기관의 청사
② 「항공법」에 따른 비행장 및 공항
③ 「항만법」에 따른 항만 및 항만시설
④ 발전소·조선소·제철소 및 저유소(貯油所) 등 국가기간 산업시설

「항공법」에 따른 '비행장'은 「항공법」 제2조(정의) 제6호에 따라 항공기의 이·착륙을 위하여 사용되는 육지 또는 수면(水面)의 일정한 구역으로서 대통령령으로 정하는 것을 말하고 대통령령인 「항공법 시행령」 9조의3(비행장의 구분)는 1. 육상 비행장, 2. 육상 헬기장, 3. 수상 비행장, 4. 수상 헬기장, 5. 옥상 헬기장, 5의2. 선상(船上) 헬기장, 6. 해상 구조물 헬기장이 해당된다.

또한, 「항공법」 제2조(정의) 제7호 따른 '공항'이란 공항시설을 갖춘 공공용 비행장으로서 국토교통부장관이 그 명칭·위치 및 구역을 지정·고시한 것을 말한다.

「항만법」에 따른 '항만'은 「항만법」 제2조(정의) 제1호에 따라 '선박의 출입, 사람의 승선·하선, 화물의 하역·보관 및 처리, 해양친수활동 등을 위한 시설과 화물의 조립·가공·포장·제조 등 부가가치 창출을 위한 시설이 갖추어진 곳'이며, '항만시설'은 같은 법 제2조(정의) 제5호에 따라 항만구역 안과 밖의 시설로 항로·방파제 등 기본시설과, 대합실·하역시설 등 기능시설, 보관창고·후생복지시설 등 지원시설과 해양레저용 시설·해양공원시설 등 항만친수시설 및 국토해양부장관이 지정·고시한 시설을 말한다.

「임해 중요시설 지정 고시(해양경찰청 고시 제2012-9호, 시행일 2012. 12. 27)」에는 다음 세 가지 기준에 해당하는 임해중요시설 140개를 정하여 고시하였다. 지정된 임해중요시설은

① 해양경비법시행령 제2조 1~4호에 열거된 국가 중요시설일 것
② 장소적으로 시설이 바다와 인접(1㎞ 이내)해야 하며, 해상집단행동으로 직·간접적인 영향을 받을 수 있는 시설일 것
③ '국가의 안전보장 또는 공공의 이익'을 위해 특별히 보호가 필요한 국가 중요시설일 것 등 3가지 기준으로 적용하여 지정하였다.

2) 해양경비기본계획의 수립 (법 제6조)

가) 중·장기 해양경비기본계획 수립·추진

해양경찰청장은 제6조(해양경비기본계획의 수립)에 따라 5년마다 해양경비 기본계획을 수립하고 추진하여야 한다. 계획에 포함되어야 할 사항으로는 ① 주변정세의 변화에 따른 해양치안 수요 분석에 관한 사항, ② 해양치안 수요에 따른 경비세력의 운용방안 및 국제공조에 관한 사항, ③ 경비세력 증감에 대한 전망 및 인력·재원의 조달에 관한 사항, ④ 경비수역별 특성에 알맞은 경비 방법에 관한 사항 및 그 밖에 해양경비 운용에 필요한 사

항에 대한 계획을 수립하고 추진하여야 한다. 기본계획을 수립 시에 필요한 경우 국방부장관, 경찰청장 등 관계 행정기관의 장 및 특별시장·광역시장·도지사·특별자치도지사의 의견을 들을 수 있다(같은 조 제3항).

나) 해양경비계획 수립·추진

해양경찰청장은 중·장기 해양경비기본계획에 따라 전년도 해양경비 실적이나 치안여건 등을 분석하여 당해 연도 중점 경비대상과 달성목표 등을 포함한 연간 해양경비계획을 매년 수립·시행하여야 한다. 지금까지 해양경찰청장은 자체 훈령인 '해양경찰청 경비규칙(Ⅲ급 비밀)'에 의거하여 연간경비계획을 수립하여 시달하였고, 지방해양경찰청장·해양경찰서장은 이를 바탕으로 기간별 경비계획을 수립하여 시행하였으나, 이제는 해양경비법의 '해양경비기본계획'의 중·장기 계획, 즉 마스터플랜에 의거하여 세부 추진계획을 수립·시행하게 된 것이다.

3) 해양경비 활동의 범위(법 제7조)

가) 해양관련 범죄에 대한 예방(제1호)

해양범죄의 증가추세와 범죄양상이 광역화·기동화·다국적화 하는 현상은 선박, 해양시설 등에서의 범죄예방 및 초동조치 등 해양경찰청의 제반 경비활동의 확대를 요구하고 있다. 특히, 오늘날 경찰권행사는 진압목적의 사후통제보다는 예방목적의 사전 예방적 집행을 중요시하고 있기 때문에 본 조에서는 제1호에서 '해양 관련 범죄에 대한 예방'을 해양경찰청의 직무범위에 포함시켰다.

나) 해양오염 방제 및 해양자원 보호에 관한 조치(제2호)

해양환경사범의 높은 발생빈도에 따라 경비업무의 일환으로 해양경찰청의 해양환경 및 자원보호 활동의 요청이 지속적으로 확대되고 있다. 선박 좌초, 침몰 등으로 인한 원유유출 등의 해양오염 사고는 오염원 제거에 많은 시간과 비용이 소모되며, 지속가능한 해양 및 국토발전에 큰 위해가 되기 때문에 무엇보다도 이를 최소화하기 위한 방안이 강구되어야만 한다. 이에 이 호에서는 해양경찰청의 직무로 해양오염 방제 및 해양자원 보호를 포함시킨 것이다.

다) 해상경호, 대테러 및 대간첩작전 수행(제3호)

남북 분단으로 인해 끊임없이 발생하고 있는 북한의 국지적 도발과 테러위협으로부터 국민의 생명과 재산을 보호하기 위해 해상에서의 경호, 대테러 및 대간첩작전 등 수행할 수 있도록 하였다.

라) 해상시설의 보호에 관한 조치(제4호)

해상의 시설들은 특성상 경계 및 보호 상태의 취약성 때문에 테러의 손쉬운 대상이 된다. 따라서 바다와 접해 있는 발전소, 가스·유류 저장소, 항만 등의 시설과 같은 임해 주요시설에 대한 해경의 보호경비의 필요성이 대두되어 이와 같은 규정을 두었다.

마) 해상항행 보호에 관한 조치 (제5호)

해상에서의 집단시위 및 선박 충돌, 좌초·침몰 등 해상의 각종 사건, 사고뿐만 아니라 원활하고 안전한 해상교통질서 확보를 위해 사후조치보다는 예방에 필요한 집행 근거를 포괄적으로 규정하였다.

바) 그밖에 경비수역에서 해양경비를 위한 공공의 안녕과 질서유지 (제6호)

공공의 안녕과 질서유지와 같은 포괄적, 추상적 용어를 사용하여 제1호부터 제6호까지의 사유가 아니더라도 해양경비의 목적을 달성하기 위한 조치가 필요할 경우 해양경찰청이 탄력적인 해양경비업무를 수행할 수 있도록 규정한 것이다.

4) 해양경비별 중점 경비사항 (법 제11조)

해양경찰청의 구역별 중점 경비사항을 원해·근해·연안수역으로 분류하여 각 구역별 특수성에 따른 맞춤형 경비를 규정하고 아울러 해양경찰청의 활동범위를 명확히 하고자 하였다.

이에 따라 연안수역에서는 해양관계 국내법령을 위반한 선박의 단속 등 민생치안 확보 및 임해 중요시설의 보호경비를 중점사항으로 정하였으며, 근해수역에서는 영해 및 접속수역 내에서 법령을 위반한 외국선박의 단속을 위한 경비를 중점사항으로 정하고, 원해수역에서는 해양자원 및 해양시설의 보호, 해양환경의 보전·관리, 해양과학조사 실시 등에 관한 국내 법령 및 대한민국이 체결·비준한 조약을 위반한 외국선박의 단속을 위한 경비를 중점사항으로 정하여 경비세력의 낭비를 최소화하고 효율적인 경비 활동을 수행할 수 있도록 하였다.

다만, 세부 경비사항에 대해서는 '해양경비기본계획'에 의거한 '경비규칙(비밀)'에 규정하여 해양경비의 핵심인 경비전략이 외부에 노출되는 것을 방지한다.

5) 해상검문검색 (법 제12조)

가) 정의

'해상검문검색'의 정의는 법 제2조 제9호에 "해양경찰청장이 경비세력을 사용하여 경비수역에서 선박 등을 대상으로 정선(停船) 요구, 승선(乘船), 질문, 사실 확인, 선체(船體) 수색이나 그 밖에 필요한 조치를 하는 것을 말한다."라고 정의하고 있다. 이는 「경찰관직무집행법」에서 사용되고 있는 불심검문에 비하여 폭 넓은 권한을 부여한 것으로 해상검문검색은 정선요구, 승선, 질문, 사실 확인, 선체 수색, 그 밖의 조치를 집행할 수 있는 포괄적 의미의 용어이다.

나) 대상

해상검문검색의 대상은 ⓐ 다른 선박의 항행 안전에 지장을 주거나 진로 등 항행상태가 일정하지 아니하고 정상적인 항법을 일탈하여 운항되는 선박 ⓑ 대량파괴 무기 및 그 밖의 무기, 관련물자의 수송이 의심되는 선박 ⓒ 국내법령 및 대한민국이 체결, 비준한 조약을 위반하거나 위반이 의심되는 선박을 말한다.

다) 판단요소

해상검문검색의 필요 여부에 대한 판단기준은 대상선박에 대한 주의 사정을 합리적으로 판단하여 상당한 이유가 있는 경우로 한정한다. 항행상태로 미루어볼 때 해당 선박에 문제가 발생한 것으로 보아 선박 자체에 대한 안전을 유지하는 측면과 해당 선박으로 인해 발생되는 항행안전에 대한 위험 제거 등의 측면을 모두 고려한 것으로 볼 것이다.

따라서 다른 선박의 항행 안전이 위협받는 경우는 물론, 다른 선박의 항행 안전을 위협하지 않는 경우라도 항행상태로 선박 자체의 안전성이 의심이 가면 해상검문검색이 가능할 것이다. 그리고 대량파괴 무기 및 그 밖의 무기, 관련물자의 수송이 의심되는 선박으로 의심되는 것은 추상적, 주관적으로 이루어질 것이 아니라 구체적이고 객관적인 근거에 의할 것이다.

「경찰관직무집행법」 제3조제1항은 '경찰관은 수상한 거동 기타 주위의 사정을 합리적으로 판단하여 어떠한 죄를 범하였거나 범하려 하고 있다고 의심할 만한 상당한 이유가 있는 자 또는 이미 행하여진 범죄나 행하여지려고 하는 범죄행위에 관하여 그 사실을 안다고 인정되는 자를 정지시켜 질문할 수 있다' 고 규정하고 있는 것과 유사하게 본 조항에서의 '의심'도 주위 사정을 합리적으로 판단하여 해당 선박에 대량파괴 무기나 그 밖의 무기, 관련 물자 등이 선적되었다고 의심할 만한 상당한 이유가 있는 경우로 해석되어야 할 것이다.

그리고 대상선박은 국내법령(단순히 해양 관련한 법률뿐만 아니라 형법, 행정법, 세법 등 국내법의 포괄적 적용) 및 대한민국이 체결 비준한 조약을 위반하거나 위반이 의심되는 선박이다.

라) 방법

본 조의 제2항은 해상검문검색 시 해양경찰청의 절차준수에 대해 규정하고 있다. 이는 「경찰직무집행법」 제3조제4항과 같은 취지의 것으로 헌법상 요구되는 적법절차의 원칙을 명문화한 것이다. 이 법에서 해양경찰청의 경찰관이 선박에 승선할 때에는 선장에게 소속, 성명, 해상 검문검색의 목적과 이유를 고지할 것만을 규정하고 있으나 그 외의 부분은 본 법의 일반법관계에 있는 경찰관직무집행법을 준용할 수 있을 것이다. 「경찰관직무집행법」은 제3조 제1항에 우선 정지시킨 뒤 질문을 할 수 있다고 규정하고 있고, 이 때 정지 및 질문은 임의수단일 뿐 실력행사는 부적법한 것이라 해석한다. 다만 해상검문검색에 따르지 않고 도주하는 선박의 경우는 이 법 제13조의 추적, 나포에 의해 해결할 수 있을 것이다. 선박을 검문검색의 과정에 확성기나 무전기를 사용하여 정선명령을 내리고 선박이 정지한 후에 승선하여 소속, 성명, 목적 및 이유를 고지하면 될 것으로 보인다.

그러나 해상검문검색은 적법한 사전영장 없이 선박 또는 사람의 신체를 수색하는 것이므로 헌법에서 인정하고 있는 신체의 자유와 인권의 보장을 위하여 형사소송에 관한 법률에 따르지 아니하고는 신체를 구속당하거나 그 의사에 반하여 답변을 강요할 수 없는 한계가 있다.

마) 외국선박에 대한 해상검문검색

외국선박에 대한 해상검문검색은 본조 제1항 각호에 해당되는 선박이나 또는 「유엔해양법협약」 제110조제1항에 규정된 선박에 대하여 행사할 수 있으며, 해상 검문검색의 방법은 영해 내에서는 「해양경비법」 제1항 단서 규정을 적용 무해통항권을 침해하지 않도록 국제법규에 따를 것을 명시하였다.

임검권에 대한 「유엔해양법협약」제110조를 살펴보면, 함정은 임검의 결과로 만족할 만한 혐의의 제거가 이루어지지 않을 때에 혐의선박에 대하여 장교의 지휘아래 보조선을 파견할 수 있도록 하고 있다. 또한 서류를 검열한 후에도 혐의가 남아있는 경우, 가능한 한 신중하게 그 선박 내에서 계속하여 검사를 진행할 수 있도록 하고 있다(제2항). 이때 혐의선박의 선장이나 승무원은 적극적으로 검색에 협조할 의무는 없으나 선박 내의 각 격실을 개방하여야 한다.

또한 선박의 검색은 질서정연하고 효율적으로 실시되어야 하며 그 선박의 기물이나 탑재된 화물에 손해를 주지 않게 하여야 하고, 검색이 완료된 후에는 모든 기재와 화물을 제자리에 복귀해 놓아야 한다. 검색의 결과 혐의 없음이 판명된 때는 검색실시의 증명을 교부하거나 그 선박의 항해일지에 이를 기록케 하고 본래의 항해에 복귀하게 한다. 항해 지체와 기타 검색 실시 과정 등에서 손해가 발생한 것이 증명될 수 있을 때에는 정부는 그 선박이나 혐의선박의 기국의 요청에 따라 그 선박이 입은 손실이나 피해에 대하여 보상을 하여야 한다(협약 제110조 제3항).

바) 벌칙

제12조제1항에 따른 해상검문검색을 정당한 사유 없이 거부, 방해 또는 기피한 자는 1년 이하의 징역 또는 1천만 원 이하의 벌금에 처하도록 규정하여 해상검문검색에 대한 실효성을 담보하고 있다.

6) 추적·나포 (법 제13조)

가) 의의

선박의 추적, 나포에 관한 규정으로서 각 호에서 추적, 나포할 수 있는 사유를 제한적으로 규정하였다. 이는 효과적인 해양경비를 수행하기 위하여 강제적인 수단 사용에 대한 법적 근거를 명시한 것이다. 단순히 해상검문검색에 따르지 아니하고 도주하는 선박(제1호)과 국내 법령 및 대한민국이 체결, 비준한 조약을 위반하거나 위반할 우려가 있는 선박(제2호)에 대한 추적, 나포권을 인정하고 있으며 혐의선박에 대한 사후적인 처분은 물론 사전 예방적인 처분도 가능하도록 규정하였다.

나) 형법 및 특별법 위반 시의 형사처리절차

형법 및 「EEZ어업법」을 제외한 특별법 위반에 대한 형사소송절차 적용에 대하여 「경찰관직무집행법」 제3조의 규정을 적용, 상대방의 승낙 하에 임의동행을 할 수 있다. 그러나 임의동행을 거절할 경우에는 현행범이나 긴급체포의 요건이 되는 때에는 영장 없이 현행범 체포[83] 또는 긴급체포를 할 수 있고, 체포한 현행범인을 구속하고자 할 때에는 체포한 때로부터 48시간 이내에 영장을 청구하여야 하며, 그 기간 내에 구속영장을 청구하지 아니한 때에는 즉시 석방하여야 한다(「형사소송법」 제213조의2, 제200조의2 제5항). 다만 48시간 이내에 구속영장을 청구하면 족하고 그 기간 내에 구속영장이 발부되어야 하는 것은 아니다(이재상, 2011: 244).

그리고 구속영장이 청구된 피의자는 「형사소송법」 제201조의2에 의거 판사에게 구속전 피의자심문 절차를 거쳐야 하는데 영장을 청구 받은 판사는 특별한 사정이 없는 한 구속영장이 청구된 다음 날까지 심문하여야 한다(동조 제1항).

이 때 원거리로 인하여 피의자의 법원 인치시간이 장시간 소요될 경우에는 「형사소송법」 제201조의2제1항에서 규정하고 있는 '특별한 사정'의 이유를 들어 법원 인치 시간의 예외를 적용하거나 「형사소송규칙」 제96조의13 제1항[84]에 의거 피의자 출석 없이 구속영장을 발부 받을 수 있도록 형사절차를 진행할 수 있다.

다) 「EEZ어업법」위반 선박에 대한 형사처리절차

「배타적 경제수역에서의 외국인어업 등에 대한 주권적 권리의 행사에 관한 법률(이하 'EEZ어업법'이라 한다)」을 위반한 외국선박을 나포한 경우에는 형사소송법의 현행범인에 해당한다고 보아야 할 것이다. 그러므로 현행범인이 구속을 필요로 하는 경우에는 48시간이내 구속영장을 청구하는 것이 필요한 것으로 본다. 다만, 체포 시점을 「EEZ어업법」제23조제1항에 따른 '나포 등 필요한 조치'한 후의 시점을 적용하여 '경찰서 도착' 또는 '담보금납부 거부의사 표명 시'를 영장청구 기산점으로 적용할 수 있는 것으로 판단된다. 그 근거로 '나포 등 필요한 조치'의 의미는 나포한 선박이 수사 가능한 상태로 예인 조치가 필요한 것으로

83) 현행범인을 체포하기 위하여 범죄와 범인의 명백성이 인정되어야 하고 비례성의 원칙이 요구되나 체포의 필요성에 대하여는 견해 대립이 있다(이재상, 신형사소송법 242면-243면 참조).

84) 「형사소송규칙」 제96조의13(피의자의 심문절차) ① 판사는 피의자가 심문기일에의 출석을 거부하거나 질병 그 밖의 사유로 출석이 현저하게 곤란하고, 피의자를 심문 법정에 인치할 수 없다고 인정되는 때에는 피의자의 출석 없이 심문절차를 진행할 수 있다.

해석할 수 있기 때문이다.

※ 일본의 경우에도 현행범체포 후 48시간 내 영장청구 규정이 있으나, 외국어선 담보금 납부시까지 48시간 경과 후에도 석방하지 않고 있음.

라) 외국 선박에 대한 추적권 행사

본 조 단서에서는 '외국 선박에 대한 추적권의 행사는 「유엔해양법협약」 제111조를 따른다.' 고 하여 위 협약을 국내법으로 수용하였다. 이에 따라 종래 협약으로만 인정되던 외국 선박에 대한 추적, 나포권에 대한 국내법적 근거가 마련되었다. 다만 추적의 대상이 된 선박이 다른 국가의 영해나 선적국에 들어갔을 때는 그 국가의 관할권을 존중해야 하기 때문에 추적권이 소멸한다고 함이 타당할 것이다.

7) 해상항행 보호조치(법 제14조)

가) 의의

본 조는 해상에서는 위험의 발생에 대한 사후조치보다는 사전예방이 보다 중요하다는 현실적 요청과 이와 같은 요청이 국민의 일반적 행동 자유권 내지 직업수행의 자유를 침해할 우려가 있다는 사정을 감안하여, 제한적인 경우에만 해양경찰부가 특정선박에 대하여 경고, 이동, 해산 등을 명령하거나 보호조치를 수행하고자 규정하였다.

나) 적용대상 및 방법

본 법 제14조는 불특정 선박이 고의 또는 과실로 해상교통 및 타 선박들의 안전을 위협할 경우에 대비한 규정으로서 해상에서는 육상의 경우보다 특히 사건, 사고발생에 대한 사전예방이 중요하므로 이 점을 고려한 것이다. 「집회 및 시위에 관한 법률」상 집회 및 시위는 여러 사람이 공동의 목적을 가지고 도로·광장·공원 등 일반인이 자유로이 통행할 수 있는 장소에서 행하여 져야 한다. 일반인이 자유로이 통행할 수 있는 장소가 아닌 곳에서는 아무리 다수인이 행진을 한다고 해도 집시법상의 시위가 아닌 것으로 본다. 이에 따르면, 해상에서의 집단적 행동을 하는 경우에는 집시법의 적용대상에서 제외된다는 주장과 적용된다고 보는 견해가 대립하고 있다(황교안, 2009: 36).

그러나 본 조항이 신설됨으로 인하여 더 이상 이러한 논란 없이 해상에서의 집단행동에 대하여 본 조항을 적용하여 이동·해산 명령 등을 발 할 수 있게 되었다. 해양경찰청경찰공무원은 경비수역에서

① 선박 등이 본래의 목적을 벗어나 다른 선박등의 항행 또는 입항·출항 등에 현저히 지장을 주는 행위를 하거나,

② 선박 등이 항구·포구 내외의 수역과 지정된 항로에서 무리를 지어 장시간 점거하거나 항법상 정상적인 횡단방법을 일탈하여 다른 선박 등의 항행에 지장을 주는 행위

를 하거나,

③ 임해 중요시설 경계 바깥쪽으로부터 1킬로미터 이내 경비수역에서 선박등이 무리를 지어 위력적인 방법으로 항행 또는 점거함으로써 안전사고가 발생할 우려가 높은 행위에 대하여 선장에 대하여 경고, 이동·해산 명령 등 해상항행 보호조치를 할 수 있도록 규정하고 있다.

본 시행규칙 제2조는 본 법 제14조의 해상항행 보호조치의 구체적인 절차를 규정한 것으로서 해상항행보호조치의 절차는 행위중단 경고, 이동·해산명령, 이동·해산 실행의 순으로 진행한다.

① 행위중단 경고는 법 제14조제1항 각 호의 어느 하나의 행위를 하는 선박 등의 선장(선박등을 운용하는 자를 포함한다)에게 그 행위를 중단할 것과 해양경찰청의 경찰관의 이동·해산 명령을 따르지 아니하는 경우 벌칙이 부과된다는 내용을 경고하고,

② 이동·해산 명령은 제1호에 따른 행위중단 경고를 따르지 아니하는 경우에는 해당 선박등을 이동하거나 해산할 것을 세 번 이상 명령하도록 하며,

③ 이동·해산 실행은 제2호에 따른 이동·해산 명령을 따르지 아니하는 경우에는 직접 선박 등을 이동·해산시키는 조치를 한다.

이러한 해상항행 보호조치를 하는 경우에 해양경찰청 경찰관은 필요한 최소한의 범위에서 행사되어야 함을 규정하고 있다. 한편, 2013년 8월 법 개정을 통해, 태풍, 해일 등 천재로 인하여 인명 또는 신체에 위해가 발생하거나 재산에 중대한 손해 발생, 해양오염의 우려가 현저한 경우 해양경찰청의 경찰관이 선박이동·피난 명령을 발할 수 있도록 하였고(제14조제2항), 선박 이동·피난명령에 불응할 경우 인명·재산에 대한 위해·손해 방지를 위해 불가피하다고 인정될 경우 선박·선원 등에 대하여 강제이동·피난 조치를 취할 수 있게 하였다(제14조제3항).

다) 벌칙

제14조(해상항행 보호조치)에 따른 이동·피난 명령 또는 이동·피난 조치를 거부, 방해 또는 기피한 자는 6개월 이하의 징역 또는 500만 원 이하의 벌금에 처하도록 규정함으로써 해상항행보호조치에 대한 실효성을 확보하였다.

8) 무기의 사용(법 제17조)

가) 의의

육상과 달리 해상은 해양경비의 과정에 있어서 해당 선박이 소극적인 저항만 하더라도 그 목적을 달성하기가 쉽지 않으므로 해당 선박의 저항 등에 맞설 수 있는 강한 유형력 사용이

요청되었다. 이에 따라 제17조에서 무기사용에 대한 법적 근거를 마련하였다. 다만, 이 경우 해양경찰의 경찰력의 유형력 행사의 남용이 우려될 수 있으므로 무기를 사용할 수 있는 특수한 경우를 제한적으로 설시하고 그 사용 기준은 「경찰관직무집행법」 제10조의4 규정을 따른다고 규정하였다.

나) 요건

① 선박 등의 나포와 범인의 체포하기 위한 경우

제1항 제1호는 같은 법 제13조(추적·나포)에서 선박의 나포를 제한적으로 규정하였는바 이러한 나포의 사유가 인정될 정도면 무기 사용의 유형력이 필요할 것으로 충분히 인정되므로 무기사용을 규정한 것이다.

또한 범인체포의 경우도 해상의 경우는 선박의 나포가 선행되어야 할 것이므로 선박의 나포와 함께 본 호에 규정되었다. 이때의 '범인'은 포괄적인 의미의 것으로서 비단 해상관련 법률 및 조약을 위반한 자로 한정되게 해석할 것이 아니다.

(가) 서울고법 2006나43790, 2006.11.16

경찰관이 도난번호판 부착차량의 운전자에게 정지명령과 경고사격을 하였으나 운전자가 계속하여 도주하므로 그를 검거하기 위하여 실탄을 발사하여 허벅지 부위에 부상을 입힌 사안에서, 운전자가 역주행하며 수차례의 경고사격에도 불구하고 필사적으로 도주하는 상황에서 경찰관이 위 운전자가 강도 등 다른 강력범죄까지 범하였고 그를 검거하지 않으면 다시 다른 사람에게 중대한 위해를 가할 수 있다고 판단한 것은 합리적이며 실탄을 발사하는 방법밖에는 도주를 막을 방법이 없는 상황이었으므로 이 사건의 총기사용은 적법하다는 판결.

대법원 2003다57956, 2004.5.1

50cc 소형 오토바이 1대를 절취하여 운전중인 15~16세의 절도 혐의자 3인이 경찰관의 검문에 불응하며 도주하자, 경찰관이 7km가량 추적하며 수차례 정지명령과 경고사격을 하였으나 계속 도주하자 체포목적으로 오토바이의 바퀴를 조준하여 실탄을 발사하였으나 오토바이에 타고 있던 1인이 총상을 입게 된 경우, 원고 등이 15~16세에 불과한 점, 거칠게 저항하지 않고 도주만 계속한 점, 도주 오토바이는 50cc에 불과한 소형이므로 순찰차로써 충분히 거리를 근접하면서 추격하거나 다른 경찰관에게 연락하여 범인을 검거하도록 하는 등의 방법으로
범인일행을 제압할 여지가 있었던 점을 고려할 때 비록 경찰관이 오토바이 바퀴를 맞히려 시도하였더라도 근접한 거리에서 도주하는 범인일행을 향하여 실탄을 발사한 행위는 사회통념상 허용범위를 벗어나 위법함.

② 선박 등과 범인의 도주를 방지하기 위한 경우

제1항 제2호는 해상에서는 도주의 경우 선박이나 기계, 설비의 성능의 우월성으로 이를 제압하기가 어렵다. 그렇기 때문에 도주를 사전에 방지하기 위해서 무기 사용의 필요성이 인정되므로 본 호를 규정하였다. 따라서 통상적인 추적행위 만으로 해상도주를 방지하기 어려운 경우 무기를 사용할 수 있다.

대법원, 71다1987, 1971.11.9 (손해배상)

해안초소복무 군인이 목선을 정선 검문키 위해 추격하여 약 300미터 거리까지 접근하였으며, 여자 2명을 포함하여 여러 명의 민간인들이 타고 있음을 확인하였고,
추격선의 속도가 목선보다 2배나 빨라 10분 이내에 나포할 수 있었던 상황에서 배의 발동기 소음 때문에 칼빈 소총정도의 약한 소리로서는 정선신호를 알아차리기 어려움에도,
공포탄을 2발 발사하여 정선하지 않자 선수를 맞출 의도로 발사한 실탄에 원고가 명중되어 상해를 입힌 것은 부득이 총기를 발사하지 않을 수 없는 사정이라 보기 어려우므로 과실을 인정함.

③ 자기 또는 다른 사람의 생명·신체에 대한 위해를 방지하기 위한 경우

제1항제3호는 형법 제21조의 정당방위를 고려한 규정이다. 형법상 정당당위의 요건을 충족하기 위해서는 상대방 위해의 정도를 고려하여야 하고 경우에 따라 무기 사용의 방위행위는 자칫 과잉방위가 될 수 있는 것이나 해상에서는 그 특성상 작은 유형력 행사가 큰 위험으로 이어질 수 있으므로 본 규정으로서 해양경찰청 경찰관의 무기 사용 요건을 형법보다 완화한 것이다.

대법원 2004.3.25, 2003도3842

"남편 갑이 집에서 칼로 아들을 위협하고 있다"라는 신고를 받고 출동한 경찰관 2인에게 갑이 달려들어 경찰관 2인을 넘어뜨려 곤봉을 빼앗고 그 중 경찰관 1명의 몸에 올라탄 채 공격하는 상황에서 다른 경찰관이 공포탄을 발사하여 경고하였으나, 갑의 공격이 계속되어 실탄을 발사하여 복부를 관통, 사망에 이르게 한 사건에 대해, 실제로는 갑이 칼을 소지하지 않았다고 하나, 출동 경찰관이 볼 때 갑이 칼을 소지하고 있었다고 생각할 정당한 이유가 있었고
계속하여 경찰관을 공격하고 있던 급박한 상황에서 경찰관을 구출하기 위해 총기를 발사한 것은 경찰관 직무집행법 제10조의4 제1항의 허용범위를 벗어난 위법한 행위라거나 피고인에게 업무상과실치사의 죄책을 지울만한 행위라고 할 수 없음.

④ 공무집행에 대한 저항을 억제하기 위한 경우

제1항제4호는 역시 해상이라는 장소적 특성상 무기 사용의 요건을 완화시킨 것이라 할 것이다.

다) 개인화기 외에 공용화기의 사용

제2항에서는 제1항에 비해 직무수행의 난이도가 높거나 위험성이 큰 사안에 대해 공용화기를 사용할 수 있다고 규정하여 실효성 있는 해양경비임무 수행을 꾀하고자 한다. 공용화기 사용 요건은

① 대간첩·대테러 작전 등 국가안보와 관련되는 작전을 수행하는 경우,

② 제1항 각 호의 어느 하나에 해당하는 경우로서 선박등과 범인이 선체나 무기·흉기 등 위험한 물건을 사용하여 경비세력을 공격하거나 공격하려는 경우,

③ 선박등이 3회 이상 정선 또는 이동 명령에 따르지 아니하고 경비세력에게 집단으로 위해를 끼치거나 끼치려는 경우이다.

이는 불법외국어선 단속시 공용화기사용 정책 추진과 함께, 기존 "선박등과 범인이 선체나 무기·흉기 등 위험한 물건을 사용하여 경비세력을 공격한 때"에 제한되었던 공용화기 사용범위를 확대 개정(2017.4.18)한 것이다.

라) 「경찰관직무집행법」상의 무기사용[85]의 기준에 대한 준용

같은 조에서 무기사용의 기준에 대하여「경찰관직무집행법」제10조의 4에 따른다고 규정하였는바 그 기준을 살펴보면 위해를 수반하지 않는 경우로서

① 범인의 체포, 도주 방지를 위한 때

② 자기 또는 타인의 생명, 신체에 대한 방호가 필요한 때

③ 공무집행에 대한 항거의 억제를 위한 때

④ 필요하다고 인정되는 상당한 이유가 있는 때를 들 수 있고, 위해를 수반하는 경우로서는 ⓐ 정당방위, ⓑ 긴급피난, ⓒ 중범인의 체포시 및 체포에 대한 경찰관의 직무

---

85) [경찰관 직무집행법] 제10조의4 (무기의 사용)

① 경찰관은 범인의 체포·도주의 방지, 자기 또는 타인의 생명·신체에 대한 방호, 공무집행에 대한 항거의 억제를 위하여 필요하다고 인정되는 상당한 이유가 있을 때에는 그 사태를 합리적으로 판단하여 필요한 한도 내에서 무기를 사용할 수 있다. 다만, 형법에 규정한 정당방위와 긴급피난에 해당하는 때 또는 다음 각 호의 1에 해당하는 때를 제외하고는 사람에게 위해를 주어서는 아니 된다.

1. 사형·무기 또는 장기 3년 이상의 징역이나 금고에 해당하는 죄를 범하거나 범하였다고 의심할 만한 충분한 이유가 있는 자가 경찰관의 직무집행에 대하여 항거하거나 도주하려고 할 때 또는 제삼자가 그를 도주시키려고 경찰관에게 항거할 때에 이를 방지 또는 체포하기 위하여 무기를 사용하지 아니하고는 다른 수단이 없다고 인정되는 상당한 이유가 있을 때
2. 체포·구속영장과 압수·수색영장을 집행할 때에 본인이 경찰관의 직무집행에 대하여 항거하거나 도주하려고 할 때 또는 제삼자가 그를 도주시키려고 경찰관에게 항거할 때 이를 방지 또는 체포하기 위하여 무기를 사용하지 아니하고는 다른 수단이 없다고 인정되는 상당한 이유가 있을 때
3. 범인 또는 소요행위자가 무기·흉기등 위험한 물건을 소지하고 경찰관으로부터 3회 이상의 투기명령 또는 투항명령을 받고도 이에 불응하면서 계속 항거하여 이를 방지 또는 체포하기 위하여 무기를 사용하지 아니하고는 다른 수단이 없다고 인정되는 상당한 이유가 있을 때
4. 대간첩작전수행에 있어 무장간첩이 경찰관의 투항명령을 받고도 이에 불응하는 경우

② 제1항의 "무기"라 함은 인명 또는 신체에 위해를 가할 수 있도록 제작된 권총·소총·도검 등을 말한다.

③ 대간첩·대테러작전 등 국가안전에 관련되는 작전을 수행할 때에는 개인화기외에 공용화기를 사용할 수 있다.

집행에 항거할 때, ⓓ 영장 집행의 경우, ⓔ 위험한 물건을 소지한 범인의 경우, ⓕ 대간첩작전 수행의 경우, ⓖ 무기를 사용하지 아니하고는 다른 수단이 없는 경우를 들 수 있다.

(나) 대판 2008.2.1, 2006다 6713

무기 사용기준에 대하여 '경찰관은 범인의 체포, 도주의 방지, 자기 또는 타인의 생명·신체에 대한 방호, 공무집행에 대한 항거의 억제를 위하여 무기를 사용할 수 있으나, 이 경우에도 무기는 목적 달성에 필요하다고 인정되는 상당한 이유가 있을 때 그 사태를 합리적으로 판단하여 필요한 한도 내에서 사용하여야 하는바 (구「경찰관직무집행법」(1999. 5. 24. 법률 제5988호로 개정되기 전의 것) 제11조), 경찰관의 무기 사용이 이러한 요건을 충족하는지 여부는 범죄의 종류, 죄질, 피해법익의 경중, 위해의 급박성, 저항의 강약, 범인과 경찰관의 수, 무기의 종류, 무기 사용의 태양, 주변의 상황 등을 고려하여 사회통념상 상당하다고 평가되는지 여부에 따라 판단하여야 하고, 특히 사람에게 위해를 가할 위험성이 큰 권총의 사용에 있어서는 그 요건을 더욱 엄격하게 판단하여야 한다고 판시함

9) 해양경찰청의 경찰장비 및 장구의 사용(법 제18조)

가) 의의

제18조는 해양경찰청의 경찰관의 직무수행을 위해 필요한 경찰장비의 사용근거를 규정하기 위해 설치하였으며, 다만「경찰관직무집행법」의 규정과 같이 장비와 장구는 그 사용요건이 다르기에 장구의 경우 별개의 조문으로 규정하도록 하였다.

나) 종류 및 사용기준

해상에서의 경비는 육상과 다른 특수한 어려움이 있고 나날이 과격해지는 중국 어선이나 시위 양상에 대항하여 해양경비를 수호하기 위해서는 경찰 장비, 장구의 사용이 필요하므로 이에 대한 법적 근거를 별도로 마련하여, 이 법에 규정된 경찰장비 및 경찰장구는 제18조에 따르고, 그 외 경찰장비 및 경찰장구는「경찰관직무집행법」제10조제2항 및 제10조의2 제2항에 따라 사용하도록 규정하였다.

다)「경찰관직무집행법」에 의한 경찰장비 및 장구 종류 및 사용기준

「경찰관직무집행법」제10조제2항의 경찰장비는 무기, 경찰장구, 최루제 및 그 발사장치, 감식기구, 해안감시기구, 통신기기, 차량·선박·항공기 등 경찰의 직무수행을 위하여 필요한 장치와 기구이며, 본 경찰장비의 종류 및 사용기준 등은「경찰관직무집행법」제10조제4항에 의해 대통령령인「경찰장비의 사용기준 등에 관한 규정」으로 위임되어 있는바 동 규정을 엄격하게 준수할 것이 요구된다.

또한 같은 법 제10조의2 제2항의 경찰장구는 경찰관이 휴대하여 직무수행에 사용할 수 있

는 수갑·포승·경찰봉·방패 등이 해당된다. 위 장구들은 동 조항에 따라

① 사형, 무기 또는 장기 3년 이상의 징역, 금고에 해당하는 죄를 범한 범인의 체포, 도주의 방지,

② 자기 또는 타인의 생명 신체에 대한 방호,

③ 공무집행에 대한 항거의 억제를 위해 필요한 경우,

④ 상당한 이유가 있을 때 사용할 수 있다.

특히 '상당한 이유가 있을 때'의 의미가 문제 될 수 있는데 다른 사유와 상응할 정도의 필요성이 인정되어야 할 것이므로 장구를 사용하지 않고는 다른 수단이 없는 경우에 한한다고 해석할 것이다.

라) 「해양경비법」 제18조에 의한 경찰장비 및 장구 종류 및 사용기준

「해양경비법」 제18조는 「경찰관직무집행법」에서 언급된 경찰장비 및 경찰장구를 사용하도록 규정하였을 뿐만 아니라, 해상에서의 경찰작용을 위해 필요한 경찰장비 및 경찰장구를 별도로 규정 사용할 수 있도록 하였다. 이에 따라

① 해상검문검색 및 추적·나포 시 선박 등을 강제 정선, 차단 또는 검색하는 경우 경비세력에 부수되어 운용하는 경찰장비 및 경찰장구와

② 선박등에 대한 이동·해산 명령 등 해상항행 보호조치에 필요한 경찰장비 및 경찰장구를 사용할 수 있도록 규정하였다.

그리고 그에 따른 경찰장비 및 경찰장구의 종류 및 사용기준은 제18조 제2항에서 하위법령에 위임토록 규정, 이 법 시행령 제5조 제1항에서 경찰장비 및 경찰장구의 종료와 사용기준을 정하였는데 경찰장비는 소화포로, 경찰장구는 페인트볼 및 투색총을 열거하고 있으며, 사용기준에 대하여는 제5조 제2항에

① 통상의 용법에 따라 사용할 것

② 목적 달성에 필요한 최소한의 범위에서 사용할 것

③ 다른 사람의 생명·신체에 대한 위해를 최소화할 것 등

3가지 기준을 충족시켜 사용하도록 규정하였다.

5 해양경찰권 행사 국제법규

[1] 배경

해양에서의 경비 및 경찰 사무 등을 수행하는 국가기관은 국제성을 띠는 해양에 관한 국제법규를 이해해야 할 필요성이 있다. 해양주권을 수호하고 해양에서의 공공안녕 및 질서 유지를 위해 필요한 해양경찰권의 행사가 국내법과 국제법에 따라 적법하게 이루어지도록 하는 것은 매우 중요하다. 따라서 해양경찰권의 행사와 관련되는 법적 근거인 해양경찰 법령과 밀접히 결부되는 국제법규에 대하여 살펴보고자 한다.

정부조직법 제43조 '해양에서의 경찰 및 오염방제에 관한 사무를 관장하기 위하여 해양수산부장관 소속으로 해양경찰청을 둔다.'라고 되어있어 이러한 사무를 원활히 수행할 수 있도록 해양경찰의 권능 행사를 가능하게 해주는 해양경찰 작용의 근거 법령이 존재해야 한다. 주로 살펴보는 내용은 해양에서의 경비를 포괄하는 경찰권의 법적 근거와 관련된 국제법규, 해양에서의 수색·구조와 관련된 국제법규 그리고 해양오염에 대한 규제와 관련되는 국제법규이다.

[2] 해양에서의 경찰과 국제법규

(1) 해양경찰권의 법적 근거와 국제법규

해양에서의 경찰은 다양한 유형의 경비 활동을 포괄할 수 있는데, 실제적인 적대세력이 존재하는 정세에 따라 간첩 등의 침투를 방지하고, 연안국의 영해 및 배타적 경제수역(EEZ) 내에서 외국선박 등의 불법행위를 단속하는 등 주권 수호를 위한 국가 목적적 경비 활동과 해상시위 진압, 해상대테러 활동, 여객선 호송, 해상범죄 진압 등 사회 목적적 치안활동 및 대국민 서비스 활동을 동시에 수행하는 특성을 지닌다. 순수 해양경비는 국민에게 명령·강제하는 권력적 행정행위로서 국가 목적적 행정행위 및 사회 목적적 행정행위로 국한될 수 있다. 그러한 측면에서 해양에서의 수색 및 구조는 순수 경비 활동과 구분되는 관리 행위적 서비스 활동이라는 점에서 해양경비와 구별된다고 볼 수 있다 (박영하 외, 2011: 136).

해양경찰이 해양경찰 권능을 행사하고 해양경비를 수행함에 있어 근거가 되는 법령인 "해양경비법"과 밀접히 결부되는 국제법규는 대표적으로 유엔해양법협약(UNCLOS)이다. 아울러 한·중·일 어업협정, 항해의 안전에 대한 불법행위 억제를 위한 협약(SUA협약), 대량살상

무기 확산방지 구상(PSI) 및 국제선박 및 항만시설 보안규칙 (ISPS 코드)도 매우 밀접히 결부되는 국제법규라고 할 수 있다.

1) 유엔해양법협약

유엔해양법협약은 해양에 관한 법질서를 확립할 목적으로 1973년부터 시작하여 1982년 마무리된 제3차 유엔해양법회의(The Third United Nations Conference on the Law of the Sea, "UNCLOS III")에서 1982년 12월 10일에 채택되었으며, 바다에 대한 이용 전반을 규율하는 국제법 질서를 담고 있다. 유엔해양법협약은 해양에 관한 문제는 전 세계 모든 나라와 밀접히 연관되어 있기 때문에 함께 고려되어야 한다는 인식에서 시작되었다. 이 협약은 1994년 11월 16일에 발효하였다. 우리나라는 동 협약을 1996년에 비준한 바 있다. 우리나라는 일원론(monism)의 입장을 취하여 헌법에 따라 체결·공포된 조약은 국내법과 동일한 효력을 부여한다고 해석가능하다.[86] 따라서 법리적으로 유엔해양법협약은 국내법과 같은 지위를 가지고 있으며 국내 법원에서 원용가능하기도 한 셈이다.

가) 영해와 해양경찰권

유엔해양법협약은 영해기선(또는 기선이라고도 함, baseline)으로부터 최대 12해리까지 영해의 폭을 설정할 수 있는 권리를 각국에게 부여하고 있다(유엔해양법협약 제3조). 영해에서의 각국의 주권(sovereignty)은 육지와 내수를 넘어 영공과 영해의 해저 및 하층토까지 미친다(유엔해양법협약 제2조). 본조에 따라 각국은 영해를 관할하는 국내법을 제정할 수 있는 권능을 지니며 그 제정된 법에 따라 집행할 수 있는 권한도 갖는다. 이는 국제법에서 말하는 입법관할권과 집행관할권을 연안국이 행사할 수 있다는 의미이고 집행관할권에는 체포관할권과 사법관할권이 포함된다고 할 수 있다. 따라서 우리나라를 포함하는 연안국의 경우에는 유엔해양법협약 제2조 및 제19조에 따라 해양경찰권이 영해에서 행사될 수 있다. 하지만 영해에서의 주권은 육지와 내수와 같이 완전하지는 않고 이 협약과 다른 국제법에 의해 제한되고 있다(유엔해양법협약 제2조 제3항).

대표적으로 국제법상 영해에서의 무해통항권에 따라 연안국의 주권은 제한을 받게 된다. 유엔해양법협약 제17조는 연안국가이든 육지로 둘러싸인 국가이든 관계없이 모든 국가의 선박은 영해에서의 무해통항권을 향유한다고 한다. 여기서 '통항'이란 연안국의 내수 밖에 있는 항만시설 또는 정박지를 기항하지 않거나 또는 내수에 들어오지 않고 영해를 지나가는 것을 말하거나 연안국의 내수에 진입하거나 벗어나기 위해 또는 내수 밖에 존재하는 정박지

86) 대한민국헌법 제6조 제1항은 "헌법에 의하여 체결·공포된 조약과 일반적으로 승인된 국제법규는 국내법과 같은 효력을 가진다."라고 규정하고 있다.

나 항만시설에 기항하기 위해 영해를 통과하는 항해를 의미한다. 그리고 통항은 계속되어야 하고 신속해야 한다. 하지만 통항은 정선(stopping) 및 정박(anchoring)을 포함하는데 이 경우에는 오로지 통상적인 항해에 부수하는 것이거나 불가항력적인 경우, 조난 또는 위험 또는 조난중인 선박, 사람을 구조하기 위해 필요한 경우에 한한다. 통항의 의미가 위와 같다면 이제는 어떠한 통항이 무해한 것이지를 밝혀야 한다.

유엔해양법협약 제19조는 선박의 통항이 연안국의 평화, 질서 또는 안보에 해를 가하는 것이 아닌 한 무해하다고 말하고 있다. 유엔해양법협약 제19조 제2항은 더욱 자세히 유해한 행위에 대하여 규정하고 있는데, 영해에서 외국적 선박이 특정한 행위에 종사하게 된다면 연안국의 평화, 질서 또는 안보에 해를 가하게 되는 것으로 간주해야 한다고 명시하고 있다. 그러한 행위를 나열하자면 ①연안국의 주권, 영토 보전 또는 정치적 독립에 반하거나, 또는 국제연합헌장에 구현된 국제법의 원칙에 위반되는 그 밖의 방식에 의한 무력의 위협이나 무력의 행사 ②무기를 사용하는 훈련이나 연습 ③연안국의 국방이나 안전에 해가 되는 정보수집을 목적으로 하는 행위 ④연안국의 국방이나 안전에 해로운 영향을 미칠 것을 목적으로 하는 선전행위 ⑤항공기의 선상 발진·착륙 또는 탑재 ⑥군사기기의 선상 발진·착륙 또는 탑재 ⑦연안국의 관세·재정·출입국관리 또는 위생에 관한 법령에 위반되는 물품이나 통화를 싣고 내리는 행위 또는 사람의 승선이나 하선 ⑧이 협약에 위배되는 고의적이고도 중대한 오염행위 ⑨어로활동 ⑩조사활동이나 측량활동의 수행 ⑪연안국의 통신체계 또는 그 밖의 설비·시설물에 대한 방해를 목적으로 하는 행위 ⑫그리고 통항과 직접 관련이 없는 그 밖의 활동으로 규정되어 있다(유엔해양법협약 제19조 제2항).

잠수함 및 기타 잠수항행기기는 영해에서는 수면 위로 부상하여 국기를 내보이면서 통항하도록 규정되어 있다(유엔해양법협약 제20조). 그런데 잠수함은 통상적으로 군함이므로 이 규정은 해양경찰 작용의 대상이라고 보기보다 해군의 통제 대상이 된다고 봄이 타당할 것이다. 만일 군함이 영해통항에 관한 연안국의 법령을 준수하지 아니하고 그 군함에 대한 연안국의 법령준수 요구를 무시하는 경우, 연안국은 당해 군함에 대하여 영해에서 즉시 퇴거할 것을 요구할 수 있다(제30조). 기국은 자국의 군함이나 그 밖의 비상업용 정부선박이 영해통항에 관한 특정 연안국의 법령 또는 이 협약이나 기타 국제법 규칙을 준수하지 아니하여 특정 연안국에게 입힌 어떠한 손실이나 손해에 대하여도 국제책임을 진다(제31조). 제30조와 제31조에 규정된 경우를 제외하고는 이 협약의 어떠한 규정도 군함과 그 밖의 비상업용 정부선박의 면제에 영향을 미치지 않는다(제32조).

영해에서의 연안국의 경찰권 행사와 관련하여 해상교통분리제도에 대하여 주목할 필요가 있다. 이는 유엔해양법협약 제22조에 규정되어 있는데, 연안국은 항행의 안전을 위하여 필요한 경우 자국의 영해에서 무해통항권을 행사하는 외국선박에 대하여 선박통항을 규제하기 위하여 지정된 항로대와 규정된 해상교통분리제도를 이용하도록 요구할 수 있다. 특히 유조선, 핵추진선박 및 핵물질 또는 본래 위험하거나 유독한 그 밖의 물질이나 재료를 운반중인 선박에 대하여서는 이러한 항로대만을 통항하도록 요구할 수 있다. 다만, 연안국은 항로대를 지정하고 통항분리방식을 규정함에 있어서 권한 있는 국제기구의 권고, 국제항행에 관습적으로 이용되고 있는 수로, 특정한 선박과 수로의 특성 및 선박교통량을 고려해야 하는 국제법상 의무를 부담한다. 아울러 연안국은 이러한 항로대와 통항분리방식을 해도에 명시하고 이를 적절히 공표해야 한다(제22조 제4항).

우리가 주목해야 할 부분은, 외국의 핵추진선박과 핵물질 또는 본래 위험하거나 유독한 그 밖의 물질을 운반중인 선박이 영해에서 무해통항권을 행사할 경우, 이러한 선박에 대하여 국제협정이 정한 서류를 휴대하고 또한 국제협정에 의하여 확립된 특별예방조치를 준수해야 한다는 점이다(유엔해양법협약 제23조).

다음으로 합당한 해양경찰 작용을 위해 필요한 연안국의 의무를 살펴보아야 한다. 연안국은 유엔해양법협약에 의하지 아니하고는 영해에서 외국선박의 무해통항을 방해하지 말아야 한다. 특히, 연안국은 이 협약이나 이 협약에 따라 제정된 법령을 적용함에 있어서는 외국선박에 대하여 실질적으로 무해통항권을 부인하거나 침해하는 효과를 가져 오는 요건의 부과나 특정국의 선박, 또는 특정국으로 화물을 반입·반출하거나 특정국을 위하여 화물을 운반하는 선박에 대한 형식상 또는 실질상의 차별을 해서는 안 된다. 또한 연안국은 자국이 인지하고 있는 자국 영해에서의 통항에 관한 위험을 적절히 공표해야 하는 의무도 부담한다(유엔해양법협약 제24조). 연안국은 본 유엔해양법협약에 따라 자국을 보호할 권리도 갖는데, 이 권리에 따라 연안국은 무해하지 아니한 통항을 방지하기 위하여 필요한 조치를 자국 영해에서 취할 수 있다. 연안국은 선박이 내수를 향하여 항행하거나 내수 밖의 항구시설에 기항하고자 하는 경우, 그 선박이 내수로 들어가기 위하여 또는 그러한 항구시설에 기항하기 위하여 따라야 할 허가조건을 위반하는 것을 방지하기 위하여 필요한 조치를 취할 권리도 가진다. 연안국은 무기를 사용하는 훈련을 포함하여 자국의 안전보호상 긴급한 경우에는 영해의 지정된 수역에서 외국선박을 형식상 또는 실질상 차별하지 아니하고 무해통항을 일시적으로 정지시킬 수 있다. 이러한 정지조치는 적절히 공표한 후에만 효력을 가지도록 되어 있다(유엔해양법협약 제24조).

영해에서의 해양경찰권의 행사와 관련하여 유념해야 할 부분은 외국적 선박에 대한 형사관할권(criminal jurisdiction)에 관한 내용이다. 즉, 유엔해양법협약 제27조는 외국적 선박의 영해 통항 중 발생하는 범죄의 수사와 관련한 내용을 포함하고 있으므로 해양경찰의 사법경찰의 모습을 다루고 있다고 볼 수 있다. 유엔해양법협약 제27조는 이에 대하여 비교적 상세히 규정하고 있다. 본 조의 내용은 상선과 상업용 정부선박에 적용되는 규칙임을 유념해야 한다. 연안국의 형사관할권은 범죄의 결과가 연안국의 공공안녕과 공공질서에 (악영향을) 미치는 경우, 범죄가 연안국의 평화나 영해의 공공질서를 교란하는 종류인 경우, 당해 선박의 선장이나 당해 선박의 기국의 외교관 또는 영사가 현지 당국에 지원을 요청한 경우, 마약이나 향정신성물질의 불법거래를 진압하기 위하여 필요한 경우를 제외하고는 영해를 통항하고 있는 외국선박의 선박 내에서 통항 중에 발생한 어떠한 범죄와 관련하여 사람을 체포하거나 수사를 수행하기 위하여 그 선박 내에서 행사될 수 없다(제27조 제1항). 그런데 본 규정은 내수를 떠나 영해를 통항 중인 외국선박 내에서의 체포나 수사를 목적으로 자국법이 허용한 조치를 취할 수 있는 연안국의 권리에 영향을 미치지 않는다는 점을 알아야 한다. 본조 제1항 및 제2항에 규정된 경우, 연안국은 선장이 요청하면 어떠한 조치라도 이를 취하기 전에 선박 기국의 외교관이나 영사에게 통고하고, 이들과 승무원간의 연락이 용이하도록 해야만 한다. 긴급한 경우 이러한 통고는 조치를 취하는 동안에 이루어질 수도 있다. 현지당국은 체포여부나 체포방식을 고려함에 있어 통항의 이익을 적절히 고려한다. 해양환경의 보호와 보전의 경우나 배타적 경제수역에 따라 제정된 법령위반의 경우를 제외하고는, 연안국은 외국선박이 외국의 항구로부터 내수에 들어오지 아니하고 단순히 영해를 통과하는 경우에는 당해 선박이 영해에 들어오기 전에 발생한 범죄와 관련하여 사람을 체포하거나 수사를 하기 위하여 영해를 통항 중인 외국선박 내에서 어떠한 조치도 취할 수 없다는 점에 유의해야 한다.

나) 접속수역과 해양경찰권

유엔해양법 제33조는 영해 외측에 접속수역을 설정하여 연안국의 관할권을 행사할 수 있도록 하고 있고 그 범위에 대하여도 규정하고 있다. 동 조항에 따라, 연안국은 영해에 접속해 있는 수역으로서 접속수역이라고 불리는 수역에서 연안국의 영토나 영해에서의 관세·재정·출입국관리 또는 위생에 관한 법령의 위반방지 및 연안국의 영토나 영해에서 발생한 위의 법령위반에 대한 처벌을 위하여 필요한 통제를 할 수 있음이다(유엔해양법협약 제33조 제1항).

동 조항에 연안국의 안보(security)와 관련된 법령이 포함될 수 있는지에 대하여 논란이 있다. 접속수역에서 집행할 수 있는 국내법은 당해 조문의 규정과 같이 "관세·재정·출입국관리 또는 위생에 관한 법령"으로 엄격히 해석되어야 한다. 가령 중국의 「1992 영해 및 접속수역법」은 접속수역에서 자국의 안보와 관련된 법규를 방지하거나 처벌할 수 있는 권능을 부여하고 있는데, 이와 같은 관할권 주장은 유엔해양법과 일치된다고 보기 어렵다 (Rothwell, R., & Stephens, T., 2010: 80). 접속수역에서의 안보와 관련 법규의 집행과 관련한 관할권 주장에 대해 미국은 반대 입장이다 (Roach, J., & Smith, R., 1996: 172). 접속수역의 범위는 영해기선으로부터 24해리 밖으로 확장될 수는 없다(유엔해양법협약 제33조 제2항).

다) 배타적 경제수역과 해양경찰권

유엔해양법의 발효에 따라 세계 각국은 앞 다투어 배타적 경제수역(EEZ)을 선포하고 해양자원을 자국의 주권 하에 종속시키기 위한 무한경쟁을 가속화하고 있는 가운에, 우리나라도 유엔해양법에 따른「배타적 경제수역법」을 제정·공포하였다. 각국의 관할권 확장 의도에 따른 결과 첨예한 갈등을 빚고 있는 수역이 배타적 경제수역이다. 그 원인으로 배타적 경제수역과 관련하여 연안국은 국제법상 천연자원에 대한 주권을 배타적으로 향유할 수 있게 되었을 뿐만 아니라 사실상 자국의 안보와 관련하여 이익을 향유하고자 하고 지정학적으로 국익을 안정적으로 확보하고자 하기 때문인 것으로 해석가능하다. 남중국해에서는 중국의 소위 '구단선(Nine-dash Line)'[87]이라는 특유의 주권 주장이 전개됨으로써 주변국들과의 일촉즉발의 상황이 그 한 예이며, 동중국해에서의 센카쿠열도 (중국명 댜오위댜오)를 둘러싼 중·일간 첨예한 분쟁 및 이어도 해역에 대한 한·중간의 갈등도 그러한 예이다. 배타적 경제수역의 선포에 대하여는 유엔해양법협약 제55조, 56조 및 57조에 규정되어 있다. 제55조에 따르면 배타적 경제수역은 영해 밖에 인접한 수역으로서 연안국의 권리와 관할권 및 다른 국가의 권리와 자유가 이 협약의 관련규정에 의하여 규율되도록 수립된 특별한 법제도에 따른다고 되어 있어서 국제법상 배타적 경제수역의 존재를 확인하여 주고 있다.

해양경찰권 행사와 관련하여 주목할 점은 그와 같은 기능적 수역인 배타적 경제수역에서의 연안국의 권리와 의무를 확인하는 것이다. 배타적 경제수역에서의 연안국의 권리의 확보는 해양경찰권의 행사로 실현될 것이기 때문이다. 이는 협약 제56조에서 다음과 같이 규정한다.

87) 남해 9단선(南海九段線·nine dash line. 이하 9단선)은 중국이 남중국해에 설정한 가상의 선으로, 국민당 정부 시절인 1947년 11단선을 담은 공식 지도를 제작·출판하면서 만들어졌다. 1949년 수립된 중화인민공화국 역시 1953년 새 지도를 반포하면서 이를 계승했다. 다만 기존의 11단선을 지금의 9단선으로 변경했다. 이 9단선 안에는 남중국해의 80% 이상이 포함된다. 중국이 영유권을 주장하는 스프래틀리 제도(중국명 난사군도〈南沙群島〉·필리핀명 칼라얀 군도, 베트남명 쯔엉사군도) 등이 모두 들어가 있다. 중국과 영유권 갈등을 벌이는 국가들은 이 9단선을 근거로 중국이 남중국해 전체를 '내해'로 만들려 한다고 비판해왔다.

1. 배타적 경제수역에서 연안국은 다음의 권리와 의무를 갖는다.
   a) 해저의 상부수역, 해저 및 그 하층토의 생물이나 무생물 등 천연자원의 탐사, 개발, 보존 및 관리를 목적으로 하는 주권적 권리와, 해수·해류 및 해풍을 이용한 에너지생산과 같은 이 수역의 경제적 개발과 탐사를 위한 그 밖의 활동에 관한 주권적 권리
   b) 이 협약의 관련규정에 규정된 다음 사항에 관한 관할권
      (i) 인공섬, 시설 및 구조물의 설치와 사용
      (ii) 해양과학조사
      (iii) 해양환경의 보호와 보전
   c) 이 협약에 규정된 그 밖의 권리와 의무
2. 이 협약상 배타적 경제수역에서의 권리행사와 의무이행에 있어서 연안국은 다른 국가의 권리와 의무를 적절히 고려하고, 이 협약의 규정에 따르는 방식으로 행동한다.
3. 해저와 하층토에 관하여 이 조에 규정된 권리는 제6부에 따라 행사된다.

위 유엔해양법협약 제56조는 각국에 의해 설정된 배타적 경제수역의 해저의 상부수역의 천연자원에 대한 주권적 권리와 에너지 생산 및 경제적 탐사 및 개발과 관련한 권리를 규정하고 있음을 알 수 있다. 왜냐하면 연안국의 해저와 하층토에 대한 주권적 권리는 결국 대륙붕 제도에 따라 행사되게 되어 있기 때문이다.

따라서 동 조항은 주로 어족자원에 대한 주권적 권리를 연안국에게 부여하고 있음을 알 수 있으며 이와 같은 주권적 권리를 행사하는 것이 해양경찰권의 행사로 볼 수 있다. 본 조는 배타적 경제수역에서의 연안국의 권리행사와 의무이행은 타국의 권리와 의무를 고려하여 하라고 규정하고 있다. 타국의 권리와 의무와 관련하여, 협약 제58조 제1항은 연안국이거나 내륙국이거나 관계없이, 모든 국가는 이 협약의 관련규정에 따를 것을 조건으로, 배타적 경제수역에서 제87조에 규정된 항해·상공비행의 자유, 해저전선·관선 부설의 자유 및 선박·항공기·해저전선·관선의 운용 등과 관련되는 것으로서 이 협약의 다른 규정과 양립하는 기타 국제적으로 적법한 해양이용의 자유를 누린다고 규정하고 있다.

또한 배타적 경제수역에서의 해양경찰권의 근거가 되는 유엔해양법협약 제73조는 배타적 경제수역에서의 생물자원을 탐사·개발·보존 및 관리하기 위해 하는 주권적 권리의 행사와 관련하여 연안국이 유엔해양법협약과 일치하는 자국의 법령을 준수하도록 하는데 필요한 승선, 검색, 나포 및 사법 절차를 포함하는 조치를 취할 수 있다고 규정하고 있다.

이와 같은 연안국의 권리행사에 따라 나포된 선박과 승무원은 적절한 보석금이나 그 밖의 보증금을 예치한 뒤에는 즉시 풀려나야 한다. 배타적 경제수역에서의 불법어업에 대한 연안국의 처벌은 관련 당사국과 합의가 없으면, 금고 또는 다른 형태의 체형이 포함될 수 없다. 아울러 외국선박을 나포하거나 억류한 경우, 당해 연안국은 적절한 경로를 통하여 그와 같은 조치와 이후에 부과된 처벌에 관해 기국에 신속히 통고할 법적 의무를 진다(유엔해양법협약

제73조 제4항).

라) 대륙붕 제도와 해양경찰권

대륙붕 제도와 관련하여 유엔해양법협약 제77조는 연안국에게 대륙붕에 대한 배타적 주권을 부여하고 있으며, 이를 수호하기 위해 해양경찰권의 행사가 가능하다. 연안국에 의해 합법적으로 설정된 대륙붕과 관련하여 연안국은 대륙붕에 존재한 천연자원을 탐사하고 개발하기 위한 목적으로 주권적 권리를 행사할 수 있다(유엔해양법협약 제77조 제1항). 연안국의 권리는 당해 연안국이 대륙붕을 탐사하지 않거나 존재한 천연자원을 개발하지 않더라도 타국은 당해 연안국의 명시적인 동의 없이 대륙붕 탐사 및 개발 활동을 할 수 없다는 면에서 배타적이다(동조 제2항). 대륙붕에 대한 연안국의 권리는(배타적 경제수역의 선포와는 달리) 실효적이거나 관념적인 점유 또는 명시적 선언에 의하지 않고도 획득되는 것임을 이해할 필요가 있다(동조 제3항). 또한 대륙붕 제도에 따라 규정되는 천연자원은 해저와 하층토의 광물, 그 밖의 무생물자원 및 정착성어종에 속하는 생물체, 즉 수확가능단계에서 해저표면 또는 그 아래에서 움직이지 아니하거나 또는 해저나 하층토에 항상 밀착하지 아니하고는 움직일 수 없는 생물체로 구성 된다(동조 제4항). 즉, 바다 가재 등은 대륙붕의 정착성어종으로 연안국의 배타적 권리에 속하여 타국은 함부로 채취할 수 없다는 의미이다.

마) 공해 해양경찰권

국제사회는 조선 기술 및 해양과학 기술의 발달로 인하여 원해(遠海) 경찰활동이 가능해짐에 따라 공해에서의 경찰권의 행사에 대하여 관심이 고조되어 왔다. 오늘날 국제사회는 해적 등을 퇴치하기 위해 군사작전을 방불케 하는 유엔과 연안국의 개입을 하고 있는 실정이다. 먼저 공해에서 규율되는 근원적인 국제법 원칙으로 유엔해양법 제87조 제1항은 공해 자유에 대하여 다음과 같이 규정하고 있다.

1. 공해는 연안국이거나 내륙국이거나 관계없이 모든 국가에 개방된다. 공해의 자유는 이 협약과 그 밖의 국제법 규칙이 정하는 조건에 따라 행사된다. 연안국과 내륙국이 향유하는 공해의 자유는 특히 다음의 자유를 포함한다.
   (a) 항행의 자유
   (b) 상공비행의 자유
   (c) 제6부에 따른 해저전선과 관선 부설의 자유
   (d) 제6부에 따라 국제법상 허용되는 인공섬과 그 밖의 시설 건설의 자유
   (e) 제2절에 정하여진 조건에 따른 어로의 자유
   (f) 제6부와 제13부에 따른 과학조사의 자유

하지만 모든 국가는 위와 같은 공해의 자유를 행사함에 있어서 당해 자유를 누리는 타국의 이익과 더불어 심해저 활동과 관련된 이 협약상의 타국의 권리도 적절히 고려하여야 한다(유

엔해양법협약 제87조 제2항). 공해는 평화적 목적을 위해 보존되어야 한다(유엔해양법협약 제88조). 또한 어떠한 국가라도 공해의 어느 부분을 자국의 주권아래 둘 수는 없다(유엔해양법협약 제89조). 모든 국가는 연안국이거나 내륙국이거나 관계없이 공해에서 자국의 국기를 게양한 선박을 항해하도록 할 권리를 가진다(유엔해양법협약 제90). 아울러 모든 국가는 선박에 대한 자국 국적의 부여, 자국 영토에서의 선박의 등록 및 자국의 국기를 게양할 권리에 관한 조건을 정해야 하며 어느 국기를 게양할 자격이 있는 선박은 당해 국가의 국적을 가진다. 그 국가와 선박 간에는 진정한 관련이 있어야 한다(유엔해양법협약 제91조 제1항). 모든 국가는 그 국기를 게양할 권리를 부여한 선박에 대하여 그러한 취지의 서류를 발급해야 한다(제91조 제2항). 국제조약이나 이 협약에 명시적으로 규정된 예외적인 경우를 제외하고는 선박은 어느 한 국가의 국기만을 게양하고 항행하며 공해에서 그 국가의 배타적인 관할권에 속한다. 선박은 진정한 소유권 이전 또는 등록변경의 경우를 제외하고는 항행 중이나 기항 중에 그 국기를 바꿀 수 없다. 2개국 이상의 국기를 편의에 따라 게양하고 항행하는 선박은 다른 국가에 대하여 그 어느 국적도 주장할 수 없으며 무국적선으로 취급될 수 있기 때문에 공해에서의 단속 국가에 의해 몰수될 수 있다(유엔해양법협약 제92조).

공해 해양경찰권의 행사와 관련하여 주목해야 하는 부분은 임검권(right of visit)을 규정하고 있는 유엔해양법협약 제110조와 추적권(right of hot pursuit)에 대한 동 협약 제111조이다. 먼저 임검권은 군함 또는 경찰함정 및 관공선은 외국선박을 공해에서 만날 경우, 특정 혐의가 있다는 합리적 근거(reasonable doubt)가 없는 한 당해 외국적 선박을 임검하는 것은 정당화되지 않는다. 다만, 해당 간섭행위가 특정한 조약에 따라 부여된 권한에 의한 경우는 제외한다. 여기서 의미하는 특정 혐의란 그 선박의 해적행위에의 종사, 그 선박의 노예거래에의 종사, 그 선박의 무허가방송에의 종사 및 군함 기국이 제109조에 따른 관할권 보유, 무국적선, 선박이 외국기를 게양하고 있거나 국기제시를 거절하였음에도 불구하고 실질적으로 군함과 같은 국적을 보유한 경우를 일컫는다. 이와 같은 혐의들에 대하여 군함은 그 선박이 그 국기를 게양할 권리를 가지는가를 확인할 수 있다. 이러한 목적을 위하여 군함은 혐의선박에 대하여 장교의 지휘아래 보조선을 파견할 수 있다. 서류를 검열한 후에도 혐의가 남아있는 경우, 가능한 한 신중하게 그 선박 내에서 계속하여 검사를 진행할 수 있다. 혐의가 근거 없는 것으로 밝혀지고 또한 피임검선박이 그 혐의를 입증할 어떠한 행위도 행하지 아니한 경우에는 그 선박이 입은 모든 손실이나 피해에 대하여 보상을 받는다. 이러한 규정은 군용항공기에 준용한다. 이러한 규정은 또한 정부 업무에 사용 중인 것으로 명백히 표시되어 식별이 가능하며 정당하게 권한이 부여된 경찰용 선박이나 항공기에도 해당된다.

다음으로 합당한 해양경찰권의 행사에 있어서 매우 중요한 추적권은 유엔해양법협약 제111조에 규정되어 외국선박에 대한 추적은 연안국의 권한 있는 당국이 그 선박이 자국의 법령을 위반한 것으로 믿을 만한 충분한 이유가 있을 때 행사할 수 있다. 이러한 추적은 외국선박이나 그 선박의 보조선이 추적국의 내수·군도수역·영해 또는 접속수역에 있을 때 시작되고 또한 추적이 중단되지 아니한 경우에 한하여 영해나 접속수역 밖으로 계속될 수 있다.

영해나 접속수역에 있는 외국선박이 정선명령을 받았을 때 정선명령을 한 선박은 반드시 영해나 접속수역에 있어야 할 필요는 없다. 외국선박이 제33조에 정의된 접속수역에 있을 경우 추적은 그 수역을 설정함으로써 보호하려는 권리가 침해되는 경우에 한하여 행할 수 있다(제1항). 추적권은 배타적 경제수역이나 대륙붕(대륙붕시설 주변의 안전수역 포함)에서 이 협약에 따라 배타적 경제수역이나 대륙붕(이러한 안전수역 포함)에 적용될 수 있는 연안국의 법령을 위반한 경우에 준용한다(제2항). 추적권은 추적당하는 선박이 그 국적국 또는 제3국의 영해에 들어감과 동시에 소멸한다(제3항).

추적은 시각이나 음향 정선신호가 외국선박이 보거나 들을 수 있는 거리에서 발신된 후 비로소 이를 시작할 수 있다(제4항). 추적권은 군함·군용항공기 또는 정부업무에 사용 중인 것으로 명백히 표시되어 식별이 가능하며 그러한 권한이 부여된 그 밖의 선박이나 항공기에 의하여서만 행사될 수 있다(제5항).

2) 한·중·일 어업협정

한·중·일 어업협정은 한국이 대향국인 중국 및 일본과 유엔해양법협약 정신에 입각한 해양경계획정이 합의되지 않는 관계로 탄생되게 된 것이다. 이는 한국을 포함한 주변국들이 해양력[88]의 신장의 일환으로 해양생물자원에 대한 자국의 이익의 극대화를 염두에 두고 체결한 조약이다.

해양경찰권 행사의 근거가 되는 법령은 유엔해양법협약의 관계 규정을 국내법으로 입법한 「배타적 경제수역에서의 외국인어업 등에 대한 주권적 권리의 행사에 관한 법률」이다. 이 법률은 한국의 배타적 경제수역에서 이루어지는 외국인의 어업활동에 관한 한국의 주권적 권리의 행사 등에 필요한 사항을 규정하여 해양생물자원의 적정한 보존, 관리 및 이용을 하고자 제정된 것이다. 이 법 제3조는 적용범위에 관하여 규정하고 있는데, 이 법에서 규정하는 사항에 관하여 외국과의 협정에서 따라 정하는 것이 있을 때에는 그 협정에서 정하는 바

88) 해양력(Sea Power 또는 Maritime Power)이란 국익을 증진시키기 위하여 해양을 통제하고 사용·수익함으로써 창출할 수 있는 국가의 능력을 말한다. 해양경찰력·해군력뿐만 아니라 해운, 해양자원 개발, 해양기지 및 기관의 능력을 포함하는 개념이다. 해양력의 신장은 삼면이 바다로 둘러싸인 우리나라에게는 정치·경제·군사력 등 국력의 신장으로 전환될 수 있기 때문에 그 중요성이 매우 크다.

에 따른다고 하여 어업관련 협정의 우위를 인정하고 있다. 또한 이 법 제6조의2를 두어 우리나라의 배타적 경제수역에서 이 법, 이 법에 따른 명령 또는 제한이나 조건을 위반한 혐의가 있다고 인정되는 경우와 대한민국과 어업에 관한 협정을 체결한 국가의 선박이 그 협정, 그 협정에 따른 명령 또는 제한이나 조건을 위반한 혐의가 있다고 인정되는 경우에는 검사나 사법경찰관 또는 7급 이상의 어업감독공무원은 불법 어업 혐의가 있는 외국선박에 정선명령을 할 수 있다고 되어 있다.

또한 이 법 제23조 제1항에 따르면 검사나 사법경찰관은 이 법, 이 법에 따른 명령 또는 제한이나 조건을 위반한 선박 또는 그 선박의 선장이나 그 밖의 위반자에 대하여 정선, 승선, 검색, 나포 등의 필요한 조치를 할 수 있다. 동조 제2항에 따르면, 사법경찰관은 제1항의 조치를 하였을 때에는 그 결과를 검사에게 보고하되, 사정이 급하여 미리 지휘를 받을 수 없는 경우를 제외하고는 검사의 지휘를 받아 제1항의 조치를 하여야 한다. 동조 제3항에 따르면, 검사는 제1항의 조치를 하였거나 제2항에 따른 보고를 받았을 때에는 선장이나 그 밖의 위반자에게 지체 없이 담보금이나 담보금 제공을 보증하는 서류가 검사에게 제출되었을 때에는 선장이나 그 밖의 위반자를 석방하고 선박을 반환한다는 취지 및 담보금의 금액을 알려야 한다. 검사는 제3항에 따라 고지된 담보금 또는 그 제공을 보증하는 서류를 받았을 때에는 지체 없이 선장이나 그 밖의 위반자를 석방하고 선박을 반환하여야 한다. 담보금의 금액은 검사가 위반 사항의 내용과 위반횟수, 그 밖의 사정을 고려하여 정한다. 이 법 제6조의2 및 제23조는 대한민국의 해양경찰권 행사의 근거 규정으로 볼 수 있으며, 아울러 한·중·일 어업협정의 규정을 원용할 수 있음을 확인하고 있다. 이는 우리 헌법 제6조 제1항의 입장이기도 하다.

가) 한·중 어업협정

대한민국 정부와 중화인민공화국 정부간의 어업에 관한 협정(이하 '한·중 어업협정')의 제5조는 한국과 중국은 자국의 관계법령에 규정된 해양생물자원의 보존조치와 기타 조건을 타방의 국민 및 어선이 준수하도록 국제법에 따라 자국의 배타적 경제수역에서 필요한 조치를 취할 수 있다고 하여 위 배타적 경제수역에서의 외국인어업 등에 대한 주권적 권리의 행사에 관한 법률이 관련 내용을 국내법으로 변형하고 있다. 한·중 어업협정 제5조는 또한 나포되거나 억류된 어선 또는 승무원은 적절한 보증금이나 기타 담보를 제공한 후에는 즉시 석방되어야 한다고 규정하여 불법어업 혐의 선박에 대한 나포국에게 일종의 의무를 부과하고 있다고 할 수 있다. 이 협정 제5조는 일방은 타방의 어선 또는 승무원을 나포하거나 억류한 경우에는 취하여진 조치와 그 후에 부과된 처벌에 관하여 타방에게 적절한 경로를 통하여 신속하게 통보하여야 한다고 규정하고 있다. 이는 나포 또는 억류하는 국가에게 조치통보의무를 부과하고 있음을 알 수 있다. 이와 같은 협정 규정은 대한민국의 국내법인 배타적 경제수역에서의 외국인어업 등에 대한 주권적 권리의 행사에 관한 법률 제23조에 모두 수용되어 있다.

나) 한·일 어업협정

대한민국과 일본국 간의 어업에 관한 협정(이하 '한·일 어업협정') 제6조 제1항은 각 체약국은 타방체약국의 국민 및 어선이 자국의 배타적 경제수역에서 어획할 때에는 제3조의 규정에 따라 자국이 결정하는 자국의 배타적 경제수역에서의 조업에 관한 구체적인 조건과 이 협정의 규정을 준수하도록 국제법에 따라 자국의 배타적 경제수역에서 필요한 조치를 취할 수 있다고 규정하고 있다. 또한 제6조는 각 체약국의 권한 있는 당국은 제1항의 조치로서 타방체약국의 어선 및 그 승무원을 나포 또는 억류한 경우에는 취하여진 조치 및 그 후 부과된 벌에 관하여 외교경로를 통하여 타방체약국에 신속히 통보하도록 되어 있다. 제3항은 나포 또는 억류된 어선 및 그 승무원은 적절한 담보금 또는 그 제공을 보증하는 서류를 제출한 후에는 신속히 석방된다고 규정하고 있으며 제4항은 각 체약국은 어업에 관한 자국의 관계법령에서 정하는 해양생물자원의 보존 조치 및 기타 조건을 타방체약국에 지체 없이 통보한다고 규정하고 있음이다.

3) 항해의 안전에 대한 불법행위 억제를 위한 협약

항해의 안전에 대한 불법행위 억제를 위한 협약(이하 '항해안전협약')은 국제범죄 중 테러리즘에 대하여 다루고 있는 조약이다. 동 협약은 1992년 3월 2일 발효되었다. 동 협약을 국내법으로 이행하는 법률은 「선박 및 해상구조물에 대한 위해행위의 처벌 등에 관한 법률」이다. 이 법률은 2003년 5월 27일 공포되어 시행되었다. 이 법률의 목적은 선박 및 해상구조물에 대한 안전한 보호와 국제테러에 대한 근본적인 방지를 목적으로 항해의 안전에 대한 불법행위의 억제를 위한 협약 및 대륙붕상에 소재한 고정플랫폼의 안전에 대한 불법행위의 억제를 위한 의정서의 이행을 위한 기반을 조성하고, 대한민국 영역 외에서 발생한 대한민국 선박 및 해상구조물에 대한 위해행위를 한 외국인도 처벌할 수 있도록 관할권을 확대하고, 위해 행위를 한 것으로 의심되는 범죄인의 인도절차 및 위해행위의 구체적인 내용을 정하려는 것이다. 주요골자로는 이 법률 제3조에 따라 내국인뿐 아니라, 대한민국 영역 외에서 대한민국 선박 또는 해상구조물에 대하여 이 법 위반의 죄를 범한 외국인, 대한민국 영역 외에서 이 법 위반의 죄를 범하고 현재 대한민국 영역 안에 있는 외국인에 대하여도 이 법을 적용하여 처벌할 수 있도록 하였다. 이 법률 제4조는 대한민국 선박의 선장은 선박운항의 안전과 편의를 위하여 이 법을 위반한 것으로 의심할 만한 상당한 이유가 있는 승선중인 자를 외국에 인도할 수 있도록 범죄인의 인도에 관하여 규정하고 있다. 또한 법률 제4조는 항해안전협약의 당사국인 외국선박의 선장이 범죄인을 대한민국에 인도하려는 경우에는 검사 또는 사법경찰관은 특별한 사정이 있는 경우를 제외하고는 그 범죄인을 인수하여야 한다고 하고 있다. 이 경우 사법경찰관이 인수할 때에는 긴급히 처리하여야 할 부득이한 사유가 있는 경우를 제외하고는 검사의 지휘를 받아야 한다. 아울러 이 법률은 선박·해상구조물의 안전을 해치는 살인·상해·선박납치, 위협물건의 설치, 허위정보의 전달 및 협박 등 각종 위해행위를 구체적으로 정하고 있다(동 법률 제5조 내지 제13조).

4) 대량살상무기 확산방지 구상

대량살상무기 확산방지 구상(PSI)의 합의문은 4가지 원칙으로 구성되어 있다. 요지는 핵무기나 생화학무기 등 대량살상무기를 적재한 혐의가 있는 선박이나 항공기에 대하여 참여국들이 공동으로 차단하고자 하는 내용이다. PSI 참여국가의 의무는 참여국간에 정보의 긴밀한 공유를 통하여 차단 노력을 극대화하여야 하며, 관련 훈련이나 실제 작전이 벌어질 때 물자나 군대지원과 같은 협조를 해야 하고, PSI체제와 일치되도록 자국 법령을 정비해야 하며, 그리고 PSI와 관련된 국제법이 논의될 때 PSI가 강화되는 방향으로 의견을 개진해야 한다는 것이다.

PSI에 따른 해양경찰권의 발동을 논하기 전에 대량살상무기 확산방지 구상의 국제법적 지위에 대하여 고찰할 필요가 있다. 분명한 것은 PSI가 국가 간의 조약체제가 아니라는 점이다. 그 차단 원칙도 국제법상 원칙이 아니기 때문에 PSI의 국제법적인 근거가 확실하여 전혀 문제가 없는 제도라고 말할 수는 없다(정서용, 2007: 2). 왜냐하면 PSI는 참가국들이 영해 또는 공해에서 대량살상무기를 싣고 항해하는 선박을 정선시켜서 검색하는 제도인데 공해상에서 국적이 분명한 선박을 멈추어 검색하는 것은 전통 국제법에 위배되는 행위가 되기 때문이다.

현행 국제법상 공해상에서는 해적행위와 같은 국제법상 특정한 범죄행위를 저지르지 않는 선박을 검색할 수는 없는 것이다. 또한 유엔해양법협약상 선박은 연안국의 영해에서 조업이나 해양조사, 정보수집, 오염, 선전활동, 군사훈련, 항공기 이착륙 등의 행동을 하지 않는 한 무해통항권을 행사할 수 있는 권리가 있음을 앞서 보았다. 이와 같은 국제법의 법리를 염두에 두고 PSI가 작동하는 상황을 바라보면 PSI가 실제로 실행되기가 그리 쉽지 않다는 점을 인식가능하다.

2009년 5월 26일 한국은 95번째로 PSI에 가입을 했다. 따라서 우리의 영해, 공해 및 인도양 등 먼 바다를 항해하는 모든 참가국의 선박에 대하여 한국의 해양경찰이나 해군이 자유롭게 수색 및 압수할 수 있는 국제관계상 일종의 근거를 가지게 되었다.

5) 국제선박 및 항만시설 보안규칙

국제선박 및 항만시설 보안규칙(International Ship and Port Facility Security Code 이하 'ISPS Code'라 함)이 탄생되게 된 배경은 미국의 9.11테러 사건이었다. 국제선박 및 항만시설 보안규칙은 2004년 7월 1일 국제적으로 발효되었다. 통상적으로 국제협약은 채택에서 발효까지 약 3년에서 5년간의 준비기간을 두어 왔으나, 동 규칙은 IMO 설립 이래 약 1년 6개월의 묵시적 발효절차에 필요한 극히 짧은 기간을 통하여 전 세계 모든 국제항해 선박과 동 선박이 이용하는 항만시설에 대하여 보안체제를 강제적으로 수립·이행하도록 규정하고 있다.

9.11 미국 항공기 테러사건 이후 국제해사기구(IMO)에서는 선박 및 항만시설(정박지 등을 포함하여 기존의 항만 개념보다 광범위 함)에 대한 테러의 방지를 위해 2002년 12월 12일 IMO 외교회의를 개최하였으며, 동 회의에 참가한 113개국 정부대표는 만장일치로 기존의 해상인명안전협약(SOLAS)을 개정하여 제11장을 제11-1장(해상안전 강화를 위한 특별조치)으로 하고 해상보안 강화를 위한 특별조치를 규정하고 있는 제11-2장을 신설하였다. ISPS 코드는 2004년 1974 SOLAS협약의 제11-2장 해상보안 강화를 위한 특별조치에 삽입됨으로써 국제법적 구속력 있는 규범이 되었다. ISPS 코드는 표준화되고 일정한 틀을 제공하여 위험요인을 평가하고, 관계 당국이 적합한 보안 등급을 결정하고 그에 수반되고 상응하는 보안 조치를 취하여 선박과 항만보안에 대한 위협을 없애려 탄생된 것이다. 날로 증가하는 테러사건 등 국제적인 해상보안의 위협에 효과적으로 대응하고 국제항해에서 차지하는 우리나라 해운회사, 선박 및 항만 시설의 위상에 걸 맞는 선박보안 및 항만보안 책임을 확립할 수 있도록 '국제항해선박 및 항만시설의 보안에 관한 법률'이 제정되었다(방호삼 외, 2013: 12).

(2) 해양에서의 수색·구조와 국제법규

선박이 해상에서 조난(distress)을 당했을 경우, 인명과 재산 및 해양환경보호를 위해 조난자 및 조난선박을 신속히 수색·구조하여 해양사고로 인한 인적, 물적 피해 및 해양환경의 피해를 최소화할 필요성이 대두되었다. 이에 따라 IMO는 1979년에 해양 수색 및 구조에 관한 협약(International Convention on Maritime Search and Rescue 1979 : SAR)을 채택하였다. 한국에서는 1995년 발효되었고 국제적으로는 해양경찰청이 SAR협약의 이행기관이 되었다.

이 협약은 1979년 4월 27일 채택되어 1985년 6월 22일에 발효되었다. 1979년의 이 협약은 함부르크 회의에서 채택되었는데 국제적인 해상수색 및 구조 계획을 개발하여 해난사고가 어디에서 발생하든지 해상에서 조난한 사람의 구조작업이 해상수색 및 구조기관에 의하여 조정되고 필요하다면 인근의 SAR기관 상호간의 협력에 의하여 이루어지도록 하는데 그 목적이 있다. 선박으로 하여금 조난당한 선박의 인명구조를 하도록 하는 의무는 해상관습과 1974 SOLAS 등 국제협약에 의하여 부과되고 있었으나 SAR협약이 채택될 때까지 해상수색과 구조작업에 대하여 아무런 국제적 제도가 마련되지 못한 실정이었다. 일부지역에서는 즉각적이고 효율적인 원조를 제공할 수 있는 확립된 기구가 있는 반면 다른 지역에서는 전혀 아무런 기구도 존재하지 않는 실정이었다.

이 SAR협약을 국내 법제화한 것이 「수상에서의 수색·구조 등에 관한 법률」이다. 이 법은 해수면과 내수면에서 조난된 사람, 조난선박, 항공기, 수상레저기구 등의 수색·구조·구난 및 보호에 필요한 사항을 규정하여 조난사고로부터 국민의 생명과 신체 및 재산을 보호하고 공공 안녕을 꾀하고자 입법되었다. 이법은 해양경찰권의 행사를 예정하고 있는데 제10조는 선박의 이동 및 대피명령에 관한 규정으로 구조본부장은 태풍 등 해상기상의 악화로 조난이 우려되는 어선 및 선박구난현장에서 구난작업에 방해가 되는 선박에 대하여(이동 및 대피사유, 대피해역 및 대피기간을 고지하여) 당해 선박의 이동 및 대피를 명할 수 있다. 이는 법률유보에 따른 경찰하명에 해당하는 법 규정이다. 아울러 법 제18조는 인근 선박 등의 구조지원에 관한 사항을 규정하고 있는데 이는 경찰상 긴급사태에 관한 내용으로 해석가능하다.

즉, 조난현장의 부근에 있는 선박 등의 선장·기장 등은 조난된 선박 등이나 구조본부의 장 또는 소방관서의 장으로부터 구조요청을 받은 때에는 가능한 한 조난된 사람을 신속히 구조할 수 있도록 최대한 지원을 제공하여야 한다. 다만, 조난사고의 원인을 제공한 선박의 선장 및 승무원은 요청이 없더라도 조난된 사람을 신속히 구조하는 데 필요한 조치를 하여야 한다. 또한 구조본부의 장 또는 소방관서의 장으로부터 구조요청을 받은 선박 등의 선장·기장 등은 구조에 착수하지 못할 경우에는 지체 없이 그 사유를 구조본부의 장 또는 소방관서의 장에게 통보하여야 한다고 규정되어 있다. 법 제22조는 외국구조대의 영해진입 허가와 관련된 사항을 규정하고 있는데, 외국의 구조대가 신속한 수난구호활동을 위하여 우리나라와 체결한 조약에 따라 우리나라의 영해·영토 또는 그 상공에의 진입허가를 요청하는 때에는 중앙구조본부의 장은 지체 없이 이를 허가하고 그 사실을 관계 기관에 통보한다. 물론 중앙구조본부장의 영해 진입 허가가 없을 시, 외국구조대는 한국의 영해에 출입할 수 없음이다.

(3) 해양오염에 대한 규제와 국제법규

1) 선박으로부터의 오염을 방지하기 위한 국제협약(MARPOL 73/78)

1967년 3월의 라이베리아 선적의 대형 유조선 토리 캐년(Torry Canyon)호의 영국 남서 해상에서의 좌초사고를 계기로 선박의 해양사고로 인한 유류의 해양오염문제에 관심이 집중되었고, 또한 다양한 해상물동량의 급격한 증가로 유류오염만을 규제할 수 있는 기존의 '1954 기름에 의한 해양오염방지를 위한 국제협약(OILPOL협약)'은 한계에 이르렀다. 이에 따라 1969년의 정부간해사자문기구(IMCO) 총회에서는 완전히 새로운 협약을 심의하기 위한 국제회의를 소집하기로 결의하였다. 이 결의에 따라 1973년 10월 영국의 런던에서 회의에서 '선박으로부터의 오염을 방지하기 위한 국제협약(International Convention for Preventing Pollution from Ships, MARPOL 1973)'이 채택되었다. 이 협약은 1954년 협약과는 달리 유류오염 뿐만 아니라 선박에서 기인하는 모든 형태의 오염을 규제대상으로 했다. 이 협약은 1954년 협약을 수정·확대한 것으로 OILPOL협약의 당사국인 동시에 MARPOL협약의 당사국인 국가에 대해서는 이 협약이 발효한 후에 OILPOL을 대체하게 된다(MARPOL 73/78 협약 제9조 제1항). MARPOL 73/78 협약의 주요 규정을 국내법화한 것이 구 「해양오염방지법」이다. 구 「해양오염방지법」은 1977년 제정 이후 매우 빈번한 법 개정을 통하여 다양하고 이질적인 해양환경 보호 조항들이 추가로 규정되었다. 그 동안의 법 개정 과정에서 수질기준, 특별관리해역 및 환경보전해역, 오염총량제, 해양환경보전종합대책, 수질측정망 등 총론적 성격의 규정들이 다수 추가되었다. 구 「해양오염방지법」은 선박으로부터의 유류오염방지를 주 대상으로 하고 있으나 해양오염원에 대한 종합적이고도 체계적인 규제가 필요한 시점이었고, 또한 구법으로는 하천 및 하구역 등의 장소에서 유입되는 육상기인오염물질에 대한 감시를 하기에는 부적절하였다(이윤철 외, 2012: 378). 이를 보완하기 위해 현행 기름, 폐기물, 유해액체물질 등 물질별 규제체계를 '오염물질'로 통합 규정하기 위하여 현행 「해양환경관리법」으로 개칭 및 개편되게 되었다. 해양오염방지 법규범을 위반하였거나 위반하고 있다는 객관적이고 합리적인 혐의가 있는 선박, 해양시설 및 육상오염원에 대하여 「해양환경관리법」 규정에 따라 해양경찰권의 행사가 이루어질 수 있다.

2) 유류오염사고에 대한 공해상 개입에 관한 협약(International Convention Relating to Intervention on the High Seas of Oil Pollution Casualties, 1969)

유류오염사고에 대한 공해상 개입에 관한 협약은 공해상에서 해양사고 후 발생한 유류오염 내지는 유류오염의 위협으로부터 당해 연안국의 연안 또는 이익에 반하는 위험을 방지, 경감 또는 제거하기 위해 필요한 공해상에서의 조치를 연안국이 취할 수 있도록 하고 있다. 그러나 군함 또는 국가가 소유하거나 운항하는 정부선박에 대해서는 이 협약에 의거한 조치를 취할 수 없다(협약 제1조). 이는 공해에서의 유류오염 또는 유류오염의 위협으로부터의 위험 방지를 위한 당사국 정부의 경찰권 발동을 예정하고 있다. 주의해야 할 점은 연안국의 개입조치는 반드시 필요한 경우로 한정하고 있다는데 있으며, 아울러 당해 기국, 선박소유자, 화주 및 가능하다면 독립된 전문가로부터의 협의를 거친 후에 개입조치가 이루어져야 한다는 것이다. 개인 또는 회사가 영향을 받는다고 예상될 시에는 그 개인 또는 법인에 대하여 취하려고 하는 조치를 통지해야 하며, 그들의 의견을 고려하여야 한다(동 협약 제3조). 물론 연안국이 이 협약이 허용하는 범위를 넘어서는 위법적인 개입조치를 취한 경우에는 당해 조치에 의해 초래된 손해에 대하여 배상하여야 한다.

연안국이 취한 조치는 실제로 입은 손해와의 균형을 유지하여야 한다. 이러한 조치는 목적을 달성하기 위하여 합리적으로 필요한 한도를 넘어서는 아니 되며 그 목적을 달성하는 즉시 중지되어야 한다. 또한, 그 조치는 기국, 제3국 또는 관계인이나 회사의 관리 및 이익을 필요 이상으로 침해하여서는 안 된다(동 협약 제5조). 이 협약에는 이 협약의 적용과 관련된 분쟁의 해결을 위한 규정도 마련되어 있다. 이 협약은 군함과 비상업적 목적에 이용되는 국유선을 제외한 모든 항해선에 적용된다.

1969년 공해상 개입 협약은 당초 기름오염 사고에 적용되었던 바, 시간의 흐름에 따라 기름 이외의 화학물질에 의해서도 심각한 해양오염이 발생할 수 있다는 인식에 따라서 기름 이외에도 여타 오염물질을 포함하도록 할 필요성이 제기되었다. 그리하여 이 협약은 영문 명칭과는 달리, 기름 외에도 화학물질 등 기타 오염유발 물질의 유출사고에도 개입할 수 있도록 범위를 확장하였는데, 이는 1973년 의정서(Protocol Relating to Intervention on the High Seas in Cases of Marine Pollution by Substances other than Oil)에 따라 가능해졌다.[89]

89) 국제해사기구(IMO) 웹사이트 참조(2020. 02. 29.)
http://www.imo.org/About/Conventions/ListOfConventions/Pages/Default.aspx

4장 해양경찰 기관

1 해양경찰기관

[1] 해양경찰기관의 의의

(1) 해양경찰기관의 개념

국가는 행정주체로서 공법인에 해당한다. 공법적인 국가가 그 자체로서 국가의 행정사무를 직접 담당하거나 수행할 수는 없다. 그렇기 때문에 행정주체인 국가의 행정사무를 현실적으로 담당·수행하기 위하여 국가는 일정한 행정기구를 설치하고, 이로 하여금 국가의 행정사무를 담당·수행하도록 한다. 법률 및 명령에 의하여 부여된 행정기구의 각종 행위와 효과는 행정기구 자신이 아니라 국가에 귀속하게 되는데, 그 행정기구가 행정주체인 국가의 기관이다. 그러한 행정기관 중 해양경찰권한을 행사하거나 해양경찰 사무를 수행하는 기관이 해양경찰기관이다(윤성현·박주상·김경락, 2018: 66).

(2) 해양경찰공무원과의 구별

해양경찰기관은 해양경찰권한을 행사하거나 해양경찰사무를 수행하는 해양경찰조직의 구성단위이다. 해양경찰기관은 그를 구성하는 자연인인 해양경찰공무원과는 구별된다. 해양경찰기관은 행정주체인 국가의 기관으로서 독립적인 법인격을 가진 권리 주체가 아니고, 법률 및 명령(법규명령)에 의하여 부여된 일정한 권한의 범위 내에서 행정주체인 국가의 사무를 담당·수행할 뿐이다. 반면 해양경찰 공무원은 독립적인 권리주체로서 국가에 대하여 일정한 권리의무관계를 맺고 있다(김동희, 2017: 9).

해양경찰기관은 그를 구성하는 자연인인 해양경찰공무원의 변경과 상관없이 통일적인 일체로서 존속한다(박균성·김재광, 2014: 99).

〈표 3-22〉 경찰의 종류와 해양경찰기관

<table>
<tr><th colspan="3">사 법 경 찰</th><th rowspan="2">육상경찰기관
해양경찰기관</th></tr>
<tr><td rowspan="7">행정경찰(광의)</td><th colspan="2">보안경찰</th></tr>
<tr><td rowspan="6">행정경찰(협의)</td><td>노동경찰</td><td rowspan="6">일반행정기관</td></tr>
<tr><td>위생경찰</td></tr>
<tr><td>건축경찰</td></tr>
<tr><td>산업경찰</td></tr>
<tr><td>관세경찰</td></tr>
<tr><td>기타</td></tr>
</table>

[2] 해양경찰기관의 종류

해양경찰기관에는 ① 해양경찰관청 ② 해양경찰의결기관 ③ 해양경찰자문기관 ④ 해양경찰보조기관 ⑤ 해양경찰보좌기관 ⑥ 해양경찰집행기관 ⑦ 해양경찰부속기관 등이 있다.

(1) 해양경찰관청

해양경찰관청이란 법률상 주어진 권한의 범위 내에서 해양경찰에 관한 대외적 구속력 있는 국가의 의사를 결정하고 이를 외부에 표시하는 권한을 가진 해양경찰기관을 말한다. 현재 해양경찰관청은 해양경찰청장을 국가중앙해양경찰관청으로 하여 지방해양경찰청장인 국가지방상급해양경찰관청과 해양경찰서장인 국가지방하급해양경찰관청으로 구성되어 있다.

1) 국가중앙해양경찰관청 : 해양경찰청장

해양에서의 경찰 및 오염방제에 관한 사무를 관장하기 위하여 해양수산부장관 소속으로 해양경찰청을 둔다(정부조직법 제43조 제2항). 해양경찰청은 해양에서의 경찰 및 오염방제에 관한 사무를 관장한다(해양경찰청과 그 소속기관 직제 제3조). 해양경찰청에 청장 1명과 차장 1명을 두되, 청장 및 차장은 경찰공무원으로 보한다(정부조직법 제43조 제3항). 해양경찰청장은 치안총감으로 보한다(해양경찰청과 그 소속기관 직제 제4조).

해양경찰은 해양에서의 경찰사무를 전반적으로 관장하므로 일반·보통경찰로 볼 것이며, 특별경찰(협의의 행정경찰)로 볼 것은 아니다. 따라서 해양경찰청의 장 역시 육상 경찰청의 장과 같이 국가중앙경찰관청의 지위를 갖는다(홍정선, 2007: 99).

2) 국가지방상급해양경찰관청 : 지방해양경찰청장

해양경찰청장의 관장사무를 분장하기 위하여 해양경찰청장 소속으로 지방해양경찰청을 두고, 지방해양경찰청장 소속으로 해양경찰서를 둔다(해양경찰청과 그 소속기관 직제 제2조 제2항). 지방해양경찰청은 관할 해양에서의 경찰 및 오염방제에 관한 사무를 수행한다(해양경찰청과 그 소속기관 직제 제24조). 해양경찰청과 그 소속기관 직제 제26조 지방해양경찰청에 청장 1명을 둔다. 그리고 중부지방해양경찰청장은 치안정감으로, 서해지방해양경찰청과 남해지방해양경찰청의 청장은 치안감으로, 그 밖의 지방해양경찰청장은 경무관으로 보한다(해양경찰청과 그 소속기관 직제 제26조 제2항). 지방해양경찰청장은 해양경찰청장의 명을 받아 소관사무를 총괄하고, 소속 공무원을 지휘·감독한다(해양경찰청과 그 소속기관 직제 제26조 제3항).

3) 국가지방하급해양경찰관청 : 해양경찰서장

해양경찰청장의 관장사무를 분장하기 위하여 해양경찰청장 소속으로 지방해양경찰청을 두고, 지방해양경찰청장 소속으로 해양경찰서를 둔다(해양경찰청과 그 소속기관 직제 제2조 제2항). 해양경찰서에 서장 1명을 둔다(해양경찰청과 그 소속기관 직제 제30조 제1항). 서장은 총경으로 보한다(해양경찰청과 그 소속기관 직제 제30조 제2항). 서장은 지방해양경찰청장의 명을 받아 소관사무를 총괄하고, 소속 공무원을 지휘·감독한다(해양경찰청과 그 소속기관 직제 제30조 제3항).

(2) 해양경찰의결기관

해양경찰의결기관이란 행정주체의 의사를 결정할 권한 만 갖고 이를 외부에 표시할 권한은 갖지 못하는 해양경찰기관을 말한다. 해양경찰의결기관으로 경찰공무원법 제26조에 규정된 해양경찰공무원 징계위원회가 있다.[90)]

해양경찰관청은 해양경찰의결기관의 의결에 기속된다. 따라서 의결기관의 의결이 없거나, 그 의결에 반한 해양경찰관청의 의사표시는 하자있는 행위로서 무효가 된다(홍정선, 2013: 12).

(3) 해양경찰자문기관

해양경찰자문기관이란 해양경찰관청의 자문신청이 있는 경우 또는 자문신청 없는 경우라도 자진하여 해양경찰관청에 대하여 의견을 제시하는 것을 그 임무로 하는 해양경찰기관을

90) 경찰공무원법 제26조(징계위원회) ① 경무관 이상의 경찰공무원에 대한 징계의결은 「국가공무원법」에 따라 국무총리 소속으로 설치된 징계위원회에서 한다. ② 총경 이하의 경찰공무원에 대한 징계의결을 하기 위하여 대통령령으로 정하는 경찰기관 및 해양경찰관서에 경찰공무원 징계위원회를 둔다.

말한다. 해양경찰자문기관으로 경찰공무원법 제4조 및 제5조에 규정된 해양경찰공무원인사위원회가 있다.[91)]

자문기관의 의견은 해양경찰관청의 의사를 구속하지 않지만, 법률상 자문절차가 규정되어 있는 경우에 이를 거치지 않으면 그 행위는 절차상 하자 있는 행위가 되며, 그 하자는 원칙적으로 취소사유에 해당한다(김동희, 2017: 11).

(4) 해양경찰보조기관

해양경찰보조기관이란 해양경찰조직내의 내부기관으로서 독자적으로 해양경찰사무에 관한 국가 등의 의사를 결정 또는 표시하는 권한은 없고, 해양경찰관청의 권한행사를 보조하는 것을 임무로 하는 해양경찰기관을 말한다. 해양경찰보조기관으로 ① 해양경찰청차장, ②해양경찰청 각 국의 국장 및 각 과의 과장, ③ 서해·남해지방해양경찰청 안전총괄부장, ④ 지방해양경찰청과 해양경찰서 각 과의 과장, ⑤파출소와 출장소의 장, ⑥ 해상교통관제센터장이 있다.[92)]

(5) 해양경찰보좌기관

해양경찰보좌기관이란 정책의 기획 또는 계획의 입안 등을 통하여 해양경찰관청 또는 그 보조기관을 보좌하는 해양경찰기관을 말한다.[93)] 해양경찰보좌기관으로 ①국가중앙해양경찰관청을 보좌하는 대변인, ② 해양경찰청 차장을 보좌하는 기획조정관과 감사담당관, ③ 기획조정관을 보좌하여 해양경찰청 차장의 업무를 보좌하는 국제협력관, 혁신기획재정담당관, 행정법무담당관, 인사담당관, 교육담당관, ④ 지방해양경찰청장을 보좌하는 청문감사담당관, ⑤ 지방해양경찰청장 및 안전총괄부장을 보좌하는 상황실, ⑥ 직할단의 장과 직할대의 장이 있다.

(6) 해양경찰집행기관

해양경찰집행기관이란 소속 해양경찰관청의 명을 받아 해양경찰에 관한 국가의 의사를 실

---

91) 경찰공무원법 제4조(경찰공무원인사위원회의 설치) ① 경찰공무원의 인사(人事)에 관한 중요 사항에 대하여 경찰청장 또는 해양경찰청장의 자문에 응하게 하기 위하여 경찰청과 해양경찰청에 경찰공무원인사위원회(이하 "인사위원회"라 한다)를 둔다.

92) 정부조직법 제2조(중앙행정기관의 설치와 조직 등) ③ 중앙행정기관의 보조기관은 이 법과 다른 법률에 특별한 규정이 있는 경우를 제외하고는 차관·차장·실장·국장 및 과장으로 한다. 다만, 실장·국장 및 과장의 명칭은 대통령령으로 정하는 바에 따라 본부장·단장·부장·팀장 등으로 달리 정할 수 있으며, 실장·국장 및 과장의 명칭을 달리 정한 보조기관은 이 법을 적용할 때 실장·국장 및 과장으로 본다.

93) 보조기관은 행정청을 보조하면서 행정업무에 직접 참여하지만 , 보좌기관은 행정청 또는 보조기관을 지원함으로써 행정업무에 간접적으로 참여한다는 점에서 양자는 구별된다. 그러나 실제에 있어서는 양자의 구별이 엄격하지 않다.

력으로써 구체적으로 집행하는 해양경찰기관을 말한다. 해양경찰집행기관은 그 직무의 일관성 여부에 따라 보통해양경찰집행기관과 특별해양경찰집행기관으로 구분할 수 있다.

1) 보통해양경찰집행기관

보통해양경찰집행기관이란 일반적인 해양경찰업무를 집행하는 해양경찰기관을 말한다. 보통해양경찰집행기관을 구성하는 해양경찰공무원의 계급에는 계급은 치안총감·치안정감·치안감·경무관·총경·경정·경감·경위·경사·경장·순경으로 한다(경찰공무원법 제2조, 해양경찰법 제13조).

보통해양경찰집행기관인 해양경찰공무원은 원칙적으로 관할구역 안의 경찰업무를 담당한다. 돌발 사태를 진압하거나 특수지구를 경비할 때 필요한 경우 다른 지방 해양경찰관서의 장의 요구 또는 해양경찰청장의 명에 의하여 관할구역이 아닌 곳으로 파견될 수 있다(경찰응원법 제1조).

보통해양경찰집행기관인 해양경찰공무원은 보안경찰 이외에 사법경찰에 관한 사무도 담당하며, 이러한 사무를 담당하는 해양경찰공무원을 사법경찰관리(일반사법경찰관리)라고 한다.

2) 특별해양경찰집행기관

특별사법집행기관이란 해양경찰업무 중에서도 특정한 분야의 해양경찰업무를 수행하는 해양경찰기관을 말한다. 특별해양경찰집행기관으로 의무경찰대 설치 및 운영에 관한 법률에 규정된 의무해양경찰대가 있다.[94]

의무해양경찰대는 그 조직과 임무는 군대와 비슷하지만 그 임무가 치안유지의 일환이며, 그 구성원이 군인이 아닌 점에서 군대는 아니다. 이들에 대하여는 ①「경찰공무원법」 제10조, 제16조, 제21조, 제22조 및 제24조와 국가경찰공무원에게 적용되는「국가공무원법」 중 제46조, 제68조, 제71조부터 제73조까지, 제73조의2 및 제77조를 제외하고는「경찰공무원법」과 국가경찰공무원에게 적용되는「국가공무원법」을 의무경찰에게 준용한다(법 제4조(「경찰공무원법」 등의 준용 및 특례).

(7) 해양경찰부속기관

해양경찰청장의 관장사무를 지원하기 위하여 해양경찰청장 소속으로 해양경찰교육원, 중앙해양특수구조단, 해양경찰정비창을 두고 있다. 이를 해양경찰부속기관이라 한다.

---

94) 의무경찰대 설치 및 운영에 관한 법률 제1조(설치 및 임무) ① 간첩(무장공비를 포함한다)의 침투거부(浸透拒否), 포착(捕捉), 섬멸(殲滅), 그 밖의 대(對)간첩작전을 수행하고 치안업무를 보조하기 위하여 지방경찰청장 및 대통령령으로 정하는 국가경찰기관의 장 또는 해양경찰기관의 장 소속으로 의무경찰대를 둔다.

2 해양경찰 조직과 임무

경찰청이 육상에서의 모든 경찰사무를 관장하는 것과 마찬가지로 해양경찰청은 해양수산부장관이 관장하는 행정작용에 부수하여 일어나는 질서유지에 관한 사무만을 담당하는 것이 아니고, 해양에서의 모든 경찰사무를 담당하며 그 구성원도 경찰청의 구성원과 동일한 경찰공무원법에 따른 경찰공무원이다.

해양경찰 조직은 해양경찰청, 5개의 지방해양경찰청, 20개의 해양경찰서, 1개의 특별경비단(서해 5도 특별경비단)과 해양경찰청장의 관장사무를 지원하기 위한 해양경찰청장 소속 부속기관인 해양경찰교육원, 중앙해양특수구조단, 해양경찰정비창(책임운영기관)으로 구성되어 있다.

[1] 해양경찰청

해양에서의 경찰 및 오염방제에 관한 사무를 관장하기 위하여 해양수산부장관 소속으로 해양경찰청을 둔다(정부조직법 제43조 제2항). 해양경찰청은 해양에서의 경찰 및 오염방제에 관한 사무를 관장한다(해양경찰청과 그 소속기관 직제 제3조). 해양경찰청은 국가해양경찰관청인 해양경찰청장을 정점으로 하여 해양경찰보조기관인 해양경찰청 차장, 운영지원과장, 경비국장, 구조안전국장, 수사정보국장, 해양오염방제국장, 장비기술국장으로 구성되어 있다. 또한 해양경찰보좌기관으로 대변인, 기획조정관, 감사담당관, 국제협력관, 기획재정담당관, 혁신행정법무담당관, 인사담당관, 교육담당관, 스마트해양경찰추진단이 있다.

(1) 국가중앙해양경찰관청 : 해양경찰청장

해양경찰청에 청장 1명을 두되, 청장은 경찰공무원으로 보한다(정부조직법 제43조 제3항). 해양경찰청장은 치안총감으로 보한다(해양경찰청과 그 소속기관직제 제4조). 해양경찰청장 직무는 해양수산부장관 소속의 국가중앙해양경찰관청으로 해양에서의 경찰 및 오염방제에 관한 사무를 통합하고 해양경찰청의 사무를 관장하며, 소속해양경찰공무원 및 각급 해양경찰기관의 장을 지휘·감독한다(정부조직법 제7조 제1항 참조). 해양경찰청과 그 소속기관 직제 제26조 제3항은 '지방해양경찰청장은 해양경찰청장의 명을 받아 소관사무를 총괄하고, 소속 공무원을 지휘·감독한다.'라고 규정하고, 제30조 제3항은 '서장은 지방해양경찰청장의 명을 받아 소관사무를 총괄하고, 소속 공무원을 지휘·감독한다.'라고 규정하여 해양경찰청장의 지휘·감독권을 명확히 밝히고 있다.

〈그림 3-1〉 해양경찰청 조직도

자료 : 해양경찰청 홈페이지(2020. 02. 27.)

(2) 해양경찰 보조기관

1) 해양경찰청 차장

해양경찰청에 차장 1명을 두되, 차장은 경찰공무원으로 보한다. 차장은 치안정감으로 보한다. 해양경찰청 차장은 기획조정관과 감사담당관, 스마트해양경찰추진단의 보좌를 받아 행하는 업무와 해양경찰청장에 대한 보좌 및 그 직무에 대한 대행업무[95]를 담당한다.

2) 운영지원과장

운영지원과장은 총경으로 보한다.

3) 경비국장

경비국에 국장 1명을 둔다. 국장은 치안감 또는 경무관으로 보한다. 경비국에 경비과·종합상황실 및 해상교통관제과를 두되, 경비과장·종합상황실장은 총경으로 보하고, 해상교통관제과장은 서기관 또는 기술서기관으로 보한다.

95) 국가의 행정조직에 관한 기본법인 정부조직법 제7조 제2항은 '차장은 그 기관의 장을 보좌하여 소관사무를 처리하고 소속공무원을 지휘·감독하며, 그 기관의 장이 사고로 직무를 수행할 수 없으면 그 직무를 대행한다.'고 규정하고 있다.

4) 구조안전과장

구조안전국에 국장 1명을 둔다. 국장은 치안감 또는 경무관으로 보한다. 구조안전국에 해양안전과·수색구조과 및 수상레저과를 두며, 각 과장은 총경으로 보한다.

5) 수사정보국장

수사정보국에 국장 1명을 둔다. 국장은 치안감 또는 경무관으로 보한다. 수사정보국에 수사과·형사과·정보과 및 외사과를 두되, 각 과장은 총경으로 보한다.

6) 오염방제국장

해양오염방제국에 국장 1명을 둔다. 국장은 고위공무원단에 속하는 일반직공무원으로 보한다. 해양오염방제국장은 고위공무원단에 속하는 일반직공무원으로 보하되, 그 직위의 직무등급은 나등급으로 한다. 해양오염방제국에 방제기획과·기동방제과 및 해양오염예방과를 두며, 방제기획과장은 부이사관 또는 기술서기관으로, 기동방제과장 및 해양오염예방과장은 기술서기관으로 보한다.

7) 장비기술국장

장비기술국에 국장 1명을 둔다. 국장은 치안감 또는 경무관으로 보한다. 장비기술국에 장비기획과·장비관리과·항공과 및 정보통신과를 두되, 장비기획과장·장비관리과장·항공과장은 총경으로, 정보통신과장은 서기관·기술서기관 또는 총경으로 보한다.

(3) 해양경찰 보좌기관

1) 해양경찰청장 보좌기관 : 대변인

청장 밑에 대변인 1명을 둔다. 대변인은 4급 또는 총경으로 보한다. 대변인은 다음 사항에 관하여 청장을 보좌한다. 주요정책에 관한 대언론 홍보 계획의 수립·조정 및 소속기관의 대언론 정책홍보 지원·조정, 보도계획의 수립, 보도자료 작성·배포, 인터뷰 등 언론과 관련된 업무, 온라인대변인 지정·운영 등 소셜 미디어 정책소통 총괄·점검 및 평가를 한다.

2) 해양경찰청 차장 보좌기관

가) 기획조정관

차장 밑에 기획조정관 및 감사담당관 각 1명을 둔다. 기획조정관은 치안감으로 차장을 보좌한다.

나) 감사담당관

감사담당관은 4급 또는 총경으로 보한다. 감사담당관은 차장을 보좌한다.

다) 스마트해양경찰추진단

「행정기관의 조직과 정원에 관한 통칙」 제29조제3항 및 제4항에 따라 차장 밑에 스마트해양경찰추진단을 둔다. 스마트해양경찰추진단에 단장 1명을 두며, 단장은 서기관 또는 총경으로 보한다. 스마트해양경찰추진단장은 다음 사항에 관하여 차장을 보좌한다. ① 해양경찰 분야 첨단 기술 활용 관련 계획의 수립·시행, ② 해양경찰 분야 맞춤형 기술 개발에 관한 연구·기획, ③ 아이디어 발굴을 통한 해양경찰 장비 개발에 관한 사항, ④ 해양경찰 개인 장비의 현장 적합성 제고에 관한 사항

3) 기획조정관 보좌기관

가) 국제협력관

국제협력관은 고위공무원단에 속하는 일반직공무원 또는 경무관으로 보하되, 고위공무원단에 속하는 일반직공무원으로 보하는 경우에 그 직무등급은 나등급으로 한다. 다음의 업무를 위해 기획조정관을 보좌한다. ① 해양경찰업무와 관련된 국제협력 업무에 관한 계획의 수립·조정 업무, ② 외국 해상치안기관 및 주한외국공관과의 교류·협력 업무, ③ 해양경찰 관련 국제기구 참여 및 국제협약 등과 관련된 업무, ④ 해외주재관 파견·운영 및 공무 국외여행, ⑤ 국제해양 정보 수집·분석 및 배포 등

나) 기획재정담당관, 혁신행정법무담당관, 인사담당관, 교육담당관

기획조정관 밑에 기획재정담당관·혁신행정법무담당관, 인사담당관 및 교육담당관을 두되, 기획재정담당관·혁신행정법무담당관 및 인사담당관은 총경으로, 교육담당관은 서기관 또는 총경으로 보한다. 모두 기획조정관을 보좌한다.

[2] 지방해양경찰청

해양경찰청장의 관장사무를 분장하기 위하여 해양경찰청장 소속으로 지방해양경찰청을 두고, 지방해양경찰청장 소속으로 해양경찰서를 둔다(해양경찰청과 그 소속기관 직제 제2조 〈소속기관〉 제2항). 지방해양경찰청은 관할 해양에서의 경찰 및 오염방제에 관한 사무를 수행한다(해양경찰청과 그 소속기관 직제 제24조). 서해지방해양경찰청 안전총괄부 및 남해지방해양경찰청 안전총괄부에 부장 각 1명을 둔다. 부장은 경무관으로 보한다.

해양경찰청과 그 소속기관 직제 시행규칙 제20조는 지방해양경찰청에는 구분에 따라 부 및 과를 두고, 지방해양경찰청장 밑에 청문감사담당관 및 종합상황실장을 둔다. 다만, 서해 및 남해지방해양경찰청은 안전총괄부장 밑에 종합상황실장을 둔다.

1) 중부지방해양경찰청 : 기획운영과·경비과·구조안전과·수사정보과 및 해양오염방제과
2) 서해 및 남해지방해양경찰청 : 안전총괄부 및 기획운영과. 이 경우 안전총괄부에 경비과·구조안전과·수사정보과 및 해양오염방제과를 둔다.
3) 동해 및 제주지방해양경찰청 : 기획운영과·경비안전과·수사정보과 및 해양오염방제과 기획운영과장·경비과장·구조안전과장 및 경비안전과장은 총경으로, 수사정보과장은 총경 또는 경정으로, 해양오염방제과장은 기술서기관·공업사무관·보건사무관·환경사무관·해양수산사무관 또는 방재안전사무관으로, 청문감사담당관은 총경 또는 경정으로, 종합상황실장은 경정으로 보한다.

지방해양경찰청장 밑에 항공단을 직할단으로 두고, 특공대를 직할대로 둔다. 다만, 중부지방해양경찰청장 밑에는 서해5도 특별경비단 및 항공단을 직할단으로 두고, 특공대를 직할대로 둔다. 서해5도 특별경비단장은 총경으로 보하고, 항공단장·특공대장은 경정 또는 경감으로 보한다. 각 직할단(서해5도 특별경비단은 제외한다)의 장 및 직할대의 장의 보좌사무는 해양경찰청장이 정하는 기준에 따라 지방해양경찰청장이 정한다(해양경찰청과 그 소속기관 직제 시행규칙 제20조).

지방해양경찰청의 명칭 및 위치는 별표 2와 같고, 그 관할구역은 해양수산부령으로 정한다(해양경찰청과 그 소속기관 직제 제25조).

〈그림 3-2〉 해양경찰 5개 지방청

중부지방해양경찰청	서해지방해양경찰청	남해지방해양경찰청	동해지방해양경찰청	제주지방해양경찰청
인천해양경찰서	군산해양경찰서	통영해양경찰서	포항해양경찰서	제주해양경찰서
평택해양경찰서	부안해양경찰서	창원해양경찰서	울진해양경찰서	서귀포해양경찰서
태안해양경찰서	목포해양경찰서	부산해양경찰서	동해해양경찰서	
보령해양경찰서	완도해양경찰서	울산해양경찰서	속초해양경찰서	
서해5도특별경비단	여수해양경찰서			

자료 : 해양경찰청 홈페이지(2020. 02. 27.)

(1) 국가지방상급해양경찰관청 : 지방해양경찰청장

지방해양경찰청에 청장 1명을 둔다. 중부지방해양경찰청장은 치안정감으로, 서해지방해양경찰청과 남해지방해양경찰청의 청장은 치안감으로, 그 밖의 지방해양경찰청장은 경무관으

로 보한다. 지방해양경찰청장은 해양경찰청장의 명을 받아 소관사무를 총괄하고, 소속 공무원을 지휘·감독한다.

(2) 지방해양경찰청 보조기관

1) 안전총괄부장

서해지방해양경찰청 안전총괄부 및 남해지방해양경찰청 안전총괄부에 부장 각 1명을 둔다. 부장은 경무관으로 보한다.

2) 기획운영과장, 경비과장, 구조안전과장, 경비안전과장

기획운영과장·경비과장·구조안전과장 및 경비안전과장은 총경으로 보한다.

3) 수사정보과장

수사정보과장은 총경 또는 경정으로 보한다.

4) 해양오염방제과장

해양오염방제과장은 기술서기관·공업사무관·보건사무관·환경사무관·해양수산사무관 또는 방재안전사무관으로 보한다.

5) 해상교통안전센터장

지방해양경찰청의 소관 사무를 분장하기 위하여 지방해양경찰청장 소속으로 해상교통관제센터를 둔다. 해상교통관제센터는 연안교통관제센터와 항만교통관제센터로 구분한다. 해상교통관제센터의 명칭 및 위치는 해양수산부령으로 정하고, 관할구역 등 그 밖에 필요한 사항은 지방해양경찰청장이 정한다.

해상교통관제센터에 센터장 1명을 두며, 연안교통관제센터장은 5급 또는 경정으로, 항만교통관제센터장은 5급으로 보한다.

(3) 지방해양경찰청 보좌기관

1) 직할단의 장과 직할대의 장

지방해양경찰청장은 해양수산부령으로 정하는 범위에서 그 밑에 각각 직할단과 직할대를 둘 수 있다. 직할단의 장과 직할대의 장은 특정한 해양경찰사무에 관하여 각각 지방해양경찰청장을 보좌한다.

지방해양경찰청장 밑에 항공단을 직할단으로 두고, 특공대를 직할대로 둔다. 다만, 중부지방해양경찰청장 밑에는 서해5도 특별경비단 및 항공단을 직할단으로 두고, 특공대를 직할대로 둔다. 서해5도 특별경비단장은 총경으로 보하고, 항공단장·특공대장은 경정 또는 경감으로 보한다. 각 직할단(서해5도 특별경비단은 제외한다)의 장 및 직할대의 장의 보좌사무는 해양경찰청장이 정하는 기준에 따라 지방해양경찰청장이 정한다.

2) 청문감사관

지방해양경찰청장 밑에 청문감사담당관을 둔다. 청문감사담당관은 지방해양경찰청장을 보좌한다. 청문감사담당관은 총경 또는 경정으로 보한다.

3) 지방해양경찰청장 및 안전총괄부장 보좌기관 : 상황실장

지방해양경찰청장 밑에 종합상황실장을 둔다. 다만, 서해 및 남해지방해양경찰청은 안전총괄부장 밑에 종합상황실장을 둔다. 종합상황실장은 경정으로 보한다.

[3] 해양경찰서

해양경찰청장의 관장사무를 분장하기 위하여 해양경찰청장 소속으로 지방해양경찰청을 두고, 지방해양경찰청장 소속으로 해양경찰서를 둔다.

지방해양경찰서는 국가지방하급해양경찰관청인 해양경찰서장을 정점으로 하여 지방해양경찰보조기관인 각 과의 과장과 파출소장 및 출장소장으로 구성되어 있다. 지방해양경찰청에 두는 해양경찰서의 명칭 및 위치는 별표 3과 같고, 해양경찰서의 하부조직·관할구역, 그 밖에 필요한 사항은 해양수산부령으로 정한다(해양경찰청과 그 소속기관 직제 제30조).

(1) 국가지방하급해양경찰관청 : 해양경찰서장

해양경찰서에 서장 1명을 둔다. 서장은 총경으로 보한다. 서장은 지방해양경찰청장의 명을 받아 소관사무를 총괄하고, 소속 공무원을 지휘·감독한다.

(2) 지방해양경찰 보조기관

1) 각 과의 과장

해양경찰서에 기획운영과·경비구조과·해양안전과·수사과·정보과·해양오염방제과 및 장비관리과를 둔다. 다만, 인천해양경찰서 및 동해해양경찰서에는 기획운영과·경비구조과·해양안전과·수사과·정보과·보안팀·해양오염방제과 및 장비관리과를 두고, 보령해양경찰서 및 부안해양경찰서에는 기획운영과·경비구조과·해양안전과·수사과·정보과 및 해양오염방제과를 두며, 울진해양경찰서에는 기획운영과·경비구조과·해양안전과·수사정보과 및 해양오염

방제과를 둔다. 각 과장은 경정 또는 경감으로 보한다. 다만, 해양오염방제과장은 공업사무관·보건사무관·환경사무관·해양수산사무관·방재안전사무관으로 보한다. 각 과장의 분장사무는 해양경찰청장이 정하는 기준에 따라 지방해양경찰청장이 정한다(해양경찰청과 그 소속기관 직제 시행규칙 제30조).

2) 파출소장 및 출장소장

지방해양경찰청장은 해양경찰서장의 소관 사무를 분장하기 위하여 해양수산부령으로 정하는 바에 따라 해양경찰서장 소속으로 파출소를 둘 수 있다. 지방해양경찰청장은 필요한 경우에는 해양수산부령으로 정하는 바에 따라 해양경찰서장 소속으로 출장소를 둘 수 있다.

파출소 및 출장소의 설치기준은 해양경찰서장의 소관 사무를 분장하기 위하여 해양경찰서장 소속으로 파출소를 두되, 다음 각 호의 어느 하나에 해당하는 경우에는 출장소를 둘 수 있다. ① 도서, 농·어촌 벽지 등 교통·지리적 원격지로 인접 해양경찰관서에서의 출동이 용이하지 아니한 경우 ② 관할구역에 국가중요시설 등 특별한 경계가 요구되는 경우 ③ 휴전선 인근 등 보안상 취약지역을 관할하는 경우 ④ 규정한 사항 외에 치안수요가 특수하여 파출소를 운영하는 것이 적당하지 아니한 경우이다. 파출소 및 출장소의 명칭·위치와 관할구역, 그 밖에 필요한 사항은 지방해양경찰청장이 정한다(해양경찰청과 그 소속기관 직제 시행규칙 제31조).

[4] 해양경찰 부속기관

(1) 해양경찰교육원

교육원에 원장 1명을 두며, 원장은 치안감으로 보한다. 원장은 해양경찰청장의 명을 받아 소관 사무를 총괄하고, 소속 공무원을 지휘·감독한다.

해양경찰교육원(이 장에서 "교육원"이라 한다)에 교육지원과·인재개발과·교육훈련과·종합훈련지원단 및 학생과를 두며, 교육지원과장·인재개발과장·교육훈련과장 및 종합훈련지원단장은 총경으로, 학생과장은 경정으로 보한다.

해양에서의 경찰 및 오염방제 업무에 관한 연구·분석·장비개발 등에 관한 사무를 관장하기 위하여 해양경찰교육원장 소속으로 해양경찰연구센터(이하 "연구센터"라 한다)를 둔다.

연구센터에 센터장 1명을 두며, 센터장은 4급으로 보한다. 센터장은 해양경찰교육원장의 명을 받아 소관사무를 총괄하고, 소속 공무원을 지휘·감독한다. 해양경찰연구센터장은 기술서기관으로 보한다. 해양경찰연구센터(이하 "연구센터"라 한다)에 연구기획팀·해양경찰연구팀 및 방제연구팀을 두며, 각 팀장은 공업사무관·보건사무관·환경사무관·해양수산사무관·방재안전사무관·공업연구관 또는 환경연구관으로 보한다.「행정기관의 조직과 정원에 관한 통칙」 제12조제3항 및 제14조제4항에 따라 연구센터에 두는 보좌기관 또는 보조기관은 해양경찰청의 소속기관(해양경찰정비창은 제외한다)에 두는 정원의 범위에서 해양수산부령으로 정한다.

(2) 중앙해양특수구조단

특수구조단에 단장 1명을 두며, 단장은 총경으로 보한다. 단장은 해양경찰청장의 명을 받아 소관사무를 총괄하고, 소속 공무원을 지휘·감독한다. 특수구조단의 소관 사무를 분장하기 위하여 특수구조단장 소속으로 서해해양특수구조대 및 동해해양특수구조대를 둔다.

서해해양특수구조대 및 동해해양특수구조대에 대장 각 1명을 두며, 서해해양특수구조대장은 경정으로, 동해해양특수구조대장은 경감으로 보한다.

서해해양특수구조대장 및 동해해양특수구조대장은 특수구조단장의 명을 받아 소관 사무를 총괄하고, 소속 공무원을 지휘·감독한다.

특수구조단 및 해양특수구조대의 위치는 별표 1과 같고, 그 관할구역은 해양수산부령으로 정한다.

(3) 해양경찰정비창

해양경찰정비창은 함정의 정비 및 수리에 관한 사무를 관장한다. 해양경찰정비창의 하부조직의 설치와 분장사무는「책임운영기관의 설치·운영에 관한 법률」 제15조제2항에 따라 같은 법 제10조에 따른 기본운영규정으로 정한다.「책임운영기관의 설치·운영에 관한 법률」 제16조제1항 후단에 따라 해양경찰정비창에 두는 공무원의 종류별·계급별 정원은 이를 종류별 정원으로 통합하여 해양수산부령으로 정하고, 직급별 정원은 같은 법 시행령 제16조제2항에 따라 같은 법 제10조에 따른 기본운영규정으로 정한다.

해양경찰정비창(이하 "정비창"이라 한다)에 창장 1인을 두되, 창장은 임기제공무원으로 보한다. 창장은 해양경찰정비창의 사무를 총괄하고, 소속 공무원을 지휘 감독한다.

(4) 중부지방청의 서해5도 특별경비단

서해5도 특별경비단장은 다음 사항에 관하여 중부지방해양경찰청장을 보좌한다. ① 불법외국어선 단속, 수사 및 사후처리에 관한 사항 ② 서해5도 해역에서의 경비 및 작전 업무에 관한 사항 ③ 서해5도 해역에서의 경비·작전 관련 위기관리 업무에 관한 사항 ④ 서해5도 해역에서의 수색 및 구조 업무에 관한 사항

3 해양경찰청 소속 공무원

[1] 국가공무원법상의 국가공무원의 구분

〈표 3-23〉 국가공무원의 구분

구분	내용
경력직	일반직(행정·기술·관리운영직, 우정직, 연구·지도직, 전문직)
	특정직(경찰, 검사, 소방, 군인, 법관, 국가정보원직원 등)
특수경력직	정무직(국무총리, 대법원장, 감사원장, 국정원장 등)
	별정직(국회 수석전문위원, 장관정책보좌관 등)

(1) 경력직공무원

경력직공무원은 실적과 자격에 의하여 임용되고 그 신분이 보장되며, 평생 동안 공무원으로 근무할 것이 예정되는 공무원을 말한다.

1) 일반직공무원 : 기술·연구 또는 행정 일반에 대한 업무를 담당하는 공무원
2) 특정직공무원 : 법관·검사·외무공무원·경찰공무원·소방공무원·교육공무원·군인·군무원·헌법재판소 헌법연구관·국가정보원의 직원과 특수 분야의 업무를 담당하는 공무원으로서 다른 법률에서 특정직공무원으로 지정하는 공무원이다.
3) 다만, 전문지식·기술이 요구되거나 임용관리에 특수성이 요구되는 업무를 담당하게 하기 위하여 경력직공무원을 임용할 때에 일정기간을 정하여 근무하는 "임기제공무원"은 근무기간 동안 근무할 것이 예정되어 있다.

국가공무원법 제26조의5

제26조의5(근무기간을 정하여 임용하는 공무원) ① 임용권자는 전문지식·기술이 요구되거나 임용관리에 특수성이 요구되는 업무를 담당하게 하기 위하여 경력직공무원을 임용할 때에 일정기간을 정하여 근무하는 공무원(이하 "임기제공무원"이라 한다)을 임용할 수 있다

(2) 특수경력직공무원

특수경력직공무원은 경력직공무원 외의 공무원으로서 정무직 및 별정직으로 분류한다.

1) 정무직공무원 : 선거, 국회동의에 의하여 임용되는 공무원, 고도의 정책결정업무를 담당하거나 이를 보조하는 공무원으로서 법령으로 정무직으로 지정하는 공무원이다.

2) 별정직공무원 : 비서관·비서 등 보좌업무 등을 수행하거나 특정한 업무수행을 위하여 법령에서 별정직공무원으로 지정하는 공무원이다.

[2] 경력직 공무원의 종류

(1) 일반직 공무원

기술·연구·행정업무를 담당하는 공무원이다.

1) 행정·기술·관리운영직

「공무원임용령」 별표 1의 각 직군·직별에 해당하는 공무원으로 1급 ~ 9급

다만, 행정부 소속 공무원은 고위공무원 및 3급 ~ 9급으로 구분한다.

2) 우정직

인사관리의 효율성과 기관성과를 높이기 위해 계급·직군·직렬의 분류를 달리 적용하여 「공무원임용령」 별표 2에 따라 우정1급 ~ 우정9급으로 구분한다.

3) 연구직

기록연구·해양수산연구·환경연구 등 「연구직 및 지도직공무원의 임용 등에관한 규정」 별표 1 제1호의 각 직렬에 해당하는 공무원(연구관·연구사)이다.

4) 지도직

농촌·어촌지도 등 「연구직 및 지도직공무원의 임용 등에 관한 규정」 별표 1제2호의 각 직렬에 해당하는 공무원(지도관·지도사)이다.

5) 전문직

「전문직공무원 인사규정」에 따라 전보의 범위가 특정 전문 분야로 제한되어 인사관리되는 공무원(수석전문관·전문관)이다.

6) 전문경력관

일반직공무원 직위 중 순환보직이 곤란하거나 장기 재직 등이 필요한 특수업무 분야의 직위를 "전문경력관직위"로 지정하고, 직무의 특성 난이도 및 직무에 요구되는 숙련도 등에 따라 가군·나군·다군으로 구분한다.

(2) 임기제공무원

1) 전문지식·기술이 요구되거나 임용관리에 특수성이 요구되는 업무를 담당하게 하기 위하여 근무기간을 정하여 임용되는 경력직공무원을 말한다.

   ※ 2013. 12월 폐지된 계약직공무원이 대부분 임기제공무원으로 전환됨

2) 임기동안 신분이 보장되는 경력직공무원에 해당하며, 일반직과 동일한 직급·직위 명칭 사용 가능하다.

3) 개방형 직위에 임용되는 공무원(외부에서 임용되는 경우) 또는 책임운영기관장(해양경찰정비창장)이 임기직공무원에 해당한다.

> "공무직근로자"는 상시적·지속적 업무에 종사하며 기간의 정함이 없이 근로계약을 체결한 사람이며, "기간제근로자"는 기간의 정함이 있는 근로계약을 체결한 근로자로서 양자 모두 공무원이 아니다.

(3) 특정직공무원

1) 담당업무가 특수하여 자격·신분보장·복무 등에서 특별법이 우선 적용되는 공무원으로 법관·검사·외무공무원·경찰공무원·소방공무원·교육공무원·군인·군무원·국가정보원 직원·경호공무원·헌법재판소 헌법연구관 등으로 계급, 임용 등에 관한 사항은 개별법(국가공무원법의 특례법)으로 규정한다. 단, 개별법이 규정하지 아니한 사항(인사업무의 전문성 확보, 파견근무, 제7장 복무 등)에 대하여는 특별한 사정이 없는 한 국가공무원법 적용한다.

> **경찰공무원법 제1조**
> 제1조(목적) 이 법은 국가경찰공무원의 책임 및 직무의 중요성과 신분 및 근무 조건의 특수성에 비추어 그 임용, 교육훈련, 복무, 신분보장 등에 관하여 「국가공무원법」에 대한 특례를 규정함을 목적으로 한다.

2) 특정직공무원의 분류 및 개별법

〈표 3-24〉 특정직공무원 분류

구 분	분 류	개별법
법관	▸ 대법원장–대법관–판사	법원조직법제4조, 제5조
검사	▸ 검찰총장–검사	검찰청법 제6조

〈표 3-24〉 계속

구 분	분 류	개별법
외무 공무원	► 고위외무공무원(공사급 이상 직위) ► 외무공무원 · 외교통상직렬, 외무영사직렬, 외교정보기술직렬로 구분하되 대통령령으로 정하는 참사관급 이상 직위는 직렬 미구분	외무공무원법 제2조
경찰 공무원	► 치안총감–치안정감–치안감–경무관–총경–경정–경감–경위–경사–경장–순경	경찰공무원법 제2조
소방 공무원	► 소방총감–소방정감–소방감–소방준감–소방정소방령–소방경–소방위–소방장–소방교–소방사	소방공무원법 제2조
교육 공무원	► 교 원 – 유치원, 초·중·고등학교: 교장(원장), 교감(원감), 수석교사, 교사 – 대학: 교수, 부교수, 조교수, 조교 ► 장학관, 장학사 ► 교육연구관, 교육연구사	교육공무원법 제2조, 제6조, 제6조의2, 제7조, 제8조
군인	► 장교 : 장성(원수, 대장, 중장, 소장, 준장), 영관(대령, 중령, 소령), 위관(대위, 중위, 소위) ► 준사관: 준위 ► 부사관: 원사, 상사, 중사, 하사	군인사법 제3조
군무원	► 일반군무원: 1~9급	군무원인사법 제3조
국가정보 원직원	► 특정직 직원: 1~9급	국가정보원직원법 제2조
경호 공무원	► 경호공무원: 1~9급	대통령 등의 경호에 관한 법률 제6조

5장 해양경찰에 대한 통제

1 해양경찰통제의 의의

[1] 행정책임

행정책임이란 행정조직이 직무를 수행할 때 주권자인 국민의 기대와 요구를 부응하여 공익, 근무규율 등 일정한 기준에 따라 행동해야 할 의무를 말한다. 행정책임은 그것을 확보하는 수단이 강구될 때 그 실효가 있다.

행정책임은 행정통제를 통해 보장되며 행정통제는 행정의 책임성을 확보하는 수단이다. 한국의 경우 종래 권위적 정치문화로 인해 행정기관은 폐쇄적으로 운영되어 외부 통제가 적절히 이루어지지 못했다고 볼 수 있다.

[2] 해양경찰책임

민주국가에서 해양경찰은 국민의 이익을 위해 봉사해야 할 책임이 있으며, 해양경찰 활동은 국민의 의사에 따라 통제되어야 한다. 해양경찰 책임이란 해양경찰기관 또는 해양경찰관이 주권자인 국민의 기대·요망에 부응하여 공익·직업윤리·법령과 해양경찰 목표 등 일정한 기준에 따라 행동해야 할 의무를 말한다.

[3] 해양경찰통제의 의의

해양경찰통제는 해양경찰책임을 보장하기 위한 사전적·사후적 제어장치로서 해양경찰조직의 구성원들이 공공의 안녕과 질서유지 및 국민에 대한 봉사정신 등의 법적·가치적 규범을 일탈하지 않도록 제재와 보상 등을 하는 활동이라고 할 수 있다. 즉, 해양경찰통제는 해양경찰의 조직과 활동을 점검하고 감시함으로써 해양경찰조직과 해양경찰활동의 적정을 도모하기 위한 제도적 장치 또는 활동을 말한다. 통제는 자기 통제가 바람직하나 조직의 자기 비호와 변화를 거부하는 속성상 외부통제가 필요하다. 그러나 외부 기관에 의한 업무의 상시적인 지휘는 조직의 자율성을 저해하는 등의 문제점이 있으므로 바람직하지 못하다 (강용길 외, 2010: 359).

[4] 해양경찰통제의 필요성

(1) 해양경찰의 민주적 운영

민주주의를 기본이념으로 하는 국가에서의 해양경찰은 민주주의를 수호하기 위한 조직으로서 민주적으로 조직되고 운영·관리되어야 한다. 이를 위해 해양경찰통제가 필요하다. 해양경찰법은 해양경찰위원회 제도를 도입함으로써 해양경찰의 민주적 통제를 시도하고 있다.

(2) 해양경찰의 정치적 중립성 보장

해양경찰은 국민 전체에 대한 봉사자이므로 특정 정당이나 특정 집단의 이익이나 이념을 위해 활동해서는 안 되며, 전체 국민과 국가의 이익을 위해 활동해야 한다. 이를 확보하기 위해 해양경찰통제가 필요하다.

(3) 법치주의의 확립

해양경찰활동이 법이 수권한 범위 내에서 이루어졌는지 여부도 해양경찰통제의 대상이다.

(4) 국민의 인권 보호

해양경찰 업무의 성격 자체가 해양에서 사회공공의 안녕과 질서유지라고 하는 해양경찰의 기본적 임무를 수행하기 위해 국민의 인권을 침해할 가능성이 많으므로 국민의 인권을 보호하기 위해 해양경찰통제가 필요하다.

(5) 해양경찰 조직의 부패 방지

해양경찰의 조직, 예산, 인력, 장비 등의 운영시에 낭비나 부조리 등을 방지하고 조직을 건전하게 유지하기 위해 해양경찰통제가 필요하다.

2 해양경찰통제의 기본요소

[1] 권한의 분산

권한의 분산은 해양경찰에 대한 국민의 통제 내지 참여를 촉진시킬 수 있다. 권한의 분산은 지방으로의 권한분산인 자치경찰제의 시행만을 의미하는 것은 아니며, 해양경찰의 중앙조직과 지방조직간의 권한의 분산, 상위 계급자와 하위 계급자 간의 권한의 분산 등이 더욱 필요하다.

[2] 공개

종래 행정기관은 비밀주의에 입각하여 행정이 가지고 있는 각종 정보를 폐쇄적으로 관리해왔다. 그러나 오늘날 국민의 알 권리 충족, 행정의 민주화, 국민의 권리·이익의 보호, 행정권한 남용 방지, 국정 운영의 투명성을 확보하여 국정에 대한 국민의 신뢰성 확보 등을 목적으로 행정 기관의 정보 공개가 강력히 요청되고 있으며, 정보의 공개는 행정통제의 근본이 되고 있다. 이를 법적으로 뒷받침하기 위해 「공공기관의 정보공개에 관한 법률」이 제정되어 시행되고 있다.

특히, 해양경찰행정은 공개를 전제로 투명하게 처리하려는 자세 전환이 필요하다. 다만 해양경찰이 보유하고 있는 정보 중에는 공개시 개인의 인권을 침해할 우려가 있는 부분이 있으므로 공개 대상이 아닌 정보를 제외하고 공개해야 한다(신현기 외, 2011: 338).

[3] 참여

오늘날에는 시민이 공청회·행정자문위원회에의 참여와 서명운동, 집단교섭, 데모 등을 통해 행정에 참여하여 행정을 통제하는 경향이 두드러지고 있다. 행정의 전문화·복잡화와 재량권의 확대 등으로 입법통제가 약화됨으로써 행정의 민주통제가 어렵게 되어 시민이 직접 행정에 참여하여 통제기능을 담당하지 않을 수 없게 된 것이다. 행정 참여의 보장을 통해 행정의 공공성, 투명성 및 신뢰성을 확보할 수 있다.

국민의 행정참여를 보장하기 위해 「행정절차법」에 의한 절차적 권리가 보편적으로 인정되었으며, 이와 같은 요구는 해양경찰기관에 대해서도 마찬가지로 작용하고 있다. 특히, 민주적 통제장치의 일환으로서 국민의 해양경찰행정에 대한 참여를 도모하기 위한 목적으로 간접적 참여의 장치인 해양경찰위원회가 구성되어 있지만 국민의 요구와 해양에서의 여러 분야의 문제를 해결하기 위해 시민단체 등 각 분야 단체 대표가 해양경찰행정에 더욱 참여하여야 할 필요가 있다.

[4] 책임

해양경찰에 대한 통제의 과정에서 잘못으로 드러난 문제에 대해서는 분명히 책임을 추궁해야 한다. 해양경찰은 그 구성원 개인의 위법행위나 비위에 대해 형사책임·민사책임이나 징계책임 등의 책임을 져야할 뿐만 아니라 해양경찰기관의 행정에 대해 조직으로서 책임을 져야 할 경우가 있다. 여기서 '조직으로서 책임'이라는 말은 해양경찰행정기관의 설명 책임이라고도 해석될 수 있는바, 조직의 과오에 대해 우리는 흔히 공무원 개인의 책임으로 돌리는 경우가 많으나 조직의 구조적인 정책결정의 과오나 구조적인 문제점 등에 대해서는 아무도 책임지려고 하지 않는 경향이 있다.

민주국가에서 행정책임은 ① 국민의 수임자로서 지는 도의적·규범적 책임, ② 법령에 따라야 하는 법적 책임, ③ 국민과 국회에 대한 민주적·정치적 책임, ④ 국민의 여론에 따라야 하는 응답적 책임, ⑤ 직업윤리에 충실해야 하는 기능적 책임을 의미한다.

한편, 행정책임은 행정인이 자기의 임무에 대해, 소속 조직에 대해 지는 책임과 행정기관이 그 활동에 관해 시민·국민에게 지는 책임으로 대별된다(신현기 외, 2011: 339).

[5] 환류

해양경찰통제는 해양경찰 행정의 목표와 관련하여 그 수행과정의 적정 여부를 확인하는 과정으로 그 확인 결과에 따라 책임을 추궁해야 한다. 그러나 책임 추궁에 그쳐서는 안 되고 환류과정을 통해 순환적으로 개선·발전을 유도해야 한다(최영규, 2004: 352-361).

3 통제의 유형 및 장치

[1] 민주적 통제와 사법적 통제

(1) 민주적 통제

민주적 통제란 시민 또는 그 대표기관을 통해 행정에 참여하고 감시함으로써 행정의 민주성을 확보하는 제도로 영·미법계 국가에서 채택하고 있다. 해양경찰 분야의 경우는 해양경찰조직의 민주성을 확보하기 위해 해양경찰위원회 등 제도적 장치를 통해 통제하고 있다.

우리나라의 경우 해양경찰조직의 민주성 확보를 위한 통제로 해양경찰위원회 제도와 국민감사청구제도가 실시되고 있다. '국민감사청구제'는 「부패방지법」에 의해 공공기관의 사무 처리가 법령위반 또는 부패행위로 공익을 해칠 경우 감사원에 감사를 요청할 수 있는 제도이다.

(2) 사법적 통제

사법적 통제란 국민이 행정에 의해 위법 또는 부당하게 권익을 침해당할 경우 법원이 행정소송이나 국가배상제도 등을 통해 행정부의 행위를 심사함으로써 행정을 통제하는 제도로서 대륙법계 국가가 주로 채택하고 있다. 대륙법계 국가에서는 초기에는 행정소송의 열기주의를 채택했으나 개괄주의로 전환함으로써 행정에 대한 법원의 통제를 확대하고 있다. 우리나라에서는 행정소송법과 국가배상법을 통해 행정의 위법한 처분 등에 대해 통제를 가하고 있다. 따라서 국민은 해양경찰관청의 위법한 처분 등 공권력 행사 또는 불행사로 인해 권리 또는 이익을 침해를 받은 경우에는 항고소송 등의 행정소송을 통해 구제를 받을 수 있고, 해양경찰공무원의 위법한 행위로 손해를 입은 국민은 국가를 상대로 손해배상을 청구할 수 있다.

(3) 양 제도의 혼합적 채택

종래 영·미법계 국가에서는 민주적 통제에 중점을 두었고, 대륙법계 국가에서는 사법적 통제에 치중했으나 오늘날에는 모든 국가에서 양 통제 시스템을 모두 채택하는 혼합적 시스템이 구축되고 있다.

[2] 사전적 통제와 사후적 통제

(1) 사전적 통제

행정으로 국민의 권리나 이익이 침해받기 전에 행정에 절차적으로 참여하여 통제하는 방법이다. 법적 근거로는 「행정절차법」이 있다. 「행정절차법」은 행정에 대한 사전통제를 규정하고 있는데, 동법은 행정청이 불이익처분 등을 행할 경우에 상대방에 대해 청문 등의 절차에 참여케 하여 자기의 이익에 관해 변명할 기회를 부여하고 있다. 또한 입법이나 행정계획 등을 수립할 경우에도 관계자의 권리나 이익을 고려하여 입법예고제나 행정예고제 등을 통해 미리 입법 등의 수립에 이해관계인의 참여 권리를 인정하고 있다. 그런데, 행정계획 절차는 계획마다 성질 자체가 지나치게 다양하여 일률적으로 규정하기 곤란하여 개별법에 맡기고 있다. 그리고 국회에 의한 사전통제도 있는바, 해양경찰 관계 법령이나 국정감사·조사 등의 행정 감독기능 행사, 해양경찰예산의 편성 과정 등을 통해 통제할 수 있다.

(2) 사후적 통제

사후통제는 행정청의 행위로 국민의 권리·이익이 침해를 받은 후에 사법부가 사범심사에 의해 구제하는 방법으로 행정통제를 하는 제도이다. 사법부의 사법심사에 의한 통제 외에도 행정부 내에서의 징계책임, 하급기관에 대한 감사권, 행정심판과 국회의 예산결산권, 국정감사·조사권 등의 행사 등도 사후통제의 방법이다(허경미, 2013: 257-263).

(3) 통제방법의 변화

과거에는 주로 실체적 권리를 중심으로 국민이 자기의 권리나 이익이 침해를 받은 후에 법원 등을 통해 구제를 청구하는 사후통제 중심이었으나 오늘날은 행정청에 대해 권리나 이익이 침해받기 전에 절차적으로 참여하는 등 사전통제가 강화되고 있다.

[3] 내부적 통제와 외부적 통제

(1) 내부적 통제

1) 감사관 제도

해양경찰 조직내 자체 통제를 통해 해양경찰청에 감사담당관, 지방해양경찰청에 청문감사담당관, 각 해양경찰서에 청문감사계를 두고 해양경찰기관 공무원에 대한 진정이나 비위 사항의 조사·처리 등의 업무를 처리하게 하면서 해양경찰 업무의 내부통제를 하고 있다. 감사담당관의 직무범위는 ① 행정감사제도의 운영 및 행정감사계획·부패방지종합대책의 수립·조정, ② 해양경찰청 및 그 소속기관에 대한 감사, ③ 해양경찰청 및 그 소속기관에 대한 다른 기관의 감사결과 처리, ④ 소속 공무원의 재산등록·선물 신고 및 취업제한에 관한 업무, ⑤ 사정업무 및 징계위원회의 운영, ⑥ 진정·민원 및 비위사실의 조사·처리, ⑦ 해양수색구조 안전성 등에 대한 감사 등이고 지방해양경찰청의 청문감사담당관은 ① 지방해양경찰청과 그 소속기관에 대한 감사, ② 지방해양경찰청과 그 소속기관에 대한 다른 기관의 감사결과의 처리, ③ 진정 및 비위사항의 조사·처리 등 사정업무에 관한 사항, ④ 징계위원회 운영에 관한 사항, ⑤ 청렴도 향상, 부패방지시책, 공무원 행동강령 운영에 관한 사항, ⑥ 소속 공무원의 재산등록 및 심사에 관한 업무, ⑦ 민원실 운영에 관한 사항, ⑧ 그 밖에 지방해양경찰청장이 감사에 관하여 지시한 사항의 처리 등을 하고 있다.

2) 훈령권, 직무명령권

상급관청은 하급관청에 대해 지시권이나 감독권 등의 훈령권을 행사함으로써 하급 관청의 위법이나 재량권 행사의 오류를 시정하는 등 통제를 가할 수 있다. 또한 상급자는 하급 해양경찰공무원에 대해 직무명령을 통해 그 행위를 통제하기도 한다.

3) 행정심판의 재결권

행정청의 처분 또는 부작위에 대해 행정심판을 하는 경우 해당 행정청의 직근 상급 행정청이 재결청이 되므로 하급 경찰관청의 위법 또는 부당한 처분에 대해 통제를 가할 수 있다. 그러나 경찰공무원의 징계 등 불이익 처분에 관한 심사청구는 소청심사위원회에서 심사하므로 외부적 통제에 해당한다.

(2) 외부적 통제

1) 입법부에 의한 통제

국회는 해양경찰 관련 입법활동을 통한 통제, 재정에 대한 통제(예산·결산권 행사), 국정감사·조사권의 행사를 통한 통제를 통해 해양경찰을 통제한다. 입법부에 의한 통제는 행정통제 방법 중에서 가장 역사가 오래되었으나 오늘날에는 행정의 전문화·기술화에 따라 그 효과가 제한되고 있다. 그러나 국민의 대표기관에 의한 공식적 외부통제라는 점에서 결코 과소평가할 수 없다.

2) 사법부에 의한 통제

사법부에 의한 통제는 국민이 행정에 의해 위법하게 권익을 침해당한 경우 이를 구제하거나 또는 법률·명령의 위헌·위법여부를 심사함으로써 사법부가 행정을 통제하는 것을 말한다. 사법부는 행정소송의 심판, 위헌·위법 명령·규칙의 심사 등을 통해 위법한 처분을 취소케 하거나 해양경찰공무원 개인에게 형사·민사책임을 물음으로써 해양경찰행정을 통제한다.

사법부에 의한 통제는 사후통제이기 때문에 행정 결정에 대해 효과적인 구제책이 되지 못한다는 점, 법관이 행정에 대한 전문지식을 갖고 있지 않다는 점, 많은 시간과 비용이 소요된다는 점, 위법성 여부만을 다룰 수 있을 뿐 행정의 비능률성이나 부당한 재량행사는 다룰 수 없다는 점 등의 단점이 있다.

3) 행정부에 의한 통제

가) 대통령

대통령은 행정부의 수반으로서 해양경찰청장 임명권이나 해양경찰의 주요 정책결정 등을 통해 해양경찰을 통제한다.

나) 해양수산부장관

해양경찰청은 해양수산부장관 소속하에 두게 되어 있고, 해양수산부장관은 해양경찰청장과 해양경찰위원회 위원의 임명제청권을 가지므로 상급관청으로서의 권한 행사를 통해 해양경찰을 통제할 수 있다.

다) 국민권익위원회의 통제

국민권익위원회 내 경찰특별소위원회에 경찰 옴부즈맨이 설치되고, 경찰 관련 고충민원을 처리하고 있다.

4) 감사원에 의한 통제

감사 기능은 전문성이 상당히 높으며 사후통제적 성격을 갖고 있다. 통제와 관련된 감사원의 기본적 기능은 해양경찰기관과 해양경찰관에 대한 직무감찰과 회계감사로 구분되는데 최근에는 여기에 추가하여 성과감사의 강화가 요청되고 있다. 즉, 기본적으로 수행하던 감사와 더불어 행정부가 추진하는 각종 정책에 대한 성과 중심의 감사를 강화하고 있다.

5) 해양경찰위원회에 의한 통제

해양경찰위원회는 해양경찰행정에 관하여 다음사항을 심의·의결하기 위하여 해양수산부에 해양경찰위원회(이하 "위원회"라 한다)를 둔다.

① 해양경찰청 소관 법령 또는 행정규칙의 제정·개정·폐지, 소관 법령에 따른 기본계획·관리계획 등의 수립 및 이와 관련된 사항

② 인권보호와 부패방지 및 청렴도 향상에 관한 주요 정책사항

③ 해양경찰청 소속 공무원의 채용·승진 등 인사운영 기준과 교육 및 복지증진에 관한 사항
④ 해양경찰장비·시설의 도입·운영에 관한 사항
⑤ 그 밖에 주요 정책과 제도 개선 및 업무발전에 관하여 필요하다고 인정되어 위원회 의결로 회의에 부치는 사항

위의 사항을 심의·의결하는 권한을 가지고 있으므로 해양경찰에 대한 통제를 할 수 있으나 해양수산부장관은 재의요구권이 있어서 실질적으로는 심의회 수준에 머물고 있을 것으로 판단되고, 해양경찰위원회 설치가 2020년으로 역사가 짧아 그 기능이 제대로 수행할지 추후 두고 보아야 한다.

6) 국가인권위원회에 의한 통제

국가인권위원회는 인권 침해 행위에 대한 조사와 구제 등의 업무를 수행하게 되는데, 특히 해양경찰서 유치장이나 사법경찰관리가 그 직무수행을 위해 사람을 조사·유치 또는 수용하는 시설에 대한 방문조사권을 가진다. 또한 해양경찰청장은 인권의 보호와 향상에 영향을 미치는 내용을 포함하고 있는 법령을 제정 또는 개정하고자 하는 경우 미리 위원회에 통보해야 한다.

7) 민중통제

민중통제란 일반 국민 또는 시민에 의한 통제로서 선거권 행사, 이익단체의 구성·활동, 시민단체 활동, 여론의 조성·작용 등을 통해 행정에 영향을 주고 간접적·비공식적으로 통제하는 것을 말한다.

현재 우리나라에서는 국민이 직접 감사를 청구할 수 있는 제도가 「부패방지 및 국민권익위원회의 설치와 운영에 관한 법률(부패방지권익위법)」으로 마련되어있다.

► 부패방지 및 국민권익위원회의 설치와 운영에 관한 법률(부패방지권익위법) 제72조(감사청구권) ① 19세 이상의 국민은 공공기관의 사무처리가 법령위반 또는 부패행위로 인하여 공익을 현저히 해하는 경우 대통령령으로 정하는 일정한 수 이상의 국민의 연서로 감사원에 감사를 청구할 수 있다.
► 부패방지 및 국민권익위원회의 설치와 운영에 관한 법률 시행령 제84조(감사청구인) 법 제72조제1항 본문에서 "대통령령으로 정하는 일정한 수"란 300명을 말한다.

제 4 편 해양경찰 행정관리론

1장 해양경찰 경무행정론

1 경무행정

[1] 경무행정의 개념

경무행정의 개념을 한마디로 정의하기는 곤란하나 일반적으로 두 가지의 의미로 사용되고 있다. 광의로는 경무행정을 해양경찰행정 전반을 총괄하는 말로서 대용되고 있으며 협의로는 해양경찰행정 중 조직, 인사, 재무 등을 관리하는 업무라고 말할 수 있고 해상경비, 수색구조, 수사, 정보업무 등과 같은 해양경찰실무와 구별하여 사용하고 있다. 다시 말하면 해양경찰의 기본업무(해양에서의 범죄의 예방 및 진압, 해양구조와 안전 등)를 효과적으로 달성하기 위하여 뒷받침해 주는 행정 분야가 바로 경무행정이라고 한다. 경무행정의 역할은 해양경찰 타 기능 업무(해상경비, 해상안전관리, 수색구조, 장비관리, 수사, 정보, 해양오염방제 등)가 원활히 수행될 수 있도록 지원하는 업무이다.

현대의 해양경찰은 국민의 욕구 수요와 개혁의 흐름 속에 시장원리와 경쟁원칙을 도입하여 비효율을 제거하고 성과지향적이고 고객지향적인 행정서비스를 제고하는데 목표를 두고, 해상범죄 예방과 대응활동 및 해상질서유지 업무를 효율적으로 관리하고 국민에 대한 서비스활동 수행을 효과적으로 지원하는 것이 경무행정의 목적이다. 여기서 경무행정은 두 종류의 고객을 대상으로 하고 있다. 먼저 해양경찰조직과 국민들이 바로 경무행정 기능의 고객이기에 이들 두 고객이 만족할 수 있는 행정의 서비스 제공이 경무행정의 이념이라고 할 수 있다. 이러한 의미로 볼 때 해양경찰 조직경영의 이념은 고객만족, 효과성, 효율성 등으로 요약할 수 있다.

(2) 고객만족

해양경찰조직의 입장에서 보면 고객이라는 말은 서비스의 대상인 사람이나 조직을 의미한다. 그런데 일반기업체 등과 같이 적극적으로 어떤 단일화된 서비스를 제공하는 조직의 경우 그 고객을 찾기가 비교적 쉽지만, 해양경찰은 서비스가 복잡하고 다양하여 누구를 고객으로 보아야 할지 의심스러울 때가 많다. 특히 경찰업무는 규제와 단속을 위주로 하고 있고 경찰서비스는 무형의 경우가 많기 때문이다.

1) 고객의 분류와 기준

〈표 4-1〉 고객의 분류

고객의 분류	내 용	고객의 기준
외부고객	범죄에 관련된 사람들뿐만 아니라 범죄와 무관하게 법을 위반하지 않고 살아가는 다수의 국민들이라고 한다.	고객의 장소로 구분
내부고객	경찰조직의 관리자들은 외부고객은 많은 관심을 보이나 내부고객인 동료, 부하직원 등 조직구성원에는 관심을 소홀 하는 경향이 있다. 내부의 고객은 관리자의 지시나 명령에 잘 따르는 것으로 믿고 있기 때문이다. 그러나 내부고객도 적절한 관심과 리더십을 보이지 않는다면 이들의 불평과 불만으로 인하여 조직의 사기가 저하되고 업무의 효과도 떨어지게 된다.	
일반고객	대상이 특정되지 않고 불특정 다수가 서비스의 영향을 받는 경우를 말한다.	서비스의 대상범위
특정고객	특정한 사건이나 범죄의 경우처럼 대상이 한정되는 경우이다.	
직접고객	경찰 서비스를 직접 받는 사람을 말 한다	서비스의 전달과정
간접고객	서비스가 전달되는 과정을 중심으로 분류한 것으로서 직접고객에 서비스를 제공함으로 인해 편익이나 불편을 받는 사람을 말한다.	
서비스 수혜고객	배분정책이나 재분배정책의 대상자들로서 정부로부터 혜택을 받는 사람들을 말한다.	규제의 대상과 수혜자
피규제고객	정부의 규제를 받는 사람들로서, 이들은 어떤 문제가 있는 사람들처럼 생각하기 쉽다.	
개인고객	경찰업무로 접촉하는 과정에서의 개인으로 어느 순간에는 집단을 형성할 수 있다.	고객의 형태
집단고객	집단의 경우 선호가 복잡하고 다양하며 구성원의 의견이 통일되지 못하지만 조직화된 집단의 경우 대표를 통해 요구나 만족수준의 파악이 용이할 수 있다.	

2) 고객만족의 요건

고객이 해양경찰관서를 방문하거나 최초로 접촉하여 해당업무를 완료할 때까지의 과정에서 경찰과 고객은 여러 가지 접점이 있다. 고객의 만족은 이 접점에서 만족 여부가 결정된다고 할 수 있다. 일반적으로 고객의 접점은 다음과 같은 세 가지로 분류하여 설명할 수 있다(박영대, 2003: 8).

가) 고객과 직원간의 사람에 의한 접촉이다. 직원과 고객 간의 상호 행동과 대하는 태도에

따라서 만족이 달라진다. 고객 지향적인 정신이 말과 행동을 통해 표현되도록 하여야 한다.

나) 고객과 시설이나 설비와의 접촉이다. 고객이 대하는 사무실, 집기류, 비품 및 각종 편의시설 등이 고객이 사용하기 편한 구조로 설계가 되어야 한다.

다) 고객과 일을 처리하는 절차와의 접촉이다. 고객이 바라는 업무를 바르고 신속하게 처리해 주고 결과가 고객의 욕구를 충족하도록 하여야 한다.

이러한 고객만족 경영이 도입되고 정착하기 위해서는 현장의 목소리에 귀를 기울려 현장에서 일하는 직원들에게 권한과 자율성을 부여함으로서 능동적으로 고객을 대할 수 있도록 하고, 범죄예방과 대응에 최선을 다 하도록 사기를 높이는 계획을 병행해서 추진하여야 한다.

(2) 효율성

> 일반적으로 효율성은 투입과 산출의 비율을 의미하며 공공서비스의 제공에 들어간 시간·노력·자원·정보지식 등을 합산한 값으로 제공된 서비스의 양을 나눈 결과를 퍼센트로 환산한 것을 말한다. 효율성을 행정에서 중요하게 생각하는 것은 공공서비스 역시 사회의 한정된 자원을 사용하는데 정부가 아닌 다른 기업이나 단체의 효율성과 행정의 효율성을 비교할 때 행정의 효율성이 더 낮아서는 안 되기 때문이다.

정책분석에서 정책의 효율성을 판단하는 기준에는 비용편익분석(cost benefit analysis)이 있다. 편익을 비용으로 나눈 백분율을 가지고 판단하는 방법이다. 즉, 편익을 비용으로 나눈 비율이 큰 것이 좋은 대안이고 효율성이 있다고 보는 것이다 (김종선, 2011: 12; 박영대, 2003: 9). 예를 든다면, 해양경찰이 선박 음주운항을 단속하는데 드는 인력, 시간, 장비, 선원들의 불편 등을 투입비용으로 환산하고 음주측정건수나 음주운항 단속건수를 산출로 환산하여 음주운항 단속활동의 효율성을 계산한다. 투입과 산출에 들어가는 항목은 효율성을 분석하는 사람의 판단에 의하지만 가능한 항목을 빠짐없이 반영하여야 하며 수치화하고 화폐로 환산하여야 한다. 따라서 계산과정에는 주관성이 개입할 수밖에 없다.

(3) 효과성

> 목표의 달성정도를 의미한다. 효율성이 산출에 대한 비용이라는 조직 내의 현상으로 볼 수 있는데 비해 효과성은 조직이 최종적으로 어떠한 결과를 외부에 산출하는가를 의미한다. 일반적으로 효율성에서 사용되는 산출과 효과에서 의미하는 목표의 달성정도는 목표와 수단의 연쇄관계내의 위치가 다르다. 즉, 효율성에서 사용되는 산출은 목표를 달성하기 위한 하위목표의 성격을 가진다.

범죄에 대한 통계는 신고, 처리과정에서 겪는 불편 등으로 인해 대부분 과소 측정된다고 할 수 있다. 또한 범죄의 양보다는 질적인 문제도 고려되어야 한다. 즉, 살인사건과 사소한 어선업 법규위반을 같은 정도의 사건으로 볼 수 없다. 같은 살인사건이라도 경찰이 통제할 수 있는 것과 경찰이 예방활동을 철저히 해도 막을 수 없는 것이 있다. 범죄가 줄었다고 해서 그것이 경찰활동이 많이 이루어진 효과로 보기 어렵다. 경제사정이 악화되는 시기에는 생계유지형 범죄나 사기 같은 범죄가 경찰활동 수준과 무관하게 많이 발생할 수 있다. 따라서 정책의 목표와 수단 연쇄관계에서 측정하는 위치와 항목 및 측정방법을 신중하게 고려하지 않으면 경찰활동의 효과나 효율성의 평가는 현실 타당성을 잃게 된다.

[2] 해양경찰 경무행정의 기능과 업무

(1) 경무행정의 역할

급변하는 해양질서와 환경 속에 해양에서의 해양경찰 임무는 해상치안과 경비작전, 어로보호 기능에서부터 해양환경, 안전, 레저, 관광자원 보호, 국제업 분야에 이르기 까지 다양해지고 복잡해졌다. 또한 12해리 연안경비에서 200해리 관할권 확대 경비 및 해양자원 보호, 일본의 독도영유권 부장, 중국의 불법어로행위, 밀입국, 밀수 등의 증가 현상, 북한주민의 해상탈출 등으로 해양경찰 대상 범죄의 양상은 더욱 다양화되어 가는데, 이에 대한 범죄의 대응력은 사회변동에 대응하지 못하는 경영방식으로 인하여 많은 국민으로부터 아직도 불신감을 해소시키지 못하고 있는 실정이다. 따라서 국민에 대한 해양경찰행정의 서비스 활동을 능률적으로 수행하여 사회로부터 신뢰받고 지지 받는 해양경찰을 만들어 가는 것이 경무행정의 중요한 역할이라고 할 수 있다.

(2) 경무행정의 일반적 기능

〈표 4-2〉 경무의 기능

의 의	내 용
넓은 의미	경무행정을 해양경찰행정 전반을 총괄하는 의미로 건국초기에는 국가경찰을 상징으로 하는 말로 대용되었다.
좁은 의미	해양경찰행정 중 조직, 인사, 재무 등을 관리하는 업무로서 경찰의 기본업무(해양범죄의 예방 및 진압, 해양안전과 수색구조 등)를 효과적으로 달성하기 위하여 뒷받침해 주는 업무이다.
일반적인 기능	해양경찰 목적 달성을 위해 활동하는 타 기능들이 효율적인 업무수행을 위하여 ① 보조적 지원역할 ② 지휘·통솔적 역할 ③ 기획·조정의 역할 ④ 감독적·규제적 역할 등의 기능을 통합적으로 수행한다.

(3) 경무행정 업무의 범위(내용)

경무행정이 해양경찰 목적을 달성할 수 있도록 뒷바라지 해주고 조직내부의 질서유지 및 조직 구성원의 권익을 보장하는 업무로서 주요내용을 살펴보면 다음과 같다.[96)]

〈표 4-3〉 경무행정 업무 내용

업무의 범위	업 무 내 용
조직관리 및 정책	해양경찰 조직을 합리적이고 능률적인 구조로 편성하고 이를 효율적으로 관리운영하기 위한 업무와 해양경찰이 추구한 목표달성을 위한 정책의 결정업무
인사관리	해양경찰관의 신규채용, 승진임용이나 경찰관을 적재적소에 배치하는 보직관리 및 상벌관계 업무
직원의 교육훈련	해양경찰의 자질향상과 직무수행에 필요한 지식을 습득하게 하기 위하여 교육원교육훈련, 직장훈련 등 수시·기회교육을 통해 교육훈련을 실시
복무규율확립	해양경찰복무 중 요구되는 각종 의무와 제반 준수사항, 예절, 대민업무, 복장 등 각종 복무규율에 대한 지도와 단속업무
문서관리	각종 공문서에 대한 접수, 통제, 발송, 문서관리 보존, 폐기 등 문서에 관한 일반적인 업무
해양경찰 홍보	해양경찰활동 사항을 대외적으로 발표 또는 보도하고 대민 관계를 원활하게 유지하는 업무
후생복지	해양경찰관의 복지를 위한 후생대책과 건강관리에 대한 업무
기획, 예산 및 법제	해양경찰 기획과 예산의 편성·결산, 주요업무 계획의 작성, 심사평가, 감사, 법제에 관한 업무
보안관리	해양경찰업무 수행 중 국가가 보호를 필요로 하는 비밀이나 인원, 문서, 자재, 시설 및 지역 등을 보호 관리하는 업무
재무관리	해양경찰예산의 집행, 회계 및 물품의 구매, 조달업무, 경리업무
물품·장비 관리	물품과 장비를 관리운영하고 장비의 수리 및 물품수급계획에 관한 업무
전산통신관리	컴퓨터·무전기 전화 등 전산통신운영 관리에 관한 업무
민원실 운영	민원실 운영으로 대민업무를 수행한다.
청사관리	해양경찰 청사의 유지·보수 관리업무
해양경찰행사	해양경찰의 날 등 각종 행사사항을 주관하는 업무
기 타	경무행정 업무는 이외에도 관리 운영상 특정한 소관이라고 볼 수 없는(타 기능에 속하지 않은) 일반적인 업무를 수행한다.

96) 해양경찰학교, 「해양경찰신임과정 경무일반」, 2008. 4면.

2 조직관리

[1] 관리의 의의

관리에 대해서는 이것을 접근하는 방법이나 연구자에 따라서 여러 가지로 제시되고 있다. 여기서 해양경찰 관리는"해양경찰 조직목표를 달성하기 위해 해양경찰을 구성하고 있는 제 요소들인 인력·장비·시설·예산·정보 등 모든 자원을 운용하는 행동이나 과정"으로 정의 하고자 한다. 이를 세분화 하면 첫째, 관리의 주체는 조직 내의 관리자 이다. 관리자(manager)는 작업자(operatives)와 구분된다. 작업자는 조직 내에서 직접 일을 하지만 다른 사람들에 대한 책임을 지지 않는다. 그러나 관리자는 다른 사람들에게 지시하거나 운영에 대한 계획을 세우거나 평가하면서 책임을 진다. 관리자는 그 계층의 높낮이에 따라 최고관리자, 중간관리자, 그리고 일선관리자로 구분될 수 있으나 그들 모두 관리자 이다.

둘째, 관리자의 목적은 조직목표를 효율적으로 달성하는데 있다. 목표의 수준이나 내용이 무엇이든 간에 목표를 '효율적'으로 달성하려는 것이 관리가 추구해야 할 기본 사명이다.

셋째, 관리의 대상은 인력, 물자(장비), 시설, 예산, 정보 등의 자원이다. 관리의 대상은 해양경찰 조직이 보유하고 있는 모든 자원을 대상으로 한다.

넷째, 관리의 기능과 과정은 기획, 조직, 지휘 및 통제다. 기획(planning)은 조직의 목표를 규정하며, 이 목표를 달성하기 위해 전반적인 전략을 만들어, 조직 내의 모든 활동을 통합하고 조정하기 위해 포괄적인 계획의 사다리를 만드는 것이다. 조직(organizing)이란 업무의 결정, 분류, 분담과 보고 등을 포함하는 활동이다. 지휘(leading)란 부하에게 동기를 부여하고, 행동을 지시하며, 갈등을 해결하고 효과적인 의사소통 채널을 선택하는 활동이다. 통제(controlling)는 조직의 업적을 감시하고, 조직원의 일탈을 방지하는 활동이다.

[2] 관리자의 계층

조직에서 관리적 업무를 수행하는 자를 보통 관리자라 한다. 관리적 업무란 조직의 목표를 직접적으로 달성하기 위한 업무가 아니라 간접적으로 목표 달성을 지원하는 업무다. 다시 말해, 조직의 대외적 활동을 위한 조직 내부의 분업·조정·통제작용을 의미한다. 관리자란 이런 작용을 하는 자를 말한다. 관리자는 계층에 따라서 최고관리자, 중간관리자 그리고 하급관리자로 구분할 수 있다.

〈그림 4-1〉 조직관리자 계층 구분

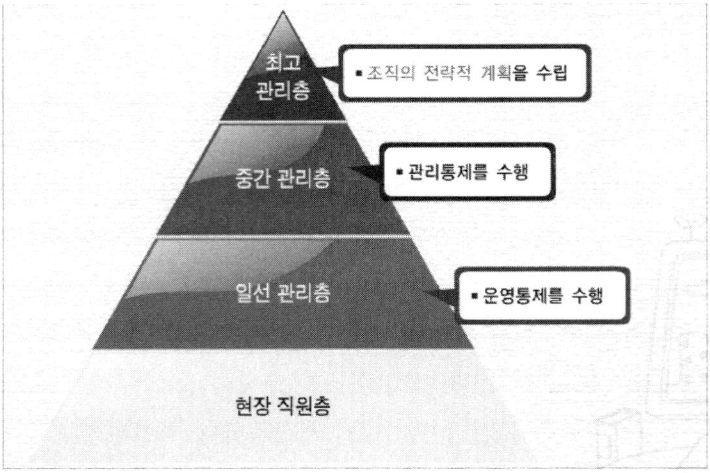

(1) 최고(고위)관리층

해양경찰조직의 계층적 구조에 있어서 해양경찰행정의 기본적인 정책 및 방향을 결정한다. 또한 해양경찰 조직의 문제를 장·단기적으로 해결하고 조직을 발전시키기 위해 조직의 기본 목표를 설정하고, 정책과 전략을 채택하고 결정해 조직이 나아가야 할 방향을 제시하는 것이다. 국가수준에서는 대통령 및 수상을 포함해 장·차관, 해양경찰조직은 중앙에서 해양경찰청장, 차장이 있으며, 지방에서는 지방해양경찰청장과 부장, 해양경찰서장 등 총경급 이상이 있다.

최고관리의 기능을 살펴보면, POSDCoRB 라고 하여 기획(Planning), 조직(Organizing), 인사(Staffing), 지휘(Directing), 조정(Coordinating), 보고(Reporting), 예산(Budgeting) 등을 담당한다. 이를 구체적으로 살펴보면 첫째, 조직의 목표·정책의 결정 및 비전을 제시한다. 둘째, 인적·물적 자원 등을 동원한다. 최고관리자는 자원의 확보를 위하여 정치적 자원과 국민들의 협조를 얻도록 노력한다. 셋째, 이익의 통합과 조정을 한다. 넷째, 직원들을 지도·육성한다. 직원들이 스스로 성장하고 발전하도록 노력한다. 다섯째, 직원들의 사기관리 및 생활지도를 한다. 고위관리자는 근무시간 외에 부하관리나 배려에도 노력해야 한다. 마지막으로 환경에 대한 적응성을 확보해야 한다.

(2) 중간관리층

중간관리층은 최고관리층과 하급관리층의 중간에 위치한 관리계층으로 목표와 정책을 각 소관 분야에 구체화시켜 주며 하급관리층의 업무를 연결해 주는 계층으로서 해당 부분에 대해서는 포괄적인 관리를 하는 계층이다. 해양경찰 계층 구조상 최고관리층 아래에서 정책결정에 참여하고 업무의 보조적 역할을 수행하며 정책을 집행하는 계층이다. 중간관리층은 기획, 평가, 예산, 리더십과 같은 관리도구를 사용하여 최고관리층을 성실히 보좌하고 조언하며 부문 목표를 달성할 수 있도록 부하를 아끼며 지도하고, 자기가 맡은 업무를 사랑하는 성실한 관리자로서의 책임이 요구된다. 중간관리층은 경정·경감급의 과장, 계장 및 파출소장 등이 있다.

(3) 하위관리층(일선관리층)

하위관리층은 대민(고객)활동 계층이나 작업계층과 직접적으로 접촉해 그들의 대민활동 사무나 작업을 지도하고 촉진하는 역할을 담당하는 관리계층을 말한다. 하급관리층은 일이나 활동의 시작을 준비하고, 실시를 촉진하며, 직접 현장에서 지휘하기도 하며, 일의 끝을 확인하고 일의 개선을 추진한다. 주로 중간관리자의 지시와 통제를 받으며 최일선에서 해양경찰업무에 대한 감독책임을 지는 계층을 말한다. 하위관리자에는 반장, 출장소장 등이 있다. 예컨대 해양경찰서의 수사반장은 그가 담당하는 범죄 수사에 대해 수사 계획을 세우고, 수사를 지휘하며, 보고를 받고 보고를 하며, 수사의 완료를 확인하고 수사의 개선을 상부에 건의한다.

기능을 수행하기 위해 좀 더 구체적이고 실무적인 지식이나 기술이 필요하며, 대민(고객) 관계 능력도 요구된다.

[3] 관리자의 요건

(1) 넓은 시야

해양경찰 관리자는 우선 조직을 전체적인 시야와 감각에서 파악하는 능력이 필요하다. 해양경찰조직을 둘러싸고 있는 환경의 변화를 적시하여 조직이 활력 있게 기능하도록 개혁의 큰 흐름과 틀 속에서 해양경찰을 이끌어 나가야 하며, 이러한 환경변화에 적응하도록 조직구성원의 윤리와 성숙한 조직문화의 형성에 노력해야 한다.

(2) 기획능력

기획능력은 조직에서 뿐만 아니라 관리자 개개인 능력면에서도 강하게 요구된다. 급속히 변화하는 환경 속에서 조직 목표를 달성하기 위해서는 기획능력의 중요성이 커지고 있다.

(3) 리더십

해양경찰 관리자는 단지 지시하고 명령하는 것만으로는 직원들이 자발적으로 창의와 열성을 가지고 업무를 수행하게 할 수 없다. 관리자가 솔성수범하면서 통소함으로써 직원들을 움직이게 하는 능력이 필요하다.

(4) 집행력

아무리 지식이 풍부하고 두뇌가 명석한 관리자라 할지라도 방침이나 결정을 강력하게 추진하는 능력이 없다면 해양경찰업무를 효율적으로 수행해 나갈 수 없다. 조직목표를 달성하기 위해서 결정된 사항에 대하여 어떠한 난관을 무릅쓰고라도 적극적으로 실행하는 조직적 활동이 필요하다.

(5) 대외교섭력

상위 관리층으로 오를수록 조직내·외의 접촉면이 확대되고 관리기능 면에서도 대인적 관리기술이나 개념적 관리기술이 더 필요로 한다. 대인적 기술이란 개인 및 집단을 이해하고 동기를 부여하는 기술을 말한다. 보통 많은 관리자는 조직내·외에서 사람들과 상호작용하면서 지내는 시간이 50% 이상을 차지한다. 개념적 기술은 조직내 여러 인과관계를 이해할 수 있는 정신적 능력, 부분을 전체적으로 조정할 수 있는 능력 등을 뜻한다(민진, 2013: 34). 해양경찰 관리자는 다른 기관, 다른 부처의 사람은 물론이고 관할구역 내의 시민들과 협조하고 협력을 받아내는 능력이 필요하다.

(6) 판단력

해양경찰에 예상치 못한 돌발사건·사고가 발생하는 경우가 많으며, 그때마다 신속하고 정확히 판단하여 결단을 내려야한다. 또한 단시간 내에 많은 정보가 해양경찰 관리자에게 집중되는 경우도 있다. 따라서 정확한 실태를 파악한 후 적절한 조치를 취하기 위해 정확한 판단을 내려야 한다(강욱 외 2014: 191).

(7) 업무지식

해양경찰 관리자는 소관업무에 대해 정통하여야 한다. 관리자는 자신의 약점을 보완하기 위해 자기 계발 노력을 지속해 나가야 한다. 개인의 노력과 체계적인 교육훈련을 통하여 유능한 리더가 양성되는 것이다.

[4] 조직

(1) 조직의 정의

조직(Organization)이란 "일정한 목표를 달성하기 위해 형성된 분업과 통합의 활동 체계를 갖춘 사회적 단위"로 정의한다. 좀 더 자세하게 설명하면 첫째, 조직은 목표 지향적이다. 모든 조직체는 나름대로의 달성해야 할 개별적 목표를 가지고 있는데 목표 없는 조직은 생각조차 할 수 없다.

둘째, 조직은 분업과 통합의 합리적 활동 체계다. 모든 조직의 업무를 기능별·활동별·부서별로 구분하고, 개인에게 이를 할당하는 분업체계를 갖고 있으며, 이들을 공통의 목표를 향해 통합·조정·통제하기 위해 피라미드형의 계층제, 위원회형 조직, 네트워크 체제 등을 활용한다.

셋째, 조직은 사회적 단위다. 조직은 두 사람 이상으로 구성된 사회적 집합체이지만 구성원과는 별도의 실체인 것이다. 조직은 활동을 위한 공식화 수준에 따라서 비공식조직과 공식조직으로 나뉘는데, 보통 조직이라고 하면 공식조직을 일컫는 것이며, 이것은 인간관계를 기초적 내용으로 한 비공식조직과 서로 갈등을 일으키기도 하고 서로 보완이 되기도 한다.

넷째, 조직은 구조와 과정을 포함한다. 조직은 역할 분담이나 권한 배열과 같은 구조적 측면과 관리나 동기와 같은 과정적 측면을 동시에 포함한다.

다섯째, 조직은 경계가 있으며 환경과 상호작용을 한다. 다른 조직이나 환경과 구분될 수 있으며 환경과 조직은 끊임없이 상호작용을 계속한다. 즉 조직이 환경에 영향을 주기도 하고 환경이 조직에 영향을 주기도 한다.

여섯째, 조직은 일정한 기간 존속한다. 그것은 일시적으로 모이는 군중집회나. 우연히 모였다가 흩어지는 운동장이나 극장의 관객들의 집합과는 구분된다.

(2) 조직의 종류

조직의 종류는 다양하지만 대표적인 조직 형태로서 국가 부문의 정부조직, 시장부문의 회사조직, 그리고 사회 부문의 시민사회조직을 간단하게 설명하려 한다.

1) 정부조직

정부조직은 '공공의 이익을 추구하기 위해 정부가 만들고 운영하는 조직'이다. 정부조직은 공공 부문의 대표적인 조직이다. 입법부의 조직인 국회, 사법부의 조직인 법원, 그리고 행정부의 조직인 행정각부 및 소속기관, 지방자치조직 등이 포함된다. 정부조직은 대표적인 비영리조직으로 직접 국익이나 공익을 추구한다. 정부조직은 공공문제(public affairs)를 다루므로 정부조직 활동의 직접적 수혜자는 국민 전체이거나 불특정 다수다. 국익이나 공익은 개별이익, 집단이익 등 사익에 비해 성과의 측정이 어려우므로 정부조직의 효과성을 평가하는 것이 쉽지 않다.

2) 회사조직

회사조직은 '사적 이윤을 추구하기 위해 민간이 만들고 운영하는 조직'이다. 회사조직 또는 기업조직은 시장 부문의 대표적인 조직이다. 주식회사, 유한회사, 합명회사, 합자회사 등이 포함된다. 회사조직은 대표적인 영리조직이다. 회사조직 활동의 직접적 수혜자는 회사 대표를 비롯한 투자자(주주) 등 특정인이다. 사적 이윤이나 사익을 화폐단위로 수익을 낼 수 있으므로 회사조직의 효과성을 평가하는 것은 비교적 쉽다.

3) 시민사회 조직

시민사회조직은 '공공의 이익을 추구하기 위해 민간이 자발적으로 만들고 운영하는 영리를 추구하지 않는 조직'이다. 시민사회의 대표적인 조직으로서 비정부조직(NGO)이라고 불린다. 시민사회 조직은 공익을 추구한다. 즉 시민사회 조직은 비영리 조직의 하나다. 시민사회 조직은 사회적 변화나 개혁을 목적으로 한다. 활동의 직접적인 수혜는 국민 전체이거나 불특정 다수, 특정 다수가 될 수 있다. 정부조직과 마찬가지로 시민사회조직의 효과성을 평가 하는 것은 비교적 어렵다.

설립은 정관 또는 회칙에 의해 설비되고 설립과정에서 반드시 정부의 허가나 인가가 필요하지 않다. 환경변화에 따라 민감하게 움직일 수 있으며, 탄력성이 매우 높다. 유사 조직과 네트워크를 형성해 연대한다. 구조는 수평적 회의제를 띠고 조직 구성원간의 합의나 협력이 강조된다. 참여와 책임의 공유를 확보하기 위해 일반적으로 합의제 형태의 의사결정구조를 갖는다.

(3) 조직의 가치와 규범

조직은 왜 존재하며 어떤 방향으로 나가야 하는가? 조직이 궁극적으로 지향하는 목적지는 어디인가? 사람에게 인생관이 있듯이 조직에도 조직이 추구해야 할 가치나 규범이 있다. 여기서는 조직의 이념, 조직의 임무와 비전, 조직의 목표를 살펴본다.

1) 조직이념

조직의 이념이란 조직이 지향해야 할 가치, 규범 및 지침을 나타내는 것으로 이해할 수 있다. 조직의 이념은 조직이 한 사회의 유기체로서 어떠한 모습을 가져야 하는가에 대한 신념이나 가치 체계라 할 수 있다. 따라서 조직의 이념은 조직의 유형이나 기능에 따라서 달라진다. 조직의 이념은 그것을 인식하는 방법이나 범위에 따라서 다르게 정할 수 있으나 여기서는 조직의 이념을 '조직 활동의 일반적인 지도 정신이나 지도 지침'이라고 정의하고자 한다.

조직의 이념이 존재하는 모습은 매우 다양하다. 조직의 유형, 기능, 문화적 배경에 따라 조직의 이념은 달라질 수 있다는 것이다.

한편 주요 조직들은 조직이념과는 별도로 핵심가치(core values)를 제시하면서 행동의 기준으로 삼고 있다. 핵심가치는 영속적이고 내재적인 신념의 정체성, 사고행동의 기준을 의미한다. 해양경찰은 '존중, 정의, 소통, 공감'을 해양경찰 4대 핵심가치로 정하였다.[97]

2) 조직임무(mission) [98]

조직의 임무 혹은 사명은 조직이 하는 일, 조직에게 부여된 역할과 기능을 나타낸다. 조직이 해야 할 일이 사업의 영역을 나타내기도 한다. 조직의 임무와 기능은 조직의 상위 목표이며 핵심적 기능이다. 따라서 그것은 조직의 존재이유이며 다른 관리과정의 중심에 서 있다. 즉 조직의 임무나 사명에는 조직이 추구하는 가치와 정신이 놓여 있으며, 그것이 명확하지 않을 때 존재 이유를 상실한다. 해양경찰청 조직임무(mission)은 "안전하고 깨끗한 희망의 바다" 이다.

3) 조직비전(vision)

비전(vision)은 전략적 관리(strategic management)가 강조되면서 조직관리에서 중요한 관심 주체로 등장한다. 비전은 조직에서 추구해야 할 가치 영역에 해당한다. 비전의 사전적 의미는 시력, 시각, 상상력, 보이지 않는 것을 마음속에 그리는 통찰력, 직감을 통한 상상도, 미래도, 보이는 것, 눈에 띄는 광경을 의미한다. 조직에서 비전이란 조직의 미래를 전망하는 힘으로서 조직이 되고자 하는 바람직한 모습, 변화해야 할 방향을 제시한다. 해양경찰 비전(vision)은 '소통과 공감으로 바다를 안전하게'로 정하였다.[99]

4) 조직목표

버스나 배 비행기에 출발지가 있다면 반드시 도착지가 있듯이 인생에도 목표가 있고 조직에도 목표가 있다. 조직은 목표를 향해 운영되며 목표를 달성하고자 한다. 조직목표는 '조직

97) 해양경찰은 '존중, 정의, 소통, 공감'을 해양경찰 4대 핵심가치로 정하고, 해양경찰청 재출범 1주년인 2018년 7월 26일 「해양경찰 비전선포식」을 개최하였다.

98) 해양경찰청 조직임무(mission)은 "안전하고 깨끗한 희망의 바다" 이다.

99) 2018년 7월 26일 「해양경찰 비전선포식」을 개최하고, 해양경찰 비전(vision)은 '소통과 공감으로 바다를 안전하게'로 정하였다.

이 달성하려는 미래의 바람직한 상태, 조건이나 산물'로 정의된다. 그러면 목표는 왜 필요한가? 목표가 조직에 주는 역할이나 기능은 무엇인가? 라는 물음에는 ①조직 활동에 대한 방향 제시 ②조직 활동의 정당성 근거 ③조직의 효과성 평가기준 이라는 세 가지 기능으로 요약할 수 있다.

그리고 조직목표의 구조를 보면 목표와 수단의 연쇄(ends-means chain)관계를 바탕으로 하고 있다. 즉 특정 목표는 바로 상위 목표를 달성하기 위한 수단이 되고 바로 아래 하위 목표에 대해서는 상위목표가 되며, 하위목표는 다시 차하위 목표로 이어진다. 이처럼 조직의 목표들 간에 계층제적 위계질서를 이루고 있다. 실제로 정부조직 및 기업조직에서는 미션(임무)과 비전→전략목표→전략계획 순으로 목표-연쇄 관계를 이룬다.

〈그림 4-2〉 목표의 수준: 목표-수단의 연쇄

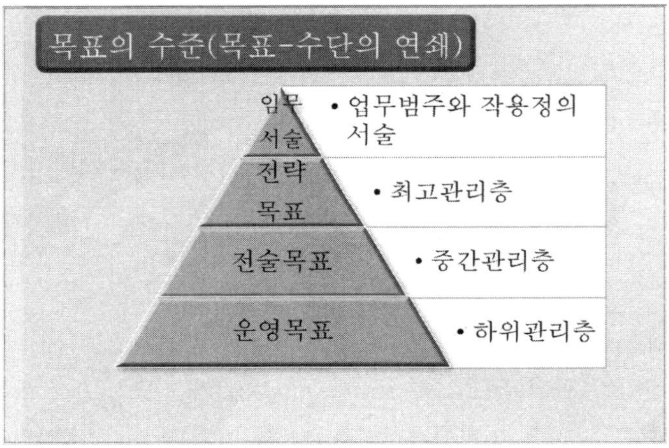

(4) 조직구조 설계

조직구조의 설계와 기본 개념으로는 직위, 권한 그리고 역할 등을 들 수 있다. 조직의 기본 구성단위는 직위(position)이다. 직위는 조직의 직능구조 및 지배구조의 기초단위인 것이다. 그리고 권한(authority)은 보통 합법적인 권력을 말한다. 권한은 행위에 정당성을 부여하고 권한이 있으면 영향력이 생긴다.

1) 조직구조 설계의 원리

가) 계층제의 원리

계층제(hierarchy)는 해양경찰 조직의 목표 달성에 필요한 권한·책임에 따라 직무를 등급화 함으로써 형성된 피라미드형 구조를 의미한다. 너무 지나친 계층제 확대는 오히려 역기능을 초래한다. 정부조직이나 해양경찰 조직도 필요이상으로 계층의 수가 많아 성과와 능률이 저하되어 있다고 할 수 있으므로 가급적 계층수를 줄이는 것이 바람직하다.

나) 통솔범위의 원리

통솔범위의 원리는 한 사람의 상관이 직접 지휘·감독할 수 있는 부하의 수에는 한계가 있다는 의미이다. 따라서 감독자는 적정한 범위의 부하를 관리해야 한다는 것이다. 통솔의 범위를 좁게 하면 계층이 많아지고 엄격한 관리로 구성원의 창의성을 위축시킬 우려가 있다. 그래서 통솔의 범위를 넓혀 계층수를 줄이는 조직의 평면화가 현대조직의 일반적인 추세이다.

다) 명령통일의 원리

명령통일의 원리는 부하는 한 사람의 감독자 또는 상관으로부터 명령을 받고 그에게 보고하도록 해야 한다는 원칙이다. 이를 통해 명령의 중복을 피하며, 계층제를 확립시키고, 책임의 소재를 분명히 할 수 있다. 따라서 명령통일의 원리는 계층제를 보다 확고히 해주는 것으로 해석된다. 명령통일을 강조하다 보면, 조직구성원들은 참모조직들의 제안을 받아들일 수 없으며, 이는 또 하나의 전통적인 원리인 전문화의 원리에 위배된다. 그리고 모든 지시 또는 제안이 반드시 공식적 명령계통을 통해서만 수행된다면 공식적 커뮤니케이션의 통로가 과중한 부담을 지게 되며 시간을 낭비하게 될 것이다(신현기 외, 2012: 232).

라) 전문화의 원리

전문화 또는 분업의 원리는 해양경찰조직의 전체기능을 성질별로 나누어 가급적 한 사람에게 동일한 업무를 분담시키는 것을 의미한다. 이 원리는 전통적으로 기술적 과정에 치중하였으나, 현대조직에서는 차츰 사회적 과정으로 인식이 커지고 있다. 분업의 방법에는 수평적 분업과 수직적 분업으로 나룰 수 있는데 수평적 분업은 행정사무의 각 부처별, 각 국별, 각 과별 업무를 분담하는 것이며, 수직적 분업은 해양경찰청, 지방해양경찰청 그리고 해양경찰서의 업무분담과 같은 것이다.

마) 조정의 원리

조정의 원리는 공동의 목표를 달성하기 위하여 하위체계간의 노력의 통일을 기하기 위한 과정이라고 할 수 있다. 조직의 모든 구성체가 조직목표의 효율적인 달성을 위해 질서정연한 행동을 모색하는 것이다. 조정은 조직이 조직의 대규모성과 업무의 이질성, 복잡성, 다양성의 증가, 전문화의 증대, 할거주의[100]로 인하여 그 필요성이 더욱 요구되고 있다.

2) 조직구조의 설계모형

가) 기계적 구조와 유기적 구조

① 기계적 구조(mechanistic structure)

기계적 구조는 기능별로 업무를 전문화하고, 복잡한 부문화를 거치며, 개인의 직무전문화를 시킨다. 또한 권한과 책임을 명백하고 세밀하게 규정한다. 조직은 환경 변화에 대해 기민하게 적응하지 못하기 때문에 경직적이라 할 수 있다. 기계적 구조 아래서는 상사와 부하간에 수직적인 인간관계가 강조되며 수직적 의사전달이 활발하다. 즉 상사는 명령하고 부하는 이에 복종한다. 기계적 구조모형은 관료제 모형(bureaucracy model)에서 가장 잘 나타난다.

② 유기적 구조(organic structure)

유기적 구조 아래서는 각자의 직무, 권한, 책임이 명확하고 상세하게 규정되어 있지 않다. 명령통일과 계서제의 원칙이 엄밀하게 적용되지도 않는다. 유기적 조직은 환경변화에 신축적으로 대응하고 문제해결을 위한 각 부문 간의 협조를 강조한다. 따라서 수평적 인간관계가 강조되고, 수평적 의사전달이 좀 더 활발하게 전개되며 정보와 조언이 전달된다. 유기적 구조는 애드호크라시 모형(adhocracy model)에서 가장 잘 나타난다.

나) 관료제와 애드호크라시

① 관료제(bureaucracy)

관료제는 근대사회가 산업사회로 발전되어 가는 과정에서 만들어진 개념으로 근대사회의 구조가 복잡해지고 기술이 고도화되며, 그리고 이에 수반해 관리사무의 질적 변화 및 양적 확대 등에 대응하기 위한 대규모 조직으로 합리적·합법적 지배가 제도화 된 조직을 의미한다. 베버(M. Weber)의 관료제 모형은 기계적 조직관에 입각한 것이다. 관료제의 역기능으로는 관료제의 병리적 형태, 환경 적응 능력의 부족과 관료제의 관료에 대한 억압과 좌절을 든다. 관료제의 병리적 관료형태로는 동조과잉, 서면주의, 무사안일주의, 할거주의, 그리고 전문화로 인한 무능을 들고 있다. 그러나 역기능도 있지만 그것보다는 긍정적 측면인 순기능 때문에 더욱 존재의 의의가 있는 것이다. 그것은 관료들은 권위, 직위, 계급 등에 근거를 둔 계층제의 명령에 따라 조직되어야 하고 엄격한 규칙의 지배체제를 가져야 한다. 관료제 형태는 정확성·안정성·규율성·신뢰성에 있어

100) 한 부서 안에서 분파를 일삼거나 자기 분파의 이익과 주장만을 내세우고 남을 배척하는 경향을 말한다.

서 어떤 다른 형태보다 우위에 있다고 강조하였다. 특징으로는 법규의 지배, 권한의 명확성, 직위 계층제, 공사의 구별, 전문적 자격, 문서주의 등이 있지만 이러한 특징들이 순기능과 역기능으로 작용한다.

② 애드호크라시(adhocracy)

애드호크라시는 관료제의 반대 개념이라 할 수 있다. 애드호크라시는 관료제 조직과는 달리 유연성, 적응성, 대응성 그리고 혁신성이 높은 유기적 조직이다. 애드호크라시의 장점은 조직의 환경적응력이 우수하고 문제해결 지향적이어서 주어진 목표를 해결하는데 매우 효율적이다. 또한 혁신적인 사업을 하는데 매우 유익하다. 애드호크라시 단점은 구성원들 간에 갈등이 일어날 가능성이 크다. 즉 명백하게 역할을 규정하지 않기 때문에 역할갈등을 일으킬 가능성이 크다. 애드호크라시 조직형태로 가장 많이 소개되는 것은 매트릭스 조직과 태스크 포스, 팀형 조직, 위원회조직 그리고 동료형 조직 등이다.

(5) 조직형태

조직구조의 형태는 분류기준에 따라 다양하게 제시할 수 있다. 분류기준으로는 복잡성, 집권성과 분권성, 공식성 그리고 기타 기준 등을 들 수 있다. 여시서는 공식성에 따라 공식조직과 비공식조직, 그리고 조직의 분업화인 조직업무 수행관계에 따라 계선조직과 참모조직으로 구분하고자 한다.

1) 공식조직과 비공식조직

공식조직(formal organization)은 조직목표를 달성하기 위해 법령이나 정관 등에 의해 공식적으로 업무와 역할을 할당하고, 권한과 책임을 부여하는 조직이다.

비공식조직(informal organization)은 구성원 상호간의 접촉이나 친근 관계로 인해 형성되는 조직으로서 구조가 명확하지 않은 조직인데 비공식집단으로 표현되기도 한다. 공식조직은 인위적·문서화·조직 지향·능률의 논리·가시적·체제적 질서를 특성으로 하는데 반해, 비공식조직은 자연적·비문서화·개인 지향·감정의 논리·불가시적·부분적 질서를 특징으로 한다. 비공식조직이 공식조직 내에서 어떤 역할과 기능을 행사하는지 살려보면, 비공식조직은 구성원들에게 심리적으로 안정감을 누릴 수 있게 하고, 조직구성원들에게 서로의 행동 기준을 제시해 줄 수 있다. 그리고 융통성과 느슨함을 통해 계층제의 경직성을 완화해 준다. 또한 공식적 의사소통을 통해 보완함으로써 의사소통을 좀 더 원활하게 한다. 다음으로 비공식조직의 역기능을 보면 그것은 부분적 이익을 강조해 정실 행위가 만연하며, 구성원 간에 적대

감정을 부추기고 유언비어 등 헛소문을 퍼뜨리는 등 전체적 질서를 해칠 수 있다. 때로는 비공식조직 간에 갈등과 대립이 격화해 전체 조직의 분위기가 크게 손상될 때가 있다. 이런 경우에는 주로 조직 내의 자원의 할당이나 인사 문제에서 비롯된다.

특히 해양경찰은 업무의 특수성으로 인하여 과거의 인맥, 군대 관계, 출신 학교, 출신 지역, 혈연 등으로 인해 비공식 조직이 형성될 가능성이 많이 존재한다. 그런데 비공식조직을 완전히 제거한 것은 비경제적이고 무모하다. 따라서 비공식조직에 대한 적절한 통제와 지휘 감독이 요청된다. 비공식조직을 통제하려면 먼저 그것의 존재 유무를 확인해야 한다. 다음으로 비공식조직 활동을 분석한 뒤 그것이 공식조직의 활동을 방해하는지 기여하는지 구분해야 한다. 그런 다음에 비우호적인 비공식 지도자를 발견해 통제하는 것이 효율적이다. 한국의 조직에서 비공식조직은 긍정적 측면과 부정적 측면이 공존한다. 특히 정적문화의 유산으로 인해 지연·혈연·학연 등 귀속적 요인들에 의해 비공식조직이 인사 부문에 많은 영향을 주고 있으므로 조직의 관리자는 비공식조직의 기능을 존중하고 인정하면서도 그 폐해를 최소화할 수 있는 인간관계적 노력이 요구된다.

2) 계선조직과 참모조직

계선조직(line organization)이란 상하의 명령–복종관계를 가진 수직적·계층적 구조의 계열을 형성하는 것으로 조직의 근간을 이루고 있다. 예컨대 중앙행정기관의 경우 장관–차관–국장–과장–담당 순으로, 기업의 경우 사장–부사장–전무이사–이사–부장–차장–과장으로 이어지는 것이 그것이다. 한편 참모조직(staff organization)은 막료조직이라고 하는데, 계선조직이 그 기능을 원활하게 수행할 수 있도록 지원, 조성, 그리고 촉진하는 조직으로서 자문, 권고, 협의, 조정, 정보의 수집과 분석, 연구, 기획과 통제, 인사, 회계, 법무, 공보, 조달 등의 기능을 행사한다. 예컨대 총무과, 차관보, 기획관리실, 담당관, 비서관, 각종 정책자문회의, 교육기관, 연구소 등이 그것이다.

계선조직의 장점으로는 권한과 책임의 한계가 명확하며, 활동이 매우 신속하고 능률적이며, 조직의 안정성을 확보해 준다. 한편 계선조직의 단점은 계선조직의 장이 독단적인 의사결정을 할 수 있으며 전문지식의 활용이 제한된다는 점이다. 계선조직은 소규모 조직에 적합하다. 그리고 참모조직의 장점은 기관장의 통솔의 범위를 확대시키고, 수평적 업무의 조정이 용이하며, 전문지식을 합리적으로 이용할 수 있고, 조직의 신축성과 동태성을 확보해 준다. 참모조직의 단점으로는 참모는 최종적인 책임을 지지 않으며 의사전달상에 혼란이 있을 수 있다. 참모조직은 대규모 조직에 적합하다. 해양경찰은 계선조직(경비국, 구조안전국 등)과 참모조직(기획재정담관, 인사담당관, 교육담당관 등)이 혼합된 조직이다.

(6) 조직행위

1) 조직과 조직인의 관계

'조직'은 자신의 유지와 보존 그리고 성장과 발전을 도모하려 하며, 조직을 통해 조직의 생산적 목표를 달성하고자 한다. 조직을 구성하는 변수 중 '조직인'은 조직구조와 함께 가장 중요한 비중을 차지해 왔다. 조직인은 조직의 구성원이면서도 조직을 실질적으로 운영하고 관리하는 인자(因子)이기 때문이다. 조직속의 개인 역시 조직에서 개인의 욕구나 목표를 달성하려 한다. 강조해 표현하면 '조직'은 조직의 목표 달성을 극대화하려는 경향을 보이는데 반해 '조직인'은 개인의 욕구 만족을 극대화하려는 경향이 있다. 따라서 조직 속에서 조직목표와 개인목표는 서로 갈등과 대립의 관계가 있다고 생각될 수 있으나 반드시 그렇지만은 않고 서로 조화·공존의 관계도 있다고 하였다(민진, 2018: 180).

2) 동기부여

조직관리에서 개인적 특성을 살펴보는 중요한 이유는 조직인의 동기를 유발해 직무수행 수준을 높임으로써 조직의 효과성을 높이려는 것이다. 왜냐하면 인간이 일정한 행동을 하도록 하는 근원이 바로 동기(motive)이기 때문이다.

동기는 인간이 행동하도록 촉발하고 그 방향을 설정하고 지속시키는 정신적인 힘 또는 정신작용의 과정을 말한다. 동기를 부여하는 방법은 여러 가지이고 이론도 다양하지만 여기서는 동기부여에 관한 접근 방법들을 동기부여의 내용이론과 과정이론으로 구분해 설명하기로 한다.

내용이론은 동기를 유발하는 원인의 내용을 설명하는 것으로 욕구이론인 머슬로(A. H. Maslow)의 욕구5단계설, 허즈버그(F. Herzberg)의 욕구충족이원론이 그 중심을 이룬다. 과정이론은 어떤 과정을 거쳐서 어떻게 동기가 유발되는가를 설명하며 이 과정에 관여하는 변수들 간에 어떤 상호작용이 있는지에 관한 이론으로 브룸(Vroom)의 기대이론, 애덤스(J. S. Adams)의 공정성이론 등을 들 수 있다.

3) 조직인의 욕구

조직인의 욕구란 성격과 더불어 동기부여이론의 기초를 이루고 있다. 인간은 자신의 욕구를 충족시키기 위해 행동하며 자신의 욕구충족과 관련이 없는 일들은 가능한 한 회피한다. 욕구가 충족되면 만족하고 욕구가 충족되지 않으면 불만족한다. 욕구(needs)란 인간이 어떤 시점에서 지각하는 결핍에서 비롯된 필요 또는 갈망이다(Aldag & Kuzuhara, 2002). 욕구는 강한 것도 있고 약한 것도 있으며, 일시적인 것 지속적인 것도 있다. 욕구는 힘을 만들어 내는 요인이다.

가) 머슬로의 욕구 5단계설

머슬로(Maslow, 1970)는 인간의 욕구가 단계를 이루고 있다고 한다. 그가 제시한 욕구 5단계는 ①생리적 욕구 ②안전의 욕구 ③사회적 욕구 ④존경의 욕구 ⑤자아실현의 욕구인데, 이들은 순차적으로 발현된다. 즉 생리적 욕구가 어느 정도 충족되어야 안전의 욕구가 나타나는 식으로 차상위의 욕구가 나타나고 충족된다. 생리적 욕구가 가장 하위의 동물적 욕구라면 자아실현욕구는 가장 상위의 인간의 욕구다. 그리고 일단 충족된 욕구는 동기유발 요인으로서 의미를 상실한다(민진, 2018: 192).

〈그림 4-3〉 머슬로의 욕구 5단계

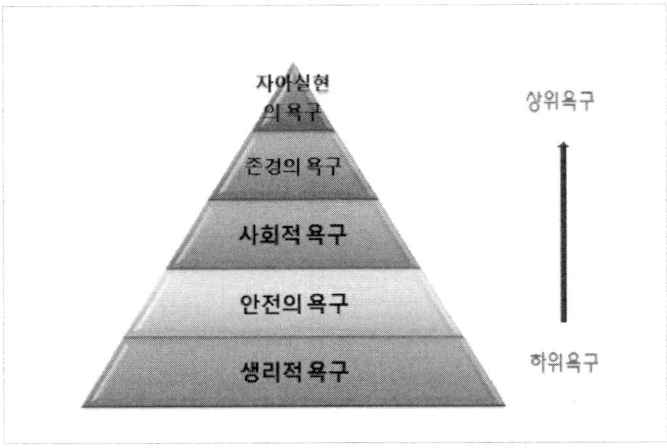

이들 욕구를 간단히 설명하면 다음과 같다.

① 생리적 욕구 : 인간이 삶을 영위하는데 가장 필수적인 욕구로서 의식주에 관한 욕구, 호흡·배설·성생활 등에 관한 욕구를 들 수 있다.

② 안전의 욕구 : 공포나 혼란으로부터 오는 정신적·육체적 위험으로부터의 보호, 경제적·사회적 안정의 지속, 현재상태의 보전 등과 관련된 욕구다.

③ 사회적 욕구(애정의 욕구) : 가족·친구·애인·동료 등 이웃과 친근하게 사랑을 나누면서 살고자 하는 욕구와 어느 집단·조직·사회에 속하고자 하는 욕구다.

④ 존경의 욕구 : 다른 사람들로부터 인정을 받고자 하고 스스로 긍지나 자존심을 가지려 하는 욕구를 뜻한다.

⑤ 자아실현 욕구 : 자신의 잠재력을 최대한 이용하고 발휘하며 개발하고, 자신의 이상이나 목표를 실현하려는 욕구다.

나) 허즈버그의 욕구충족요인 이원론

허즈버그(F. Herzberg)는 조직에서 불만족요인과 만족요인을 구분하면서 불만족스러운 요인이 해소되었다고 해서 꼭 만족의 상태에 이르는 것이 아니라고 한다. 그리고 불만족요인을 위생요인으로, 만족요인을 동기부여요인으로 지칭하기 때문에 그의 이론은 동기위생 요인 이론이라고 불리기도 한다.

불만족요인(위생요인)은 조직구성원의 불만을 야기하는데 작용하는 요인으로, 대체로 그들이 일하는 근무환경에 관련되며, 구체적으로는 정책·임금·근로조건·감독자와의 관계·동료와의 관계 들이 포함된다. 따라서 불만요인을 제거한다고 해서 만족을 보장하는 것은 아니다.

만족요인(동기부여요인)은 그들이 담당하는 직무의 성취·인정·업무 자체·책임·승진 등에 관련된 것으로 직무에 흥미를 느끼고 몰입해 그것을 통해 자아실현이나 성취를 해야만 만족에 이른다는 것이다.

〈그림 4-4〉 허즈버그 2요인 이론

위생요인 (불만을 발생시키는 요인으로 만족을 유발시키지는 못함)	동기요인 (만족을 유발시키는 요인, 불만을 유발시키지는 않음)
1. 급여	1. 성취감
2. 기술적 감독	2. 칭찬이나 인정을 받을 수 있는 기회
3. 회사의 정책과 행정	3. 직무 자체가 주는 흥미
4. 인간관계	4. 성장 가능성
5. 작업 조건	5. 책임감
6. 개인생활 요소들	6. 직무의 도전성
7. 직위	7. 발전성(승진)
8. 직장의 안정성	

다) 브룸의 기대이론

브룸(Vroom, 1965)은 특정한 원인 행위와 결과 행위의 연결 가능성(즉 기대)과 결과 행위에 대한 선호도에 따라서 직무 수행상 동기부여의 정도가 결정된다고 한다. 예컨대 승진을 중요하다고 생각할 때 열심히 일을 하면 승진이 될 것 이라는 기대(조직인 혼자 생각하는 주관적 확률임)에 따라서 일을 열심히 할 것이냐 말 것이냐가 결정된다는 것이다. 다시 말해 열심히 일해도 승진할 가능성이나 기회가 없다면 일할 의욕이 상실된다. 한편 조직인이 승진에 대해 중요하게 생각하지 않는다면 승진한다하더라도 열심히 일할 의욕이 생기지 않는다. 따라서 동기의 강도는 기대(직무수행 노력과 승진·전보·보수인상·기타 해택 정도나 가능성)와 선호(개인적 선호도나 가치)에 따라서 좌우되는 것이다.

〈그림 4-5〉 동기유발이론 — 브룸(V. Vroom)의 기대이론

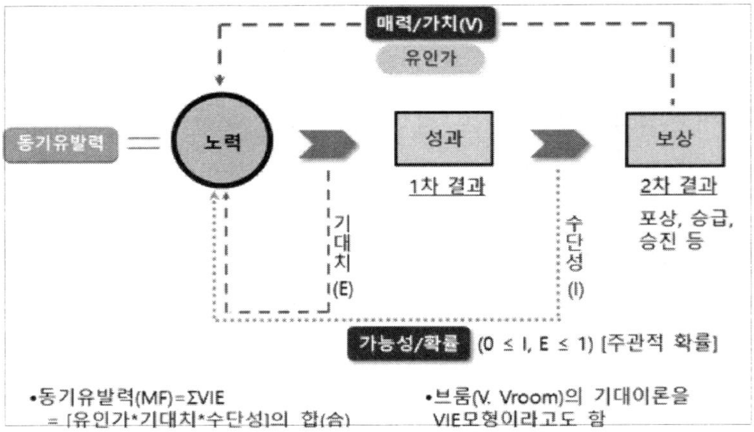

라) 애덤스의 공정성이론

애덤스(J. S. Adams, 1965)는 개인의 행위는 타인과의 관계에서 공정성을 유지하는 방향으로 동기가 부여된다는 것이다. 여기서 공정성(equity)이란 자신의 투입과 산출과의 비율을 타인의 그것과 비교해 그들이 대등하면 공정하다고 지각하고, 대응하지 못하면 불공정을 느끼는 것이다. 이때 타인보다 상대적으로 적게 보상받는 과소 보상의 경우 개인은 부당하게 대우받는다고 느낄것이며, 타인보다 상대적으로 많이 보상을 받는 과잉 보상의 경우 일종의 죄책감을 느낀다. 따라서 조직관리자는 조직들을 공정하게 보상해야 한다는 것이다.

〈그림 4-6〉 공정성 이론

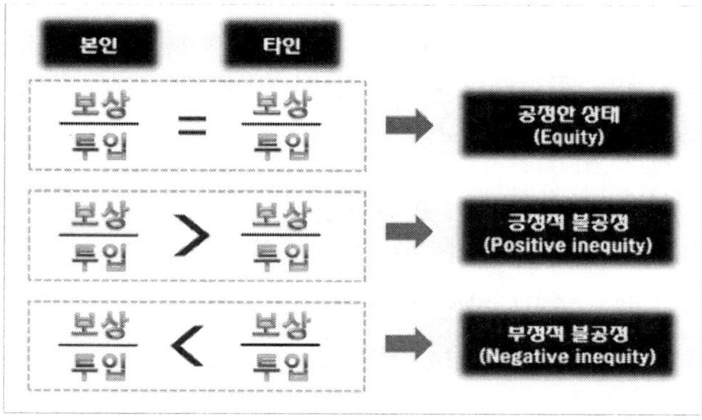

(7) 리더십과 조직문화

1) 리더십

리더십이란 리더가 일정한 상황에서 다른 구성원들로 하여금 조직이나 집단의 공통목표를 달성하는 데 영향력을 행사하는 모든 과정이다. 리더(leader, 지도자)는 lead(앞선다, 앞지른다, 지도한다, 선도한다)의 명사형으로 앞선 사람, 지도하는 사람, 선도하는 사람이란 뜻이다.

리더란 엄밀한 의미로 집단에서의 리더십(지도적 기능)이라는 관점에서 규정되어야 하며, 어떤 인기 있는 사람이나 대표자, 또는 문화영역의 권위자 등과는 구별되어야 한다. 일반적으로 리더는 목표관리, 종업원의 동기부여 및 목표 설정 시 조언, 조직구성원들의 지속적인 행동을 이해해야 한다. 즉, 리더란 목표를 제시하고, 이 목표에 대해 구체적으로 설명하고 왜 이 목표를 달성해야 하는가를 의사소통을 통해 설득하고 납득시키며, 리더 자신이 그 목표달성을 위하여 솔선수범하여 열심히 일하는 것이라는 뜻이다. 결론적으로 리더십의 본질은 공동 목표를 달성하기 위하여 리더가 집단 또는 조직의 구성원들에게 영향을 미치는 과정이다. 이러한 리더십의 정의가 실현되려면 리더는 조직의 구성원들이 자원하여 목표 성취에 헌신하도록 동기를 부여해야 한다. 또한, 리더는 구성원들에게 활력소를 불어 넣으며, 탁월성을 추구하고, 조직을 발전시켜 나가야 한다.

리더의 역할로는 ①대인관계의 역할에서 조직의 대표로서의 역할, 리더로서의 역할, 연결자로서의 역할을 담당 ②리더로서의 역할은 조직을 관리하고 조직의 목표를 수행 ③연결자(liaison)로서의 역할로는 외부와의 관계에서 조직의 내부와 연결을 수행 ④정보처리의 역할로는 정보를 모니터링하는 역할, 정보를 확산시키는 역할, 내부의 정보를 외부로 전할 때 대변인의 역할을 수행 ⑤의사결정시 리더의 역할은 기업가 역할, 문제 해결자 역할, 자원 분배자 역할, 중재자 역할을 수행하는 역할을 해야 한다.

2) 조직문화

조직문화는 조직 구성원이 공유하는 가치관과 신념, 이념과 관습, 규범과 전통, 기술과 지식 등을 포함한 종합적인 개념으로서 조직 구성원과 조직체 전체의 행동에 영향을 주는 기본 요소이다. 최근 정부조직이나 기업의 경영 활동 중에서 조직문화가 중요한 요소로 등장한 것은 조직의 지속적인 존속을 위해서이다. 즉 환경 변화에 적응할 수 있는 조직만이 지속가능성을 가질 수 있으며, 이는 조직문화에 의해서 결정된다.

조직문화를 이해하는 데 가장 실질적인 도움을 주는 개념. 일본 기업과 미국 우수 기업의 조직문화 연구에서 제시되었는데, 조직문화를 구성하고 있는 일곱 가지의 중요 요소들이 모두 S자로 시작되기 때문에 조직 문화의 7S 개념으로 불린다.

① 가치 공유(Shared value) : 조직체의 구성원 모두가 공동으로 소유하는 가치관, 이념, 전통 가치 등을 말한다. 가치 공유는 다른 조직 문화 구성 요소에 지배적인 영향을 주므로 조직 문화 형성에 가장 중요하다. ② 전략(Strategy) : 조직체의 장기적인 방향과 기본 성격을 결정한다. 전략은 기업의 이념과 목적을 달성하기 위한 장기적인 방향을 제고함으로써 다른 조직 문화 구성 요소에 많은 영향을 준다. ③ 기술(Skill) : 기술도 조직 문화를 형성하고 있는 중요 요소로서 각종 기계 장치 및 첨단 산업 분야의 물리적 하드웨어 기술과 소프트웨어 기술을 포함한다. 그 뿐만 아니라 구성원에 대한 동기 부여와 행동 강화, 갈등 관리와 변화 관리, 목표 관리와 예산 관리 등 조직체 경영에 적용되는 관리 기술과 기법도 포함한다. ④ 구조(Structure) : 조직체의 전략을 수행하는 데 필요한 틀로서 조직 구조나 권한 관계 등을 포함한다. 구조는 관리 시스템과 더불어 구성원의 일상 업무 수행과 행동에 많은 영향을 준다. ⑤ 관리 시스템(System) : 조직체 경영의 의사 결정과 일상 운영에 틀이 되는 관리 제도 등 각종 시스템을 말한다. 보상 제도와 조정책, 경영 정보와 의사 결정 시스템, 경영 계획과 목표 설정 시스템 등 경영 각 분야의 경영 관리 제도와 절차를 포함한다. ⑥ 구성원(Staff) : 조직 문화는 조직체 구성원의 행동을 통하여 실제로 나타난다. ⑦ 리더십 스타일(Style) : 구성원을 이끌어 나가는 전반적인 조직 관리 스타일로서 구성원의 행동 조성과 상호 관계, 기업의 조직 분위기에 직접적인 영향을 주는 중요 요소이다.

조직문화의 기능으로는 조직문화는 기업의 밑바닥에 내재되어 있는 정신적 기반으로서 구성원의 사고와 행동에 방향과 힘을 주는 역할을 한다. 따라서 조직문화는 강하든 약하든 긍정적이든 부정적이든 조직의 전반에 걸쳐 영향을 미치며 그 결과는 장기적으로 기업의 성과를 좌우할 수 있다.

① 기업의 문화는 기업 내의 구성원에게 일체감(identity)과 정체성(sense of identity)을 부여한다. 이와 같은 일체감과 정체성은 외부 상황이 급변할 때 조직구성원의 결속력을 강화시켜 주고 일체화된 조직으로 뭉치게 하는 힘이 된다.

② 기업의 문화는 개인보다는 조직 전체의 전념도(commitment)를 높이게 한다. 조직의 전념도란 조직구성원이 조직에 대해 갖게 되는 충성심과 조직의 목표를 달성하기 위해 자신의 모든 노력과 능력을 기꺼이 바치고자 하는 마음 자세를 의미하는데, 일단 조직에 소속하게 되면 시간이 지남에 따라 동질감을 느끼게 되고 공유의식과 문화의 수용은 집단의 번영 내지는 영속적 활동을 위해 전념하도록 만들어 준다.

③ 기업의 문화는 기업전체의 안정성을 높여 준다. 강한 조직문화를 보유한 기업은 조직의 전념도가 향상되며 따라서 결근율과 이직률이 줄어들며 구성원의 사기는 증대된다. 이와 같은 조직의 안정적인 상태는 구성원의 단결심과 일체감을 높여준다.

④ 조직문화는 구성원에게 상징적인 의미를 부여하여 행동의 지침을 제공한다. 일반적으로 특별한 문제가 없는 경우 평소 해왔던 방식으로 일을 처리하며, 또한 위기상황에 닥쳤을 때에는 공유된 문화가 해야 할 것과 하지 말아야 할 것에 대해 해답을 제공해 준다.

[5] 해양경찰 조직 및 정원관리

(1) 근거

해양경찰청과 그 소속기관 조직 및 정원에 관한 규칙(해양경찰청훈령 제171호, 2020. 2. 10. 제정.)

(2) 총칙

1) 목적

해양경찰청과 그 소속기관의 조직 및 정원의 합리적 운용과 관리를 위한 기준을 정함을 목적으로 한다.

2) 적용범위

해양경찰청의 조직과 정원은 다른 법령에 특별한 규정이 있는 경우를 제외하고는 이 규칙이 정하는 바에 의한다.

3) 용어정의

가) "특별지방행정기관"이라 함은 중앙행정기관에 소속되어, 해당 관할구역 내에서 시행되는 소속 중앙행정기관의 권한에 속하는 행정사무를 관장하는 국가의 지방행정기관으로 지방해양경찰청, 해양경찰서 등을 말한다.

나) "부속기관"이라 함은 행정권의 직접적인 행사를 임무로 하는 기관에 부속하여 그 기관을 지원하는 행정기관으로서 해양경찰교육원, 중앙해양특수구조단, 해양경찰정비창을 말한다.

다) "소속기관"이라 함은 중앙행정기관에 소속된 기관으로서, 특별지방행정기관과 부속기관을 말한다.

라) "보조기관"이라 함은 행정기관의 의사 또는 판단의 결정이나 표시를 보조함으로써 행정기관의 목적달성에 공헌하는 기관으로 각 국·과·계 등을 말한다.

마) "보좌기관"이라 함은 행정기관이 그 기능을 원활하게 수행할 수 있도록 그 기관장이나 보조기관을 보좌함으로써 행정기관의 목적달성에 공헌하는 기관으로 각 관·담당관·팀 등을 말한다.

바) "하부조직"이라 함은 행정기관의 보조기관과 보좌기관을 말한다.

사) "해양경찰청 조직관리부서"라 함은 해양경찰청 혁신행정법무담당관실을 말한다.

4) 조직 및 정원의 관리 목표

가) 해양경찰청과 그 소속기관(이하 "해양경찰기관"이라 한다)의 조직과 정원은 그 업무의 성질과 양에 따라 적정규모가 유지되도록 하여야 한다.

나) 해양경찰기관의 하부조직은 해당 기관 내에서 기능상의 중복이 없어야 하며, 종합적이고 체계적으로 편성하여야 한다.

다) 해양경찰기관의 하부조직 기능과 업무량이 변경될 경우에는 그에 따라 하부조직과 정원도 조정하여야 한다.

5) 조직관리지침의 통보·하달

해양경찰청 기획조정관(이하 "기획조정관"이라 한다)은 해당 연도의 조직의 관리·운영방침과 다음 연도의 기구개편안 및 소요정원안의 작성에 필요한 기준을 정한 해양경찰청 조직관리지침을 수립하여 해양경찰청의 각 국(관)의 장과 부속기관의 장 및 지방해양경찰청장(이하 "각 기관장"이라 한다)에게 통보하여야 한다.

6) 조직 등의 개편요청

가) 각 기관장은 「해양경찰청과 그 소속기관 직제 및 동 시행규칙(이하 "직제등"이라 한다)」상 해당 부서 또는 소속기관의 기구의 개편과 정원을 조정할 필요가 있거나 해양경찰관서의 증설이 필요한 경우 제5조의 조직관리지침에 따라 다음 연도 기구 개편안 및 소요정원안을 해양경찰청 조직관리부서에 제출하여야 한다.

나) 각 기관장은 해당 연도 중에 직제 등에서 긴급히 해당 부서 또는 소속기관의 기구와 정원을 조정할 필요가 있거나, 사무분장을 조정할 필요가 있는 경우 제5조의 조직관리지침에 따라 수시직제안을 해양경찰청 조직관리부서에 제출하여야 한다.

다) 기획조정관은 제1항 및 제2항의 경우 필요한 때에는 조직과 인력, 사무분장 등에 대하여 진단을 실시할 수 있다.

7) 임시 조직의 운영

가) 각 기관장은 탄력적이고 신축적인 조직 관리를 위해 업무의 성격 및 목적에 따라 팀·단·대 등 임시 조직을 운영할 수 있다.

나) 임시 조직을 운영하는 경우 각 기관장은 사전에 기획조정관과 협의하여야 하며, 해양경찰청장의 승인을 받아야 한다.

다) 설치된 임시 조직의 인원은 다른 목적으로 사용할 수 없다.

8) 사무분장의 조정

가) 해양경찰기관 과 단위 조직 내의 계 단위 조직(대·팀 등)간 사무분장 조정은 소속 부서장(과장, 담당관 등)이 수행한다.

나) 해양경찰기관 과 단위(담당관·단·대)간 사무분장 조정에 대해서는 해양경찰청의 경우 소관 국(관)의 장이, 지방해양경찰청 및 해양경찰서의 경우 기획운영과장이, 부속기관의 경우 조직업무 담당 과장이 수행한다. 다만, 해양경찰청의 국(관) 간의 사무분장조정은 기획조정관이 수행한다.

다) 해양경찰기관의 국·관의 장, 과(담당관·대)장은 제1항 및 제2항에 의한 사무분장 조정이 안 될 경우에 별표1에 의한 사무분장 조정 신청서를 각 해양경찰기관의 조직관리부서로 제출할 수 있다.

라) 해양경찰기관의 국·관의 장과 과(담당관·대)의 장은 제1항 및 제2항에 의해 조정된 사무에 대해서는 그 결과를 해당 기관의 조직관리부서에 통보하여야 한다. 다만, 직제 등의 변경이 필요한 경우에는 제6조에 따라 해양경찰청 조직관리부서에 제출하여야 한다.

9) 지방해양경찰청 사무분장규칙

가) 지방해양경찰청의 조직과 정원 및 사무분장을 규정하는 지방해양경찰청 훈령(이하 "지방해양경찰청 사무분장 규칙"이라 한다)은 그 명칭을 "ㅇㅇ지방해양경찰청과 소속 해양경찰서 사무분장 규칙"으로 한다.

나) 지방해양경찰청 사무분장 규칙에는 다음 각 호의 사항이 포함되어야 한다.

① 지방해양경찰청 및 해양경찰서의 과 단위 하부조직과 그 분장사무

② 직할부서(과·단·대 등)과 그 분장사무

③ 파출소의 명칭·위치 및 관할구역

④ 출장소의 위치 및 명칭

⑤ 공무원의 종류와 직급별 정원(다만, 전시정원에 대해서는 관련 법령 및 규정에 따라 관리한다.)

⑥ 그 밖의 해당 해양경찰기관의 운영에 필요한 사항

다) 각 지방해양경찰청장은 지방해양경찰청 사무분장 규칙을 제정 또는 개정하고자 할 때에는 규칙 제정안 또는 개정안과 그 사유를 첨부하여 해양경찰청장의 승인을 받아야 한다. 다만, 각 기관별 과 단위 조직 내부에 한정된 사무분장 조정과 각 지방해양경찰청 관할 내의 파출소 및 출장소의 명칭·위치·관할 변경·조정에 대해서는 그러하지 아니한다.

라) 해양경찰청 각 국·관의 장은 기획조정관과 사전 협의를 거친 경우에 지방해양경찰청 사무분장 규칙의 개정을 요청할 수 있다.

10) 부속기관 사무분장규칙

가) 해양경찰청 부속기관(해양경찰정비창은 제외한다)의 조직과 정원 및 사무분장을 규정하는 부속기관 훈령(이하 "부속기관 사무분장 규칙"이라 한다)은 그 명칭을 "ㅇㅇ(기관명) 사무분장 규칙"으로 한다.

나) 부속기관 사무분장 규칙에는 다음 각 호의 사항이 포함되어야 한다.

① 부속기관의 과 단위 하부조직과 그 분장사무

② 공무원의 종류별·직급별 정원(다만, 전시정원에 대해서는 관련 법령 및 규정에 따라 관리한다.)

③ 그 밖의 해당 부속기관(해양경찰정비창은 제외한다)의 운영에 필요한 사항

다) 부속기관 사무분장 규칙을 제정·개정하는 경우에는 제9조제3항 및 제4항을 준용한다.

11) 해양경찰정비창 기본운영규정

가) 해양경찰정비창의 조직과 정원 및 사무분장을 규정하는 해양경찰정비창 훈령은 그 명칭을 "해양경찰정비창 기본운영 규정"으로 한다.

나) 해양경찰정비창 기본운영 규정에는 다음 각 호의 사항이 포함되어야 한다.

① 소관 업무 및 그 집행절차에 관한 기본적인 사항

② 정비창 하부조직 설치·운영과 그 분장사무

③ 공무원의 종류별·직급별 정원 및 그 운영에 관한 사항

④ 소속 공무원의 인사운영에 관한 사항

⑤ 예산 및 회계에 관한 사항

⑥ 그 밖에 해양경찰정비창 운영에 필요한 사항

다) 해양경찰정비창 기본운영 규정을 제정·개정하는 경우에는 제9조제3항 및 제4항을 준용한다.

(3) 특별지방행정기관 조직관리

1) 지방해양경찰청 직할부서 설치

지방해양경찰청장은 특별히 정한 사무에 관하여 지방해양경찰청장을 보좌하기 위하여 해양경찰청장의 승인을 받아 직할부서(과·단·대 등)를 둘 수 있다.

2) 지방해양경찰청 계 단위 하부조직

가) 지방해양경찰청의 과 단위 조직의 하부조직으로 계 단위 조직(계·대·팀 등)을 두는 경우에는 다음 각 호의 요건을 갖추어야 한다. 각 호에 해당되는 경우에는 특별한 경우를 제외하고는 적어도 3인 이상의 정원을 필요로 하는 업무량이 있어야 한다.

① 과 단위 조직의 소관업무를 업무의 양이나 성질에 따라 수 개로 분담하여 수행할 필요가 있을 것

② 업무의 한계가 분명하고 업무의 독자성과 계속성이 있을 것

나) 지방해양경찰청장은 해역별 치안수요에 따라 자체 정원 범위에서 필수 설치 계 단위 조직 외의 계 단위 조직(계·대·팀 등)을 설치할 수 있다. 다만, 계 단위 조직의 명칭은 전국적인 통일을 기하기 위해 해당 업무를 소관하는 해양경찰청 담당부서 및 해양경찰청 조직관리부서와 사전에 협의하여야 한다.

다) 지방해양경찰청의 계 단위 조직(계·대·팀 등)의 장은 경정, 경감, 경위 또는 이에 상당하는 일반직으로 한다.

3) 해양경찰서 계 단위 하부조직

가) 해양경찰서 과 단위 조직의 하부조직으로 계 단위 조직(계·대·팀·실 등)을 두는 경우에는 제13조제1항 및 제2항을 준용한다.

나) 해양경찰서장이 계 단위 조직(계·대·팀·실 등)을 설치하는 경우 제13조 제4항을 준용한다.

다) 해양경찰서의 계 단위 조직(계·대·팀·실 등)의 장은 경감·경위 또는 이에 상당하는 일반직으로 한다.

4) 파출소 및 출장소

해양경찰서장의 소관 사무를 분장하기 위해 해양경찰서장 소속으로 파출소 및 출장소를 두되, 그 신설 및 폐지는 지방해양경찰청장이 정한다.

(4) 정원관리

1) 정원의 배정

정원은 직급별로 배정하되 해양경찰기관의 업무의 양 및 성질에 따라 정하고, 직급은 업무의 성질, 난이도, 책임도 및 다른 기관과의 균형 등을 고려하여 정한다.

2) 정원관리

가) 각 기관장은 다음 각 호에 해당하는 정원을 자체적으로 조정할 수 있다.

① 해양경찰청의 각 국·관의 장 : 소속 경감 이하 경찰공무원, 6급 이하 일반직 공무원

② 지방해양경찰청장 및 부속기관의 장 : 소속 경정 이하 경찰공무원, 5급 이하 일반직 공무원·관리운영직군 공무원

나) 정원조정을 실시하려는 경우에는 사전에 기획조정관과 협의하여야 한다.

다) 지방해양경찰청장은 소속 해양경찰서 치안수요를 분석하여 소속 해양경찰서 간의 정원을 조정할 수 있다. 다만, 이 경우 사전에 해양경찰청 조직관리 부서와 협의하여야 하며, 소속 해양경찰서의 정원을 지방해양경찰청으로 조정할 경우 해양경찰청장의 승인을 받아야 한다.

라) 해양경찰서장은 해당 소속기관 내 경위 이하 경찰공무원·7급 이하 일반직 공무원·관리운영직군 공무원의 정원을 자체 조정할 수 있다. 다만, 지방해양경찰청장 및 해양경찰서장은 함정, 파출소 등 현장부서의 정원을 조정할 경우 소속기관의 함정,

파출소 등 현장부서 각각의 총 정원 범위 내에서만 조정이 가능하며, 사전에 해양경찰청 조직관리부서와 협의하여야 한다.

마) 정원조정이 있는 경우 지방해양경찰청장과 부속기관의 장은 해양경찰청장에게, 해양경찰서장은 해양경찰청장과 해당 지방해양경찰청장에게 지체 없이 보고하여야 한다.

바) 정원의 증원 없이 각 부서 자체적으로 새로운 업무를 신설하거나 특정부서의 정원 보강이 필요한 때에는 다음 각 호의 순서에 따라 정원을 조정하여야 한다.

① 해당 과 단위 조직의 자체정원

② 해당 해양경찰기관의 자체정원

사) 정원조정이 조직관리 관련 법령, 규정, 지침 등에 위배되는 경우 해양경찰청장은 시정을 지시할 수 있다.

3) 유동정원

가) 각 기관장 및 해양경찰서장은 정원운영의 효율성을 제고하기 위해 「행정기관의 조직과 정원에 관한 통칙」 제29조의2에 따라 소속기관 및 국·관별로 배정한 정원 중 일부를 유동정원으로 지정해 주요 현안 업무 및 새로운 행정수요 대응 업무 등에 탄력적으로 재배정하여 운영할 수 있다.

나) 각 기관장 및 해양경찰서장이 유동정원을 운영할 경우에는 각 기관별 유동정원 운영계획을 수립하여 부서별 유동정원 지정 전에 해양경찰청 조직관리부서로 제출하여야 한다.

4) 조직진단 및 정원감사

가) 해양경찰청장 및 지방해양경찰청장은 하부조직 및 소속기관에 대해 다음 각 호의 사항을 내용으로 하는 조직진단을 실시할 수 있다.

① 치안수요 및 업무량 판단

② 기구 및 정원의 운영

③ 업무배분의 적정성

④ 제1호 부터 제3호 외에 소속기관의 운영과 발전을 위해 진단이 필요하다고 제1항의 조직진단 실시권자가 인정한 사항

나) 해양경찰청장 및 지방해양경찰청장은 소속기관에 대하여 정원감사를 실시할 수 있다.

다) 지방해양경찰청장은 제1항 및 제2항에 따라 조직진단 또는 정원감사를 실시한 경우 7일 이내에 해양경찰청장에게 보고하여야 한다.

라) 해양경찰청장은 각 기관장이 제1항 및 제2항의 규정에 의해 실시한 조직진단 및 정원감사에 대해 시정 또는 보완이 필요하다고 판단하는 경우 각 기관장의 의견을 들은 후 이에 대한 시정 또는 보완을 지시할 수 있고, 시정 또는 보완 요청을 받은 각 기관장은 필요한 조치를 하고 그 결과를 해양경찰청장에게 지체 없이 보고하여야 한다.

5) 신설 조직 및 정원에 대한 평가

가) 해양경찰청장은 「행정기관의 조직과 정원에 관한 통칙」 제31조와 관련하여 하부조직을 신설하거나 정원을 증원하는 경우 다음 각 호의 사항을 평가할 수 있다.

① 행정수요와 업무량 등이 적정한지 여부

② 소관 업무를 지속적으로 수행할 필요가 있는지 여부

③ 소관 업무의 성과 또는 실적

나) 각 기관장은 신설기구 및 정원을 목적에 부합하도록 관리 및 운영하여야 한다.

3 정책

[1] 정책의 의의

정책(public policy)이란 개념에 대해서도 학자들 간의 일관된 정의는 존재하지 않지만 대체적으로 정책 학자들은 정책을 "정책문제를 해결하기 위하여 정부가 달성하여야 할 목표와 그것의 실현을 위한 행동방안에 관한 지침'으로 보고 있다(남궁근, 2012: 15). 또한 "바람직한 사회 상태를 이룩하려는 정책목표와 이를 달성하기 위한 정책수단에 대하여 권위 있는 정부기관이 공식적으로 결정한 기본방침"으로 정의하고 있다(정정길, 2002: 52).

이상의 개념 정의를 바탕으로 해양경찰 정책이란 해양에서의 경찰 및 오염방제에 관한 기능을 달성하기 위해서 해양경찰기관에 의하여 권위 있게 결정된 기본방침을 의미한다고 할 수 있다. 이러한 설명을 기초로 정책의 개념을 상세하게 확장시키면 다음과 같이 정의할 수 있다. "정책은 현재 일어나고 있는, 혹은 일어날 사회문제를 해결하거나 완화하기 위하여 정부가 내리는 중대한 결정"을 의미한다.

[2] 정책의 구성요소

(1) 정책목표

정책목표(policy goals)란 정책을 통하여 달성하고자 하는 바람직한 미래 상태이다. 모든 정책은 정책목표를 갖고 있다. 정책목표 역할은 정책형성 과정과 정책집행 과정에서 지침을 제공하고 정책평가 과정에서 소기의 정책목표가 얼마나 달성되었는지에 대한 평가기준을 제공하는 데 있다

(2) 정책수단(정책도구)

정책수단(policy means)이란, 정책목표를 달성하기 위하여 정부가 사용되는 각종 방안(수단)을 의미한다. 정책수단은 국민들의 이해관계에 직접 영향을 미친다는 점에서 구성요소들 중 가장 중요하며, 정책수단의 선택을 둘러싼 이해관계집단들 간의 갈등이 심하다

(3) 정책대상집단(policy target group)

정책대상자 내지 정책대상집단은 정책을 통하여 어떠한 형태로든 혜택을 받는 수혜집단과 정책으로 인하여 손해를 입는 피해 집단(정책비용부담집단)으로 구분해 볼 수 있다.

[3] 정책과정(policy process)

(1) 정책의제설정

정책의제설정(agenda setting)이란 사회문제가 정책문제로 전환되는 과정 또는 행위를 의미한다. 즉, 정책의제설정이란 사회에 있는 개인 및 집단의 요구들이 정부의 진지한 관심대상으로 전환되어 가는 과정으로서, 정부가 사회문제를 정책적으로 해결하기 위하여 심각하게 검토하기로 결정하는 행위 또는 과정을 의미하는 것이다.

1) 의제설정과정

사회문제가 정책문제로 채택되는 데에는 여러 단계를 거치게 된다. 일반적으로 정책의제설정과정을 '사회문제→사회적 이슈→공중의제→공식의제'단계로 채택되어 종결된다고 설명한다.

2) 정책분석의 절차(합리적인 정책결정의 단계)

'어떻게 하면 보다 바람직한 정책을 결정할 것인가?'바람직한 정책결정이 무엇인가? 합리

주의자들은 합리적·분석적 정책결정이 바람직하다고 주장하지만, 점증주의자들은 점증적 정책결정이 바람직하다고 주장한다. 여기서는 합리적·분석적 정책결정을 바람직한 정책결정이라고 부르기로 한다. 합리적인 정책결정의 단계는 '정책문제의 분석과 정책목표의 설정→정책대안의 탐색과 개발→정책대안의 결과예측→정책대안의 비교·평가→정책결정(최적대안의 선택)'순이다.

(2) 정책결정

정책결정은 어떤 문제의 해결 또는 목표달성을 위해 정부가 정책분석을 통해 제시된 여러 대안 가운데 하나를 선택하는 과정이다. 정책대안의 비교, 평가를 수반 하고 평가기준을 무엇으로 선정하느냐에 따라 선택되는 대안이 달라질 수 있다. 먼저 실현가능성을 따져본 후 실현가능성이 없거나 낮은 정책대안은 버리고, 나머지 대안 가운데 가장 바람직한 대안을 선택하는 기준은 궁극적으로 공익이다. 그러나 공익이란 개념은 너무 애매모호하고 추상적이어서 실제 적용에 한계가 있어 좀 더 구체적인 능률성, 효과성, 공평성(형평성) 등의 기준이 많이 활용된다.

보통 재정사업은 경제성을 따지는데 이를 위한 분석도구가 비용·편익분석(cost-benefit analysis)이나 비용·효과분석(cost-effectiveness analysis)이다.

그러나 현실에서의 정책결정은 합리적·분석적 정책결정의 절차나 논리를 그대로 따르기 어렵다. 이유는 정책결정자(대통령, 해양수산부장관, 해양경찰청장 등)의 능력부족이나 잘못된 가치관, 편견, 권위주의, 그리고 정치적 활동이 복합적으로 작용하여 정책결정이 이루어다. 정책결정을 설명하기 위한 다양한 이론 모형들이 많아 어느 한 가지 기준에 의해서 분류하고 설명하기는 매우 어렵다.

1) 합리모형(rational model)

합리모형(rational model)은 합리성에 근거하여 정책을 결정한다는 이론이다. 전제조건으로는 모든 대안이 검토 가능하다고 본다. 즉 의사결정자의 전지전능을 가정한다. 그리고 목표달성을 위해 의사결정자는 최선의 노력을 경주한다고 본다. 즉 정책결정자가 합리적 인간이라는 것을 가정한다. 그러나 의사결정자의 능력 부족, 자원(시간과 비용)의 한계로 실제 적용되기 어렵다.

2) 만족모형(satisfaction model)

사이먼(H. A. Simon)은 현실 속의 정책담당자(행정인)들의 결정방식은 합리모형(경제인)

에서와 같이 최선의 합리성을 추구하기보다는 시간과 공간, 재정적 측면에서의 여러 요인들을 고려해서 만족할 만한 수준에서 결정을 한다고 본다. 즉 현실의 결정이 여러 제약조건 때문에 제한된 합리성(bounded rationality)을 추구할 수밖에 없다는 것이다. 즉 합리모형에서 가정하는 전제조건과는 다르게 인간은 인지능력에 한계가 있고, 시간·경비의 부족으로 모든 대안을 탐색하지 않고 몇 개의 대안만을 무작위적, 순차적으로 만족할 때까지 탐색한다. 또한 인간의 정보처리 인지능력의 한계로 복잡한 상황을 중요한 것만 단순화시켜 고려한다. 이모형은 보수적인 모형으로서 특히 정책결정자가 무사안일적 태도를 가지고 있는 경우 문제가 된다.

3) 점증모형(incrementalism)

린드브롬(C. E. Lindblom), 윌다브스키(A. Wildabsky)가 제안한 모형으로 기존 정책을 토대로 하여 그보다 약간의 향상된(소폭의 변화, $\pm\alpha$ %) 정책을 추구하는 방식으로 정책결정이 이루어진다는 것이다. 예산결정과정에서 정부예산은 대개가 전년도 예산을 놓고 여기에다 신규사업 예산액을 더하는 방식으로 이루어진다. 또한 한번 통과된 정책이 계속해서 살아남는 현상이나, 조직이 업무량과는 상관없이 계속 확대되어 가는 현상 모두 점증주의 모형의 단적인 예라고 볼 수 있다. 그러나 점증주의식 결정은 현실적 선호에도 불구하고 ① 기존 정책이 잘못된 것이면 악순환을 초래한다. 근본적인 쇄신 없이 한계적 변화량에만 집착함으로써 잘못된 정책을 과보호 할 우려가 있다. ② 민주적 다원주의가 확립되어 있을 때 바람직하다. 정책과정이 소수 몇몇 사람이나 힘 있는 일부 집단들에 의해 좌우된다면 "잘못된 정책에 의한 악순환" 현상이 일어날 소지가 많다. ③ 사회가 불안정할 때는 적용이 곤란하다. 사회가 불안정하여 정책결정자와 관련 집단, 가치, 사용가능 수단들이 심하게 변화하는 경우에는 점증주의(incrementalism)식 결정이 어려워진다. 합의된 결정절차가 마련되기 어렵고 선례도 별로 없기 때문이다.

4) 혼합주사모형(mixed-scanning model)

에치오니(A. Etzioni)가 합리모형과 점증모형의 단점을 제거하고 장점만을 살린 통합모형이다. 합리모형은 비현실적이고 시간과 비용의 과다 소요와 점증모형은 근시안적, 방향감각 부족, 너무 보수적, 반혁신적 정책결정을 정당화 한다. 이러한 비판에서 출발한 혼합주사모형을 사용하는 정책결정자는 대안탐색과 분석에 복합적인 방식을 사용하여 의사결정을 근본적 결정과 세부적 결정으로 구분한다.

근본적 결정(맥락적 결정)은 큰 줄기에 해당하는 부분에 대한 결정으로 대안 고려에서나 대안의 결과 평가에서 중요한 것만 덩어리 형태로 고려하는 것이다. 세부적 결정(세목적 결정)은 근본적 결정의 테두리 내에서 점증적으로 하며, 이때는 근본적 결정을 기준으로 조금씩 변화된 대안을 마련하고, 그 대안들에 대해 세밀한 분석을 실시하게 된다.

혼합주사모형의 예로서 '태풍발생 기상관측의 경우 처음부터 모든 지역을 정밀하게 관측하기 어려우므로 개략적 관측으로 태풍발생지역을 확인하고(근본적 결정) 그 지역을 중점적으로 자세히 관측(세부적 결정)하게 된다.

그러나 이 모형도 의사결정을 근본적 결정과 세부적 결정으로 구분하고 합리모형의 지나친 엄밀성과 점증주의의 보수성을 극복하려고 시도하였다. 합리모형과 점증모형에서 제시된 내용 이외에 새로운 내용이 없다는 비판을 받고 있다.

5) 최적모형(optimal model)

드로어(Y. Dror)가 주장한 것으로 기존의 합리적 결정 방식이 지나치게 수리적 완벽성을 추구하여 현실성을 잃는 것을 경계하고, 그 반대로 다른 접근 방식(점증주의)이 너무 현실지향적이 되는 것을 막는다는 의도에서 제시된 모형이다. 즉 합리적 분석만이 아니라 결정자의 직관, 판단도 중요한 요소로 간주하고 있다. 정책결정자의 시간과 자원의 한계, 능력 부족인 경우 초합리성을 강조한다. 그리고 경제성을 감안한 합리성을 주장한다. 즉, 시간과 자원들의 제약을 고려하면서 최선의 합리성을 추구한다. 그러나 초합리성의 지나친 강조는 자칫 신비주의나 주먹구구식 결정의 위험성이 있다고 비판을 받는다.

6) 조직모형

사이먼과 마치(H. A. Simon & J. G. March)가 주장한 이론으로 분업화된 계층제적 구조를 갖는 조직에서의 의사결정모형이다. 사이어트와 마치(R. Cyert & J. March)의 회사모형과 더불어 집단적 의사결정론의 기초를 확립하였다. 또한 엘리슨(Allison)의 Model Ⅱ의 핵심적 내용을 형성하고 있다.

7) 회사모형

사이어트와 마치(R. Cyert & J. March)가 주장한 것으로, 느슨하게 연결되어 있는 조직(회사조직)의 의사결정을 다루고 있다. 연합모형(coalition)이라고도 한다. 많은 조직은 각 단위 사업부서별로 준독립적인 운영이 이루어지는 경우가 많은데 이런 조직에선 다른 부서 상황을 고려하면서 조직 전체의 목적을 극대화하는 결정을 해야 한다고 보고 있다. 이모형은 관료조직의 의사결정과정을 연구한 모형이다. 조직은 하위목표를 가진 여러 하위부서로 구성된다고 전제하고 있다.

8) 쓰레기통 모형(garbage can model)

쓰레기통 모형은 모형 이름이 시사 하는 바와 같이 쓰레기통처럼 무질서한 상태의 조직에서 이루어지는 의사결정(정책결정)을 설명하기 위해 코헨(M. Cohen), 마치(J. March), 올슨(J. Olsen) 등이 제시한 모형이다. 즉, 대학사회나 또는 친목단체에서처럼 조직(집단)의 구성원들 사이에 응집성이 아주 약한 혼란상태에서 이루어지는 의사결정의 특징적 측면을 강조한 모형이다. 이 모형의 전제조건은'① 문제성 있는 선호 ② 불명확한 기술(인과관계) ③ 일시적 참여자' 3가지가 필요하고 전제조건 아래에서 의사결정이 이루어지기 위해서는 다음 4가지의 구성요소가 모두 구비되어야 한다. '① 결정해야 할 문제 ② 문제의 해결책 ③ 참여자 ④ 의사결정의 기회' 이들 네 가지 구성요소가 상호간에 유기적으로 결합될 때 의사결정을 이루어진다.

의사결정방식은 조직화된 무정부상태에서는 우연히 발생하는 계기(점화계기)에 4가지 요소가 만나고 의사결정이 이루어지게 된다. 점화계기로는 극적 사건, 정치적 사건 등이 있다. 조직화된 무정부상태에서의 대표적인 의사결정방식으로 진 빼기 방식(관련문제들이 떠날 때까지 결정을 미룸), 날치기통과방식(관련문제들이 제기되기 전에 결정) 등이 있다. 그러나 극도로 불합리한 집단적 의사결정모형이다.

9) 앨리슨 모형

엘리슨(G. Allison)은 정부의 의사결정과정을 설명하기 위해 3가지 모형, 즉 합리모형(Model Ⅰ), 조직모형(Model Ⅱ), 정치모형(Model Ⅲ)을 제시하고 1960년대 초 쿠바 미사일사건을 설명하고 있다. 합리모형(Model Ⅰ)은 정책결정주체인 국가(정부)는 일관된 선호, 목표, 평가기준을 가지고 있는 합리적이고 단일적 결정자이며, 국가의 목적을 극대화하는 대안을 선택한다(국방정책이나 외교정책).

조직모형(Model Ⅱ)은 정책결정주체인 국가(정부)는 느슨하게 연결된 반독립적인 하위조직들의 집합체이며, 정책은 하위조직들의 내부절차에 의해 결정된다. 하위조직은 표준운영절차(SOP)에 따라 프로그램 목록에서 문제에 상응하는 해결대안을 찾아 결정한다. 정치모형(Model Ⅲ)은 정책결정주체인 국가(정부)는 참여자 개개인간의 타협, 흥정, 갈등 등의 정치적 과정(정치적 게임)의 결과이다. 조직의 구성원들은 개인의 정치적 자원을 이용하여 정치적 게임규칙에 따라 목표달성에 노력한다. 결과적으로 '정치모형'은 공식적 권위가 강한 조직의 상층부에서 적용가능성이 높고, '조직모형'은 기능적 권위가 강한 조직의 하층부에서 적용가능성이 높으며, '합리모형'은 조직계층에 따라 큰 차이가 없다. 실제의 정책결정에는 3가지 모형 모두 적용가능하며, 국방, 외교정책 이외에 일반정책의 경우에도 적용 가능하다.

(3) 정책집행(policy implementation)

정책집행이란 일련의 전체 정책과정 가운데 정책결정과 정책평가단계 사이에서 이루어지는 실천적 단계로서, 정책내용을 구체화하기 위한 실현 활동으로 이해할 수 있다. 즉, 권위 있게 결정된 정책내용을 실현하는 활동 또는 과정을 말한다.

(4) 정책평가

정책이란 공공문제를 해결하기 위한 정부의 활동이다. 정부의 활동은 공공문제를 해결한다는 목표지향적인 성격을 지니고 있다. 그런데 정부의 활동은 국민의 세금으로 이루어지고 정책비용이 수반된다. 따라서 정부의 활동인 정책이 정당성을 지니기 위해서는 과연 정책이 당초 기대한 성과를 제대로 달성하였는지의 여부를 확인해 보아야 한다. 정책이 좋은지 나쁜지를 비판적으로 검토하는 활동이 바로 정책평가이다. 평가기준의 종류로는 효과성, 능률성, 형평성, 대응성, 적절성, 충분성 등이 일반적인 기준이다.

(5) 정책변동

정책과정은 정책의제설정, 정책결정, 정책집행 및 정책평가 등 단계로 구분해 보았는데 이러한 단계의 정책과정에서 일어나는 정책 활동들은 상호간에 영향을 미치기 때문에 정책과정은 순환적이고 동태적이며 복합적인 과정이다. 즉, 정책과정의 각 단계에서 일어나는 정책 활동들은 다양한 정보를 산출하고, 이러한 정보는 다른 정책 활동에 영향을 미친다. 가령, 정책집행단계에서 예상치 못한 문제들에 부딪치게 되면 이를 해결하기 위해 정책지침을 다시 수정·보완하게 되고, 정책평가과정에서 도출된 정보를 토대로 정책이 종결된다든가 아니면 집행전략이 달라지게 된다. 이처럼 정책과정의 모든 단계에서 산출된 정보들은 전단계로 환류되어 정책 활동의 변화를 야기 시키는데, 이러한 과정을 통해 정책은 변동하게 된다. 넓은 의미의 정책변동은 정책의 혁신, 정책의 유지, 정책의 승계, 정책의 종결 등으로 구분해 볼 수 있다.

4 기획

[1] 기획의 개념

기획(planning)이라는 용어에 대해 학자들에 따라 그 정의를 각각 다르게 내리고 있다. 그러나 여러 학자들의 기획개념을 종합하여 볼 때 "기획이란 여러 가지 정보를 종합하여 목표의 달성을 위한 여러 가지 대안을 모색하고 그 중에서 최적의 대안을 선택하는 의사결정을 구체화하는 미래지향적이고 지속적이며 능동적인 과정"이라고 할 수 있다. 즉 기획이란 최적의 수단으로 행정이 추구하는 목표를 달성할 수 있도록 장래에 취할 행동을 위한 일련의 결정을 준비하는 의도적 과정이라고 정의할 수 있다(Y. Dror의 정의). 기획은 행정기관이나 기타 조직이 사업의 목표와 그 목표를 달성할 수 있는 최선의 수단에 대한 해답을 추구하는 것으로서 정보와 지식을 종합하여 목표의 정확한 소재를 파악하고 그 목표의 달성을 위한 여러 가지 대안을 모색하여 그 가운데서 최선의 대안을 선택하는 전망적·계속적 의사결정과정을 뜻한다(김신복, 2003: 17).

기획과 구별되는 개념으로 계획(plan)이 있는데, 기획은 계획을 만드는 과정이며, 계획은 기획을 통해 이루어지는 구체적, 개별적 개념으로 기획의 결과라고 할 수 있다. 계획과 기획을 이렇게 구분하더라도 이와 유사한 용어 또는 개념들이 많이 있다. 우선 같은 계획이면서 수준이 다른 개념으로서 프로그램(program)과 프로젝트(project)가 있다. 프로그램은 흔히 사업계획으로 번역되며 농어민소득증대사업, 낙동강유역개발사업 등비교적 대단위의 복합적인 계획을 가리키는 것으로 사용된다. 한편 프로젝트는 세부사업계획 혹은 단위사업계획으로서 예를 들면 댐(dam)이나 공장을 건설하는 사업의 수준에서 수립되는 계획이라 볼 수 있다. 따라서 이들은 계획의 하위개념이라 볼 수 있는데 이렇게 구분하지 않고 모두 계획이라고 부르는 경우도 가끔 있다(최신용·강제상·김선엽·임영제, 2006: 7).

[2] 기획의 본질

(1) 기획은 하나의 과정, 즉 계속적인 활동이다.

계획(plan)은 장래의 행동을 위한 설계(design) 그 자체이며 따라서 과정으로서의 기획(planning)과 구별되어야 한다. 기획의 과정은 하나의 계획을 작성하는데 그치지 않고 그 집행결과를 평가하여 차기계획에 반영하는 계속적이고 순환적인 활동인 것이다.

(2) 기획은 준비과정이다.

기획은 보다 나은 결정을 위한 시안을 작성하는 과정으로서 그것을 채택하고 집행하는 것은 별개의 기능이며, 따라서 기획기능은 대표적인 참모기능(staff function)에 속한다. 설령 동일부서에서 기획기능과 그것을 승인하고 집행하는 권한을 아울러 갖는다 하더라도 분석상 별도로 취급되어야 할 것이다.

(3) 기획은 일단의 복합적인 결정을 대상으로 한다.

이 점이 일반적으로 기획과 의사결정 혹은 정책결정과의 차이점이다. 즉 기획이 의사결정 또는 정책결정의 일종이기는 하지만, 기획은 단일의 결정을 대상으로 하는 것이 아니라 한 묶음(a set)의 결정을 다룬다는 점이 특징이다. 그러한 결정들은 대부분 체계적으로 연결되어 있고 투자나 추진일정 면에서 우선순위가 요청되는 것들이 대부분이다.

(4) 기획은 행동 지향적인 활동이다.

기획은 실천과 행동을 통한 문제의 해결이나 현실의 개선에 목적이 있으며, 이런 의미에서 순수연구나 교육훈련활동과 구별되어야 한다. 기획은 바람직한 목표를 실현하기 위해 앞으로의 행동대안을 설계하여 그것을 실현하고자 하는 노력이다. 그러한 의도적이고 인위적인 노력을 통해서 장래의 행동노선을 조정하려는 것이다.

(5) 기획은 미래지향적 활동이다.

기획에서는 과거의 경험과 현실분석을 바탕으로 하지만 장래에 취할 행동방안을 강구하는 것이 핵심이다. 기획은 불확실한 미래를 대상으로 하기 때문에 예측과 판단 등 고도의 전문성을 필요로 하는 것이다.

(6) 기획은 목표를 성취하기 위한 활동이다.

장래에 달성하려고 하는 목표가 어느 정도 명시되지 않고서는 기획이 이루어 질수 없다. 그렇다고 해서 아주 구체적이고 명확한 목표가 제시되어야 기획에 착수할 수 있다는 것은 아니다. 오히려 정책탐색단계에서 제시된 모호하고 불분명한 목표들을 구체화·명료화하는 작업이 곧 기획의 첫 단계인 것이다.

(7) 기획은 효율적인 수단을 강구하는 과정이다.

목표·수단단계는 기획과정의 기초가 된다. 기획은 자료의 모집과 체계적이고 종합적인 분석 등 합리적인 과정을 통해서 소망하는 목표를 효율적으로 달성할 수 있는 수단을 제시하려는 활동인 것이다. 따라서 기획의 절차와 기법은 이러한 실현가능하고 바람직한 수단을 모색하는데 초점을 두지 않으면 안 된다.

[3] 기획의 필요성

행정에 있어 기획이 필요한 이유는 여러 가지가 있겠으나, 다음과 같이 네 가지로 요약할 수 있다(최신용·강제상·김선엽·임영제, 2006: 10).

첫째, 조직목표의 구체적 실현을 위해서 기획이 필요하다. 행정기획은 사회목적의 구체화를 위한 수단으로서 목표성취 행동의 출발점이 되는 것이다.

둘째, 행정기능은 그 자체가 기획을 필요로 한다. 기획에 의해서 행동지침이 확립되지 않는다면 필요 불가결한 제반 행정활동 간에 유기적인 조화를 유지할 수가 없는 것이다.

셋째, 변동관리의 수단으로서 기획이 필요하다. 다양한 사회변화가 의미 있는 변화로 되기 위해서는 행정이 스스로 사회의 변혁과정을 기획화할 필요가 있는 것이다. 이것이 변동관리의 적극적 기능이며 행정은 이러한 기능을 통하여 공공의 복지를 향상시키지 않으면 안 된다.

넷째, 합리적 협동행위는 기획을 필요로 한다. 조직의 각 구성원에 의하여 분담된 업무는 통일적 목적 실현을 위한 목적과 수단의 연쇄관계 형성은 적절한 기획을 통해서 가능한 것이다. 또한 현대사회의 복잡성, 미래에의 대비 및 행정목표의 구체화, 자원의 최적 활용, 그리고 지휘 및 통제수단으로 기술하고 있다.

[4] 기획의 원칙

(1) 목적성의 원칙

비능률과 낭비를 피하고 그 효과성을 높이기 위하여 명확하고 구체적인 목적이 제시되어야 한다.

(2) 단순성(간결성)의 원칙

기획이 간명하여야 하며 난해하거나 전문적인 용어는 피해야 한다.

(3) 표준화의 원칙

기획의 대상이 되는 재화, 서비스 및 작업방법 등의 표준화를 통하여 기획을 용이하게 수립할 수 있다.

(4) 신축성의 원칙

행정상황은 매우 유동적이므로 이에 대응할 수 있도록 하여야 한다.

(5) 안정성의 원칙

기획은 정확한 정보에 의해 수집된 가정의 설정이 전제되어야 한다. 또한 불필요한 수정을 피하고 일관성과 안정감이 있어야 한다.

(6) 미래예측성의 원칙

장래에 대한 정확한 예측진단에 기초를 두어야 한다. 이러한 정확성은 계획의 성공에 결정적인 영향을 미친다.

(7) 경제성의 원칙

기획에는 막대한 경비와 시간이 투입되므로, 인적·물적 자원의 효율적인 배분이 선정되어야 한다.

(8) 계속성(단계성)의 원칙

상위·중위·하위기획이 단계적으로 연결되어야 한다. 이외에 포괄성(모든 요소 포함)과 필요성(정당한 이유가 있어야 함)도 언급된다.

[5] 경찰기획의 유형

〈표 4-4〉 경찰기획의 유형

절차기획 (procedural plan)	평상시 근무절차와 특수근무에 있어서 해양경찰의 일반적 지침이 되는 표준 행정절차에 관한 기획이다.
용병(전술)기획 (tactical plan)	기동계획이라고 한다. 해상시위나 중국어선 단속 등 다중범죄 진압대책, 대공작전, 시위집회나 행사경비 대책 등이다.

〈표 4-4〉 계속

활동기획 (operation plan)	각 해양경찰관서, 각 과의 목표활동에 관한 기획이다. 기본운영계획에 입각하여 분기별, 월간, 주간, 일일근무 계획 등이다.
해양경찰외부계획 (exterior departmental plan)	해상사고나 질병 등 비상재해 등에 있어서 긴급히 대처할 수 있는 비상동원계획 및 관계 기관이나 주민의 협조확보를 위한 기획이다.
관리기획 (managemental plan)	해양경찰 조직의 기구, 정원, 예산, 시설의 관리 및 자금의 획득과 지출 등에 포함되어 있는 모든 활동에 관한 기획이다.

[6] 기획의 과정

기획과정은 세 가지 측면과 연계시켜 살펴볼 수 있다. 첫째, 정치과정과 관련시켜 합리성의 제고를 실현시키려는 측면이다. 즉, 공공행정의 입장에서 정치과정에 다양한 이해관계집단이 참여하며 이 과정에 합리성을 제고시키려는 것이다. 둘째, 정책과정과 관련시켜 기획의 수단을 접근시켜 정책과정에 접근하는 것이다. 셋째, 조직단위의 POSDCoRB 입장에서 기획과정이 설정되는 것이다. 조직의 목표를 설정하고 설정된 목표를 효과적으로 성취하기 위한 접근을 의미한다. 여기에는 공공 및 민간조직이 포함된다(김종선, 2011: 26).

(1) 목표설정(문제인지)

기획의 첫 단계로서 달성하고자 하는 궁극적인 목표를 구체화하는 것을 말한다. 목표의 요건으로는 ①표방된 목표와 실제목표 사이의 비 괴리성 ②계획목표의 타당성, ③계획목표들 사이의 일관성 유지 ④계획목표의 구체성·실체성 ⑤계획목표의 실현가능성 등을 들 수 있다.

(2) 상황분석

기획에 필요한 목표가 정해지면 기획대상의 실태를 파악하여 목표를 달성하는데 예상되는 장애요인과 문제점을 규명해야한다. 즉 기획대상의 현 상태와 이용 가능한 여러 가지 자원에 대하여 물적인 것뿐만 아니라 권한·정세에 관한 지식·행정기술 등까지 포함하여 충분히 파악하고, 여러 가지 제약조건들에 관해서도 파악해야 하는데, 이러한 제약조건을 제거하는 방법이 바로 목표를 달성하기 위한 대안이 될 수 있기 때문이다.

(3) 기획전제의 설정

현황파악이 끝나면 목표를 구체화하여 실천목표를 설정하고 기획에 대한 가정이나 전제를 정하여야 한다. 기획 전제란 계획을 수립하는 과정에서 토대로 삼아야할 주요 가정 또는 전망을 말한다. 예컨대 경제개발계획에 있어서 유가 등 주요 원자재의 확보전망 및 가격에 대한 가정 등 국제경제의 움직임에 관해서 일정한 전제를 필요로 하는 것이다.

(4) 대안의 탐색·평가

기획에 있어서 하나의 완전한 행동방안만이 존재하는 경우는 거의 없다. 실제로는 몇 가지의 상이한 방안들이 있게 마련이며 각기 장단점을 갖고 있는 것이 보통이다. 그러므로 기획담당자는 될 수 있는 한 많은 대안(alternative)을 찾아서 비교·검토하고 평가하여야 한다.

(5) 최적안의 선택

이 단계에서는 여러 가지 대안 가운데서 최선의 대안을 선택하여야 하는데, 그러기 위해서는 각 대안에 대한 비교와 평가가 선행되어야 하고, 대안을 합리적으로 비교하기 위해서는 비용-편익의 관점에서 대안의 결과에 대한 예측이 있어야 한다.

5 해양경찰 복무

[1] 복무의 본질

복무란 해양경찰관으로서 맡은바 직무에 복종함에 관한 상태를 포괄하는 의미로서 해양경찰관의 복무는 법령에 근거를 두고 있으며, 경찰공무원법·경찰공무원 복무규정·국가공무원 복무규정 등에 규정하고 있다. 경찰 활동은 국민의 생명과 재산을 보호하고 공공의 안녕과 질서를 유지하기 위하여 실력을 행사하는 작용이므로, 경찰관의 복무규율 확립이 특별히 강조되고 있다.

「헌법」제7조 ①항에 공무원은 국민전체에 대한 봉사자이며 국민에 대하여 책임을 진다. 또한 ②항에 공무원의 신분과 정치적 중립성은 법률에 정하는 바에 의하여 보장된다고 하였고, 이와 같은 기본원칙에 입각하여 「경찰관직무집행법」제1조 2항에 경찰관의 직권은 그 직무수행에 필요한 최소한도내에서 행사되어야 하며 이를 남용하여서는 아니 된다고 규정하였고, 「국가공무원복무규정」[101]에 의하여 공무원의 근무기강확립 등이 복무의 본질 즉 복무제도의 기본 지도원리가 되고 있다.

해양경찰은 그 직무를 수행할 때 국민 전체에 대한 봉사자로서 공정·중립을 지켜야 하고, 헌법과 법률에 따라 국민의 자유와 권리를 존중하며, 부여된 권한을 남용하여서는 아니 된다(해양경찰법 제3조).

해양경찰관이 일반 공무원과 구별되는 것은 해양경찰관의 직무집행에는 실력을 행사하여 국민의 자유를 제한하는데 있다. 따라서 해양경찰관은 규율을 생명으로 하여 일사불란한 지휘계통을 엄수하고 그 직무를 민주적이며 능률적으로 수행하지 않으면 안 된다. 그러기 위해서는 해양경찰관은 항상 인격의 함양에 힘써야 할 것이다.

[2] 복무상 의무·책임

공무원은 일반국민으로서 지위와 국가기관의 구성원으로서 지위의 이중적 지위를 가진다. 따라서 공무원은 국민의 지위에서 권리와 의무를 가짐은 물론 국가기관의 구성원으로서 국가의 사무를 성실히 수행할 의무와 책임을 진다.

101) 「국가공무원 복무규정」 제3조(근무기강의 확립) ① 공무원은 법령과 직무상 명령을 준수하여 근무기강을 확립하고 질서를 존중하여야 한다. ② 공무원(「국가공무원법 제3조제3항의 공무원의 범위에 관한 규정」에 따른 공무원은 제외한다)은 집단·연명으로 또는 단체의 명의를 사용하여 국가의 정책을 반대하거나 국가정책의 수립·집행을 방해해서는 아니 된다.

(1) 선서의 의무

국가공무원법 제55조 및 국가공무원 복무규정 제2조제1항에 공무원은 취임할 때 소속 기관장 앞에서 선서를 해야 한다. 해양경찰관은 소정의 신규교육기간을 마치고 해양경찰관으로 임용된 때에는 국가공무원법에 의하여 각 소속기관장 앞에서 다음과 같이 선서를 하여야 한다.

> 선 서
>
> 나는 대한민국 공무원으로서 헌법과 법령을 준수하고, 국가를 수호하며, 국민에 대한 봉사자로서의 임무를 성실히 수행할 것을 엄숙히 선서합니다.

(2) 성실의 의무

모든 공무원은 법령을 준수하며 성실히 직무를 수행하여야 한다(국가공무원법 제56조).

(3) 직무상의 의무

〈표 4-5〉 공무원 직무상 의무

의 무		내 용
복종의 의무		공무원은 직무를 수행할 때 소속 상관의 직무상 명령에 복종하여야 한다(국가공무원법 제57조).
친절공정의 의무		공무원은 국민 전체의 봉사자로서 친절하고 공정하게 직무를 수행하여야 한다(동법 59조).
종교중립의 의무		① 공무원은 종교에 따른 차별 없이 직무를 수행하여야 한다. ② 공무원은 소속 상관이 제1항에 위배되는 직무상 명령을 한 경우에는 이에 따르지 아니할 수 있다(동법 제59조의 2).
직무전념 의무	직장이탈금지	① 공무원은 소속 상관의 허가 또는 정당한 사유가 없으면 직장을 이탈하지 못한다(동법 58조). ② 수사기관이 공무원을 구속하려면 그 소속 기관의 장에게 미리 통보하여야 한다. 다만, 현행범은 그러하지 아니하다(동법 제58조제2항).
	영리업무 및 겸직금지	공무원은 공무 외에 영리를 목적으로 하는 업무에 종사하지 못하며 소속 기관장의 허가 없이 다른 직무를 겸할 수 없다(동법 제64조)

〈표 4-5〉 계속

의 무	내 용
경찰공무원법상의 의무	
거짓보고 등의 금지	① 경찰공무원은 직무에 관하여 거짓으로 보고나 통보를 하여서는 아니 된다. ② 경찰공무원은 직무를 게을리 하거나 유기(遺棄)해서는 아니 된다(경찰공무원법 제18조).
지휘권남용 등의 금지	전시·사변, 그 밖에 이에 준하는 비상사태이거나 작전수행 중인 경우 또는 많은 인명 손상이나 국가재산 손실의 우려가 있는 위급한 사태가 발생한 경우, 경찰공무원을 지휘·감독하는 사람은 정당한 사유 없이 그 직무 수행을 거부 또는 유기하거나 경찰공무원을 지정된 근무지에서 진출·퇴각 또는 이탈하게 하여서는 아니 된다(동법 제19조).
제복착용의 의무	경찰공무원은 제복을 착용하여야 한다(동법 제20조제1항).

(4) 신분상의 의무

〈표 4-6〉 공무원 신분상 의무

비밀엄수의 의무	공무원은 재직 중은 물론 퇴직 후에도 직무상 알게 된 비밀을 엄수(嚴守)하여야 한다(국가공무원법 제60조). * 비밀누설은 징계사유가 될 뿐만 아니라 형사상 피의사실 공표죄 및 공무상 비밀 누설죄를 구성한다.
청렴의 의무	① 공무원은 직무와 관련하여 직접적이든 간접적이든 사례·증여 또는 향응을 주거나 받을 수 없다. ② 공무원은 직무상의 관계가 있든 없든 그 소속 상관에게 증여하거나 소속 공무원으로부터 증여를 받아서는 아니 된다(동법 제61조).
품위유지 의무	공무원은 직무의 내외를 불문하고 그 품위가 손상되는 행위를 하여서는 아니 된다(동법 제63조).
외국정부의 영예 등을 받을 경우	공무원이 외국 정부로부터 영예나 증여를 받을 경우에는 대통령의 허가를 받아야 한다(동법 제62조).
정치운동의 금지	① 공무원은 정당이나 그 밖의 정치단체의 결성에 관여하거나 이에 가입할 수 없다. ② 공무원은 선거에서 특정 정당 또는 특정인을 지지 또는 반대하기 위한 행위를 하여서는 아니 된다. ③ 공무원은 다른 공무원에게 위배되는 행위를 하도록 요구하거나, 정치적 행위에 대한 보상 또는 보복으로서 이익 또는 불이익을 약속하여서는 아니 된다(동법 제65조).
집단행위의 금지	공무원은 노동운동이나 그 밖에 공무 외의 일을 위한 집단 행위를 하여서는 아니 된다. 다만, 사실상 노무에 종사하는 공무원은 예외로 한다(동법 제66조).

(5) 해양경찰공무원의 책임

해양경찰공무원이 그 의무에 위반함으로써 법률상의 제재 또는 불이익을 받게 되는 것으로는 행정상의 책임, 형사상의 책임, 민사상의 책임으로 나누어진다.

〈표 4-7〉 해양경찰공무원의 책임

구 분	내 용
행정상의 책임	► 징계책임 해양경찰공무원의 의무위반에 대하여 공법상의 특별권력관계의 내부 질서유지를 위하여 과하는 제재이다(국가공무원법 제78조제1항) ► 변상책임 해양경찰공무원이 고의 또는 중과실로 의무를 위반함으로써 『국가배상법』에 의한 변상책임과 『회계관계직원 등의 책임에 관한 법률』에 의한 변상책임으로 구분됨.
형사상의 책임	해양경찰공무원의 행위가 공무원으로서 의무위반에 그치지 않고 일반 사회법익을 침해한 경우에 형사상의 책임을 진다.
민사상의 책임	공무원이 직무상 불법행위로 개인에게 재산상의 손해를 가한 경우에 공무원에게 고의·중과실이 있는 경우에는 국가구상에 의해 변상책임이 있다.

[3] 경찰공무원의 복무규정

경찰공무원의 복무를 일반적으로 규율하기 위한 일반규정으로서 경찰공무원 복무규정이 있는바, 주요 내용은 제1장 총칙, 제2장 복무자세, 제3장 복무 등, 제4장 사기진작 및 휴가, 제5장 보칙 등으로 되어 있다.

〈표 4-8〉 경찰공무원 기본강령

구 분	기본강령의 내용
경찰사명	경찰공무원은 국가와 민족을 위하여 충성과 봉사를 다하며, 국민의 생명·신체 및 재산을 보호하고, 공공의 안녕과 질서를 유지함을 그 사명으로 한다.
경찰정신	경찰공무원은 국민의 수임자로서 일상의 직무수행에 있어서 국민의 자유와 권리를 존중하는 호국·봉사·정의의 정신을 그 바탕으로 삼는다.
규율	경찰공무원은 법령을 준수하고 직무상의 명령에 복종하며, 상사에 대한 존경과 부하에 대한 신애로써 규율을 지켜야 한다.
단결	경찰공무원은 주어진 사명을 다하기 위하여 긍지를 가지고 한마음 한뜻으로 굳게 뭉쳐 임무수행에 모든 역량을 기울여야 한다.
책임	경찰공무원은 창의와 노력으로써 소임을 완수하여야 하며, 직무수행의 결과에 대하여 책임을 진다.
성실·청렴	경찰공무원은 성실하고 청렴한 생활태도로 국민의 모범이 되어야 한다.

이 규정은 경찰공무원으로 복무하는데 있어서 사고 및 행동의 기본지침 및 근본이념을 말하며 경찰관은 다음의 기본강령에 따라 복무하여야 한다.

(1) 복무자세

경찰공무원은 고운 말을 사용하도록 노력하여야 하며, 국민에게 겸손하고 친절하여야 하고, 상·하급자 및 동료 간에도 서로 예절을 지켜야 한다. 그리고 용모와 복장을 단정히 하여 품위를 유지하고, 사무실과 그 주변 환경을 항상 깨끗하게 정리·정돈하여 명랑한 분위기를 유지하여야 한다. 또한 경찰공무원은 공·사생활을 막론하고 국민의 모범이 되어야 하며, 다음과 같이 행동하여야 한다. ① 상·하급자 및 동료를 비난·악평하거나 서로 다투는 행위를 하여서는 아니 되며, 항상 협동심과 상부상조의 동료애를 발휘하여야 한다. ② 경솔하거나 난폭한 행동을 하여서는 아니 되며, 항상 명랑·활달하여야 한다. ③ 건전하지 못한 오락행위를 하여서는 아니 된다.

(2) 복무

1) 지정장소 외에서의 직무수행금지

경찰공무원은 상사의 허가를 받거나 그 명령에 의한 경우를 제외하고는 직무와 관계없는 장소에서 직무수행을 하여서는 아니 된다.

2) 근무시간 중 음주금지

경찰공무원은 근무시간 중 음주를 하여서는 아니 된다. 다만, 특별한 사정이 있는 경우에는 예외로 하되, 이 경우 주기가 있는 상태에서 직무를 수행하여서는 아니 된다.

3) 민사 분쟁에의 부당개입금지

경찰공무원은 직위 또는 직권을 이용하여 부당하게 타인의 민사 분쟁에 개입하여서는 아니 된다.

4) 상관에 대한 신고

경찰공무원은 신규채용·승진·전보·파견·출장·연가·교육훈련기관에의 입교 기타 신분관계 또는 근무관계 또는 근무관계의 변동이 있는 때에는 소속 상관에게 신고를 하여야 한다.

5) 보고 및 통보

경찰공무원은 치안상 필요한 상황의 보고 및 통보를 신속·정확·간결하게 하여야 한다.

6) 여행의 제한

경찰공무원은 휴무일 또는 근무시간외에 2시간 이내에 직무에 복귀하기 어려운 지역으로 여행을 하고자 할 때에는 소속 경찰기관의 장에게 신고를 하여야 한다. 다만, 치안상 특별한 사정이 있어 경찰청장, 해양경찰청장 또는 경찰기관의 장이 지정하는 기간 중에는 소속경찰기관의 장의 허가를 받아야 한다.

7) 비상소집

① 경찰기관의 장은 비상사태에 대처하기 위하여 필요하다고 인정할 때에는 소속경찰공무원을 긴급히 소집(이하 "비상소집"이라 한다)하거나 일정한 장소에 대기하게 할 수 있다.

② 제1항의 규정에 의한 비상소집의 요건·종류·절차 등에 관하여 필요한 사항은 경찰청장 또는 해양경찰청장이 정한다.

8) 특수근무자의 근무수칙 등

① 경찰청장 또는 해양경찰청장은 대간첩작전을 주 임무로 하는 경찰공무원, 해양경찰청의 해상근무경찰공무원, 경찰기동대의 대원 기타 특수근무경찰공무원에 대한 근무수칙·내무생활 기타 복무에 관하여 필요한 사항을 따로 정하여 실시할 수 있다.

② 경찰청장 또는 해양경찰청장은 필요하다고 인정할 때에는 제1항의 규정에 의한 복무에 필요한 사항의 일부를 당해 경찰기관의 장이 정하여 실시하게 할 수 있다.

(3) 사기진작 및 휴가 등

1) 사기진작

경찰기관의 장은 소속 경찰공무원에 대한 인사상담·고충처리 기타의 방법으로 직무의욕을 고취시키고 사기진작에 노력하여야 한다.

2) 건강관리

① 경찰기관의 장은 소속 경찰공무원의 건강유지와 체력향상에 관한 보건대책을 강구하여야 한다.

② 경찰공무원은 항상 보건위생에 유의하여 건강을 유지하고 체력을 증진하는데 노력하여야 한다.

3) 포상휴가

경찰기관의 장은 근무성적이 탁월하거나 다른 경찰공무원의 모범이 될 공적이 있는 경찰공무원에 대하여 1회10일이내의 포상휴가를 허가할 수 있다. 이 경우의 포상휴가기간은 연가일수에 산입하지 아니한다.

4) 연일근무자 등의 휴무

경찰기관의 장은 특별한 사정이 없는 한 다음과 같이 휴무를 허가하여야 한다.

① 연일근무자 및 공휴일근무자에 대하여는 그 다음날 1일의 휴무

② 당직 또는 철야근무자에 대하여는 다음 날 오후 2시를 기준으로 하여 오전 또는 오후의 휴무

[4] 해양경찰공무원 행동강령

(1) 공정한 직무수행

1) 공정한 직무수행을 해치는 지시에 대한 처리

공무원은 상급자가 자기나 타인의 부당한 이익을 위하여 공정한 직무수행을 현저하게 해치는 지시를 하였을 때에는 그 사유를 그 상급자에게 서식 또는 전자우편 등의 방법으로 소명하고 그 지시에 따르지 아니하거나, 지정된 행동강령에 관한 업무를 담당하는 공무원(이하 "행동강령책임관"이라 한다)과 상담할 수 있다.

2) 사적 이해관계의 신고 등

공무원은 자신이 수행하는 직무가 다음 각 호의 어느 하나에 해당하는 경우에는 소속 기관의 장에게 해당 사실을 서식에 따라 서면(전자문서를 포함)으로 신고하여야 한다. 신고를 받은 소속 기관의 장은 소속 공무원의 공정한 직무수행을 저해할 수 있다고 판단하는 경우에는 해당 공무원에게 ① 직무 참여의 일시중지 ② 직무 대리자 또는 직무 공동수행자의 지정 ③ 직무 재배정 ④ 전보 등 조치를 할 수 있다.

다만, 각종 증명서 발급, 민원 접수, 문서 송달, 그 밖에 이와 유사한 단순 민원업무의 경우에는 그러하지 아니하다.

가) 공무원 자신이 직무관련자인 경우

나) 공무원의 4촌 이내 친족(「민법」 제767조)이 직무관련자인 경우

다) 공무원 자신이 2년 이내에 재직하였던 법인·단체가 직무관련자인 경우

라) 공무원 자신 또는 그 가족(「민법」 제779조)이 임직원 또는 사외이사로 재직하고 있는 법인·단체가 직무관련자인 경우

마) 공무원 자신 또는 그 가족이 직무관련자를 대리하거나 직무관련자에게 고문·자문

등을 제공하거나 해당 대리·고문·자문 등의 업무를 하는 법인·단체에 소속되어 있는 경우

바) 공무원 자신 또는 그의 가족이 다음 각목에 해당하는 비율 이상의 주식·지분, 자본금 등을 소유하고 있는 법인·단체가 직무관련자인 경우

① 공무원 자신 또는 그의 가족이 소유하는 주식이나 지분 총수가 발행주식총수, 출자지분총수의 100분의 30 이상인 사업자

② 공무원 자신 또는 그의 가족이 소유하는 자본금 합산금액이 자본금 총액의 100분의 50 이상인 사업자

사) 그 밖에 공정한 직무수행이 어려운 관계에 있다고 판단하는 다음 각목에 해당하는 자가 직무관련자인 경우

① 300만 원 이상의 금전거래가 있는 자

② 해양경찰청 공무원 퇴직자로서 퇴직 전 5년간 같은 부서에서 근무하였던 자

③ 학연, 지연, 종교, 직연(職連) 또는 채용동기 등 지속적인 친분 관계가 있어 공정한 직무수행이 어렵다고 판단되는 자

④ 최근 2년 이내에 인·허가, 계약의 체결, 정책·사업의 결정 또는 집행 등 직무수행으로 직접적인 이익을 주었던 자 중 지속적인 친분 관계가 형성되어 공정한 직무수행이 어렵다고 판단되는 자

3) 고위공직자의 민간 분야 업무활동 내역 제출

해양경찰청장은 임용 또는 임기 개시 3년 전의 민간 분야 업무활동 내역이 있을 경우 그 직위에 임용된 날 또는 임기를 개시한 날부터 30일 이내에 행동강령책임관에게 서식에 따라 재직하였던 법인·단체와 그 업무 내용, 관리·운영하였던 사업 또는 영리행위의 내용, 그 밖에 행동강령책임관이 정하는 사항을 서면으로 제출하여야 한다.

4) 직무 관련 영리행위 등 금지

공무원은 직무와 관련하여 다음 각 호의 행위를 해서는 아니 된다. 다만, 다른 규정에 따라 허용되는 경우에는 그러하지 아니하다.

가) 직무관련자에게 사적으로 노무 또는 조언·자문을 제공하고 대가를 받는 행위

나) 자신이 소속된 기관이 쟁송 등의 당사자가 되는 직무이거나 소속된 기관에게 직접적인 이해관계가 있는 직무인 경우에 소속 기관의 상대방을 대리하거나 상대방에게 조언·자문 또는 정보를 제공하는 행위

다) 외국의 정부·기관·법인·단체를 대리하는 행위. 다만 소속 기관의 장이 허가한 경우

는 제외한다.

라) 직무와 관련된 다른 직위에 취임하는 행위. 다만, 소속 기관의 장이 허가한 경우는 제외한다.

마) 그 밖에 소속 기관의 장이 공정하고 청렴한 직무수행을 저해할 우려가 있다고 판단하는 직무 관련 행위

5) 가족 채용 제한

가) 계장급 이상 직위(「경찰공무원 승진임용 규정 시행규칙」제6조에 따른 근무성적 제1차 평정자를 말한다. 이하 같다)의 공무원은 자신이 소속된 기관, 그 기관의 소속 기관이나 산하기관(「공직자윤리법」 제3조의2제1항에 따른 공직유관단체와 「공공기관의 운영에 관한 법률」 제4조제1항에 따른 공공기관을 말한다. 이하 같다)에 자신의 가족이 채용되도록 지시하는 등 부당한 영향력을 행사해서는 아니 된다.

나) 인사업무를 담당하는 공무원(인사업무에 사실상 영향력을 행사할 수 있는 공무원을 포함한다)은 자신이 소속된 기관에 자신의 가족이 채용되도록 지시하는 등 부당한 영향력을 행사해서는 아니 된다.

다) 산하기관을 지휘·감독·규제 또는 지원하는 업무를 담당하는 공무원은 자신의 가족이 자신이 소속된 기관의 산하기관에 채용되도록 지시하는 등 부당한 영향력을 행사해서는 아니 된다.

6) 수의계약 체결 제한

가) 계장급 이상 직위의 공무원은 자신이 소속된 기관, 그 기관의 소속 기관이나 산하기관과 물품·용역·공사 등의 수의계약(이하 "수의계약"이라 한다)을 체결해서는 아니 되며, 자신의 가족이나 특수관계사업자가 자신이 소속된 기관, 그 기관의 소속 기관이나 산하기관과 수의계약을 체결하도록 해서는 아니 된다.

나) 계약업무를 담당하는 공무원은 자신이 소속된 기관과 수의계약을 체결해서는 아니 되며, 자신의 가족이 그 기관과 수의계약을 체결하도록 해서는 아니 된다.

다) 산하기관을 지휘·감독·규제 또는 지원하는 업무를 담당하는 공무원은 자신이 소속된 기관의 산하기관과 수의계약을 체결해서는 아니 되며, 자신의 가족이 그 산하기관과 수의계약을 체결하도록 해서는 아니 된다.

7) 퇴직자와의 사적 접촉 신고

공무원은 직무관련자인 소속 기관의 퇴직자(퇴직한 날부터 2년이 지나지 아니한 사람만 해당한다)와 사적 접촉을 하는 경우 소속 기관의 장에게 신고하여야 한다. 사전에 신고가 곤란한 경우에는 접촉을 마친 날부터 5일 내에 신고하여야 한다. 다만, 다른 규정 또는 사회상규에 따라 허용되는 경우에는 그러하지 아니하다. 공정한 직무수행을 저해하는 직무관련자인 퇴직자와의 사적 접촉의 유형은 다음 각 호와 같다.

가) 직무관련자인 퇴직자와 골프를 함께 하는 행위
나) 직무관련자인 퇴직자와 여행을 함께 하는 행위
다) 직무관련자인 퇴직자와 사행성 오락을 함께 하는 행위
라) 직무관련자인 퇴직자가 비용을 부담하는(퇴직자가 재직하고 있는 법인·단체, 후원자 등이 비용을 부담하는 경우도 포함한다) 식사·음주 등의 향응을 함께 하는 행위

8) 특혜의 배제

공무원은 직무를 수행함에 있어 지연·혈연·학연·종교 등을 이유로 특정인에게 특혜를 주거나 특정인을 차별하여서는 아니 된다.

9) 예산의 목적 외 사용 금지

공무원은 여비, 업무추진비 등 공무 활동을 위한 예산을 목적 외의 용도로 사용하여 소속 기관에 재산상 손해를 입혀서는 아니 된다.

10) 정치인 등의 부당한 요구에 대한 처리

공무원은 정치인이나 정당 등으로부터 부당한 직무수행을 강요받거나 청탁을 받은 경우에는 서식 또는 전자우편 등의 방법으로 소속 기관의 장에게 보고하거나 행동강령책임관과 상담한 후 처리하여야 한다.

11) 인사청탁 등의 금지

공무원은 자신의 임용·승진·전보 등 인사에 부당한 영향을 미치기 위하여 타인으로 하여금 인사업무 담당자에게 청탁을 하도록 해서는 아니 된다. 공무원은 직위를 이용하여 다른 공무원의 임용·승진·전보 등 인사에 부당하게 개입하여서는 아니 된다.

12) 투명한 회계 관리

공무원은 관련 법령과 일반적으로 인정된 회계원칙 등에 따라 사실에 근거하여 정확하고 투명하게 회계를 관리하여야 한다.

(2) 부당 이득의 수수 금지 등

1) 이권 개입 등의 금지

공무원은 자신의 직위를 직접 이용하여 부당한 이익을 얻거나 타인이 부당한 이익을 얻도록 해서는 아니 된다.

2) 직위의 사적 이용 금지

공무원은 직무의 범위를 벗어나 사적 이익을 위하여 소속 기관의 명칭이나 직위를 공표·게시하는 등의 방법으로 이용하거나 이용하게 해서는 아니 된다.

3) 알선·청탁 등의 금지

가) 공무원은 자기나 타인의 부당한 이익을 위하여 다른 공직자(「부패방지 및 국민권익위원회의 설치와 운영에 관한 법률」 제2조제3호가목 및 나목에 따른 공직자를 말한다. 이하 같다)의 공정한 직무수행을 해치는 알선·청탁 등을 해서는 아니 된다.

나) 공무원은 직무수행과 관련하여 자기나 타인의 부당한 이익을 위하여 직무관련자를 다른 직무관련자나 공직자에게 소개해서는 아니 된다.

다) 공무원은 자기 또는 타인의 부당한 이익을 위하여 자신의 직무권한을 행사하거나 지위·직책 등에서 유래되는 사실상 영향력을 행사하여 공직자가 아닌 자에게 다음 각 호의 어느 하나에 해당하는 알선·청탁 등을 해서는 아니 된다.

① 특정 개인·법인·단체에 투자·예치·대여·출연·출자·기부·후원·협찬 등을 하도록 개입하거나 영향을 미치도록 하는 행위

② 채용·승진·전보 등 인사업무나 징계업무에 관하여 개입하거나 영향을 미치도록 하는 행위

③ 입찰·경매·연구개발·시험·특허 등에 관한 업무상 비밀을 누설하도록 하는 행위

④ 계약 당사자 선정, 계약 체결 여부 등에 관하여 개입하거나 영향을 미치도록 하는 행위

⑤ 특정 개인·법인·단체에 재화 또는 용역을 정상적인 관행에서 벗어나 매각·교환·사용·수익·점유·제공 등을 하도록 하는 행위

⑥ 각 급 학교의 입학·성적·수행평가 등의 업무에 관하여 개입하거나 영향을 미치도록 하는 행위

⑦ 각종 수상, 포상, 우수기관 또는 우수자 선정, 장학생 선발 등에 관하여 개입하거나 영향을 미치도록 하는 행위

⑧ 감사·조사 대상에서 특정 개인·법인·단체가 선정·배제되도록 하거나 감사·조사 결과를 조작하거나 또는 그 위반사항을 묵인하도록 하는 행위

⑨ 그 밖에 소속 기관의 장이 공직자가 아닌 자의 공정한 업무 수행을 저해하는 알선·청탁 등에 해당한다고 판단하는 행위

4) 직무관련 정보를 이용한 거래 등의 제한

가) 공무원은 직무수행 중 알게 된 정보를 이용하여 유가증권, 부동산 등과 관련된 재산상 거래 또는 투자를 하거나 타인에게 그러한 정보를 제공하여 재산상 거래 또는 투자를 돕는 행위를 해서는 아니 된다.

나) 제1항에 따라 이용 또는 제공이 제한되는 정보란 공무원이 다음 각 호의 사항에 관한 직무를 수행하던 중 알게 된 미공개 정보를 말한다.

① 경비함정 및 항공기 등 주요 장비도입·관리 계획의 수립 및 조정

② 해양경비기본계획 및 시행계획의 수립 및 조정

③ 수난대비기본계획 및 집행계획의 수립 및 조정

④ 연안사고예방기본계획 및 시행계획의 수립 및 조정

⑤ 동력수상레저기구 조종면허시험 업무대행 기관 및 면허시험 면제교육기관, 수상안전교육 업무위탁기관 지정에 관한 계획 수립 및 조정

⑥ 유·도선의 면허·신고, 수상레저사업 등록에 관한 계획 수립 및 조정

⑦ 해양환경관리업의 등록에 관한 계획 수립 및 조정

⑧ 해양오염물질 방제 자재·약제의 형식승인·성능인증에 관한 계획 수립 및 조정

⑨ 그 밖에 제1호부터 제8호에 준하는 업무의 계획 수립 및 조정

5) 공용재산의 사적사용·수익 금지

공무원은 관용 차량·선박·항공기 등 공용재산과 예산의 사용으로 제공되는 항공마일리지, 적립 포인트 등 부가서비스를 정당한 사유 없이 사적인 용도로 사용·수익해서는 아니 된다.

6) 사적 노무 요구 금지

공무원은 자신의 직무권한을 행사하거나 지위·직책 등에서 유래되는 사실상 영향력을 행사하여 직무관련자 또는 직무관련공무원으로부터 사적 노무를 제공받거나 요구 또는 약속해서는 아니 된다. 다만, 다른 법령 또는 사회상규에 따라 허용되는 경우에는 그러하지 아니하다.

7) 직무권한 등을 행사한 부당 행위의 금지

공무원은 자신의 직무권한을 행사하거나 지위·직책 등에서 유래되는 사실상 영향력을 행사하여 다음 각 호의 어느 하나에 해당하는 부당한 행위를 해서는 안 된다.

가) 인가·허가 등을 담당하는 공무원이 그 신청인에게 불이익을 주거나 제3자에게 이익 또는 불이익을 주기 위하여 부당하게 그 신청의 접수를 지연하거나 거부하는 행위

나) 직무관련공무원에게 직무와 관련이 없거나 직무의 범위를 벗어나 부당한 지시·요구를 하는 행위

다) 공무원 자신이 소속된 기관이 체결하는 물품·용역·공사 등 계약에 관하여 직무관련자에게 자신이 소속된 기관의 의무 또는 부담의 이행을 부당하게 전가하거나 자신이 소속된 기관이 집행해야 할 업무를 부당하게 지연하는 행위

라) 공무원 자신이 소속된 기관의 소속 기관 또는 산하기관에 자신이 소속된 기관의 업무를 부당하게 전가하거나 그 업무에 관한 비용·인력을 부담하도록 부당하게 전가하는 행위

마) 그 밖에 직무관련자, 직무관련공무원, 공무원 자신이 소속된 기관의 소속 기관 또는 산하기관의 권리·권한을 부당하게 제한하거나 의무가 없는 일을 부당하게 요구하는 행위

8) 금품 등의 수수 금지

가) 공무원은 직무 관련 여부 및 기부·후원·증여 등 그 명목에 관계없이 동일인으로부터 1회에 100만원 또는 매 회계연도에 300만원을 초과하는 금품 등을 받거나 요구 또는 약속해서는 아니 된다.

나) 공무원은 직무와 관련하여 대가성 여부를 불문하고 제1항에서 정한 금액 이하의 금품 등을 받거나 요구 또는 약속해서는 아니 된다.

다) 외부강의 등에 관한 사례금 또는 다음 각 호의 어느 하나에 해당하는 금품 등은 제1항 또는 제2항에서 수수(收受)를 금지하는 금품 등에 해당하지 아니한다.

① 소속 기관의 장이 소속 공무원이나 파견 공무원에게 지급하거나 상급자가 위로·격려·포상 등의 목적으로 하급자에게 제공하는 금품 등

② 원활한 직무수행 또는 사교·의례 또는 부조의 목적으로 제공되는 음식물·경조사비·선물 등으로서 정하는 가액 범위 안의 금품 등

③ 사적 거래(증여는 제외한다)로 인한 채무의 이행 등 정당한 권원(權原)에 의하여 제공되는 금품 등

④ 공무원의 친족(「민법」 제777조)이 제공하는 금품 등

⑤ 공무원과 관련된 직원상조회·동호인회·동창회·향우회·친목회·종교단체·사회단체 등이 정하는 기준에 따라 구성원에게 제공하는 금품 등 및 그 소속 구성원 등 공무원과 특별히 장기적·지속적인 친분관계를 맺고 있는 자가 질병·재난 등으로 어려운 처지에 있는 공무원에게 제공하는 금품 등

⑥ 공무원의 직무와 관련된 공식적인 행사에서 주최자가 참석자에게 통상적인 범위에서 일률적으로 제공하는 교통, 숙박, 음식물 등의 금품 등

⑦ 불특정 다수인에게 배포하기 위한 기념품 또는 홍보용품 등이나 경연·추첨을 통하여 받는 보상 또는 상품 등

⑧ 그 밖에 사회상규(社會常規)에 따라 허용되는 금품 등

공무원은 특별히 장기적·지속적인 친분관계를 맺고 있는 자가 직무관련자 또는 직무관련 공무원으로서 금품 등을 제공한 경우에는 그 수수 사실을 서식에 따라 지체 없이 소속 기관의 장에게 신고하여야 한다. 공무원은 자신의 배우자나 직계 존속·비속이 자신의 직무와 관련하여 공무원이 받는 것이 금지되는 금품 등(이하 "수수 금지 금품 등"이라 한다)을 받거나 요구하거나 제공받기로 약속하지 아니하도록 하여야 한다.

9) 감독기관의 부당한 요구 금지

감독·감사·조사·평가를 하는 기관(감독기관)에 소속된 공무원은 자신이 소속된 기관의 출장·행사·연수 등과 관련하여 감독·감사·조사·평가를 받는 기관(피감기관)에 다음 각 호의 어느 하나에 해당하는 부당한 요구를 해서는 안 된다.

가) 법령에 근거가 없거나 예산의 목적·용도에 부합하지 않는 금품 등의 제공 요구

나) 감독기관 소속 공무원에 대하여 정상적인 관행을 벗어난 예우·의전의 요구

10) 청렴한 계약의 체결 및 이행

공무원은 해양경찰관서에서 시행하는 입찰, 계약 및 계약이행 등에 있어서 관계 법령에서 정한 절차에 따라 공정하고 투명하게 업무를 수행하여야 한다. 입찰, 계약 및 계약이행 과정에서 거래상의 우월적인 지위를 이용하여 금지된 금품 등을 요구하거나 불공정한 거래 조건의 강요, 경영간섭 등 부당한 요구를 해서는 아니 된다.

(3) 건전한 공직풍토의 조성

1) 외부강의 등의 사례금 수수 제한

공무원은 자신의 직무와 관련되거나 그 지위·직책 등에서 유래되는 사실상의 영향력을 통하여 요청받은 교육·홍보·토론회·세미나·공청회 또는 그 밖의 회의 등에서 한 강의·강연·기고 등(이하 "외부강의 등"이라 한다)의 대가로서 정하는 금액을 초과하는 사례금을 받아서는 아니 된다.

공무원은 외부강의 등을 할 때에는 소속 기관의 장에게 서면으로 신고하여야 한다. 다만, 외부강의 등을 요청한 자가 국가나 지방자치단체인 경우에는 그러하지 아니하다. 사례금 총액 등을 미리 알 수 없는 경우에는 신고한 후 외부강의 등을 마친 날부터 2일 이내에 보완하여야 한다.

또한, 공무원은 월 3회 또는 월 6시간을 초과하여 대가를 받고 외부강의 등을 하려는 경우에는 미리 소속기관의 장의 승인을 받아야 한다. 다만, 국가나 지방자치단체에서 요청하거나 겸직허가를 받고 수행하는 외부강의 등은 그 제한 횟수나 시간을 포함하지 아니한다. 금액을 초과하는 사례금을 받은 경우에는 초과사례금을 받은 사실을 안 날부터 2일 이내에 소속 기관의 장에게 신고하고, 신고를 받은 소속 기관의 장은 초과사례금을 반환하지 아니한 공무원에 대하여 신고사항을 확인 한 후 7일 이내에 반환하여야 할 초과사례금의 액수를 산정하여 해당 임직원에게 통지하여야 한다.

2) 직무관련자 등과의 거래 신고

공무원은 자신, 배우자, 직계존속·비속(생계를 같이 하는 경우만 해당) 또는 특수관계사업자가 공무원 자신의 직무관련자 또는 직무관련공무원과 직접 다음 각 호의 어느 하나에 해당하는 행위를 하는 경우(무상인 경우를 포함한다)에는 소속 기관의 장에게 미리 서면으로 신고하여야 한다.

가) 금전을 빌리거나 빌려주는 행위 및 유가증권을 거래하는 행위. 다만, 「금융실명거래 및 비밀보장에 관한 법률」 제2조제1호에 따른 금융회사 등으로부터 통상적인 조건으로 금전을 빌리는 행위 및 유가증권을 거래하는 행위는 제외한다.

나) 부동산, 자동차, 선박, 항공기, 건설기계, 그 밖에 이에 준하는 재산을 거래하는 행위. 다만, 공매·경매·입찰 및 공개추첨(이하 "공매 등"이라 한다)을 통한 거래 행위는 제외한다.

다) 제1호 및 제2호의 거래 행위 외에 물품(일상생활용품은 제외한다), 용역, 공사 등의 계약을 체결하는 행위. 다만, 공매 등을 통한 계약 체결 행위 또는 거래관행상 불특정다수를 대상으로 반복적으로 행해지는 계약 체결 행위는 제외한다.

3) 직무관련자와 골프 및 사적여행 제한

공무원은 직무관련자와는 비용 부담 여부와 관계없이 골프나 사적인 여행을 같이 하여서는 아니 된다. 다만, 다음 각 호와 같은 부득이한 사정에 따라 골프를 같이 하는 경우에는 소속 관서 행동강령 책임관에게 서면으로 사전에 신고하여야 하며 사전에 신고하기 어려운 특별한 사유가 있는 경우에는 사후에 즉시 신고하여야 한다.

가) 정책의 수립·시행을 위한 의견교환 또는 업무협의 등 공적인 목적을 위하여 필요한 경우

나) 직무관련자인 친족과 골프를 하는 경우

다) 동창회 등 친목단체에 직무관련자가 있어 부득이 골프를 하는 경우

라) 그 밖에 위 각 호와 유사한 사유로 부득이하다고 인정되는 경우

4) 건전한 경조사 문화의 정착

공무원은 건전한 경조사 문화의 정착을 위하여 솔선수범하여야 한다. 직무관련자나 직무관련공무원에게 경조사를 알려서는 아니 된다. 다만, 다음 각 호의 어느 하나에 해당하는 경우에는 경조사를 알릴 수 있다.

가) 친족(「민법」 제767조)에게 알리는 경우

나) 현재 근무하고 있거나 과거에 근무하였던 기관의 소속 직원에게 알리는 경우

다) 신문, 방송 또는 제2호에 따른 직원에게만 열람이 허용되는 내부통신망 등을 통하여 알리는 경우

라) 공무원 자신이 소속된 종교단체·친목단체 등의 회원에게 알리는 경우

(4) 위반 시의 조치

1) 위반 여부에 대한 상담

공무원은 알선·청탁, 금품 등의 수수, 외부강의 등의 사례금 수수, 경조사의 통지, 직무권한 등을 행사한 부당행위, 감독기관의 부당한 요구 등에 대하여 이 훈령을 위반하는 지가 분명하지 아니할 때에는 행동강령책임관과 상담한 후 처리하여야 하며, 행동강령책임관은 상담이 원활하게 이루어질 수 있도록 전용전화·상담실 설치 등의 필요한 조치를 취하여야 한다.

2) 위반행위의 신고 및 확인

누구든지 공무원이 「공무원 행동강령」이나 이 훈령을 위반한 사실을 알게 되었을 때에는 그 공무원이 소속된 기관의 장, 그 기관의 행동강령책임관 또는 국민권익위원회에 신고할 수 있다.

3) 신고인의 신분보장

소속 기관의 장과 행동강령책임관은 신고인과 신고내용에 대하여 비밀을 보장하여야 하며, 신고인이 신고에 따른 불이익을 받지 아니하도록 하여야 한다.

불이익을 받은 신고인은 행동강령책임관·소속 기관의 장 또는 국민권익위원회에 보호조치 및 불이익의 구제 등을 요청할 수 있으며, 이 경우 소속 기관의 장과 행동강령책임관은 그에 필요한 적절한 조치를 취하여야 한다.

4) 행동강령 위반행위 조사위원회

소속 기관의 장은 소속 공무원의 행동강령 위반행위에 대한 공정한 조사를 위하여 필요한 경우에는 행동강령책임관을 장으로 하는 조사위원회를 구성하여 운영할 수 있다. 조사위원회는 3인 이상으로 구성하여야 한다.

5) 징계

소속 기관의 장은 이 훈령에 위반된 행위를 한 공무원에 대하여는 징계 등 필요한 조치를 하여야 한다. 징계의 종류, 절차, 효력 등은「국가공무원법」및「공무원 징계령」,「경찰공무원 징계령」,「해양경찰 공무원 징계양정 등에 관한 규칙」에 따른다. 다만, 제30조를 위반하여 신고자에게 불이익 등을 가한 경우에는 가중하여 징계할 수 있다.

6) 수수 금지 금품 등의 신고 및 처리

금품 등을 제공한 자(제공자) 또는 제공의 약속이나 의사표시를 한 자에게 그 제공받은 금품 등을 지체 없이 반환하거나 거부의 의사를 밝히거나 밝히도록 하여야 한다. 공무원은 다음 각 호의 어느 하나에 해당하는 경우에는 소속기관의 장에게 지체 서식에 따라 신고하여야 한다.

① 공무원 자신이 수수 금지 금품등을 받거나 그 제공의 약속 또는 의사표시를 받은 경우

② 공무원이 자신의 배우자나 직계 존속·비속이 수수 금지 금품 등을 받거나 그 제공의 약속 또는 의사표시를 받은 사실을 알게 된 경우

공무원은 반환하거나 반환하도록 하여야 하는 금품 등이 다음 각 호의 어느 하나에 해당하는 경우에는 소속 기관의 장에게 인도하거나 인도하도록 하여야 한다.

① 멸실·부패·변질 등의 우려가 있는 경우

② 제공자나 제공자의 주소를 알 수 없는 경우

③ 그 밖에 제공자에게 반환하기 어려운 사정이 있는 경우

소속 기관의 장은 금품 등을 인도받은 경우에는 즉시 사진으로 촬영하거나 영상으로 녹화하고 서식에 따라 관리하여야 하며, 다른 법령에 특별한 규정이 있는 경우를 제외하고는 다음 각 호에 따라 처리한다.

① 수수 금지 금품 등이 아닌 것으로 확인된 경우 : 금품 등을 인도한 자에게 반환

② 수수 금지 금품 등에 해당하는 것으로 확인된 경우로서 추가적인 조사·감사·수사 또는 징계 등 후속조치를 위하여 필요한 경우 : 관계 기관에 증거자료로 제출하거나 후속조치가 완료될 때까지 보관

③ 멸실·부패·변질 등으로 인하여 반환·제출·보관이 어렵다고 판단되는 경우 : 금품 등을 인도한 자의 동의를 받아 폐기처분

④ 그 밖의 경우에는 세입조치 또는 사회복지시설·공익단체 등에 기증하거나 소속 기관의 장이 정하는 기준에 따라 처리

[5] 국가공무원법상 직위해제(제73조의3)

1) 임용권자는 다음 각 호의 어느 하나에 해당하는 자에게는 직위를 부여하지 아니할 수 있다.

① 삭제

② 직무수행 능력이 부족하거나 근무성적이 극히 나쁜 자

③ 파면·해임·강등 또는 정직에 해당하는 징계 의결이 요구 중인 자

④ 형사 사건으로 기소된 자(약식명령이 청구된 자는 제외한다)

⑤ 고위공무원단에 속하는 일반직공무원으로서 제70조의2제1항제2호부터 제5호까지의 사유로 적격심사를 요구받은 자

> 제70조의2(적격심사) ① 고위공무원단에 속하는 일반직공무원은 다음 각 호의 어느 하나에 해당하면 고위공무원으로서 적격한지 여부에 대한 심사(이하 "적격심사"라 한다)를 받아야 한다.
> 1. 삭제
> 2. 근무성적평정에서 최하위 등급의 평정을 총 2년 이상 받은 때. 이 경우 고위공무원단에 속하는 일반직공무원으로 임용되기 전에 고위공무원단에 속하는 별정직공무원으로 재직한 경우에는 그 재직기간 중에 받은 최하위등급의 평정을 포함한다.
> 3. 대통령령으로 정하는 정당한 사유 없이 직위를 부여받지 못한 기간이 총 1년에 이른 때
> 4. 다음 각목의 경우에 모두 해당할 때
>   가. 근무성적평정에서 최하위 등급을 1년 이상 받은 사실이 있는 경우. 이 경우 고위공무원단에 속하는 일반직공무원으로 임용되기 전에 고위공무원단에 속하는 별정직공무원으로 재직한 경우에는 그 재직기간 중에 받은 최하위 등급을 포함한다.
>   나. 대통령령으로 정하는 정당한 사유 없이 6개월 이상 직위를 부여받지 못한 사실이 있는 경우
> 5. 제3항 단서에 따른 조건부 적격자가 교육훈련을 이수하지 아니하거나 연구과제를 수행하지 아니한 때

⑥ 금품비위, 성범죄 등 대통령령으로 정하는 비위행위로 인하여 감사원 및 검찰·경찰 등 수사기관에서 조사나 수사 중인 자로서 비위의 정도가 중대하고 이로 인하여 정상적인 업무수행을 기대하기 현저히 어려운 자

2) 제1항에 따라 직위를 부여하지 아니한 경우에 그 사유가 소멸되면 임용권자는 지체 없이 직위를 부여하여야 한다.

3) 임용권자는 직무수행 능력이 부족하거나 근무성적이 극히 나빠서 직위해제된 자에게 3개월의 범위에서 대기를 명한다.

4) 임용권자 또는 임용제청권자는 대기 명령을 받은 자에게 능력 회복이나 근무성적의 향상을 위한 교육훈련 또는 특별한 연구과제의 부여 등 필요한 조치를 하여야 한다.

5) 공무원에 대하여 제1항제2호(직무수행 능력이 부족하거나 근무성적이 극히 나쁜 자)의 직위해제 사유와 같은 항 제3호(파면·해임·강등 또는 정직에 해당하는 징계 의결이 요구 중인 자)·제4호(형사 사건으로 기소된 자(약식명령이 청구된 자는 제외한다)) 또는 제6호(금품비위, 성범죄 등 대통령령으로 정하는 비위행위로 인하여 감사원 및 검찰·경찰 등 수사기관에서 조사나 수사 중인 자로서 비위의 정도가 중대하고 이로 인하여 정상적인 업무수행을 기대하기 현저히 어려운 자)의 직위해제 사유가 경합(競合)할 때에는 같은 항 제3호·제4호 또는 제6호의 직위해제 처분을 하여야 한다.

6 상훈

[1] 상훈제도

인간은 벌보다는 상을 원하는 성향을 갖고 있다. 특히 상은 인간행동을 결정하는 중요한 요소라는 데서 조직은 상벌제도에 관심을 기울인다. 조직은 구성원이 어떤 공적을 올렸을 때 당사자에게는 그러한 행동을 강화시키고 타인들에게는 모방 자극을 주어 동일한 행동을 이끌어 낼 수 있는 방향으로 상벌제도를 운용한다. 해양경찰의 상훈제도는 이러한 맥락에서 이해되고 운용되어야 할 것이다. 상벌의 공평성과 정확한 공적과 과오에 따른 분명한 부과는 신상필벌의 기초가 된다. 상훈법은 대한민국 국민이나 우방 국민에게 대한민국에 공적이 뚜렷한 자에 대한 서훈에 관한 사항을 규정하고 있으며, 서훈은 대한민국 훈장·포장(이하 "훈장"이라한다)을 말한다. 관련근거는 상훈법 및 동법 시행령, 정부 표창 규정(대통령령), 정부포상업무지침(행정안전부 상훈담당관실) 이 있다.

[2] 포상의 종류

(1) 훈장

1) 무궁화대훈장

우리나라의 최고훈장으로서 대통령에게 수여하며 대통령의 배우자·우방원수 및 그 배우자 또는 우리나라의 발전과 안전보장에 기여한 공적이 뚜렷한 전직 우방원수 및 그 배우자에게도 수여할 수 있다.

2) 건국훈장

건국훈장은 대한민국의 건국에 공로가 뚜렷하거나, 국기를 공고히 함에 기여한 공적이 뚜렷한 자에게 수여하며, 이를 5등급으로 한다.

3) 국민훈장

국민훈장은 정치·경제·사회·교육·학술분야에 공을 세워 국민의 복지향상과 국가 발전에 기여한 공적이 뚜렷한 자에게 수여하며, 이를 5등급으로 한다.

4) 무공훈장

무공훈장은 전시 또는 이에 준하는 비상사태 하에서 전투에 참가하여 뚜렷한 무공을 세운 자에게 수여하며, 이를 5등급으로 한다.

5) 근정훈장

근정훈장은 공무원(군인·군무원을 제외) 및 사립학교의 교원으로서 그 직무에 정려하여 공적이 뚜렷한 자에게 수여하며, 이를 5등급으로 한다.

6) 보국훈장

보국훈장은 국가안전보장에 뚜렷한 공을 세운 자에게 수여하며, 이를 5등급으로 한다.

7) 수교훈장

① 수교훈장은 국권의 신장 및 우방과의 친선에 공헌이 뚜렷한 자에게 수여하며, 이를 5등급으로 한다.

② 새로이 임명되어 임지로 부임하는 외교관과 정부대표·특별사절 및 정부에서 필요하다고 인정하는 수행원에게는 외교행사시 품위유지의 의례적 장식용으로 수교훈장을 패용하게 한다.

8) 산업훈장

산업훈장은 국가산업발전에 기여한 공적이 뚜렷한 자에게 수여하며, 이를 5등급으로 한다.

9) 새마을훈장

새마을훈장은 새마을운동을 통하여 국가사회발전에 기여한 공적이 뚜렷한 자에게 수여하며, 이를 5등급으로 한다.

10) 문화훈장

문화훈장은 문화예술발전에 공을 세워 국민문화향상과 국가발전에 기여한 공적이 뚜렷한 자에게 수여하며, 이를 5등급으로 한다.

11) 체육훈장

체육훈장은 체육발전에 공을 세워 국민체위향상과 국가발전에 기여한 공적이 뚜렷한 자에게 수여하며, 이를 5등급으로 한다.

12) 과학기술훈장

과학기술훈장은 과학기술발전에 기여한 공적이 뚜렷한 자에게 수여하며, 이를 5등급으로 한다.

(2) 포장

1) 건국포장

건국포장은 대한민국의 건국과 국기를 공고히 하는데 헌신 진력하여 그 공적이 뚜렷한 자에게 수여한다.

2) 국민포장

국민포장은 정치·경제·사회·교육·학술 분야의 발전에 이바지한 공적이 뚜렷한 사람, 생명의 위험을 무릅쓰고 인명을 구조하였거나 재산을 보호한 사람, 재산을 기부하는 등 선행을 한 사람, 그 밖에 공익사업에 종사하여 국민의 복리 증진에 이바지한 공적이 뚜렷한 사람에게 수여한다.

3) 무공포장

무공포장은 국토방위에 헌신 노력하여 그 공적이 뚜렷한 자에게 수여한다.

4) 근정포장

근정포장은 공무원, 사립학교 교원 또는 「별정우체국법」 제2조에 따른 별정우체국 직원으로서 직무에 부지런히 힘써 국가의 이익과 국민의 행복에 이바지한 공적이 뚜렷한 사람에게 수여한다.

5) 보국포장·예비군포장

보국포장은 국가안전보장 및 사회의 안녕과 질서유지에 공적이 뚜렷한 사람에게 수여한다. 예비군포장은 예비군의 육성·발전에 이바지한 공적이 뚜렷한 사람과 예비군으로서 직무에 부지런히 힘쓴 사람에게 수여한다.

6) 수교포장

수교포장은 국권의 신장 및 우방과의 친선에 뚜렷한 공을 세운 자 또는 국위 선양에 크게 이바지한 자에게 수여한다.

7) 산업포장

산업포장은 산업의 개발 또는 발전에 기여하거나 실업에 정려하여 그 공적이 뚜렷한 자 또는 공장·사업장·기타 직장에 근무하는 근로자로서 그 직무에 정려하여 국가발전에 기여한 공적이 뚜렷한 자에게 수여한다.

8) 새마을포장

새마을포장은 새마을운동을 통하여 새마을정신을 구현함으로써 지역사회개발과 주민복리 증진에 기여한 공적이 뚜렷한 자에게 수여한다.

9) 문화포장

문화포장은 문화예술 활동을 통하여 문화발전에 기여한 공적이 뚜렷한 자 및 문화예술활동을 통하여 국위를 선양한 자에게 수여한다.

10) 체육포장

체육포장은 체육활동을 통하여 국민체육발전에 기여한 공적이 뚜렷한 자 및 체육활동을 통하여 국위를 선양한 자에게 수여한다.

11) 과학기술포장

과학기술포장은 과학기술의 연구개발 활동 등을 통하여 과학기술발전에 기여한 공적이 뚜렷한 자 또는 과학기술의 연구개발 활동 등을 통하여 국위를 선양한 자에게 수여한다.

훈장은 본인에 한하여 종신 이를 패용하며, 사후에는 그 유족이 보존하되, 이를 패용하지 못한다. 훈장은 국경일, 법령으로 정한 기념일, 열병식, 사열식 등의 식에 참석할 때에 패용함을 원칙으로 하되 축일과 제일, 시무식·종무식·학교의 입학식·졸업식·개교기념일 기타 공식행사에 참석할 때에도 이를 패용할 수 있다. 다만, 금장은 평일에도 패용할 수 있다. 훈장은 예복·약식예복 및 정복(복제령에 의한 정복을 말한다)에는 정장 및 부장을, 야회복, 약식야회복, 평복 및 한복에는 정장 및 부장 또는 축소훈장을 패용한다. 다만, 특별한 경우에 한하여 전투복(군인·군무원·경찰공무원 또는 예비군이 착용하는 경우에 한한다)에도 훈장을 패용할 수 있다. 훈장과 포장을 함께 패용할 때에는 훈장을 선순위로 한다.

(3) 표창

경찰업무를 성실히 수행하거나 적극적으로 협조함으로써 경찰업무발전에 뚜렷한 공적을 세운 자 및 경찰기관에서 시행하는 교육·경기 등에서 우수한 성적을 얻은 자에 대한 표창에 관하여 필요한 사항을 규정함을 목적으로 한다. 표창의 종류는 표창장, 상장 및 감사장으로 구분한다.

[3] 해양경찰의 포상제도

(1) 근거

① 상훈법 및 같은 법 시행령
② 정부 표창 규정(대통령령)
③ 정부포상업무지침(행정안전부 상훈담당관실)
④ 해양수산부 표창규정(해양수산부예규)
⑤ 해양경찰 표창규칙(훈령)

(2) 정부 포상대상

국가관·사명감·공직관이 투철한 공무원 중 국가경쟁력 강화에 기여한 공무원, 창의적이고 혁신적인 자세로 업무발전에 기여한 공무원, 불의를 배격하거나 친절·봉사행정을 실천하는 등 타의 귀감이 되는 공무원 등을 대상으로 한다. 그리고 특별한 업적으로 타의 모범이 된 기관도 포함된다.

(3) 포상시기

정기포상은 해양경찰의 날(9.10), 모범공무원은 행정안전부에서 인원을 배정받아 연 2회 추천(6·12월)한다. 그리고 수시포상은 공적발생시 행정안전부와 협의 후 수시로 실시한다.

(4) 수공기간 및 계급별 훈격

〈표 4-9〉 계급별 훈격

<table>
<tr><th rowspan="2">훈격</th><th colspan="5">훈장</th><th rowspan="2">포상</th><th rowspan="2">대통령·총리표창</th></tr>
<tr><th>청조
(1등급)</th><th>황조
(2등급)</th><th>홍조
(3등급)</th><th>녹조
(4등급)</th><th>옥조
(5등급)</th></tr>
<tr><td>수공기간</td><td colspan="5">15년 이상</td><td>10년 이상</td><td>5년 이상</td></tr>
<tr><td>계급별</td><td>장관급</td><td>치안
총감</td><td>치안정감
치안감
경무관</td><td>총경
경정</td><td>경감
이하</td><td colspan="2">전계급</td></tr>
</table>

(5) 퇴직공무원에 대한 정부 포상

장기간(25년 이상) 직무를 성실히 수행하여 국가발전에 기여하고 공사생활에 흠결 없이 퇴직하는 공무원을 대상으로 한다. 포상시기는 정년퇴직일(6월말, 12월말), 명예퇴직, 의원면직 등은 6월말(전년 7월 ~ 전년 12월 중 퇴직), 12월말(전년 1월 ~ 전년 6월 중 퇴직)에 수여한다.

〈표 4-10〉 퇴직공무원 정부포상

<table>
<tr><th rowspan="2">훈격</th><th colspan="5">훈장</th><th rowspan="2">포장</th><th rowspan="2">대통령표창</th><th rowspan="2">총리표창</th></tr>
<tr><th>청조</th><th>황조</th><th>홍조</th><th>녹조</th><th>옥조</th></tr>
<tr><td>재직기간</td><td colspan="5">33년 이상</td><td>30년
이상</td><td>28년 이상</td><td>25년
이상</td></tr>
<tr><td>계급별</td><td>장관급
이상</td><td>치안
총감</td><td>치안정감
치안감
경무관</td><td>총경
경정</td><td>경감
이하</td><td colspan="3">전계급</td></tr>
</table>

추천제한 사항으로는 수사 중이거나 형사사건으로 기소 중인 자 또는 단체, 공무원 재직 중의 행위로 또는 공무원 재직기간에 합산되는 경력기간 중의 행위로 인해 벌금형 이상의 형사 처분을 받은 자, 징계 또는 불문경고(징계위원회 의결에 의한 불문경고에 한함) 처분을 받은 자이다.

(6) 해수부장관표창

해양경찰의 날(9월 10일), 해양경찰 창설 기념일(12월 23일)날 정기표창 수여가 원칙이고, 특별히 필요한 경우 해양수산부(운영지원과)와 협의하여 수시표창을 실시할 수 있다. 표창 대상의 공적은 해양수산업무 발전에 현저한 공적이 있는 공무원과 내외국인, 단체 또는 교육, 경기 및 작품경연에서 우수한 성적을 발휘한 자와 단체이다.

(7) 해양경찰청장 이하 표창

해당 분야에서 뚜렷한 공적(실적)이 있는 사람으로 표창 추천일 현재 실근무기간이 1년 이상인 자(의무경찰의 경우 6월)에 대하여 표창을 수여할 수 있다. 배정은 해양경찰청장 표창은 소속기관 정원의 10% 이내, 교육원장·지방청장 표창은 소속기관 정원의 20% 이내이다. 단 교육원장은 교육과정 우수자에 대하여 상장을 별도 운영가능(과정당 2매 기준)하고, 중부청장은 서특단 정원의 40% 추가발급이 가능하다. 그리고 경찰서장·정비창장·중특단장·연구센터장 표창은 소속기관 정원의 35% 이내이고, 250톤급 이상의 함장의 표창은 소속 함정 정원의 20% 이내이다.

(8) 표창자격 및 제한사유

다음 각 호의 자격기준을 충족하며 제한사유에 해당하지 않는 경우에 한해 표창대상자로 추천할 수 있다.

1) 자격기준

① 해당분야에서 뚜렷한 공적(실적)이 있는 사람

② 표창추천일 현재 실 근무기간이 1년 이상인 사람(의무경찰의 경우 6월)

2) 추천 제한사유

① 징계절차가 진행 중이거나 징계의결 요구 중인 사람

② 징계 또는 불문경고 처분을 받고 일정한 기간이 경과하지 않은 사람

③ 전 표창 수여일부터 현 표창 추천일까지 동종동급 이상의 표창을 받고 일정한 기간이 경과하지 않은 사람

④ 공사생활을 통하여 흠결이 있거나 사회로부터 지탄을 받는 사람

(9) 상장

상장의 수여 대상은 해양경찰교육기관에서 시행하는 교육 성적이 우수하거나 타의 모범이 되는 자나 해양경찰청장 또는 소속기관장이 주관 또는 후원하는 경연 등에서 우수한 성적을 얻은 개인 및 단체에게 수여한다.

(10) 감사장

감사장 수여 대상은 경찰업무수행에 적극적으로 협조하여 뚜렷한 공적을 세운 개인 및 단체이다. 제외 대상은 각종 비위·부조리 및 도덕성에 흠이 있거나 사회적으로 지탄을 받는 행위 등으로 물의를 일으켜 포상이 합당치 않다고 판단되는 자이다.

[4] 해양경찰 기장

(1) 근거

해양경찰청 소속 경찰공무원 기장 수여 규칙(해양경찰청훈령 제130호, 2019)

(2) 해양경찰 기장 수여 제도

이 규칙은 해양경찰청 소속 경찰공무원(이하 "경찰공무원"이라 한다) 기장의 수여 및 패용에 관하여 필요한 사항을 규정함을 목적으로 한다.

1) 경찰공무원 기장의 종류 및 수여대상자

가) 경찰공무원기장은 이를 경찰지휘관장과 경찰근속기장, 경호 및 경비기념장으로 구분하고 그 종류는 〈그림 4-7〉과 같다.

나) 경찰공무원기장의 수여대상자가 사고 등 부득이한 사유로 경찰공무원 기장을 직접 받을 수 없는 경우에는 그 유족 또는 대리인이 본인을 위하여 이를 받을 수 있다.

〈그림 4-7〉 해양경찰 공무원 기장의 종류

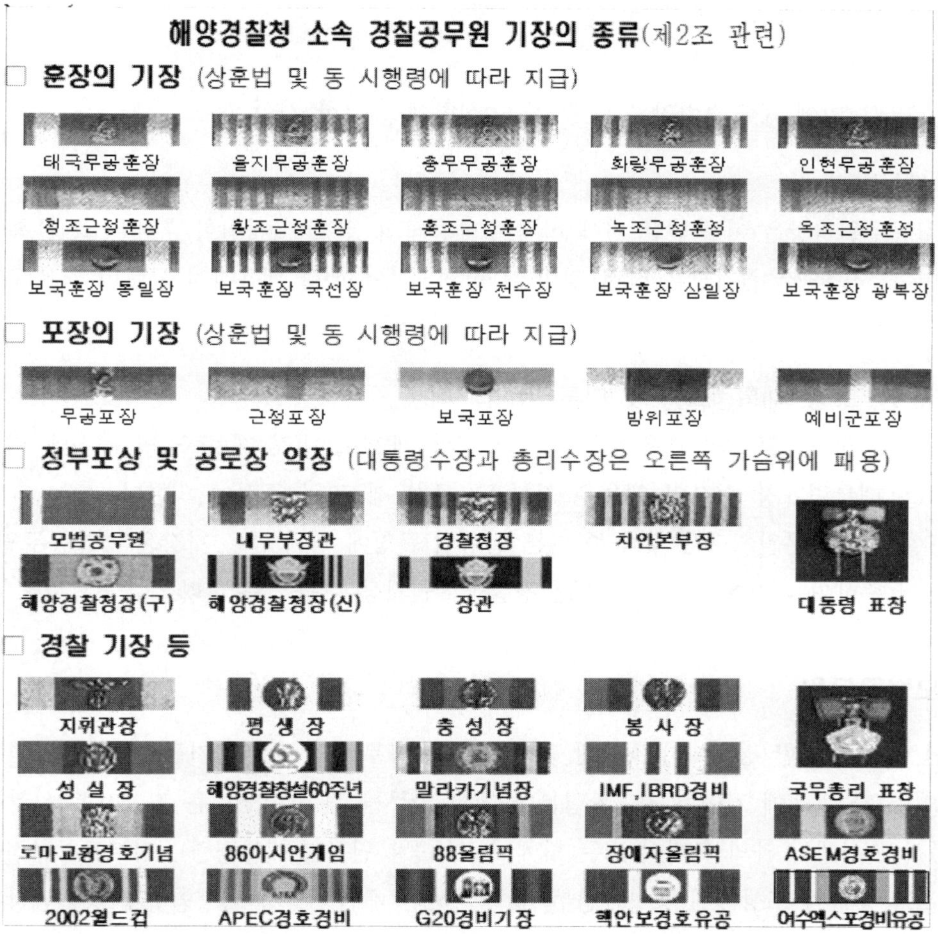

2) 수여권자

① 경찰공무원기장은 해양경찰청장이 수여한다.

② 경찰지휘관장 및 경찰근속기장은 특별한 사정이 없는 한 매년 해양경찰의 날에 수여한다.

③ 경찰공무원기장을 수여 받은 자에게는 기장정장·기장 및 증서를 교부한다. 다만, 기장정장은 이를 수여하지 않을 수 있다.

④ 경호 및 경비기념장은 수여 대상자가 있을 때에는 해양경찰청장에게 추천하여야 한다. 해양경찰청장 공적심사위원회의 심사를 거처 수여대상자를 확정한다.

3) 경호 및 경비기념장의 수여대상

① 현장 근무자(숙소, 행사장, 연도 등)

② 지휘부 및 지휘부서 근무자 등

③ 그 밖에 중요경비임무 수행 시 성실하게 근무한 사람 등

4) 패용방법

경찰공무원기장은 이를 받은 자에 한하여 패용하며, 본인이 사망한 후에는 그 유족이 이를 보유한다. 경찰공무원기장은 작전·경비 그 밖의 직무수행상 패용하기 곤란한 경우에는 이를 패용 하지 않을 수 있다.

5) 훈장, 포장, 대통령표창 및 다른 기장의 패용

① 훈장 및 포장의 패용은 「상훈법시행령 제24조 내지 제29조」의 규정에 의한다.

② 대통령표창 수장의 패용은 정부표창규정 제5조의 규정에 의한다.

③ 경찰공무원으로서 재직 중 다른 법령의 규정에 의해 받은 기장은 경찰공무원기장에 준하여 패용하되, 그 순위는 경찰공무원기장 다음으로 한다.

[5] 모범공무원

5년 이상 재직한 경감이하 경찰관 및 6급 이하 공무원으로서, 국가관·사명감·공직관이 투철하여 국가 발전에 기여한 자, 관련분야 핵심 업무를 직접 담당하는 자, 청렴·성실한 자세로 봉사와 선행이 타의 모범이 되는 자에게 모범공무원규정(대통령령), 정부표창규정(대통령령), 모범공무원 포상계획(행정안전부)에 의거하여 매년 5월경 행정안전부(상훈담당관실)에서 부처별 인원배정·통보하여 각 기관은 모범공무원을 선발한다. 모범공무원으로 선발되면 특전으로는 3년간 월 5만원씩 모범공무원수당 지급(총 180만원)과 국무총리 명의 모범공무원증 및 표장(메달)을 수여한다.

[6] 특별승급

공무원보수규정 제16조(특별승급), 공무원보수 등의 업무지침 제2장 공무원 특별승급제도 운영기준에 의거 특별승급제도가 있다. 대상은 경찰관과 일반직공무원으로 경감·6급 이하 공무원으로서 실제 근무경력 3년 이상인 직원 중에서 해양에서의 인명 및 재산 등 긴급구조 실적 우수자, 국정과제 추진 성과 우수자, 최근 2년간 탁월한 업무수행으로 행정발전에 크게 기여한 자, 규제개혁 또는 적극적이고 신속한 민원처리로 공무원의 업무형태 개선에 크

게 기여한 자에 대하여 특별승급 할 수 있다.

그러나 징계처분, 직위해제 또는 휴직(공무상 질병 또는 부상으로 인한 휴직은 제외) 중인 사람, 징계처분의 집행이 끝난 날부터 강등·정직 18개월, 감봉 12개월, 견책은 6개월이 지나지 아니한 사람은 제외된다.

심사결과 결정이 나면 승급권자는 특별승급 결정 후 다음달 1일자로 1호봉 승급 발령을 하고, 특별승급일이 해당 공무원의 정기 승급일인 경우 2호봉을 승급한다.

7 해양경찰 의식과 순직자 예우

[1] 해양경찰 의식

(1) 목적

해양경찰청훈령 제130호 해양경찰 의식규칙은 해양경찰청 및 해양경찰관서에서 실시하는 각종 의식에 관한 기준을 정하여 행사절차를 표준화함으로써 의식이 통일되게 진행되도록 하기 위하여 필요한 사항을 규정함을 목적으로 한다.

(2) 용어정의

1) "의식"이란 어떤 일의 기념·축하, 추모, 그 밖의 단합 도모 등을 위하여 개최하는 행사 또는 그 방식을 말한다.
2) "임석상관"이란 해당 의식에 참석하는 사람 중 직책·직급이 가장 높은 사람을 말한다(경우에 따라서는 행사의 주관자가 임석상관보다 하위자가 될 수도 있다.)

(3) 국기 및 해양경찰기

1) 모든 의식절차 중 제일 먼저 국기에 대한 경례를 하여야 하며, 경례의 방법은 「대한민국 국기법 시행령」(이하 "시행령"이라 한다) 제3조 각 호를 준용한다.
2) 국기를 게양·강하하거나 각종 의식을 진행하는 경우에는 국기에 대한 경례를 시행령 제4조제1항에 따라 국기에 대한 맹세의 낭독과 함께 하여야 한다. 다만, 일기 변동 등으로 국기를 수시로 게양 또는 강하하거나, 게양식을 하면서 애국가의 연주를 생략하는 경우에는 국기에 대한 맹세를 낭독하지 아니한다.

3) 국기의 게양 및 강하

① 해양경찰관서에서는 연중 국기를 게양하여야 한다. 다만, 심한 비·바람 등으로 훼손되거나 존엄성이 유지되기 어려운 경우에는 이를 게양하지 아니한다.

② 해양경찰관서에서는 24시간 국기를 게양한다.

4) 국기의 경례

① 국기는 어떠한 경우에도 경례를 하지 않는다.

② 해양경찰기는 모든 의식에 있어서 국가 또는 국기에 대하여 경례를 한다.

③ 해양경찰청장기는 해양경찰청장에게 전체 경례시에만 경례를 하며 지휘자의 개인 경례시에는 경례를 하지 않는다.

④ 지휘관기는 지휘관에게 전체 경례 시에만 경례를 하며 지휘자 개인 경례 시에는 경례를 하지 않는다.

⑤ 그 밖에 국기의 제작·게양 및 관리 등에 관하여 이 규칙에 규정되지 않은 사항은 「대한민국국기법」 및 「대한민국국기법 시행령」을 준용한다.

5) 해양경찰기

① 해양경찰기는 해양경찰관서기, 해양경찰청장기, 지휘관기, 참모기로 구분한다.

② 해양경찰기 제작·비치의 대상, 해양경찰기와 깃대의 제식 및 해양경찰기의 사용에 관하여는 「해양경찰기 및 관서 제표지 규칙」을 준용한다.

③ 해양경찰청장 또는 지휘관이 이·취임식을 동시에 할 때에는 반드시 해양경찰청장기 또는 해양경찰관서기를 인계·인수한다.

(4) 해양경찰의식

1) 의식의 주관

① 해양경찰공무원이 참석하는 의식은 해양경찰청장이 주관하여 실시하는 것을 원칙으로 한다. 각 해양경찰관서 단독으로 실시하는 의식은 해당 해양경찰관서의 장(이하 "해양경찰관서장"이라 한다)이 주관하여 실시한다.

② 그 밖의 의식은 실시에 대한 위임을 받은 해양경찰관서장이 주관하여 실시한다.

2) 의식 규모의 선택

해양경찰관서장이 의식을 주관하는 때에는 해당 관서의 사정, 당시의 상황 및 행사의 성격에 따라 다음 각 호의 어느 하나의 방법을 선택하여 의식을 실시할 수 있다.

① 해당 해양경찰관서의 해양경찰공무원, 일반직공무원 등 전 직원(이하 "해양경찰청 소속 공무원"이라 한다), 관현악단, 상급관서 또는 인접관서 지휘관 및 내빈을 초청하여 실시

② 주요 지휘관 및 기수단, 관현악단, 해당 관서의 전체 해양경찰청 소속 공무원 또는 그 일부가 참가하여 실시

③ 가)호 또는 나)호의 참석대상자 중 일부만 참석하여 약식으로 실시

3) 경찰 의식의 종류

〈표 4-11〉 해양경찰 의식 종류

<table>
<tr><th colspan="4">해양경찰 의식의 종류(제10조 관련)</th></tr>
<tr><th>표준의식</th><th>유사의식</th><th>표준의식</th><th>유사의식</th></tr>
<tr><td rowspan="3">경축 및 기념식</td><td rowspan="3">해양경찰의 날 기념식
개서식
개관식
취역식
기공식
준공식
제막식</td><td>졸업식</td><td>입교식
수료식</td></tr>
<tr><td>임용식</td><td>승진 임용식
보직 신고식</td></tr>
<tr><td>장의식</td><td>영결식
안장식
이장식</td></tr>
<tr><td>시무식</td><td>종무식</td><td>대회개막식</td><td>대회폐회식</td></tr>
<tr><td>포상식</td><td>표창 수여식
감사장 수여식
시상식</td><td>위촉식</td><td>협약식</td></tr>
<tr><td>이·취임식</td><td>퇴임식</td><td>환영식</td><td>환송식</td></tr>
</table>

4) 의식계획

해양경찰관서장이 의식 계획을 수립할 때에는 다음 각 호의 사항을 고려하여야 한다.

① 의식의 명칭·목적·시행방침

② 집행일시 및 장소(실내·실외 그 밖에 적당한 장소)

③ 의식 주관

④ 초청 및 참가범위, 복장

⑤ 장비와 의식절차

⑥ 식순

⑦ 질서유지

⑧ 보안 및 경호

⑨ 수송계획

⑩ 식장관리와 통제

⑪ 우천 시 행사계획

⑫ 그 밖의 사항(영접 등)

5) 의식의 제한 및 생략

가) 각종 의식은 다음 각 호의 해양경찰관서에서 실시하는 것을 원칙으로 한다.

① 해양경찰서 이상의 해양경찰관서

② 그 밖에 필요하다고 인정되는 경우 의식을 실시할 수 있다.

나) 의식을 주관하는 해양경찰관서장은 다음 각 호의 어느 하나에 해당하는 경우에는 의식의 일부 또는 전부를 생략할 수 있다.

① 천재지변 또는 비상사태의 경우

② 기상조건으로 의식진행이 곤란한 경우

③ 보안상 유해한 경우

④ 그 밖의 상급기관의 지시가 있을 경우

6) 서열 및 좌석배치

가) 외부인사에 대한 의전예우기준은 다음 각 호의 기준을 원칙으로 하되, 의식의 성격과 외부인사와 의식과의 관련성 등을 감안하여 결정한다.

① 직위에 의한 서열기준

ⓐ 직급·계급 순위

ⓑ 헌법 및 정부조직법상의 기관 순위

ⓒ 기관장 선순위

ⓓ 상급기관 선순위

ⓔ 국가기관 선순위

② 공적 직위가 없는 인사의 서열기준

ⓐ 전직

ⓑ 연령

ⓒ 행사와의 관련성

ⓓ 정부 산하단체, 공익단체 선순위

나) 서열기준에 따라 외부인사의 서열이 결정되면, 단(壇) 위에서 아래를 향하여 중앙

에서 우측에 최상위자를, 좌측에 부인을 각각 배치한다. 그 다음 인사는 최상위자를 중심으로 단(壇) 아래를 향하여 우좌(右左)의 순으로 교차하여 배치하는 것을 원칙으로 한다.

(5) 경축 및 기념일등 행사

1) 다음 각 호의 경축일 및 기념일에는 각 해양경찰관서 단위로 경축 및 기념식을 실시한다.

① 시무식 : 새해 첫 업무개시일

② 해양경찰 여경의 날 : 5월 1일

③ 해양경찰의 날 : 9월 10일

④ 종무식 : 그 해의 근무종료일

⑤ 개서식 : 해양경찰관서 창설일

2) 해양경찰관서장은 필요하다고 인정되는 경우에는 제1항 각 호 이외의 경우에도 경축 및 기념식을 실시할 수 있다.

3) 행사일이 토요일·공휴일인 경우에는 제1항제1호부터 제3호까지는 해양경찰청장이, 제1항제4호는 해양경찰관서장이 다른 날을 정하여 기념식을 실시할 수 있다.

4) 포상식

훈장·포장·기장 및 표창장이나 감사장 등을 수여하거나 전달하며 수상대상자의 명예와 그 취지를 널리 알리기 위하여 포상식을 실시할 수 있고, 포상의 내용, 관서의 상황 등을 고려하여 다음 각 호와 같이 구분하여 실시한다.

① 정식행사 : 주요인사의 초청, 해양경찰청 소속 공무원 등의 참석 및 의장대·관현악단을 참석시켜 행사 실시

② 약식행사 : 해양경찰청 소속 공무원 등 소규모 인원만 참석하거나 다른 행사와 병행하여 실시

③ 실내행사 : 지휘관 집무실, 회의실 등 지정된 실내에서 간부급 직원이 참석하여 간략하게 실시하거나 회의와 병행하여 실시

5) 이·취임식

해양경찰청장, 해양경찰관서의 지휘관 및 주요 지휘자가 교체될 때에 이임자의 재임시 공로를 알리며 석별의 정을 나누는 동시에 취임자가 엄숙히 지휘권을 인수하고 소속 직원의 단결을 도모하기 위하여 이·취임식을 실시한다.

6) 퇴임식

해양경찰청에서 다년간 성실히 복무하고 퇴임하는 해양경찰청 소속 공무원에 대하여 석별의 정을 나누고 재임 시의 공로를 알리는 동시에 앞으로 나아갈 길을 축복하기 위하여 퇴임식을 실시하는데 퇴임하는 해양경찰청 소속 공무원의 소속 해양경찰청장 또는 해양경찰관서장이 주관하여 실시한다. 그러나 퇴임하는 해양경찰청 소속 공무원이 여러 사람인 경우에는 상급관서의 장이 주관하여 합동으로 실시 할 수 있다.

7) 입교·졸업식

해양경찰교육원은 해양경찰교육원장이 주관하여 입교·입학하는 사람에 대한 환영·축하 및 교육수료·졸업·임용하는 자에 대한 축복과 함께 선서를 통해 새로운 각오를 다지기 위해 입교·입학식 및 수료·졸업·임용식을 실시한다.

8) 대회의 개회·폐회식

각종 경기를 질서있게 진행하고 상호 필승의 신념과 단결을 더욱 공고히 하기 위하여 개회·폐회식을 실시한다.

9) 장의식

해양경찰청 소속 공무원이 전사 또는 순직하거나 현저한 공적을 남기고 사망한 경우에 그에 대한 애도와 재직 중의 봉사 및 희생에 대한 경의를 표하기 위하여 장의식을 실시한다. 장의식은 해양경찰장, 해양경찰관서장, 가족장 등으로 구분하여 해양경찰장은 해양경찰청장이, 해양경찰관서장은 각 해양경찰관서의 관서장이 실시를 결정하고 행사를 주관한다.

[2] 해양경찰 순직자 예우

(1) 목적

해양경찰 순직자 등의 예우에 관한 규칙(해양경찰청훈령 제130호)에 따라 해양경찰 순직자와 유가족의 예우에 관한 사항과 그 공적을 기리고 추모하기 위해 필요한 사항을 규정함을 목적으로 하고 있으며, 순직자의 숭고한 희생과 공헌을 애국정신의 귀감으로 삼아 존중하고, 최상의 예의를 다해 추모하여야 한다.

(2) 용어 정의

1) "유가족"이란 순직자의 배우자, 직계비속, 직계존속 및 형제자매를 말한다.

2) "소속관서의 장"이란 순직자가 순직할 당시 소속되어 있던 해양경찰관서의 장을 말한다.

(3) 적용대상

1) 「국가유공자 등 예우 및 지원에 관한 법률」제4조(적용 대상 국가유공자) 1항 4호 "전상군경(戰傷軍警)"과 5호 "순직군경(殉職軍警)"
2) 「공무원연금법」제3조(정의) 1항 2호의 "위험직무순직공무원"
3) 「공무원연금법」제3조(정의) 1항 2호의 2목 "순직공무원"
4) 「병역법」제2조(정의) 1항 7호의 "전환복무" 및「의무경찰대 설치 및 운영에 관한 법률」제2조(조직)에 의한 의무경찰 임무 중 순직한 자

(4) 순직자 예우

1) 장의식

순직자에 대한 애도와 재직 중 봉사 및 희생에 대한 경의를 표하기 위하여「해양경찰 의식규칙」제23조에서 정하는 바에 따라 장의식을 실시할 수 있다.

2) 흉상건립

① 해양경찰청장은 제4조의 순직자(제4호를 제외한다.) 중 해양경찰발전에 특별한 공적을 남긴 자의 흉상을 건립할 수 있다. 이 경우 흉상은 청동인물부조로 제작하여 해양경찰교육원 충혼탑에 설치한다.

② 흉상건립 대상은 위원회의 심사를 통해 결정하며, 이 경우 위원회는 순직자에 대한 내·외부 추모여론과 직원들의 의견을 참고하여야 한다.

③ 지방자치단체 등 외부기관 성금모금 등으로 별도의 장소에 흉상 등을 제작·설치할 수 있다.

3) 직원숙소 퇴거 유예

해양경찰관서의 장은 직원숙소에 거주하는 자가 순직한 경우「해양경찰관서 직원숙소 운영규칙」제10조에 따라 직원숙소 퇴거를 유예할 수 있다.

4) 장학금 지원

해양경찰청장은 해양경찰청 내·외부장학생 선발 시 순직 유가족 자녀를 우선적으로 선발하여 지원할 수 있다.

5) 사이버 추모관 운영

순직자의 충의와 위훈을 기리고, 그 헌신을 널리 알리기 위해 해양경찰청 홈페이지에 사이버 추모관을 운영한다.

6) 국립묘지 참배

국립묘지에 안장된 순직자를 추모하기 위해 신년 및 현충일 또는 별도의 계획에 따라 참배를 한다.

7) 유가족 위문

순직자의 유가족에 대한 예우와 위로를 위해 명절 전·후, 기념일 또는 별도의 계획에 따라 순직자 유가족을 위로 방문할 수 있다.

(5) 위패의 봉안

위패봉안은 위원회의 심사를 통해 선정하고, 소속관서의 장은 순직자의 위패봉안을 위해 신청서를 해양경찰청장에게 제출하여야 한다. 그러나 위패봉안 대상자의 유가족이 위패봉안을 원하지 않는 경우 소속관서의 장에게 의견을 제출할 수 있다. 매년 6월 6일 정기적으로 위패봉안 의식을 거행하고, 유가족의 요청 등 특별한 사정이 인정되는 경우에는 위원회의 결정에 따라 정기 위패봉안식 일정을 변경하거나 수시 위패봉안식 행사를 거행할 수 있다. 의식절차는 해양경찰교육원장이 정한다. 위패봉안 순서는 사망일 순으로 기재하며, 사망일이 같을 때에는 계급 순으로, 같은 계급의 경우에는 가나다 순으로 한다. 위패에 사용되는 글씨체는 궁서체로 한글 사용이 원칙이고, 순직자에 대한 계급은 추서된 계급으로 한다.

(6) 충혼시설 관리

국가와 국민을 위하여 해양경찰 활동에 참가하여 헌신적으로 활동 중 순직한 자의 위패를 봉안하고 그 충의와 위훈을 기리기 위하여 해양경찰충혼탑(이하 "충혼탑"이라 한다)을 두고, 충혼탑의 위치는 ①전라남도 여수시 해양경찰로 122(오천동) 해양경찰 충혼탑, ②강원도 속초시 장사동 482-3번지 해양경찰 충혼탑을 둔다. 충혼탑의 효율적인 운영을 위해 여수의 충혼탑은 현충일 행사 등 공식행사, 속초의 충혼탑은 863함, 72정 전사·순직자 추모행사 등으로 각각 나누어 실시할 수 있다. 충혼탑 관리 책임관은 여수 해양경찰교육원 교육지원과장 또는 속초해양경찰서 기획운영과장이 되며, 효과적 관리를 위하여 관리담당자를 지정할 수 있다. 충혼탑에서는 누구든지 가무·유흥 그밖에 존엄을 해할 우려가 있는 행위를 하여서는 아니 된다.

8 징계제도와 감찰활동

[1] 징계

징계란 공무원의 법령 위반, 의무위반, 직무태만 또는 품위손상에 대하여 국가가 그 사용자로서 특별권력관계 내부의 질서를 유지하기 위해 가하는 제재를 말한다. 이는 행정벌·형사벌 등과 같이 일종의 벌에 해당되므로 징계벌이라고도 하며, 그 처벌을 징계처분이라고 한다.

(1) 징계사유

1) 국가공무원법 또는 경찰공무원법에 의한 명령에 위반한 때
2) 직무상 의무에 위반하거나 직무를 태만히 한 때
3) 직무의 내외를 불문하고 그 체면 또는 위신을 손상하는 행위를 한 때

※ 공무원의 8대 의무
①선서 의무, ②성실 의무, ③복종의 의무, ④친절·공정의 의무, ⑤종교 중립의 의무, ⑥비밀 엄수의 의무, ⑦청렴의 의무, ⑧품위 유지의 의무
※ 공무원의 4대 금지
①직장이탈 금지, ②영리 업무 및 겸직 금지, ③정치 운동의 금지, ④집단 행위의 금지

(2) 징계의 종류(국가공무원법 제79조)

징계는 파면, 해임, 강등, 정직, 감봉, 견책으로 이루어진다(의무경찰대 설치 및 운영에 관한 법률상 종류 : 의무경찰에 대한 징계는 강등, 정직, 영창, 휴가 제한 및 근신). 또한 징계는 중징계와 경징계가 구분하고 중징계에는 파면, 해임, 강등, 정직이 해당되고 경징계에는 감봉, 견책이 있다.

파면·해임은 공무원신분을 완전히 해제함을 내용으로 하는 배제징계이고, 강등·정직·감봉·견책은 공무원의 신분을 보유하면서 신분상·보수상 이익의 일부를 제한함을 내용으로 하는 교정징계이다.

강등은 1계급 아래로 직급을 내리고(고위공무원단에 속하는 공무원은 3급으로 임용하고, 연구관 및 지도관은 연구사 및 지도사로 한다) 공무원신분은 보유하나 3개월간 직무에 종사하지 못하며 그 기간 중 보수는 전액을 감한다. 다만, 따라 계급을 구분하지 아니하는 공무원과 임기제공무원에 대해서는 강등을 적용하지 아니한다.

정직은 1개월 이상 3개월 이하의 기간으로 하고, 정직 처분을 받은 자는 그 기간 중 공무원의 신분은 보유하나 직무에 종사하지 못하며 보수는 전액을 감한다. 감봉은 1개월 이상 3개월 이하의 기간 동안 보수의 3분의 1을 감한다. 견책(譴責)은 전과(前過)에 대하여 훈계하고 회개하게 한다.

파면은 공무원신분에서 제외되며, 5년간 공직재임용에 제한이 생기고, 퇴직급여(수당)는 1/2 감액된다(이때 재직기간이 5년 미만인 공무원은 1/4를 감액). 해임 역시 중징계로서 공무원신분에서 제외가 되며, 3년간 공직재임용이 제한되지만, 퇴직급여(수당)는 전액 지급이 된다.

단, 금품, 향응수수, 공금횡령, 유용으로 해임된 경우는 재직기간이 5년 이상은 퇴직급여(수당)은 1/4 감액(5년 미만은 1/8 감액)된다.

공무원으로서 징계처분을 받은 자에 대하여는 그 처분을 받은 날 또는 그 집행이 끝난 날부터 대통령령 등으로 정하는 기간 동안 승진임용 또는 승급할 수 없다. 다만, 징계처분을 받은 후 직무수행의 공적으로 포상 등을 받은 공무원에 대하여는 대통령령 등으로 정하는 바에 따라 승진임용이나 승급을 제한하는 기간을 단축하거나 면제할 수 있다. 징계에 관하여 다른 법률의 적용을 받는 공무원이 이 법의 징계에 관한 규정을 적용받는 공무원이 된 경우에는 다른 법률에 따라 받은 징계처분은 그 처분일 부터 이 법에 따른 징계처분을 받은 것으로 본다.

〈표 4-12〉 공무원 징계 종류와 성격

종류 구분	파면	해임	강등	정직	감봉	견책
성격	공무원 관계로부터 배제	공무원 관계로부터 배제	1계급 강등 3월 정직	신분은 보유 직무종사불가	보수 감액	훈계하고 화개하게 함
처분기간	5년간 공직임용 제한	3년간 공직임용 제한	3월	1-3월	1-3월	

(2) 소청 및 행정소송

처분을 받은 혐의자가 징계처분등에 불복할 경우 징계처분등의 사유설명서를 받은 날로부터 30일 이내 소청심사위원회에 심사를 청구할 수 있다. 소청심사위원회의 결정에도 불복할 경우 결정을 받은 날로부터 90일 이내에 행정소송을 제기할 수 있다.

국가공무원법

제9조(소청심사위원회의 설치) ① 행정기관 소속 공무원의 징계처분, 그 밖에 그 의사에 반하는 불리한 처분이나 부작위에 대한 소청을 심사·결정하게 하기 위하여 인사혁신처에 소청심사위원회를 둔다.
② 인사혁신처에 설치된 소청심사위원회는 위원장 1명을 포함한 5명 이상 7명 이하의 상임위원과 상임위원 수의 2분의 1 이상인 비상임위원으로 구성하되, 위원장은 정무직으로 보한다.
③ 소청심사위원회의 상임위원의 임기는 3년으로 하며, 한 번만 연임할 수 있다.
④ 소청심사위원회의 상임위원은 다른 직무를 겸할 수 없다.
⑤ 소청심사위원회의 공무원이 아닌 위원은 「형법」이나 그 밖의 법률에 따른 벌칙을 적용할 때 공무원으로 본다.
제10조의2(소청심사위원회위원의 결격사유) ① 다음 각 호의 어느 하나에 해당하는 자는 소청심사위원회의 위원이 될 수 없다.
1. 제33조 각 호의 어느 하나에 해당하는 자
2. 「정당법」에 따른 정당의 당원
3.「공직선거법」에 따라 실시하는 선거에 후보자로 등록한 자
제11조(소청심사위원회위원의 신분 보장) 소청심사위원회의 위원은 금고 이상의 형벌이나 장기의 심신 쇠약으로 직무를 수행할 수 없게 된 경우 외에는 본인의 의사에 반하여 면직되지 아니한다.
제12조(소청심사위원회의 심사) ① 소청심사위원회는 이 법에 따른 소청을 접수하면 지체 없이 심사하여야 한다.
제13조(소청인의 진술권) ① 소청심사위원회가 소청 사건을 심사할 때에는 대통령령등으로 정하는 바에 따라 소청인 또는 제76조제1항 후단에 따른 대리인에게 진술 기회를 주어야 한다.
② 제1항에 따른 진술 기회를 주지 아니한 결정은 무효로 한다.
제14조(소청심사위원회의 결정) ① 소청 사건의 결정은 재적 위원 3분의 2 이상의 출석과 출석 위원 과반수의 합의에 따르되, 의견이 나뉠 경우에는 출석 위원 과반수에 이를 때까지 소청인에게 가장 불리한 의견에 차례로 유리한 의견을 더하여 그 중 가장 유리한 의견을 합의된 의견으로 본다.
제15조(결정의 효력) 제14조에 따른 소청심사위원회의 결정은 처분 행정청을 기속(羈束)한다.
제16조(행정소송과의 관계) ① 제75조에 따른 처분, 그 밖에 본인의 의사에 반한 불리한 처분이나 부작위(不作爲)에 관한 행정소송은 소청심사위원회의 심사·결정을 거치지 아니하면 제기할 수 없다.

(3) 심사·재심사 청구

징계의결요구권자가 징계위원회의 의결에 불복할 경우 징계의결서를 통보받은 날로부터 15일 이내 직근 상급기관에 설치된 징계위원회(직근 상급기관이 없는 징계위원회 의결에 대해서는 그 징계위원회)에 심사 또는 재심사를 청구할 수 있다.

※ 재징계 의결 요구

소청 또는 행정소송에서 징계처분에 대해 무효·취소 결정 또는 판결이 있었던 경우 처분권자가 청구

1) 소청심사위원회의 결정 또는 법원의 판결이 확정된 날로부터 3개월 이내
2) 징계양정이 과다하다는 이유로 무효·취소 결정 또는 판결을 받은 견책·감봉처분 에 대해서는 징계의결을 요구하지 않을 수 있다.

[3] 징계위원회(경찰공무원법 제26조)

경무관 이상의 경찰공무원에 대한 징계의결은「국가공무원법」에 따라 국무총리 소속으로 설치된 징계위원회에서 한다. 총경 이하의 경찰공무원에 대한 징계의결을 하기 위하여 대통령령으로 정하는 경찰기관 및 해양경찰관서에 경찰공무원 징계위원회를 둔다. 경찰공무원 징계위원회의 구성·관할·운영, 징계의결의 요구 절차, 그 밖에 필요한 사항은 대통령령으로 정한다.

징계절차는 경찰공무원의 징계는 징계위원회의 의결을 거쳐 징계위원회가 설치된 소속 기관의 장이 하되,「국가공무원법」에 따라 국무총리 소속으로 설치된 징계위원회에서 의결한 징계는 경찰청장 또는 해양경찰청장이 한다.

다만, 파면·해임·강등 및 정직은 징계위원회의 의결을 거쳐 해당 경찰공무원의 임용권자가 하되, 경무관 이상의 강등 및 정직과 경정 이상의 파면 및 해임은 경찰청장 또는 해양경찰청장의 제청으로 행정안전부장관 또는 해양수산부장관과 국무총리를 거쳐 대통령이 하고, 총경 및 경정의 강등 및 정직은 경찰청장 또는 해양경찰청장이 한다.

[4] 경찰공무원 징계령

이 영은「경찰공무원법」제26조 및 제27조에 따른 경찰공무원의 징계와「국가공무원법」제78조의2에 따른 징계부가금 부과에 필요한 사항을 규정함을 목적으로 한다. 이 영에서 사용하는 용어에서 "중징계"란 파면, 해임, 강등 및 정직을 말하고, "경징계"는 감봉 및 견책을 말한다.

「경찰공무원징계령」제3조(징계위원회의 종류 및 설치) ① 경찰공무원 징계위원회는 경찰공무원 중앙징계위원회와 경찰공무원 보통징계위원회로 구분한다.

중앙징계위원회는 경찰청 및 해양경찰청에 두고, 보통징계위원회는 경찰청, 해양경찰청, 지방경찰청, 지방해양경찰청, 경찰대학, 경찰인재개발원, 중앙경찰학교, 경찰수사연수원, 해양경찰교육원, 경찰병원, 경찰서, 경찰기동대, 의무경찰대, 해양경찰서, 해양경찰정비창, 경비함정 및 경찰청장 또는 해양경찰청장이 지정하는 경감 이상의 경찰공무원을 장으로 하는 기관(이하 "경찰기관"이라 한다)에 둔다.

(1) 징계위원회의 관할 및 구성

1) 중앙징계위원회는 총경 및 경정에 대한 징계 또는「국가공무원법」제78조의2에 따른 징계부가금 부과(이하 "징계등"이라 한다) 사건을 심의·의결한다. 징계위원회 구성은

중앙징계위원회는 위원장을 포함한 위원5인 이상 7인 이하로 한다.

2) 보통징계위원회는 해당 징계위원회가 설치된 경찰기관 소속 경감 이하 경찰공무원에 대한 징계등 사건을 심의·의결한다. 보통징계위원회 구성은 위원장을 포함한 위원 3인 이상 7인 이하로 구성한다.

3) 경찰기관의 장은 징계등 심의 대상자보다 상위 계급인 경위 이상의 소속 경찰공무원 또는 상위 직급에 있는 6급 이상의 소속 공무원 중에서 징계위원회의 공무원위원을 임명한다. 민간위원의 임기는 2년으로 하며, 한 차례만 연임할 수 있다.

(2) 징계위원회의 의결

위원장을 포함한 위원 과반수(과수가 3인 미만인 때에는 3인 이상)의 출석과 출석위원 과반수의 찬성으로 의결한다. 의견이 나뉘어 출석위원 과반수의 찬성을 얻지 못한 경우에는 출석위원 과반수가 될 때까지 징계등 심의 대상자에게 가장 불리한 의견을 제시한 위원의 수를 그 다음으로 불리한 의견을 제시한 위원의 수에 차례로 더하여 그 의견을 합의된 의견으로 본다.

(3) 집행

경징계(감봉 및 견책) 등의 집행은 경징계 의결을 통지받았을 때에는 통지받은 날부터 15일 이내에 징계 등을 집행하여야 한다.

중징계(파면, 해임, 강등 및 정직)의 제청과 집행은 파면·해임 또는 정직의 의결을 통고받은 때에는 지체 없이 임용권자에게 파면·해임 또는 정직처분을 제청한다. 다만 경무관 이상의 강등 및 정직, 경정 이상의 파면 및 해임 처분의 제청, 총경 및 경정의 강등 및 정직의 집행은 경찰청장 또는 해양경찰청장이 한다.

중징계 처분의 제청을 받은 임용권자는 15일 이내에 징계처분 사유 설명서를 징계의결이 된 자에게 교부한다.

[5] 해양경찰공무원 징계양정 등에 관한 규칙(해양경찰청예규 제45호)

(1) 목적과 적용범위

이 규칙은 해양경찰공무원 등의 의무위반행위에 대하여 합리적인 징계양정 기준을 마련함으로써 징계의 형평성과 적정성을 도모함을 목적으로 하고, 적용범위는 해양경찰청 및 소속기관에 근무하는 경찰공무원 및 의무경찰(이하 "해양경찰공무원등" 이라 한다)에 적용한다.

이 규칙에서 사용하는 용어의 뜻은 다음 각 호와 같다.

1) "의무위반행위"란 해양경찰기관에 근무하는 해양경찰공무원 등이 「국가공무원법」 등 관련 법령 또는 직무상 명령 등에 따른 각종 의무를 위반한 행위를 말한다.
2) "행위자"란 의무위반행위를 실제 행한 자 또는 의무위반행위와 직접 관련이 있는 자를 말한다.
3) "감독자"란 소관업무에 대하여 행위자를 직접 관리 감독하는 위치에 있거나 직무수행상황을 확인 감독할 책임이 있는 자를 말한다.
4) "경고"란 「경고·주의 및 장려제도 운영 규칙」 제3조제1호에 따른 처분을 말한다.
5) "주의"란 「경고·주의 및 장려제도 운영 규칙」 제3조제2호에 따른 처분을 말한다.

(2) 징계양정

1) 행위자의 징계양정 기준

가) 징계의결요구권자 또는 징계위원회는 행위자에 대한 의무위반행위의 유형, 비위의 정도 및 과실의 경중과 평소의 행실, 근무성적, 공적, 뉘우치는 정도 또는 그 밖의 정상 등을 참작하여 별표 4-13(행위자의 징계양정 기준), 별표 4-14(청렴의무 위반 징계양정 기준), 별표 4-15(음주운전 징계양정 기준)의 징계양정기준과 별표 3의2 징계부가금 부과기준에 따라 징계 또는 징계부가금 의결(이하 "징계의결등"이라 한다)을 요구 또는 의결하여야 한다.

〈표 4-13〉 행위자의 징계양정 기준

행위자의 징계양정 기준(제4조 관련)				
의무위반행위 및 과실의 정도 / 의무위반행위유형	의무위반행위의 정도가 심하고 의도적 범행 등 정상참작 여지가 없는 경우	의무위반행위의 정도가 심하고 중과실이거나, 의무위반행위의 정도가 약하고 의도적 범행 등 정상참작 여지가 없는 경우	의무위반행위의 정도가 심하고 경과실이거나, 의무위반행위의 정도가 약하고 중과실인 경우	의무위반행위의 정도가 약하고 경과실인 경우
1. 성실의무 위반				
가. 「국가공무원법」 제78조의2 제1항제2호에 해당하는 비위	파면	파면-해임	해임-강등	정직-감봉
나. 예산·회계 관련 질서 문란	파면	해임	강등-정직	감봉-견책
다. 직권남용으로 타인 권리침해	파면	해임	강등-정직	감봉
라. 인사관련 부정행위	파면-해임	강등-정직	감봉	견책
마. 직무유기, 직무태만, 부작위 (자.목의 소극행정은 제외) - 지연처리 및 허위·축소보고 - 보고결락, 사건은폐 - 사건묵살, 편파, 각하처리 등	파면	해임	강등-정직	감봉-견책
바. 내부결속 저해 - 하극상, 모략행위, 위계·내부 질서 문란	파면-해임	강등-정직	감봉	견책
사. 직무 관련 주요 부패행위의 신고·고발 의무 불이행	파면-해임	강등-정직	정직-감봉	감봉-견책
아. 시설 및 물품관리 태만	파면-해임	강등-정직	감봉	견책
자. 소극행정	파면	파면-해임	강등-정직	감봉-견책
차. 성과상여금을 거짓이나 부정한 방법으로 지급받은 경우	파면-해임	강등-정직	정직-감봉	감봉-견책
카. 부정청탁에 따른 직무수행	파면	파면-해임	강등-정직	감봉-견책
타. 부정청탁	파면	해임-강등	정직-감봉	견책
파. 「해양경찰청 공무원 행동강령」 제21조의2에 따른 부당한 행위	파면	파면-해임	강등-정직	감봉
하. 성 관련 비위 또는 「해양경찰청 공무원 행동강령」 제21조의2에 따른 부당한 행위를 은폐하거나 필요한 조치를 하지 않은 경우	파면	파면-해임	강등-정직	감봉-견책
거. 그 밖에 사항	파면-해임	강등-정직	감봉	견책

〈표 4-14〉 청렴의무 위반 징계양정 기준

청렴의무 위반 징계양정 기준(제4조 관련)

비위유형	100만원 미만		100만원 이상
	수동	능동	
직무와 관련하여 금품·향응 등 재산상 이익을 받거나 제공하고, 그로 인하여 위법·부당한 처분을 한 경우	파면-강등	파면-해임	파면
직무와 관련하여 금품·향응 등 재산상 이익을 받거나 제공 하였으나, 그로 인하여 위법·부당한 처분을 하지 아니한 경우	해임-정직	파면-강등	파면-해임
위법·부당한 처분과 직접적 관계없이 금품·향응 등 재산상 이익을 직무관련자 또는 직무관련 공무원으로부터 받거나 직무관련 공무원에게 제공한 경우	강등-감봉	해임-정직	파면-강등

<비 고>

1. 금품·향응 등 재산상 이익을 수수하지 아니하였더라도 금품·향응 등 재산상 이익을 요구한 경우에도 위의 징계기준에 따라 처분한다.
2. 다른 경찰공무원에게 금품·향응 등 재산상 이익 수수를 제안·주선한 자에 대해서는 위의 기준보다 1단계 위로 징계의결을 할 수 있다.
3. 금품·향응 등 재산상 이익의 수수가 3회 이상에 해당하거나 사건 및 인사청탁과 관련한 경우에는 위의 기준보다 1단계 위로 징계의결을 할 수 있다.
4. "금품·향응 등 재산상 이익"이란 「국가공무원법」 제78조의2제1항제1호에 따른 금전, 물품, 부동산, 향응 또는 그 밖에 「공무원 징계령」 제17조의2제1항에서 정하는 재산상 이익(금전이 아닌 재산상 이득의 경우에는 금전으로 환산한 금액을 말한다)을 말한다.
5. "직무관련자"와 "직무관련 공무원"이란 「해양경찰청 공무원 행동강령」 제2조제1호에 따른 직무관련자와 같은 조 제2호에 따른 직무관련 공무원을 말한다.

〈표 4-15〉 음주운전 징계양정 기준

<table>
<tr><th colspan="4">음주운전 징계양정 기준(제4조 관련)</th></tr>
<tr><td colspan="3">유 형 별</td><td>처리기준</td></tr>
<tr><td rowspan="2">최초 음주운전을 한 경우</td><td colspan="2">혈중알코올농도가 0.08퍼센트 미만인 경우</td><td>정직</td></tr>
<tr><td colspan="2">혈중알코올농도가 0.08퍼센트 이상인 경우 및 음주측정 불응의 경우</td><td>강등 - 정직</td></tr>
<tr><td colspan="3">2회 음주운전을 한 경우</td><td>파면 - 강등</td></tr>
<tr><td colspan="3">3회 이상 음주운전을 한 경우</td><td>파면 - 해임</td></tr>
<tr><td colspan="3">음주운전으로 운전면허가 정지 또는 취소된 상태에서 운전을 한 경우</td><td>강등 - 정직</td></tr>
<tr><td colspan="3">음주운전으로 운전면허가 정지 또는 취소된 상태에서 음주운전을 한 경우</td><td>파면 - 강등</td></tr>
<tr><td rowspan="4">음주운전으로 인적·물적 피해가 있는 교통사고를 일으킨 경우</td><td colspan="2">상해 또는 물적 피해의 경우</td><td>해임 - 정직</td></tr>
<tr><td colspan="2">사망사고의 경우</td><td>파면 - 해임</td></tr>
<tr><td rowspan="2">사고 후 「도로교통법」 제54조제1항에 따른 조치를 하지 않은 경우</td><td>물적피해</td><td>해임 - 정직</td></tr>
<tr><td>인적피해</td><td>파면 - 해임</td></tr>
<tr><td colspan="3">근무시간 중 음주운전을 한 경우</td><td>파면 - 정직</td></tr>
<tr><td colspan="3">음주운전 당시 신분을 은폐한 경우</td><td>해임 - 정직</td></tr>
<tr><td colspan="3">무면허 상태로 음주운전을 한 경우(사고유무 불문)</td><td>해임 - 강등</td></tr>
<tr><td colspan="3">음주운전 차량에 동승한 사람의 경우</td><td>견책</td></tr>
</table>

<비 고>

1. "음주운전"이란 「도로교통법」 제44조제1항을 위반하여 음주운전을 한 것을 말한다.
2. "음주측정 불응"이란 「도로교통법」 제44조제2항을 위반하여 음주측정에 불응한 것을 말한다.
3. "무면허 상태"란 「도로교통법」 제80조에 따라 지방청장으로부터 운전면허를 받지 아니하거나 운전면허의 효력이 정지된 경우를 말한다.

나) 가)항에도 불구하고 〈표 4-16 행위자와 감독자에 대한 문책기준〉에 따른 문책 정도의 순위에 해당하지 않는 행위자가 제4조의2제2항 각 호에 따른 요건을 충족하는 경우에는 징계의결등을 하지 아니한다.

제4조의2제2항
② 징계위원회는 징계등 혐의자가 다음 각 호의 사항에 모두 해당되는 경우에는 해당 비위가 고의 또는 중과실에 의하지 않은 것으로 추정한다.
1. 징계등 혐의자와 비위 관련 직무 사이에 사적인 이해관계가 없을 것
2. 해당 직무를 처리하면서 중대한 절차상의 결함이 없을 것

〈표 4-16〉 행위자와 감독자에 대한 문책기준

행위자와 감독자에 대한 문책기준(제4조, 제5조 관련)

업무 관련도 / 업무의 성질	행위자 (담당자)	직상(直上) 감독자	2단계 위의 감독자	최고감독자 (결재권자)
○ 정책 결정사항				
· 중요 사항(고도의 정책사항)	-	3	2	1
· 일반적인 사항	3	1	2	4
○ 단순·반복 업무				
· 중요 사항	1	2	3	4
· 경미 사항	1	2	3	-
○ 단독행위	1	2	-	-

<비 고>
1. 1, 2, 3, 4는 문책 정도의 순위를 표시함
2. '고도의 정책사항' 이란 국정과제 등 주요 정책결정으로 확정된 사항, 다수 부처 연관과제로 정책조정을 거쳐 결정된 사항 등을 의미함.

다) 징계요구권자 또는 징계위원회는 다음 각 호의 어느 하나에 해당하는 사유가 있을 때에는 징계책임을 감경하여 징계의결 등을 요구 또는 의결하거나 징계책임을 묻지 아니할 수 있다.

① 과실로 인하여 발생한 의무위반행위가 다른 법령에 의해 처벌사유가 되지 않고 비난가능성이 없는 때

② 국가 또는 공공의 이익을 증진하기 위해 성실하고 능동적으로 업무를 처리하는 과정에서 부분적인 절차상 결함 또는 비효율, 손실 등의 잘못이 발생한 때

③ 의무위반행위의 발생을 방지하기 위해 최선을 다하였으나 부득이한 사유로 결과가 발생하였을 때
④ 발생한 의무위반행위에 대하여 자진신고하거나 사후조치에 최선을 다하여 원상회복에 크게 기여한 때
⑤ 간첩 또는 사회이목을 집중시킨 중요사건의 범인을 검거한 공로가 있을 때
⑥ 감경 제외 대상이 아닌 의무위반행위 중 직무와 관련이 없는 사고로 인한 의무위반행위로서 사회 통념에 비추어 공무원의 품위를 손상하지 아니하였다고 인정되는 때

2) 적극행정 등에 대한 징계면제

징계위원회는 고의 또는 중과실에 의하지 않은 비위로서 다음 각 호의 어느 하나에 해당되는 경우에는 징계의결 또는 징계부가금 부과 의결(이하 "징계의결등"이라 한다)을 하지 아니한다.

① 국가적으로 이익이 되고 국민생활에 편익을 주는 정책 또는 소관 법령의 입법목적을 달성하기 위하여 필수적인 정책 등을 수립·집행하거나, 정책목표의 달성을 위하여 업무처리 절차·방식을 창의적으로 개선하는 등 성실하고 능동적으로 업무를 처리하는 과정에서 발생한 것으로 인정되는 경우
② 국가의 이익이나 국민생활에 큰 피해가 예견되어 이를 방지하기 위하여 정책을 적극적으로 수립·집행하는 과정에서 발생한 것으로서 정책을 수립·집행할 당시의 여건 또는 그 밖의 사회통념에 비추어 적법하게 처리될 것이라고 기대하기가 극히 곤란했던 것으로 인정되는 경우
③ 불합리한 규제를 개선하거나 공익사업을 추진하는 등 공공의 이익을 증진하기 위하여 성실하고 능동적으로 업무를 처리하는 과정에서 발생한 것으로 인정되는 경우

3) 감독자의 징계양정 기준

징계요구권자 또는 징계위원회는 감독자에 대한 감독의무위반 정도 등을 고려하여 징계의결 등을 요구 또는 의결 하여야 한다. 다만, 감독자가 부하직원의 의무위반행위를 묵인·방조하거나 은폐·비호하였을 때에는 행위자와 동일한 양정으로 징계의결등을 요구 또는 의결 하여야 한다. 감독자가 다음 각 호의 어느 하나에 해당하는 사유가 있을 때에는 징계책임을 감경하여 징계의결등을 요구 또는 의결하거나 징계책임을 묻지 아니할 수 있다.

① 부하직원의 의무위반행위를 사전에 발견하여 적법 타당하게 조치한 때
② 부하직원의 의무위반행위가 감독자 또는 행위자의 비번일, 휴가기간, 교육기간 등에 발생하거나, 소관업무와 직접 관련 없는 등 감독자의 실질적 감독범위를 벗어났

다고 인정된 때

③ 부임기간이 1개월 미만으로 부하직원에 대한 실질적인 감독이 곤란하다고 인정된 때

④ 교정이 불가능하다고 판단된 부하직원의 사유를 명시하여 인사상 조치(전출 등)를 상신하는 등 성실히 관리한 이후에 같은 부하직원이 의무위반행위를 야기하였을 때

⑤ 그 밖의 부하직원에 대하여 평소 철저한 교양감독 등 감독자로서의 임무를 성실히 수행하였다고 인정된 때

(3) 공무원 범죄사건 처리기준

「국가공무원법」 제83조제3항에 따라 공무원의 범죄사건에 대한 통보를 받은 경우 다음 각 호의 기준에 따라 처리하여야 한다.

1) "혐의없음" 또는 "죄가안됨" 결정 : 내부종결 처리. 다만, 「국가공무원법」상의 징계사유에 해당하는 경우에는 별표1(행위자의 징계양정 기준), 별표2(청렴의무 위반 징계양정 기준), 별표3(음주운전 징계양정 기준)을 적용한다.

2) "공소권없음", "기소중지" 또는 "참고인중지" 결정 : 비위의 정도 및 과실의 경중, 고의성 유무 등 사안에 따라 혐의사실이 인정되는 경우 별표 1, 별표2, 별표3 적용. 다만, 교통사고로 인하여 "공소권 없음" 결정을 통보받은 경우 사안에 따라 경고 또는 주의 처분을 할 수 있다.

3) "기소유예" 또는 "공소제기" 결정 및 그 밖의 경우 별표 1, 별표 2, 별표 3 적용

(4) 징계의 감경

1) 징계위원회는 징계의결 등이 요구된 자가 다음 각 호의 어느 하나에 해당하는 공적이 있는 경우 〈표 4-17 징계양정 감경기준〉에 따라 징계를 감경할 수 있다.

① 「상훈법」에 따른 훈장 또는 포장을 받은 공적

② 「정부표창규정」에 따라 국무총리 이상의 표창을 받은 공적. 다만, 경감이하의 경찰공무원등은 해양경찰청장 또는 중앙행정기관 차관급 이상의 표창을 받은 공적

③ 「모범공무원규정」에 따라 모범공무원으로 선발된 공적

2) 해양경찰공무원등이 징계처분 또는 징계위원회의 권고에 의한 경고를 받은 사실이 있는 경우에는 그 징계처분 또는 경고처분 전의 공적은 감경대상 공적에서 제외한다.

3) 의무위반행위의 내용이 다음 각호의 어느 하나에 해당하는 경우에는 징계를 감경할 수 없다.

〈표 4-17〉 징계양정 감경기준

징계양정 감경기준(제8조 관련)	
제4조 및 제5조에 따라 인정되는 징계	제8조에 따라 감경된 징계
파 면	해 임
해 임	강 등
강 등	정 직
정 직	정직 처분 개월수 변경 또는 감봉
감 봉	감봉 처분 개월수 변경 또는 견책
견 책	불문경고

① 「국가공무원법」제83조의2제1항에 따른 징계 사유의 시효가 5년인 의무위반행위
② 「양성평등기본법」제3조제2호에 따른 성희롱
③ 「성매매알선 등 행위의 처벌에 관한 법률」제2조제1호의 성매매, 같은 조 제2호의 성매매알선, 같은 조 제3호의 성매매 목적의 인신매매
④ 「성폭력범죄의 처벌 등에 관한 특례법」제2조에 따른 성폭력범죄
⑤ 「도로교통법」제44조제1항에 따른 음주운전 또는 같은 조 제2항에 따른 음주측정에 대한 불응
⑥ 부작위 또는 직무태만
⑦ 「공직자윤리법」제22조에 따른 재산등록 및 주식의 매각·신탁 관련 의무위반행위
⑧ 「해양경찰청 공무원 행동강령」제21조의2에 따른 부당한 행위
⑨ 성 관련 비위 또는 「해양경찰청 공무원 행동강령」제21조의2에 따른 부당한 행위를 은폐하거나 필요한 조치를 하지 않은 경우
⑩ 채용 및 승진 관련 부정청탁 또는 부정청탁에 따른 직무수행 등의 인사비리

(5) 징계의 가중

1) 징계의결요구권자 또는 징계위원회는 서로 관련이 없는 2개 이상의 의무위반행위가 경합될 때에는 그 중 책임이 중한 의무위반행위에 해당하는 징계보다 한 단계 위의 징계의결 등을 요구 또는 의결할 수 있다.

2) 하나의 행위가 동시에 여러 종류의 의무위반행위에 해당될 때에도 제1항과 같다.
3) 징계위원회는 징계처분을 받은 사람에 대하여 「경찰공무원 승진임용규정」 제6조에 따른 승진임용 제한기간 중에 발생한 비위로 다시 징계의결이 요구된 경우에는 그 비위에 해당하는 징계보다 2단계 위의 징계로 의결할 수 있고, 승진임용 제한기간이 끝난 후부터 1년 이내에 발생한 비위로 징계의결이 요구된 경우에는 1단계 위의 징계로 의결할 수 있다.

[6] 해양경찰청 경고·주의 및 장려제도 운영 규칙(예규)

이 규칙은 해양경찰공무원등에 대한 경고·주의·시말서 및 장려에 필요한 사항을 규정함을 목적으로 한다. 적용범위는 해양경찰청 및 그 소속기관(이하 "해양경찰기관"이라 한다)에 소속하는 경찰공무원, 일반·계약직공무원(이하 "해양경찰공무원등"이라 한다)에 적용한다.

(1) 용어의 정의

1) "경고"란 징계위원회 또는 소청심사위원회에서 불문으로 의결하고 경고를 권고(이하 "불문경고"라 한다)하거나, 해양경찰기관의 장이 징계사유에 이르지 아니한 경미한 사안의 경우 또는 감독자 등을 문책하는 경우 앞으로 그러한 행위가 다시 발생하지 않도록 엄중히 훈계하는 것(이하 "직권경고"라 한다)을 말한다.
2) "주의"란 의무위반행위의 정도가 경고에 이르지 아니한 경미한 사안의 경우 또는 감독자 등을 문책하는 경우 앞으로 그러한 행위가 다시 발생하지 않도록 주의를 촉구하는 것을 말한다.
3) "시말서"란 과실이나 의무위반행위의 정도가 주의에 이르지 아니한 경미한 사안의 경우 사실관계를 분명히 하고 사죄하여 같은 잘못이 재발되지 않게 하겠다고 서약하는 것을 말한다.
4) "장려"란 「해양경찰 표창 규칙」의 표창 정도에는 모자라는 공적이나 선행을 장려하고 우대하는 것을 말하며, 이 경우 비위예방 상담·치료를 자율적으로 또는 권고에 따라 이행한 것을 포함한다.

(2) 처분권자 등

1) 경고 및 주의 처분(이하 "경고·주의"라 한다)과 장려는 「경찰공무원 징계령」 제3조에 규정된 경찰기관의 장(이하 "해양경찰기관장"이라 한다)이 소속 해양경찰공무원등에 대하여 행한다.

2) 해양경찰기관장은 소속 공무원 중에서 상급 해양경찰기관장의 경고·주의 또는 장려를 받을 충분한 사유가 있다고 인정되는 사실이 있을 때에는 상급 해양경찰기관장에게 이를 보고할 수 있으며, 해양경찰청장은 소속 공무원이 자율적으로 또는 권고에 따라 비위예방 상담·치료를 이행하고 그 내역을 증명하는 서류를 제출한 경우 1회에 한하여 이를 장려할 수 있다.
3) 각 부서의 장은 소속 직원에게 경고, 주의 및 시말서(이하 "경고·주의·시말서"라 한다) 또는 장려의 사유가 있을 때에는 소속 해양경찰기관장에게 보고한다.
4) 상·하급 해양경찰기관장은 같은 사유로 중복하여 경고·주의·시말서 또는 장려를 할 수 없다.
5) 해양경찰기관장이 소속 직원에게 장려를 할 때에는 제3조제4호의 사실이 입증되는 경우에만 실시하여야 한다. 단, 감찰처분(경고, 주의)을 받은 지 3개월이 경과되지 않은 자는 장려장 발부를 제한한다.

(3) 처분방법 및 기록유지

1) 경고 처분(경고)은 해양경찰기관장이 별지 제1호 서식의 경고장을 교부함으로써 한다. 다만, 소청심사위원회로부터 불문경고 결정을 통보받은 때에는 결정문으로 경고장을 갈음한다.
2) 주의 처분(주의)은 해양경찰기관장이 재발방지를 위해 주의를 환기시키고 훈계함으로써 한다.
3) 시말서 처분(시말서)은 대상자로부터 시말서를 징수한 후 해양경찰기관장에게 보고함으로써 하며, 이 경우 감찰담당 부서장은 시말서 처분자의 현황을 근무평정 주무부서에 통보하여 근무평정(근태평가)에 반영토록 하여야 한다.
4) 장려는 처분권자가 장려장을 교부함으로써 한다.
5) 해양경찰기관장은 주의 처분대장, 시말서 처분대장, 장려장 발부대장을 각각 비치하고 경고·주의·시말서와 장려장 교부 내역을 기록 유지하여야 한다.

(4) 주의·시말서 대상

1) 지정된 근무시간 위반(출·퇴근시간, 점심시간, 회의 및 교양 지참 등)
2) 용모복장 불량(규정 외 복장 착용 등)
3) 경미한 대민 불친절(불친절한 언행, 반말 등)

4) 동료 또는 상사 비난행위(험담, 악평 등)
5) 경미한 신고, 보고, 통보 태만
6) 감사결과 "주의촉구" 처분을 받은 자
7) 기타 지시명령 등 경미한 복무규율사항을 위반한 자

(5) 경고·주의·시말서의 효력

1) 해양경찰공무원등이 경고·주의·시말서를 받은 때에는 경고·주의·시말서 및 장려장 상벌상계 기준표에 따라 일정한 벌점을 부여한다.
2) 경고·주의·시말서의 벌점은 처분을 받은 해당 계급에서 1년간 효력을 가진다.
3) 1년 이내에 2회의 경고를 받은 자가 같은 기간 내에 다시 경고에 해당하는 사유가 있는 경우에는 징계위원회에 회부하여야 한다. 다만, 감독책임으로 인한 경우는 제외한다.
4) 1년 이내에 2회의 주의를 받은 자가 같은 기간 내에 다시 주의에 해당하는 사유가 있는 경우에는 주의처분을 하지 않고 경고장을 발부한다.
5) 6개월 이내에 다시 시말서에 해당하는 사유가 있는 경우에는 시말서를 징수하지 않고 주의처분을 하며, 1년 이내에 3회 이상 같은 사유가 발생하면 경고장을 발부한다.
6) 해양경찰기관장은 경고 또는 주의를 받은 자에 대하여 그 처분의 사유가 중하다고 판단되는 경우에는 같은 사유로 징계위원회에 회부할 수 있다.
7) 제4항에 따라 징계위원회에 회부되어 징계 등의 의결이 있은 때에는 해당 처분의 효력은 상실한다.

(6) 장려장의 효력

1) 해양경찰공무원등이 장려장을 받은 때에는 별표 1의 경고·주의·시말서 및 장려장 상벌상계 기준표에 따라 일정한 상점을 부여한다.
2) 장려장의 상점은 장려장을 받은 해당 계급에서 효력을 가진다.
3) 1년 이내에 2회 이상의 장려장을 받은 경우에는 공적을 심사하여 표창을 수여할 수 있다.

(7) 벌점의 상계

1) 경고·주의·시말서의 벌점은 경고·주의·시말서 및 장려장 상벌상계 기준표에 따라 장려장 또는 인사기록카드의 표창장 상점으로 상계할 수 있다. 다만, 직권경고 및 주의·시말서를 받은 자가 잘못을 반성하고 개선하려는 의지가 명확하여 처분을 받은 날로부터

1개월 이내에 비위예방 상담·치료를 이행하고 그 내역을 증명하는 서류를 처분권자에게 제출한 경우 1회에 한하여 해당되는 벌점을 상계할 수 있다.

2) 장려장은 경고(불문경고는 제외한다)·주의·시말서의 벌점을 상계한다. 불문경고의 벌점은 표창장의 상점으로만 상계할 수 있다.

3) 경고·주의·시말서의 벌점과 장려장의 상점은 해당 계급에서 받은 것에 한하여 상계할 수 있다. 다만, 승진후보자명부에 등재된 기간 중에 받은 경고·주의·시말서 또는 장려장은 해당 승진 계급에서 받은 것으로 본다.

4) 장려장의 상점으로 경고·주의·시말서의 벌점을 상계하고 남은 상점은 다시 다른 장려장의 상점에 가산하여 다른 경고·주의·시말서의 벌점과 상계한다.

감찰업무 담당 부서장은 직권경고 및 주의·시말서의 벌점과 장려장의 상점을 상계할 수 있는 경우에는 그 직권경고 및 주의·시말서 또는 장려장을 받은 날부터 30일 이내에 상계하여야 한다.

(8) 처분기록의 말소

감찰업무 담당 부서장은 경고·주의 또는 시말서를 받은 해양경찰공무원 등이 다음 각 호의 어느 하나에 해당되는 경우에는 경고 처분대장, 주의 처분대장 또는 시말서 처분대장에 등재된 경고, 주의 또는 시말서의 기록을 말소하여야 하고, 비고란에 그 사유를 기재하여야 한다.

1) 경고, 주의 또는 시말서를 받은 날부터 1년이 경과한 때
2) 소청심사위원회나 법원에서 경고의 무효 또는 취소의 결정이나 판결이 확정되는 경우
3) 경고에 대한 일반사면이 있는 경우

[7] 해양경찰 상벌상계

(1) 근거

해양경찰청 소속 공무원 상벌상계제 실시 규칙(해양경찰청예규 제59호, 2020)

(2) 해양경찰 상벌상계 제도

이 규칙은 징계 또는 경고·주의처분을 받은 해양경찰청에 소속하는 공무원이 직무수행 중 공으로 포상을 받은 경우에 이를 상계하여 인사운영면에 반영함으로써 공무원의 자발적이며 진취적인 직무의욕을 고취함을 목적으로 한다.

이 규칙은 법령에 규정한 경우를 제외하고 일반 인사운영에 적용하며, 해양경찰청 및 그

소속기관에 소속하는 경정(5급) 이하의 공무원에 대하여 적용한다.

1) 용어의 정의

① "상"이란「상훈법」에 의한 훈장 및 포장과「정부표창규정」또는「해양경찰 표창 규칙」에 따른 표창을 말한다.

② "벌"이란「경찰공무원 징계령」,「공무원 징계령」등에 의한 징계,「경고·주의 및 장려제도 운영 규정」에 따른 경고, 주의 또는 경위서를 말한다.

③ "해양경찰 기관의 장"이란 해양경찰청 및 그 소속기관의 장을 말한다.

2) 상과 벌의 상계방법

① 상과 벌(이하 "상벌"이라 한다)은 별표 1의 상벌평점기준표에 따라 각각 점수로 평점하고 그 상벌의 점수를 가감하여 상계한다.

② 상벌은 각각 해당 계급에서 받은 것에 한하여 상계할 수 있다. 다만, 승진후보자명부에 등재된 기간 중에 받은 경고·주의 또는 상은 해당 승진 계급에서 받은 것으로 본다.

③ 하나의 상으로 벌을 상계하고 남은 점수는 다시 다른 상의 점수에 가산하여 다른 벌과 상계한다.

④ 벌을 받은 자가 그 벌이 상계되기 전에 다시 다른 벌을 받은 후 상을 받은 때에는 그 상과 상계될 수 있는 벌과 먼저 상계한다.

⑤ 경고·주의·경위서 처분을 표창으로 상계시는 직권경고 처분 상계신청서, 주의 처분 상계신청서 또는 경위서 처분 상계신청서에 따른 본인의 신청이 있어야 한다.

〈표 4-18〉 상벌평정기준표

상벌평정기준표			
상		벌	
훈격별	점수가점	장계·권고 구분	점수감점
-훈장	20	-강등	30
-포장	15	-정직 3월	25
-대통령 표창	12	-정직 2월	20
-국무총리 표창	7	-정직 1월	15
-각 부처의 장관(장관급 공무원 및 처장을 포함한다), 해양경찰청장·경찰청장 및 검찰총장 표창	5	-감봉 3월 -감봉 2월 -감봉 1월 -견책(영창·근신 포함)	10 8 6 4
-청의 장·통합방위본부장·각군 참모총장·고등검찰청검사장 또는 군사령관의 표창	4	■ **직권권고 및 주의** 1. 해양경찰청장 ·불문경고 ·직권경고	 2 1
-특별시장·광역시장·도지사·특별자치도지사·해양경찰교육원장·경찰대학장·경찰교육원장·중앙경찰학교장·지방해양경찰청장·지방경찰청장·지방검찰청검사장·군단장(교육사령관 포함)의 표창	3	·주의 ·시말서 2. 해양경찰교육원장·지방해양경찰청장 ·불문경고 ·직권경고 ·주의 ·시말서	0.5 0.1 1 0.5 0.25 0.1
-101단장·기동단장·사단장·해양경찰서장·경찰서장·해양경찰정비창장·중앙해양특수구조단장 표창	2	3. 해양경찰서장·해양경찰정비창장·중앙해양특수구조단장 ·불문경고 ·직권경고	 0.5 0.25
-지방검찰청지청장·여단장 표창	1.5	·주의	0.1
-함정장·연대장 표창	1	·시말서	0.1

► 비고

1. 군의 표창은 대간첩작전, 비상대비 업무 등 국가안보와 관련된 공로로 받은 표창만 해당한다.
2. 제1호 경우를 제외한 기관장의 표창은 경찰업무와 관련된 공로로 받은 표창만 해당한다.
3. 상과 벌의 적용기간은 해당계급으로 한정한다. 다만, 승진후보자명부에 등재된 기간 중 받은 표창은 승진임용예정 계급의 '상'에 포함한다.
4. 평정점은 "상"의 점수합계에서 '벌'의 점수합계를 뺀 점수의 2분의 1로 하되, 최고점수는 5점, 최하점수는 0점으로 한다.

3) 상벌상계발령

① 해양경찰 기관의 장은 소속공무원 중 상벌을 상계할 수 있는 자에 대하여 그 상계 되는 상 또는 벌을 받은 날로부터 30일 이내에 상벌상계발령을 하여야 한다.

② 상벌상계발령은 그 상계 되는 벌을 「경찰공무원 징계령」제18조, 제19조의 규정에 의하여 집행하는 해양경찰 기관의 장이 행한다.

③ 상벌상계발령은 「해양경찰청 소속 경찰공무원 임용령 시행규칙」(이하 "시행규칙"이라 한다) 제3조의 규정에 의한 임용장에 준한다.

④ 상벌상계발령을 한 때에는 상벌상계발령 기록부에 기록한다. 이 경우 상벌상계발령 기록부의 서식은 시행규칙 제5조의 발령대장에 준하되 "기장"난에는 상계 하는 상의 수여 일자, 호수 및 훈격, 상계하고 남은 상의 점수를 기록한다.

⑤ 상벌상계발령을 한 때에는 지체 없이 통지서를 해당 공무원에게 교부한다.

⑥ 상벌상계발령을 한 때에는 다른 인사발령의 경우에 준하여 상급기관에 보고하여야 한다.

⑦ 경고·주의처분을 상계할 때는 제1항부터 제6항까지의 규정에 따른 상벌상계 발령은 하지 않고 감찰담당의 별지 제2호 서식의 통지서로 한다.

4) 기록카드의 정리

① 해양경찰 기관의 장은 소속공무원에 대한 상벌상계발령을 하거나 보고를 받은 때에는 기록요원으로 하여금 지체 없이 "(21)징계형벌"난에 [별지(인사기록정리)]와 같이 정리하도록 하여야 한다.

② 상벌상계상황기록은 흑서로 하고 상계된 징계기록의 "종류"난에는 [별도]와 같은 청색인을 날인한다.

③ 상계보고를 받은 때에는 상계된 상훈의 "종류"난에 제2항의 규정에 따라 청색인을 날인한다.

④ 기록요원이 인사기록카드에 상벌상황을 정리한 때에는 인사담당이 확인하고 사유 기재 말미에 확인인을 날인하여야 한다.

5) 상벌상계의 효과

상벌이 상계된 때에는 법령에 규정한 경우를 제외하고는 다음 각 호의 구분에 따라 일반 인사운영에 반영한다.

① 각 승진심사위원회에서의 승진심사에 상계된 징계, 경고·주의는 벌로 평가하여 논하지 아니한다.

② 다른 기관으로의 전출 등 당사자에게 불이익한 전보를 하지 아니한다.

6) 포상운영의 적정

해양경찰 기관의 장은 소속공무원이 벌 받은 것을 이유로 공적심사에서 제외하여서는 아니 되며 그 공적이 인정된 때에는 징계처분이 집행중인 경우에도 그 공적에 상응한 포상을 하여야 한다. 다만, 정기표창의 경우는 예외로 한다. 그리고 포상운영에 엄정을 기하여야 하며 징계상계를 위하여 포상권을 남용하거나 과분한 훈격의 포상을 하여서는 아니 된다.

[8] 해양경찰청 감찰규칙

감찰이란 복무기강 확립과 해양경찰 행정의 적정성을 확보하기 위해 해양경찰기관 또는 해양경찰공무원등의 제반업무와 활동 등을 조사·점검·확인하고 그 결과를 처리하는 감찰관의 직무활동을 말하고, 감찰관은 감찰업무를 담당하는 해양경찰공무원등을 말한다.

(1) 감찰관의 자격

1) 1년 이상 감찰·감사·수사·법무, 예산·회계, 조사·기획·평가 등의 업무를 담당한 사람
2) 감찰·감사업무 수행에 필요한 자격증 또는 감사분야에 전문학사 이상의 학위를 소지한 사람
3) 그 밖에 감사기구의 장이 감찰업무 수행에 필요한 전문성, 자질, 적성을 갖추었다고 인정하는 사람

(2) 감찰관의 결격사유

1) 직무와 관련한 금품 및 향응 수수, 공금의 횡령·유용, 「성폭력범죄의 처벌 등에 관한 특례법」에 따른 성폭력범죄, 「성매매알선 등 행위의 처벌에 관한 법률」에 따른 성매매·성매매 알선 등 행위·성매매 목적의 인신매매, 「국가인권위원회법」에 따른 성희롱 및 「도로교통법」에 따른 음주운전으로 징계처분을 받은 사람
2) 제1호 이외의 사유로 징계처분을 받아 말소기간이 경과하지 아니한 사람
3) 질병 등으로 감찰관으로서의 업무수행이 어려운 사람
4) 민원, 복무규율 위반 등으로 수시 감찰조사대상이 되었던 자
5) 그 밖의 감찰관으로서 적합하지 아니하다고 판단되는 사람

(3) 감찰관의 신분보장

1) 해양경찰기관의 장은 감찰관이 결격사유에 해당되는 것으로 밝혀졌을 경우와 다음 각 호의 어느 하나에 해당하는 경우를 제외하고는 2년 이내에 본인의 의사에 반하여 전보하여서는 아니 된다.
   ① 징계사유가 있는 경우
   ② 형사사건에 계류된 경우
   ③ 직무수행 능력이 현저히 부족하다고 판단되는 경우
   ④ 고압·권위적인 감찰활동을 반복하여 물의를 야기한 경우
2) 해양경찰기관장은 1년 이상 성실히 근무한 감찰관 중 다른 부서 근무를 희망하는 자에 대해서는 희망부서를 고려하여 전보한다.

(4) 감찰관의 행동준칙

1) 감찰관은 관계 법령과 절차를 준수한다.
2) 감찰관은 경찰공무원등의 권위와 인격을 존중한다.
3) 감찰관은 객관적인 증거와 조사로 사실관계를 명확히 하고, 공정하게 직무를 수행한다.
4) 감찰관은 직무상 알게 된 사항에 대하여 비밀을 엄수한다.
5) 감찰관은 선행·수범 직원을 발견하는데 적극 노력한다.

(5) 감찰활동의 관할

감찰관은 소속 해양경찰기관의 관할구역 안에서 활동하는 것을 원칙으로 한다. 다만, 필요한 경우에는 관할구역 밖에서도 활동할 수 있다. 그리고 감찰관(감사담당관, 청문감사담당관을 포함)은 해양경찰공무원등의 복무기강 확립과 감찰대상 개소에 대한 지속적인 확인 점검 등을 위하여 당직근무 편성에서 제외하고, 관계 법령 등에서 정하는 바에 따라 포상·성과평가, 근무성적 평정, 예산지원 등에서 우대할 수 있다.

(6) 감찰관의 권한

감찰관은 직무상 다음 각 호의 사항을 요구 할 수 있다. 다만, 제2호 및 제3호의 경우에는 필요 최소한의 범위 내에서 요구하여야 한다.

1) 조사를 위한 출석
2) 질문에 대한 답변 및 진술서 제출

3) 증거품 및 자료 제출

4) 현지조사의 협조

해양경찰공무원등은 감찰관으로부터 요구를 받은 때에는 정당한 사유가 없는 한 그 요구에 응하여야 한다. 감찰관은 직무수행 중 알게 된 정보나 제출 받은 자료를 감찰 목적 외의 용도로 이용할 수 없다.

(7) 감찰 활동의 구분

1) 예방감찰

해양경찰청 및 소속 해양경찰공무원 등의 직무실태를 감찰하여 불합리한 요소와 사고성 요인을 제거하기 위하여 점검할 수 있다.

2) 특별감찰

의무위반행위가 자주 발생하거나 그 발생 가능성이 높다고 인정되는 시기, 업무분야 및 해양경찰관서 등에 대하여는 일정기간 동안 전반적인 조직관리 및 업무추진 실태 등을 집중 점검할 수 있다.

3) 교류감찰

감찰관은 상급 해양경찰기관장의 지시에 따라 일정기간 동안 소속 해양경찰기관이 아닌 다른 해양경찰기관의 소속 직원에 대한 복무실태, 업무추진 실태 등을 점검할 수 있다.

(8) 감찰활동 결과의 보고 및 처리

1) 감찰관은 감찰활동 결과 소속 해양경찰공무원등의 의무위반행위, 불합리한 제도·관행, 선행·수범 직원 등을 발견한 때에는 이를 소속 해양경찰기관장에게 보고하여야 한다.
2) 해양경찰기관장은 제1항의 결과에 대하여 문책 요구, 시정·개선, 포상 등 필요한 조치를 하여야 한다.

(9) 민원사건의 처리

감찰관은 소속 해양경찰공무원등의 의무위반사실에 대한 민원을 접수하였을 때에는 접수일로부터 2개월 내에 신속히 처리하여야 한다. 다만, 부득이한 사유로 민원을 기한 내에 처리할 수 없을 때에는 감찰업무 담당 부서의 장에게 보고하여 그 처리 기간을 연장할 수 있다. 민원사건을 배당받은 감찰관은 민원인, 피민원인 등 관련자에 대한 감찰조사 등을 거쳐 사실

관계를 명확히 하여야 하고, 감찰관은 불친절 또는 경미한 복무규율위반에 관한 민원사건에 대해서는 민원인에게 정식 조사절차 또는 조정절차를 선택할 수 있음을 고지하고, 민원인이 조정절차를 선택한 때에는 해당 해양경찰공무원등의 사과, 해명 등의 조정절차를 진행하여야 한다. 다만, 조정이 이루어지지 아니한 때에는 지체 없이 조사절차를 진행하여야 한다.

(10) 출석요구

감찰관은 감찰조사를 위해서 의무위반행위와 관련된 해양경찰공무원등(이하 '조사대상자'라 한다)의 출석을 요구할 때에는 조사기일 2일 전까지 출석요구서 또는 구두로 조사일시, 의무위반행위사실 요지 등을 통지하여야 한다. 다만, 사안이 급박한 경우에는 즉시 조사에 착수할 수 있다. 조사일시 등을 정할 때에는 조사대상자의 의사를 존중하여야 하고 의무위반행위와 관련된 내용을 조사할 때에는 사전에 준비를 철저히 하여 잦은 출석으로 인한 피해를 주지 않도록 하여야 한다.

또한, 감찰관은 심야(자정부터 오전 6시까지를 말한다)에 조사를 하여서는 아니 된다. 다만, 심야 조사 동의서를 받은 경우에는 심야에도 조사할 수 있다. 이 경우에는 동의 여부와 심야조사의 사유를 문답서 등 관련서류에 명확히 기재하여야 한다. 감찰관은 조사대상자에게 다음 각 호의 사항을 요구 또는 신청할 수 있다는 사실을 고지하여야 한다.

1) 다른 감찰관 또는 조사대상자가 여성일 경우 여성 해양경찰공무원등의 참여 요구
2) 조사대상자의 동료 해양경찰공무원등 또는 변호인의 동석 신청

(11) 감찰관의 징계

해양경찰기관장은 감찰관이 이 규칙에 위배하여 직무를 태만히 하거나 권한을 남용한 경우 및 직무상 취득한 비밀을 누설한 경우에는 해당 사건의 담당 감찰관 교체, 징계의결 요구 등의 조치를 한다. 감찰관의 의무위반행위에 대해서는 「해양경찰공무원 징계양정 등에 관한 규칙」의 징계양정 기준보다 가중하여 징계의결을 요구할 수 있다.

(12) 감찰활동의 방해

해양경찰기관장은 조사대상자가 정당한 이유 없이 출석 거부, 현지조사 불응, 협박 등의 방법 또는 관련자에게 호의적으로 진술할 것을 회유하거나 협박하는 등의 방법으로 감찰조사를 방해하는 경우에는 징계의결 요구 등의 조치를 할 수 있다.

9 보수 및 연금

[1] 보수

(1) 의의

보수라 함은 봉급과 기타 각종 수당을 합산한 금액을 말한다. 다만, 연봉제 적용대상공무원은 연봉과 기타 각종 수당을 합산한 금액을 말한다.'봉급'은 직무의 곤란성, 책임도에 따라 직책별로 지급되는 기본급여 또는 직무의 곤란성, 책임도, 재직기간에 따라 계급별, 호봉별로 지급되는 기본급여를 말한다. '연봉'은 매년 1월1일부터 12월31일까지 1년간 지급되는 기본연봉과 성과연봉을 합산한 금액으로서, 해당 직책과 계급 및 개인의 누적성과를 반영하여 지급되는 기본연봉과 전년도 업무실적의 평가결과를 반영하여 지급되는 성과연봉으로 구성된다. '연봉월액'이라함은 매월 지급되는 연봉액으로서 연봉을 12로 나눈 금액이다. '수당'은 직무여건 및 생활여건 등에 따라 지급되는 부가급여를 말한다. 수당의 종류는 공통수당, 특수수당, 초과근무수당, 기타수당 및 실비변상 등으로 구성되어 있다.

〈표 4-19〉 보수의 일반수준 결정시 고려사항(영향요인)

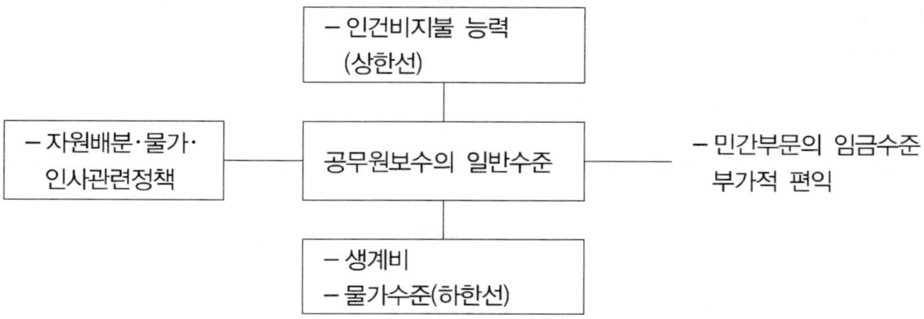

자료 : 유민봉 (2003),「한국인사행정론」, 박영사, 420면.

(2) 공무원의 보수 특징

1) 노무에 대한 반대급부
2) 공무원과 그 가족의 최저생활 보장
3) 일반 표준 생계비를 고려 압류 제한
4) 공무수행 전념할 것을 의무화한 대신 최소한의 생활 유지

5) 근무가치를 계량화 곤란

6) 경직성 강하다.

7) 정부의 일방적 결정

[2] 해양경찰 보수체계

(1) 보수체계

1) 연봉제 : 경정 이상 경찰공무원, 5급 이상 일반직공무원

가) 고정급적 연봉제 : 정무직 대상으로 직위별로 고정액 지급

① 기본연봉(기준급+직무급), 성과연봉으로 구성

② 개인별 경력, 직무, 성과등급에 따라 연봉수준 차이

나) 성과급적 연봉제

① 기본연봉 : 기본급, 정근수당(가산금 포함), 관리업무수당, 명절휴가비 등의 연액, 5급(상당) 공무원에게는 관리업무수당을 지급하지 않는다.

② 성과연봉 : 전년도 업무실적를 토대로 개인별 차등 지급

2) 호봉제 : 경감 이하 경찰공무원, 6급 이하 일반직공무원

가) 봉급 : 직무의 곤란성, 책임도, 재직기간 등에 따라 계급별, 호봉별로 지급되는 기본급여

나) 수당 : 직무 및 생활여건 등에 따라 부가적으로 지급

다) 성과급 : 전년도 업무실적에 따라 개인별·부서별 또는 개인별+부서별 차등 지급

용어의 정의

– (보수) 봉급〈연봉〉 + 기타 각종 수당
– (승급) 현재의 호봉보다 높은 호봉을 부여하는 것
– (연봉) 매년1. 1~12.31까지 1년 동안 지급되는 기본연봉과 성과연봉을 합산한 금액
※기본연봉 : 해당 직책과 계급 및 개인의 누적성과를 반영하여 지급되는 기본급여의 연액
※성과연봉 : 전년도 업무실적의 평가결과를 반영하여 지급되는 급여의 연액
– (연봉월액) 연봉에서 매월 지급되는 금액으로서 연봉을 12로 나눈 금액

(2) 보수 항목별 구성

1) 수당(14종)

가) 상여수당(3종)

① 대우공무원수당(월봉급액의 4.1%)

② 정근수당(월봉급액의 0~50%, 연 2회)

▶정근수당가산금(월 5~13만원, 추산가산금 포함)

③ 성과상여금(지급기준액의 0~ 72.5%, 연 1회 이상

나) 가계보전수당(4종)

① 가족수당(배우자 : 월 4만원 / 자녀 : 첫째 월 2만원, 둘째 월 6만원, 셋째 이후 월 10만원 / 배우자·자녀를 제외한 부양가족 : 월 2만원)

② 자녀학비보조수당(고등학교자녀의 학비, 분기별)

③ 주택수당(하사이상 중령이하, 월 8만원)

④ 육아휴직수당(기본급의 50%, 70~120만원)

다) 특수지근무수당 : 도서, 벽지, 접적지 근무자(월 3~ 만원), 국외

라) 특수근무수당(4종)

① 위험근무수당(위험직무종사자, 월 4~6만원)

② 특수업무수당(기술, 교육 등 4개분야)

③ 업무대행수당(월 20만원)

④ 군법무관 수당(월봉급액의 35% 이하

마) 초과근무수당 등(2종)

① 초과근무수당(시간외근무수당, 야간근무수당, 휴일근무수당)

② 관리업무수당(4급이상 공무원

2) 실비변상 등(4종)

① 정액급식비 : 월 13만원

② 명절휴가비 : 월봉급액의 60%, 연 2회

③ 연가보상비 : 1급 이하, 연가보상일수는 20일 이내

④ 직급보조비 : 13.5~75만원

(3) 성과급(성과연봉, 성과상여금)

성과상여금의 평가 및 지급 횟수는 연 1회로 전년도 12월 31일 현재를 지급기준일로 하여 이전 1년간(1.1~12.31)의 성과를 평가한 후 지급한다. 단, 해양경찰청장은 종전의 성과상여금 평가대상기간, 기관의 성과평가 주기 등을 감안하여 필요한 경우 평가대상기간과 지급기준일을 달리 정할 수 있다.

지급방법으로는 부서성과평가 및 근무성적을 반영하여 개인별 차등 지급한다. 총경(4급) 이

상은 부서성과평가(80%)+근무성적평정(20%)로 하고, 경정(5급) 이하는 부서성과평가(50%)+근무성적평정(50%)으로 하여 기관별, 계급·직급·직렬별 구분하여 평가 및 지급한다.

1) 지급등급 및 지급률

〈표 4-20〉 경감 이하 및 6급상당 이하 공무원(성과상여금)

구 분	S등급	A등급	B등급
인원비율	25%	35%	40%
지급률(지급기준액 기준)	172.5%이상	125%	85%

〈표 4-21〉 경정 이상 및 5급상당 공무원(성과연봉 대상)

구 분	S등급	A등급	B등급
인원비율	25%	35%	40%
지급률(지급기준액 기준)	8%	6%	4%

2) 평가 방법

〈표 4-22〉 평가방법

구 분	부서성과평가	근무성적	총 계
경무관·4급 이상	80%	20% (직무수행능력평가)	100%
총 경	80%	20%	100%
경정·5급 이하	50%	50%	100%

3) 동점자 처리기준(선순위 결정)

① 근무성적 점수가 우수한 사람
② 해당 직급 또는 계급에서 장기근무한 사람
③ 바로 아래 직급 또는 계급에서 장기근무한 사람
④ 이상에 의하여도 순위가 결정되지 않은 경우 심사위원회에 순위 결정

[3] 연금

(1) 공무원연금의 제도적 의의

공무원연금제도는 「공무원연금법」 제1조에서 명시하고 있는 바와 같이 "공무원의 퇴직 또는 사망과 공무로 인한 부상·질병·장애에 대하여 적절한 급여를 지급함으로써 공무원 및 그

유족의 생활안정과 복리향상에 이바지"하는데 그 목적이 있다. 이것이 재직 중의 사고나 퇴직 후의 소득상실에 대비하는 공무원연금제도가 갖는 사회보장적 측면이라 할 수 있다.

(2) 공무원연금제도의 성격

공적연금제도는 사회보험의 원리에 의하여 작동되는 장기성 보험제도이며, 공무원연금제도가 공적연금제도의 일환으로 실시되고 있다는 것은 분명하다. 그럼에도 불구하고 공무원연금제도가 하나의 사회보험이라는 점은 반드시 명확한 것은 아니다. 국가가 시행하는 공무원연금제도가 사회보험의 원리를 반드시 고수하여야 할 어떠한 절대적인 논거도 없다. 그 이유는 공무원연금제도가 가지고 있는 부양제도로서의 성격 때문이다. 부양제도란 국가 고용주로서 근로자인 공무원들에게 연금지급을 책임지는 역할에 초점이 맞추어진 제도이다. 즉 보험방식이 아닌 국가예산을 주된 재원으로 공무원에게 노령연금을 지급하는 것이 부양제도이다.

우리나라의 공무원연금제도는 1960년에 제도가 도입된 이래 그 비용을 공무원과 정부가 50:50으로 균등 부담하는 사회보험방식을 채택하여 왔다. 그러나 2000년 개정으로 매 회계연도의 연금적자를 정부예산으로 추가보전하게 됨으로써 부양제도로서의 성격을 가미하게 되었다.

(3) 적용대상 공무원

공무원연금제도의 적용을 받는 공무원은 「국가공무원법」 및 「지방공무원법」에 의한 공무원과 대통령이 정하는 다음의 국가 또는 지방자치단체의 기타 직원을 말한다.

1) 「청원경찰법」에 의하여 국가 또는 지방자치단체에 근무하는 청원경찰
2) 「청원산림보호직원 배치에 관한 법률」에 의하여 국가 또는 지방자치단체에 근무하는 청원산림보호직원
3) 국가 또는 지방자치단체의 위원회 등의 상임위원과 전임직원으로서 매월 정액의 보수 또는 이에 준하는 급여를 받는 자. 다만, 한시적인 자문위원회와 법령에 의하지 아니하는 위원회 등의 상임위원과 전임직원은 제외
4) 기타 국가 또는 지방자치단체의 정규공무원 외의 직원으로서 수행업무의 계속성과 매월 정액의 보수지급여부 등을 참작하여 인사혁신처장이 인정하는 자

(4) 재직기간

1) 재직기간 계산

재직기간이란 퇴직급여와 유족급여 등 각종 연금급여를 산정할 때 기초가 되는 재직기간을 말한다. 통상적으로 연금제도에서는 제도에 가입하여 보험료를 납부하는 기간을 가입기간이라 하는데, 공무원연금의 경우 공무원으로 재직하는 동안 제도에 가입하고 기여금을 납부하기 때문에 재직기간이라는 표현을 쓴다. 재직기간이 길수록 총 기여금 납부액이 많아지고 그만큼 연금액도 많아진다. 재직기간은 기본재직기간 +합산·소급·사병 등 가산기간 으로 구성된다. 재직기간은 36년까지만 인정되며, 기여금도 36년까지만 납부한다. 다만, 2015. 12. 31. 기준 재직기간 21년 이상은 33년, 17~21년 미만은 34년, 15~17년 미만은 35년, 15년 미만인 경우 36년을 인정한다. 실제 재직기간을 모두 연금재직기간으로 인정하는 것이 원칙일 수 있지만, 현행제도는 연금액 상한의 제한과 장기재직이 가능한 특정직종에 대한 수혜편중을 방지하기 위하여 재직기간 상한을 설정하고 있다.

한편, 퇴직수당을 산정할 때의 재직기간은 기본재직기간에 한하여 인정된다. 퇴직수당은 그 성격이 노후의 장기소득보장이 아닌 근로에 대한 대가를 미뤄 뒀다가 퇴직할 때 일시불로 지급하는 성격의 급여이기 때문에 종전 재직기간을 합산하지 않고 기타 특례로 인정되는 가산기간을 제외하는 것이다. 또한, 휴직·직위해제 및 정직기간에 대해서도 그 기간을 1/2 감축하는데, 이는 실제로 근무하지 아니한 기간에 대해서 금액을 제한하기 위한 것이다.

2) 기본재직기간

기본재직기간은 공무원으로 임명된 날이 속하는 달로부터 퇴직한 날의 전날 또는 사망한 날이 속하는 달까지의 연·월수에 의해 산정된다. 따라서 임명된 날과 퇴직한 날의 전날 또는 사망한 날이 속하는 달은 모두 한달로 계산한다. 재임용 등으로 재직기간이 단절된 경우 종전기간은 합산대상 기간이지 기본재직기간이 아니다. 따라서 종전기간을 가산받기 위해서는 재직기간합산을 신청해야 한다. 다만, 퇴직한 날 또는 그 다음날에 다시 공무원으로 임용된 때에는 퇴직급여를 청구하지 아니하면 퇴직으로 보지 아니하므로 기본재직기간이 자동으로 연결된다. 이 경우 퇴직 전일과 재임용일 사이가 공휴일인 경우에는 해당 공휴일의 다음날에 재임용되더라도 재직기간이 연결되며, 인사명령 착오 등으로 퇴직일보다 재임용일이 먼저인 경우에도 기본재직기간이 별도의 조치 없이 연결된다.

3) 재직기간합산

재직기간합산이란 공무원, 군인 또는 사립학교 교직원이 해당 연금법(「공무원연금법」, 「군인연금법」, 「사립학교직원연금법」)의 적용을 받고 퇴직한 후 공무원으로 임용되어 종전의 해당 연금법에 의한 재직기간 또는 복무기간을 현재의 공무원 재직기간에 가산하는 것을 말한다. 재직기간 합산은 본인이 원할 경우에 할 수 있는 임의제도이다. 합산을 받고자 하는 자는 공무원연금공단에 신청서를 제출해야 하며, 이 경우 퇴직 당시에 수령하였던 퇴직급여액에 일정이자를 가산한 합산반납금을 납부하여야 한다. 다만, 일시금이 아닌 연금인 급여를 받은 경우 해당연금에 대해서는 반납하지 아니한다. 합산반납금 이자율은 이자의 계산기간 동안 해당 연도마다 1월1일 현재 「은행법」에 의하여 설립된 금융기관 중 전국을 영업구역으로 하는 은행이 적용하는 정기예금리 중 가장 높은 금리를 적용한다. 합산반납금은 일시납부하거나 분할하여 납부할 수 있다. 분할납부 회수는 합산기간이 10년 이상은 60회, 5년 이상 10년 미만은 48회, 5년 미만은 24회 이내이다. 분할납부를 할 때에는 분할납부 이자가 가산된다.

4) 재직기간 소급통산

재직기간 소급통산이란 「공무원연금법」 시행 전의 공무원 재직기간(장기하사 이상의 군인 복무기간 포함) 및 「공무원연금법」 적용 전의 잡급직원 또는 전문직원 재직기간에 대해 소급하여 법 적용을 받을 수 있도록 해주는 제도이다.

5) 임용 전 병역복무기간 산입

임용 전 병역복무기간 산입이란 공무원으로 임용되기 전의 「병역법」에 의한 병역의무 복무기간을 「공무원연금법」상의 재직기간에 산입하는 제도이다. 이 기간은 비록 공무원 재직기간은 아니지만 공무원 임용 후의 군복무 휴직기간을 재직기간으로 인정하는 것과 형평을 유지하고 급여수혜를 확대하기 위하여 1983년부터 재직기간으로 인정하고 있다. 병역복무기간으로 인정되는 기간은 현역병 또는 지원에 의하지 아니하고 임용된 부사관 복무기간, 전투경찰대원과 교정시설 경비교도, 단기사병과 사회복무요원(구 공익근무요원) 복무기간(예술·체육요원 제외), 상근예비역 복무기간, 자연계 교원요원과 특수전문요원 복무기간 등이다. 2000년 이전에 임용된 공무원은 임용 전 해당경력이 있으면 그 기간을 당연히 재직기간에 산입하고 임용 즉시 소급기여금을 납부하도록 하였으나, 2001년 이후 임용된 공무원부터는 본인이 원하는 경우에만 복무기간을 산입하도록 하였다. 병역복무기간 산입은 재직 중 언제나 신청이 가능하기 때문에 임용 초기 소급기여금납부가 부담이 된다면 나중에 신청해도 무방하고, 굳이 산입을 하지 않아도 33년을 재직할 수 있다면 산입신청을 하지 않아도 된다.

(5) 연금재정 운영

1) 연금재정 운영방식

공무원연금제도는 「공무원연금법」 제65조 제1항에서 "퇴직급여 및 유족급여에 드는 비용은 공무원과 국가 또는 지방자치단체가 부담한다. 이 경우 퇴직급여 및 유족급여에 드는 비용은 적어도 5년마다 다시 계산하여 재정적 균형이 유지되도록 하여야 한다."라고 규정하고, 이 법 제69조 제1항 단서에서 "국가나 지방자치단체는 퇴직급여 및 유족급여에 드는 비용을 기여금, 연금부담금으로 충당할 수 없는 경우에는 그 부족한 금액을 부담하여야 한다."라고 규정하고 있다. 아울러 제69조의2에서 "국가와 지방자치단체는 공무원연금 재정의 안정을 위하여 예산의 범위에서 책임준비금을 연금기금에 적립하여야 한다."라고 규정하고 있으며, 이법 제73조 제1항에서 "이 법에 따른 급여에 충당하기 위한 책임준비금으로 공무원연금기금을 둔다."라고 규정하고 있다.

2) 비용부담방식

우리나라 공무원연금제도의 경우 제도가입자인 공무원과 사용자인 국가나 지방자치단체가 공동으로 비용을 부담하는 기여제를 채택하고 있다. 다만, 2000년 개정으로 종전까지 공무원과 정부가 50:50으로 부담해 오던 균등부담방식이 바뀌었다. 즉 공무원이 매월 기준소득의 9%(2020년 이후)를 기여금으로 납부하고 국가와 지방자치단체가 같은 수준의 부담금을 납부하지만, 기여금과 부담금을 초과해서 발생하는 연금적자에 대해서 국가와 지방자치단체가 추가로 보전하도록 하고 있기 때문에 사실상 균등부담원칙이 깨지고 정부책임이 강화되었다.

한편, 연금급여 비용과는 달리 사용자 책임의 급여에 드는 비용은 공무원 기여 없이 국가와 지방자치단체가 전액을 부담한다. 공무상 질병·부상·장애 또는 사망 및 위험직무순직유족급여에 드는 비용과 재해부조금·사망조위금 같은 부조급여에 드는 비용, 그리고 퇴직수당에 드는 비용이 여기에 해당된다.

(6) 연금급여의 종류와 내용

1) 급여 종류

공무원연금제도의 급여종류에는 장기소득보장을 목적으로 하는 장기급여와 단기보험사고에 대비하는 단기급여가 있다. 장기급여에는 퇴직급여(퇴직연금, 퇴직연금일시금, 퇴직연금공제일시금, 퇴직일시금), 장해급여(장해연금, 장해보상금), 유족급여(유족연금, 유족연금부가금, 유족연금특별부가금, 유족연금일시금, 유족일시금, 순직유족보상금, 위험직무순직유족연금, 위험직무순직유족보상금) 및 퇴직수당이 있다.

단기급여에는 공무상요양비·재해부조금·사망조위금이 있다. 이들 급여를 보장목적이나 성격으로 보면 소득보장급여, 근로보상급여, 재해보상급여 및 부조급여로 구분해 볼 수 있다. 퇴직급여와 유족급여는 공무원이 퇴직이나 사망함으로써 소득을 상실했을 때 그 소득을 보장해주기 위해 지급하는 연금제도의 가장 기본이 되는 급여이다. 이는 민간의 국민연금과 같은 소득보장 성격의 급여이다. 10년 미만 재직한 자에 대해서는 퇴직 또는 사망한 때에 일정액을 일시금으로 지급하고[102], 10년 이상 재직한 자에 대해서는 연금, 일시금 또는 공제일시금 중에서 본인이 선택하여 지급 받을 수 있게 하고 있다. 이 경우 연금은 퇴직자 또는 그 유족이 생존하고 있는 동안 매월 기준소득의 일정한 비율을 지급하게 된다.

퇴직수당은 민간기업의 퇴직금제도에 상응하는 근로보상적인 성격의 급여이다. 1년 이상 재직하고 퇴직 또는 사망한 공무원 및 그 유족에게 연금급여와는 별도로 재직기간에 따라 기준소득에 일정한 비율을 적용하여 산출한 금액을 일시불로 지급한다. 재해보상급여는 공무원이 공무상 질병·부상으로 인하여 요양을 하거나 장애 상태로 된 때 또는 사망한 때에 지급하는 급여이다. 요양을 할 때에는 공무상요양비를 지급하고, 장애상태로 퇴직했을 때는 장해연금이나 장해보상금을 지급하며, 사망했을 때는 순직유족보상금 및 공무상 사망에 따른 유족연금을 지급한다. 이는 공무원의 근로재해에 대해 사용자인 국가나 지방자치단체가 보상적 차원에서 지급하는 급여로서, 민간의 산재보험에 해당된다. 한편, 재해보상급여의 일종이면서 고도의 위험을 무릅쓰고 국민의 생명과 재산을 보호하기 위한 직무를 수행하다가 입은 위해로 인하여 순직한 공무원의 유족에 대해서는 특별보상으로 위험직무순직유족연금과 위험직무순직유족보상금을 지급한다. 한편 2016년부터 새롭게 도입된 비공무상 장해급여는 공무외의 사유로 인한 질병·부상으로 장애 상태로 되어 퇴직했을 때 또는 퇴직 후 장애 상태가 되었을 때 장애등급에 따라 연금 또는 일시금의 형태로 지급한다. 재해부조금과 사망조위금은 국가나 지방자치단체가 그 비용을 부담하는 부조 성격의 급여이다. 재해부조금은 공무원이 수재·화재 기타 재해로 인하여 재산에 손해를 입은 때 지급한다. 사망조위금은 공무원 본인이나 배우자·부모 또는 자녀 등이 사망한 때에 지급한다.

2) 지급요건과 지급액

가) 단기급여

① 공무상요양비

공무원이 공무상 질병 또는 부상으로 인하여 진단, 약제·치료제 및 보철구 지급, 처치·수술이나 그 밖의 치료, 병원이나 요양소에 수용되어 하는 요양, 간호, 이송 등 요양을 하는 경우에는 공무상요양비를 지급한다. 공무상요양비는 동일한 질병 또는 부상에 대하여 실제요양기간이 2년을 넘지 아니하는 범위 안에서 그 요양에 소요된 금액으로 한다.

102) 10년 미만 재직한 경우에도 「국민연금과 직역연금의 연계에 관한 법률」에 따라 국민연금 가입기간과의 합이 20년이 넘으면 일시금 대신 연계연금을 받을 수 있다.

② 재해부조금

공무원이 수재나 화재, 그 밖의 재해로 주택에 손해를 입었을 때에는 공무원 전체의 기준소득월액의 4배에 상당하는 금액의 범위에서 재해부조금을 지급한다.

③ 사망조위금

공무원의 배우자나 부모(배우자의 부모를 포함한다) 또는 자녀가 사망한 경우에는 그 공무원에게 사망조위금을 지급한다. 이 때 사망조위금 지급대상이 되는 공무원이 2명 이상일 때에는 다음 각 호의 순위에 의한 공무원 중 선순위의 자 1인에게 사망조위금을 지급하되, 부양하던 공무원이 따로 있으면 그 공무원에게 지급한다. 이 경우에는 공무원 전체의 기준소득월액 평균액의 10분의 65에 상당하는 금액을 사망조위금으로 지급한다.

나) 장기급여

① 퇴직연금

ⓐ 퇴직연금 지급연령

공무원이 10년 이상 재직하고 퇴직한 경우에는 다음에 해당하는 때부터 사망할 때까지 퇴직연금을 지급한다.

1. 65세가 되었을 때
2. 법률 또는 국회규칙·대법원규칙·헌법재판소규칙·중앙선거관리위원회규칙 및 공무원임용관계법령 등에서 정년 또는 근무상한연령을 60세 미만으로 정한 경우에는 그 정년 또는 근무상한 연령이 되었을 때부터 5년이 경과한 때
3. 공무원임용관계법령 등에서 정한 계급정년이 되어 퇴직한 때부터 5년이 경과한 때
4. 직제와 정원의 개정과 폐지 또는 예산의 감소 등으로 인하여 직위가 없어지거나 인원이 남아 퇴직한 때부터 5년이 경과한 때
5. 대통령이 정하는 장애상태(제7급 이상)가 된 때

이상의 지급개시연령은 1996년 1월 1일 이후 임용된 공무원에게 적용된다. 1995년 12월 31일 이전에 임용된 공무원의 연금지급 개시연령은 2009년 개정 연금법(209.12.31. 법률 제905호) 부칙 제7조제3항 및 2015년 개정 연금법(2015.62. 법률 제1387호) 부칙 제7조4항에 따라 종전규정을 적용하며, 종전

규정에 의한 연금지급 개시연령은 다음과 같다.

1. 60세에 도달한 때
2. 법률 또는 국회규칙·대법원규칙·헌법재판소규칙·중앙선거관리위원회규칙 및 공무원임용관계법령 등에서 정년 또는 근무상한연령을 60세 미만으로 정한 경우에는 당해 정년 또는 근무상한 연령에 도달한 때
3. 공무원임용관계법령 등에서 정한 계급정년에 도달하여 퇴직한 때
4. 직제와 정원의 개폐 또는 예산의 감소 등에 의하여 폐직 또는 과원으로 인하여 퇴직한 때
5. 대통령이 정하는 폐질상태(제7급 이상)로 된 때

ⓑ 퇴직연금 금액

2016년부터 퇴직연금액은 2009년 이전 재직기간, 2010년 ~2015년 및 2016년 이후기간 등 세 구간별로 각 연금액을 계산한 후 이를 더하여 총금액으로 산정하게 된다.

ⓒ 조기퇴직연금

공무원이 10년 이상 재직하고 퇴직연금 지급이 시작되는 시점 이전에 퇴직한 경우에는 본인이 원하면 그가 사망할 때까지 퇴직연금 지급이 시작되는 시점에 못 미치는 햇수(미달연수)에 따라 다음에 정한 금액을 조기퇴직연금으로 지급할 수 있다.

1. 미달연수 1년 이내 :퇴직연금 상당액의 10분의 95
2. 미달연수 1년 초과 2년 이내 :퇴직연금 상당액의 10분의 90
3. 미달연수 2년 초과 3년 이내 :퇴직연금 상당액의 10분의 85
4. 미달연수 3년 초과 4년 이내 :퇴직연금 상당액의 10분의 80
5. 미달연수 4년 초과 5년 이내 :퇴직연금 상당액의 10분의 75

ⓓ 퇴직연금액의 조정

공무원연금에서는 퇴직연금액의 실질가치를 보전하기 위하여 물가에 연동하여 연금액을 조정하는 제도를 실시하고 있다. 즉 처음 결정된 연금액에 전국소비자물가변동률을 적용하여 매년 조정하는 것이다.

ⓔ 연금지급정지

연금지급정지에는 전부정지와 일부정지가 있다. 먼저, 연금수급자가 「공무원연금법」이나 「군인연금법」 또는 「사립학교직원연금법」의 적용을 받는 공

무원·군인 또는 사립학교직원으로 임용된 경우에는 그 재직기간 중 해당연금을 전부 지급정지 한다. 이는 그 기간이 연금법상의 재직기간이 되기 때문에 재직 중 연금을 지급할 수 없다는 이유에서 정지하는 것이다. 군인과 사립학교직원의 경우에도 그 재직기간을 공무원연금제도의 재직기간에 합산할 수 있기 때문에 공무원과 마찬가지로 취급하는 것으로 이해할 수 있다.

② 퇴직연금일시금

퇴직연금일시금은 10년 이상 재직하고 퇴직한 자가 연금에 갈음하여 일시금으로 받기를 원하는 경우 퇴직 시에 일시불로 지급하는 급여이다.

③ 퇴직연금공제일시금

퇴직연금공제일시금은 총재직기간 중 일정기간은 퇴직연금으로 받고 나머지 기간에 대해서 일시불로 받고자 할 때 그 기간에 대해 일시금으로 지급하는 급여이다.

④ 퇴직일시금

퇴직일시금은 퇴직연금을 받을 자격요건을 채우지 못하고 퇴직한 10년 미만 재직한 자에 대하여 지급하는 급여이다.

다) 장애급여

① 장애연금

공무원이 공무상 질병 또는 부상으로 인하여 장애상태로 되어 퇴직한 때 또는 퇴직 후 3년 이내에 그 질병 또는 부상으로 인하여 장애상태로 된 때에는 장해연금을 지급한다. 장해연금은 장애의 정도에 따라 차등 지급하며, 장애등급은 제1급부터 제14급까지이다.

② 장해보상금

공무상 장애로 인한 장해연금을 받을 수 있는 자가 장해연금에 갈음하여 일시불로 장해급여를 지급받기를 원하는 경우에는 최초 지급받을 수 있는 장해연금월액을 기준으로 5년분의 장해연금에 상당하는 금액을 장해보상금으로 지급한다. 일단 장해보상금을 선택하여 받은 후에는 장해연금으로 전환이 되지 않는다.

라) 유족급여

① 유족연금

유족연금은 퇴직연금 또는 조기퇴직연금을 받을 권리가 있는 자가 사망한 때 또는 장해연금을 받을 권리가 있는 자가 사망한 때 지급한다. 여기서 퇴직연금 또는 조기퇴직연금을 받을 권리가 있는 자란 10년 이상 재직한 공무원이 재직 중에 사망하였거나 퇴직 후 연금수급 중 또는 연금수급 대기 중에 사망한 경우를 말한다.

② 유족연금부가금

재직기간이 10년 이상인 공무원이 재직 중 사망하여 유족이 연금을 청구한 경우에는 유족연금 외에 유족연금부가금을 따로 지급한다.

③ 유족연금특별부가금

공무원이었던 자가 연금의 지급이 시작되기 전에 사망하거나 퇴직연금 또는 조기퇴직연금의 수급자가 퇴직한 날의 전날이 속하는 달의 다음달부터 3년 이내에 사망하면 유족연금 외에 유족연금특별부가금을 따로 지급한다.

④ 유족연금일시금과 유족일시금

10년 이상 재직한 공무원이 사망한 경우 유족이 원하는 때에는 유족연금 및 유족연금부가금에 갈음하여 유족연금일시금을 지급한다. 유족연금일시금의 금액은 퇴직연금일시금액과 같다.

⑤ 유족보상금

공무원이 공무상 질병 또는 부상으로 재직 중에 사망하거나, 퇴직 후 그 질병 또는 부상으로 사망한 경우에는 그 유족에게 유족보상금을 지급한다. 유족보상금액은 공무원이거나 공무원이었던 자의 기준소득월액의 10분의 234에 상당하는 금액이다.

⑥ 위험직무순직유족연금과 위험직무순직유족보상금

위험직무순직공무원의 유족에게는 위험직무순직유족연금을 지급하고, 아울러 위험직무순직유족보상금을 일시금으로 함께 지급한다.

마) 퇴직수당

공무원이 1년 이상 재직하고 퇴직하거나 사망한 경우에는 퇴직수당을 지급한다. 퇴직수당의 경우에도 2009년 12월 이전 재직기간과 2010년 1월 이후 재직기간에 대해 각 별도로 계산한 금액을 더해야 한다. 이 경우 퇴직수당은 재직기간별 지급비율이 다르기 때문에 종전기간분과 개정이후 기간분을 계산할 때 총재직 기간의 지급비율을 적용해야 한다.

3) 급여의 제한

가) 고의, 중과실 등에 의한 급여 제한

급여를 받을 수 있는 자가 고의로 질병·부상·장애 또는 재해를 발생하게 한 경우에는 해당 급여를 지급하지 아니한다. 질병·부상·장애의 경우에는 공무수행을 요건으로 하기 때문에 그 사유가 고의일 경우는 생각하기 어렵고, 재해의 경우 방화를 하였다면 고의에 해당되어 재해부조금은 지급될 수 없을 것이다.

유족급여나 위험직무순직유족급여를 받을 수 있는 자가 공무원, 공무원이었던 자 또는 유족급여나 위험직무순직유족급여를 받고 있는 자를 고의로 사망하게 한 경우에는 그에 대한 유족급여나 위험직무순직유족급여를 지급하지 아니한다. 공무원이거나 공무원이었던 자의 사망 전에 그의 사망으로 인하여 유족급여나 위험직무순직유족급여를 받을 수 있는 자가 해당 동순위자 또는 선순위자를 고의로 사망하게 한 경우에도 또한 같다.

급여를 받을 수 있는 자가 다음 각호의 어느 하나에 해당하면 장해연금, 장해보상금, 순직유족보상금 또는 위험직무순직유족보상금은 그 급여액의 2분의 1을 감하여 이를 지급한다.

① 중대한 과실에 의하여 또는 정당한 사유 없이 요양에 관한 지시에 따르지 아니하여 질병·부상·장애를 발생하게 하거나, 사망하거나 또는 그 질병·부상·장애의 정도를 악화하게 하거나, 그 회복을 방해한 경우

② 고의로 질병·부상·장애의 정도를 악화하게 하거나 회복을 방해한 경우

나) 형벌 등에 의한 급여 제한

공무원이거나 공무원이었던 자가 다음 각호의 어느 하나에 해당하는 경우에는 퇴직급여 및 퇴직수당의 일부를 감액하여 지급한다.

① 재직 중의 사유로 금고 이상의 형을 받은 경우(직무와 관련이 없는 과실로 인한 경우 및 소속 상관의 정당한 직무상의 명령에 따르다가 과실로 인한 경우는 제외한다)

② 탄핵 또는 징계에 의하여 파면된 경우

③ 금품 및 향응수수, 공금의 횡령·유용으로 징계 해임된 경우

10 사무관리

[1] 일반

(1) 근거 : 행정 효율과 협업 촉진에 관한 규정

(2) 목적

행정기관의 행정업무 운영에 관한 사항을 규정함으로써 행정업무의 간소화·표준화·과학화 및 정보화를 도모하고 행정기관 간 협업을 촉진하여 행정의 효율을 높이는 것을 목적으로 한다.

(3) 용어정의

1) "공문서"란 행정기관에서 공무상 작성하거나 시행하는 문서(도면·사진·디스크·테이프·필름·슬라이드·전자문서 등의 특수매체기록을 포함한다. 이하 같다)와 행정기관이 접수한 모든 문서를 말한다.
2) "전자문서"란 컴퓨터 등 정보처리능력을 가진 장치에 의하여 전자적인 형태로 작성되거나 송신·수신 또는 저장된 문서를 말한다.
3) "문서과"란 행정기관 내의 공문서를 분류·배부·보존하는 업무를 수행하거나 수신·발신하는 업무를 지원하는 등 문서에 관한 업무를 주관하는 과(課)·담당관 등을 말한다.
4) "처리과"란 업무 처리를 주관하는 과·담당관 등을 말한다.
5) "서명"이란 기안자·검토자·협조자·결재권자[제10조에 따라 결재, 위임전결 또는 대결(代決)하는 자를 말한다. 이하 같다] 또는 발신명의인이 공문서(전자문서는 제외한다)에 자필로 자기의 성명을 다른 사람이 알아볼 수 있도록 한글로 표시하는 것을 말한다.
6) "전자이미지서명"이란 기안자·검토자·협조자·결재권자 또는 발신명의인이 전자문서상에 전자적인 이미지 형태로 된 자기의 성명을 표시하는 것을 말한다.
7) "전자문자서명"이란 기안자·검토자·협조자·결재권자 또는 발신명의인이 전자문서상에 자동 생성된 자기의 성명을 전자적인 문자 형태로 표시하는 것을 말한다.
8) "행정전자서명"이란 기안자·검토자·협조자·결재권자 또는 발신명의인의 신원과 전자문서의 변경 여부를 확인할 수 있도록 그 전자문서에 첨부되거나 결합된 전자적 형태의 정보로서 「전자정부법 시행령」 제29조에 따른 인증기관으로부터 인증을 받은 것을 말한다.

9) "전자이미지관인"이란 관인의 인영(印影)을 컴퓨터 등 정보처리능력을 가진 장치에 전자적인 이미지 형태로 입력하여 사용하는 관인을 말한다.
10) "전자문서시스템"이란 문서의 기안·검토·협조·결재·등록·시행·분류·편철·보관·보존·이관·접수·배부·공람·검색·활용 등 모든 처리절차가 전자적으로 처리되는 시스템을 말한다.
11) "업무관리시스템"이란 행정기관이 업무처리의 모든 과정을 제22조제1항에 따른 과제관리카드 및 문서관리카드 등을 이용하여 전자적으로 관리하는 시스템을 말한다.
12) "행정정보시스템"이란 행정기관이 행정정보를 생산·수집·가공·저장·검색·제공·송신·수신하고 활용할 수 있도록 하드웨어·소프트웨어·데이터베이스 등을 통합한 시스템을 말한다.
13) "정보통신망"이란 「전기통신사업법」 제2조제2호에 따른 전기통신설비를 활용하거나 전기통신설비와 컴퓨터 및 컴퓨터의 이용기술을 활용하여 정보를 수집·가공·저장·검색·송신 또는 수신하는 정보통신체제를 말한다.
14) "정책실명제"란 정책의 투명성과 책임성을 높이기 위하여 행정기관에서 소관 업무와 관련하여 수립·시행하는 주요 정책의 결정 및 집행 과정에 참여하는 관련자의 실명과 의견을 기록·관리하는 제도를 말한다.

[2] 공문서 관리 등 행정업무의 처리

(1) 공문서의 종류

1) 법규문서: 헌법·법률·대통령령·총리령·부령·조례·규칙(이하 "법령"이라 한다) 등에 관한 문서
2) 지시문서: 훈령·지시·예규·일일명령 등 행정기관이 그 하급기관이나 소속 공무원에 대하여 일정한 사항을 지시하는 문서
3) 공고문서: 고시·공고 등 행정기관이 일정한 사항을 일반에게 알리는 문서
4) 비치문서: 행정기관이 일정한 사항을 기록하여 행정기관 내부에 비치하면서 업무에 활용하는 대장, 카드 등의 문서
5) 민원문서: 민원인이 행정기관에 허가, 인가, 그 밖의 처분 등 특정한 행위를 요구하는 문서와 그에 대한 처리문서
6) 일반문서: 1)호부터 5)호까지의 문서에 속하지 아니하는 모든 문서

(2) 문서의 전자적 처리

행정기관의 장(법령에 따라 행정권한을 위임받거나 위탁받은 자를 포함한다. 이하 같다)은 문서의 기안·검토·협조·결재·등록·시행·분류·편철·보관·보존·이관·접수·배부·공람·검색·활용 등 처리절차를 전자문서시스템 또는 업무관리시스템 상에서 전자적으로 처리하도록 하여야 한다.

(3) 문서의 성립 및 효력 발생(제6조)

1) 문서는 결재권자가 해당 문서에 서명(전자이미지서명, 전자문자서명 및 행정전자서명을 포함)의 방식으로 결재함으로써 성립한다.
2) 문서는 수신자에게 도달(전자문서의 경우는 수신자가 관리하거나 지정한 전자적 시스템 등에 입력되는 것을 말한다)됨으로써 효력을 발생한다.

공고문서는 그 문서에서 효력발생 시기를 구체적으로 밝히고 있지 않으면 그 고시 또는 공고 등이 있은 날부터 5일이 경과한 때에 효력이 발생한다.

(4) 문서 작성의 일반원칙(제7조)

1) 문서는「국어기본법」제3조제3호에 따른 어문규범에 맞게 한글로 작성하되, 뜻을 정확하게 전달하기 위하여 필요한 경우에는 괄호 안에 한자나 그 밖의 외국어를 함께 적을 수 있으며, 특별한 사유가 없으면 가로로 쓴다.
2) 문서의 내용은 간결하고 명확하게 표현하고 일반화되지 않은 약어와 전문용어 등의 사용을 피하여 이해하기 쉽게 작성하여야 한다.
3) 문서에는 음성정보나 영상정보 등이 수록되거나 연계된 바코드 등을 표기할 수 있다.
4) 문서에 쓰는 숫자는 특별한 사유가 없으면 아라비아 숫자를 쓴다.
5) 문서에 쓰는 날짜는 숫자로 표기하되, 연·월·일의 글자는 생략하고 그 자리에 온점을 찍어 표시하며, 시·분은 24시각제에 따라 숫자로 표기하되, 시·분의 글자는 생략하고 그 사이에 쌍점을 찍어 구분한다. 다만, 특별한 사유가 있으면 다른 방법으로 표시할 수 있다.
6) 문서 작성에 사용하는 용지는 특별한 사유가 없으면 가로 210밀리미터, 세로 297밀리미터의 직사각형 용지로 한다.
7) 제1항부터 제6항까지에서 규정한 사항 외에 문서 작성에 필요한 사항은 행정안전부령으로 정한다.

(5) 문서의 기안 (제8조)

1) 문서의 기안은 전자문서로 하는 것을 원칙으로 한다. 다만, 업무의 성질상 전자문서로 기안하기 곤란하거나 그 밖의 특별한 사정이 있으면 그러하지 아니하다.
2) 문서의 기안은 행정안전부령으로 정하는 기안문으로 하여야 한다. 다만, 관계 서식이 따로 있는 경우에는 그 내용을 관계 서식에 기입하는 방법으로 할 수 있다.
3) 둘 이상의 행정기관의 장의 결재가 필요한 문서는 그 문서 처리를 주관하는 행정기관에서 기안하여야 한다.
4) 기안문에는 행정안전부령으로 정하는 바에 따라 발의자(기안하도록 지시하거나 스스로 기안한 사람을 말한다)와 보고자를 알 수 있도록 표시하여야 한다. 다만, 다음 각 호의 문서에는 발의자와 보고자의 표시를 생략할 수 있다.
   가) 검토나 결정이 필요하지 아니한 문서
   나) 각종 증명 발급, 회의록, 그 밖의 단순 사실을 기록한 문서
   다) 일상적·반복적인 업무로서 경미한 사항에 관한 문서

(6) 문서의 검토 및 협조 (제9조)

1) 기안문은 결재권자의 결재를 받기 전에 보조기관 또는 보좌기관의 검토를 받아야 한다. 다만, 보조기관 또는 보좌기관이 출장 등의 사유로 검토할 수 없는 등 부득이한 경우에는 검토를 생략할 수 있으며, 이 경우 검토자의 서명란에 출장 등의 사유를 적어야 한다.
2) 기안문의 내용이 행정기관 내의 다른 보조기관 또는 보좌기관의 업무와 관련이 있을 때에는 그 보조기관 또는 보좌기관의 협조를 받아야 한다.
3) 보조기관 또는 보좌기관이 제1항에 따라 기안문을 검토하는 경우에 그 내용과 다른 의견이 있으면 기안문을 직접 수정하거나 기안문 또는 별지에 그 의견을 표시하여야 한다.
4) 보조기관 또는 보좌기관이 제2항에 따라 협조하는 경우에 그 내용과 다른 의견이 있으면 기안문 또는 별지에 그 의견을 표시하여야 한다.

(7) 문서의 결재 (제10조)

1) 문서는 해당 행정기관의 장의 결재를 받아야 한다. 다만, 보조기관 또는 보좌기관의 명의로 발신하는 문서는 그 보조기관 또는 보좌기관의 결재를 받아야 한다.

2) 행정기관의 장은 업무의 내용에 따라 보조기관 또는 보좌기관이나 해당 업무를 담당하는 공무원으로 하여금 위임전결하게 할 수 있으며, 그 위임전결 사항은 해당 기관의 장이 훈령이나 지방자치단체의 규칙으로 정한다.
3) 제1항이나 제2항에 따라 결재할 수 있는 사람이 휴가, 출장, 그 밖의 사유로 결재할 수 없을 때에는 그 직무를 대리하는 사람이 대결하고 내용이 중요한 문서는 사후에 보고하여야 한다.

(8) 시행문의 작성 (제12조)

1) 결재를 받은 문서 가운데 발신하여야 하는 문서는 행정안전부령으로 정하는 시행문으로 작성하여 발신한다.
2) 시행문의 수신자가 여럿인 경우 그 수신자 전체를 함께 표시하여 시행문을 작성·시행할 수 있다. 다만, 수신자의 개인정보 보호 등을 위하여 필요할 때에는 수신자별로 작성·시행하여야 한다.

(9) 발신 명의 (제13조)

1) 문서의 발신 명의는 행정기관의 장으로 한다. 다만, 합의제기관의 권한에 속하는 문서의 발신 명의는 그 합의제기관으로 한다.
2) 행정기관 내의 보조기관 또는 보좌기관 상호간에 발신하는 문서는 해당 보조기관 또는 보좌기관의 명의로 한다.
3) 발신할 필요가 없는 내부결재문서는 발신 명의를 표시하지 아니한다.

(10) 관인날인 또는 서명 (제14조)

1) 행정기관의 장 또는 합의제기관의 명의로 발신하는 문서의 발신 명의에는 관인(전자이미지관인을 포함)을 찍는다. 이 경우 행정기관의 장의 명의로 발신하는 문서의 발신 명의에는 행정기관의 장이 관인의 날인(捺印)을 갈음하여 서명(전자문자서명과 행정전자서명은 제외)을 할 수도 있다.
2) 행정기관 내의 보조기관 또는 보좌기관 상호 간에 발신하는 문서의 발신 명의에는 보조기관 또는 보좌기관이 서명을 한다.
3) 관보나 신문 등에 실리는 문서에는 관인을 찍거나 서명하지 아니하며, 경미한 내용의 문서에는 행정안전부령으로 정하는 바에 따라 관인날인 또는 서명을 생략할 수 있다.

4) 관인을 찍어야 할 문서로서 다수의 수신자에게 동시에 발신 또는 교부하거나 알리는 문서에는 관인의 날인을 갈음하여 관인의 인영을 인쇄하여 사용할 수 있다. 이 경우 실제 규격대로 인쇄하기 어려운 경우에는 관인의 실제 규격보다 축소하여 인쇄할 수 있다.

(11) 문서의 발신(제15조)

1) 문서는 직접 처리하여야 할 행정기관에 발신한다. 다만, 필요한 경우에는 행정조직상의 계통에 따라 발신한다.
2) 하급기관이 바로 위 상급기관 외의 상급기관(바로 위 상급기관에 대한 지휘·감독권을 가지는 상급기관)에 발신하는 문서 중에서 필요하다고 인정되는 문서는 그 바로 위 상급기관을 거쳐 발신하여야 한다.
   ▶ 예 : 목포해양경찰서에서 본청으로 보낼 때 서해지방해양경찰청을 거쳐 발신
3) 상급기관이 바로 아래 하급기관 외의 하급기관(바로 아래 하급기관의 지휘·감독을 받는 하급기관)에 발신하는 문서 중에서 필요하다고 인정되는 문서는 그 바로 아래 하급기관을 거쳐서 발신하여야 한다.
   ▶ 예 : 본청에서 목포해양경찰서에 보낼 때 서해지방해양경찰청을 거쳐 발신

(12) 문서의 발신방법 등(제16조)

1) 문서는 정보통신망을 이용하여 발신하는 것을 원칙으로 한다.
2) 발신방법이 적절하지 아니하거나 그 밖의 특별한 사정이 있으면 우편·팩스 등의 방법으로 문서를 발신할 수 있으며, 내용이 중요한 문서는 등기우편이나 그 밖에 발신 사실을 증명할 수 있는 특수한 방법으로 발신하여야 한다.
3) 행정기관이 아닌 자에게는 행정기관의 홈페이지나 행정기관이 공무원에게 부여한 전자우편주소를 이용하여 문서를 발신할 수 있다.
4) 행정기관의 장은 문서를 수신·발신하는 경우에 문서의 보안 유지와 위조, 변조, 분실, 훼손 및 도난 방지를 위한 적절한 조치를 마련하여야 한다.
5) 결재권자는 비밀사항이거나 누설되면 국가안전보장, 질서유지, 경제안정, 그 밖의 국가이익을 해칠 우려가 있는 내용의 문서를 결재할 때에는 그 문서 내용의 암호화 등 보안 유지가 가능한 발신방법을 지정하여야 한다.

(13) 결재 받은 문서의 수정(제17조)

결재를 받은 문서의 일부분을 삭제하거나 수정할 때에는 재작성하여 결재를 받아야 한다. 다만, 종이문서의 경우로서 삭제하거나 수정하려는 사항이 명백한 오류의 정정 등 경미한 사항인 경우에는 행정안전부령으로 정하는 바에 따라 삭제하거나 수정할 수 있다.

(14) 문서의 접수·처리(제18조)

1) 문서는 처리과에서 접수하여야 하며, 접수한 문서에는 접수일시와 「공공기록물 관리에 관한 법률 시행령」 제20조에 따른 접수등록번호(이하 "접수등록번호"라 한다)를 전자적으로 표시하되, 종이문서인 경우에는 행정안전부령으로 정하는 접수인을 찍고 접수일시와 접수등록번호를 적는다.
2) 문서과에서 받은 문서는 문서과에서 접수일시를 전자적으로 표시하거나 적고 지체 없이 처리과에 배부하여야 한다. 이 경우 처리과는 배부받은 문서에 접수등록번호를 표시하거나 적는다.
3) 처리과에서 문서 수신·발신 업무를 담당하는 사람은 접수한 문서를 처리담당자에게 인계하여야 하고, 처리담당자는 행정안전부령으로 정하는 문서인 경우에는 공람할 자의 범위를 정하여 그 문서를 공람하게 할 수 있다. 이 경우 전자문서를 공람하였다는 기록이 업무관리시스템 또는 전자문서시스템 상에서 자동으로 표시되도록 하여야 한다.

(15) 문서의 쪽 번호 등 표시(제19조)

2장 이상으로 이루어진 문서는 쪽 번호 또는 발급번호를 표시하거나 간인(間印) 등을 하여야 한다. 대상 문서는 ① 문서의 순서 또는 연결 관계를 명백히 할 필요가 있는 문서 ② 사실관계나 법률관계의 증명에 관계되는 문서 ③ 허가, 인가 및 등록 등에 관계되는 문서

표시 방법은 전자문서인 경우에는 행정안전부령으로 정하는 바에 따라 전자적 방법으로 쪽 번호 또는 발급번호를 표시한다. 종이문서인 경우에는 관인 관리자가 관인을 이용하여 간인한다. 다만, 민원서류나 그 밖에 필요하다고 인정하는 종이문서에는 간인을 갈음하여 천공(穿孔)방식으로 표시할 수 있다.

> 행정기관의 장은 다음 각 호의 어느 하나에 해당하는 공무원에게 징계나 그 밖에 필요한 조치를 하여야 한다.
> 1. 결재받은 문서를 등록하지 아니한 사람
> 2. 제10조제2항에 따라 훈령이나 규칙으로 정한 결재권자를 상향 또는 하향 조정하여 기안하거나 검토·결재를 한 사람
> 3. 관인을 부당하게 사용한 사람
> 4. 업무협조 지연의 책임이 있는 사람
> 5. 공무가 아닌 목적으로 업무관리시스템이나 전자문서시스템을 이용한 사람

[3] 업무관리시스템의 구축·운영

행정기관의 장은 업무처리의 모든 과정을 효율적으로 관리하기 위하여 업무관리시스템을 구축·운영하여야 한다. 다만, 업무의 성질상 업무관리시스템의 구축·운영이 곤란하거나 그 밖의 특별한 사유가 있는 경우에는 그러하지 아니하다.

(1) 업무관리시스템의 구성 및 운영

업무관리시스템에는 행정기관 업무의 기능별 단위 과제의 담당자·내용·추진실적 등을 기록·관리하기 위한 카드("과제관리카드")와 문서의 작성·검토·결재·등록·공개·공유 등 문서처리의 모든 과정을 기록·관리하는 카드("문서관리카드") 등이 포함되어야 한다. 이 경우 문서관리카드는 다음 각 호의 사항을 포함하여야 한다.

① 기안 내용

② 의사결정 과정에서 제기된 의견, 수정 내용과 지시 사항

③ 의사결정 내용

(2) 업무관리시스템 등과 행정정보시스템 간의 연계·운영

행정기관의 장은 효율적인 업무수행을 위하여 업무관리시스템 또는 전자문서시스템을 기능분류시스템(행정기관의 업무를 기능별로 분류하고 관련 행정정보를 연계하여 전자적으로 관리하는 시스템을 말한다) 등 행정정보시스템과 연계하여 운영하여야 한다. 다만, 업무의 성질상 연계하여 운영하는 것이 적합하지 아니하거나 그 밖의 특별한 사유가 있는 경우에는 그러하지 아니하다.

[4] 관인의 관리

(1) 관인의 종류 및 비치

1) 관인은 행정기관의 명의로 발신하거나 교부하는 문서에 사용하는 청인(廳印)과 행정기관의 장이나 보조기관의 명의로 발신하거나 교부하는 문서에 사용하는 직인(職印)으로 구분한다.
2) 각급 행정기관은 전자문서에 사용하기 위하여 전자이미지관인을 가진다.

(2) 특수 관인

1) 행정기관의 장은 유가증권 등 특수한 증표 발행, 민원업무 또는 재무에 관한 업무 등 특수한 업무 처리에 사용하는 관인을 따로 가질 수 있다.
2) 세입징수관, 지출관, 회계 등 재무에 관한 업무를 담당하는 공무원의 직인은 기획재정부장관이, 국립의 각급 학교에서 사용하는 관인은 교육부장관이, 외교부와 재외공관에서 외교문서에 사용하는 관인은 외교부장관이, 검찰기관에서 사용하는 관인은 법무부장관이, 군 기관에서 사용하는 관인은 국방부장관이 각각 그 규격과 등록 등 관리에 필요한 사항을 정한다.

(3) 규격과 등록

관인의 모양은 별표의 규격을 초과하지 아니하는 범위에서 행정기관의 장이 정한다. 행정기관은 행정안전부령으로 정하는 바에 따라 관인의 인영을 그 행정기관의 관인대장에 등록하여야 하며, 전자이미지관인의 인영은 그 행정기관의 전자이미지관인대장에 등록하여야 한다. 다만, 부득이한 경우에는 그 행정기관의 바로 위 상급기관에 등록할 수 있다. 등록하지 아니한 관인을 사용할 수 없다. 행정기관의 장은 관인을 위조·변조하거나 부정하게 사용하지 못하도록 필요한 조치를 하여야 한다.

(4) 재등록 및 폐기

1) 행정기관이 분실, 마멸, 그 밖의 사유로 관인을 갱신할 때에는 등록한 행정기관에 갱신한 관인을 등록("재등록")하여야 한다. 관인을 등록 또는 재등록하거나 폐기하였을 때에는 행정안전부령으로 정하는 바에 따라 그 사실을 관보에 공고하여야 한다.
2) 행정기관이 관인을 폐기할 때에는 행정안전부령으로 정하는 바에 따라 관인대장에 관인 폐기일과 폐기 사유 등을 적고, 그 관인을 관인폐기 공고문과 함께 「공공기록물 관리에

관한 법률」에 따른 영구기록물관리기관에 이관하여야 한다.

3) 전자이미지관인을 사용하는 기관은 관인을 폐기하거나 재등록한 경우 즉시 사용 중인 전자이미지관인을 삭제하고, 재등록한 관인의 인영을 전자이미지관인으로 재등록하여 사용한다. 사용 중인 전자이미지관인의 인영의 원형이 제대로 표시되지 아니하는 경우 전자이미지관인도 재등록하여 사용하여야 한다. 폐기하거나 재등록하는 경우 전자이미지관인대장에 그 사유를 적어야 한다.

(5) 공인

지방자치단체의 기관에서 사용하는 공인(公印)에 관하여는 이 절의 규정에도 불구하고 그 지방자치단체의 조례로 정하는 바에 따른다.

[5] 행정협업

행정기관의 장은 업무의 효율성을 높이고 행정서비스에 대한 국민의 만족도를 높이기 위하여 다른 행정기관과 공동의 목표를 설정하고 해당 행정기관 상호간의 기능을 연계하거나 시설·장비 및 정보 등을 공동으로 활용하는 방식의 행정기관 간 협업(행정협업)을 촉진하고 이에 적합한 업무과제("행정협업과제")를 발굴하여야 한다. 이 경우 행정기관의 장은 발굴한 행정협업과제 수행을 위하여 노력하여야 한다. 행정협업과제는 다음 각 호의 어느 하나에 해당하는 업무를 대상으로 한다.

1. 다수의 행정기관이 공동으로 수행할 필요가 있는 업무
2. 다른 행정기관의 행정지원을 필요로 하는 업무
3. 법령에 따라 다른 행정기관의 인가·승인 등을 거쳐야 하는 업무
4. 행정기관 간 행정정보의 공유 또는 제46조의4에 따른 행정정보시스템의 상호 연계나 통합이 필요한 업무
5. 그 밖에 다른 행정기관의 협의·동의 및 의견조회 등이 필요한 업무

[6] 행정업무의 관리

(1) 업무의 분장

각 처리과의 장은 업무를 효율적으로 처리하고 책임소재를 명확하게 하기 위하여 소관 업무를 단위업무별로 분장하되, 소속 공무원 간의 업무량이 균형을 이룰 수 있도록 하여야 한다.

(2) 업무의 인계·인수(제61조)

1) 공무원이 조직개편, 인사발령 또는 업무분장 조정 등의 사유로 업무를 인계·인수할 때에는 해당 업무에 관한 모든 사항이 구체적으로 나타나도록 행정안전부령으로 정하는 바에 따라 업무관리시스템이나 전자문서시스템을 이용하여 인계·인수하여야 한다.
2) 행정기관의 장은 인계·인수가 원활하게 이루어질 수 있도록 기능분류시스템의 자료를 최신의 정보로 유지하여야 한다.

(3) 업무편람의 작성·활용

1) 행정기관이 상당 기간에 걸쳐 반복적으로 하는 업무는 그 업무의 처리가 표준화·전문화될 수 있도록 업무편람을 작성하여 활용하는 것을 원칙으로 한다.
2) 업무편람은 다음 각 호의 구분에 따라 행정편람과 직무편람으로 구분한다.
   ① 행정편람: 업무처리 절차와 기준, 장비운용 방법, 그 밖의 일상적 근무규칙 등에 관하여 각 업무담당자에게 필요한 지침·기준 또는 지식을 제공하는 업무지도서 또는 업무참고서 등
   ② 직무편람: 제60조에 따라 분장하는 단위업무에 대한 업무계획, 업무현황 및 그 밖의 참고자료 등을 체계적으로 정리한 업무 자료철 등

(4) 정책의 실명 관리(제63조)

1) 행정기관의 장은 주요 정책의 결정이나 집행과 관련되는 다음 각 호의 사항을 종합적으로 기록·관리하여야 한다.
   ① 주요 정책의 결정과 집행 과정에 참여한 관련자의 소속, 직급 또는 직위, 성명과 그 의견
   ② 주요 정책의 결정이나 집행과 관련된 각종 계획서, 보고서, 회의·공청회·세미나 관련 자료 및 그 토의내용
2) 행정기관의 장은 주요 정책의 결정을 위하여 회의·공청회·세미나 등을 개최하는 경우에는 일시, 참석자, 발언내용, 결정사항, 표결내용 등을 처리과의 직원으로 하여금 기록하게 하여야 한다.
3) 행정기관이 언론기관에 보도자료를 제공하는 경우에는 그 보도자료에 담당부서·담당자·연락처 등을 함께 적어야 한다.

행정기관의 장은 해당 기관의 정책실명제를 효율적으로 운영하기 위하여 기획조정실장

등 해당 기관의 기획 업무를 총괄하는 직위에 있는 공무원을 정책실명제 책임관으로 지정하여야 한다.

(5) 정책실명제 중점관리 대상 선정

1) 주요 국정 현안에 관한 사항
2) 대규모 예산이 투입되는 사업
3) 일정 규모 이상의 연구용역
4) 법령 또는 자치법규의 제정·개정 및 폐지
5) 제63조의5제1항에 따라 행정안전부장관이 정한 절차에 따라 국민이 신청한 사업
6) 그 밖에 중점관리가 필요한 사업

11 해양경찰 복제

경찰공무원법 제20조에 경찰공무원은 제복을 착용하도록 되어있고, 해양경찰공무원의 복제(服制)에 관한 사항은 해양수산부령으로 규정되어 있어 해양경찰청 소속 경찰공무원은 복장과 용모를 단정히 하고, 항상 품위를 유지하여야 한다.

[1] 경찰제복

(1) 경찰제복의 구분

경찰제복은 경찰모, 경찰복, 경찰화, 계급장, 휘장 및 그 부속물로 구분하고, 그 밖의 제복은 해양경찰청장이 정할 수 있다. 경찰모는 정모 및 근무모로 구분하고, 경찰복은 정복, 근무복, 기동복, 점퍼, 비옷, 파카, 지휘관외투, 임부복으로 구분한다. 경찰화는 단화 및 안전화, 계급장은 금속계급장, 자수계급장 및 어깨표장, 휘장은 모자표장, 가슴표장, 지휘관표장, 경찰장, 표지장, 교관표장, 사격휘장, 그 밖의 휘장으로 구분한다. 그리고 경찰제복의 부속물은 넥타이, 넥타이핀, 단추, 근무복 허리띠 및 이름표로 구분하며, 그 도형·제식 등은 따로 규정화되어있다.

(2) 경찰제복의 착용

경찰제복의 차림은 예장, 정장, 근무복장 및 기동복장으로 구분한다.

1) 예장을 할 때에는 정모, 정복, 지휘관외투(겨울철에만 입는다), 단화, 어깨표장, 하얀색 와이셔츠, 넥타이·넥타이핀, 가슴표장, 경찰장 및 이름표, 훈장 및 기장, 예장을 하는 경우는 다음 각 호와 같다.
   ① 대통령이 임석하는 행사에 참석할 때
   ② 의식(경축식, 기념식, 이임식, 취임식, 졸업식, 임용식, 장례식, 대회 개막식, 환영식 및 사열식을 말한다) 및 훈장·포장 수여식(정식 행사만 해당한다)에 참가할 때
   ③ 국립묘지 등을 참배할 때
   ④ 그 밖에 소속기관의 장이 지정한 때
2) 약식예장을 할 때에는 정모, 정복, 지휘관외투(겨울철에만 입는다), 단화, 하얀색 와이셔츠, 넥타이·넥타이핀, 가슴표장, 경찰장, 금속계급장 및 이름표, 훈장 및 기장, 약식예장을 하는 경우는 다음 각 호와 같다.
   ① 대내적인 행사에 참가할 때
   ② 승진신고, 보직신고 등 신고식을 할 때
   ③ 그 밖에 소속기관의 장이 지정할 때
3) 소속기관의 장은 필요한 경우 행사 또는 의식 등에 참석하는 여성 해양경찰청 소속 경찰공무원에 대해서 정복 하의(下衣) 중 치마 또는 바지를 입도록 지정할 수 있고, 임산부의 경우 임부복을 입을 수 있게 할 수 있다.
4) 정장을 하는 때에는 정모, 정복, 단화, 가슴표장, 경찰장, 금속계급장 및 이름표, 근무복 상의, 넥타이, 넥타이핀 및 근무복 허리띠, 훈장 및 기장 등의 차림새를 갖추어야 한다. 정장을 하는 경우는 다음 각 호와 같다.
   ① 회의 또는 교육 등에 참석할 때
   ② 그 밖에 소속기관의 장이 지정할 때
5) 근무복장을 하는 때에는 근무모 또는 정모, 근무복, 가슴표장, 금속계급장 또는 자수계급장, 이름표, 단화, 넥타이·넥타이핀, 임부복(임산부인 경우), 그 밖에 소속기관의 장이 지정하는 부속물의 차림새를 갖추어야 한다. 근무복장을 하는 경우는 다음 각 호와 같다.
   ① 평상시 근무를 할 때
   ② 그 밖에 소속기관의 장이 지정한 때

6) 기동복장을 할 때에는 근무모, 기동복, 안전화 또는 단화, 계급장, 이름표 및 표지장, 그 밖에 소속기관의 장이 지정하는 부속물의 차림새를 갖추어야 한다. 기동복장을 하는 경우는 다음 각 호와 같다.
   ① 작전, 경비, 그 밖에 특수한 근무를 할 때
   ② 교육·훈련에 참가할 때
   ③ 해양경찰청장이 지정한 때
   ④ 그 밖에 소속기관의 장이 필요하다고 인정할 때

(3) 경찰제복의 착용 기간

1) 경찰제복은 여름철에는 여름옷을 입고, 겨울철에는 겨울옷을 입는다. 다만, 여름옷과 겨울옷의 구분이 없는 경찰제복은 그러하지 아니하다.
2) 여름철은 5월 20일부터 같은 해 9월 20일까지로 하고, 겨울철은 9월 21일부터 다음 해 5월 19일까지로 한다.
3) 소속기관의 장은 제2항에도 불구하고 기후, 근무 장소, 그 밖의 사유로 특히 필요하다고 인정하는 경우에는 경찰제복의 착용 시기를 변경할 수 있다.

(4) 사복의 착용

예산, 감찰, 홍보, 수사, 정보, 보안 또는 외사에 관한 업무에 종사하는 해양경찰청 소속 경찰공무원은 근무 중 사복을 착용할 수 있다. 제복을 착용하여야 하는 해양경찰청 소속 경찰공무원인 경우에도 부득이한 사유가 있는 경우에는 소속기관의 장의 승인을 받아 일시적으로 사복을 착용할 수 있다.

(5) 임용 전 경찰제복의 착용

해양경찰청장은 해양경찰청 소속 경찰공무원으로 임용될 자가 교육기관에서임용을 위한 교육을 받고 있는 경우에는 경찰제복을 착용하게 할 수 있다.

[2] 특수제복

해양경찰청 소속 경찰공무원은 제3조부터 제10조까지의 규정에 따른 경찰제복 외에 특수제복을 착용할 수 있다. 특수제복의 종류·제식 및 착용에 관하여는 해양경찰청장이 정하도록 되어있어, 해양경찰청훈령으로 특수직무경찰관 복제규칙이 정해지고 특수제복 착용대상자는 ① 악대원 ② 의장대원 ③ 항공대원 ④ 특수기동대원 ⑤ 함정건조감독관 ⑥ 특공대원 ⑦ 해경구조대원 ⑧ 해수욕장근무요원 ⑨ 수사요원 ⑩ 과학수사요원 ⑪ 그 밖에 해양경찰청장이 정하는 자이다.

또한 해양오염방제 및 해상교통관제요원 복제 규칙(해양경찰청훈령)에 의하여 해양경찰청과 그 소속기관의 공무원 중 해양오염방제업무 또는 해상교통관제업무를 담당하는 일반직공무원(해양오염방제요원 및 해상 교통관제요원)에게도 복제규칙에 따라 복제를 착용하도록 되어있다.

12 해양경찰 홍보

[1] 홍보의 의의

홍보란 Public Relation(PR)을 말하는데 우리나라에서는 홍보 이외에도 공공관계, 공중관계 등으로 번역되고 있으며 일반적으로 "널리 알린다."의 뜻으로 공중관계를 원활하게 하기 위한 모든 커뮤니케이션 활동을 말한다. 가장 넓은 의미의 「널리 알리는 활동」으로서 정부홍보, 기업홍보, 단체홍보, 개인 홍보 등이 있다.

경찰홍보란 경찰의 활동이나 업무와 관련된 사항을 널리 알려서 경찰 목적 달성에 유리한 환경을 조성하는 행위(협의)를 말한다. 지역주민의 경찰활동에 대한 참여를 확대하고 각종 기관·단체 및 언론 등과의 상호 협조체제를 강화하여 이를 경찰이 수행하는 모든 업무에 연계시키는 것까지를 포함(광의)한다. 지역사회와 유기적 협조체제를 구축, 지역사회의 요구에 부응하고 긍정적인 측면을 알리는 활동으로 조직 이미지를 고양하고 주민 지지도를 제고하기 위한 방법으로 친근한 상징물을 전파하는 것도 하나의 방법이다 (허상균·김종길·조성택, 2013: 539).

경찰홍보의 취지는 경찰의 목적 수행을 용이하게 하기 위해 경찰의 시책·업무·관계 법규 등을 일반 국민에게 공개함으로써 경찰에 대한 국민의 신뢰와 협조를 구하는 적극적이고 지속적인 활동을 말한다 (김영환, 2006: 418).

[2] 홍보의 유형

(1) 공공관계

공공관계(PR)란 조직의 활동에 대한 공중의 태도를 평가하고 조직의 정책·사업에 대한 공중의 이해, 협력과 신뢰를 확보하여 이를 유지·증진시키기 위한 관리활동을 의미한다. 조직과 그를 둘러싸고 있는 사람들과의 우호적인 관계를 유지하려는 조직화된 노력이라고 볼 수 있다. 협의의 홍보(PR)란 유인물, 팸플릿 등 각종 매체를 통해 개인이나 단체의 좋은 점을 일방적으로 알리는 활동이다. PR의 필요성은 국민의 알권리를 충족시켜주고, 국민의 요구를 정책에 반영시킬 수 있다. 또한 공공성과 객관성을 제고시키고 행정과 국민과의 오해와 불신을 제거함으로써 양자간의 거리를 좁혀준다. 특히 선전과는 구별로 상대방의 지지를 얻기 위한 노력이나 활동, 집단의견에 영향을 미치려는 활동은 공통점을 가지고 있으나 선전은 선전자의 이익이나 특정목적을 위하여 선전자 입장에서 호의적인 정보만을 일방적으로 제공하고 왜곡된 사실을 단순화시켜 감정에 호소하면서 반복적으로 알리는 것이다. 하지만, PR은 쌍방적인 교류를 통하여 상호간에 영향을 미치고 왜곡 없이 사실상의 정보만을 제공한다.

(2) 지역공동체 관계(CR, community relations)

지역사회 내의 각종 기관단체 및 주민들과 유기적인 연락 및 협조체제를 구축·유지하여 지역사회 각계각층의 요구에 부응하는 동시에 경찰활동의 긍정적인 측면을 널리 알리는 종합적인 지역사회 홍보체계를 의미한다. 지역사회 내의 경찰, 공사기관 그리고 각 개인들이 그들의 공통된 문제, 욕구, 책임을 발견하고 지역사회의 문제해결과 적극적인 지역사회 프로그램을 위해 공동 노력하는 것이다.

(3) 언론관계

언론관계란 신문, TV 등 뉴스 프로그램의 보도기능에 대응하는 활동으로 대개 사건·사고에 대한 기자들의 질의에 답하는 대응적이고 소극적인 홍보활동을 말한다.

(4) 대중매체 관계

대중매체 관계란 언론관계의 대상과 범위가 확대·발전한 보다 종합적인 홍보활동을 말한다. 각종 대중매체 제작자와 긴밀한 협조관계를 구축·유지하여 대중매체의 필요를 충족시키는 한편, 경찰의 긍정적인 측면을 널리 알리는 홍보활동이다. 대중매체에 대한 종합적인 이해와 전문적인 지식이 필요한 적극적 홍보활동으로 전직언론인, 문화산업 종사자 등 전문가를 채용하여 활용하는 추세이다.

(5) 기업 이미지식 경찰홍보

소비자 주권시대를 맞아 경찰업무의 서비스 개념, 즉 주민을 소비자로 보는 관점에서 발달한 개념이다. 일반기업이 행하는 것과 같이 유료광고를 내고 친근한 상징물(캐릭터)을 개발·전파하는 등 조직이미지를 고양하여 높아진 주민 지지도를 바탕으로 예산 획득, 형사사법 환경하의 협력확보 등의 목적을 달성하는 종합적이고 계획적인 홍보활동을 의미한다. 즉 경찰청의 '포돌이', 해양경찰청의 '해우리와 해누리'의 경우처럼 주민에게 친근한 상징물을 개발·전파하는 활동과 관계가 깊다.

사설 경비업체의 증가와 더불어 경찰이 더 이상 독점적인 치안기구가 아니라는 인식에서 출발한 개념으로 영·미를 중심으로 발달한 매우 적극적인 홍보활동이다.

[3] 홍보의 중요성

경찰은 국민의 생명·재산의 보호와 공공의 안녕·질서 유지를 기본 임무로 하는 만큼 그 업무의 효과적인 수행을 위해서는 국민의 경찰에 대한 깊은 이해와 신뢰에 바탕을 둔 협력이 필요 불가결한 것인바, 경찰공보는 경찰 활동 상황을 국민에게 바르게 전달하여 국민의 이해와 협력을 얻으려는 중요한 활동이다.

[4] 해양경찰 홍보의 특성 및 원칙

국민은 정부가 현재 및 장래에 대해 어떠한 정책(계획)을 수행해 나가려는 지에 대해 알 권리가 있고, 대민홍보의 주체는 이를 국민에게가 알려줄 의무가 있다. 대민홍보의 주체가 일방적으로 국민에게 알리는 정도로 홍보기능을 수행해서는 안 되고 국민의 의견을 수렴하여 정책이나 각종 계획에 반영하는 것도 포함되어야 한다. 그리고 대민홍보의 주체인 국가는 객체인 국민을 계도·설득·교육하여 건전한 여론이 조성될 수 있도록 노력해야 한다. 또한 그 사업의 성과나 업무 및 정책과 관련한 내용을 객체에게 사실 그대로 홍보해야 한다(남재성·이정덕, 2013: 241-242).

경찰홍보의 원칙으로는 첫째, 공중이 알고 싶어 하는 것을 알려야 한다. 둘째, 언론 환경 및 사회분위기를 고려, 적절한 시기에 보도 자료를 제공해야 한다. 셋째, 경찰의 공신력을 유지할 수 있도록 해야 한다. 넷째, 설득적 이어야 하며, 다섯째, 정보전달 채널은 많을수록 좋으며, 평소에 유지 및 관리를 철저히 해야 한다(이황우, 2002: 600-606).

[5] 해양경찰대훈(隊訓)과 해양경찰가(歌) 제정

해양주권을 수호하고 해상치안을 확립하며 해양환경을 보전하는 등 해양 전문기관으로서 폭넓은 역할을 수행하게 된 해양경찰대(隊)는 해양경찰 구성원 모두가 공유하는 공통의 가치관을 정립하고 이를 바탕으로 고유의 조직문화를 구축하기 위하여 '해양경찰대훈'과 '해양경찰가'를 1985년 5월 13일 제정하였다. 대훈은 '굳센 체력과 강인한 정신력으로 조국수호에 신명을 다하는 역사적인 해양경찰이 되자'로 정하고, 의미는 '역사적인 해양경찰'이라 함은 해양경찰을 보다 정확하게 이해하기 위하여 유구한 역사의 흐름 속에서 해양경찰이 이룩한 빛난 업적과 전과, 그리고 진취적인 기상과 전통을 발굴하고 실패했던 역사적 경험을 분석하여 그 속에서 값진 교훈을 찾아 역사적 맥락에서 현재의 위치를 확인하고 현실에 맞서 과감하게 도전하며 미래의 행동방향을 더욱 명확히 인식할 줄 아는 주체적이고 능동적이며 미래지향적인 해양경찰을 뜻한다.

따라서 '역사적인 해양경찰이 되자'는 의미는 해양경찰 개개인의 일거수일투족에서 비롯하여 오늘의 모든 상황이 사실이 된다는 현실인식과 가치판단 그리고 해양경찰다운 전통정신을 토대로 하여 미래에 대한 전망을 결정지우는 역사인식으로 우리의 나아갈 바 행동지표를 명확히 하여 굳센 체력과 정신력으로 위대한 역사를 창조하는 영광된 해양경찰이 되자는 것이다.

해양경찰가(서정주 작사, 김동진 작곡)

제1절 : 내 조국을 지키는 마음이 넘쳐 바다와 하늘 따라 한정이 없이 우리는 밤낮으로 달려갑니다. 이 겨레의 역사여 평안하소서 해와 달과 별들과 한 친구 되어 우리들 해양경찰 여기 있나니

제2절 : 우리들의 소원은 겨레의 평화 보다 더 큰 소원은 겨레의 번영 그래서 우리들이 바다 지키니 겨레여 하는 일에 꾸준 하소서 해와 달과 별들과 한 친구 되어 우리들 해양경찰 여기 있나니

[6] 해양경찰 상징

(1) 새로운 상징 표시의 의미

오늘날 대한민국 해양의 수호자로서의 역할을 다하고 있는 해양경찰의 모습을 천연기념물 제243호 흰꼬리수리와 전통 원형방패로 형상화 하였다. 전통 방패와 흰꼬리수리의 넓은 날개는 대한민국의 해양과 국민을 보호하는 의미를 담고 있으며 역동적으로 비상하는 흰꼬리수리를 통해 보다 적극적으로 국민에게 봉사하겠다는 해양경찰의 다짐을 표명하였다.

해양경찰 로고이미지

① 흰꼬리수리는 몸길이의 2배가 넘는 큰 길이의 날개를 가진 독수리로 신속한 구조로 대한민국 해상을 관할한다는 점, 오랜 비행은 오랜 시간 떠있는 함정, 또는 우리나라 해안가에서 서식하는 텃새로 해경의 역할을 대변하는 독수리이다.
② 전통 방패 안의 삼태극 문양은 대한민국과 국민을 상징하며, 이를 감싸고 있는 팔괘는 충(忠), 신(信), 용(勇), 인(仁), 의(義), 예(禮), 지(知), 덕(德)의 해양경찰이 지향하는 가치 개념을 상징한다.
③ 독수리 꼬리의 나누어진 6면은 해양경찰의 주요업무인 해양주권 수호와 해양자원 보호, 해상 안전망 개선으로 안전한 해양활동의 강화, 범죄 없는 바다를 위한 해양치안 확보, 깨끗한 바다를 위한 해양보호 활동, 창의적 업무 수행으로 선도하는 해양경찰 구현, 효율적 운영자원으로 해양경찰 역량 강화 등을 의미한다.
④ 꼬리와 선체 사이에는 해양을 상징하는 닻을 간접적으로 표현하고 있다.

(2) 전용색상

기존 이미지를 계승하면서 좀 더 새로운 비전과 미션에 맞추어 미래지향적이면서 전통성 계승을 고려하여 태극에 쓰이는 컬러와 기존 독수리에 사용하던 엘로우 컬러를 현대적인 시각에 맞추어 재조정하였으며, 해양안전의 수호자를 의미할 수 있는 해양을 상징하는 블루를 조화시켜 완성하였다.

(3) 그래픽 모티브 컨셉

1) 3개의 사선

3면이 바다인 우리나라의 해양을 누비는 함선의 앞부분 속도감 있는 서로 다른 사선의 결합이 은유적으로 숫자 '1'을 담고 있어서 일류 해양선진국으로써의 해양경찰의 의지를 표현한다.

2) 색상

블루는 경찰에 대한 신뢰와 권위, 레드는 안전한 해양활동을 책임지겠다는 해경의 의지, 엘로우는 해양에서의 든든한 동반자를 표시한다.

[7] 해양경찰 영문명칭 변경

2004년 11월에는 해양경찰의 명문표기를 종전에 사용하던 'Korea National Maritime Police Agency'에서 'Korea Coast Guard (KCG)'로 변경하였다. 이는 Maritime Police라는 표현이 독립기관을 나타내기 보다는 해양을 담당하는 경찰청 소속기관이라는 이미지가 강해 중앙행정기관으로서의 위상에 맞지 않아 미국 등 세계적으로 유사한 해상치안기관의 명칭이 Coast Guard인데 비해 해양경찰청의 명칭이 달라 이들 해외기관과 국제협력을 확대하는 데에도 어려움이 따랐기 때문이었다. 이에 따라 일선 해양경찰서의 영문표기도 ○○ Maritime Police Station에서 ○○Coast Guard 로 바뀌었다. 2014년 세월호사고 이후 해양경찰청이라는 명칭이 2014년 11월 19일부로 해양경비안전본부로 조직 명칭이 변경이 있었으나 영문명칭은 그대로 Korea Coast Guard로 사용되었다.

[8] 해양경찰의 날 제정 및 변경

1998년 12월 23일 처음으로 '해양경찰의 날'이 제정되어 첫 기념식을 거행하였다. 그동안 해양경찰청은 매년 10월 21일인 경찰의 날에 육상경찰과 함께 기념식을 가져왔다. 그러나 해양경찰청이 독립 외청으로 승격한 것을 계기로 해양가치에 대한 국민의 인식을 제고하면서 해양경찰의 독자적인 위상을 확립할 필요성이 커짐에 따라 해양경찰 역량강화 방안의 하나로 해양경찰 창립기념일인 12월 23일을 해양경찰의 날로 한 것이다. 한편으로는 외국어선의 불법조업에 대응하여 해양주권 수호와 국민의 안전을 위해 노력하는 해양경찰의 노고를 치하하고 해양자원보호 및 관리의 중요성을 널리 알리고자 하는 정부의 뜻도 반영돼 있었다.

해양경찰의 날이 제정됨으로서 해양경찰청은 발족 45년 만인 1998년 12월 23일 독자적인 기념일의 첫 기념식을 거행하였다. 그러나 2011년부터 이를 배타적 경제수역 발효일인 9월 10일로 변경하였다. 해양경찰의 날을 배타적 경제수역 발효일로 변경한 것은 해양경찰의 날을 단순히 해양경찰만의 기념일로 끝내지 않고 다양하고 급변하는 국제적 해양문제와 해양의 중요성을 국민들에 대하여 관심을 높이고 국민과 함께하는 기념일로 발전시킨다는 취지에서 변경하여 2013년에는 해양경찰의 날이 법정기념일로 발전하였다. 정부가 해양경찰의 날을 법정기념일로 지정한 것은 3면이 바다인 우리나라에서 바다의 중요성을 부각하고 해양주권 수호에 대한 강력한 의지를 천명하기 위해서였다.

이와 관련하여 2012년 11월에는 9월 10일을 해양경찰의 날로 지정하는 내용의 「해양경비법 개정안」이 국회에서 발의돼 2013년 4월 국회를 통과하였고, 5월 22일 공포돼 2013년부터 법정기념일로 치러지게 되었다. 다시 해양경찰법이 2019년 8월 20일 제정되고, 2020년 2월 21일 시행됨에 따라 기존 해양경비법 제5조의 2(해양경찰의 날)를 삭제하고「해양경찰법」제4조에 해양경찰의 날로 개정되었다.

13 법제와 송무

[1] 경찰과 법

경찰임무는 국민의 생명과 재산을 보호하는 국민의 자유에 대한 규제활동을 많이 하고 있다. 경찰목적이 범죄예방과 대응인데 그러한 활동은 범죄와의 투쟁에 의해서 달성되는 측면이 강하고 따라서 범죄자의 인권은 물론이고 범죄혐의자나 일반시민의 인권과도 관련되는 경우가 많다. 따라서 경찰활동은 모두가 합법적인 절차에 따라 제정된 법률에 근거를 두고 있다. 민주사회에서 법은 원칙적으로 국민 혹은 국민의 대표가 모인 국회를 통해 제정되고 공포된 것이어야 한다. 국회가 법률을 제정, 개정, 폐지하는 것은 고유한 권한이지만 법률을 제안하는 것은 행정부도 할 수 있으며 국민의 자유와 권리를 제한하는 것이지만 특히 법에 근거해서 행정부가 하위법을 제정, 개정, 폐지하는 경우가 매우 많다.

또한 법을 집행하는 경찰이 법령의 범위를 넘어서 혹은 중대한 실수로 국민의 권리나 자유를 침해한 경우에는 국가가 배상하고 잘못이 있는 경찰관 개인이나 기관도 책임을 져야하는 경우도 있다. 더욱이 경찰내부의 인사관리의 문제로 인해 구성원과 조직이 소송을 해야 하는 경우도 있다. 즉, 이러한 경우에 경찰조직은 피고나 소송의 당사자 입장이 되어 소송을 수행해야 한다. 여기서는 경찰의 입법에 관한 법제와 소송에 관한 송무를 간략하게 설명한다.

이 두 가지 법제업무와 송무업무는 경찰과 입법부, 사법부, 그리고 일반시민과의 관계에서 일어나는 상호작용으로 전자는 경찰관련법령의 선진화와 사회질서유지를 위한 형성적 활동의 성격이 강하다. 법제는 경찰정책결정을 돕고 경찰정책이 국가전체의 법령에 조화될 수 있도록 조정하는 역할을 한다. 반면에 후자는 법집행과 관련하여 발생하는 권리의무에 대한 분쟁을 해결하는 소송법적 행위라고 할 수 있다.

[2] 법제업무

해양경찰에서 직접 법령을 제정, 개정, 폐지하기 위하여 입안하고 국회에 제출하기까지에 관련된 활동을 법무업무라고 한다. 예를 들면, 법령·행정규칙안의 심사 및 정비, 법령질의회시, 법령집의 관리, 지방해양경찰청 규칙 심사 등을 법무업무에 포함되고 있다.

(1) 법령의 체계

1) 법제의 종류

우선 법무업무의 수행에 관련된 법규의 종류를 알아보고 입법 활동을 설명한다.

가) 법령

국회에서 의결하고 대통령이 공포한 법률과 법규명령(행정규칙의 제외)에 해당하는 대통령령과 부령을 말한다.

나) 훈령

상급기관이 하급기관의 권한 행사를 상당한 기간에 걸쳐 일반적으로 지시하기 위하여 발하는 명령 및 지시문서이다.

다) 예규

행정사무의 통일성을 기하기 위하여 반복적인 사무의 처리기준을 제시하는 명령 및 지시문서이다.

라) 고시

법령이 정하는 바에 따라 일정한 사항을 일반에게 알리기 위한 문서이다.

마) 행정규칙

법령에 속하지 않은 훈령·예규 등으로 각급 경찰관서에서 정립 발령한 것을 말한다.

2) 법령체계의 단계적 구조

〈표 4-23〉 법령체계 구조

<table>
<tr><td>1군</td><td colspan="3">헌법</td></tr>
<tr><td>2군</td><td colspan="2">법률, 대통령긴급재정경제명령, 대통령긴급명령,</td><td>조약</td></tr>
<tr><td>3군</td><td>대통령령</td><td colspan="2">국회규칙, 대법원규칙, 헌법재판소규칙 등</td></tr>
<tr><td>4군</td><td>총리령, 부령</td><td colspan="2"></td></tr>
<tr><td>5군</td><td>행정규칙(훈령, 예규, 지침, 고시 등)</td><td>조례·규칙</td><td>감사원규칙</td></tr>
</table>

3) 법령 구성 형식

가) 본칙과 부칙의 구분

법령은 본칙과 부칙으로 구성된다. 본칙은 법령의 본체가 되는 부분이고, 부칙은 본칙에 부수하여 법령의 시행일, 적용관계, 기존의 법률관계와 새로운 법률관계간의 연결 및 조정관계, 새로운 법률과 모순 저촉되는 기존법령의 개폐 등을 정하는 부대적 부분이다. 부칙과 구별되어야 할 것으로 보칙이 있다. 보칙은 본칙 중에서 보충적 규정을 정하는 부분의 장이나 절의 표제로 사용된다.

본칙부분에 대하여는 본칙이라는 표시를 하지 아니하나 부칙부문은 맨 앞에 반드시 "부칙"이라고 표시한다.

나) 장·절

법령 본칙의 조문수가 많고(통상 조문수가 30조 이상이 되는 경우) 이를 그 성질에 따라 몇 개의 군으로 나누는 것이 법문의 이해에 편리한 때에는 이를 몇 개의 장으로 구분할 수 있다. 장은 다시 절·관·목의 순서로 세분할 수 있다. 특히 조문수가 많은 경우에는 장(章)위에 편(編)을 둘 수 있다.

장·절의 구분은 본칙규정에 한정되고, 부칙에서는 장·절 등으로 구분하지 아니한다. 장·을 등을 둘 경우에는 그 장·절 등의 내용을 대표할 수 있는 제목을 붙인다.

다) 총칙과 통칙의 구분

어떤 법령전체에 대한 총칙적 규정을 모은 부분의 표제는 "총칙"으로 하고, 법령이 장·절 등으로 구분되어 있는 경우 구분된 어느 부분 중의 총칙적 규정을 모든 것의 표제는 "통칙"으로 한다.

4) 법령의 각 조항(條項) 사용법(조(條), 항(項), 호(號), 목(目) 등의 구분)

법령의 본칙은 조「條」로 구분하되, 법령이 아주 간단하여 조「條」로 구분할 필요가 없는 경우에는 조「條」로 구분하지 아니할 수 있다. 하나의 조문 중 다시 내용을 구분할 필요가 있는 경우에는 조문을 항「項」으로 구분하며, 항「項」의 표시는 ①, ② 등으로 아라비아 숫자에 동그란 테를 둘러 표시한다.

조(條), 또는 항(項) 중에서 어떤 사항을 열거할 필요가 있는 경우에는 호「號」로 나누되, 호「號」의 표시는 1., 2., 3. 등으로 표시한다. 호「號」를 다시 세분화 필요가 있는 경우에는 목「目」으로 나누되 목「目」의 표시는 가., 나., 다. 등으로 표시한다(目을 다시 세분화 필요가 있는 때에는 (1), (2) 등으로 표시한다).

부칙은 1개항일 경우에는 조항을 구분하지 아니하고 2개 이상일 경우에만 구분하되 2개 이상 5개항이하일 경우에는 항(項)으로, 5개항을 초과할 경우에는 조(條)로 구분한다. 그러나 5개항을 초과하지 아니하더라도 각 항의 전부 또는 일부를 세분하여 규정할 필요가 있는 경우에는 조로 구분하고 항으로 세분한다. 부칙을 조(條)로 구분하는 경우에는 본칙과 부칙을 연번으로 표시하지 아니하고 따로 제1조, 제2조 ....로 한다.

(2) 해양경찰청이 제안하는 입법절차

1) 법령안의 입안

어떤 정책을 결정한 후에 그 정책의 시행과 관련하여 입법이 필요하다고 판단되면, 정책의 주관부서인 중앙행정기관이 그 소관 사항에 대하여 법령안을 입안한다. 해양경찰청 주관부서는 법령안을 입안하는 경우 「법제업무 운영규정」 제3조제2항에 따라 법제처가 마련한 법령의 입안과 심사에 적용되는 일반적 기준(이하 "법령 입안·심사 기준"이라 한다)에 따라 법령안을 작성하여야 한다.

2) 법령안에 대한 자체 법제심사

해양경찰청 주관부서는 법령안을 입안하면 다음 각 호의 서류를 첨부하여 혁신행정법무담당관에게 자체 법제심사를 요청하여야 한다. 다만, 법령안을 긴급하게 추진하여야 할 사유가 있는 경우에는 혁신행정법무담당관과 협의하여 자체 법제심사를 생략할 수 있다.

3) 법령안의 결재

심사결과를 통보받은 주관부서는 「해양경찰청 위임전결규칙」에 따라 법령안에 대한 결재를 받아야 한다. 법령안의 결재 과정에서 내용에 중요한 변경이 발생하는 경우에는 해당 변경사항에 대하여 혁신행정법무담당관과 협의하여 수정하고 법령안에 대한 결재가 완료되면 그 결과를 혁신행정법무담당관에게 통보하여야 한다.

4) 해양경찰위원회 심의·의결

법령 주관부서는 입법예고가 완료된 법령안이 「해양경찰법」 제5조제1항 각 호 어느 하나에 해당되는 경우에는 법제처 심사 전 해양경찰위원회의 심의·의결을 거쳐야 한다. 해양경찰위원회의 심의·의결 대상인 법령을 정비하고자 하는 주관부서는 혁신행정법무담당관과 사전협의 후 기획재정담당관에게 안건으로 제출하여야 한다.

5) 부패영향평가

행정기관이 법령을 제정·개정하고자 하는 경우에는 법령에 내재하는 부패 유발 요인을 체계적으로 분석·평가하여 그에 대한 사전정비 및 종합적인 개선 대책을 강구하는 과정이다.

6) 관계 기관과의 협의

법령안 주관기관이 법령안을 입안하면 그 법령안에 대하여 발생할 수 있는 이견을 사전에 조정하기 위하여 그 내용과 관련이 있는 관계 기관과의 협의과정을 거치게 된다.

관계 기관과의 협의 기간은 10일 이상이 되어야 하지만, 법령안을 긴급하게 추진하여야 할 사유가 발생하는 등 특별한 사정이 있는 경우에는 법제처장과 협의하여 10일 미만으로 단축할 수 있다.

7) 입법예고

입법예고제도는 모든 법령을 제정·개정 또는 폐지하고자 할 때에 법령안의 내용을 국민에게 미리 예고하여 국민의 다양한 의견을 수렴하여 입법에 반영함으로써 입법과정에 대한 국민의 참여기회를 확대하고 입법내용의 민주화를 도모하며 법령의 실효성을 높여 국가정책을 효율적으로 수행하기 위한 제도이다.

입법예고는 법령안의 주요내용, 의견제출기관, 의견제출기간, 홈페이지 주소 등을 명시하여 관보 및 통합입법예고시스템(http://opinion.lawmaking.go.kr)에 공고하고, 그 밖에 신문·방송·인터넷 등의 매체를 이용한다. 입법예고기간은 40일 이상으로 하여야 하고, 입법내용이 국민의 권리의무 또는 일상생활과 관련이 없는 경우, 입법내용의 성질 기타 사유로 예고의 필요가 없거나 곤란하다고 판단되는 등의 경우에는 법제처장과 협의하여 예고를 생략하거나 예고기간을 단축할 수 있다.

8) 규제심사

법령안 주관기관의 장은 규제를 신설 또는 강화하는 내용의 법령을 제정하거나 개정하려는 경우에는 법제처에 법령안 심사를 요청하기 전에 규제영향분석서, 자체 심사의견 등을 첨부하여 규제개혁위원회에 규제심사를 받아야 합니다.

9) 법제처 심사

법제처는 국무회의에 상정될 법령안·조약안과 총리령안 및 부령안의 심사와 그 밖에 법제에 관한 사무를 전문적으로 관장한다.

법령안 주관기관의 장이 법령안 원안을 확정하면 법제처에 법령안 심사를 의뢰하게 되는데, 법제처에서는 법령안의 자구·체계 등의 형식적 사항뿐만 아니라 헌법이념 및 상위법과의 위반여부, 다른 법령과의 중복·충돌여부, 입법내용의 적법성 등 실질적인 사항에 대하여도 심사를 하여 원안을 수정·보완하게 된다.

법제처의 법령심사제도는 국민의 자유와 권리에 밀접한 관련이 있고 국가운영에 기틀이 되는 법률이나 그 하위법령이 공포·시행되기 전에 헌법과 상위규범에 위반되거나 부적정한 내용의 규범이 되지 않도록 사전에 심사·조정하는 사전적 규범통제제도로서의 역할을 수행하고 있다.

10) 차관회의·국무회의 심의

법률안과 대통령령안에 대한 법제처의 심사가 완료되면 그 법령안은 차관회의 및 국무회의의 심의를 거치게 된다. 차관회의는 국무회의에 상정될 의안의 중요사항을 사전에 심의하는 기능을 수행하고 있는데, 긴급한 경우에는 차관회의를 생략하고 바로 국무회의에 상정하여 심의할 수 있다.

11) 대통령 재가 및 국무총리와 관계 국무위원의 부서

국무회의의 심의를 마친 법령안(법률안·대통령령안)은 국무총리 및 관계 국무위원이 부서하고, 대통령이 재가한다.

> 부서(副署) : 법령이나 대통령의 국무에 관한 문서에 대통령이 서명한 다음, 국무총리와 관계 국무 위원이 따라 서명하는 것
> 재가(裁可) : 결재권을 가진 사람이나 단체가 안건을 허락하여 승인하는 것

12) 국회 제출

대통령의 재가를 받은 법률안은 법제처에서 지체 없이 대통령 명의로 국회에 제출한다.

13) 국회의 심의·의결

국회에 제출된 정부제출 법률안은 국회의장이 본회의에 보고한 후 소관 상임위원회에 회부하고, 소관 상임위원회에서는 전체회의 또는 소위원회를 구성하여 법률안을 심사하며, 필요한 경우에는 공청회를 개최하여 이해관계인의 의견을 듣고 심사를 하기도 한다. 소관 상임위원회 전체회의의 의결을 거친 법률안은 다시 법률안의 자구와 체계 심사를 위하여 법제사법위원회에 회부한다. 법제사법위원회에서 자구·체계가 정리된 법률안은 다시 국회 본회의에 회부된다.

14) 공포안 정부 이송

국회 본회의를 통과한 법률안은 공포를 위하여 정부에 이송된다.

15) 국무회의 상정

법률안이 정부에 이송되어 오면 법제처는 국무회의 상정 안건의 작성요령에 따라 법률공포안을 작성하여 국무회의에 상정한다. 국무회의의 심의를 마치면 국무총리 및 관계 국무위원이 부서하고, 대통령이 재가한다. 다만, 대통령은 국회에서 이송되어 온 법률안에 이의가 있을 때에는 이송되어 온 후 15일 이내에 이의서를 붙여 국회로 환부하고 재의를 요구할 수 있다.

재의 요구된 법률안은 국회에서 재의에 부친 결과 재적의원 과반수의 출석과 출석의원 3분의 2 이상의 찬성으로 전과 같은 의결을 하면 법률로 확정되고, 대통령은 확정된 법률이 정부로 이송된 후 지체 없이 공포하여야 한다.

16) 공포

법률안이 국회에서 정부로 이송되어 국무회의의 심의를 거쳐 대통령의 재가를 받거나, 대통령령안이 국무회의의 심의를 거쳐 대통령의 재가를 받은 경우에는 그 법률안 및 대통령령안은 법제처에서 공포번호를 부여한 후 행정안전부에 공포를 위한 관보게재 의뢰를 하여 공포하게 된다.

법률안 및 대통령령안은 관보에 게재되어 공포됨으로써 각각 법률 및 대통령령으로서 성립하게 된다.

부령 및 총리령은 법제처 심사가 완료된 후 소관 부처에서 해당 부령의 공포번호를 부여하고(총리령의 경우에는 국무총리의 결재를 받고, 법제처에서 공포번호를 부여한다) 행정안전부에 공포를 위한 관보게재 의뢰를 하여 공포하게 된다.

(3) 의원발의 법률안의 처리

1) 의원발의 법률안 처리

혁신행정법무담당관은 법제정보시스템을 이용하여 소관 법률 중 국회의원이 발의한 법률안(이하 "의원발의 법률안"이라 한다)이 있는지 확인하고, 필요 시 법제정보시스템에서 해당 의원발의 법률안의 주관부서를 지정한 후 해당 의원발의 법률안에 대한 검토를 요청하여야 한다.

2) 다른 기관 소관 의원발의 법률안의 검토

혁신행정법무담당관은 다른 기관 소관 의원발의 법률안에 대한 의견조회 공문을 접수하였거나, 법제정보시스템에서 다른 기관 소관 의원발의 법률안의 관계기관으로 지정되면, 해당 의원발의 법률안과 관련된 업무를 수행하는 관계부서에 그 사실을 통보하고 검토를 요청하여야 한다.

3) 관계기관과의 이견 해소

의원발의 법률안 주관부서 및 관계부서는 제24조 및 제25조에 따른 협의 결과 이견이 있는 경우에는 다음 각 호의 방법 등을 활용하여 관계기관과의 이견을 해소하기 위한 조치를 하여야 한다.

(4) 훈령·예규 등의 발령

1) 훈령·예규 등의 입안

주관부서가 훈령·예규 등을 제정·개정 또는 폐지하려는 때에는 다음 각 호의 사항을 포함하여 작성하여야 한다.

① 훈령·예규 등의 발령안(제정·개정 또는 폐지 이유, 주요내용 등을 포함한다)

② 신·구조문대비표(일부개정의 경우에 한정한다)

③ 그 밖의 참고사항

주관부서는 훈령·예규등을 제정하는 경우「훈령·예규 등의 발령 및 관리에 관한 규정」에 따라 훈령·예규등의 존속기한 또는 재검토기한을 설정하여야 한다. 다만, 인사, 기록관리, 복무규율과 위원회 구성·운영 등 행정기관의 내부운영에 관한 훈령·예규등에 대하여는 존속기한이나 재검토기한을 설정하지 아니할 수 있다. 설정된 존속기한이나 재검토기한이 만료되기 전에 관련 법령이나 현실여건의 변화 등을 검토하여 훈령·예규 등을 개정하거나 폐지하는 등의 조치를 하여야 한다.

2) 내부 의견수렴 등

주관부서는 제27조에 따라 훈령·예규 등을 입안하면 관계부서에 보내 그 의견을 들어야 한다. 이 경우 의견회신 기간은 특별한 사정이 없으면 10일 이상으로 한다.

3) 외부 의견수렴 등

주관부서는 제27조 및 제28조에 따른 절차가 끝나면 해당 훈령·예규 등의 발령안의 내용을 관계기관에 보내 그 의견을 들을 수 있다. 훈령·예규 등의 발령안이「행정절차법」제46조에 따른 행정예고의 대상에 해당하는 경우에는 특별한 사정이 없으면 20일 이상의 기간을 정하여 행정예고를 하여야 한다.

4) 규제심사 등

① 주관부서는 훈령·예규 등의 제정·개정안에 규제를 신설하거나 강화하려면「규제업무 운영 훈령」에 따라 규제영향분석 절차를 거쳐야 한다.

② 주관부서는「행정규제기본법」제10조에 따라 규제개혁위원회에 훈령·예규등의 발령안에 대한 규제심사를 요청할 경우에는「법제업무 운영규정」제25조에 따라 법제처에도 그 검토를 요청하여야 한다.

5) 훈령·예규등의 발령안에 대한 자체 법제심사

주관부서는 훈령·예규등을 입안하면 혁신행정법무담당관에게 자체 법제심사를 요청하여야 하고, 훈령·예규등의 발령안에 대한 자체 법제심사에 관해서는 제8조를 준용한다.

6) 해양경찰위원회 심의·의결

주관부서는 자체 법제심사가 완료된 훈령·예규등의 제·개정안이 「해양경찰법」 제5조제1항 각 호 어느 하나에 해당되는 경우에는 해양경찰위원회의 심의·의결을 거쳐야 한다. 해양경찰위원회의 심의·의결 대상인 법령을 정비하고자 하는 주관부서는 혁신행정법무담당관과 사전협의 후 기획재정담당관에게 안건으로 제출하여야 한다.

7) 훈령·예규 등의 발령 등

주관부서는 훈령·예규 등의 발령안에 대한 행정예고, 의견수렴 및 규제심사 등이 완료된 경우 혁신행정법무담당관으로부터 발령번호(훈령·예규는 누년번호, 고시는 연도표시 일련번호)를 부여받아 훈령·예규 등을 발령하여야 한다. 다만, 관보에 게시하려는 경우 관보 게재하려는 날의 3일 전까지 행정안전부에 관보 게재를 의뢰하여야 한다. 훈령·예규등을 발령한 후 10일 이내에 「법제업무 운영규정」따라 해당 훈령·예규 등을 법제정보시스템에 등재하여야한다. 그리고 혁신행정법무담당관은 훈령·예규등을 발령한 후 10일 이내에「국회법」 제98조의2제1항에 따라 국회 소관 상임위원회에 제출하여야 한다.

8) 규칙의 명칭

훈령·예규 등의 제명은 "ㅇㅇ규칙"으로 하는 것을 원칙으로 하며, 그 외에는 내용이나 각 형식에 따라 지시·지침 등으로 할 수 있다.

9) 소속기관 행정규칙 자체심사

소속기관의 자체 행정규칙 제정·개정 등 법제사무에 관하여는 소속기관의 장이 별도로 정하여 운영한다. 자체심사를 위하여 필요한 경우 본청 또는 지방청 소속 변호사 특채자에게 자문을 요청할 수 있다.

[3] 송무

송무는 소송사무 즉, 국가를 당사자로 하는 소송의 수행 및 지도업무를 말한다. 송무에는 소송에 앞서 행해지는 행정심판 업무도 포한된다. 행정심판에 관한 사항기관장의 처분에 대한 행정심판청구사건 재결, 행정심판업무의 지도를 포함한다. 이 밖에도 해양경찰청장을 피청구인으로 하는 헌법소원의 수행업무도 있다.

(1) 행정심판 및 행정소송

1) 행정심판의 의의

행정상 법률관계에 분쟁이 있는 경우 당사자의 청구에 의하여 행정청에서 이를 심판하는 행정쟁송절차를 총칭한다. 경찰의 위법·부당한 처분 그 밖의 공권력 작위·부작위 등으로 인하여 권리 와 이익을 침해당한 자가 그 권리구제를 위하여 행정청에 시정을 요구하고 행정청에서 이를 심판하는 쟁송절차로서 행정소송의 전심절차(前審節次)이다.

2) 행정심판 절차예시

수상레저 면허취소를 받고 이에 대해 이의를 제기하는 청구인의 행정심판절차를 예로 들면 다음과 같다.

가) 청구인

수상레저면허취소 통지서를 받은 송달일로부터 90일이내 해양경찰청장에게 면허취소의 부당 또는 불법함에 대해 심판을 요구하는 심판청구서를 제출한다.

나) 해양경찰청장

면허취소의 취소를 구하는 청구가 이유 있으면 바로 시정조치 한다. 즉, 면허 취소를 취소해 준다. 만일 청구가 이유 없으면 답변서 3부, 심판청구서를 송부한다. 국무총리행정심판위원회의결에 따라 재결처분 한다. 처리기간은 심판청구일로 부터 60일 이내이지만 30일간 연장이 가능하다. 청구인은 재결서를 받은 날로 부터 60일 이내에 행정소송을 제기할 수 있다.

(2) 국가소송의 수행

"국가를 당사자로 하는 소송에 관한법률"에 의거 국가를 당사자로 하는 소송 및 행정소송의 수행에 있어서 법무부장관의 지휘를 받으면서 당해 행정청의 장은 그 행정청의 직원 또는 상급행정청의 직원을 지정하여 행정소송을 수행하게 하는 것을 말한다.

14 민원행정

[1] 민원행정의 의의

(1) 민원의 개념

민원이란 민원인이 행정기관에 특정행위를 요구하는 의사표시로서 국민이 국가기관에 요구하는 행정수요의 직접적인 형태의 하나라고 할 수 있다. 실제적으로는 민원인이 개별법령과 민원사무처리에 관한 법률, 행정규제 기본법 등에 의하여 규정되어 있는 민원사무의 해결을 위하여 행정기관의 인가, 허가, 특허, 면허, 승인, 등록, 증명 또는 확인의 신청과 행정기관에 대한 이의신청, 진정, 건의 또는 질의 등의 형태로 나타나고 있다.

(2) 용어정의

민원 처리에 관한 법률 (민원처리법)에서 사용하는 용어의 뜻은 다음과 같다.

1) "민원"이란 민원인이 행정기관에 대하여 처분 등 특정한 행위를 요구하는 것을 말하며, 일반민원과 고충민원으로 구분하고 일반민원의 종류는 다음 각목과 같다.
   ① 법정민원: 법령·훈령·예규·고시·자치법규 등(이하 "관계법령등"이라 한다)에서 정한 일정 요건에 따라 인가·허가·승인·특허·면허 등을 신청하거나 장부·대장 등에 등록·등재를 신청 또는 신고하거나 특정한 사실 또는 법률관계에 관한 확인 또는 증명을 신청하는 민원
   ② 질의민원: 법령·제도·절차 등 행정업무에 관하여 행정기관의 설명이나 해석을 요구하는 민원
   ③ 건의민원: 행정제도 및 운영의 개선을 요구하는 민원
   ④ 기타민원: 법정민원, 질의민원, 건의민원 및 고충민원 외에 행정기관에 단순한 행정절차 또는 형식요건 등에 대한 상담·설명을 요구하거나 일상생활에서 발생하는 불편사항에 대하여 알리는 등 행정기관에 특정한 행위를 요구하는 민원
   고충민원은 「부패방지 및 국민권익위원회의 설치와 운영에 관한 법률」 제2조제5호에 따른 고충민원을 말한다.
2) "민원인"이란 행정기관에 민원을 제기하는 개인·법인 또는 단체를 말한다. 다만, 행정기관(사경제의 주체로서 제기하는 경우는 제외한다), 행정기관과 사법(私法)상 계약관계(민원과 직접 관련된 계약관계만 해당한다)에 있는 자, 성명·주소 등이 불명확한 자 등 대통령령으로 정하는 자는 제외한다.

3) "처분"이란 「행정절차법」 제2조제2호의 처분을 말한다.
4) "복합민원"이란 하나의 민원 목적을 실현하기 위하여 관계법령등에 따라 여러 관계 기관(민원과 관련된 단체·협회 등을 포함한다. 이하 같다) 또는 관계 부서의 인가·허가·승인·추천·협의 또는 확인 등을 거쳐 처리되는 법정민원을 말한다.
5) "다수인관련민원"이란 5세대(世帶) 이상의 공동이해와 관련되어 5명 이상이 연명으로 제출하는 민원을 말한다.
6) "전자민원창구"란 「전자정부법」 제9조에 따라 설치된 전자민원창구를 말한다.
7) "무인민원발급창구"란 행정기관의 장이 행정기관 또는 공공장소 등에 설치하여 민원인이 직접 민원문서를 발급받을 수 있도록 하는 전자장비를 말한다.

(3) 민원 처리 담당자의 의무

민원을 처리하는 담당자는 담당 민원을 신속·공정·친절·적법하게 처리하여야 한다.

(4) 민원인의 권리와 의무

1) 민원인은 행정기관에 민원을 신청하고 신속·공정·친절·적법한 응답을 받을 권리가 있다.
2) 민원인은 민원을 처리하는 담당자의 적법한 민원처리를 위한 요청에 협조하여야 하고, 행정기관에 부당한 요구를 하거나 다른 민원인에 대한 민원 처리를 지연시키는 등 공무를 방해하는 행위를 하여서는 아니 된다.

(5) 민원 처리의 원칙

1) 행정기관의 장은 관계법령 등에서 정한 처리기간이 남아 있다거나 그 민원과 관련 없는 공과금 등을 미납하였다는 이유로 민원 처리를 지연시켜서는 아니 된다. 다만, 다른 법령에 특별한 규정이 있는 경우에는 그에 따른다.
2) 행정기관의 장은 법령의 규정 또는 위임이 있는 경우를 제외하고는 민원 처리의 절차 등을 강화하여서는 아니 된다.

(6) 정보 보호

행정기관의 장은 민원 처리와 관련하여 알게 된 민원의 내용과 민원인 및 민원의 내용에 포함되어 있는 특정인의 개인정보 등이 누설되지 아니하도록 필요한 조치를 강구하여야 하며, 수집된 정보가 민원 처리의 목적 외의 용도로 사용되지 아니하도록 하여야 한다.

[2] 민원의 처리

(1) 민원의 신청

민원의 신청은 문서(「전자정부법」 제2조제7호에 따른 전자문서를 포함한다. 이하 같다)로 하여야 한다. 다만, 기타민원은 구술(口述) 또는 전화로 할 수 있다.

(2) 민원의 접수

1) 행정기관의 장은 민원의 신청을 받았을 때에는 다른 법령에 특별한 규정이 있는 경우를 제외하고는 그 접수를 보류하거나 거부할 수 없으며, 접수된 민원문서를 부당하게 되돌려 보내서는 아니 된다.
2) 행정기관의 장은 민원을 접수하였을 때에는 해당 민원인에게 접수증을 내주어야 한다. 다만, 기타민원과 민원인이 직접 방문하지 아니하고 신청한 민원 및 처리기간이 '즉시'인 민원 등 대통령령으로 정하는 경우에는 접수증 교부를 생략할 수 있다.

(3) 불필요한 서류 요구의 금지

1) 행정기관의 장은 민원을 접수·처리할 때에 민원인에게 관계법령등에서 정한 구비서류 외의 서류를 추가로 요구하여서는 아니 된다.
2) 행정기관의 장은 동일한 민원서류 또는 구비서류를 복수로 받는 경우에는 특별한 사유가 없으면 원본과 함께 그 사본의 제출을 허용하여야 한다.
3) 행정기관의 장은 민원을 접수·처리할 때에 다음 각 호의 어느 하나에 해당하는 경우에는 민원인에게 관련 증명서류 또는 구비서류의 제출을 요구할 수 없으며, 그 민원을 처리하는 담당자가 직접 이를 확인·처리하여야 한다.
   ① 민원인이 소지한 주민등록증·여권·자동차운전면허증 등 행정기관이 발급한 증명서로 그 민원의 처리에 필요한 내용을 확인할 수 있는 경우
   ① 해당 행정기관의 공부(公簿) 또는 행정정보로 그 민원의 처리에 필요한 내용을 확인할 수 있는 경우
   ① 「전자정부법」 제36조제1항에 따른 행정정보의 공동이용을 통하여 그 민원의 처리에 필요한 내용을 확인할 수 있는 경우
4) 행정기관의 장은 원래의 민원의 내용 변경 또는 갱신 신청을 받았을 때에는 특별한 사유가 없으면 이미 제출되어 있는 관련 증명서류 또는 구비서류를 다시 요구하여서는 아니 된다.

(4) 장애인 등에 대한 편의제공

행정기관의 장은 민원의 신청 및 접수·처리 과정에서 장애인, 임산부, 노약자 등에 대한 편의를 제공하기 위하여 노력하여야 한다.

(5) 다른 행정기관 등을 이용한 민원의 접수·교부(제14조)

1) 행정기관의 장은 민원인의 편의를 위하여 그 행정기관이 접수하고 처리결과를 교부하여야 할 민원을 다른 행정기관이나 특별법에 따라 설립되고 전국적 조직을 가진 법인 중 대통령령으로 정하는 법인으로 하여금 접수·교부하게 할 수 있다.
2) 제1항에 따른 접수·교부의 절차 및 접수·처리·교부 기관 간 송부방법 등에 필요한 사항은 대통령령으로 정한다.
3) 제1항에 따라 민원을 접수·교부하는 법인의 임직원은 「형법」이나 그 밖의 법률에 따른 벌칙을 적용할 때에는 공무원으로 본다.

[3] 민원의 처리기간·처리방법 등

(1) 법정민원의 처리기간 설정·공표 (제17조)

1) 행정기관의 장은 법정민원을 신속히 처리하기 위하여 행정기관에 법정민원의 신청이 접수된 때부터 처리가 완료될 때까지 소요되는 처리기간을 법정민원의 종류별로 미리 정하여 공표하여야 한다.
2) 행정기관의 장은 제1항에 따른 처리기간을 정할 때에는 접수기관·경유기관·협의기관(다른 기관과 사전협의가 필요한 경우만 해당한다) 및 처분기관 등 각 기관별로 처리기간을 구분하여 정하여야 한다.
3) 행정기관의 장은 제1항 및 제2항에 따른 처리기간을 민원편람에 수록하여야 한다.
4) 질의민원·건의민원·기타민원 및 고충민원의 처리기간 및 처리절차 등에 관하여는 대통령령으로 정한다.

(2) 처리기간의 계산 (제19조)

1) 민원의 처리기간을 5일 이하로 정한 경우에는 민원의 접수시각부터 "시간" 단위로 계산하되, 공휴일과 토요일은 산입(算入)하지 아니한다. 이 경우 1일은 8시간의 근무시간을 기준으로 한다.

2) 민원의 처리기간을 6일 이상으로 정한 경우에는 "일" 단위로 계산하고 첫날을 산입하되, 공휴일과 토요일은 산입하지 아니한다.
3) 민원의 처리기간을 주·월·연으로 정한 경우에는 첫날을 산입하되, 「민법」 제159조부터 제161조까지의 규정을 준용한다.

(3) 관계 기관·부서 간의 협조(제20조)

1) 민원을 처리하는 주무부서는 민원을 처리할 때 관계 기관·부서의 협조가 필요한 경우에는 민원을 접수한 후 지체 없이 그 민원의 처리기간 내에서 회신기간을 정하여 협조를 요청하여야 하며, 요청받은 기관·부서는 그 회신기간 내에 이를 처리하여야 한다.
2) 협조를 요청받은 기관·부서는 제1항에 따른 회신기간 내에 그 민원을 처리할 수 없는 특별한 사정이 있는 경우에는 그 회신기간의 범위에서 한 차례만 기간을 연장할 수 있다.
3) 협조를 요청받은 기관·부서가 제2항에 따라 기간을 연장하려는 경우에는 제1항에 따른 회신기간이 끝나기 전에 그 연장사유·처리진행상황 및 회신예정일 등을 협조를 요청한 민원 처리 주무 부서에 통보하여야 한다.

(4) 민원 처리의 예외(제21조)

행정기관의 장은 접수된 민원(법정민원을 제외한다. 이하 이 조에서 같다)이 다음 각 호의 어느 하나에 해당하는 경우에는 그 민원을 처리하지 아니할 수 있다. 이 경우 그 사유를 해당 민원인에게 통지하여야 한다.

1) 고도의 정치적 판단을 요하거나 국가기밀 또는 공무상 비밀에 관한 사항
2) 수사, 재판 및 형집행에 관한 사항 또는 감사원의 감사가 착수된 사항
3) 행정심판, 행정소송, 헌법재판소의 심판, 감사원의 심사청구, 그 밖에 다른 법률에 따라 불복구제절차가 진행 중인 사항
4) 법령에 따라 화해·알선·조정·중재 등 당사자 간의 이해 조정을 목적으로 행하는 절차가 진행 중인 사항
5) 판결·결정·재결·화해·조정·중재 등에 따라 확정된 권리관계에 관한 사항
6) 감사원이 감사위원회의의 결정을 거쳐 행하는 사항
7) 각급 선거관리위원회의 의결을 거쳐 행하는 사항
8) 사인 간의 권리관계 또는 개인의 사생활에 관한 사항
9) 행정기관의 소속 직원에 대한 인사행정상의 행위에 관한 사항

(5) 민원문서의 보완·취하 등 (제22조)

1) 행정기관의 장은 접수한 민원문서에 보완이 필요한 경우에는 상당한 기간을 정하여 지체 없이 민원인에게 보완을 요구하여야 한다.
2) 민원인은 해당 민원의 처리가 종결되기 전에는 그 신청의 내용을 보완하거나 변경 또는 취하할 수 있다. 다만, 다른 법률에 특별한 규정이 있거나 그 민원의 성질상 보완·변경 또는 취하할 수 없는 경우에는 그러하지 아니하다.
3) 제1항에 따른 민원문서의 보완 절차 및 방법 등에 필요한 사항은 대통령령으로 정한다.

(6) 반복 및 중복 민원의 처리 (제23조)

1) 행정기관의 장은 민원인이 동일한 내용의 민원(법정민원을 제외한다. 이하 이 조에서 같다)을 정당한 사유 없이 3회 이상 반복하여 제출한 경우에는 2회 이상 그 처리결과를 통지하고, 그 후에 접수되는 민원에 대하여는 종결 처리할 수 있다.
2) 행정기관의 장은 민원인이 2개 이상의 행정기관에 제출한 동일한 내용의 민원을 다른 행정기관으로부터 이송받은 경우에도 제1항을 준용하여 처리할 수 있다.
3) 행정기관의 장은 제1항 및 제2항에 따른 동일한 내용의 민원인지 여부에 대하여는 해당 민원의 성격, 종전 민원과의 내용적 유사성·관련성 및 종전 민원과 동일한 답변을 할 수 밖에 없는 사정 등을 종합적으로 고려하여 결정하여야 한다.

(7) 다수인관련민원의 처리 (제24조)

1) 다수인관련민원을 신청하는 민원인은 연명부(連名簿)를 원본으로 제출하여야 한다.
2) 행정기관의 장은 다수인관련민원이 발생한 경우에는 신속·공정·적법하게 해결될 수 있도록 조치하여야 한다.
3) 다수인관련민원의 효율적인 처리와 관리에 필요한 사항은 대통령령으로 정한다.

(8) 처리결과의 통지 (제27조)

1) 행정기관의 장은 접수된 민원에 대한 처리를 완료한 때에는 그 결과를 민원인에게 문서로 통지하여야 한다. 다만, 기타민원의 경우와 통지에 신속을 요하거나 민원인이 요청하는 등 대통령령으로 정하는 경우에는 구술 또는 전화로 통지할 수 있다.
2) 행정기관의 장은 제1항에 따라 민원의 처리결과를 통지할 때에 민원의 내용을 거부하는 경우에는 거부 이유와 구제절차를 함께 통지하여야 한다.

3) 행정기관의 장은 제1항에 따른 민원의 처리결과를 허가서·신고필증·증명서 등의 문서(「전자정부법」 제2조제7호에 따른 전자문서 및 같은 조 제8호에 따른 전자화문서는 제외한다)로 민원인에게 직접 교부할 필요가 있는 때에는 그 민원인 또는 그 위임을 받은 자임을 확인한 후에 이를 교부하여야 한다.

[4] 법정민원

(1) 사전심사의 청구 등(제30조)

1) 민원인은 법정민원 중 신청에 경제적으로 많은 비용이 수반되는 민원 등 대통령령으로 정하는 민원에 대하여는 행정기관의 장에게 정식으로 민원을 신청하기 전에 미리 약식의 사전심사를 청구할 수 있다.
2) 행정기관의 장은 제1항에 따라 사전심사가 청구된 법정민원이 다른 행정기관의 장과의 협의를 거쳐야 하는 사항인 경우에는 미리 그 행정기관의 장과 협의하여야 한다.
3) 행정기관의 장은 사전심사 결과를 민원인에게 문서로 통지하여야 하며, 가능한 것으로 통지한 민원의 내용에 대하여는 민원인이 나중에 정식으로 민원을 신청한 경우에도 동일하게 결정을 내릴 수 있도록 노력하여야 한다. 다만, 민원인의 귀책사유 또는 불가항력이나 그 밖의 정당한 사유로 이를 이행할 수 없는 경우에는 그러하지 아니하다.
4) 행정기관의 장은 제1항에 따른 사전심사 제도를 효율적으로 운영하기 위하여 필요한 법적·제도적 장치를 마련하여 시행하여야 한다.

(2) 거부처분에 대한 이의신청

1) 법정민원에 대한 행정기관의 장의 거부처분에 불복하는 민원인은 그 거부처분을 받은 날부터 60일 이내에 그 행정기관의 장에게 문서로 이의신청을 할 수 있다.
2) 행정기관의 장은 이의신청을 받은 날부터 10일 이내에 그 이의신청에 대하여 인용 여부를 결정하고 그 결과를 민원인에게 지체 없이 문서로 통지하여야 한다. 다만, 부득이한 사유로 정하여진 기간 이내에 인용 여부를 결정할 수 없을 때에는 그 기간의 만료일 다음 날부터 기산(起算)하여 10일 이내의 범위에서 연장할 수 있으며, 연장 사유를 민원인에게 통지하여야 한다.
3) 민원인은 제1항에 따른 이의신청 여부와 관계없이 「행정심판법」에 따른 행정심판 또는 「행정소송법」에 따른 행정소송을 제기할 수 있다.

4) 제1항에 따른 이의신청의 절차 및 방법 등에 필요한 사항은 대통령령으로 정한다.

15 공공기관의 정보공개

[1] 목적

이 법(공공기관의 정보공개에 관한 법률, 정보공개법)[103]은 공공기관이 보유·관리하는 정보에 대한 국민의 공개 청구 및 공공기관의 공개 의무에 관하여 필요한 사항을 정함으로써 국민의 알권리를 보장하고 국정(國政)에 대한 국민의 참여와 국정 운영의 투명성을 확보함을 목적으로 한다.

[2] 정의

1) "정보"란 공공기관이 직무상 작성 또는 취득하여 관리하고 있는 문서(전자문서를 포함한다. 이하 같다)·도면·사진·필름·테이프·슬라이드 및 그 밖에 이에 준하는 매체 등에 기록된 사항을 말한다.
2) "공개"란 공공기관이 이 법에 따라 정보를 열람하게 하거나 그 사본·복제물을 제공하는 것 또는 「전자정부법」 제2조제10호에 따른 정보통신망(이하 "정보통신망"이라 한다)을 통하여 정보를 제공하는 것 등을 말한다.
3) "공공기관"이란 다음 각목의 기관을 말한다.
   가) 국가기관
      ① 국회, 법원, 헌법재판소, 중앙선거관리위원회
      ② 중앙행정기관(대통령 소속 기관과 국무총리 소속 기관을 포함한다) 및 그 소속 기관
      ③ 「행정기관 소속 위원회의 설치·운영에 관한 법률」에 따른 위원회
   나) 지방자치단체
   다) 「공공기관의 운영에 관한 법률」 제2조에 따른 공공기관
   라) 그 밖에 대통령령으로 정하는 기관

103) 공공기관의 정보공개에 관한 법률 (약칭: 정보공개법), [법률 제14839호, 2017. 7. 26., 타법개정], 행정안전부(정보공개정책과).

[3] 정보공개의 원칙 (제3조)

공공기관이 보유·관리하는 정보는 국민의 알권리 보장 등을 위하여 이 법에서 정하는 바에 따라 적극적으로 공개하여야 한다.

[4] 적용 범위

1) 정보의 공개에 관하여는 다른 법률에 특별한 규정이 있는 경우를 제외하고는 이 법에서 정하는 바에 따른다.
2) 지방자치단체는 그 소관 사무에 관하여 법령의 범위에서 정보공개에 관한 조례를 정할 수 있다.
3) 국가안전보장에 관련되는 정보 및 보안 업무를 관장하는 기관에서 국가안전보장과 관련된 정보의 분석을 목적으로 수집하거나 작성한 정보에 대해서는 이 법을 적용하지 아니한다. 다만, 제8조제1항에 따른 정보목록의 작성·비치 및 공개에 대해서는 그러하지 아니한다.

[5] 정보공개 청구권자와 공공기관의 의무

(1) 정보공개 청구권자 (제5조)

1) 모든 국민은 정보의 공개를 청구할 권리를 가진다.
2) 외국인의 정보공개 청구에 관하여는 대통령령으로 정한다.

(2) 공공기관의 의무 (제6조)

1) 공공기관은 정보의 공개를 청구하는 국민의 권리가 존중될 수 있도록 이 법을 운영하고 소관 관계 법령을 정비하여야 한다.
2) 공공기관은 정보의 적절한 보존과 신속한 검색이 이루어지도록 정보관리체계를 정비하고, 정보공개 업무를 주관하는 부서 및 담당하는 인력을 적정하게 두어야 하며, 정보통신망을 활용한 정보공개시스템 등을 구축하도록 노력하여야 한다.

(3) 행정정보의 공표 등 (제7조)

1) 공공기관은 다음 각 호의 어느 하나에 해당하는 정보에 대해서는 공개의 구체적 범위와 공개의 주기·시기 및 방법 등을 미리 정하여 공표하고, 이에 따라 정기적으로 공개하여야 한다. 다만, 제9조제1항((비공개 대상 정보) 각 호의 어느 하나에 해당하는 정보에 대해서는 그러하지 아니하다.
   ① 국민생활에 매우 큰 영향을 미치는 정책에 관한 정보
   ② 국가의 시책으로 시행하는 공사(工事) 등 대규모 예산이 투입되는 사업에 관한 정보
   ③ 예산집행의 내용과 사업평가 결과 등 행정감시를 위하여 필요한 정보
   ④ 그 밖에 공공기관의 장이 정하는 정보
2) 공공기관은 제1항에 규정된 사항 외에도 국민이 알아야 할 필요가 있는 정보를 국민에게 공개하도록 적극적으로 노력하여야 한다.

(4) 정보목록의 작성·비치 등 (제8조)

1) 공공기관은 그 기관이 보유·관리하는 정보에 대하여 국민이 쉽게 알 수 있도록 정보목록을 작성하여 갖추어 두고, 그 목록을 정보통신망을 활용한 정보공개시스템 등을 통하여 공개하여야 한다. 다만, 정보목록 중 제9조제1항에 따라 공개하지 아니할 수 있는 정보가 포함되어 있는 경우에는 해당 부분을 갖추어 두지 아니하거나 공개하지 아니할 수 있다.
2) 공공기관은 정보의 공개에 관한 사무를 신속하고 원활하게 수행하기 위하여 정보공개 장소를 확보하고 공개에 필요한 시설을 갖추어야 한다.

(5) 공개대상 정보의 원문공개 (제8조의2)

공공기관 중 중앙행정기관 및 대통령령으로 정하는 기관은 전자적 형태로 보유·관리하는 정보 중 공개대상으로 분류된 정보를 국민의 정보공개 청구가 없더라도 정보통신망을 활용한 정보공개시스템 등을 통하여 공개하여야 한다.

[6] 정보공개의 절차

(1) 비공개 대상 정보 (제9조)

1) 공공기관이 보유·관리하는 정보는 공개 대상이 된다. 다만, 다음 각 호의 어느 하나에 해당하는 정보는 공개하지 아니할 수 있다.

가) 다른 법률 또는 법률에서 위임한 명령(국회규칙·대법원규칙·헌법재판소규칙·중앙선거관리위원회규칙·대통령령 및 조례로 한정한다)에 따라 비밀이나 비공개 사항으로 규정된 정보

나) 국가안전보장·국방·통일·외교관계 등에 관한 사항으로서 공개될 경우 국가의 중대한 이익을 현저히 해칠 우려가 있다고 인정되는 정보

다) 공개될 경우 국민의 생명·신체 및 재산의 보호에 현저한 지장을 초래할 우려가 있다고 인정되는 정보

라) 진행 중인 재판에 관련된 정보와 범죄의 예방, 수사, 공소의 제기 및 유지, 형의 집행, 교정(矯正), 보안처분에 관한 사항으로서 공개될 경우 그 직무수행을 현저히 곤란하게 하거나 형사피고인의 공정한 재판을 받을 권리를 침해한다고 인정할 만한 상당한 이유가 있는 정보

마) 감사·감독·검사·시험·규제·입찰계약·기술개발·인사관리에 관한 사항이나 의사결정 과정 또는 내부검토 과정에 있는 사항 등으로서 공개될 경우 업무의 공정한 수행이나 연구·개발에 현저한 지장을 초래한다고 인정할 만한 상당한 이유가 있는 정보. 다만, 의사결정 과정 또는 내부검토 과정을 이유로 비공개할 경우에는 의사결정 과정 및 내부검토 과정이 종료되면 제10조에 따른 청구인에게 이를 통지하여야 한다.

바) 해당 정보에 포함되어 있는 성명·주민등록번호 등 개인에 관한 사항으로서 공개될 경우 사생활의 비밀 또는 자유를 침해할 우려가 있다고 인정되는 정보. 다만, 다음 각목에 열거한 개인에 관한 정보는 제외한다.

① 법령에서 정하는 바에 따라 열람할 수 있는 정보

② 공공기관이 공표를 목적으로 작성하거나 취득한 정보로서 사생활의 비밀 또는 자유를 부당하게 침해하지 아니하는 정보

③ 공공기관이 작성하거나 취득한 정보로서 공개하는 것이 공익이나 개인의 권리 구제를 위하여 필요하다고 인정되는 정보

④ 직무를 수행한 공무원의 성명·직위

⑤ 공개하는 것이 공익을 위하여 필요한 경우로서 법령에 따라 국가 또는 지방자치단체가 업무의 일부를 위탁 또는 위촉한 개인의 성명·직업

사) 법인·단체 또는 개인(이하 "법인등"이라 한다)의 경영상·영업상 비밀에 관한 사항으로서 공개될 경우 법인등의 정당한 이익을 현저히 해칠 우려가 있다고 인정되는 정보. 다만, 다음 각목에 열거한 정보는 제외한다.

① 사업활동에 의하여 발생하는 위해(危害)로부터 사람의 생명·신체 또는 건강을 보호하기 위하여 공개할 필요가 있는 정보
② 위법·부당한 사업활동으로 부터 국민의 재산 또는 생활을 보호하기 위하여 공개할 필요가 있는 정보

아) 공개될 경우 부동산 투기, 매점매석 등으로 특정인에게 이익 또는 불이익을 줄 우려가 있다고 인정되는 정보

2) 공공기관은 제1항 각 호의 어느 하나에 해당하는 정보가 기간의 경과 등으로 인하여 비공개의 필요성이 없어진 경우에는 그 정보를 공개 대상으로 하여야 한다.
3) 공공기관은 제1항 각 호의 범위에서 해당 공공기관의 업무 성격을 고려하여 비공개 대상 정보의 범위에 관한 세부 기준을 수립하고 이를 공개하여야 한다.

(2) 정보공개의 청구방법 (제10조)

1) 정보의 공개를 청구하는 자(이하 "청구인"이라 한다)는 해당 정보를 보유하거나 관리하고 있는 공공기관에 다음 각 호의 사항을 적은 정보공개 청구서를 제출하거나 말로써 정보의 공개를 청구할 수 있다.
   가) 청구인의 성명·주민등록번호·주소 및 연락처(전화번호·전자우편주소 등을 말한다)
   나) 공개를 청구하는 정보의 내용 및 공개방법
2) 제1항에 따라 청구인이 말로써 정보의 공개를 청구할 때에는 담당 공무원 또는 담당 임직원(이하 "담당공무원등"이라 한다)의 앞에서 진술하여야 하고, 담당 공무원등은 정보공개 청구조서를 작성하여 이에 청구인과 함께 기명날인하거나 서명하여야 한다.
3) 제1항과 제2항에서 규정한 사항 외에 정보공개의 청구방법 등에 관하여 필요한 사항은 국회규칙·대법원규칙·헌법재판소규칙·중앙선거관리위원회규칙 및 대통령령으로 정한다.

(3) 정보공개 여부의 결정 (제11조)

1) 공공기관은 제10조에 따라 정보공개의 청구를 받으면 그 청구를 받은 날부터 10일 이내에 공개 여부를 결정하여야 한다.
2) 공공기관은 부득이한 사유로 제1항에 따른 기간 이내에 공개 여부를 결정할 수 없을 때에는 그 기간이 끝나는 날의 다음 날부터 기산(起算)하여 10일의 범위에서 공개 여부 결정기간을 연장할 수 있다. 이 경우 공공기관은 연장된 사실과 연장 사유를 청구인에게 지체 없이 문서로 통지하여야 한다.

3) 공공기관은 공개 청구된 공개 대상 정보의 전부 또는 일부가 제3자와 관련이 있다고 인정할 때에는 그 사실을 제3자에게 지체 없이 통지하여야 하며, 필요한 경우에는 그의 의견을 들을 수 있다.
4) 공공기관은 다른 공공기관이 보유·관리하는 정보의 공개 청구를 받았을 때에는 지체 없이 이를 소관 기관으로 이송하여야 하며, 이송한 후에는 지체 없이 소관 기관 및 이송 사유 등을 분명히 밝혀 청구인에게 문서로 통지하여야 한다.

16 개인정보 보호(개인정보 보호법)

[1] 제정이유와 목적

정보사회의 고도화와 개인정보의 경제적 가치 증대로 사회 모든 영역에 걸쳐 개인정보의 수집과 이용이 보편화되고 있으나, 국가사회 전반을 규율하는 개인정보 보호원칙과 개인정보 처리기준이 마련되지 못해 개인정보 보호의 사각지대가 발생할 뿐만 아니라, 개인정보의 유출·오용·남용 등 개인정보 침해 사례가 지속적으로 발생함에 따라 국민의 프라이버시 침해는 물론 명의도용, 전화사기 등 정신적·금전적 피해를 초래하고 있는 바, 공공부문과 민간부문을 망라하여 국제 수준에 부합하는 개인정보 처리원칙 등을 규정하고, 개인정보 침해로 인한 국민의 피해 구제를 강화하여 국민의 사생활의 비밀을 보호하며, 개인정보에 대한 권리와 이익을 보장하려는 것으로 법률 제10465호, 2011. 3. 29. 제정하고, 그동안 수회 개정하여 현재에 이르고 있다. 이 법(개인정보보호법)[104]은 개인정보의 처리 및 보호에 관한 사항을 정함으로써 개인의 자유와 권리를 보호하고, 나아가 개인의 존엄과 가치를 구현함을 목적으로 한다.

[2] 정의

1) "개인정보"란 살아 있는 개인에 관한 정보로서 다음 각 목의 어느 하나에 해당하는 정보를 말한다.
   ① 성명, 주민등록번호 및 영상 등을 통하여 개인을 알아볼 수 있는 정보

104) 개인정보 보호법, [법률 제16930호, 2020. 2. 4., 일부개정], 행정안전부(개인정보보호정책과)

② 해당 정보만으로는 특정 개인을 알아볼 수 없더라도 다른 정보와 쉽게 결합하여 알아볼 수 있는 정보. 이 경우 쉽게 결합할 수 있는지 여부는 다른 정보의 입수 가능성 등 개인을 알아보는 데 소요되는 시간, 비용, 기술 등을 합리적으로 고려하여야 한다.

③ 가목 또는 나목을 제1호의2에 따라 가명처리 함으로써 원래의 상태로 복원하기 위한 추가 정보의 사용·결합 없이는 특정 개인을 알아볼 수 없는 정보(이하 "가명정보"라 한다)

1의2) "가명처리"란 개인정보의 일부를 삭제하거나 일부 또는 전부를 대체하는 등의 방법으로 추가 정보가 없이는 특정 개인을 알아볼 수 없도록 처리하는 것을 말한다.

2) "처리"란 개인정보의 수집, 생성, 연계, 연동, 기록, 저장, 보유, 가공, 편집, 검색, 출력, 정정(訂正), 복구, 이용, 제공, 공개, 파기(破棄), 그 밖에 이와 유사한 행위를 말한다.

3) "정보주체"란 처리되는 정보에 의하여 알아볼 수 있는 사람으로서 그 정보의 주체가 되는 사람을 말한다.

4) "개인정보파일"이란 개인정보를 쉽게 검색할 수 있도록 일정한 규칙에 따라 체계적으로 배열하거나 구성한 개인정보의 집합물(集合物)을 말한다.

5) "개인정보처리자"란 업무를 목적으로 개인정보파일을 운용하기 위하여 스스로 또는 다른 사람을 통하여 개인정보를 처리하는 공공기관, 법인, 단체 및 개인 등을 말한다.

6) "공공기관"이란 다음 각 목의 기관을 말한다.

① 국회, 법원, 헌법재판소, 중앙선거관리위원회의 행정사무를 처리하는 기관, 중앙행정기관(대통령 소속 기관과 국무총리 소속 기관을 포함한다) 및 그 소속 기관, 지방자치단체

② 그 밖의 국가기관 및 공공단체 중 대통령령으로 정하는 기관

7) "영상정보처리기기"란 일정한 공간에 지속적으로 설치되어 사람 또는 사물의 영상 등을 촬영하거나 이를 유·무선망을 통하여 전송하는 장치로서 대통령령으로 정하는 장치를 말한다.

8) "과학적 연구"란 기술의 개발과 실증, 기초연구, 응용연구 및 민간 투자 연구 등 과학적 방법을 적용하는 연구를 말한다.

[3] 개인정보 보호 원칙 (제3조)

1) 개인정보처리자는 개인정보의 처리 목적을 명확하게 하여야 하고 그 목적에 필요한 범위에서 최소한의 개인정보만을 적법하고 정당하게 수집하여야 한다.
2) 개인정보처리자는 개인정보의 처리 목적에 필요한 범위에서 적합하게 개인정보를 처리하여야 하며, 그 목적 외의 용도로 활용하여서는 아니 된다.
3) 개인정보처리자는 개인정보의 처리 목적에 필요한 범위에서 개인정보의 정확성, 완전성 및 최신성이 보장되도록 하여야 한다.
4) 개인정보처리자는 개인정보의 처리 방법 및 종류 등에 따라 정보주체의 권리가 침해받을 가능성과 그 위험 정도를 고려하여 개인정보를 안전하게 관리하여야 한다.
5) 개인정보처리자는 개인정보 처리방침 등 개인정보의 처리에 관한 사항을 공개하여야 하며, 열람청구권 등 정보주체의 권리를 보장하여야 한다.
6) 개인정보처리자는 정보주체의 사생활 침해를 최소화하는 방법으로 개인정보를 처리하여야 한다.
7) 개인정보처리자는 개인정보를 익명 또는 가명으로 처리하여도 개인정보 수집목적을 달성할 수 있는 경우 익명처리가 가능한 경우에는 익명에 의하여, 익명처리로 목적을 달성할 수 없는 경우에는 가명에 의하여 처리될 수 있도록 하여야 한다.
8) 개인정보처리자는 이 법 및 관계 법령에서 규정하고 있는 책임과 의무를 준수하고 실천함으로써 정보주체의 신뢰를 얻기 위하여 노력하여야 한다.

[4] 정보주체의 권리 (제4조)

정보주체는 자신의 개인정보 처리와 관련하여 다음 각 호의 권리를 가진다.

1) 개인정보의 처리에 관한 정보를 제공받을 권리
2) 개인정보의 처리에 관한 동의 여부, 동의 범위 등을 선택하고 결정할 권리
3) 개인정보의 처리 여부를 확인하고 개인정보에 대하여 열람(사본의 발급을 포함한다. 이하 같다)을 요구할 권리
4) 개인정보의 처리 정지, 정정·삭제 및 파기를 요구할 권리
5) 개인정보의 처리로 인하여 발생한 피해를 신속하고 공정한 절차에 따라 구제받을 권리

[5] 국가 등의 책무 (제5조)

1) 국가와 지방자치단체는 개인정보의 목적 외 수집, 오용·남용 및 무분별한 감시·추적 등에 따른 폐해를 방지하여 인간의 존엄과 개인의 사생활 보호를 도모하기 위한 시책을 강구하여야 한다.
2) 국가와 지방자치단체는 제4조에 따른 정보주체의 권리를 보호하기 위하여 법령의 개선 등 필요한 시책을 마련하여야 한다.
3) 국가와 지방자치단체는 개인정보의 처리에 관한 불합리한 사회적 관행을 개선하기 위하여 개인정보처리자의 자율적인 개인정보 보호활동을 존중하고 촉진·지원하여야 한다.
4) 국가와 지방자치단체는 개인정보의 처리에 관한 법령 또는 조례를 제정하거나 개정하는 경우에는 이 법의 목적에 부합되도록 하여야 한다.

[6] 개인정보의 수집·이용 및 제한

(1) 개인정보의 수집·이용 (제15조)

1) 개인정보처리자는 다음 각 호의 어느 하나에 해당하는 경우에는 개인정보를 수집할 수 있으며 그 수집 목적의 범위에서 이용할 수 있다.
   ① 정보주체의 동의를 받은 경우
   ② 법률에 특별한 규정이 있거나 법령상 의무를 준수하기 위하여 불가피한 경우
   ③ 공공기관이 법령 등에서 정하는 소관 업무의 수행을 위하여 불가피한 경우
   ④ 정보주체와의 계약의 체결 및 이행을 위하여 불가피하게 필요한 경우
   ⑤ 정보주체 또는 그 법정대리인이 의사표시를 할 수 없는 상태에 있거나 주소불명 등으로 사전 동의를 받을 수 없는 경우로서 명백히 정보주체 또는 제3자의 급박한 생명, 신체, 재산의 이익을 위하여 필요하다고 인정되는 경우
   ⑥ 개인정보처리자의 정당한 이익을 달성하기 위하여 필요한 경우로서 명백하게 정보주체의 권리보다 우선하는 경우. 이 경우 개인정보처리자의 정당한 이익과 상당한 관련이 있고 합리적인 범위를 초과하지 아니하는 경우에 한한다.
2) 개인정보처리자는 제1항제1호에 따른 동의를 받을 때에는 다음 각 호의 사항을 정보주체에게 알려야 한다. 다음 각 호의 어느 하나의 사항을 변경하는 경우에도 이를 알리고 동의를 받아야 한다.

① 개인정보의 수집·이용 목적
② 수집하려는 개인정보의 항목
③ 개인정보의 보유 및 이용 기간
④ 동의를 거부할 권리가 있다는 사실 및 동의 거부에 따른 불이익이 있는 경우에는 그 불이익의 내용

3) 개인정보처리자는 당초 수집 목적과 합리적으로 관련된 범위에서 정보주체에게 불이익이 발생하는지 여부, 암호화 등 안전성 확보에 필요한 조치를 하였는지 여부 등을 고려하여 대통령령으로 정하는 바에 따라 정보주체의 동의 없이 개인정보를 이용할 수 있다.

(2) 개인정보의 수집 제한 (제16조)

1) 개인정보처리자는 제15조제1항 각 호의 어느 하나에 해당하여 개인정보를 수집하는 경우에는 그 목적에 필요한 최소한의 개인정보를 수집하여야 한다. 이 경우 최소한의 개인정보 수집이라는 입증책임은 개인정보처리자가 부담한다.
2) 개인정보처리자는 정보주체의 동의를 받아 개인정보를 수집하는 경우 필요한 최소한의 정보 외의 개인정보 수집에는 동의하지 아니할 수 있다는 사실을 구체적으로 알리고 개인정보를 수집하여야 한다.
3) 개인정보처리자는 정보주체가 필요한 최소한의 정보 외의 개인정보 수집에 동의하지 아니한다는 이유로 정보주체에게 재화 또는 서비스의 제공을 거부하여서는 아니 된다.

(3) 개인정보의 제공 (제17조)

1) 개인정보처리자는 다음 각 호의 어느 하나에 해당되는 경우에는 정보주체의 개인정보를 제3자에게 제공(공유를 포함한다. 이하 같다)할 수 있다.
   ① 정보주체의 동의를 받은 경우
   ② 제15조제1항제2호·제3호·제5호 및 제39조의3제2항제2호·제3호에 따라 개인정보를 수집한 목적 범위에서 개인정보를 제공하는 경우
2) 개인정보처리자는 제1항제1호에 따른 동의를 받을 때에는 다음 각 호의 사항을 정보주체에게 알려야 한다. 다음 각 호의 어느 하나의 사항을 변경하는 경우에도 이를 알리고 동의를 받아야 한다.
   ① 개인정보를 제공받는 자
   ② 개인정보를 제공받는 자의 개인정보 이용 목적

③ 제공하는 개인정보의 항목
④ 개인정보를 제공받는 자의 개인정보 보유 및 이용 기간
⑤ 동의를 거부할 권리가 있다는 사실 및 동의 거부에 따른 불이익이 있는 경우에는 그 불이익의 내용

3) 개인정보처리자가 개인정보를 국외의 제3자에게 제공할 때에는 제2항 각 호에 따른 사항을 정보주체에게 알리고 동의를 받아야 하며, 이 법을 위반하는 내용으로 개인정보의 국외 이전에 관한 계약을 체결하여서는 아니 된다.

4) 개인정보처리자는 당초 수집 목적과 합리적으로 관련된 범위에서 정보주체에게 불이익이 발생하는지 여부, 암호화 등 안전성 확보에 필요한 조치를 하였는지 여부 등을 고려하여 대통령령으로 정하는 바에 따라 정보주체의 동의 없이 개인정보를 제공할 수 있다.

(4) 개인정보의 목적 외 이용·제공 제한(제18조)

1) 개인정보처리자는 개인정보를 제15조제1항 및 제39조의3제1항 및 제2항에 따른 범위를 초과하여 이용하거나 제17조제1항 및 제3항에 따른 범위를 초과하여 제3자에게 제공하여서는 아니 된다.

2) 제1항에도 불구하고 개인정보처리자는 다음 각 호의 어느 하나에 해당하는 경우에는 정보주체 또는 제3자의 이익을 부당하게 침해할 우려가 있을 때를 제외하고는 개인정보를 목적 외의 용도로 이용하거나 이를 제3자에게 제공할 수 있다. 다만, 이용자(「정보통신망 이용촉진 및 정보보호 등에 관한 법률」 제2조제1항제4호에 해당하는 자를 말한다. 이하 같다)의 개인정보를 처리하는 정보통신서비스 제공자(「정보통신망 이용촉진 및 정보보호 등에 관한 법률」 제2조제1항제3호에 해당하는 자를 말한다. 이하 같다)의 경우 제1호·제2호의 경우로 한정하고, 제5호부터 제9호까지의 경우는 공공기관의 경우로 한정한다.

① 정보주체로부터 별도의 동의를 받은 경우
② 다른 법률에 특별한 규정이 있는 경우
③ 정보주체 또는 그 법정대리인이 의사표시를 할 수 없는 상태에 있거나 주소불명 등으로 사전 동의를 받을 수 없는 경우로서 명백히 정보주체 또는 제3자의 급박한 생명, 신체, 재산의 이익을 위하여 필요하다고 인정되는 경우
④ 삭제
⑤ 개인정보를 목적 외의 용도로 이용하거나 이를 제3자에게 제공하지 아니하면 다른

법률에서 정하는 소관 업무를 수행할 수 없는 경우로서 보호위원회의 심의·의결을 거친 경우

⑥ 조약, 그 밖의 국제협정의 이행을 위하여 외국정부 또는 국제기구에 제공하기 위하여 필요한 경우

⑦ 범죄의 수사와 공소의 제기 및 유지를 위하여 필요한 경우

⑧ 법원의 재판업무 수행을 위하여 필요한 경우

⑨ 형(刑) 및 감호, 보호처분의 집행을 위하여 필요한 경우

3) 개인정보처리자는 제2항제1호에 따른 동의를 받을 때에는 다음 각 호의 사항을 정보주체에게 알려야 한다. 다음 각 호의 어느 하나의 사항을 변경하는 경우에도 이를 알리고 동의를 받아야 한다.

① 개인정보를 제공받는 자

② 개인정보의 이용 목적(제공 시에는 제공받는 자의 이용 목적을 말한다)

③ 이용 또는 제공하는 개인정보의 항목

④ 개인정보의 보유 및 이용 기간(제공 시에는 제공받는 자의 보유 및 이용 기간을 말한다)

⑤ 동의를 거부할 권리가 있다는 사실 및 동의 거부에 따른 불이익이 있는 경우에는 그 불이익의 내용

4) 공공기관은 제2항제2호부터 제6호까지, 제8호 및 제9호에 따라 개인정보를 목적 외의 용도로 이용하거나 이를 제3자에게 제공하는 경우에는 그 이용 또는 제공의 법적 근거, 목적 및 범위 등에 관하여 필요한 사항을 보호위원회가 고시로 정하는 바에 따라 관보 또는 인터넷 홈페이지 등에 게재하여야 한다.

5) 개인정보처리자는 제2항 각 호의 어느 하나의 경우에 해당하여 개인정보를 목적 외의 용도로 제3자에게 제공하는 경우에는 개인정보를 제공받는 자에게 이용 목적, 이용 방법, 그 밖에 필요한 사항에 대하여 제한을 하거나, 개인정보의 안전성 확보를 위하여 필요한 조치를 마련하도록 요청하여야 한다. 이 경우 요청을 받은 자는 개인정보의 안전성 확보를 위하여 필요한 조치를 하여야 한다.

(5) 개인정보를 제공받은 자의 이용·제공 제한 (제19조)

개인정보처리자로부터 개인정보를 제공받은 자는 다음 각 호의 어느 하나에 해당하는 경우를 제외하고는 개인정보를 제공받은 목적 외의 용도로 이용하거나 이를 제3자에게 제공하여서는 아니 된다.

1) 정보주체로부터 별도의 동의를 받은 경우
2) 다른 법률에 특별한 규정이 있는 경우

(6) 개인정보의 파기 (제21조)

1) 개인정보처리자는 보유기간의 경과, 개인정보의 처리 목적 달성 등 그 개인정보가 불필요하게 되었을 때에는 지체 없이 그 개인정보를 파기하여야 한다. 다만, 다른 법령에 따라 보존하여야 하는 경우에는 그러하지 아니하다.
2) 개인정보처리자가 제1항에 따라 개인정보를 파기할 때에는 복구 또는 재생되지 아니하도록 조치하여야 한다.
3) 개인정보처리자가 제1항 단서에 따라 개인정보를 파기하지 아니하고 보존하여야 하는 경우에는 해당 개인정보 또는 개인정보파일을 다른 개인정보와 분리하여서 저장·관리하여야 한다.
4) 개인정보의 파기방법 및 절차 등에 필요한 사항은 대통령령으로 정한다.

2장 인적자원관리론

1 해양경찰 인사관리

[1] 인사관리

(1) 개념

인사관리란 조직의 목표달성을 효율적으로 지원하기 위하여 그에 적합한 인재를 충원하고, 적소에 배치하며, 능력발전을 도모하고, 근무 의욕을 고취시키는 활동을 수행하는 것으로 임용, 교육훈련, 성과평가, 동기부여 등 주요 활동을 말한다. 해양경찰 인사관리는 해양경찰 활동의 수행에 필요한 인적 자원의 효율적 관리활동을 의미한다. 해양경찰관을 체계적이고 합리적인 기준에 따라 분류하고 모집, 채용, 내부관리 등을 해나가는 과정이다. 해양경찰 인력은 계속해서 증가하고 있으며 이들을 합리적 기준에 의해 공정하게 관리해 나가는 것은 해양경찰 목적달성에 가장 중요한 기능이라고 할 수 있다.

인사관리의 구체적인 과정을 보면 해양경찰 활동의 수요와 공급에 관한 예측을 통해 최적의 수급방안을 수립하는 것부터 시작한다. 적정한 해양경찰관 수급계획을 세우는 것은 현재 해양경찰이 수행하고 있는 업무의 증가나 감소에 대한 예측과 장래에 필요한 경찰활동의 내용 및 전문성에 대한 예측을 통해 이루어진다.

(2) 목적

인사가 만사라는 말이 있듯이 해양경찰에서 개개인의 능력을 최고로 발휘하고 공정한 보상을 받게 인사를 관리해 주면 해양안전과 해상치안 대응을 해나가는 기능은 순조롭게 이루어지지만 인사기준이나 관리가 불합리하거나 부정이 개입된다면 아무리 유능한 인재가 해양경찰이 되더라도 해양경찰 목적을 이루는데 기여하지 못하고 해양경찰조직을 불신하게 될 것이다.

인사관리는 첫째, 효율적인 해양경찰인력의 운영이다. 즉, 해양경찰관을 적재적소에 필요한 때에 지원해주고 이들의 근무의욕과 사기가 높은 수준을 유지하도록 하는데 있다. 수많은 해양경찰관을 효율적으로 관리하기 위해서는 개개인의 능력과 자격 및 경력을 고려하여 합리적인 수급계획을 세우고 적정한 분류에 의해 관리해 나가야 한다.

둘째, 인사운영을 합리적이고 개관적인 기준을 중심으로 공정하게 하는데 있다. 임기응변식, 정실주의, 연고주의 보다는 객관적이고 실적에 기반을 둔 인사관리가 해양경찰관의 동기부여나 사기관리에 기여하게 된다. 인사권자에 따라서 구성원의 욕구충족, 동기부여, 그리고 능력발전이 좌우된다면 인사관리가 공정하다고 할 수 없다. 관리자는 유사한 조건에 있는 사람은 동일한 규칙과 적용, 기회균등을 위해 노력해야 한다. 사람들은 서로 비교하고 평가할 때, 그들 나름대로 준거집단을 갖고 있다. 그 준거집단에 적용되는 평가기준과 자신에 대한 평가기준이 다를 때, 즉 정실이나 연분이 작용하여 평가가 이루어질 때, 개인은 불만이나 좌절상태에 빠져 근무의욕을 잃어버리거나 때로는 극한적인 공격성 형태를 나타내 보이기도 한다. 따라서 인력관리는 정원관리 및 채용, 교육훈련, 보직, 근무성적의 평가, 그리고 승진관리에 이르게까지 적용규칙이나 기준은 공평하고 일관성이 있어야 한다.

셋째, 해양경찰조직과 개개인의 요구를 잘 조화시키는 것이다. 해양경찰조직은 조직을 구성하고 있는 해양경찰관들 사이의 협동을 통해 임무를 수행할 수 있는 것이지 조직도표와 명령에 의해서 임무를 수행하는 것은 아니라고 할 수 있다. 어떤 특정 조직의 구성원들을 한꺼번에 모두 교체해 보라. 그러면 그 조직의 업무성취도나 효과성은 아주 달라질 것이다. 그 조직의 명칭이나 조직구조는 동일하게 존재하는 데도 왜 이러한 현상이 나타날까? 그것은 바로 그 조직을 구성하는 인간들이 바뀌어졌기 때문이다. 따라서 조직에서는 조직체계 그 자체보다는 해양경찰관 개인의 능력과 의욕이 더 중요하다고 볼 수 있다. 그래서 조직의 경우에 인력관리가 무엇보다 중요하다. 조직에 있어서 개인의 만족을 좌우하는 요인은 성취감, 안정감, 일 그 자체, 책임, 승진, 그리고 성장으로 밝혀지고 있다. 인간의 욕구이론에 의하면, 인간은 대체로 성취욕구, 권력욕구, 그리고 친교욕구를 가지고 있다는 것이다. 해양경찰관도 이러한 욕구를 가진다고 할 수 있다. 따라서 해양경찰관의 욕구와 해상범죄예방과 수사 등의 경찰활동을 조화시켜 나가는 것이 해양경찰 인사관리의 중요한 목적인 것이다.

넷째, 인사관리의 목적은 우수한 사람들을 확보하여 그들의 능력을 계속적으로 발전시키고, 또한 그들이 근무의욕을 갖고 열심히 일하게 함으로써 조직의 효과성을 높이는데 있다. 개인의 성장과 조직의 효과를 조화시켜 가는 작업이 인사관리의 핵심이라고 할 수 있다.

다섯째, 목적은 환경에 변화에 대한 적응성이다. 인간은 과거의 규칙에 매달리는 속성이 있다. 사회 환경은 과거와 엄청나게 달라지고 있고 변화의 속도도 매우 빠르다. 현재의 규칙이 과거에 만들어졌고 미래에는 적합하지 않게 될 것이 예견되는데도 그 규칙에 구속된다면 유능한 인재의 선발과 보유가 어렵게 되고 이들은 경찰을 떠날 것이다. 이러한 상황 속에서는 과거의 규칙에 의문을 제기하여 현재의 사회변동에 적합한 인사기준을 만드는 작업을 하여야 할 것이다.

(3) 과정

해양경찰인력의 수급계획에 의해 해양경찰공무원을 모집, 채용, 내부관리를 해나가게 된다. 내부관리는 배치전환, 교육훈련, 동기부여, 행정통제 등을 통해 채용된 해양경찰공무원이 직업인으로서의 해양경찰업무를 의욕적으로 수행할 수 있게 하는 것을 말한다. 해양경찰 인사관리는 해양경찰공무원으로 채용하는 외부임용과 채용 후의 관리를 의미하는 내부임용으로 나눌 수 있다.

[2] 해양경찰공무원 분류

해양경찰공무원의 분류는 채용에서부터 승진 및 인사이동의 경로 등 인적자원관리의 모든 활동에 직·간접으로 영향을 미치는 것이다. 해양경찰공무원을 분류하는 것은 수많은 구성원을 하나의 기준으로 관리할 수 없을 뿐만 아니라 개인별로 따로 따로 관리할 수도 없기 때문이다. 즉, 모든 해양경찰관을 동일하게 대우하고 관리하면 개인의 특성이나 능력이 무시된다. 또한 모든 해양경찰관의 개인 특성을 고려하여 개인별로 관리한다는 것은 인사관리상 불가능하고 비효율적인 것이다. 따라서 대규모의 인력을 관리하는 조직에서는 거의 모두 일정한 인력분류제를 채택하여 효율적이면서 개개인의 특성과 능력을 살려나가는 운영을 하고 있다. 해양경찰관의 분류는 계급, 경과와 특기 등 3가지 기준을 정하고 있다. 계급은 직책의 난이도와 보수의 차이를 두기 위한 것이고 경과와 특기는 개인의 능력, 적성, 자격 등을 활용하기 위한 목적을 가지고 있다.

(1) 계급제

계급제는 공무원이 가지는 개인의 특성, 즉 학력, 경력, 자격을 기준으로 하여 유사한 개인적 특성을 가진 공무원을 여러 범주와 집단으로 구분하여 계층을 구분하는 것을 말한다. 국가공무원 중 경력직 공무원은 1급에서 9급까지 계층을 두고 있다. 해양경찰관은 순경에서 치안총감까지 11개 계급(순경, 경장, 경사, 경위, 경감, 경정, 총경, 경무관, 치안감, 치안정감, 치안총감)으로 상하로 체계화 되어있다. 해양경찰관의 신분상의 지위나 자격에 중점을 두고 개인의 특성을 고려하여 계급체계를 만들고 있으며 임용의 중요한 기준이 된다.

즉, 계급이 높을수록 직무수행의 곤란도, 책임도가 높은 직책에 배치된다. 계급제를 유지하는 해양경찰 인사관리에서는 개인의 능력이나 자격보다 개인의 계급을 보직의 기준으로 삼기 때문에 맡는 직책의 특성에 따른 자격이나 능력보다는 계급수준이 더 중요한 기준이 된다. 다시 말해서 능력이 있더라도 계급이 맞지 않으면 보직을 주지 않는다는 것이다.

이러한 계급제는 직무수행에 요구되는 능력이나 자격과 계급수준의 조화가 이루어질 때에는 운영의 효율을 기할 수 있으나 계급수준에 능력이나 자격이 적합하지 않은 경우에는 관리의 효율을 떨어트리게 된다.

(2) 경과

해양경찰공무원의 경과(警科)에 따라서 하는 일이 달라진다. 사실 경과는 직무의 성격이 따라서 구분되었기 때문에 채용된 경찰관이 부여받는 경과에 따라서 그 개인이 담당하는 직무의 종류가 결정되게 된다(경찰공무원법 제3조). 인사관리의 중요한 기준으로 이용하고 있는 경과는 해양경찰업무의 여러 가지 특성을 구분하고 그에 적합한 해양경찰관을 모집채용하고 있다. 능력과 경력을 해양경찰에서 전문화시키고 발전시킴으로써 해양경찰업무의 효율성을 높이기 위한 제도이다. 그런데 경과는 총경이하에 적용되고 수사경과 및 항공경과, 정보통신경과, 특임경과는 경정 이하 해양경찰청 소속 경찰공무원에게만 부여한다(해양경찰청 소속 경찰공무원 임용에 관한 규정: 제1조의2(경과 부여).

해양경찰공무원을 신규 채용하는 때에는 채용구분에 따라 경과를 부여한다. 해양경찰공무원의 경과별 직무의 종류는 「해양경찰청 소속 경찰공무원임용령 시행규칙」제20조(경과별 직무의 종류) 해양경찰청 소속 경찰공무원의 경과별 직무의 종류는 다음 각 호와 같다.

1) 해양경과 : 홍보·기획·국제협력·감사·운영지원·경비·해상안전·수색구조·수상레저·정보·장비기술·해양오염방제 또는 그 밖의 직무로서 수사경과, 항공경과, 정보통신경과 및 특임경과에 속하지 아니하는 직무
2) 수사경과 : 범죄수사에 관한 직무
3) 항공경과 : 경찰항공기의 운영·관리에 관한 직무
4) 정보통신경과 : 경찰정보통신의 운영·관리에 관한 직무
5) 특임경과 : 잠수·특공대 또는 응급구조에 관한 직무

그러나 해양경찰은 경과를 변경할 수 가 있는데 이를 전과라 한다. 전과는 해양경과에서 수사경과, 항공경과, 정보통신경과 또는 특임경과로 전과만 인정한다. 다만, 정원감축 등 해

양경찰청장이 정하는 사유가 있는 경우 수사경과, 항공경과, 정보통신경과 또는 특임경과에서 해양경과로의 전과를 인정할 수 있다. 경과가 신설 또는 폐지되는 경우에는 다음 각 호에 따른 전과를 인정할 수 있다.

1) 경과가 신설되는 경우 : 해양경과·수사경과·항공경과·정보통신경과 또는 특임경과에서 신설되는 경과로의 전과
2) 경과가 폐지되는 경우: 폐지되는 경과에서 해양경과·수사경과·항공경과·정보통신경과 또는 특임경과로의 전과

전과는 다음 각 호의 어느 하나에 해당하는 사람에 대해서만 인정하는 제한이 있다.

1) 현재 경과보다 다른 경과에서 더욱 발전할 수 있다고 인정되는 사람
2) 변경하려는 경과에 필요한 직무교육을 이수한 사람
3) 전과하려는 경과와 관련된 자격증을 소지한 사람
4) 전과하려는 경과와 관련된 분야의 시험(국가에서 시행하는 시험만 해당한다)에 합격한 사람

그러나 다음 각 호의 어느 하나에 해당하는 사람은 제28조제1항에 따른 전과를 할 수 없다.

1) 현재 경과를 부여받고 1년이 지나지 아니한 사람
2) 특정한 직무분야에 근무할 것을 조건으로 채용된 해양경찰청 소속 경찰공무원으로서 채용 후 5년이 지나지 아니한 사람

[3] 우리나라 공직분류 체계

공직분류라 함은 공무원(사람) 또는 직위(일)를 일정한 기준에 따라 구분하여 정부조직 내의 작업구조를 형성하는 과정 및 그 결과를 말한다. 또한 공직분류는 계급제적 인사행정체계에서의 주된 분류방식인 계급구조를 수직적 분류로 직위분류제적인 인사행정체계에서의 직위분류방식을 수평적 분류라고 지칭하고, 양자를 포괄하는 넓은 의미로 사용하기도 한다. 이러한 정의는 기존의 인사행정관련 문헌에서 지칭하는 직위분류제와 계급제 이념이 지향하는 바를 모두 수용하고자 하는 의도가 담겨 있다.

공직의 분류는 공무원의 채용에서부터 보직관리, 승진, 교육훈련, 보수 등 인력관리의 모든 국면에 직·간접으로 영향을 미치며, 이를 통하여 정부관료제의 성격을 규정할 뿐만 아니라 생산성과 경쟁력에도 상당한 영향을 미친다. 이와 같이 공직분류체계는 사회의 잠재적인 유능한 인력을 공직에 유인하고, 시험의 타당성을 제고시키는 주요한 수단적 가치를 띠면서

도 임용후의 합리적인 인력관리의 근거와 이론을 제공해 준다는 점에서 인사행정의 기초라 할 수 있다.

(1) 직위분류제

직위분류제는 직무의 곤란성이나 책임도를 기준으로 직위를 분류해 그 직위에 맞는 조건을 갖춘 사람을 임용하는 제도로 미국과 케나다 등에서 택하고 있으며. 우리나라는 1981년 국가공무원법 조문개정으로 보직관리의 원칙, 직군·직렬·직류의 분류와 승진, 시험 등에 직위분류제적 요소(분류법채택)를 가미하고 있다.

1) 구성요소

① "직위"라 함은 1인의 공무원에게 부여할 수 있는 직무와 책임을 말한다.

② "직급"이라 함은 직무의 종류·곤란성과 책임도가 상당히 유사한 직위의 군을 말한다.

③ "직렬"이라 함은 직무의 종류가 유사하고 그 책임과 곤란성의 정도가 상이한 직급의 군을 말한다.

④ "직군"이라 함은 직무의 성질이 유사한 직렬의 군을 말한다.

⑤ "직류"라 함은 동일한 직렬내에서의 담당분야가 동일한 직무의 군을 말한다.

⑥ "등급"이라 함은 직무의 종류는 상이하나 그 책임과 곤란성의 정도가 유사한 직위의 군을 말한다(공무원임용령상 '계급'에 해당).

※ "직무등급"이라 함은 직무의 곤란성과 책임의 정도가 유사하여 해당 직무 담당자에게 비슷한 보수를 지급할 필요가 있는 직위의 군을 말한다.

2) 장점

① 인사행정 및 보수관계의 합리화, 공정성, 객관성(직무급, 즉 동일직무 동일보수)확립

② 행정의 전문화. 분업화의 촉진 : 전문행정가 양성

③ 공직분류와 조직구조의 연계 : 공직분류 결과가 조직의 파라미드 구조를 형성

④ 종적, 횡적으로 권한과 책임한계의 명확화

⑤ 분화된 산업사회의 인사행정에 개입

⑥ 노동시장의 안정화

3) 단점

① 협조, 조정의 곤란 : 지나친 직무의 세분화로 인해 협조와 조정이 곤란

② 인사배치의 융통성 및 신축성 부족 : 다른 직렬 등으로의 이동곤란
③ 직공의 확립곤란
④ 신분의 임의적 보장으로 행정의 안정성 저해
⑤ 넓은 시야를 가진 일반 행정가의 양성곤란 : 전문가 양성에 치중

(2) 계급제

개인적 특성(신분, 학력, 경력, 자격 등)을 기준으로 유사한 특성을 가진 사람들을 동일 범주 혹은 집단으로 구분하여 계급을 형성하는 제도이다. 계급제는 직위분류제에 상대되는 용어로 직무의 곤란성(어려움)이나 책임도를 계급에 부여하는 제도로 영국, 독일 등 유럽국가, 일본 등 많은 국가들이 택하고 있으며 우리나라도 계급제의 바탕위에 직위분류제요소를 가미하여 사용하고 있다. 예를 들자면 중앙부처 국장이라는 직위에 2급 이사관이나 3급 부이사관을 임명하고 과장직위에는 4급서기관이 임명되는데 이것이 계급제이다. 쉽게 말하면 국장급에 아래계급인 4급서기관이 배치될 수 없는 것이다.

1) 장점

① 유능한 인재 임용 가능성(발전가능성과 잠재력)
② 인사관리의 탄력성, 폭넓은 시각과 이해력, 일반 행정가
③ 신분보장과 직업공무원제 확립
④ 인사관리의 용이성 및 비용절감

2) 단점

① 동일직무 동일보수 확립의 어려움
② 행정 전문화의 어려움
③ 불합리한 의사결정의 가능성
④ 행정의 능률 저하
⑤ 책임전가로 인한 지연
⑥ 관료주의화, 특권집단화

대개 직위분류제와 계급제는 장단점으로 인해 직위분류제는 계급제를 가미하고, 계급제는 직위분류제를 가미하는 것이 세계적인 추세이다. 우리나라도 직위분류제요소를 사용하는데 직군을 행정직군, 공안직군, 농림수산직군 등으로 나누고 각 직군은 여러 직렬로 나눈다. 행정직군의 경우 행정직렬, 세무직렬, 사회복지직렬등으로 나눠 채용하고 있다.

우리나라는 사실상 계급제 위주에다가 직위분류제 요소가 부분적으로 가미된 절충형으로 해양경찰도 마찬가지 형태를 띠고 있다.

〈표 4-24〉 직위분류제와 계급제의 비교

구분	직위분류제	계급제
분류 단위	직무의 종류. 책임도. 곤란도 (종적분류+ 횡적분류), 직위	개개인의 자격. 능력. 신분 (횡적분류), 계급
채용기준	전문 능력	잠재적·일반적 능력
경력발전	전문행정가	일반행정가
충원체계	개방형	폐쇄형
보수정책	직무급(동일직무 동일보수의 합리적 보수제도)	동일계급 동일보수, 생활급(생계유지수준을 지급하는 비합리적 보수제도)
인사배치	비신축성(횡적교류 곤란), 제한적, 경직적	신축성(횡적이동 용이), 광범위, 신축적
공무원의 시각	부분적, 협소	종합적, 광범
인사관리(교육훈련, 승진, 평가, 보상 등)	능력·실적 중심, 객관적 기준 제공 전문지식 강조	연공서열 중심, 상관의 자의성 개입용이, 일반지식 교양강조
조정.협조	곤란(할거주의 초래 우려)	원활(할거주의 초래 우려)
개방형, 폐쇄형	개방형	폐쇄형
신분보장	약함	강함
직업공무원제	확립곤란	확립용이
조직구조와의 관계	연계성 높음	연계성 부족
탄력성	낮음	높음

2 임용제도

[1] 임용이란?

임용이란 특정인에게 공무원의 신분을 부여하거나 박탈하는 공법행위를 말한다. 해양경찰 공무원의 임용의 정의는 신규채용·승진·전보·파견·휴직·직위해제·정직·강등·복직·면직·해임 및 파면을 말한다(경찰공무원법 제1조의2). 즉, 경찰공무원 신분 관계의 발생, 변경, 소멸 등을 임용의 정의에 포함시키고 있는 것이다.

전보란 경찰공무원의 동일 직위 및 자격 내에서의 근무기관이나 부서를 달리하는 임용을 말한다. 그리고 복직은 휴직·직위해제 또는 정직(강등에 따른 정직을 포함한다) 중에 있는 경찰공무원을 직위에 복귀시키는 것을 말한다.

- "임용"이란 신규채용·승진임용·전직·전보·겸임·파견·강임·휴직·직위해제·정직·강등·복직·면직·해임 및 파면
- "전보"란 동일한 직급·직렬 내에서의 보직 변경, 즉 직무의 성격이 같은 동일한 직급 내의 인사이동
- "복직"이란 휴직·직위해제, 정직 중이거나 강등으로 직무에 종사하지 못한 공무원을 직위에 복귀시키는 것

[2] 임용의 기준

계급, 경과는 해양경찰 인사관리의 중요한 기준이지만 광범위한 기준으로 개개인의 보직과 배치전환을 하는데 적용하는 큰 틀이라고 할 수 있다. 실제 해양경찰관 개인을 배치하고 활용하기 위해서는 더 구체적인 기준이 각 계급, 경과의 범위 내에서 합리적으로 정해져야 한다. 그러한 구체적인 기준은 개인의 능력과 자격을 중심으로 하는 실적주의와 개인의 연고나 정치적 관계를 고려하는 정실주의, 엽관주의가 있다. 또한 우수한 젊은 인재들을 공직에 유치하고, 그들이 공직에 근무하는 것을 명예로 인식하고 정년퇴임까지 장기간에 걸쳐 성실하게 근무하도록 하는 직업공무원제도와 사회를 구성하는 모든 주요 집단으로부터 인구 비례에 따라 관료를 충원하고 그들을 정부 관료제 내의 모든 직무분야와 계급에 비례적으로 배치하게 하는 즉, 모든 계층과 집단에 공평하게 대응하도록 하는 대표관료제의 인사제도가 있다. 이러한 제도는 각기 특성과 장단점을 가지고 있으며 인사권자의 철학과 인력운용 현실이 복합적으로 작용하여 결정되는 것이다.

현재 해양경찰은 법과 제도상으로는 공개경쟁시험에 의한 채용, 승진시험, 근무성적과 경

력의 평정제도, 강한 신분보장을 통해 실적주의 인사제도를 채택하고 있다고 할 수 있다. 그렇지만 여러 가지 정실주의 요소가 가미될 수 있는 운영을 하고 있다. 예를 들면 승진에 있어서 심사에 의한 승진제도를 채택하고 고위직에 대한 객관적인 평가를 하지 않는 것 등이다. 그러므로 해양경찰임용에는 실적과 정실이 혼합된 기준을 사용하고 있으며 중하위계급에서는 실적기준이 많이 적용된다고 할 수 있다.

(1) 정실주의

정실주의(情實主義, patronage)는 인사권자의 개인적인 연고 관계, 즉 학연, 혈연, 지연 등을 기준으로 공무원을 임용하는 인사행정을 의미한다. 원래 절대군주국가 시대의 유럽에서 왕이나 귀족이 자신의 측근을 관직에 등용하던 관행을 통칭하는 용어에서 유래하였다. 영국에서 정실주의는 국왕이 자신의 정치세력을 확장하거나, 반대세력을 회유하기 위하여 개인적으로 신임할 수 있는 의원들에게 국왕의 특권으로 고위관직 혹은 고액연금을 주는 수단으로 이용되었다. 국왕의 이러한 인사권은 장관과 고위관료의 하위공무원에 대한 임명에서도 적용되고, 마찬가지로 장관들도 하급관리의 임명권을 이권화 함으로써 정실주의를 확대하였다. 이러한 형태의 정실주의를 은혜적 정실주의라 부르기도 한다(박연호, 1983: 46-47).

(2) 엽관주의

엽관주의(獵官主義, spoils system)는 범위를 좁혀서 인사권자의 정치적인 연고 관계나 정치적 충성도를 기준으로 공무원을 임용하여 집권자 혹은 집권당의 정책을 효과적으로 수행하고 인사권자에 대한 공무원의 대응성을 높이기 위한 제도로서 미국에서 처음 발달하였다. 미국에서 엽관주의는 대통령이 바뀜에 따라 정치성향을 같이하는 사람들을 대거 공직에 임명함으로써 정부의 역할이나 기능을 획기적으로 전환시키는 수단으로 이용되었다(강성철·김판석·이종수·진재구·최근열, 2013: 43-46).

현대의 엽관주의는 정당에 대한 공헌이나 인사권자의 개인적인 관계를 기준으로 공무원을 임용하는 제도이다. 개인적인 관계를 정하는 것으로는 주로 혈연, 학연, 지연, 종교, 취미, 특수한 소집단의 멤버십 등이라고 할 수 있다. 엽관주의는 관료에 대한 정치가들의 통제력을 높여준다. 그리고 정당정치가 활성화 된 상태에서 집권당이 국민의 여론을 반영한다고 할 때 관료가 국민의 요구에 부응하는 대응성(responsiveness)을 높여줄 수 있다. 그러나 정권이 바뀌면서 인사이동이 잦아지고 행정의 계속성, 일관성, 안전성이 훼손될 수 있다. 나아가 인사의 기준이 객관적이지 않으므로 인상의 공정성이 약하게 되고 인사부패와 연관되기 쉽다.

(3) 실적주의

실적주의(merit system)는 엽관주의 부패와 행정의 비효율성에 대한 비판에서 출발하였다. 실적주의는 당파성이나 혈연, 지연, 학연, 종교와 같은 정치 및 개인의 귀속적 요인을 인사행정의 기준에서 제거하고 개인의 능력이나 실적을 인사행정의 기준으로 삼는다. 따라서 실적주의는 공직에의 기회균등, 실적과 능력에 의한 임용, 정치적 해고로부터의 신분보장과 정치적 중립을 중요한 요소로 한다. 이러한 실적주의를 제도적으로 뒷받침하는 것이 공개채용시험, 승진시험, 근무성적의 평가, 경력평가, 그리고 신분보장이라고 할 수 있다. 이러한 실적주의는 엽관주의 혹은 정실주의의 폐해를 줄이고 공직의 기회균등, 행정능률의 향상, 행정의 정치적 중립과 공정성을 확보하는데 기여한다. 또한 신분보장을 통해 행정의 안정성과 계속성을 높이고 전문적인 직업공무원을 양성할 수 있게 된다. 실적주의는 직업공무원제도의 선행조건이라고 할 수 있다. 1883년 미국의 팬들턴법[105)]은 기회균등의 보장, 능력·자격·실적 중시·정치적 중립, 공무원의 신분보장을 규정한 바 있다.

하지만 실적주의를 강하게 지키는 경우에는 인사관리의 경직성을 초래하고 고위직에 대한 정치적 통제가 약화될 수 있다. 또한 강력한 신분보장으로 인해 공무원이 국민의 요구에 적극적으로 대응하지 않고 무사안일, 복지부동과 같은 보신주의 행태로 흐르는 경우가 많다.

(4) 대표관료제

대표관료제란 그 사회를 구성하는 모든 주요 집단으로부터 인구 비례에 따라 관료를 충원하고 그들을 정부관료제 내의 모든 직무 분야와 계급에 비례적으로 배치함으로써, 정부관료제가 그 사회 모든 계층과 집단에 공평하게 대응하도록 하는 인사제도라고 할 수 있다.

(5) 직업공무원제

현대적 의미의 직업고무원제란 우수한 젊은 인재들을 공직에 유치하고, 그들이 공직에 근무하는 것을 명예로 인식하고 정년퇴임까지 장기간에 걸쳐 성실하게 근무하도록 하는 임용제도이다. 직업공무원제는 원칙적으로 젊은 인재를 최하위 직급으로 임용하여, 장기간에 걸쳐 근무하도록 하면서 단계적으로 승진시킨다. 응시자의 학력과 연령을 엄격히 제한되며, 선발기준으로는 전문적인 직무수행 능력보다는 장기적인 발전 가능성을 중시한다. 그리고 상위직급은 원칙적으로 승진에 의하여 충원되며, 외부로부터의 유입은 허용하지 않는다. 따라서

105) 실적주의 인사행정의 기초를 확립한 미국 최초(1883년 제정)의 연방공무원법(Federal Civil Service Act)을 말한다. 제안자인 G. H. Pendleton 상원의원 이름을 따 팬들턴법으로 불린다.

직업공무원제는 계급제와 폐쇄형 임용체계 및 일반적인 전문가를 중시하는 본질적인 특성을 지니고 있다(강성철 외, 2013: 42).

현대적 의미의 직업공무원제는 대체로 실적주의에 입각하여 운영되고 있다. 따라서 직업공무원제는 당연히 실적주의를 전제로 하는 것으로 인식되고 있으며, 실적주의와 같은 의미로 사용되기도 한다. 그러나 직업공무원제는 실적주의와는 개념적으로나 제도적으로 분명히 다르다.

[3] 임용권자(경찰공무원법 제6조)

경찰공무원의 임명은 특별행정법관계의 설정인 처분행위라 보아야 할 것이다. 임용권자 절차로 총경 이상의 경찰공무원은 경찰청장 또는 해양경찰청장의 추천을 받아 행정안전부장관 또는 해양수산부장관의 제청으로 국무총리를 거쳐 대통령이 임용한다. 다만, 총경의 전보, 휴직, 직위해제, 강등, 정직 및 복직은 경찰청장 또는 해양경찰청장이 한다.

경정 이하의 경찰공무원은 경찰청장 또는 해양경찰청장이 임용한다. 다만, 경정으로의 신규채용, 승진임용 및 면직은 경찰청장 또는 해양경찰청장의 제청으로 국무총리를 거쳐 대통령이 한다. 경찰청장 또는 해양경찰청장은 대통령령으로 정하는 바에 따라 경찰공무원의 임용에 관한 권한의 일부를 소속 기관의 장, 지방경찰청장 또는 지방해양경찰관서의 장에게 위임할 수 있다. 다음 각 호의 어느 하나에 해당하는 사람은 경찰공무원으로 임용될 수 없다.

1) 대한민국 국적을 가지지 아니한 사람
2) 「국적법」 제11조의2제1항에 따른 복수국적자
3) 피성년후견인 또는 피한정후견인
4) 파산선고를 받고 복권되지 아니한 사람
5) 자격정지 이상의 형(刑)을 선고받은 사람
6) 자격정지 이상의 형의 선고유예를 선고받고 그 유예기간 중에 있는 사람
7) 공무원으로 재직기간 중 직무와 관련하여 「형법」 제355조 및 제356조에 규정된 죄를 범한 사람으로서 300만 원 이상의 벌금형을 선고받고 그 형이 확정된 후 2년이 지나지 아니한 사람
8) 「성폭력범죄의 처벌 등에 관한 특례법」 제2조에 규정된 죄를 범한 사람으로서 100만 원 이상의 벌금형을 선고받고 그 형이 확정된 후 3년이 지나지 아니한 사람
9) 미성년자에 대한 다음 각 목의 어느 하나에 해당하는 죄를 저질러 형 또는 치료감호가 확정된 사람(집행유예를 선고받은 후 그 집행유예기간이 경과한 사람을 포함한다)

가) 「성폭력범죄의 처벌 등에 관한 특례법」 제2조에 따른 성폭력범죄

나) 「아동·청소년의 성보호에 관한 법률」 제2조제2호에 따른 아동·청소년대상 성범죄

10) 징계에 의하여 파면 또는 해임처분을 받은 사람

[4] 해양경찰 임용제도

(1) 임용권 관련근거

1) 경찰공무원법 제6조(임용권자)

2) 해양경찰청 소속 경찰공무원 임용에 관한 규정 제2조(임용권의 위임)

(2) 임용권자

1) 총경 이상 : 대통령

① 해양경찰청장 추천 → 해양수산부장관 제청 → 국무총리 → 대통령 임용

② 총경의 전보·휴직·직위해제·강등·정직 및 복직은 해양경찰청장

2) 경정 이하 : 해양경찰청장

경정으로의 신규채용, 승진임용 및 면직은 해양경찰청장의 제청으로 국무총리를 거쳐 대통령이 한다.

3) 임용(효력발생) 시기

① 공무원은 임용장 또는 임용통지서에 기재된 일자에 임용된 것으로 본다.

② 사망으로 인한 면직은 사망한 다음 날에 면직된 것으로 간주한다.

③ 임용일자는 원칙적으로 소급할 수 없으나, 다음의 경우 특례가 인정된다.

임용시기의 특례

- 재직 중 공적이 현저한 자가 공무로 사망하여 특별승진임용하는 경우로서, 재직 중 사망한 경우는 사망일의 전날에, 퇴직 후 사망하는 경우는 퇴직일 전 날에 임용된 것으로 봄
- 휴직기간 만료 또는 휴직사유가 소멸된 공무원이 직무를 감당할 수 없거나 30일 이내에 복직을 신청하지 아니하는 등 직무에 복귀지 않는 경우 해당 공무원을 휴직기간 만료일 또는 휴직사유 소멸일로 직권면직된 것으로 봄
- 시보임용이 될 사람이 공무원의 직무수행과 관련된 실무수습 중 사망한 경우에는 사망일의 전날 시보임용된 것으로 봄

4) 임용권의 위임

가) 지방해양경찰청장 또는 교육원장

① 경정의 전보·파견·휴직·직위해제 및 복직에 관한 권한

② 경감 이하 임용권

나) 해양경찰서장 또는 중앙해양특수구조단장

① 경감 이하 전보에 관한 권한

② 경사 이하 승진임용·파견·휴직·직위해제 및 복직에 관한 권한

다) 해양경찰정비창장

① 경정의 전보에 관한 권한

② 경감 이하 임용권

라) 해양경찰연구센터장 : 경감 이하 전보에 관한 권한

5) 유의사항

① 임용권의 위임에도 불구하고 해양경찰청장은 정원의 조정, 신규채용, 인사교류 및 파견을 위하여 필요한 경우 임용권을 행사할 수 있다.

② 임용권의 위임을 받은 지방청장, 교육원장, 중특단장 및 정비창장은 소속 경찰공무원을 승진임용할 때에는 미리 해양경찰청장에게 보고한다.

③ 임용권의 위임을 받은 소속기관의 장(서장)은 그 소속 경찰공무원을 승진임용할 때에는 미리 해양경찰청장(지방청장)에게 보고하여야 한다.

(3) 임용결격 사유

공무원은 국민 전체에 대한 봉사자로서 그 자질에 흠결이 있거나 사무를 처리할 능력이 부족한 사람까지 공무원 신분을 취득하게 할 수는 없으므로, 공무담임의 기본권 행사가 제한되는 일정한 사유를 「경찰공무원법」 제7조 제2항에서 규정하고 있다.

1) 대한민국 국적을 가지지 아니한 사람

2) 「국적법」 제11조의2제1항에 따른 복수국적자

3) 피성년후견인 또는 피한정후견인

① 피성년후견인은 질병, 장애, 노령, 그 밖의 사유로 인한 정신적 제약으로 사무를 처리할 능력이 지속적으로 결여된 사람으로서 가정법원의 성년후견개시의 심판을 받아 후견등기된 사람을 의미(「민법」 제9조)

② 피한정후견인은 질병, 장애, 노령, 그 밖의 사유로 인한 정신적 제약으로 사무를 처

리할 능력이 부족한 사람으로서 가정법원의 한정후견개시의 심판을 받아 후견등기된 사람을 의미(「민법」 제12조)

③ 피성년후견인 또는 피한정후견인이 능력을 회복하여 후견개시의 원인이 소멸되는 경우 가정법원은 본인, 배우자 등의 청구에 따라 후견종료 심판을 하며, 후견 종료 시 공무원 임용 결격사유는 소멸

4) 파산선고를 받고 복권되지 아니한 사람 : 파산선고를 받고 아직 「채무자 회생 및 파산에 관한 법률」상 복권되지 않은 사람을 의미한다.

5) 자격정지 이상의 형을 선고받은 사람

6) 자격정지 이상의 형의 선고유예를 선고받고 그 유예기간 중에 있는 사람 : 선고유예를 받은 날로부터 2년을 경과한 때에는 면소된 것으로 간주되며(형법 제60조) 공무원 임용 자격을 회복한다.

7) 징계에 의하여 파면 또는 해임처분을 받은 사람

3 해양경찰 채용

(1) 개념

해양경찰공무원에 임용될 수 있는 자격을 갖춘 자에게 균등한 기회를 제공하여 공정한 선발과정을 적재적소에 배치하는 것을 의미한다. 해양경찰공무원의 채용과정은 모집, 채용시험, 교육훈련, 시보임용 순으로 이루어지며 채용과정은 공개경쟁채용과 경력경쟁채용이 있다.

(2) 채용제도

해양경찰은 매년 말 다음 연도 공무원 충원계획을 수립 시행함으로써 정년, 명예퇴직 및 자연감소 등으로 인한 결원을 적기 충원하여 안정적이고 효율적인 인력운용을 도모하기 위하여 충원계획을 수립하고, 공개경쟁채용을 원칙으로 하고 있으나 특수기술보유자, 직무 관련 자격증소지자 등 전문인력은 경력경쟁채용을 한다. 신규인력 충원은 신임교육 수료 후 결원 범위 내에서 성적순 임용한다.

(3) 응시자격

1) 자격요건

남자는 병역을 필하였거나 면제된 자(교육원 입교일까지 전역예정자)와 최종시험예정일 기준「경찰공무원법」제7조 제2항 각 호의 결격사유가 없어야 하며,「경찰공무원임용령」제46조(부정행위자에 대한 조치) 등 관계법령에 의하여 응시자격을 정지당한 자는 응시할 수 없다.

2) 결격사유

경찰공무원법 제7조(임용자격 및 결격사유)는 경찰공무원은 신체 및 사상이 건전하고 품행이 방정(方正)한 사람 중에서 임용한다. 그러나 다음 각 호의 어느 하나에 해당하는 사람은 경찰공무원으로 임용될 수 없다.

① 대한민국 국적을 가지지 아니한 사람
②「국적법」제11조의2제1항에 따른 복수국적자
③ 피성년후견인 또는 피한정후견인
④ 파산선고를 받고 복권되지 아니한 사람
⑤ 자격정지 이상의 형(刑)을 선고받은 사람
⑥ 자격정지 이상의 형의 선고유예를 선고받고 그 유예기간 중에 있는 사람
⑦ 공무원으로 재직기간 중 직무와 관련하여「형법」제355조 및 제356조에 규정된 죄를 범한 사람으로서 300만 원 이상의 벌금형을 선고받고 그 형이 확정된 후 2년이 지나지 아니한 사람
⑧「성폭력범죄의 처벌 등에 관한 특례법」제2조에 규정된 죄를 범한 사람으로서 100만 원 이상의 벌금형을 선고받고 그 형이 확정된 후 3년이 지나지 아니한 사람
⑨ 미성년자에 대한 다음 각 목의 어느 하나에 해당하는 죄를 저질러 형 또는 치료감호가 확정된 사람(집행유예를 선고받은 후 그 집행유예기간이 경과한 사람을 포함한다)
가.「성폭력범죄의 처벌 등에 관한 특례법」제2조에 따른 성폭력범죄
나.「아동·청소년의 성보호에 관한 법률」제2조제2호에 따른 아동·청소년대상 성범죄
⑩ 징계에 의하여 파면 또는 해임처분을 받은 사람

3) 연령

해양경찰공무원의 자격요건으로서 연령은 매우 중요하다. 오늘날 일반적인 경향은 연령조건을 관대하게 하고 있다. 현재 해양경찰 순경으로 입직하기 위해서는 18세이상 40세이하로 연령이 제한되어 있다. 그러나 항공경위는 45세이하로 하고 있다.[106)]

4) 신체조건

과거에는 선발과정에 신체적 적합성 검사로 신장과 체중을 중시하였으나, 최근에는 해양경찰업무에 필요한 신체조건을 요구하고 있다.

〈표 4-25〉 채용시 신체조건

구 분	내용 및 기준
체 격	국·공립병원 또는 종합병원에서 실시한 경찰공무원 채용신체검사 및 약물검사 결과 건강상태가 양호하고 사지가 완전하며 가슴·배·입·구강·내장의 질환이 없어야 한다.
시 력	시력(교정시력 포함)은 양쪽 눈이 각각 0.8 이상이어야 한다.
색 신 (色 神)	정상 또는 색약(약도)이어야 한다. 다만, 항공·항해분야는 정상이어야 한다. · 색약 보정렌즈 사용금지(부정행위로 처리, 5년간 응시제한 될 수 있음)
청 력	청력이 정상[좌우 각각 40데시벨(dB)이하의 소리를 들을 수 있는 경우를 말한다]이어야 한다.
혈 압	고혈압·저혈압이 아니어야 한다. (확장기 90~60mmHg, 수축기 145~90mmHg)
문 신	시술동기, 의미 및 크기에 비추어 볼 때, 해양경찰공무원의 명예를 훼손 할 수 있다고 판단되는 문신에 해당하지 않아야 한다. · 문신을 은닉하는 행위금지(부정행위로 처리, 5년간 응시제한 될 수 있음)

5) 학력

사회의 복잡성과 그에 따른 해양경찰의 봉사기능 확대와 요구는 보다 지성적이고 성숙된 해양경찰 인력을 필요로 한다. 해양경찰업무를 효과적으로 달성하기 위해서는 앞으로 해양경찰직에 응시할 수 있는 최저학력을 점차 대졸자로 상향 조정할 필요가 있다.

(3) 신규채용

채용은 특정인에게 해양경찰로서의 신분을 부여하여 근무관계를 설정하는 행위를 말한다. 이러한 채용은 임용권자와 당사자 모두의 동의를 요하는 쌍방적 행정행위라고 할 수 있다. 현행법상 해양경찰의 신규채용은 크게 공개경쟁채용과 경력경쟁채용으로 구분하고 있다.

---

106) 응시 상한연령 연장 : 군복무기간 1년 미만은 1세, 1년 이상 2년 미만은 2세, 2년 이상은 3세로 연장된다. 간부후보생(경위)은 21세이상 40세이하, 항공조종(경위)은 23세이상 45세이하, 함정요원(순경)에서 해양경찰의무경찰 출신은 20세이상 30세이하, 해기사나 해군경력자는 18세이상 40세이하, 변호사(경감) 23세이상 40세이하, 해양경찰학과, 구조와 구급, 교통관제(순경)는 20세이상 40세이하, 공채(순경) 18세이상 40세이하로 나이가 다양한다(2020년 모집기준).

1) 공개경쟁채용

공무원 결원보충의 일환으로서 불특정 다수인을 대상으로 경쟁시험을 실시하여 공무원으로 채용하는 제도로서 헌법상의 공무담임권을 보장하고, 능력과 자질이 뛰어난 우수 인재를 공직에 유치하는데 있다. 해양경찰도 공개채용은 공개경쟁시험에 의한 채용을 의미한다. 현행법상 경정 및 순경의 신규채용은 공개경쟁시험으로 규정되어 있다. 그리고 경위의 신규채용은 대통령령으로 정하는 자격을 갖추고 공개경쟁시험으로 선발된 사람 즉, 경찰간부후보생으로서 교육훈련을 마치고 정하여진 시험에 합격한 사람 중에서 한다고 규정하고 있다(경찰공무원법 제8조(신규채용), 경찰공무원 임용령 제5장 채용시험, 해양경찰청 소속 경찰공무원 임용에 관한 규정 제5조(채용시험 과목), 해양경찰청 소속 경찰공무원임용령 시행규칙 제5장 채용시험).

가) 일반순경

① 채용인원 : 인력충원계획 의거 결정

② 모집시기 : 해양경찰교육원 교육인원을 고려하여 분할 모집·입교

③ 임용시기 : 결원시 성적순 임용

④ 배치 : 임용과 동시에 순환근무(3년 이내 함정 및 육상 각 1년 이상)

나) 간부후보생

① 채용인원 : 인력충원계획 의거 결정

② 임용시기 : 간부후보생으로서 정하여진 교육을 마친 후 경위로 임용

③ 배치 : 임용과 동시에 순환근무(함정 1년, 파출소 1년 포함 육상 2년)

2) 경력경쟁채용

공개경쟁채용에 의하여 충원이 곤란한 경우, 일정한 자격요건을 갖춘 사람을 공무원으로 채용하는 제도로서, 임용예정 직위와 관련된 자격증 소지자, 유경험자 등 우수 전문인력을 채용하는 방식이다. 실적주의를 근간으로 하는 현대 해양경찰 인사관리에서 해양경찰공무원의 신규채용은 공개경쟁시험에 의하는 것을 원칙으로 하고 있으나 해양경찰의 업무특성상 경력경쟁채용의 비율이 더 높기도 하다.

가) 관련근거

① 경찰공무원법 제8조제3항(경력경쟁채용)

② 경찰공무원임용령 제16조(경력경쟁채용등의 요건), 제38조(경력경쟁채용등)

③ 해양경찰청소속 경찰공무원 임용에 관한 규정 제3조(경력경쟁채용의 요건)

④ 해양경찰청 소속 경찰공무원임용령 시행규칙 제34조(응시자격등의 기준)

나) 경력경쟁채용의 요건 및 시험방법(경찰공무원법 제8조제3항)

〈표 4-26〉 채용분야별 경력경쟁채용의 요건 및 시험방법

경력경쟁채용요건		시험방법	채용분야
퇴직자 재임용	1호	서류전형·면접시험, (필기·실기 병과 가능)	모든 분야
임용 직무에 관련된 자격증 소지자	2호	서류전형·면접시험, (필기·실기 병과 가능)	변호사, 해기사, 정보통신산업기사 등
임용예정직에 상응한 근무·연구실적 또는 전문지식을 보유한 자	3호	서류전형·필기 또는 실기·면접시험	특수기술부문, 해양경찰학과 등
5급 공채시험 또는 사법시험 합격자	4호	서류전형·필기·면접	고시출신
외국어에 능통한 자	7호	서류전형·필기 또는 실기·면접시험	영어, 중국어, 일어, 노어, 베트남어

해양경찰 관련 학과 경력경쟁채용 요건에 관한 고시[해양경찰청고시 제2017-1호]

1. 해양경찰 관련 학과 : 「해양경찰청 소속 경찰공무원 임용에 관한 규정」제3조 제1·2호에 따른 "해양경찰 관련 학과"란 다음 각 호의 어느 하나에 해당하는 학과를 말한다.
   ① 해양경찰학과
   ② 해양경찰시스템학과
   ③ 해양산업경찰학과
   ④ 해양경찰학 전공
   ⑤ 해양경찰안전정책학 전공
   ⑥ 해양경찰과
2. 인정과목 : 「해양경찰청 소속 경찰공무원 임용에 관한 규정」별표 1의 인정과목 및 "해양경찰청장이 인정하는 과목"은 별표 1과 같다.
3. 해양경찰학 전공이수 유사과목 : 「해양경찰청 소속 경찰공무원 임용에 관한 규정」별표 1에 따른 인정과목별 유사과목은 별표2와 같다.
4. 학점인정 절차 : ①학점인정을 받고자 하는 사람은 총장 명의의 성적증명서(과목명·이수학점·평점 등 명시)를 해양경찰청장에게 제출하여야 한다. ②인정과목을 기준으로 학점을 산정하되, 유사과목을 포함하여 평점이 C학점 이상인 과목에 한하여 인정과목별로 최대 3학점까지 인정할 수 있다.

(4) 시보임용

시보임용이란 채용후보자로 하여금 그 직무에 종사하게 하여 실무를 익히게 하는 한편 직무담당의 적격성 여부를 심사하기 위하여 채용후보자를 정규 경찰공무원으로 임용하기 전에 일정한 기간 동안 시보로 임용하는 것을 말한다. 따라서 시보기간에 근무하는 채용후보자는 아직 정식으로 임용된 것이 아니므로 「국가공무원법」상의 신분보장을 받지 못한다.

경찰공무원법 제10조(시보임용)에서 경정 이하의 경찰공무원을 신규 채용할 때에는 1년간 시보(試補)로 임용하고, 그 기간이 만료된 다음 날에 정규 경찰공무원으로 임용한다. 시보기간은 승진소요 최저근무연수, 경력평정대상기간에 산입한다. 그러나 휴직기간, 직위해제기간, 징계에 의한 정직 또는 감봉처분을 받은 기간은 시보임용기간에 산입하지 아니한다. 시보임용기간 중에 있는 경찰공무원이 근무성적 또는 교육훈련성적이 불량할 때에는 「국가공무원법」 제68조 및 이 법 제22조에도 불구하고 면직시키거나 면직을 제청할 수 있다.

1) 근거

① 경찰공무원법 제10조(시보임용)

② 경찰공무원 임용령 제20조(시보임용경찰공무원)

③ 해양경찰청 소속 경찰공무원임용령 시행규칙 제10조(정규임용심사)

2) 예외

다음 각 호의 어느 하나에 해당하는 경우에는 시보임용을 거치지 아니한다.

① 경찰간부후보생으로서 정하여진 교육을 마친 사람을 경위로 임용하는 경우

② 경찰공무원으로서 대통령령으로 정하는 상위계급으로의 승진에 필요한 자격요건을 갖추고 임용예정 계급에 상응하는 공개경쟁채용시험에 합격한 사람을 해당 계급의 경찰공무원으로 임용하는 경우

③ 퇴직한 경찰공무원으로서 퇴직 시에 재직하였던 계급의 채용시험에 합격한 사람을 재임용하는 경우

3) 시보임용 기간 중의 신분

① 근무성적 또는 교육훈련성적이 불량한 경우 면직 가능

※ 면직시 임용권자(임용제청권자)별로 심사위원회를 구성하여 의결을 거쳐야 함

② 신분보장 규정 일부 적용(휴직·직위해제·징계에 관한 규정은 적용)

③ 징계위원회의 의결을 거쳐 징계 가능

④ 승진임용 제한 : 시보임용 기간 중에 있는 경우 승진 제한

4 보직관리 및 전보

[1] 보직관리

(1) 보직 개념

보직(補職)이란 어떤 직무를 맡도록 명하는 것이나 임명되어 그 직무를 맡게 되는 것을 말한다. 해양경찰공무원을 보직함에 있어서는 경과에 적합하게 하여야 하며, 특기·교육훈련·근무경력·근무성적 및 적성 등을 고려하여야 하고, 임용권자 또는 임용제청권자는 업무량, 직위의 중요도, 희망경향, 지역실정 등에 따라 능력을 적절히 발전시킬 수 있도록 하여야 한다. 일반 특기자에 대하여는 경찰지휘관, 참모부서 및 상급기관과 하급기관의 직위를 고루 경험할 수 있도록 하고 전문 특기자에 대하여는 당해 전문특기분야 안에서 상급기관과 하급기관의 직위를 고루 경험할 수 있도록 보직하여야 하며, 경찰지휘관과 당해 전문특기분야의 참모 부서를 순환하도록 하여야 한다. 보직관리의 일반원칙으로는(해양경찰청 인사운영 규칙 제12조) ① 소속공무원 등의 보직은 채용분야, 경과, 직별, 직렬, 적성 등을 고려하고, 능력과 경력 중심의 보직관리로 개인의 역량이 적절히 발휘될 수 있도록 공정하게 실시하여야 한다. ② 계급·직별·직렬별 정원과 현원을 고려하여 보직하되, 경감 이하 경찰공무원과 6급 이하 일반직공무원(소속기관의 경우에는 경위 이하 경찰공무원과 7급이하 일반직공무원을 말한다)에 대해서는 계급·직별·직렬을 통합하여 보직할 수 있다. ③「장애인복지법」 제2조제2항에 따른 장애인은 신체적 조건, 특기, 적성 등을 고려하여 특별한 사유가 없으면 직무수행에 적합한 직위에 보직한다.

해양경찰은 경찰공무원과 일반직공무원에 대한 보직을 구분하는데 「해양경찰청 인사운영 규칙」에서 정한 보직기준은 다음과 같다.

(2) 관련 근거

1) 공무원임용령 제43조(보직관리의 기준)
2) 경찰공무원 임용령 제4장 보직관리
3) 해양경찰청 소속 경찰공무원임용령 시행규칙 제4장 보직관리
4) 해양경찰청 소속 경찰공무원 인사규칙 제3장 보직 등

(3) 기본원칙

경찰공무원을 보직할 때에는 채용분야·경과·특기·적성·교육훈련 및 근무경력 등을 고려하고, 능력과 경력 중심의 보직관리로 개인의 역량을 적절히 발휘할 수 있도록 공정하게 실시하여야 한다.

(4) 경찰공무원 보직

1) 경찰서장 보직기준

① 경찰서장(이하 이 조에서 "서장"이라 한다)의 보직은 업무성과, 조직 기여도, 청렴도 및 근무경력 등을 고려하여 인사위원회의 심의·의결을 거쳐 결정한다.

② 제1항에도 불구하고 인사위원회는 서장 보직에 대한 전보 여건 등을 고려하여 필요한 경우에는 별도로 기준을 정할 수 있다.

③ 서장 보직 기간은 1년을 원칙으로 한다. 다만, 다음 각 호에 해당하는 경우에는 6개월 범위에서 인사위원회의 의결을 통해 그 기간을 조정할 수 있다.

1. 해상에서의 재난 등 특수한 치안상황이 발생한 경우
2. 서장으로서 직무수행능력이 뛰어나고 해당 경찰서에 대한 관리역량이 특별히 우수하여 보직 연장이 필요한 경우

④ 정년까지 남은 기간이 6개월 이내인 사람은 서장으로 보직할 수 없고, 서장 보직은 연임할 수 없다.

2) 경정 보직기준

① 본청의 경정(승진후보자를 포함한다. 이하 같다) 직위는 다음 각 호의 요건을 모두 갖춘 사람으로 보직하여야 한다.

1. 경정으로 2년 이상 근무한 사람
2. 경감 이하의 계급으로 본청에서 2년 이상 근무한 경력이 있는 사람. 다만, 국외훈련·파견 등으로 실제 근무하지 않은 기간은 근무경력에서 제외한다.
3. 「함정 운영관리 규칙」제6조에 따른 함정(이하 '함정'이라 한다. 순찰정 및 훈련정은 제외한다. 이하 같다) 또는 파출소에서의 근무경력을 합하여 1년 이상인 사람

② 경정이 본청의 직위에서 연속하여 근무할 수 있는 기간은 6년을 초과할 수 없다. 다만, 국외훈련·파견기간은 본청 근무기간에서 제외한다.

③ 본청에서 경정으로 승진한 사람(경정 승진후보자가 된 사람을 포함한다)은 정기인사

시 소속기관으로 전보한다. 다만, 불가피한 사정이 있는 경우에는 인사위원회의 결정으로 달리 정할 수 있다.

④ 지방청 및 경찰서 소속의 경정은 함정, 지방청 계장 및 경찰서 과장에 교차로 보직하되, 순차적으로 보직하여야 하는 것은 아니다.

⑤ 소속기관의 경정이 해당 소속기관에서 연속하여 근무할 수 있는 기간은 2년을 초과할 수 없다.

⑥ 제1항에도 불구하고 경정으로 신규임용된 사람과 해양경찰청장이 지정하는 특수임무나 전문분야 등에 해당하는 사람의 보직기준은 인사위원회 결정으로 다르게 정할 수 있다.

3) 함장·정장 보직기준

① 함정의 함장 및 정장은 다음 각 호의 요건을 모두 갖춘 사람으로 보직한다.

1. 자격조건
가. 1,000톤급 이상 : 4급 이상 해기사(항해사, 항해전문 운항사) 면허를 보유한 사람
나. 1,000톤급 미만 : 5급 이상 해기사(항해사, 항해전문 운항사) 면허를 보유한 사람

2. 경력조건
가. 1,000톤급 이상 : 대형함정 부장, 중형함정 함장, 100톤급 소형함정 정장으로 1년 이상 근무한 경력이 있는 사람
나. 1,000톤급 미만 250톤 이상 : 중형함정 부장, 소형함정 정장으로 1년 이상 근무한 경력이 있는 사람
다. 250톤 미만 : 함정 근무경력이 3년 이상인 사람

② 제1항에 따른 경력조건 미달로 해당자가 없는 경우에는 소속기관의 인력 여건을 고려하여 해당 인사위원회 심의를 거쳐 함장 및 정장으로 보직 할 수 있다.

4) 특공·구조요원 보직기준

① 중특단, 소속기관의 특공대, 구조대의 보직은 대테러, 해상구조 등 그 업무의 특수성을 고려하여 특임경과 등 전문인력을 우선 보직하여야 한다.

② 중특단장, 특공대, 구조대의 소관 과장은 다음 연도 인력운영 계획을 정기인사 전까지 인사위원회에 제출하여야 한다.

5) 항공요원 보직기준

① 항공단·항공대의 보직은 항공기종, 직별, 비행·정비·전탐경력, 교육훈련 등을 고려하여 항공경과 등 전문인력을 보직한다. 다만, 항공경과인 사람이 부족한 경우 항공

경과 이외의 사람을 항공요원으로 보직할 수 있다.

② 항공 관련 국내외 교육훈련을 6개월 이상 받았거나 항공기 기종별 제작사 교육을 이수한 사람은 특별한 사정이 없으면 해당 교육훈련 또는 근무분야와 관련있는 직위에 3년 이상 보직한다.

③ 항공과장은 항공요원에 대한 보직 후보자 명부를 정기인사 전까지 해당 인사위원회에 제출하여야 한다.

6) 교수요원 보직기준

① 교육원의 경찰공무원 교수요원은 「경찰공무원 교육훈련규정」 제21조에 따른 자격기준을 갖춘 사람으로 선발하고, 특정분야에 경력경쟁채용된 사람을 우선 보직하여야 한다.

② 교육원장은 제1항에 따라 교수요원을 선발·관리하고, 보직 후보자 명부를 정기인사 전까지 인사위원회에 제출하여야 한다.

7) 함정건조감독관 보직기준

① 함정건조감독관은 함정사업의 규모 등을 고려하여 원활한 사업관리를 위해 일정한 자격을 갖춘 사람을 현장에 배치할 수 있다.

② 장비기획과장은 함정건조감독관에 대한 보직 후보자 명부를 정기인사 전까지 인사위원회에 제출하여야 한다.

8) 특수분야 세부 보직기준

제17조 및 제18조, 제20조에 따른 특공·구조요원, 항공요원, 함정건조감독관과 해상교통관제요원, 수사부서 수사경찰의 세부 보직기준은 각 분야별 운영 규칙 등에서 따로 정한다.

9) 경력경쟁채용자 보직

① 경력경쟁채용된 경감 이하 경찰공무원은 전문성을 확보하고 상위직 업무 수행에 필요한 능력을 개발하기 위하여 채용목적에 적합하도록 별표 1과 같이 분야별로 보직하여야 한다.

② 제1항에도 불구하고 신규임용 후 5년이 경과하고 다른 직무분야의 보직자격을 갖추었거나, 경정으로 승진한 경우 또는 소속기관의 인력 여건에 따라 해당 인사위원회 심의를 거쳐 보직분야 이외로 보직할 수 있다.

(5) 일반직공무원 보직

1) 4급·과장 보직기준

① 4급 과장 또는 4급의 보직은 업무성과, 조직 기여도, 청렴도 및 근무경력 등을 고려하여 인사위원회의 심의·의결을 거쳐 결정한다.

② 본청의 4급 과장 직위는 다음 각 호의 요건을 모두 갖추는 사람으로 보직한다.

1. 4급으로 2년 이상 근무한 경력이 있는 사람
2. 5급 이하의 직급으로 경찰서에서 1년 이상 근무한 경력이 있는 사람

③ 제1항 및 제2항에도 불구하고 인사위원회는 4급 보직에 대한 인력운영 여건 등을 고려하여 필요한 경우에는 별도로 기준을 정할 수 있다.

2) 5급 보직기준

① 본청의 5급(승진후보자를 포함한다. 이하 같다.) 직위는 다음 각 호의 요건을 모두 갖춘 사람으로 보직하여야 한다.

1. 5급으로 2년 이상 근무한 사람
2. 6급 이하의 직급으로 본청에서 2년 이상 근무한 경력이 있는 사람. 다만, 국외훈련·파견 등으로 실제 근무하지 않은 기간은 근무경력에서 제외한다.
3. 경찰서 또는 해상교통관제센터에서 1년 이상 근무한 경력이 있는 사람

② 5급이 본청의 직위에서 연속하여 근무할 수 있는 기간은 6년을 초과할 수 없다. 다만, 국외훈련·파견기간은 본청 근무기간에서 제외한다.

④ 본청에서 5급으로 승진한 사람(5급 승진후보자가 된 사람을 포함한다)은 정기인사 시 소속기관으로 전보한다. 다만, 불가피한 사정이 있는 경우에는 인사위원회의 결정으로 다르게 정할 수 있다.

⑤ 지방청 소속의 5급은 지방청 계장, 경찰서 과장 또는 해상교통관제센터장에 교차로 보직하되, 순차적으로 보직하여야 하는 것은 아니다.

⑥ 소속기관의 5급이 해당 소속기관에서 연속하여 근무할 수 있는 기간은 3년을 초과할 수 없다. 다만, 해상교통관제 분야 5급은 소속기관이 아닌 동일한 해상교통관제센터에서 연속하여 근무할 수 있는 기간은 3년을 초과할 수 없다.

⑦ 제1항에도 불구하고 인사위원회는 5급으로 신규임용된 사람과 해상교통관제 분야에 해당되는 사람은 인력운영 여건을 고려하여 필요한 경우에는 별도로 기준을 정할 수 있다.

3) 특수함정의 함장·정장 보직기준

① 화학방제함, 방제정 등의 함장 및 정장은 다음 각 호의 요건을 모두 갖춘 사람으로 보직한다.

1. 자격조건 : 제16조제1항제1호를 준용한다
2. 경력조건 : 함정 근무경력이 3년 이상인 사람

② 제1항에 따른 경력조건 미달로 해당자가 없는 경우에는 소속기관의 인력 여건을 고려하여 해당 인사위원회 심의를 거쳐 함장 및 정장으로 보직 할 수 있다.

4) 신규채용, 전입 공무원의 보직

5급 이하 일반직공무원을 신규채용하거나 다른 기관에서 전입되는 경우에는 업무파악과 직무수행능력 향상 등을 위하여 특별한 사유가 없으면 소속기관에 우선 보직한다.

「해양경찰청 인사운영 규칙」상 해양경찰청장이 지정한 경정 이상 경찰공무원과 5급 이상 일반직공무원의 직위는 공모를 통하여 보직할 수 있고, 소속기관의 장은 경위 이상 경찰공무원과 6급 이상 일반직공무원의 직위에 대해서 공모를 통하여 보직할 수 있다. 직위공모는 보직 예정일 2주 전까지 공모직위명, 지원요건 및 지원기간 등 그 밖의 필요한 사항을 포함하여 공고하여야 한다.

[2] 전보

(1) 개념

전보는 계급의 변화는 없이 직위만 바뀌는 것을 말한다. 그래서 전보는 동일한 계급내의 보직변경이라고 정의된다. 전보의 목적은 같은 직위에 장기적으로 근무함으로써 발생 가능한 '학습된 무기력' 현상을 막고 신선한 자극을 주어 활력이 넘치는 업무수행으로 조직 효과성을 높이는데 있다. 또한 전보의 기간이나 시기를 일정하게 정해 놓음으로써 개인이 안정된 심리상태 속에서 자기의 인생계획과 조직의 계획에 따라서 행동이 가능하도록 하는데 전보의 목적이 있다. 경찰공무원 임용령 제26조(전보)에서 임용권자 또는 임용제청권자는 장기근무 또는 잦은 전보로 인한 업무 능률 저하를 방지하기 위하여 특별한 사정이 없으면 정기적으로 전보를 실시하여야 한다.

해양경찰공무원의 전보도 언급된 목적을 달성하기 위하여 인사 조치를 한다. 「해양경찰청 인사운영 규칙」상 전보의 규정은 다음과 같다.

(2) 전보의 규정

1) 전보의 원칙

① 해양경찰청장은 소속공무원등의 안정적인 직무수행, 적재적소 적임자 배치 및 기관별 인력균형 유지 등을 위하여 매년 정기전보를 실시한다.

② 신규 임용된 사람의 배치, 직제의 개폐 또는 퇴직 등에 따른 결원보충 등을 위하여 필요한 경우에는 수시전보를 실시할 수 있다.

2) 전보의 시기

① 총경의 정기전보는 연 2회 실시함을 원칙으로 하고, 1차는 정기 승진인사 후에 실시하고, 2차는 7월에 실시하며, 인사주기는 6개월로 본다.

② 경정 이하 경찰공무원과 일반직공무원의 정기전보는 정기 승진인사 이후 연 1회 실시함을 원칙으로 한다.

③ 제1항 및 제2항에도 불구하고 당시의 치안상황, 인력운영 상황 등을 고려하여 전보의 시기 및 횟수를 조정할 수 있다.

3) 징계처분자 전보

① 징계처분을 받은 소속공무원등은 다른 소속기관으로 전보할 수 있다. 다만, 신규채용 당시 공고에 따라 최초 임용된 지방청에서의 전보제한 기간이 정해진 사람은 그 기간이 경과하지 않은 경우에는 다른 지방청으로 전보할 수 없다.

② 제1항에 따라 다른 소속기관으로 전보된 사람은 그 소속기관에서의 근무기간이 3년이 지나지 않은 경우에는 전보할 수 없다.

③ 제2항에 따라 전보된 사람이 3년이 경과되어 전보를 희망하는 경우 제30조제2항에 따른 정기전보 시기에 반영한다.

④ 제1항 및 제2항에 따른 전보의 대상, 절차, 원소속 복귀 등 시행에 필요한 세부사항은 별도로 정한다.

4) 원소속 지정

① 장기근무를 통한 생활안정에 기여할 수 있도록 경감 이하 경찰공무원과 6급 이하 일반직공무원에 대하여 원소속을 지정할 수 있다. 다만, 해양경찰청장이 정하는 일부 전문분야 등의 경우에는 원소속 지정을 하지 않을 수 있다.

② 신규임용되는 사람에 대해서는 원소속 지정 인력의 규모, 본인의 근무희망지 및 신임교육성적 등을 종합적으로 고려하여 원소속을 지정한다.

③ 제2항에도 불구하고 지방청에서 신규채용하거나 신규채용 당시 공고에 따라 최초 임용된 지방청에서의 전보제한 기간이 정해진 사람은 그 지방청으로 원소속을 지정하고, 그 외 기관에서 신규채용하는 사람은 해당 기관이 위치한 지역을 관할하는 지방청으로 원소속을 지정한다.

④ 제3항에 따라 다른 지방청으로 인력을 지원하여야 하는 경우 전출대상자 선발은 해당 지방청의 인력운영 여건 등을 고려하여 장기근무자순으로 한다.

⑤ 지방청장은 이 규칙을 준용하여 소속 경찰서별 원소속 지정 등에 관한 사항을 인사운영 규칙에 반영하고, 원활한 인력운영을 위하여 원소속이 아닌 경찰서에서 근무하게 할 수 있다.

5) 원소속 변경

① 다음 각 호의 어느 하나에 해당하는 경우에는 원소속을 변경할 수 있다.

1. 본청에서 2년 이상 연속하여 근무한 후 전출하는 사람(1회에 한한다). 다만, 신규채용 당시 공고에 따라 최초 임용된 지방청에서의 전보제한 기간이 정해진 사람은 그 기간이 경과하지 않은 경우에는 제외한다.
2. 함정편제 및 직제개편 등에 따른 정원변경으로 전보되는 사람
3. 제35조의 교류인사에 따라 전출입하는 사람
4. 음주운전으로 인한 중징계로 전보되는 사람

② 해양경찰청장은 원소속이 아닌 지방청에서 5년 이상 근무한 경우에는 직권으로 원소속을 현재 근무 중인 지방청으로 변경할 수 있다.

③ 지방청장은 제1항을 준용하여 인사운영 규칙에 원소속 변경 등을 규정하여야 한다.

6) 원소속 복귀

① 원소속 외 관서에서 근무 중인 소속공무원등이 본인의 원소속으로 복귀를 희망하는 경우에는 매년 12월 31일을 기준으로 원소속 전입배점 기준에 따라 전입배점을 평가한 후 개인별 전입배점 평가서를 작성하여야 한다.

② 제1항에 따라 조사된 전입배점 순위는 공개하고 그 결과를 정기전보에 반영하여야 한다.

③ 원소속 복귀는 제1항에 따른 개인별 전입배점이 높은 순서로 한다.

7) 교류인사 실시

① 해양경찰청장은 원소속이 지정된 소속공무원등에 대하여 교류인사 순위명부에 따라

연 1회 지방청 간 교류인사를 실시한다.

② 제1항에도 불구하고 효율적인 인력 운영을 위하여 필요한 경우에는 특별 교류인사를 실시할 수 있다.

③ 제1항에 따른 교류인사 수요를 조사하고, 희망자를 대상으로 교류인사 전입배점 기준에 따른 교류인사 순위명부(이하 "순위명부"라 한다)를 매년 12월 31일을 기준으로 별지 서식에 따라 작성하여야 한다.

④ 제3항에 따른 순위명부는 인력운영의 효율성 및 긴급성을 판단하여 필요한 경우에는 인사위원회의 심의·의결을 거쳐 변경할 수 있다.

⑤ 제3항에 따라 조사된 교류인사 전입배점 순위는 공개하고 그 결과를 전보에 반영하여야 한다.

8) 교류인사 대상의 제한

① 다음 각 호의 어느 하나에 해당되는 사람은 교류인사 대상에서 제외한다.

1. 「경찰공무원 승진임용 규정」 제6조제1항 또는 「공무원임용령」 제32조제1항 각 호의 어느 하나에 해당하는 사람
2. 다른 부처 파견 또는 해외교육 중에 있는 사람
3. 원소속이 아닌 지방청에서 근무 중인 사람
4. 신규채용 당시 공고에 따라 최초 임용된 지방청에서의 전보제한 기간이 정해진 경우 그 기간이 경과하지 않은 사람

② 해양경찰청장은 경과·직별·직렬 및 전문인력 현황 등 인사운영 여건을 고려하여 교류인사 범위를 제한할 수 있다.

9) 순환전보 실시

① 경감 이하 경찰공무원과 6급 이하 일반직공무원이 본청 직위에서 연속하여 근무할 수 있는 기간은 7년을 초과할 수 없다. 다만, 국외훈련·파견기간은 본청 근무기간에서 제외하고, 인력규모가 작은 직렬의 일반직공무원에 대해서는 필요한 경우 인사위원회 심의·의결을 거쳐 기간을 조정할 수 있다.

② 소속기관의 경감 이하 경찰공무원이 근무지별로 연속하여 근무할 수 있는 기간은 원칙적으로 다음 각 호에 따른 기간을 초과할 수 없다.

1. 함정 : 2년
2. 파출소 : 2년
3. 사무실 : 4년

③ 제2항에 따른 연속 근무기간을 산정함에 있어서는 그 소속기관의 변경에 관계없이 파출소, 함정 또는 사무실 근무의 연속 여부를 기준으로 계산한다. 다만, 소속기관장은 해상근무와 육상근무의 인원비율 등 인사운영 여건에 따라 연속 근무기간 산정에 관한 지침을 별도로 정할 수 있다.

10) 신규채용 경찰공무원 순환근무

① 제38조제2항에도 불구하고 신규채용된 경찰공무원은 다양한 직무수행을 통한 현장경험 축적과 전문분야 개발 등을 위해 임용된 날부터 일정기간 동안 순환근무를 하여야 한다.

② 제1항에 따른 순환근무 기준은 다음 각 호와 같다. 이 경우 경위 이상은 함정 근무를 우선 실시한다.

1. 경정 : 함정 1년, 육상부서 1년
2. 경감·경위 : 함정 1년, 육상부서 2년(파출소 1년 이상 포함)
3. 경사 이하 : 함정 및 육상부서 각 1년 이상(임용된 날부터 3년 이내)

③ 제2항에 따른 순환근무 중인 경감 이하 경찰공무원은 부서장(파출소의 장을 포함한다) 직위 부여, 현장이 아닌 사무실 지원근무 및 다른 관서로의 전보 등을 할 수 없다.

11) 순환전보·근무 등 특례

① 소속기관장은 제38조제2항 및 제39조제2항에도 불구하고 고령자 및 해양경찰청장이 지정하는 특수임무나 전문분야 등에 해당하는 경찰공무원은 순환전보·순환근무를 하지 않을 수 있고, 해당 기관의 인력운영 여건 등을 고려하여 별도로 기준을 정하여 시행할 수 있다.

② 제39조제3항에도 불구하고 제1항에 따른 특수임무나 전문분야 등에 해당하는 경찰공무원에 대해서는 필요한 경우 예외적으로 다른 관서로의 전보를 할 수 있다.

12) 전보의 제한

특정한 직무분야에 근무할 것을 조건으로 신규채용 또는 승진 임용된 자는 5년이 경과되지 아니한 경우에는 채용조건 또는 승진임용조건과 다른 직무분야에 전보될 수 없다. 이 경우 신규채용에 따른 전보제한기간에 대해서는 휴직기간, 직위해제기간 및 정직기간을 포함하지 아니한다.

소속공무원은 해당 직위에 임용된 날부터 1년 이내(감사업무를 담당하는 경찰공무원의 경우에는 2년 이내)에 다른 직위에 전보할 수 없다. 다만, 다음 「경찰공무원 임용령」제27조제1항 각 호의 어느 하나에 해당하는 경우에는 그러하지 아니하다.

1. 직제상 최저단위인 보조기관 또는 보좌기관 내에서 전보하는 경우
2. 경찰청 및 해양경찰청과 소속기관등 또는 소속기관등 상호 간의 교류를 위하여 전보하는 경우
3. 기구의 개편, 직제 또는 정원의 변경으로 해당 경찰공무원을 전보하는 경우
4. 승진임용된 경찰공무원을 전보하는 경우
5. 전문직위로 경찰공무원을 전보하는 경우
6. 징계처분을 받은 경우
7. 형사사건에 관련되어 수사기관에서 조사를 받고 있는 경우
8. 경찰공무원으로서의 품위를 크게 손상하는 비위(非違)로 인한 감사 또는 조사가 진행 중이어서 해당 직위를 유지하는 것이 부적절하다고 판단되는 경찰공무원을 전보하는 경우
9. 경찰기동대 등 경비부서에서 정기적으로 교체하는 경우
10. 교육훈련기관의 교수요원으로 보직하는 경우
11. 시보임용 중인 경우
12. 신규채용된 경찰공무원을 해당 계급의 보직관리기준에 따라 전보하는 경우 및 이와 관련한 전보의 경우
13. 감사담당 경찰공무원 가운데 부적격자로 인정되는 경우
14. 경정 이하의 경찰공무원을 배우자 또는 직계존속이 거주하는 시·군·자치구 지역의 경찰기관으로 전보하는 경우
15. 임신 중인 경찰공무원 또는 출산 후 1년이 지나지 않은 경찰공무원의 모성보호, 육아 등을 위하여 필요한 경우

교육훈련기관의 교수요원으로 임용된 사람은 그 임용일부터 1년 이상 3년 이하의 범위에서 경찰청장 또는 해양경찰청장이 정하는 기간 안에는 다른 직위에 전보할 수 없다. 다만, 기구의 개편, 직제·정원의 변경이나 교육과정의 개편 또는 폐지가 있거나 교수요원으로서 부적당하다고 인정될 때에는 그러하지 아니하다.

5 인력관리(파견, 업무대행 등)

[1] 개요

급변하는 환경 속에서 조직이 비전과 목표를 달성하기 위해서는 우수 인재를 적기에 안정적으로 확보하여야 하나, 우수인재를 충원하거나 육성하는 데에는 상당한 시간이 소요되므로, 각 기관은 특성에 맞는 인력관리체계 구축 필요가 있다. 해양경찰은 인력에 대한 체계적인 분석·예측에 기초하여 공개경쟁채용·승진·경력경쟁채용 등 균형 잡힌 계획을 수립하여 조직목표 달성을 위하여 소속 공무원의 채용·승진·배치 및 경력개발 등이 포함된 인력관리계획을 수립하여 시행하고 있다. 이 절에서는 파견과 직무대리, 시간선택제 공무원, 결원보충, 업무대행, 대우공무원 제도에 대해 설명하기로 한다.

[2] 파견

파견 목적은 한시적 국가적 사업의 효율적 수행 또는 그 업무와 관련된 행정지원을 위해 국내·외 교육·연구기관, 국제기구 등에서 능력개발을 위하여 파견한다. 관련근거로는 국가공무원법 제32조의4(파견근무), 공무원임용령 제41조(파견근무), 공무원 임용규칙 제8장 파견, 경찰공무원 임용령 제30조(파견근무)가 있다.

(1) 파견절차

파견 발령권자는 원칙적으로 임용권자 또는 임용제청권자이다. 단, 필요한 경우에는 해양경찰청장이 임용권을 행사할 수 있다. 예외적으로 소속기관의 장의 명으로 파견할 있다(경찰공무원 임용령 제30조제1항제4호에 의한 교육훈련파견, 공무원임용령 제42조에 의한 별도 정원이 인정되는 파견을 제외한 파견발령).

파견업무절차는 "파견직위 신설", "파견기간 연장"에 대하여 인사혁신처장과 사전 협의 후 파견업무절차를 진행하고, 파견공무원의 선정은 내부 공모 등을 거쳐 파견공무원을 선정한다. 국외파견의 경우, 직무파견심의위원회를 통한 파견공무원 선발이 필수이다.

(2) 파견공무원의 요건

1) 파견 받은 기관에서 요구하는 자격요건을 갖춘 공무원

2) 파견업무 수행에 필요한 자격·경력 등을 갖춘 공무원
3) 특별한 사정이 없는 한 파견기간 동안 계속하여 근무가 가능한 공무원
4) 파견예정기관의 근무에 필요한 어학능력을 갖춘 공무원(국외파견의 경우)
파견공무원이 결정되면 파견 보낼 기관의 장이 파견 받을 기관의 장에게 해당 공무원에 대한 동의여부 협의한다.

(3) 복무 및 보수

파견자의 복무(국가공무원 복무규정 제7조)는 원칙적으로 국가공무원 복무규정을 따르되, 파견 받은 기관의 복무 관련규정(지침)을 준수하여야 하고, 파견 받은 기관장의 지휘·감독을 받는다. 파견기간 중에 징계사유에 해당하게 된 때에는 파견 받은 기관의 장은 원소속기관의 장에게 그 사실을 통보 → 원 소속기관의 장이 징계 처분한다. 파견기간 중 근무를 태만히 하거나 공무원으로서 품위를 손상하는 경우에는 파견 공무원 복귀 또는 교체를 하여야 한다. 파견 받은 기관의 장은 파견공무원이 수행하여야 할 업무를 부여·지정하고, 파견공무원에 대한 근무상황관리에 철저를 기하여야 한다.

파견자의 보수지급(공무원보수규정 제21조제2항)은 원소속기관에서 파견된 공무원에게 파견기간 중의 보수 지급을 한다. 다만, 법령에 특별한 규정이 있거나 원소속기관과 파견 받을 기관이 협의하여 따로 정한 경우에는 파견 받을 기관에서 지급 가능하다. 파견에 따른 소요경비 지급은 국내파견에 따른 주택보조비, 주거지원비 등 경비가 소요되는 경우에는 파견 공무원에게 예산의 범위 내에서 소요경비 지급하고, 국외파견 공무원에게는 재외공관에 근무하는 공무원에게 지급하는 수당 등에 관한 규정을 준용하여 수당을 지급한다.

[3] 직무대리

직무대리는 공무원이 사고가 있을 때 사고가 생긴 직위의 업무를 대신하여 수행토록 하여 직무상 공백이 생기지 않도록 하고 행정책임을 명확히 하기 위함이다. 원칙적으로 직무대리 업무 외에 본인의 업무도 동시에 수행하여야 한다. 직무대리는 일시적으로 직무의 공백을 방지하고 행정의 계속성과 안정성을 위해 운영하는 제도이므로 인사상 임용행위와는 다르다(직무대리는 전보 또는 승진임용이 아님). 따라서 직무대리 명령은 임용권자가 하는 것이 아니라 사고 직위의 바로 위 상위자가 바로 아래 하위자 중에서 지정하도록 하고 있다. 「해양경찰청 직무대리 운영규칙」에 따라 사전에 직무대리 순위가 결정되어 있지 아니한 직무대리는 별도의 직무대리자 지정행위가 필요할 때에는 달리 할 수 있다. 관련 근거로는 정부조직법

제7조(행정기관의 장의 직무권한), 직무대리규정(대통령령), 해양경찰청 직무대리 운영규칙(훈령)이 있다.

> 직무대리에서 말하는 '사고'란?
> - 휴가, 출장, 교육훈련 또는 결원 보충이 없는 휴직 등 직위에 보직이 되어 있지만 일시적으로 직무를 수행할 수 없는 경우
> - 전보, 퇴직 또는 임기만료 등으로 후임자가 임명될 때까지 해당 직위가 공석인 경우

(1) 해양경찰 직무대리 지정

1) 청장·차장의 직무대리

해양경찰청장에게 사고가 발생한 경우에는 차장이 직무대리하고, 차장에게 사고가 발생한 경우에는 「해양경찰청과 그 소속기관 직제 시행규칙」에 규정된 순서에 따른 바로 아래 계급의 기획조정관 또는 국장이 직무대리한다. 청장과 차장 모두에게 사고가 발생한 경우에는 직제에 규정된 순서에 따른 바로 아래 계급의 기획조정관 및 국장이 순차적으로 청장과 차장을 각각 직무대리 한다.

2) 소속기관장 등의 직무대리

지방해양경찰청장에게 사고가 발생한 경우에는 안전총괄부장이 직무대리하고, 안전총괄부장을 두지 않은 지방해양경찰청장에게 사고가 발생한 경우에는 「해양경찰청과 그 소속기관 직제 시행규칙」에 규정된 순서에 따른 바로 아래 계급의 과장이 직무대리 한다.

안전총괄부장에게 사고가 발생한 경우에는 직제 시행규칙에 규정된 순서에 따른 바로 아래 계급의 과장이 직무대리를 한다.

3) 관·국장·과장 등의 직무대리

기획조정관·국장에게 사고가 발생한 경우에는 직제 시행규칙에 규정된 과의 순위에 따른 바로 아래 계급의 담당관·과장이 대리하고, 담당관·과장에게 사고가 발생한 경우에는 「해양경찰청 사무분장 규칙」및 소속기관의 하부조직을 설치하는 규정에서 정한 순서에 따른 바로 아래 계급자가 대리한다.

4) 직할단장·직할대장 등의 직무대리

직할단장 및 직할대장과 해양경찰연구센터장, 해양특수구조대장, 해상교통관제센터장에게 사고가 발생한 경우에는 직제 시행규칙 및 소속기관의 하부조직을 설치하는 규정에서 정한 순서에 따른 바로 아래 계급자가 대리한다.

위에서 규정한 사항 외의 공무원에게 사고가 발생하였거나 규정된 직무대리가 적절하지 않다고 인정되는 경우에는 직무대리 지정권자가 해당 공무원의 바로 아래 계급자 중에서 직무의 비중·능력·경력 또는 책임도 등을 고려하여 지정한다. 직무대리 지정권자란 사고가 발생한 공무원의 바로 위 계급자를 말한다.

직무대리 지정권자는 대리하게 할 업무가 특수하거나, 그 밖의 부득이한 사유가 있는 경우에는 사고가 발생한 공무원과 동일한 계급자를 직무대리자로 지정할 수 있다.

(2) 직무대리자의 업무수행 원칙

1) 직무대리를 하는 경우 한 사람은 하나의 직위에 대해서만 직무대리 한다.
2) 직무대리자는 사고가 발생한 공무원의 사고 기간 동안 직무대리 한다. 공석 등으로 인한 직무대리의 경우 임용권자는 직무대리자의 업무 부담이 장기화되지 않도록 빠른 시일 내에 결원을 보충하여야 한다.
3) 직무대리자는 본래 담당한 직위의 업무를 수행하면서 직무대리 업무를 수행하는 것을 원칙으로 한다. 다만, 사고가 발생한 공무원의 직위에 보할 수 있는 승진후보자에게 그 사고가 발생한 공무원의 직무대리를 하게 하는 경우에는 본래 담당한 직위의 업무를 수행하지 아니하고 직무대리 업무만을 수행하게 할 수 있다.
4) 직무대리자는 직무대리 업무의 일부 또는 전부를 다른 공무원에게 위임할 수 없다. 직무대리자는 자신의 직무대리 업무에 대해서는 지정권자가 아니므로 스스로 이를 포기할 수 없고, 직무대리를 수행하기 어려운 불가피한 사유가 있는 경우에는 직무대리 지정권자를 통하여 새로운 직무대리자가 지정될 수 있도록 해야 한다.

(3) 직무대리의 범위

직무대리자는 직무대리하고 있는 직위의 업무에 대하여 모든 책임과 권한을 가지고, 그에 상응하는 책임을 진다. 직무대리자는 자신의 이름으로 업무를 수행하며, 직무대리하고 있는 직위의 업무를 수행하는데 따른 업무추진비 등 예산을 사용 할 수 있고, 직무대리하는 직위에 상당하는 월정 직책급을 받는다.

[4] 시간선택제 공무원

시간선택제 공무원이란 통상적인 근무시간보다 짧게 근무하는 공무원을 말하고, 시간선택제 전환공무원이란 전일제공무원(주 40시간, 일 8시간 근무)이 본인의 필요에 따라 시간선택제 근무(주15~35시간)를 신청하여 근무할 수 있는 제도이다.

(1) 근무기간(시간) 및 유형

1) 근무기간 : 최소 1개월 이상 기간을 정하여 지정(최대 사용기간은 제한 없음)
2) 근무시간 : 1주당 15 ~ 35시간의 범위 안에서 시간단위로 정함(1일 근무시간 최소 3시간 이상)
3) 근무유형

기관의 업무형편에 따라 근무시간과 유형은 자유로이 정하되, 업무수행의 효율성을 위해 가급적 오전·오후로 지정하고, 격주제 또는 격월제로 지정하지 않도록 한다. 그러나 매일 특정시간대 근무, 격일제근무, 요일별 근무시간을 달리 정하는 방법은 가능하다. 또한 근로시간 및 유형을 변경하고자 하는 경우에는 당초의 시간선택제 근무지정을 해제하고 새로이 지정하여야 하지만 근무시간 및 근무유형의 변경은 해당 시간선택제공무원의 대체인력의 근무에 영향을 주지 않는 범위 내에서 가능하다.

(2) 시간선택제 전환공무원 지정

임용권자 또는 임용제청권자는 경찰공무원이 시간선택제근무를 신청하는 경우 기관의 인력운영상 특별한 사정이 없는 한 시간선택제전환 경찰공무원으로 지정 가능하다. 시간선택제 근무는 시간선택제공무원의 대체근무가 용이한 업무, 정형화된 업무, 특정 근무시간 및 근무일에 업무량이 급증하는 업무 등에 적극 활용한다.

(3) 시간선택제 전환공무원 지정 해제

1) 당연 해제사유

시간선택제 전환근무 지정기간 만료, 전환공무원의 퇴직

2) 직권 해제사유

① 임용권자 또는 임용제청권자가 시간선택제전환공무원에 대하여 전보(전출포함), 파견 및 휴직을 명하고자 하는 경우
② 시간선택제 전환공무원이 신청사유의 소멸로 지정 해제를 희망하는 경우 또는 신청사유와 달리 근무시간외 시간을 목적에 맞지 않게 활용한 경우
③ 시간선택제 전환공무원을 대체하는 시간선택제임기제공무원이 임용되어있는 경우에는 당연해제 사유 외에는 해제 불가. 다만, 질병휴직, 병역휴직 등 불가피한 경우는 예외

3) 해제 방법

시간선택제 전환공무원이 해제신청서를 인사부서에 제출하고 임용권자는 인사발령을 통해 시간선택제 전환근무를 해제한다.

[5] 결원보충 및 업무대행

(1) 결원보충

결원보충은 휴직·파견 등으로 인한 업무공백 방지를 위하여 기관별 정원관리원칙(직제상)의 예외로 인정한다.

1) 법령상 당연히 인정되는 경우

① 질병, 군복무, 법정의무 수행, 노동조합 전임자, 국제기구·외국기관·민간기업 임시 고용, 해외유학, 연구·교육기관 연수, 육아, 가사휴직, 해외동반 휴직 등으로 6월 이상 휴직하는 경우

※ 출산휴가와 연속하여 휴가 전에 3월 이상 휴직한 경우 또는 휴가 후에 3월 이상 휴직한 경우에도 결원 보충이 가능하며, 출산휴가(3개월)와 연속하여 3월 이상 육아휴직한 경우에는 출산휴가 시작부터 결원보충이 가능

※ 휴직자의 직급에 해당하는 공무원을 휴직일로부터 결원보충 가능

② 파면·해임·면직·강등처분에 대해 소청·법원에서 무효·취소되면 해당 처분에 따른 결원보충이 있었던 때부터 파면·해임·면직·강등처분을 받은자의 처분 전 직급·직위에 해당하는 정원이 따로 있는 것으로 본다.

③ 퇴직하려는 공무원의 징계사유 확인 결과 중징계에 해당하는 징계사유가 있어 직위해제한 경우 해당자의 직급·직위·상당계급에 해당하는 정원이 따로 있는 것으로 봄

2) 인사혁신처장의 승인에 의하여 인정되는 경우

국가공무원법 제32조의4, 공무원임용령 제41조의 규정에 의하여 1년 이상(공무원인재개발법에 따른 교육훈련 파견인 경우에는 6개월 이상) 파견, 다만, 남은 파견기간이 2개월 이하인 경우에는 결원보충 불가능하다.

(2) 업무대행 공무원

경찰공무원 임용령 제30조의3에 의하여 공무원이 휴직을 하거나 출산휴가 및 병가, 유·사산휴가를 가는 경우 또는 시간선택제전환 공무원으로 지정됨으로써 해당 경찰공무원의 업무

를 대행하는 공무원을 말한다.

1) 적용범위

출산휴가 및 병가, 유·사산 휴가자·(육아)휴직자 또는 시간선택제전환 공무원의 업무와 직·간접으로 관련되는 업무 담당 또는 업무 대행 가능한 자격요건을 갖춘 자

2) 지정 및 해제

① 해당 기관 내 직원 중 출산휴가 및 병가, 유·사산 휴가자·(육아)휴직자 또는 시간선택제전환공무원의 업무내용, 직무수행요건 등을 종합적으로 고려하여 직무수행이 가장 적합하다고 판단되는 자 중에서 업무대행자 지정

② 업무대행 공무원은 1인을 지정하는 것을 원칙으로 하며, 업무 특성상 다수인을 지정할 필요가 있는 경우 5인 이하 지정 가능(시간선택제전환공무원을 대행하는 경우 3인 이하)

③ 해당 경찰공무원의 휴직에 따라 결원을 보충한 때, 소속 경찰공무원에게 휴직을 하거나 휴가를 가는 경찰공무원 또는 시간선택제전환 경찰공무원의 업무를 대행하도록 명한 경우에는 업무대행공무원을 지정할 수 없음

3) 업무대행수당 지급(공무원 수당 등에 관한 규정 제14조의2)

육아휴직, 30일 이상의 병가·출산휴가·유산휴가·사산휴가 또는 시간선택제 전환공무원의 업무를 대행하는 공무원에게 지급한다. 예산의 범위 안에서 동일업무에 대해 업무대행공무원이 1명인 경우 월 20만원, 다수(N명)인 경우 각각 월 20/N만원의 업무대행수당 지급하고, 단, 시간선택제 전환공무원의 근무시간 외의 업무를 대행하는 공무원에게는 예산 범위에서 근무시간 및 업무대행 지정인원수를 고려하여 산식에 따라 수당을 지급한다.

[6] 대우공무원제도

대우공무원제도란 해당 계급에서 승진소요 최저근무연수 이상 근무하고, 승진임용의 제한 사유가 없으며, 근무실적이 우수한 자를 바로 상위 계급의 대우공무원으로 선발하여 대우공무원수당을 지급하는 제도이다.

(1) 대상 및 경력요건

승진소요연수 경과자로서 다음의 기간 동안 근무하여야 한다. 근무기간은 「경찰공무원 승진임용 규정」 제5조(승진소요 최저근무연수)에 따라 산정한다.

〈표 4-27〉 대우공무원 대상 경력요건

구 분	대 상	근무경력	비 고
특정직	총경 및 경정 (경무관 및 총경대우)	해당 계급에서 7년 이상	대우공무원 발령일 (매월 1일)
	경감 이하	해당 계급에서 5년 이상	

(2) 대우공무원 수당지급

수당지급은 기본급의 4.1%를 매월 지급한다. 대우공무원수당+월봉급액이 상위계급으로 승진 시의 월봉급액을 초과할 경우 해당 계급 월봉급액과 상위계급 월봉급액의 차액을 대우공무원수당으로 지급한다.

징계·직위해제 및 휴직 시에도 계속 지급하되, 「공무원수당 등에 관한 규정」 제6조의2에 따라 감액하여 지급한다. 대우공무원 선발 또는 수당지급에 중대한 착오 발생 시 정정발령을 하거나 대우공무원수당을 소급하여 지급 가능하다.

(3) 대우공무원 인사관리

대우공무원에 대한 별도의 인사조치 없이 현부서 및 직책에 근무한다. 수당지급이 대우공무원제도의 취지이며, 보직 등 인사 및 호칭에는 영향 없다. 대우공무원이 상위계급으로 승진 시 승진임용일자에 대우자격은 당연 상실되고, 대우공무원이 강등되는 경우 강등일자에 상위계급 대우자격은 당연히 상실된다. 단, 강등된 경우 하위계급에의 근무기간 산정결과 대우공무원 선발요건에 해당하는 경우에는 대우공무원 선발이 가능하다.

6 해양경찰 교육훈련

[1] 교육훈련 일반

(1) 개념

교육훈련이란 개인의 일반적인 잠재능력을 종합적으로 개발하는 것을 뜻하는 교육(Education)과 직무수행에 필요한 기술과 능력을 보충하는 의미의 훈련(Training)이 합쳐진 말이다. 「경찰공무원교육훈련규정」제6조(교육훈련실시의 의무)에 "경찰기관의 장은 소속 경찰공무원에게 그 직무와 관련된 학식·기술 및 응용능력을 배양할 수 있도록 교육훈련계획과 교육순기에 따라 교육훈련을 시켜야 한다."그리고 해양경찰청장은 "모든 경찰공무원들에게 균등한 교육훈련의 기회가 주어지도록 교육훈련에 관한 종합적인 기획 및 조정을 해야 한다"[107]고 규정하고 있다.

해양경찰 교육훈련이란 해양경찰관이 해양경찰 조직의 목적달성에 민주적이며 능률적으로 기여할 수 있도록 경찰관의 능력을 개발하는 기능이라고 할 수 있다. 구체적으로 살펴보면, 경찰관으로서 직무수행에 적합한 태도 및 가치관을 바람직한 방향으로 변화시키고자 하는 의도적이고 필수적인 기능이라고 할 수 있다. 결국 해양경찰 교육훈련은 경찰관의 일반적인 소양과 능력의 개발, 직무수행에 필요한 지식과 기술의 향상 및 국민 전체의 봉사자로서 민주적 신념, 태도 또는 가치관의 변화를 위한 활동을 포괄하는 개념이다.

(2) 목적

해양경찰 교육훈련의 기본적인 목적은 해양경찰관으로 하여금 직무수행에 필요한 지식과 기술을 함양하고 가치관을 정립하여 해양경찰 업무를 원활히 처리하는 것은 물론이고 해양경찰관 개인의 능력과 경력발전을 도모하는 것이다. 즉, 교육훈련의 주된 목적은 해양경찰관의 가치와 행태를 경찰업무수행에 적합하게 변화시켜서 해양경찰 조직의 통합성을 유지시키고 증진시키는 것이다. 다른 한편, 교육훈련은 해양경찰관이 만족스러운 해양경찰 생활을 영위할 수 있게 해주고 그에게 해양경찰 내에서 발전의 기회를 주려는 것이다.

107) 경찰공무원법 제17조(교육훈련)

(3) 필요성

급변하는 환경 속에서 해양경찰 조직이 적응하기 위해서는 새로운 지식과 기술을 습득해야 한다. 따라서 해양경찰조직은 새로운 지식과 기술에 대한 교육뿐만 아니라 환경변화에 대응하는 해양경찰공무원의 의식·태도 및 행동에 변화를 이끌어낼 수 있는 교육훈련 프로그램을 개발해야 한다.

[2] 해양경찰 교육훈련의 유형

경찰공무원의 교육훈련은 학교교육·위탁교육·직장훈련 및 기타교육훈련으로 구분한다. 해양경찰공무원에 대한 교육훈련은 모든 해양경찰공무원들에게 균등한 교육훈련의 기회가 주어지도록 교육훈련에 관한 종합적인 기획 및 조정을 해야 한다고 되어있고, 또한 경찰기관의 장은 소속경찰공무원에게 그 직무와 관련된 학식·기술 및 응용능력을 배양할 수 있도록 교육훈련계획과 교육순기에 따라 교육훈련을 시켜야 한다고 규정되어있다.

이처럼 해양경찰 교육훈련에 대한 중요성과 체계적인 운영을 해양경찰청장 장에 대한 법적 의무로 명시하고 있다.

「경찰공무원 교육훈련규정」제7조에는 경찰공무원의 교육훈련은 학교교육·위탁교육·직장훈련 및 기타교육훈련으로 구분하고, 제8조에서는 신임·기본·전문교육으로 구분하고 있다.

〈표 4-28〉 해양경찰교육원의 교육훈련 현황(105개 과정 8,298명 : 2020년 기준)

구분	신임교육	기본교육	전문교육	외부교육
계	11개 과정 2,360명	5개 과정 700명	80개 과정 3,583명	9개 과정 1,655명
세부내용	►간부후보생 (10명) ►변호사경감 (5명) ►경위(항공 등) (56명) ►신임 순경 (935명) ►신임 경장 (9명) ►신임 일반직 (45명) ►신임 의경 (1,300명)	►치안정책 (10명) ►경정기본 (40명) ►경감기본 (100명) ►경위기본 (250명) ►경사기본 (300명)	►지휘역량분야 (325명) ►직무역량분야 (1,655명) ►현장역량분야 (973명) ►소양 분야 (630명)	►대국민 (1,550명) ►유관기관 (100명) ►국제협력 (5명)

자료 : 해양경찰교육원 홈페이지

(1) 학교교육(해양경찰교육원)

1) 신임과정

해양경찰교육기관인 해양경찰교육원에서 신규로 채용된 순경과 경찰간부후보생 등에게 실시하는 기초교육훈련으로서 신임교육과정이라고 한다. 신규채용자 교육훈련은 일반적으로 해양경찰의 조직·구조·기능·규칙 등을 포함하여 임용 후 직무수행에 요구되는 기초적 전문지식과 능력, 현장에서 직접 활용할 수 있는 실용적인 교육을 위해 훈련시설, 훈련함, 관서실습 교육을 통한 현장적응능력 향상을 갖추도록 하는 것이 목적이다.

중점적인 교육내용으로는 직별별 특성화 교육과 인명구조 및 응급구조, 함정운용술 등 해양경찰 기본 업무, 기초체력 및 자신감 강화로 구성되어 있고, 일반적으로 신임경찰(순경, 경장) 교육기간은 39주이나 간부후보생은 52주로 편성되어있다.

〈표 4-29〉 공채 및 특채분야 교육과목

분 야	교 과 목	시 간				분 야	교 과 목	시 간			
		총계	이론	실습	외부			총계	이론	실습	외부
총 계		1,365				총 계					
적응교육(챌린지)	오리엔테이션	70	24	46		전문특화	해양통신	19	11	8	
	제식, 체력						해상교통	13	13		
	정신교육, 특강						파출소	14	14		
기본공통	해양의 역사	6	6				비상탈출, 비상대응	14	3	11	
	해양현상의 이해	6	6				수상인명구조	43	5	38	
	양성평등	6	6				해양특수구조	–			
	해양법-UN해양법	16	16				스쿠버	24	3	21	
	행정법-경직법	20	20				연안구조장비	24	3	21	
	형법-형소법	30	30				장비이용인명구조	8	2	6	
	해양경찰 핵심가치	20	20				총기분해조립, 사격	24	5	19	
	공문서, 보고서	13	7	6			함정보수	16	3	13	
	청렴, 복무, 인사, 민원	16	16				해양범죄수사실무	26	16	10	
	장비 및 물품	15	15				해양정보, 외사	13	13		
	수산일반	11	11				해양환경제도, 이론	17	8	9	
	생활체육	59		59			해양 응급처치	26	5	21	
	특강(통일) 등	30	30				해사영어	10	10		
전문특화	해양경비	16	16				근접제압술	27	3	24	
	상황관리, 초동대응	16	16			실습	관서실습	420		420	
	수색구조, 지진해일	13	13				훈련항	70		70	
	시뮬레이션	48	18	30		기타	입학, 졸업식 등	146		146	

〈표 4-30〉 특임(구조)분야

분 야	교 과 목	시 간				분 야	교 과 목	시 간			
		총계	이론	실습	외부			총계	이론	실습	외부
총 계		1,365				총 계					
적응교육(챌린지)	오리엔테이션	70	24	46		전문특화	해양통신	16	8	8	
	제식, 체력						해상교통	8	8		
	정신교육, 특강						파출소	14	14		
기본공통	해양의 역사	6	6				비상탈출, 비상대응	22	5	17	
	해양현상의 이해	6	6				수상인명구조	–			
	양성평등	6	6				해양특수구조	70	8	62	
	해양법-UN해양법	26	26				스쿠버	–			
	행정법-경직법	20	20				연안구조장비	32	6	26	
	형법-형소법	30	30				장비이용인명구조	21	5	16	
	해양경찰 핵심가치	20	20				총기분해조립, 사격	40	10	30	
	공문서, 보고서	13	7	6			함정보수	16	3	13	
	청렴, 복무, 인사, 민원	16	16				해양범죄수사실무	23	16	7	
	장비 및 물품	15	15				해양정보, 외사	21	13	8	
	수산일반	11	11				해양환경제도, 이론	11	5	6	
	생활체육	49		49			해양 응급처치	16	3	13	
	특강(통일) 등	30	30				해사영어	10	10		
전문특화	해양경비	6	6				근접제압술	43	8	35	
	상황관리, 초동대응	10	10			실습	관서실습	420		420	
	수색구조, 지진해일	5	5				훈련함	70		70	
	시뮬레이션	37	11	26		기타	입학, 졸업식 등	146		146	

2) 기본과정

경정·경감·경위 및 경사(승진예정자 포함)는 해당 계급별 기본교육을 받아야 한다. 또한 교육훈련대상자로 선발된 총경(승진예정자 포함)이 기본교육으로 치안정책교육을 받아야 한다.

3) 전문과정

경정이하 해양경찰공무원을 대상으로 현장에서 상황대응능력을 향상하기 위해 상황관리, 해양경비, 해상교통레저, 해양오염 등 각 분야별 현장 전문성을 강화하기 위한 교육을 실시하고 있다. 교육기간은 과정별로 1주~3주이다.

4) 외부과정

해양경찰공무원이 아닌 일반인을 대상으로 실시하는 교육프로그램으로 국민들에게 해양안전문화 확산과 해양영토의 소중함을 체험할 수 있는 해양특성화 프로그램(바다로 캠프, 해양영토순례, 해양안전관리자 과정 등) 및 해양조사자(유도선사업자, 수상레저 종사자 등)를 대상으로 안전교육 등을 실시하고 있다.

5) 온라인과정

업무의 부담과 집합교육의 기회 제한으로 교육 참여가 어려운 해양경찰공무원을 대상으로 시간과 장소에 구애받지 않고 개인별 수준에 맞춰 학습할 수 있는 과정이다(사이버외국어 과정, 액션러닝역량개발 과정, 사무관리실무, 인사실무, 정부규제개혁, 행정업무운영실무 등).

(2) 위탁교육

재직 해양경찰공무원들을 국·내외의 교육기관 등에 위탁하여 특수한 교육훈련을 실시하며, 교육훈련기관의 성격에 따라 국외파견교육과 국내위탁교육으로 나누어진다. 위탁교육 이수자는 교육훈련결과보고서를 그 이수 후 출근하는 날로부터 30일안에 해양경찰청장에게 제출하여야 한다.

(3) 직장훈련

해양경찰기관의 장이 소속 해양경찰공무원의 직무 수행능력을 향상시키기 위하여 일상업무를 통하여 행하는 훈련으로 「해양경찰청 소속 경찰공무원 직장훈련 규칙」에 의해 경정이하의 해양경찰공무원을 대상으로 한다. 직장훈련은 능력개발, 사격훈련, 체력검정으로 구분한다. 능력개발은 교양참석과 전문교육으로 구분한다.

[3] 해양경찰 교육훈련의 방법

해양경찰 교육훈련을 효과적으로 실시하기 위해서는 교육생의 수준, 교육훈련의 목적, 교육기간 등을 고려하여 가장 적절한 방법을 선택하여야 한다. 우리나라 각 정부기관의 교육기관은 아직도 주로 강의방식에 의존하고 있는 실정이며, 부분적으로 사례연구, 분임토의, 현장실습 및 시청각교육 등의 방법이 이용되고 있다. 해양경찰은 교육대상자에 따라 다르지만 기본과정은 주로 강의 위주이고, 특히 신임과정은 강의뿐만 아니라 현장훈련에 중점을 두고 있다. 전문과정은 세미나, 사례연구, 분임연구, 역할연기 등 다양하게 현장의 업무와 연계되어 있다.

(1) 강의

강의(Lecture)식 교육방법은 교육훈련기관에서 가장 보편적으로 사용되는 전통적인 교육방법으로서 소정시간 내에 강사의 일방적 설명으로 필요사항을 전달할 수 있다. 강사가 교육생들을 모아 놓고 일방적으로 강의하는 방법이기 때문에 많은 사람을 동시에 훈련할 수 있어 경제적이다. 해양경찰교육원에서는 주로 신임과정을 제외한 기본과정(경사, 경위, 경감 등)에서 많이 활용하고 있다.

(2) 현장훈련

현장훈련(On−the−job Training)이란 실제 직무를 수행하면서 감독자 또는 선임자로부터 직무수행에 관한 지식과 기술을 배우는 것을 의미한다. 지도(coaching)가 이 훈련의 핵심이며 따라서 현장훈련의 성과는 감독자의 지도 기술 여하에 많이 의존한다. 이 훈련은 직업의 성격이 고도의 기술·전문성·정밀성을 요구하는 경우의 훈련에 적합하여 실무적 훈련에 유리하나, 많은 시간에 적은 수의 인원을 훈련할 수밖에 없다는 단점이 있다. 해양경찰은 주로 특수 업무인 구조 및 구난, 그리고 신임교육훈련에서 활용하고 있다.

(3) 순환보직과 전보

순환보직과 전보(Position Rotation and Job Transfer)는 정기적이고 체계적인 사전계획을 기초로 교육생을 일정한 시일을 두고 직무 간에 또는 조직 단위 간에 근무처를 옮기면서 훈련시키는 방법이다.

(4) 회의

회의 (Conference, Seminar)는 어떤 주요과제에 관한 논의 또는 토의가 이루어지는 공식적인 모임을 말한다. 각 참여자가 그들의 생각을 명백히 할 수 있고 다른 사람의 의사를 신중히 생각할 수 있다. 공동으로 추구해야할 새로운 방침이나 접근방법의 개척에 특히 유용한 훈련이다. 해양경찰은 관리자급인 경정과정이나 총경의 치안정책과정에서 활용한다.

(5) 사례연구

사례연구(Case Method)는 교육생들 스스로가 특정사례에 기술된 상황을 분석·연구하고 이에 대한 질문·비판 및 제안을 받으면서 그 사례 속에 제시된 문제에 대한 최선의 해결책을 모색해가는 방법이다. 해양경찰은 전문과정, 경정과정, 총경의 치안정책과정에서 활용한다.

(6) 역할연기

역할연기(Role−Playing)는 참가자 중 일부가 어떠한 사례를 그대로 보여주고 나머지 사람들은 관중이 되어 연기에 있어 각 요소들을 비판적인 안목으로 관찰한 다음 모두가 다 같이 그것에 관해 토론하게 하는 훈련방법이다. 이 방법은 인간관계 훈련, 감독능력 향상에 유용한 방법이 된다. 해양경찰은 주로 전문과정에서 많이 활용한다.

(7) 모의훈련

모의훈련(Simulation)에 있어서 교육생들은 주의 깊게 설계된 상황 속에 놓이고 설정된 목적을 달성하거나 혹은 특정계획을 수행하도록 요청받는다. 즉 교육생은 업무수행 중 직면하게 될 어떠한 상황을 가정해 놓고 교육생이 거기에 대처하도록 하는 훈련방법을 말한다. 이 방법의 이점은 이론과 실제 간의 간격을 줄이고 팀워크와 의사소통의 중요성을 인식케 하여 현실 상황에의 적응능력과 분석능력을 향상시킬 수 있다는 점이다. 해양경찰에서는 주로 함정의 항해나 기관분야의 전문과정이나 신임교육과정에서 많이 활용한다.

(8) 감수성훈련

감수성훈련(Sensitivity Training, T-groups Training)은 10～20명 정도의 교육생들이 이전의 모든 집단귀속 관계를 벗어나 인간관계를 매개로하여 타인에 대한 자신의 태도와 행위의 영향에 대하여 자유롭게 조사하고 더욱 효과적인 서로의 인격형성을 개발하려 노력함으로써 관리능력을 개발하는 방법이다. 이 방법은 조직 내의 행위의 변화를 가져오는데 유용한 방법이다.

(9) 분임연구

분임연구(Syndicate)는 집단적 과제연구의 한 형태이다. 교육생을 약 10인 정도의 소집단으로 나누고 각 집단별로 동일한 문제를 토의하여 그 문제에 대한 해결방안을 작성하고 다시 전체가 모인자리에서 각 집단별로 작성한 문제해결방안을 발표하고 토론하여 하나의 합리적인 문제해결방안을 모색하는 방법이다. 해양경찰에서는 주로 전문과정에서 활용한다.

(10) 실무수습

실무수습(Internship)이란 공무원이 되려고 준비하는 자에게 정부기관의 실무를 실습케 하는 훈련방법이다. 실무수습 훈련방법은 학문적인 것과 실무를 연결하는 교량적 구실을 한다. 실무수습은 단일한 훈련방법 보다는 현장 훈련, 순환보직 등 여러 가지 방법을 복합한 훈련방법이다. 해양경찰에서는 주로 신임경찰(순경)과정에서 관서실습이라는 명칭으로 활용하고 있다.

[4] 해양경찰 직장훈련

(1) 근거

해양경찰청 소속 경찰공무원 직장훈련 규칙(해양경찰청훈령 제130호, 2019)

(2) 해양경찰 직장훈련 제도

이 규칙은 경찰공무원교육훈련규정(이하 "영"이라 한다)에 의한 직장훈련에 관하여 필요한 사항을 규정함을 목적으로 한다. 경정이하의 경찰공무원에게 적용한다.

1) 직장훈련 실시기관

해양경찰청, 해양경찰교육원, 지방해양경찰청, 해양경찰서, 해양경찰정비창

2) 직장훈련계획

해양경찰기관의 장(이하 "직장훈련실시기관의장"이라 한다)은 영 제5조제3항에 따라 연도개시 1월전까지 직장 훈련 계획을 작성하고, 직장훈련 계획에는 다음 각 호의 사항이 포함되어야 한다.

① 훈련시간　② 훈련과목　③ 교과목별 시간 배정
④ 교과내용　⑤ 교관　⑥ 교재

3) 직장훈련 실시의무

직장훈련 실시기관의 장은 소속경찰관에게 직장 훈련계획에 따라 직장훈련을 시켜야 한다. 직장훈련담당관은 해양경찰청 교육담당관, 해양경찰교육원 교육지원과장, 지방해양경찰청 기획운영과장, 해양경찰서 기획운영과장, 해양경찰정비창 기획운영과장이 겸한다. 직장훈련의 구분은 다음과 같다.

① 직장훈련은 능력개발, 사격훈련, 체력검정으로 구분한다.
② 능력개발은 교양참석과 전문교육으로 구분한다.

4) 직장훈련의 실시방법

직장훈련은 소집, 순회, 과제, 실습, 시청각 및 직접지도 등의 방법으로 실시한다. 전 직원을 대상으로 하는 직장훈련의 경우 직장훈련담당관은 직무수행에 지장이 없도록 직원을 균등히 나누어 실시하여야 한다.

5) 직장훈련의 시간

① 능력개발중 교양참석은 월1회 이상으로 하고, 집합교육 및 사이버교육 등은 일상 업무수행에 지장이 없는 범위 내에서 필요시마다 실시할 수 있다.

② 체력검정은 연 1회 이상으로 하고, 사격훈련은 연 2회 이상으로 하되 전·후반기로 나누어 실시한다.

6) 교관

직장훈련 실시기관의 장은 다음 각 호에 해당하는 사람을 교관으로 지명 또는 위촉하여야 한다.

① 교양교육은 직장훈련 실시기관의 장이 교관이 되거나 외부 저명인사

② 직무교육은 각 기능별 직속상사 및 내·외부 전문가

③ 그 밖의 과목교관은 전문적인 지식을 가졌거나 연구실적이 있는 자 또는 해당 업무 분야의 교육을 이수한 자

7) 직장훈련의 평가

영 제9조에 따른 직장훈련의 평가는 능력개발, 사격훈련, 체력검정으로 구분하여 평가한다. 직장훈련 평가 방법은 다음 각 호와 같다.

① 능력개발 평가는 교양참석, 전문교육으로 구분하며, 교양참석은 참석여부만을 평가하고, 전문교육은 집합교육, 사이버교육 등으로 평가한다. 단, 교양참석 확인은 지문인식기 등을 이용하여 업무포탈·전산시스템으로 관리·평가하고, 사격훈련과 체력검정은 정해진 별표에 따라 평가한다.

② 대리참석 또는 허위기재, 부정평가 등의 부정행위 발생시 관련자는 해당 훈련점수를 0점으로 처리한다.

③ 직장훈련의 평가는 연 1회 실시하되 10월 말일을 기준으로 한다.

④ 직장훈련 담당관은 매 평가시마다 직장훈련평가 개인기록을 업무포탈·전산시스템에 보관·관리하고 전출·입시 전산시스템 평가자료의 소속을 변경·관리한다.

⑤ 직장훈련평가 결과는 해양경찰청 소속 경찰공무원 승진임용규정 시행규칙 에 따른 근무성적 평정의 기초로 한다.

8) 평가의 기준

해양경찰청 소속 경찰공무원 승진임용규정 시행규칙 제7조제2항 및 제5조제2호의 별지 제2호서식에 따른 근무성적 평정표의 직장훈련 평정은 다음 표와 같이 배점한다.

〈표 4-31〉 직장훈련 평정

구 분	체력검정	능력개발	사격평가
대상	경정 이하	경정 이하	함정근무 경위 이하
평정	8점	7점	–

7 해양경찰 승진제도

[1] 의의

승진은 상위직급의 직위, 즉 권한과 책임수준이 높은 직위로 이동하는 것을 말한다. 승진은 대체로 상위직에 있던 자의 승진이나 퇴직 등으로 결원이 생기거나 조직규모의 확장으로 상위직의 자리가 증가될 경우에 실시한다.

승진제도는 직업공무원제도의 발전을 위한 가장 중요한 수단으로써 공무원의 승진과정은 능력발전과 인사행정의 가장 가치 있는 요소 중의 하나이다. 해양경찰의 승진제도는(경찰공무원법 제11조) 바로 하위계급에 있는 경찰공무원 중에서 근무성적평정, 경력평정, 그 밖의 능력을 실증(實證)하여 승진 임용한다. 다만, 해양경찰청장을 보하는 경우 치안감을 치안총감으로 승진임용 할 수 있다.

해양경찰 승진제도에 관한 근거로 경찰공무원법 제11조(승진), 경찰공무원 승진임용규정, 해양경찰청소속 경찰공무원 임용에 관한 규정, 해양경찰청 소속 경찰공무원 승진임용규정 시행규칙, 경찰공무원 승진업무 처리지침, 경찰공무원 승진심사 지침이 있다.

[2] 승진제도 일반

(1) 종류 및 대상계급

1) 심사승진임용 : 경무관 이하 승진
2) 시험승진임용 : 경정 이하 승진
3) 특별승진임용 : 치안정감 이하 승진
4) 근속승진임용 : 경감 이하 승진

(2) 승진인사 규모

1) 승진임용 예정 인원 결정

① 승진임용 예정 인원을 정할 당시의 실제 결원인원과 해당 연도 예상 결원을 고려하여 계급별로 정한다. 다만, 필요한 경우 경과별 또는 특수 분야별로 정할 수 있다.

② 치안감 이상 계급으로의 승진임용은 결원요인 발생 시 수시로 실시하고, 경무관으로의 승진임용 예정 인원은 정원의 25% 이내, 총경으로의 승진임용 예정 인원은 정원의 20% 이내에서 정한다. 다만, 승진임용 예정 인원이 승진임용 예정 인원을 정할 당시의 실제 결원과 해당 연도 예상결원을 합한 것보다 적을 경우 그 승진임용 예정 인원에 부족한 인원을 더하여 승진임용 예정 인원을 정할 수 있다.

2) 특별승진임용 예정 인원

① 경감 이하 계급으로의 승진임용 예정 인원을 정하는 경우 30% 이내에서 일정 비율을 특별승진 예정 인원으로 정할 수 있다.

② 해양경찰청장은 책정된 승진임용 예정 인원수를 소속기관별로 승진대상자 명부에 기록된 인원의 비율에 따라 배정하되, 해당 계급으로의 근속승진예정자 수 등 소속기관별 승진여건을 참작하여 조정할 수 있다.

3) 심사승진임용 및 시험승진임용 예정 인원

① 계급별로 전체 승진임용 예정 인원에서 특별승진임용 예정 인원을 제외한 인원의 60%를 심사승진임용 예정 인원으로 하고, 나머지 40%를 시험승진임용 예정 인원으로 한다.

② 특수분야의 승진임용 예정 인원을 정하는 경우에는 심사승진임용 예정 인원과 시험승진임용 예정 인원의 비율을 다르게 정할 수 있다.

(3) 승진임용 절차

1) 총경 이상 : 해양경찰청장 추천 → 해양수산부장관 제청 → 국무총리 → 대통령 임용
2) 경정 : 해양경찰청장 제청 → 국무총리 → 대통령 임용
3) 경감 이하 : 해양경찰청장 임용

(4) 임용권의 위임

1) 지방해양경찰청장, 교육원장 및 해양경찰정비창장 : 경감 이하 계급으로의 승진임용

2) 해양경찰서장 또는 중앙해양특수구조단장 : 경사 이하 계급으로의 승진임용

※ 중앙해양특수구조단 보통승진심사위원회의 경위이하 계급 승진심사 실시(2022년 1월1일부터)

(5) 승진소요 최저근무연수

1) 승진소요 최저근무연수(해당 계급에서의 재직기간)

① 총 경 (→ 경 무 관) : 4년

② 경정·경감 (→ 총경·경정) : 3년

③ 경위·경사 (→ 경감·경위) : 2년

④ 경장·순경 (→ 경사·경장) : 1년

2) 승진소요 최저근무연수 계산에서 제외되는 기간

휴직·직위해제·징계처분기간 및 승진임용 제한기간(경찰공무원 승진임용 규정 제6조), 다만, 다음의 기간은 승진소요 최저근무연수에 산입 한다.

가) 휴직기간

① 공무상 질병·부상으로 인한 휴직
② 병역휴직
③ 법정 의무수행을 위한 휴직
④ 국제기구 등에 임시채용된 기간
⑤ 유학휴직 기간 중 5할의 기간(최대 1년)
⑥ 육아휴직
* 자녀 1명에 대한 총 휴직기간이 1년이 넘는 경우에는 최초의 1년으로 하되, 첫째 자녀에 대하여 부모가 모두 각각 6개월 이상 휴직하는 경우 전부 인정하고, 둘째 자녀부터는 그 휴직기간 전부를 반영

나) 직위해제기간

① 파면·해임·강등 또는 정직에 해당하는 징계 의결 요구에 따라 직위해제 처분을 받은 사람에 대한 징계 의결 요구에 대하여 관할 징계위원회가 징계하지 아니하기로 의결한 경우와 해당 직위해제처분의 사유가 된 징계처분이 소청심사위원회의 결정 또는 법원의 판결에 따라 무효 또는 취소로 확정된 경우
② 형사 사건으로 기소(약식명령 청구 제외)되어 직위해제처분을 받은 사람의 처분사유가 된 형사 사건이 법원의 판결에 따라 무죄로 확정된 경우
※ 다만, 금품비위, 성범죄 등 주요비위행위로 인하여 감사원 및 검찰·경찰 등 수사기관에서 조사나 수사 중인 자로서 비위의 정도가 중대하고 이로 인하여 정상적인 업무수행을 기대하기 현저히 어려운 자에 대한 직위해제처분의 경우에는 ①징계 및 ②형사상 모두 문제없는 경우에만 예외적으로 산입함(공무원임용령 제31조제2항제2호 다목 참조)

다) 5급 공채시험합격자가 5년 이상 근무한 경우에는 그 기간의 20%를 산입

라) 사법연수생 수습기간은 경정 이하 계급으로의 승진소요 최저근무연수에 산입

마) 강등된 경우에 강등되기 직전의 계급에서 재직한 기간을 산입

(6) 승진임용 제한

1) 제한대상자

가) 제한 대상자는 징계의결 요구, 징계처분, 직위해제, 휴직, 시보임용 기간 중인 자이다. 그러나 공무상 질병휴직 중인 자가 명예퇴직하거나 공무로 사망한 경우 특별승진 가능하다.

나) 징계처분의 집행 종료일로부터 다음의 기간 미 경과자이다.

① 강등·정직 18월

② 감봉 12월

③ 견책 6월

ⓐ 국가공무원법 제78조의2제1항 각 호 및 성폭력·성희롱·성매매에 따른 징계처분의 경우에는 각각 6개월을 더한 기간을 승진임용제한 기간에 합산하여 표준인사관리시스템에 입력 ⓑ 다만, 2018. 9. 18 이전 금품 및 향응 수수, 공금의 횡령·유용의 징계사유가 발생한 경우에는 3개월을 더한 기간(경찰공무원 승진임용 규정 제6조 개정 전)

다) 징계에 관하여 경찰공무원과 다른 법령을 적용받는 공무원으로 재직하다 경찰공무원으로 임용된 경우에는 종전의 신분에서 징계처분을 받고 그 징계처분의 집행이 끝난 날부터 다음의 기간이 미 경과된 자

① 강등 18개월

② 근신·영창 또는 그 밖에 이와 유사한 징계처분 6개월

라) 경찰공무원법 제24조제3항에 따라 계급정년이 연장된 사람

2) 제한기간 계산

가) 감봉·정직의 경우 처분기간 종료 후, "정직 18월, 감봉 12월"이 경과하여야 한다. "감봉 2월"의 경우 처분종료일은 처분일로부터 2개월 경과 후로 한다.

나) 승진임용 제한기간 중에 있는 자가 다시 징계처분을 받은 경우의 승진임용 제한기간은 전 처분에 대한 제한기간이 끝난 날부터 계산하고, 징계처분으로 승진임용 제한기간 중에 있는 사람이 휴직하는 경우에는 징계처분에 따른 남은 승진임용 제한기간은 복직일로부터 계산한다.

다) 징계처분을 받은 후 해당 계급에서 훈장, 포장, 모범공무원포상, 국무총리 이상의 표창 또는 제안의 채택·시행으로 포상을 받은 경우 승진임용 제한기간의 2분의 1을 단축 가능하다.

(7) 승진대상자 명부의 작성

1) 작성대상 : 총경 이하

승진소요 최저근무연수를 경과한 총경 이하 경찰공무원을 대상으로 계급별로 작성하는 것이 원칙이고, 필요 시 경과·직무분야별로 작성할 수 있다.

2) 요소별 배점비율 : 근무성적평정(65%)+경력평정(35%)

가) 100점 만점으로 작성하되, 가점평정대상자의 경우는 1.5점의 범위 내에서 가점을 부여한 점수를 합산(총점 101.5점)하여 작성

나) 근무성적은 3년간(해당 연도 50%, 전년도 30%, 전전년도 20%)의 합으로 평가. 다만, 경장·순경은 2년간(해당 연도 60%, 전년도40%)의 합으로 평가 총점은 소수점 4자리에서 반올림하여 소수점 3자리까지 기재

다) 근무성적 평정점이 없는 해가 있을 경우 전년도 평정점 또는 전년도와 다음연도 평정점의 평균 중 높은 점수를 그 평정단위연도의 평정점으로 하되, 평정점이 없는 해의 전 또는 후의 평정점이 없을 경우에는 그 전 또는 후의 평정점은 37.5점으로 함(해양경찰청 소속 경찰공무원 승진임용규정 시행규칙 제17조제3항)

3) 작성권자

가) 해양경찰청장

① 해양경찰청(소속기관 제외) 소속 경찰공무원 명부

② 해양경찰청 소속 기관의 경감 이상 명부

③ 중앙해양특수구조단 소속 경위 명부

나) 지방청장·교육원장·정비창장

① 지방청(경찰서 제외)·교육원(연구센터 제외)·정비창 소속 경위 이하 명부

② 소속기관(경찰서 또는 연구센터)의 경위 명부

다) 경찰서장·연구센터장·중특단장 : 소속 경사 이하 명부

4) 작성기준일

가) 총경·경정 : 매년 11월 1일

나) 경감 이하 : 매년 1월 1일

5) 효력발생일

가) 승진대상자 명부 작성기준일 다음 날로부터 효력 발생

나) 승진대상자 명부를 조정·삭제한 경우에는 조정 또는 삭제일부터 효력발생

6) 동점자의 순위결정

가) 근무성적이 우수한 사람(3년 근무성적의 환산점수 우수자, 경장·순경은 2년)

나) 해당 계급에서 장기간 근무한 사람

다) 바로 아래 계급에서 장기간 근무한 사람

(8) 해양경찰 승진제도 구별

1) 심사승진

심사승진은 승진에 필요한 요건을 갖춘 총경이하의 해양경찰공무원에 대하여 근무성적 평정점 65%, 경력 평정점 35%의 비율에 따라 계급별로 승진대상자명부를 작성한다. 승진심사를 위하여 해양경찰청에 중앙승진심사위원회를 두고, 해양경찰청·지방해양경찰청과 대통령령으로 정하는 해양경찰기관 및 지방해양경찰관서에 보통승진심사위원회를 둔다(경찰공무원법 제12조).

가) 대상 : 경무관 이하 계급으로의 승진임용

승진대상자 명부의 선순위자(시험승진에 합격한 사람은 제외) 순으로 심사승진임용 예정 인원의 5배수 대상으로 승진심사 기준에 따라 선발한다.

① 경정 이상 : 전국 단위 승진대상자명부 순위

② 경감 이하 : 소속기관별 승진대상자명부 순위

다만, 해양경찰청장은 부득이한 사유가 있을 때에는 승진심사대상자의 범위를 심사승진임용 예정 인원의 5배수 이하로 할 수 있다.

나) 제외

① 신임교육과정 또는 해당 계급의 기본교육을 받지 아니하였거나 기본교육 성적이 만점의 60% 미만인 경우(경찰공무원 교육훈련규정 제8조제1항부터 제3항까지의 규정에 따른 교육)

② 징계의결 요구, 징계처분, 직위해제, 휴직 또는 시보임용 기간 중

③ 징계처분의 집행이 끝난 날부터 승진임용 제한 기간 중

④ 종전의 신분에서 징계처분을 받고 승진임용 제한 기간 중

⑤ 경찰공무원법 제24조제3항에 따라 계급정년이 연장된 경우

2) 승진심사 절차 및 방법

〈표 4-32〉 승진심사 절차

승진대상자 명부	+	심사대상자 확정	=	승진심사위원회 개최
► 대상 계급별·경과별작성 ► 평가항목 및 배점 - 근무성적평정 65점 - 경력평정 35점 - 가점평정 1.5점 ► 작성기준일 - 총경·경정 매년 11월 1일 - 경감이하 매년 1월1일		승진대상자 명부상 순위를 기준으로, 승진예정인원의 5배수 안에 해당하는 자를 승진심사위원회 심사대상자로 확정		► 1단계 : 부적격자 배제 ► 2단계 : 6개항목 평가 ① 경험한 직책 ② 승진기록 ③ 근무성적 ④ 상벌 ⑤ 기관장의 평가·추천 ⑥ 적성 - 2배수 확정 ► 3단계 - 심사위원 합의 또는 무기명투표로 최종선발

가) 1단계 심사

승진심사대상자 중 심사기준에 의거 부적격자 배제하여 2단계 심사 회부한다.

나) 2단계 심사

심사자료(심사조서, 인사기록카드 등)를 기초로 심사요소별 평가등급 기준에 따라 수·우·양·가로 평가하고, 항목별 등급의 배점표에 따라 그 평가 성적을 집계한 종합평가서를 작성, 고득점자 순으로 심사승진임용 예정인원의 2배수이내의 인원수를 제3단계 심사에 회부한다.

〈표 4-33〉 총경이하 승진심사기준 7개 항목 : 100점 만점

구분		수	우	양	가	비고
객관(80)	1. 경험한 직책	최고점 15점 기준				실점수 반영
	2. 승진기록	10	9	8	7	
	3. 근무성적	최고점 40점 기준				실점수 반영
	4. 상·벌	15	12	9	6	
주관(20)	5. 기관장 평가·추천	10	8	6	4	
	6. 적성	10	8	6	4	

※ 총경 계급의 승진대상자의 경우에는 "적성" 평가 시 "역량평가" 점수 반영

다) 3단계 심사

제2단계 심사에서 회부된 자를 대상으로 제3단계 심사기준에 따라 위원 전원의 합의로 최종 심사승진 임용예정자를 정하되, 합의에 이르지 못한 경우에는 무기명투표로 최종 선발(다만, 득표 결과는 과반수이상으로 함)한다.

라) 경찰기관장의 평가·추천

승진대상자 전원을 평가대상으로 평가·추천(서열 명시)한다. 추천대상자가 2명 이하인 경우, 승진심사위원회에서 객관적 자료(근무성적, 경력 등)에 의해 계급별 분포비율에 맞게 적용(단, 추천권자 순위 변동 금지)하고, 평가·추천권자는 다음 사항을 고려하여 공정하게 평가·추천하여야 한다.

① 상위직급 업무수행에 필요한 자질 및 리더십
② 현장경험, 정책수립 및 업무 추진능력
③ 조직 구성원과의 융화 및 신망
④ 헌신적인 업무자세와 책임감
⑤ 개인 인품 및 공직자로서의 청렴성

그리고 평가는 4개 등급으로 구분 평가하되, 반드시 분포비율을 준수해야 한다.

① 상 위 권 20%
② 중상위권 40%
③ 중하위권 30%
④ 하 위 권 10%

〈표 4-34〉 평가·추천자

<table>
<tr><th>현계급
기관별</th><th>경정</th><th>경감</th><th>경위</th><th>경사</th><th>경장·순경</th></tr>
<tr><td>본청</td><td rowspan="7">청장</td><td>차장</td><td colspan="2">국장(직속기관 : 차장)</td><td>과장</td></tr>
<tr><td>교육원
(연구센터, 함정)</td><td>교육원장</td><td colspan="2">교육원장(연구센터장)</td><td>과장
(연구센터장, 함장)</td></tr>
<tr><td rowspan="2">지방청(서특단)</td><td colspan="3">지방청장</td><td>과·단·대장</td></tr>
<tr><td>지방청장</td><td colspan="2">서해5도 특별경비단장</td><td>과장·함장</td></tr>
<tr><td>경찰서</td><td>지방청장</td><td colspan="2">서장</td><td>과장·함정장·파출소장</td></tr>
<tr><td>정비창</td><td colspan="3">창장</td><td>과장</td></tr>
<tr><td>중특당</td><td>차장</td><td colspan="2">중앙해양특수구조단장</td><td></td></tr>
</table>

마) 승진임용예정자 확정

승진심사위원회에서 승진임용예정자로 최종 선발된 사람에 대하여 "승진임용예정자 명부"에 기록한다. 명부는 승진심사 종합평가성적이 우수한 사람 순으로 작성하고, 종합평가성적이 동점일 경우 다음 순서에 따라 순위 결정한다.

① 근무성적이 우수한 사람

② 해당 계급에서 장기간 근무한 사람

③ 바로 아래 계급에서 장기간 근무한 사람

각 심사위원회 위원장은 승진임용예정자명부 작성이 완료되면 서류를 갖추어 승진심사위원회가 설치된 기관의 장에게 보고하고, 승진임용후보자를 최종 확정한다.

2) 시험승진

시험승진은 승진소요 최저근무연수의 기준에 도달한 해양경찰공무원을 대상으로 계급별로 실시하되, 해양경찰청장이 필요하다고 인정할 때에는 경과별 또는 특수 분야별로 구분하여 실시 할 수 있다. 시험승진은 인사권자의 정실이 개입될 여지가 낮고, 승진의 공정성을 활보할 수 있다는 장점도 있지만, 시험시기가 다가오면 시험공부로 업무에 소홀 하는 현상이 나타나는 경향이 있다.

가) 대상 및 요건

① 승진소요 최저근무연수를 경과한 사람(기준일 : 시험실시연도의 1월 1일)

② 승진임용 제한사유에 해당하지 아니한 사람

③ 「경찰공무원 교육훈련 규정」제8조제1항 또는 제2항에 의한 교육을 받은 자로서 당해 교육성적이 만점의 60% 이상일 것(해당 계급에서의 신임교육과정은 기본교육으로 인정)

④ 「경찰공무원 승진임용 규정」 제35조제1항 각 호의 어느 하나에 해당하는 부정행위자

나) 승진 예정 인원

① 계급별로 전체 승진임용 예정 인원에서 특별승진임용 예정 인원을 제외한 인원의 40%를 시험승진임용 예정 인원으로 함

② 특수분야의 승진임용 예정 인원을 정하는 경우에는 심사승진임용 예정 인원과 시험승진임용 예정 인원의 비율을 다르게 정할 수 있다.

다) 시험실시 원칙

① 계급별 실시 원칙. 단, 필요한 경우 경과별·특수분야별로 실시가능

② 경과별 또는 특수분야별로 시험을 실시하는 경우에는 승진임용 후 2년 이상 5

년 이하의 범위에서 해양경찰청장이 지정하는 직무부서에서 근무할 것을 조건으로 할 수 있다.

라) 시험의 시행 및 공고

① 매년 1회 실시하고, 시험 실시 15일 전까지 공고

② 일시·장소 그 밖에 시험의 실시에 필요한 사항

마) 시험과목

〈표 4-35〉 승진시험과목(2019 기준)

계급별 \ 경과별	해양, 수사, 정보통신, 특임경과			항공경과	
	시험과목		배점비율	시험과목	배점비율
경정	제1차 시험	–행정법 –국제법	30 30	–행정법 –국제법	30 30
	제2차 시험	–행정학	40	–행정학	40
경감	–행정학 –해양법(해사법규 포함) –해양경찰 실무(Ⅱ, Ⅲ, Ⅳ)		35 35 30	–행정학 –해양법(해사법규 포함) –항공법규	35 35 30
경위	–형법 –형사소송법 –해양경찰실무(Ⅱ, Ⅲ, Ⅳ) 중 2과목		35 35 30	–형법 –형사소송법 –항공법규	35 35 30
경사	–형법 –해사법규 –해양경찰실무(Ⅱ, Ⅲ, Ⅳ) 중 1과목		35 35 30	–형법 –해사법규 –항공법규	35 35 30
경장	–형사소송법 –해사법규 –해양경찰실무(Ⅰ)		35 35 30	–형사소송법 –해사법규 –항공법규	35 35 30

바) 과목별 범위

① 해양경찰실무 : 함정실무(항해사 또는 기관사 5급 수준), 파출소실무(경찰관직무집행법, 경범죄처벌법, 범죄수사규칙, 검사의 사법경찰관리에 대한 수사지휘 및 사법경찰관리의 수사준칙에 관한 규정) 및 운영지원·감사·대변인 실무, 관리운영, 경비안전, 정보수사

② 행정학은 기초이론, 정책론, 조직론 및 인사·재무·환류행정

③ 행정법은 행정법 총론 전체와 행정법 각론 중 경찰행정법 분야

④ 해사법규는「해사안전법」,「수상레저안전법」,「선박의 입항 및 출항 등에 관한 법률」,「해양환경관리법」 등 해상에서의 항행안전이나 질서유지 및 해양오염 방제에 관한 법률로서 승진시험을 위한 공고 시 해양경찰청장이 별도로 정하는 법률

⑤ 항공법규의 범위는「항공법」(항공법 시행령 및 항공법 시행규칙 포함)

사) 합격자 결정

선발예정 인원을 고려하여 고득점자 순으로 선발한다. 다만, 각 과목 만점의 40% 이상 득점하여야 한다. 동점자 발생시는 다음 순으로 결정한다.

① 근무성적이 우수한 사람

② 해당 계급에서 장기근무한 사람

③ 바로 아래 계급에서 장기근무한 사람

3) 특별승진

「경찰공무원법」제14조는 해양경찰공무원으로서 다음 각 호의 어느 하나에 해당되는 사람에 대하여는 일반적인 승진에도 불구하고 1계급 특별승진 시킬 수 있다. 다만, 경위 이하의 경찰공무원으로서 모든 경찰공무원의 귀감이 되는 공을 세우고 전사하거나 순직한 사람에 대하여는 2계급 특별승진 시킬 수 있다.

가) 대상 및 범위

〈표 4-36〉 특별승진 대상자

특진계급	공적내용	법적근거
치안정감 이하	전투, 대간첩작전, 그 밖에 이에 준하는 업무수행 중 사망	경찰공무원 승진임용 규정 제37·38조
	명예퇴직자(단, 주요 징계자는 명예퇴직 특별승진 제외)	
경정이하	깨끗한 공직사회 구현에 귀감이 되어 인사혁신처장이 정하는 포상을 받은 사람	
경감이하	행정 능률향상·예산절감 등 기여한 공이 현저한 사람	
	창안등급 동상 이상 수상자	
	간첩 또는 무장공비를 사살하거나 검거한 사람	
	국가안전을 해하는 범죄의 주모자를 검거한 사람	
	전시·사변·비상사태에서 진압 유공자	
	살인·강도·조직폭력 등 중요범인을 검거한 사람	
	천재지변 등 재난의 발생 시 인명구조, 재산보호자	
경위이하	특별경비부서에서 직무수행능력 우수자	

나) 특별승진의 제한사유

① 「경찰공무원 승진임용 규정」 제5조에 따른 승진소요 최저근무연수 미 경과자

② 「경찰공무원 승진임용 규정」 제6조에 따른 승진임용의 제한 대상자

③ 기본교육 미 이수자는 기본교육 이수 후 심사에 회부

※ 다만, 경찰공무원 승진임용 규정 제37조제1항제4호, 같은 조 제2항 또는 제3항 제1호부터 제5호까지의 규정에 해당하는 특별승진대상자는 적용 배제

④ 명예퇴직 특별승진임용할 때에는 해당 경찰공무원이 재직기간 중 중징계처분 또는 다음의 어느 하나의 사유로 경징계 처분을 받은 경우

ⓐ 「국가공무원법」 제78조의2제1항 각 호의 징계 사유

ⓑ 「성폭력범죄의 처벌 등에 관한 특례법」 제2조에 따른 성폭력범죄

ⓒ 「성매매알선 등 행위의 처벌에 관한 법률」 제2조제1항제1호에 따른 성매매

ⓓ 「양성평등기본법」 제3조제2호에 따른 성희롱

ⓔ 「도로교통법」 제44조제1항에 따른 음주운전 또는 음주측정에 대한 불응

※ 명예퇴직 특별승진임용된 사람이 「국가공무원법」 제74조의2제3항제1호·제1호의2 또는 제1호의3에 해당하여 명예퇴직수당을 환수하는 경우에는 특별승진임용을 취소해야 하고, 이 경우 특별승진임용이 취소된 사람은 그 특별승진임용 전의 계급으로 퇴직한 것으로 본다.

다) 승진소요 최저근무연수 적용 배제

① 명예퇴직자로서 재직 중 특별한 공적이 있다고 인정되는 사람

② 국가안전을 해하는 중한 범죄의 주모자를 검거한 사람

③ 전시·사변 또는 이에 준하는 비상사태 하에서 위험을 무릅쓰고 헌신 분투하여 사태진압에 특별한 공을 세운 사람

④ 살인·강도·조직폭력 등 중한 범죄의 범인검거에 헌신 분투하여 그 공이 특히 현저한 사람

⑤ 천재·지변 기타 재난의 발생시 위험을 무릅쓰고 인명을 구조하거나 재산을 보호한 공이 특히 현저한 사람

라) 승진소요 최저근무연수 및 승진제한사유 적용 배제

① 전투·대간첩작전 기타 이에 준하는 업무수행 중 현저한 공을 세우고 사망하였거나 부상을 입어 사망한 자 또는 직무수행 중 다른 사람의 모범이 되는 공을 세우고 사망하였거나 부상을 입어 사망한 사람

② 헌신적인 노력으로 간첩 또는 무장공비를 사살하거나 검거한 사람

마) **특별승진 구분**

① 수시특진

천재지변·재난 발생 시 위험을 무릅 쓰고 인명을 구조하거나 재산을 보호한 유공, 살인·강도 등 중한 범죄의 범인 검거 유공 등인 자를 수시 특진 한다.

> **수시 특별승진 관련근거**
> – 경찰공무원법·제14조제1항제3호 : 직무 수행 중 현저한 공적을 세운 사람
> – 경찰공무원 승진임용 규정·제37조제3항 : 경찰공무원법 제14조제1항제3호에 따른 특별승진 대상자는 다음 각 호와 같다.
> 4호) 살인·강도·조직폭력 등 중한 범죄 범인 검거 등
> 5호) 천재지변이나 재난 발생 시 인명을 구조하거나 재산 보호

② 행정발전유공 특진

공적은 행정능률을 향상시키고 예산을 절감하는 등 직무수행능력이 탁월하여 해양경찰행정발전에 기여한 사람이고, 선발방법은 경감과 경위는 특별승진 규모가 소수인 점을 감안하여 본청 통합 심사하고, 경사와 경장은 지방청별 인원 배정 후 자체 계획 수립하여 연 2회 이하로 상·하반기 또는 해양경찰의 날 실시한다.

※ 2022년 1월 1일부터는 연간 횟수 제한 없이 특별승진 실시(2020. 6. 23. 개정)

4) 근속승진

「경찰공무원법」제11조의2에서 해양경찰청장은 해당 계급에서 근속승진 기간 동안 재직한 사람을 경장, 경사, 경위, 경감으로 각각 근속승진임용 할 수 있다.

가) **근속승진 임용대상자**

① 승진임용 요건(근속기간)

ⓐ 순경 → 경장 근속승진 : 해당 계급 4년 이상 근속자

ⓑ 경장 → 경사 근속승진 : 해당 계급 5년 이상 근속자

ⓒ 경사 → 경위 근속승진 : 해당 계급 6년 6개월 이상 근속자

ⓓ 경위 → 경감 근속승진 : 해당 계급 10년 이상 근속자

나) 선발기준

〈표 4-37〉 근속승진 선발기준

<table>
<tr><th>구분</th><th>경감</th><th>경위</th><th>경사</th><th>경장</th></tr>
<tr><td>근속승진기간</td><td>10년</td><td>6년6개월</td><td>5년</td><td>4년</td></tr>
<tr><td>심사기준일</td><td>매년 1월 1일(1회)</td><td colspan="3">매월 1일(12회)</td></tr>
<tr><td rowspan="2">심사대상</td><td rowspan="2">최근 3년 근무성적</td><td>최근 3년</td><td colspan="2">최근 2년</td></tr>
<tr><td colspan="3">근무성적 평정점 평균 37.5점 이상</td></tr>
<tr><td>선발요건</td><td>근무성적 평정점 60점, 경력 평정점 40점을 평가하여 고득점자순 100/30이내 선발</td><td colspan="3">근속승진기간 경과, 승진제한기간 중에 있지 아니한 자, 근무성적 37.5점 이상자 전원 선발</td></tr>
<tr><td>심사기관</td><td>본청, 지방청, 교육원, 정비창
▸ 중특단은 보청 통합심사</td><td colspan="3">소속기관별 선발
▸ 중특단(경사→경위) 본청 통합심사</td></tr>
</table>

[경감으로의 근속승진 대상자 명부 반영점수 산정방식]
- 근무성적(60) : (전년도 1년 50% + 1년~2년 30% + 2년~3년 20%) × 1.2
- 경 력(40) : 경위 경력월수 + (경사 이하 경력월수×30/100) × 0.119

[동점자 순위 : 해양경찰청 소속 경찰공무원 승진임용규정 시행규칙 제17조의2]
1. 근무성적이 우수한 사람
2. 해당 계급에서 장기간 근무한 사람
3. 바로 아래 계급에서 장기간 근무한 사람

① 징계 및 휴직 관련

정직(강등의 경우 직무정지 기간), 감봉, 승진제한 기간, 직위해제 기간, 일반휴직기간의 경우에는 승진소요 최저근무연수(근속) 기간에서 제외, 단 육아휴직, 법률에 의한 의무이행 휴직, 공무상 휴직의 경우 기간 산입한다.

② 징계기록 말소 효과

강등·정직 또는 직위해제처분이 말소되었더라도 기존의 제한사항이 회복되는 것은 아니므로, 승진소요 최저근무연수 기간에서 정직(강등의 직무정지)기간과 승진제한 기간을 제외한다.

③ 승진임용 시기로 경감은 매년 1월 1일이고, 경감 근속승진 인원은 근속승진심사 시 대상자의 30%를 초과할 수 없다. 경위 이하 계급으로의 근속승진은 매월 1일(1년 12회) 실시한다.

④ 기타 특례로 1년 이내에 정년으로 퇴직할 경사는 최근 3년간 근무성적 평정점이 평균 37.5점에 미달되어도 근속기간 6년 6개월이 경과하면 우선 근속승진 가능하고, 3자녀 이상의 다자녀를 둔 경사 이하의 경찰공무원은 최근 일정 기간

근무성적 평정점이 평균 37.5점에 미달하여도 해당 계급에서의 근속기간이 경과하면 근속승진 가능하다.

※ 경장·경사 계급으로의 근속승진임용의 경우 최근 2년간, 경위 계급으로의 근속승진임용의 경우에는 최근 3년간 근무성적 평정점이 평균 37.5점 이상

⑤ 근속승진의 경우 일반승진과 달리 상위 계급의 결원과 관계없이 근속승진 할 수 있으므로 일반승진과는 별도로 운영하여야 한다. 그리고 심사·특별승진심사에서 장기 근속자가 승진적격자임에도 단기간 내에 근속승진이 가능함을 이유로 선발에서 제외하여서는 아니 된다. 근속승진자가 아닌 직제상의 정원에 해당하는 현원 중에서 승진, 퇴직 등으로 결원이 발생한 경우에는 그 결원의 범위 내에서 해당 계급으로 신규채용이나 승진이 가능하다. 근속승진자의 경찰공무원 인사기록카드 '임용사항' 란에 「근속승진」으로 표기한다.

8 평정

[1] 근무성적 평정

(1) 의의

근무성적 평정은 경찰공무원의 근무실적과 능력, 적성이나 근무태도, 그리고 공직관이나 개인적 성품을 판정하여 점수를 기록함으로써 승진이나 보직, 그리고 상벌에 활용하는 제도이다. 이 제도는 실적주의적 인사행정 구현의 중요한 수단이다. 그 성공은 평정의 객관적 기준을 어떻게 확립하느냐에 달려 있다. 따라서 많은 조직은 그 구성원들의 근무실적을 객관적으로 평가할 수 있는 기준을 확립하기 위해 지속적인 노력이 필요하며 해양경찰은 해양경찰 소속 공무원에 대한 경찰승진임용규정의 시행에 관하여 필요한 사항을 해양경찰청소속 경찰공무원 승진임용규정 시행규칙에 명시되어있다.

(2) 관련 근거

1) 경찰공무원 승진임용 규정 제7조(근무성적 평정)
2) 해양경찰청 소속 경찰공무원 승진임용규정 시행규칙 제2장 근무성적 등의 평정

(3) 대상 및 시기

평정대상자는 총경이하 경찰공무원으로 연 1회 실시하되, 매년 10월 31일 기준이다.

(4) 근무성적 평정의 근무기간

1) 휴직·직위해제 등의 사유로 해당 연도의 평정기관에서 6개월 이상 근무하지 아니한 경우에는 평정 대상에서 제외한다. 해당 연도의 기간은 전년도 11. 1일부터 평정연도 10. 31일까지이므로, 평정기준일 10. 31을 기준으로 6월 이상 근무 시 평정대상이 된다.
※예: 2019.11.20~2020.5.10까지 휴직한 자는 6개월 이상 근무하여 평정 대상

〈표 4-38〉 근무기간 산입

근무기간 제외	근무기간 산입
- 휴직기간 - 강등·정직·직위해제 처분기간 - 교육훈련 파견 - 휴가(연가·병가·공가·특별휴가 등) 기간 합산이 30일 이상 시 그 기간 전부 - 평정기준일 현재 계급보다 하위 계급에서 근무한 기간	- 휴가(연가·병가·공가·특별휴가 등) 기간 합산이 30일 미만 시 그 기간 전부 - 평정기준일 현재 계급보다 상위 계급에서 근무한 기간

2) 6개월 이상의 국외파견, 육아휴직, 기타 교육훈련으로 평정할 수 없을 경우에는 전년도의 근무성적 평정결과를 해당 연도의 평정으로 갈음한다.

(5) 평정권자

1) 제1차 평정자 : 평정 대상자의 바로 위 감독자
2) 제2차 평정자 : 제1차 평정자의 바로 위 감독자
3) 제3차 평정자 : 제2차 평정자의 바로 위 감독자
4) 근무성적 평정자 지정

평정권자와 피평정자가 동일한 계급인 경우, 평정권자가 공석인 경우, 부서의 특성상 상위 감독자가 2명 이상인 경우 등 기타 실정으로 “승진업무 처리지침”을 적용하기 곤란한 사유가 있을 때에는 본청의 승인 후, 소속기관의 장이 따로 정하여 시행할 수 있다.

(6) 총경 평정

1) 평정요소 및 배점

〈표 4-39〉 총경평정 요소 및 배점

구분	1차 평정자(15점)			2차 평정자(15점)			3차 평정자(20점)		
평정요소	근무실적	직무수행능력	직무수행태도	근무실적	직무수행능력	직무수행태도	근무실적	직무수행능력	직무수행태도
배점	3.5점	6.5점	5점	3.5점	6.5점	5점	6점	8점	6점

2) 평정절차

각 1·2·3차 평정권자는 평정대상 인원에 따라 등급별 분포비율을 준수하여 평정한다. 단, "가" 비율은 근무성적이 "가"에 해당하는 자가 없을 경우에는 이를 적용하지 않을 수 있으며, 이 경우 "양"에 가산할 수 있다.

〈표 4-40〉 등급별 분포비율

경찰공무원 승진임용 규정(제7조제3항) (등급간 점수차 : 0.25점)

구분	수	우	양	가
분포비율	20% ► 1,2차 평정점 14.25–15점 ► 3차 평정점 19–20점	40% ► 1,2차 평정점 11.75–14점 ► 3차 평정점 17–18.75점	30% ► 1,2차 평정점 7.75–11.5점 ► 3차 평정점 10–16.75점	10% ► 1,2차 평정점 7.50이하 ► 3차 평정점 9.750이하

1·2·3차 평정점수의 합계점수 순에 따라 "서열명부" 작성하고, 평정점수 동점자의 서열명부상 순위결정 기준은 다음과 같다.

① 제1평정 점수가 높은 사람

② 해당 계급 장기간 근무한 사람

③ 바로 아래 계급에서 장기간 근무한 사람

④ ③항까지 동점인 경우에는 3차 평정자가 최종 순위 결정

총경은 승진대상자 역량평가로 1단계: 역량평가서(직무성과기술서 및 Vision 추진계획서) 작성·제출, 2단계: 역량평가서 온라인 검증, 3단계: 역량평가서 서면평가〈60점〉, 4단계: 면접평가〈40점〉를 하여 개인별 서면평가와 면접평가 점수를 합산하여 합산점수 선순위 비율에 따라, 4개〈수·우·양·가〉 등급으로 점수 부여하고 총경 심사승진위원회의 '적성'평가에 반영한다.

(7) 경정이하 평정

1) 총 평정점 : 50점

2) 제1평정요소 : 20점

① 경찰업무발전에의 기여도 : 5점

② 포상 : 5점

③ 직장훈련 : 5점

④ 첩보 : 3점

⑤ 근무수행 태도 : 2점

3) 제2평정요소 : 30점

① 제1차 평정자 : 11점

② 제2차 평정자 : 11점

③ 제3차 평정자 : 8점

4) 평정권자별 평정점 분포 (등급간 점수차 : 0.125점)

〈표 4-41〉 평정점 분포

구분	1차, 2차 평정점	3차 평정점
수(20%)	11.000, 10.875, 10.750, 10.625	8.000
우(40%)	10.500, 10.375, 10.250, 10.125 10.000, 9.875, 9.750, 9.625 9.500, 9.375	7.875, 7.750, 7.625, 7.500
양(30%)	9.250, 9.125, 9.000, 8.875 8.750, 8.625, 8.500, 8.375 8.250, 8.125, 8.000, 7.875 7.750, 7.625, 7.500, 7.375	7.375, 7.250, 7.125, 7.000 6.875, 6.750, 6.625, 6.500 6.375, 6.250, 6.125, 6.000 5.875, 5.750, 5.625, 5.500
가(10%)	7.250 이하	5.375 이하

5) 평정 절차

각 1·2·3차 평정권자는 계급별 평정대상 인원에 따라 등급별 분포비율을 준수하여 평정한다. 단, "가" 비율은 근무성적이 "가"에 해당하는 자가 없을 경우에는 이를 적용하지 않을 수 있으며, 이 경우 "양"에 가산한다.

〈표 4-42〉 등급별 분포비율(경찰공무원 승진임용 규정 제7조제3항)

구분	수	우	양	가
분포비율	20%	40%	30%	10%

1·2·3차 평정점수의 합계점수 순에 따라 경정이하 계급별 "서열명부" 작성하고, 평정점수 동점자의 서열명부상 순위결정 기준은 다음과 같다.

① 제1평정 점수가 높은 사람

② 해당 계급 장기간 근무한 사람

③ 바로 아래 계급에서 장기간 근무한 사람

④ ③항까지 동점인 경우에는 3차 평정자가 최종 순위 결정

평정 대상자가 1명 또는 2명일 때 1차 평정권에 한한다. 대상자 1명인 경우는"수·우·양·가"모두 평정 가능하지만 단, 평가기준일(10.31)에 현 계급 근무경력 2년 이상일 때 "수" 평가 가능하다. 대상자 2명일 때는 1명"수"나머지 1명"우·양·가"중에서 평정이 가능하고, 대상자 3명 이상알 때는 분포비율에 따라 평정한다.

[2] 경력 평정

(1) 관련근거

1) 경찰공무원 승진임용 규정 제9조(경력평정)

2) 해양경찰청 소속 경찰공무원 승진임용규정 시행규칙 제10조(경력의 기간 계산)

(2) 경력 평정 개요

1) 평정시기 및 횟수

가) 총경·경정 : 10월말 기준 ……… 연 1회

나) 경감 이하 : 12월말 기준 ……… 연 1회

2) 대상자, 평정자 및 확인자

가) 대상자 : 승진소요 최저근무연수가 경과된 총경 이하

나) 평정자 : 평정대상자 소속기관 등의 인사담당자

다) 확인자 : 평정자의 바로 위 감독자

3) 경력평정대상기간

가) 경력평정대상기간은 실제 직무에 종사한 기간만을 대상으로 하므로 휴직·직위해제·정직(강등의 직무정지 기간) 기간은 제외하는 것이 원칙

나) 단, 해당 계급의 재직기간 중 다음의 기간을 산입함

① 공무상 질병·부상으로 인한 휴직기간

② 육아휴직 기간

※ '08.1.1.이후 휴직자부터 적용(시간선택제공무원 포함)

※ 자녀 1명당 최초 1년에 한해 인정하되, 부모 모두 6개월 이상 휴직을 하는 경우 휴직기간 전체, 둘째 자녀부터 휴직기간 전체 인정

③ 병역휴직 기간

④ 고용휴직 기간

⑤ 법정 의무수행을 위한 휴직 기간

⑥ 유학휴직 기간 중 5할의 기간(단, 산입기간은 1년을 초과할 수 없음)

⑦ 시보임용 기간

⑧ 「국가공무원법」 제73조의3제1항제3호 또는 제4호의 규정에 의해 직위해제처분을 받은 자가 그 처분사유가 무효·취소 또는 무죄로 확정된 경우, 그 직위해제 기간 및 처분기간

⑨ 퇴직한 경찰공무원이 퇴직 계급 이하의 계급으로 임용 시 퇴직전 재임용 당시의 계급 이상의 재직기간은 재임용 당시 계급의 재직연수로 통산

⑩ 행정·외무고시에 합격하여 5급 이상 공무원으로 5년 이상 근무한 경우, 그 기간의 2할에 해당하는 기간

⑪ 사법시험에 합격하여 재직 중에 사법연수원의 연수생으로 수습한 기간

⑫ 강등된 자가 강등되기 전 계급에서 재직한 근무기간

⑬ 징계처분 중 감봉처분 기간

시간선택제공무원의 근무기간

근무시간에 비례하여 산입함이 원칙. 다만, 해당 계급 1년의 범위에서 그 근무기간은 전부 산입하고, 육아휴직을 대신하여 시간선택제전환공무원으로 지정되어 근무한 기간은 둘째 자녀부터 3년의 범위에서 전부 산입

(3) 경력구분

1) 경력 구분 : 기본경력과 초과경력으로 구분

2) 기본경력

가) 총경·경정·경감 : 평정기준 일부터 최근 4년간

나) 경위·경사 : 평정기준 일부터 최근 3년간

다) 경장·순경 : 평정기준 일부터 최근 2년간 (2022. 1. 1. 이후 1년 6개월)

3) 초과경력

가) 총경 : 기본경력 전 3년간

나) 경정·경감 : 기본경력 전 5년간

다) 경위 : 기본경력 전 4년간

라) 경사 : 기본경력 전 2년 6개월간 (2022. 1. 1. 이후 1년 6개월)

마) 경장 : 기본경력 전 1년 6개월간 (2022. 1. 1. 이후 1년)

바) 순경 : 기본경력 전 1년간 (2022. 1. 1. 이후 6개월)

4) 계급별 평정기간 및 배점

〈표 4-43〉 계급별 평정기간 및 배점

구분	총경	경정	경감	경위	경사	경장	순경
계	7년	9년	9년	7년	5년6월	3년6월	3년
기본경력 (32점)	최근4년 (월0.667점)			최근3년 (월0.889점)		최근 2년 (1년6개월) (월1.333점)	
초과경력 (3점)	기본경력전 3년 (월0.084점)	기본경력전 5년 (월0.05점)	기본경력전 4년 (월0.063점)	기본경력전 4년 (월0.063점)	기본경력전 2년6개월 (1년6개월) (월0.100점)	기본경력전 1년6개월 (1년) (월0.167점)	기본경력전 1년(6개월) (월0.250점)

※ (　) 안의 경력 평정기간은 2022년 1월 1일부터 단축 시행 (2020. 6. 23. 개정)

5) 평정 방법 원칙

가) 평정대상 기간은 월 단위로 산출하되, 15일이상은 1월로 계산하고, 15일 미만은 산입하지 아니함(1개월은 30일로 계산)

나) 기본경력 및 초과경력 근무월수에 각각 해당 평정점수를 곱하여 계산하고, 기본경력점수 총점 32점과 초과경력점수 총점 3점을 초과할 때에는 각각의 점수를 만점으로 처리

다) 기본경력 기간 및 초과경력 기간에 휴직·직위해제·강등·정직이 있는 경우, 그 처분 기간을 제외

6) 징계처분 또는 직위해제처분을 받은 자가 사면·말소된 경우

가) 사면일 이후로 기존의 사실이 없는 것으로 계산하므로 사면된 정직 및 사면된 징계로 인한 직위해제 기간은 경력평정대상기간에 산입

나) 강등·정직 또는 직위해제처분이 말소 되었더라도 그 처분기간은 직무에 복귀하지 않은 것이므로 경력평정대상기간에 미 산입

7) 기타 사항

가) 5급 공개경쟁채용시험 및 사법시험 합격자
경찰공무원으로 채용된 사람이 채용 전에 5급 이상 공무원(이에 상당하는 특정직 포함)으로 5년 이상 근무한 경우 그 기간의 20%에 해당하는 기간을 채용 당시의 계급의 경력에 포함

나) 사법시험 합격자 사법연수생 수습한 기간을 경력에 포함

다) 시간선택제전환공무원(「국가공무원법」 제26조의2, 공무원임용령 제57조의3)

① 해당 계급에서 시간선택제전환 근무한 1년 이하의 기간은 전부 인정

② 해당 계급에서 시간선택제전환 근무한 1년을 넘는 기간은 근무시간에 비례하여 경력으로 인정

③ 해당 계급에서 「국가공무원법」 제71조제2항제4호의 사유로 인한 휴직을 대신하여 시간선택제전환으로 지정되어 근무한 기간은 둘째 자녀부터 각각3년의 범위에서 그 기간 전부 인정

라) 강등되었던 사람이 강등되기 직전의 계급으로 승진한 경우 강등되기 직전의 계급에서 재직한 기간은 경력에 포함

마) 강등된 경우 강등되기 직전의 계급에서 재직한 기간은 경력에 포함

바) 경찰청 전입자 : 2017. 7. 26. 정부조직법 개정에 따른 경찰청 전입자는 경찰청 근무기간을 경력으로 인정

[3] 가점 평정

(1) 관련근거

1) 해양경찰청 소속 경찰공무원 임용에 관한 규정 제7조(승진대상자 명부의 작성)

2) 해양경찰청 소속 경찰공무원 승진임용규정 시행규칙 제15조(가점평정)

(2) 가점평정 개요

평정대상자는 승진소요 최저근무연수가 경과된 총경 이하 경찰공무원이다.

(3) 평정시기

1) 총경·경정 : 10월말 기준 ……… 연 1회
2) 경감 이하 : 12월말 기준 ……… 연 1회

(4) 평정권자

1) 평정자 ……… 평정대상자 소속기관 등의 인사담당자
2) 확인자 ……… 평정자의 바로 위 감독자

(5) 평정기준

가점 평정항목은 원칙적으로 해당 계급 승진후보자 명부 등재 이후에 취득한 경우에 한한다.

〈승진후보자명부 등재 시점〉
〈심사〉 : 승진심사위원회 의결일자 〈시험〉 : 합격자 발표일자

(6) 평정항목 및 배점 (총 1.5점 만점)

〈표 4-44〉 가점 평정항목 및 배점

구분	계	언어능력 등		자격증	전문교육
		국어능력	외국어능력		학위취득
배점	1.5점	0.3	0.5	0.5	0.5
배점상한	1.5점	0.5		0.5	0.5

1) 언어능력 가점 : 최고점 0.5점
   가) 가점평정 : 국어능력 + 외국어능력 → 두 항목 합산 0.5점 초과금지
   나) 국어능력
      「국어기본법」제23조 및 같은 법 시행령 제18조에서 정한 국어능력 검정시험에서 취득한 자격등급에 따라 가점

2) 자격증 평가대상

가) 임용 전 신임교육 중에 취득한 자격증은 임용계급에서 취득한 것으로 인정

나) 외국에서 취득한 자격증은 아래에서 규정한 자격증과 동일하거나 동등하다고 인정하는 경우에 가점평가

다) 인명구조요원 자격증은 해양경찰청장이 인정하는 기관에서 발급한 것만 해당 자격등 평가시 유의사항은

3) 자격증별 배점

〈표 4-45〉 자격증 배점

자 격 증				
– 기계·전기·해양·안전관리·통신·전자·환경·항공·조선·화공·정보처리 분야의 기술자·기능장 – 해기사2급 이상 – 비행기 또는 회전익 항공기운송용 조종사	– 해기사 3급 – 비행기 또는 회전익 항공기 사업용조종사	– 기계·전기·해양·안전관리·통신·전자·환경·항공·조선·화공·정보처리 분야의 기사 – 해기사 4급 – 응급구조사 1급 – 컴퓨터활용능력1급 – 1급생활체육지도사	– 기계·전기·해양·안전관리·통신·전자·환경·항공·조선·화공·정보처리 분야의 산업기사 – 해기사 5급 – 응급구조사 2급 – 워드프로세서, 컴퓨터활용능력 2급 – 동력수상레저기구조종면허 – 잠수기능사 – 수상구조사 – 인명구조요원 – 2급생활체육지도사	– 선박교통관제사
0.5점	0.4점	0.3점	0.2점	0.1점

가) 2개 이상 자격증을 소지한 경우 유리한 자격증 중 1개만 인정

나) 해당 계급(승진후보자로 근무한 기간 포함)에서 취득한 것

다) 동종의 상위등급 자격증을 획득한 경우 인정하나, 상위등급 자격증으로 가점을 받은 자가 승진 후 동종의 하위등급 자격증을 취득한 경우가점 불인정(예: 컴퓨터활용능력 1급(경사) → 컴퓨터활용능력 2급(경위))

4) 학위취득은 해당 계급에서 취득한 국내·외 학위이고, 승진후보자명부에 등재된 기간 중에 교육 및 학위 취득한 경우도 인정한다.

9 신분 및 권익보장

[1] 휴직

공무원이 재직 중 일정한 사유로 직무에 종사할 수 없는 경우에 면직시키지 아니하고 일정한 기간 동안 신분을 유지하면서 직무에 종사하지 않아도 되도록 조치하여 공무원의 신분을 보장하기 위한 것이다. 휴직기간은 국가공무원법 제73조제2항에 의한 복직발령 전일까지는 같은 법 제72조의 휴직 기간으로 본다.

휴직에 대한 관련근거는 국가공무원법 제71조(휴직), 경찰공무원법 제23조(실종된 경찰공무원의 휴직기간 등), 공무원임용령 제7장 휴직, 공무원 임용규칙 제10장 휴직, 경찰공무원 승진임용 규정 제5조(승진소요 최저근무연수)가 있다.

(1) 직권휴직 (국가공무원법 제71조제1항·제72조)

〈표 4-46〉 직권휴직 종류별 요건과 기간

종류	질병휴직	병역휴직	행방불명	법정의무수행
근거	제1호	제3호	제4호(경찰공무원법 제23조)	제5호
요건	신체·정신상의 장애로 장기요양을 요할 때	병역복무를 필하기 위해 징·소집되었을 때	천재·지변·전시·사변 기타 사유로 생사·소재가 불명한 때	기타 법률상의 의무수행을 위해 직무를 이탈하게 되었을 때
기간	1년 이내(1년범위 내 연장가능) (공무상 질병은 3년 이내)	복무기간	–3월 이내(일반직) –법원의 실종선고를 받는 날까지(경찰직)	복무기간
재직경력 인정여부	–승진연수 제외(공무상질병은 산입) –경력평정 제외(공무상질병은 산입) –승급 제한(공무상질병은 예외)	–승진연수 산입 –경력평정 산입 –승급 산입	–승진연수 제외 –경력평정 제외 –승급 제한	–승진연수 산입 –경력평정 산입 –승급 산입
결원보충	6개월 이상 휴직시 결원보충 가능	6개월 이상 휴직시 결원보충 가능	결원보충 가능	6개월 이상 휴직시

〈표 4-46〉 계속

종류	질병휴직	병역휴직	행방불명	법정의무수행
봉급과 수당	-1년 이내 : 봉급 70%, 1년 초과 : 봉급 50% -공무상 질병은 전액지급 -수당은 공통수당은 봉급과 같은 비율 지급(기타 수당 등 지급 안함)	지급 안함	지급 안함	지급 안함
비고	의사의 진단서 또는 휴직사유 증빙자료 첨부	복직일에 휴직기간을 승급기간에 산입		복직일에 휴직기간을 승급기간에 산입

(2) 청원휴직 (국가공무원법 제71조제2항 및 제72조)

1) 고용휴직

국제기구·외국기관, 국내외 대학·연구기관, 다른 국가기관 또는 대통령령이 정하는 민간기업 그 밖의 기관에 임시로 채용될 때 사용하는 휴직이다. 기간은 채용하는 기간 동안이다. 단, 민간근무 휴직은 2년 이내이다. 봉급이나 수당은 지급하지 아니한다.

2) 유학휴직

해외유학을 하게된 때 사용하는 휴직이다. 기간은 3년이 내이고 2년 범위내 연장이 가능하다. 봉급과 수당은 2년 이내만 50%를 지급한다.

3) 연수휴직

중앙인사기관의 장이 지정하는 연구·교육기관 등에서 연수하게 된 때 사용하는 휴직이고 기간은 2년 이내이다. 봉급이나 수당은 지급하지 아니한다.

4) 육아휴직

만 8세 이하 또는 취학 중 인 경우에는 초등학교 2학년이하의 자녀를 양육하기 위하여 필요하거나, 여성공무원이 임신 또는 출산하게 된 때(친생자, 양자 포함)사용하는 휴징이다. 기간은 3년 이내이다. 봉급은 지급하지 아니하고 수당은 50% 지급(1년 이내)하고, 상한이 120만원이고 하한은 70만원이다. 그러나 첫 3개월은 80%(150만원)이다.

※ 동일자녀 대상 두 번째 육아휴직자는 첫 3개월은 월봉급액 지급(상한 250만원)한다.

5) 가사휴직

장기간 요양을 요하는 조부모·부모(배우자의 부모 포함)·배우자·자녀 또는 손자녀의 간호가 필요한 때 사용하는 휴직으로, 조부모 및 손자녀는 공무원임용령 제57조의8에 해당하는 경우만 허용한다. 기간은 1년 이내이다. 봉급이나 수당은 지급하지 아니한다.

6) 해외동반휴직

외국에서 근무·유학 또는 연수하는 배우자를 동반하게 된 때 사용하는 휴직으로 기간은 3년 이내이지만 2년 범위내 연장이 가능하다. 봉급이나 수당은 지급하지 아니한다.

7) 자기개발휴직

대통령령으로 정하는 기간 동안 재직한 공무원이 직무관련연구 과제수행 또는 자기개발을 위하여 학습·연구 등을 하게 된 때 사용하는 휴직으로 기간은 1년 이내다. 봉급이나 수당은 지급하지 아니한다.

(3) 복직

휴직사유 소멸시 30일 이내 신고하면 지체 없이 복직조치가 이루어지고, 휴직기간 만료시 30일 이내 복귀신고하면 당연복직이 된다. 휴직자는 휴직기간이 종료되거나 휴직사유가 소멸되면 즉시 복귀신청을 하여야 하며, 임용권자는 휴직중인 공무원의 복직신고가 없더라도 복직을 명하여야 한다. 국가공무원법 제73조에 따른 30일 이내 복귀신청시 당연복직 조항은 휴직복귀자의 신분관계를 명확히 규정한 것일 뿐, 휴직기간을 당연히 30일 연장해줄 수 있다는 규정이 아니다.

[2] 직위해제

직위해제는 공무원이 일정한 사유에 해당되면 일시적으로 직위를 부여하지 아니하여 사유에 따라 능력회복 및 재판업무 등에 전념할 기회를 부여하고 직무수행의 공정성을 확보하기 위함이다. 관련근거 규정으로는 국가공무원법 제73조의3(직위해제), 공무원보수 규정 제29조(직위해제기간 중의 봉급 감액)가 있다. 국가공무원법 제73조의3 제1항의 직위해제 요건으로는 다음과 같다.

1) 2호 : 직무수행능력이 부족하거나 근무성적이 극히 나쁜 자, 봉급은 80% 지급한다.
   가) 3월 이내 대기발령 → 능력회복이나 근무성적의 향상을 위한 교육훈련 또는 연구과제 부여, 연구과제는 즉시 부여하고 그 결과를 받아야 한다.
   나) 3월 이내 직위부여 또는 징계위원회의 동의를 얻어 직권면직 가능
2) 3호 : 파면·해임·강등 또는 정직에 해당하는 징계의결이 요구 중인 자, 봉급은 50% 지

급(단, 직위해제 기간이 3개월 경과된 경우 30% 지급)한다.

3) 4호 : 형사사건으로 기소된 자(약식명령 청구자 제외), 봉급은 50% 지급(단, 직위해제 기간이 3개월 경과된 경우 30% 지급)한다.

4) 5호 : 고위공무원단에 속하는 일반직공무원으로서 제70조의2 제1항제2호부터 제5호까지의 사유로 적격심사를 요구받은 자, 봉급은 70% 지급한다(단, 직위해제 기간이 3개월 경과된 경우 40% 지급).

※ 근무성적평정 최하위 등급 총 2년 이상, 정당한 사유 없는 무보직기간 총 1년 이상 등

5) 6호 : 금품비위, 성범죄 등 비위행위로 인하여 감사원 및 검찰·경찰 등 수사기관에서 조사나 수사 중인 자로서 비위의 정도가 중대하고 이로 인하여 정상적인 업무수행을 기대하기 현저히 어려운 자, 봉급은 50% 지급(단, 직위해제 기간이 3개월 경과된 경우 30% 지급)한다.

가) 국가공무원법 제78조의2제1항 각 호의 행위

나) 「성폭력범죄의 처벌 등에 관한 특례법」 제2조에 따른 성폭력범죄

다) 「성매매알선 등 행위의 처벌에 관한 법률」 제4조에 따른 금지행위

라) 공무원으로서의 품위를 크게 손상하여 그 직위를 유지하는 것이 부적절하다고 판단되는 행위

- 공무원이 형사사건으로 기소된 경우에 종전에는 반드시 직위해제하도록 하였으나 '19. 12. 22 법개정으로 임용(제청)권자에게 직위해제 처분여부에 대해 재량권 부여
- 제2호와 제3호·제4호 또는 제6호의 사유가 경합하는 때에는 제3호·제4호 또는 제6호의 직위해제 처분을 하여야 함
- 직위해제 사유가 소멸된 때에는 지체 없이 복직 발령 후 직위부여

직위해제 법적성격(판례)

- 직위해제는 직원이 형사사건으로 기소된 경우 등에 있어서 특별한 사전절차를 거침이 없이 일시적으로 직위를 부여하지 아니하여 직무에 종사하지 못하도록 하는 보직의 해제이고, 징계는 직원이 중요규칙을 반복하여 위반한 경우 등에 소정의 징계절차를 거쳐 과하여지는 징벌이라는 점에서 양자 간에 차이는 있으나 직위해제 처분을 받는 자는 어떠한 직무에도 종사하지 못하게 될 뿐만 아니라 승급, 보수지급 등에 있어서 불이익한 처우를 받게 되고 나아가 일정한 경우에는 직위해제를 기초로 하여 직권면직 처분을 받을 가능성까지 있으므로 직위해제는 인사상 불이익한 처분에 속하며,
- 또한, 직위해제는 징벌적 제재인 징계와는 그 성질을 달리하는 것이어서 어느 사유로 인하여 징계를 받았다 하더라도 그것이 직위해제사유로 평가될 수 있다면 이를 이유로 새로이 직위해제를 할 수 있는 것이고 이는 일사부재리나 이중 처벌금지의 원칙에 저촉되는 것이 아님(대판 '92. 7. 28. 91다30729)

[3] 면직

면직이란 공무원 관계를 소멸시키는 임용행위를 말한다. 면직에는 본인의 의사에 의하는 의원면직과 임용권자의 일방적 의사에 의하는 직권면직 및 징계처분으로 행하여지는 징계면직으로서의 해임 및 파면이 있다.

직권면직이란 임용권자의 일방적 의사와 직권에 의해 행해지는 면직행위를 말한다. 국가공무원법은 제70조(직권 면직)에 의거 임용권자는 공무원이 다음 각 호의 어느 하나에 해당하면 직권으로 면직시킬 수 있다.

1) 직제와 정원의 개폐 또는 예산의 감소 등에 따라 폐직(廢職) 또는 과원(過員)이 되었을 때
2) 휴직 기간이 끝나거나 휴직 사유가 소멸된 후에도 직무에 복귀하지 아니하거나 직무를 감당할 수 없을 때

► 직권 면직일은 휴직 기간이 끝난 날 또는 휴직 사유가 소멸한 날로 한다.

3) 제73조의3제3항에 따라 대기 명령을 받은 자가 그 기간에 능력 또는 근무성적의 향상을 기대하기 어렵다고 인정된 때
4) 전직시험에서 세 번 이상 불합격한 자로서 직무수행 능력이 부족하다고 인정된 때
5) 병역판정검사·입영 또는 소집의 명령을 받고 정당한 사유 없이 이를 기피하거나 군복무를 위하여 휴직 중에 있는 자가 군복무 중 군무(軍務)를 이탈하였을 때
6) 해당 직급·직위에서 직무를 수행하는데 필요한 자격증의 효력이 없어지거나 면허가 취소되어 담당 직무를 수행할 수 없게 된 때
7) 고위공무원단에 속하는 공무원이 제70조의2에 따른 적격심사 결과 부적격 결정을 받은 때

임용권자는 위의 1)호 – 6)호까지 면직시킬 경우에는 미리 관할 징계위원회의 의견을 들어야 한다. 다만, 3)호를 면직시킬 경우에는 징계위원회의 동의를 받아야 한다. 또한, 임용권자나 임용제청권자는 위의 1)호에 의거 소속 공무원을 면직시킬 때에는 임용 형태, 업무 실적, 직무수행 능력, 징계처분 사실 등을 고려하여 면직 기준을 정하여야 한다.

경찰공무원은 「경찰공무원법」제22조(직권면직)에서 임용권자는 경찰공무원이 다음 각 호의 어느 하나에 해당될 때에는 직권으로 면직시킬 수 있다.

① 「국가공무원법」 제70조제1항제3호부터 제5호까지의 규정 중 어느 하나에 해당될 때
② 경찰공무원으로는 부적합할 정도로 직무 수행능력이나 성실성이 현저하게 결여된 사람으로서 대통령령으로 정하는 사유에 해당된다고 인정될 때
③ 직무를 수행하는 데에 위험을 일으킬 우려가 있을 정도의 성격적 또는 도덕적 결함이 있는 사람으로서 대통령령으로 정하는 사유에 해당된다고 인정될 때

④ 해당 경과에서 직무를 수행하는 데 필요한 자격증의 효력이 상실되거나 면허가 취소되어 담당 직무를 수행할 수 없게 되었을 때이다.

시보임용 경찰관 면직 사유는 징계사유에 해당하는 경우, 교육훈련성적이 만점의 60% 미만이거나 생활기록이 극히 불량한 경우, 근무평정요소 중 제2평정요소에 대한 평정점이 만점의 50% 미만인 경우이다.

[4] 명예퇴직

명예퇴직은 장기근속 공무원에 대한 명예로운 사회진출기회 부여 및 경제적 보상과 공직사회 신진대사 촉진 및 조직 활성화를 위함이다. 대상으로는 치안정감 이하 경찰공무원과 일반직공무원이다. 정무직공무원 및 임기제공무원은 명예퇴직 대상이 아니다. 관련근거는 국가공무원법 제74조의2(명예퇴직), 국가공무원 명예퇴직수당 등 지급 규정(대통령령), 공무원임용규칙 제11장 명예퇴직제도가 있다.

(1) 요건

공무원으로 20년 이상 근속하고, 정년퇴직일전 1년 이상인 기간 중 자진하여 퇴직하는 공무원이다. 공무원 근속기간은 「공무원연금법」 제23조제1항부터 제3항까지 규정에 따른 계산이다. 연령정년과 계급정년이 동시에 적용되는 경우 먼저 도래하는 정년을 기준으로 한다.

(2) 제외대상

1) 각 기관은 확보된 예산범위에서 명예퇴직 대상자를 선정하며, 예산부족시 「국가공무원 명예퇴직수당 등 지급 규정」 제7조제3항에 따라 상위직과 장기 근속자를 우선 고려하여 선정
2) 근속기간이 20년 미만이거나, 정년 잔여기간이 1년 미만인 사람
3) 다른 법령에 의하여 명예퇴직수당이나 이에 갈음하는 공로퇴직 수당·명예 전역수당 등을 이미 지급받은 사실이 있는 자

(3) 정기 명예퇴직

정기 명예퇴직은 연 6회, 2개월 단위로 명예퇴직예정일 매 짝수월 말일에 실시하고, 신청기간은 매 홀수월 1~15일까지이다.

[5] 고충처리

고충처리란 공무원이 자신의 근무조건, 인사관리 기타 신상문제에 대하여 고충이 있는 경우에 고충심사를 청구하거나, 고충상담을 신청하여 적절한 해결책을 강구하는 제도이다.

고충상담으로는 근무조건에 관한 사항(근무시간, 수당, 업무량, 주거, 승진, 근무성적평정, 상훈 등)과 기타 신상문제에 관한 사항(성별·종교별·연령별 등에 관한 차별대우, 개인의 정신적·심리적·신체적 장애 등)이 있고, 고충청구사유로는 다음과 같다.

(1) 고충청구 사유

1) 본인, 가족의 질병치료 또는 사고·재해 등으로 인한 신체장애(가족은 본인 및 배우자의 직계 존·비속 1대에 한정)
2) 치매, 거동장애 등 간호가 필요한 노부모 봉양
3) 한 부모(배우자 이혼·사별), 특수학교 재학 등으로 인한 자녀양육
4) 해양경찰청 부부공무원의 비선호 지역에서의 근무 희망(가족은 본인 및 배우자의 직계 존·비속 1대에 한정)

(2) 신청 및 처리

「해양경찰청 인사 고충상담 및 처리 지침」에 해당하는 공무원은 누구나 서면 또는 온라인으로 〈고충상담 신청서〉를 작성·제출하여 신청이 가능하다. 고충상담을 신청 받은 날부터 5일 이내에 상담을 진행하고, 20일 이내 제도설명 및 기타 필요한 조치 실시하여야 한다. 정기 고충심사는 매년 정기인사 전에 실시하고, 수시 고충심사는 휴직·병가·연가·유연근무 등을 통한 고충 해소가 불가능할 경우 청구가 가능하다.

[6] 공로연수

(1) 근거

해양경찰청 소속 경찰공무원 공로연수 운영규칙(해양경찰청훈령)

(2) 해양경찰 공로연수 제도

1) 목적

해양경찰청과 소속기관 경찰공무원 정년퇴직예정자의 사회 적응능력 배양과 기관의 원활한 인사운영을 위하여 공로연수계획을 수립·시행할 수 있도록 기준·절차 등을 규정함을 목적으로 한다.

2) 연수대상자 선정

가) 연수대상자는 경찰공무원으로서 정년퇴직일전 6개월 이내인 사람을 원칙으로 한다. 다만, 해양경찰청장이 원활한 인력운영을 위해 특히 필요하다고 인정하고, 본인의 신청이나 동의가 있는 경우에는 정년퇴직일전 6개월 초과 1년 이내인 사람을 선정할 수 있다.

나) 정년 연장 중에 있는 사람, 징계처분을 받은 후 그 처분이 종료한 날부터 1년이 경과되지 아니한 사람은 연수대상에서 제외한다.

다) 해양경찰청장은 연수대상자를 선정함에 있어 연수대상자 본인에게 제도의 취지를 설명하고, 연수일정 및 내용 등에 관한 사전협의를 통하여 연수효과가 제고되도록 노력하여야 한다.

3) 공로연수계획 수립

업무형편, 인사운영 상황, 공로연수대상자 현황, 연수대상자의 의견 등을 고려하여 상반기과정은 1월, 하반기과정은 6월에 공로연수계획을 수립한다.

4) 합동연수실시

가) 공로연수 제도의 취지가 반영될 수 있도록 연2회 적당한 기간의 합동연수과정을 설치 운영한다.

나) 퇴직 후 사회적응에 도움이 되는 내용의 강의와 세미나 형식으로 운영하되, 가급적 국내·외 시찰과정이 포함되도록 하고 다양한 프로그램이 제공됨으로써 교육효과가 제고 될 수 있도록 한다.

5) 개인별 공로연수계획 수립

가) 공로연수대상자는 개인별 공로연수계획서를 인사·교육담당관에게 제출하여야 한다.

나) 개인별 공로연수계획서에 포함되어야할 내용은 다음 각 호에 해당하는 내용이 포함되어야 한다.

① 사회 재취업을 위한 연수기간 및 연수방법 등

② 사회적응을 위한 준비기간 및 방법

③ 월별 연수계획서

다) 공로연수대상자는 지정된 교육기관 합동연수과정에 참여 하여야 한다.

6) 인사조치

인사발령 형식은 '공로연수 파견근무를 명함'으로 한다.

7) 연수실시 지원

인사발령 조치를 완료한 연수대상자는 개인별 공로연수계획서에 따라 차질 없이 연수를 실시하도록 하고, 연수 기간 중 공로연수자 개인회고록, 연구보고서 등을 작성·발간할 경우에는 그 소요경비를 예산 범위 내에서 최대한 지원한다. 연수자는 장기 근속한 퇴직예정자임을 감안하여 예우상 세심한 배려와 제급여상의 불이익이 없도록 하여야 하며 연수기간 중 여비 등 개별적 소요경비는 본인이 부담한다. 그러나 연수에 필요한 연수활동비를 예산범위 내에서 지급할 수 있다.

10 사기관리와 동기부여

[1] 사기관리

(1) 의의

경찰관의 사기(morale)란 경찰조직의 구성원인 경찰관에게 개인적·집단적으로 경찰조직의 목적달성을 위한 열의와 자발적·적극적인 근무의욕, 근무 태도를 의미한다. 즉, 사기란 조직 목표를 달성하기 위해 열성적·헌신적으로 협력하고 노력하려는 개인과 집단의 정신적 자세·태도를 말한다.

(2) 사기의 효과

첫째, 경찰관들의 사기가 높을 때에 능률적인 직무의 수행을 가능케 하여, 경찰관들은 임무를 열성적으로 완수하게 된다.

둘째, 사기는 경찰기관의 이미지를 좋게 하여, 보다 우수한 자질을 갖춘 인재가 경찰기관에 지원토록 한다.

셋째, 경찰관들은 경찰조직과 그 관리자에게 충성을 다하게 되며, 자기가 소속한 경찰기관을 자랑스럽게 생각한다.

넷째, 경찰관들은 규칙이나 직무명령 및 규범들을 자발적으로 준수하게 되며, 경찰관의 자발적인 협력을 바탕으로 경찰기관의 위기극복능력을 증대시킨다.

다섯째, 경찰관들의 조직 활동과 담당직무에 대한 관심이 높아지고 창의성을 발휘하게 된다(하상군·김종길·조성택, 2013: 225-226).

(3) 경찰사기의 성격(특징)

1) 자발적·자주적 성격

사기는 자발적인 근무의욕이다. 즉, 경찰관의 자주적이며 자발적 성격이 사기의 제1요소로서 인간의 자율성을 인정치 않는 타율적인 통제나 규율을 배제하는 개념이다.

2) 집단적·조직적 성격

각 경찰관의 사기는 개인의 직무뿐만 아니라 그가 소속하고 있는 경찰기관의 목표달성에 기여해야 한다. 다른 경찰관의 근무의욕을 고취하는데도 공헌해야 하므로 협동성·단결성·단체성 등을 전제로 한다.

3) 사회적 성격

사기는 단순히 개개 경찰관 또는 어느 한 경찰기관의 자기만족을 의미하는 것이 아니며, 보다 큰 사회적 가치 및 효용과 결부될 때 참 의미가 있는 것이다.

(4) 사기의 결정요인

사기는 전체로서 파악되어야 하며, 사기의 수준은 단순한 어떤 특정요인이나 유인의 결과가 아니다. 전체적인 근무상황과 직책에 대한 사회적 평가, 인간관계, 개인목표 등의 중복적·동태적 요인이 사기의 결정요인이 된다. 즉 해양경찰의 사기는 해양경찰 조직 내의 인간관계, 근무조건, 신분의 안정, 보수, 승진 등 복합적 요인에 의하여 결정된다고 보아야 할 것이다.

(5) 경찰관 사기 제고방법

해양경찰관의 사기를 제고하는 기초적이고 근본적인 방법은 사기의 결정 요인들을 충족시켜 만족감을 얻게 해 주는 것이다(남재성·이정덕, 2013: 227-228).

1) 인간의 자율성의 존중 및 인격 존중

모든 인간은 타율적이고 통제적일 때 자발적 근무 의욕과 창의성이 발휘될 수 없으므로 자율성을 발휘할 수 있는 근무여건을 조성해야하고, 해양경찰관 개개인을 계급으로서가 아니라 인격의 주체로서 가치를 존중해 주어야 해양경찰관은 상사에 대해서나 동료, 부하에 대해 인간적인 인정감이나 귀속감을 갖게 될 것이고 그것은 원만한 인간관계를 유지해 주며 사기와 직결된다.

2) 기본적 인권 존중 및 기회의 평등성 보장

행복추구권 등과 같이 해양경찰관에게도 인정되는 기본적 인권은 존중해 주어야 한다. 해양경찰관이 근무시간이나 근무방법에서 기본적 인권을 침해당한다고 생각할 때는 자발적인 근무의욕이 생길 수 없다. 그리고 계급의 고하를 막론하고 기회의 균등이 주어져야 한다.

3) 정당한 보상 및 적절한 보수

해양경찰공무원에게 기본적 생활의 안정과 국가공무원법이 요구하는 품위유지가 유지되기 위해서는 적정한 보수가 주어져야 할 뿐만 아니라 그 업적에 따라 상훈 등이 공정하게 이루어져야 한다.

4) 인사상 불이익처분이나 불만, 갈등을 해결 할 수 있는 통로 마련

인사상의 불이익 처분이나 불만, 갈등 등의 문제가 신속하고도 적절하게 해결되지 않을 때 사기저하로 연결되므로 고충처리제도, 인사상담제도가 적극적으로 활용되어야 한다.

[2] 동기부여

동기부여의 사전적 의미는 '사람이나 동물에게 어떤 자극을 주어 행동하게 하는 일' 이다. 즉, 어떤 목표를 지향하여 생각하고 행동하도록 하는 일이므로 당연히 동기부여가 된 사람은 그렇지 않은 사람보다는 성공확률이 높다는 얘기입니다.

영어의 모티브베이션(motivation)이라는 말은 라틴어의 'to move'라는 말에서 유래한다. 그러므로 동기부여는 사람의 내면적 상태(internal condition)의 움직임과 관련된다. 물론 이러한 내면적 상태는 하나의 가정적 개념이다. 동기는 사람을 활성화 시키고, 행동하게 하고, 움직이게 하는 내적 상태이며, 목적을 향한 행동을 연결시키는 것이다. 동기이론을 내용이론과 과정이론으로 나누어 설명한다.

(1) 내용이론

내용이론(content theories)이란 사람 마음속의 무엇(what)이 개인의 행동을 유지 혹은 활성화시키는가, 혹은 환경 속의 무슨 요인이 사람의 행동을 움직이게 하는가라는 문제와 관련이 있다. 즉 사람 마음속의 무슨 요인(어떤 내용)이 사람의 행동을 유발, 유지 혹은 활성화 시키는가에 그 초점을 맞추고 있다.

동기유발의 주요 내용이론에는 매슬로우(Abraham H. Maslow)의 욕구단계이론, 앨더퍼(Clayton R. Alderfer)의 ERG이론, 허즈버그(Frederick Herzberg)의 2요인이론, 그리고 맥클리랜드(David C. McClelland)의 성취동기이론 등이 있다.

1) 매슬로우(Abraham Maslow) 욕구단계이론

임상심리학자인 매슬로우가 만든 이 모델은 가장 대표적인 동기부여이론이다. 인간의 욕구를 개념적으로 가장 낮은 단계부터 높은 단계까지 5단계로 구분하였다. 즉 하위욕구인 생리적 욕구부터, 안정욕구, 사회적 친교욕구, 존경욕구 그리고 마지막 자아실현의 욕구까지이다. 욕구5단계 동기부여이론이라고 불리는 이 이론의 특징은 5단계가 순서대로 나타난다는 것이다. 또한 어떤 욕구가 채워지지 않으면 더욱 그 욕구를 추구하여 그 욕구가 지배적인 중요 욕구가 된다는 결핍-지배(deprivation- domination)의 특성이 있다. 또한 결핍된 욕구가 채워지면 더 이상 그 욕구는 동기부여 요인으로서 힘을 잃고 그 다음 상위단계의 욕구가 중요하게 대두된다는 것이 충족-진행(gratification activation)의 의미이다. 예를 들면 기업 사장이 불만요인이던 임금을 인상해주었지만, 얼마안가 또 다른 불만이 생기는 것은 임금이 충족되어 더 이상 이것이 동기유발 효과를 불러일으키지 못하므로 상위의 관계욕구를 자극할 필요가 있다는 의미이다.

2) 앨더퍼(Clayton Alderfer)의 ERG 이론

이 모델은 존재 욕구(existence needs), 관계 욕구(relatedness meeds), 성장욕구(growth needs)을 의미하는 단어의 첫 머리인 ERG를 따서 그 명칭이 만들어졌다. 매슬로우 주장과는 달리 세 가지 욕구가 동시에 경험이 가능하다. 또한 좌절-퇴행(frustration-regression)의 욕구이론을 주장하였다. 매슬로우는 낮은 차원의 욕구가 만족되면 높은 차원으로 그 욕구가 진전되는 과정을 설명한데 비하여, 앨더퍼는 욕구가 좌절되어 낮은 과정으로의 회귀과정도 함께 설명하고 있다. 매슬로우가 보는 욕구계층에 대한 시각은 사람이 한순간에 하나의 욕구를 취하는 분절형의 욕구로 이해하였지만, 앨더퍼는 한순간에 하나 이상의 욕구를 취할 수 있다는 복합 연결형의 욕구 단계론을 주장하였으므로 앨더퍼의 이론이 인간의 욕구를 설명하는데 더 융통성이 있는 것으로 평가되고 있다.

3) 허즈버그(Frederick Herzberg) 2요인이론

인간은 삶의 의미를 찾아내지 않고는 살아가지 못한다. 이런 점에서 허즈버그는 만족과 불만족을 별개의 차원으로 보았다. 즉 불만족의 반대가 만족이라는 기존의 생각과는 달리, 불만족의 반대는 불만이 없는 상태, 그리고 만족의 반대는 만족하지 않는 상태로 보았다. 그래서 이를 만족요인(동기요인)과 불만족 요인(위생요인) 두 가지로 표시해, 2요인 이론이라고 부른다. 그는 불만족요인(위생요인)은 '직무의 맥락(직무환경적 측면)'과 관계되는 것으로서 일 그 자체보다도 '직무환경'에 관련된 요소라 할 수 있다. 주로 조직의 방침(정책)과 행정, 관리감독, 상사와의 관계, 근무환경, 보수, 동료와의 관계, 개인생활, 부하직원과의 관계, 지위, 안전 등을 말하며, 이러한 요인들이 제대로 갖추어져 있지 못하면 조직구성원의 불만이 가중되어 심하면 조직체를 떠나게 만들기도 한다. 그러나 이러한 요인들이 제대로 잘 갖추어진다고 하더라도, 조직원들이 열심히 일하도록 동기를 담보하지는 않는다는 말이다. 보수가 낮으면 조직원의 사기를 저하시켜 불만스럽게 하지만, 보수를 높여주는 것이 그들을 만족시키거나 동기를 부여하는 것은 아니라는 것이 허즈버그가 주장하는 것 중의 하나이다. 근무환경도 마찬가지이다.

만족요인(동기요인)은 만족을 제고하는 요인으로서 열심히 일하게 하고 직무성과를 높여주는 요인으로 성취, 인정, 직무 내용, 책임, 승진·승급, 성장 등을 포함한다. 불만족요인(위생요인)이 직무 외재적 성격과 직무 맥락 및 직무 환경 등과 관련된 것이라면, 만족요인(동기요인)은 직무 내재적 성격과 '직무 내용'과 관련이 깊다. 불만족요인(위생요인)이 만족을 제고하지 못하듯이 만족요인(동기요인)은 불만족을 해소시켜 주지 못한다.

4) 맥클리랜드(David McCelland)의 성취동기이론

맥클리랜드(McClelland)의 성취동기이론(Achievement Motivation Theory)에서는 높은 동기요인이 작용하는 구성원들이 모인 조직이 성공한다고 주장한다. 그리고 그 동기요인을 욕구로 분류하여 성취 욕구(need for achievement)·소속 욕구(need for affiliation)·권력 욕구(need for power)를 제시하였다. 이중 성취욕구는 맥클린랜드가 주장한 3대 욕구 중에서 기업가정신의 모태가 되었으며 성취욕구가 높은 사람이 조직의 리더가 될 확률이 높다고 하였다. 그러나 성취욕구가 높은 사람이 경영자가 될 확률이 높다고 하였지만, 리더에게 필요한 욕구는 권력욕구라고 주장한다. 권력욕구란 한 마디로 '선한 영향력'이다. 즉, 리더가 되어서 자신의 성취를 위해 욕구를 활용하는 것이 아니라 구성원의 성취를 위해 활용하는 것, 이것이 바로 권력욕구의 선한 영향력이라는 것이다.

관계욕구란 일을 하는 의미가 타인의 행복해지는 것에 있다. 비영리조직의 리더에게 있어서 최고의 정점에 위치한 욕구이다. 자신은 불편해지더라도 구성원의 성장에서 행복을 느끼는 관계욕구가 필요하다. 관계욕구가 바로 리더의 조건이다. 관계욕구가 강한 리더는 자신이 실무에서 겪었던 어려움과 그것을 극복했던 경험을 통해 구성원들을 이해한다. 자신이 성취하거나 권력을 위해서가 아니라 자신과 함께 하고 있는 구성원들의 성취를 위해 노력한다. 그리고 그 성취를 위해 권력을 사용한다. 성과는 모두의 것이다. 그러한 리더가 있는 조직이 건강하다.

(2) 과정이론

과정이론(process theories)은 인식절차이론이라 부르기도 한다. 내용이론이 욕구를 바탕으로 한 이론이라면, 과정이론은 정보처리나 인식 혹은 직무환경 요인과 상황 등에 초점을 둔다. 다시 말하면 인식 변수가 동기유발에 어떻게(how), 그리고 왜(why) 영향을 미치는지에 많은 관심을 두며, 이러한 변수를 확인하는 것 외에 그러한 변수간의 관계나 교류절차에 대하여 연구한다. 이 과정이론에는 브름의 기대이론, 포터와 롤러의 기대이론, 애덤스의 공정성이론 등을 대표적인 예로 들 수 있다.

1) 브름의 기대이론(VIE 모형)

기대이론은 과정이론 가운데 가장 대표적 동기부여이론이다. 다른 용어로는 수단성 이론, 기대/유의성 이론이라고도 불린다. 이 이론을 구성하고 있는 세 가지 요소는 유의성(valence), 수단성(instrumentality), 기대감(expectancy)이며, 이를 두고 VIE 모형이라 부르기도 한다.

동기부여는 다음 공식으로 표시할 수 있다. 즉 기대이론은 기대감, 수단성, 유의성에 의해 노력의 강도가 결정된다는 것이다. 어떤 직무를 하기 위한 동기유발수준은 개인이 노력해서 직무를 성공적으로 달성할 수 있는가라는 기대감과 성과에 따르는 보상이 확실한가에 대한 수단성, 그리고 보상이 개인에게 얼마나 매력적인가에 대한 유의성에 의해 결정된다는 것이다. 이들이 모두 높으면 개인의 동기부여는 높아지지만, 기대·수단성·유의성 중 하나라도 0이면 동기부여가 안 된다는 것을 의미한다.

$$동기부여(M) = \Sigma 기대 \times \Sigma(수단성 \times 유의성)$$

기대이론이 경영자에게 주는 의미는 위의 세 가지 요소가 높도록 노력해야 한다는 점이다. 즉 경영자는 종업원의 기대값을 높여야 하며(노력－성과), 수단성을 증대해야 하고(성과－보상), 유의성을 높여야 한다(보상－개인목표의 합치).

기대이론의 시사점은 기업은 종업원이 일정한 노력을 기울이면 달성될 수 있는 합리적 성과수준을 제시해야 하고, 성과수준에 따라 주어지는 보상이 무엇인가를 명확히 할 필요가 있다. 또한 종업원 개인이 매력적으로 생각하는 보상을 제공하여 개인목표와 부합해야 한다. 좋은 감독자는 종업원에게 감독자가 기대하는 것이 무엇인지 명시할 뿐 아니라 종업원의 성과수준을 높이는 데 도움을 주어야 한다는 점을 시사하고 있다.

그러나 비판적인 것은 과연 인간이 행동할 때 그렇게 복잡한 과정을 거치는가의 문제이다. 누구나 합리성에 근거하여 결과와 과정에 대한 확률 적용을 하며 행동하는 것에는 한계가 있다. 인간은 완전한 합리성이 아닌 제한된 합리성(bounded rationality)에 따라 의사결정을 한다는 점을 고려해야 한다.

그리고 가장 만족이 큰 쪽으로 동기 부여된다는 쾌락주의 가정의 문제이다. 가치부여는 매우 주관적이라 사람마다 다르기 때문이다.

2) 포터와 롤러의 동기유발이론(EPRS 모형)

욕구만족이 직무성취 또는 업적의 달성을 가져오는 것이 아니라, 거꾸로 직무성취의 수준이 직무만족의 원인이 된다고 주장하는, 포터(Lyman W. Porter)와 롤러(Edward E. Lawler, III)가 정립한 동기이론을 말한다.

종래의 동기부여이론이, 욕구의 충족이 업적의 달성을 가져온다(만족→업적)고 본데 반해, 이 이론은 업적의 달성이 만족을 가져온다(업적→만족)는 거꾸로 된 인과관계를 상정하고 있다. 즉 이 이론은 직무성취와 그것에 결부된 보상에 부여하는 가치, 그리고 노력이 보상을 가져다 줄 것이라는 기대가 직무 수행 노력을 좌우한다는 것이다. 즉, 성과가 직무만족에 영향을 미친다는 점을 강조하여 성과-만족(performance-satisfaction)이론으로 불린다.

3) 공정성 이론

1960년 Adams에 의해 제시된 공정성이론은 종업원들이 직무와 조직에 공헌한 투입과 거기에서 얻은 산출의 관계를 인식하는 것을 전제로 한다.

공정성이론의 핵심은 자신의 산출/투입의 비율이 타인, 특히 준거집단(reference group)이나 준거인물(reference person)과 비교하여 비율의 형평성을 유지하는 방향으로 동기부여된다는 것이다.

공정성이론은 조직 내 종업원들이 자신의 투입(inputs)과 산출(outputs)을 준거집단이나 준거인물의 그것과 비교한다는 것이다. Adams는 투입과 산출의 비교가 동기부여에 영향을 미친다고 제안한다. 자신의 투입 대 산출의 비율이 타인의 그것과 비교하여 같으면 공정하다고 느껴 조직과 공정한 관계가 이루어졌다고 생각하지만, 작거나 크면 불공정성을 지각하게 되어 불쾌감과 긴장감을 느끼며 불공정성 회복을 위해 노력하게 된다.

이 이론의 시사점은 경영자는 조직내 사회적 비교과정에 신중해야 하며, 종업원 동기부여에서 지각의 중요성을 인식해야 한다는 것이다. 또한 급여의 절대액수를 주기 보다는 자기와 같은, 비슷한 직무를 갖는 사람과 비교하여 지급하는 것이 바람직하다.

〈표 4-47〉 공정성이론에서 투입과 산출

투입	산출
시간, 노력, 교육·훈련, 경험, 기술, 지적 능력, 나이, 건강, 창의성, 충성심	급여, 부가급부, 승진, 성장 및 개발 기회, 도전감, 성취감, 인정, 근무환경, 직무안정, 의사결정 참여

[3] 현대의 동기부여 방법

젊은 세대들이 해양경찰에도 대거 유입되면서 동기부여 방법이나 사기진작에도 변화가 필요하다. 동기부여의 방법은 제각기 다르지만 동기부여를 위해 모든 조직이 처음 한 일은 동일하다. 조직의 미래를 짊어질 신세대 직원을 이해하는 것이다.

신세대 직원은 우선 수평적이고 자유로운 관계에 익숙하다. 그들은 동료와 대등한 관계에서 자신의 의사를 적극적으로 표현하며 일하는 것에 자연스럽다. 또 그런 환경에서 업무 몰입도 및 능률이 오른다. 강압적이고 일방적인 업무지시나 커뮤니케이션은 본능적으로 거부하며 그러한 관계 속에서 그들과의 진정한 신뢰는 싹트지 않는다. 그리고 신세대 직원은 보상에 매우 민감하다. 여러 연구조사에서 60-70%가 '더 매력적인 직장에서 스카우트 제의가 들어오면 당장 이직할 것', '보상이 뒤따르지 않으면 회사에서 정해진 것 이상으로 노력할 필요를 느끼지 못한다.'라고 응답했다. 평생직장의 꿈을 버린 지 오래인 그들은 어떤 형태로든 보상이 뒷받침되지 않으면 회사에 대해 무조건적으로 충성하진 않는다. 마지막으로 그들은 일과 개인생활의 균형을 중시한다. 조직의 소속감 또는 애사심이 아닌, 개인생활에서 오는 에너지가 신세대 직원의 원동력이다. 금전적 보상도 중요하지만 일과 개인생활의 균형을 맞춰주지 못한다면 좋은 직장이라고 여기지 않는다.

"조직 경영이란 다른 사람들에게 동기를 부여하는 것, 그 이상도 그 이하도 아니다." 라고 전 크라이슬러 회장인 리 아이아코카(Lee Iacocca)가 한 말이다. 세계적 정보기술 서비스 회사인 HCL테크놀로지(HCLT)는 경영의 곤란으로 비니트 나야르가 CEO로 새로 부임하여 조직 내 가장 중요하고 주목해야 할 집단은 고객과의 최접점에서 실제 업무를 담당하는 직원들이라는 것을 깨달았다. 비니트 나야르는 즉시 조직의 핵심 가치 창출집단을 젊은 실무진으로 규정하고 '직원이 우선, 고객은 다음, 경영진은 맨 마지막' 이라는 유명한 캠페인을 실행했다. 그는 젊은 직원들에게 가슴 뛰는 비전을 제시하고 경영진이 직접 최전선 실무진을 지원하도록 했다. 부임 5년 만에 연매출 7억 달러의 회사를 연매출 25억 달러 회사로 바꾸어 놓았다. 이러한 시대적 상황에 맞는'내부고객'인 직원들에게 동기를 부여하려면 다각도의 접근이 필요하다. 이에 새로운 동기부여 방법론 'F.O.R.C.E'를 제시한다.

1) F(Fun) : 직원들의 사생활을 보장하고 창의적 업무환경을 제공하라.

   동기부여 요소는 Fun, 즉 즐거움이다. 연애에 있어서 '밀고 당기기'가 중요하듯 동기부여에 있어서도 '밀고 당기기'가 중요하다. 업무에만 매몰될 경우 매너리즘에 빠지고, 새로운 일을 추진하면 그것이 다시 업무로 돌아와 내 시간을 빼앗을 것이라는 두려움만 생긴다. 적절한 휴식을 통해 새로운 마음으로 일을 할 수 있는 에너지를 충전시켜줘야 한다.

2) O(Opportunity) : 개인 커리어에 대한 구체적 비전을 제시하라. 구성원 개인의 비전에 대해 회사가 함께 고민하고, 개개인의 미래 경력개발 기회를 제공하는 것이다.
3) R(Responsibility) : 실무진의 권한을 강화하고 책임감을 부여하라. 즉 권한 위임을 통한 동기부여다. 신세대는 수평적 네트워크 조직에 익숙하다. 기성 조직의 수직적 문화와 무조건적 하달식 업무 체계로는 신세대 직원들의 의욕을 자극할 수 없다.
4) C(Communication) : 지속적 소통을 통해 신뢰를 강화하라. 즉 구성원과의 끊임없는 커뮤니케이션을 통한 동기부여다. 커뮤니케이션이 활성화된 조직은 언제나 활기가 넘치고 비전을 공유하며 일체감이 향상되고 경영진과 실무진 사이에 신뢰가 형성된다.
5) E(Equity) : 평가의 형평성을 확보하고 경영자가 직접 동의를 구하라. 동기부여의 요소는 Equity, 즉 평가 및 보상의 형평성이다. 직원들은 갈수록 보상에 민감해지고 있다. 이러한 민감성은 구성원이 평가 및 보상의 형평성에 대한 의문을 품을 때 더욱 심각해진다. 사내 정치나 학연, 특정 인물에 대한 편견 혹은 편애로 인해 평가가 왜곡될 때 구성원의 동기 수준은 큰 폭으로 떨어지게 마련이다.

11 해양경찰청 인사운영 규칙(훈령)

[1] 목적

이 규칙[108]은 해양경찰청 소속 경찰공무원과 일반직공무원의 인사운영에 필요한 사항을 규정함을 목적으로 한다. 그리고 이 규칙은 해양경찰청(소속기관을 포함한다) 총경 이하 경찰공무원과 4급 이하 일반직공무원(이하 "소속공무원등" 이라 한다)에게 적용하고, 소속공무원 등의 인사운영에 관하여 다른 법령에 특별한 규정이 있는 경우를 제외하고 이 규칙이 정하는 바에 의한다.

[2] 용어정의

1) "소속기관"이란 해양경찰교육원(이하 "교육원"이라 한다), 중앙해양특수구조단(이하 "중특단"이라 한다), 지방해양경찰청(이하 "지방청"이라 한다), 해양경찰서(이하 "경찰서"

108) 해양경찰청 인사운영 규칙, [해양경찰청훈령 제169호, 2020. 2. 6., 제정], 해양경찰청(인사담당관).

라 한다), 해양경찰정비창(이하 "정비창"이라 한다)을 말한다.

2) "대형함정"이란 1,000톤급 이상의 함정, "중형함정"이란 1,000톤급 미만 250톤 이상의 함정, "소형함정"이란 250톤 미만의 함정을 말한다.

3) "원소속 지방청"(이하 "원소속"이라 한다)이란 장기근무를 통한 생활안정을 위하여 경감 이하 경찰공무원과 6급 이하 일반직공무원 개인별로 지정된 지방청을 말한다.

[3] 인사운영

(1) 기본원칙

소속공무원등에 대한 인사관리는 다음 각 호의 원칙에 따라 이루어져야 한다.

1) 공정하고 투명한 기준과 절차에 따른 인사
2) 소속공무원등의 참여 보장 및 의사 존중
3) 전문분야 능력개발 지원 및 성과와 능력에 따른 보상
4) 성별, 경과(직별), 직렬, 출신, 지역 등에 편중되지 않는 균형인사 구현

(2) 인사기준의 공개

임용권자(임용권을 위임받은 자를 포함한다)는 인사의 공정성과 투명성을 확보하기 위하여 특별한 사유가 없으면 다음 각 호의 인사기준 등을 공개하여야 한다.

1) 전보·승진·포상 등의 시기 및 기준
2) 계급·직급별 승진 예정인원을 책정한 경우 그 예정 인원
3) 그 밖의 인사운영에 관한 중요한 사항으로써 공개할 필요가 있다고 인정되는 사항

(3) 임용권의 위임

1) 해양경찰청장은 소속기관장에게 그 소속 일반직공무원에 대한 다음 각 호의 사항을 위임할 수 있다.
   가) 교육원장, 지방청장, 정비창장: 5급 전보권, 6급 이하 임용권
   나) 중특단장: 6급 이하 임용권
2) 교육원장은 해양경찰연구센터장에게 그 소속 6급 이하 일반직공무원(소속 경찰공무원 중 경사이하는 2022. 1. 1부터 시행)에 대한 전보권을 다시 위임할 수 있다.
3) 지방청장은 경찰서장에게 그 소속 6급 이하 일반직공무원에 대한 승진임용, 전보, 파견, 휴직, 직위해제 및 복직에 관한 권한을 다시 위임할 수 있다.

4) 임용권을 위임받은 소속기관장은 신규채용, 승진임용 할 때에는 미리 해양경찰청장에게 보고하여야 한다.
5) 해양경찰청장, 교육원장, 지방청장은 정원의 조정, 신규채용, 승진심사, 인사교류 및 파견 등 효율적인 인사운영을 위하여 필요한 경우에는 임용권을 행사할 수 있다.

(4) 인사위원회

1) 소속공무원등의 인사운영에 관한 중요 사항에 대하여 해양경찰청장의 자문에 응하고, 제9조제1항 각 호의 사항을 심의하기 위하여 해양경찰청에 인사위원회를 두며. 인사위원회는 위원장을 포함하여 5명 이상 7명 이하의 위원으로 구성한다. 위원장은 해양경찰청(이하 "본청"이라 한다) 인사담당국장이 되고, 위원은 본청 소속 공무원 중에서 해양경찰청장이 임명한다.
2) 인사위원회는 인력현황 등을 고려하여 계급·직급, 여성공무원 등 각 분야별 대표성 있는 사람으로 구성되도록 노력하여야 한다.
3) 인사위원회의 인사행정에 관한 방침과 기준 등에 관한 구체적 심의내용은 다음 각 호와 같다.
   가) 정기전보에 관한 사항
   나) 직위공모 및 교류인사에 관한 사항
   다) 경과, 직별, 직렬의 변경 심사에 관한 사항. 다만, 수사경과의 선발·해제는 「해양경찰청 수사경찰 인사운영 규칙」에서 정하는 바에 따른다.
   라) 전문직위 선정, 전문관 선발에 관한 사항
   마) 그 밖에 인사운영에 관한 중요 사항으로써 해양경찰청장이 인사위원회의 회의에 부치는 사항
4) 인사위원회 회의는 재적위원 과반수의 찬성으로 의결하고, 위원장은 인사위원회에서 심의된 사항을 지체 없이 해양경찰청장에게 보고하여야 한다. 회의는 비공개로 하며, 위원회의 구성원은 공식적으로 발표한 사항 이외의 토의된 내용을 누설해서는 안 된다.

[4] 보직관리

(1) 보직관리 일반원칙

1) 소속공무원등의 보직은 채용분야, 경과, 직별, 직렬, 적성 등을 고려하고, 능력과 경력 중심의 보직관리로 개인의 역량이 적절히 발휘될 수 있도록 공정하게 실시하여야 한다.

2) 계급·직별·직렬별 정원과 현원을 고려하여 보직하되, 경감 이하 경찰공무원과 6급 이하 일반직공무원(소속기관의 경우에는 경위 이하 경찰공무원과 7급이하 일반직공무원을 말한다)에 대해서는 계급·직별·직렬을 통합하여 보직할 수 있다.
3) 「장애인복지법」 제2조제2항에 따른 장애인은 신체적 조건, 특기, 적성 등을 고려하여 특별한 사유가 없으면 직무수행에 적합한 직위에 보직한다.

(2) 직위공모

1) 해양경찰청장이 지정한 경정 이상 경찰공무원과 5급 이상 일반직공무원의 직위는 공모를 통하여 보직할 수 있고, 소속기관의 장은 경위 이상 경찰공무원과 6급 이상 일반직공무원의 직위에 대해서 공모를 통하여 보직할 수 있다.
2) 직위공모는 보직 예정일 2주 전까지 공모직위명, 지원요건 및 지원기간 등 그 밖의 필요한 사항을 포함하여 공고하여야 한다.

(3) 경찰공무원

1) 경찰서장 보직기준

가) 경찰서장(이하 이 조에서 "서장"이라 한다)의 보직은 업무성과, 조직 기여도, 청렴도 및 근무경력 등을 고려하여 인사위원회의 심의·의결을 거쳐 결정한다.
나) 인사위원회는 서장 보직에 대한 전보 여건 등을 고려하여 필요한 경우에는 별도로 기준을 정할 수 있다.
다) 서장 보직 기간은 1년을 원칙으로 한다. 다만, 다음 각 호에 해당하는 경우에는 6개월 범위에서 인사위원회의 의결을 통해 그 기간을 조정할 수 있다.
① 해상에서의 재난 등 특수한 치안상황이 발생한 경우
② 서장으로서 직무수행능력이 뛰어나고 해당 경찰서에 대한 관리역량이 특별히 우수하여 보직 연장이 필요한 경우
라) 정년까지 남은 기간이 6개월 이내인 사람은 서장으로 보직할 수 없고, 서장 보직은 연임할 수 없다.

2) 경정 보직기준

가) 본청의 경정(승진후보자를 포함한다. 이하 같다) 직위는 다음 각 호의 요건을 모두 갖춘 사람으로 보직하여야 한다.
① 경정으로 2년 이상 근무한 사람

② 경감 이하의 계급으로 본청에서 2년 이상 근무한 경력이 있는 사람. 다만, 국외훈련·파견 등으로 실제 근무하지 않은 기간은 근무경력에서 제외한다.

③ 「함정 운영관리 규칙」제6조에 따른 함정(이하 '함정'이라 한다. 순찰정 및 훈련정은 제외한다. 이하 같다) 또는 파출소에서의 근무경력을 합하여 1년 이상인 사람

나) 경정이 본청의 직위에서 연속하여 근무할 수 있는 기간은 6년을 초과할 수 없다. 다만, 국외훈련·파견기간은 본청 근무기간에서 제외한다.

다) 본청에서 경정으로 승진한 사람(경정 승진후보자가 된 사람을 포함한다)은 정기인사 시 소속기관으로 전보한다. 다만, 불가피한 사정이 있는 경우에는 인사위원회의 결정으로 달리 정할 수 있다.

라) 지방청 및 경찰서 소속의 경정은 함정, 지방청 계장 및 경찰서 과장에 교차로 보직하되, 순차적으로 보직하여야 하는 것은 아니다.

마) 소속기관의 경정이 해당 소속기관에서 연속하여 근무할 수 있는 기간은 2년을 초과할 수 없다.

바) 경정으로 신규임용된 사람과 해양경찰청장이 지정하는 특수임무나 전문분야 등에 해당하는 사람의 보직기준은 인사위원회 결정으로 다르게 정할 수 있다.

3) 함장·정장 보직기준

가) 함정의 함장 및 정장은 다음 각 호의 요건을 모두 갖춘 사람으로 보직한다.

① 자격조건

ⓐ 1,000톤급 이상 : 4급 이상 해기사(항해사, 항해전문 운항사) 면허를 보유한 사람

ⓑ 1,000톤급 미만 : 5급 이상 해기사(항해사, 항해전문 운항사) 면허를 보유한 사람

② 경력조건

ⓐ 1,000톤급 이상 : 대형함정 부장, 중형함정 함장, 100톤급 소형함정 정장으로 1년 이상 근무한 경력이 있는 사람

ⓑ 1,000톤급 미만 250톤 이상 : 중형함정 부장, 소형함정 정장으로 1년 이상 근무한 경력이 있는 사람

ⓒ 250톤 미만 : 함정 근무경력이 3년 이상인 사람

나) 경력조건 미달로 해당자가 없는 경우에는 소속기관의 인력 여건을 고려하여 해당 인사위원회 심의를 거쳐 함장 및 정장으로 보직 할 수 있다.

4) 특공·구조요원 보직기준

가) 중특단, 소속기관의 특공대, 구조대의 보직은 대테러, 해상구조 등 그 업무의 특수성을 고려하여 특임경과 등 전문인력을 우선 보직하여야 한다.

나) 중특단장, 특공대, 구조대의 소관 과장은 다음 연도 인력운영 계획을 정기인사 전까지 인사위원회에 제출하여야 한다.

5) 항공요원 보직기준

가) 항공단·항공대의 보직은 항공기종, 직별, 비행·정비·전탐경력, 교육훈련 등을 고려하여 항공경과 등 전문인력을 보직한다. 다만, 항공경과인 사람이 부족한 경우 항공경과 이외의 사람을 항공요원으로 보직할 수 있다.

나) 항공 관련 국내외 교육훈련을 6개월 이상 받았거나 항공기 기종별 제작사 교육을 이수한 사람은 특별한 사정이 없으면 해당 교육훈련 또는 근무분야와 관련있는 직위에 3년 이상 보직한다.

다) 항공과장은 항공요원에 대한 보직 후보자 명부를 정기인사 전까지 해당 인사위원회에 제출하여야 한다.

6) 교수요원 보직기준

가) 교육원의 경찰공무원 교수요원은 「경찰공무원 교육훈련규정」 제21조에 따른 자격기준을 갖춘 사람으로 선발하고, 특정분야에 경력경쟁채용된 사람을 우선 보직하여야 한다.

나) 교육원장은 제1항에 따라 교수요원을 선발·관리하고, 보직 후보자 명부를 정기인사 전까지 인사위원회에 제출하여야 한다.

7) 함정건조감독관 보직기준

가) 함정건조감독관은 함정사업의 규모 등을 고려하여 원활한 사업관리를 위해 일정한 자격을 갖춘 사람을 현장에 배치할 수 있다.

나) 장비기획과장은 함정건조감독관에 대한 보직 후보자 명부를 정기인사 전까지 인사위원회에 제출하여야 한다.

8) 특수분야 세부 보직기준

특공·구조요원, 항공요원, 함정건조감독관과 해상교통관제요원, 수사부서 수사경찰의 세부 보직기준은 각 분야별 운영 규칙 등에서 따로 정한다.

9) 경력경쟁채용자 보직

가) 경력경쟁채용된 경감 이하 경찰공무원은 전문성을 확보하고 상위직 업무 수행에 필요한 능력을 개발하기 위하여 채용목적에 적합하도록 별표 1과 같이 분야별로 보직하여야 한다.

나) 신규임용 후 5년이 경과하고 다른 직무분야의 보직자격을 갖추었거나, 경정으로 승진한 경우 또는 소속기관의 인력 여건에 따라 해당 인사위원회 심의를 거쳐 보직분야 이외로 보직할 수 있다.

(4) 일반직공무원

1) 4급·과장 보직기준

가) 4급 과장 또는 4급의 보직은 업무성과, 조직 기여도, 청렴도 및 근무경력 등을 고려하여 인사위원회의 심의·의결을 거쳐 결정한다.

나) 본청의 4급 과장 직위는 다음 각 호의 요건을 모두 갖추는 사람으로 보직한다.

① 4급으로 2년 이상 근무한 경력이 있는 사람

② 5급 이하의 직급으로 경찰서에서 1년 이상 근무한 경력이 있는 사람

다) 인사위원회는 4급 보직에 대한 인력운영 여건 등을 고려하여 필요한 경우에는 별도로 기준을 정할 수 있다.

2) 5급 보직기준

가) 본청의 5급(승진후보자를 포함한다. 이하 같다.) 직위는 다음 각 호의 요건을 모두 갖춘 사람으로 보직하여야 한다.

① 5급으로 2년 이상 근무한 사람

② 6급 이하의 직급으로 본청에서 2년 이상 근무한 경력이 있는 사람. 다만, 국외훈련·파견 등으로 실제 근무하지 않은 기간은 근무경력에서 제외한다.

③ 경찰서 또는 해상교통관제센터에서 1년 이상 근무한 경력이 있는 사람

나) 5급이 본청의 직위에서 연속하여 근무할 수 있는 기간은 6년을 초과할 수 없다. 다만, 국외훈련·파견기간은 본청 근무기간에서 제외한다.

다) 본청에서 5급으로 승진한 사람(5급 승진후보자가 된 사람을 포함한다)은 정기인사 시 소속기관으로 전보한다. 다만, 불가피한 사정이 있는 경우에는 인사위원회의 결정으로 다르게 정할 수 있다.

라) 지방청 소속의 5급은 지방청 계장, 경찰서 과장 또는 해상교통관제센터장에 교차로 보직하되, 순차적으로 보직하여야 하는 것은 아니다.

마) 소속기관의 5급이 해당 소속기관에서 연속하여 근무할 수 있는 기간은 3년을 초과할 수 없다. 다만, 해상교통관제 분야 5급은 소속기관이 아닌 동일한 해상교통관제센터에서 연속하여 근무할 수 있는 기간은 3년을 초과할 수 없다.

바) 인사위원회는 5급으로 신규임용된 사람과 해상교통관제 분야에 해당되는 사람은 인력운영 여건을 고려하여 필요한 경우에는 별도로 기준을 정할 수 있다.

3) 특수함정의 함장·정장 보직기준

가) 화학방제함, 방제정 등의 함장 및 정장은 다음 각 호의 요건을 모두 갖춘 사람으로 보직한다.

① 자격조건 : 제16조제1항제1호를 준용한다.

② 경력조건 : 함정 근무경력이 3년 이상인 사람

나) 경력조건 미달로 해당자가 없는 경우에는 소속기관의 인력 여건을 고려하여 해당 인사위원회 심의를 거쳐 함장 및 정장으로 보직 할 수 있다.

4) 신규채용, 전입 공무원의 보직

5급 이하 일반직공무원을 신규채용하거나 다른 기관에서 전입되는 경우에는 업무파악과 직무수행능력 향상 등을 위하여 특별한 사유가 없으면 소속기관에 우선 보직한다.

[5] 승진

(1) 승진업무 일반

1) 해양경찰청장은 매년 10월 중 경찰공무원에 대한 당해 연도 근무성적 평정 및 방법 등에 관한 세부지침을 수립하고, 매년 12월 중 다음연도 경찰공무원의 정기 승진심사 시기 및 절차 등에 관한 승진심사지침을 수립하여 시행하여야 한다.

2) 일반직공무원의 승진심사는 직급별 결원, 근속승진 등의 상황을 고려하여 수시로 실시한다.

4) 제2항에도 불구하고 인력운영이나 승진여건 등을 고려하여 정기 승진심사는 계급별로 연 2회(상반기, 하반기) 실시할 수 있다.

(2) 총경 승진심사 역량평가

1) 경찰공무원 경정에서 총경으로의 승진심사를 위해 해양경찰청장이 별도로 정하는 바에 따라 역량평가를 실시하여야 한다.

2) 역량평가 위원은 위원장 1명과 민간위원 2명을 포함하여 5명 이상 7명 이하로 구성한다.

3) 위원장은 본청 국장급 이상, 위원은 본청 소속 총경 이상 경찰공무원 중에서 해양경찰청장이 임명하고, 민간위원은 인사분야 전문가 등으로 해양경찰청장이 위촉한다.
4) 역량평가 결과는 승진심사 전까지 해당 승진심사위원회에 제출하고, 승진심사위원회는 특별한 사정이 없으면 승진심사에 이를 반영하여야 한다.

[6] 전보

(1) 전보의 원칙

1) 해양경찰청장은 소속공무원등의 안정적인 직무수행, 적재적소 적임자 배치 및 기관별 인력균형 유지 등을 위하여 매년 정기전보를 실시한다.
2) 신규 임용된 사람의 배치, 직제의 개폐 또는 퇴직 등에 따른 결원보충 등을 위하여 필요한 경우에는 수시전보를 실시할 수 있다.

(2) 전보의 시기

1) 총경의 정기전보는 연 2회 실시함을 원칙으로 하고, 1차는 정기 승진인사 후에 실시하고, 2차는 7월에 실시하며, 인사주기는 6개월로 본다.
2) 경정 이하 경찰공무원과 일반직공무원의 정기전보는 정기 승진인사 이후 연 1회 실시함을 원칙으로 한다.
3) 제1항 및 제2항에도 불구하고 당시의 치안상황, 인력운영 상황 등을 고려하여 전보의 시기 및 횟수를 조정할 수 있다.

(3) 징계처분자 전보

1) 징계처분을 받은 소속공무원등은 다른 소속기관으로 전보할 수 있다. 다만, 신규채용 당시 공고에 따라 최초 임용된 지방청에서의 전보제한 기간이 정해진 사람은 그 기간이 경과하지 않은 경우에는 다른 지방청으로 전보할 수 없다.
2) 제1항에 따라 다른 소속기관으로 전보된 사람은 그 소속기관에서의 근무기간이 3년이 지나지 않은 경우에는 전보할 수 없다.
3) 제2항에 따라 전보된 사람이 3년이 경과되어 전보를 희망하는 경우 제30조제2항에 따른 정기전보 시기에 반영한다.
4) 제1항 및 제2항에 따른 전보의 대상, 절차, 원소속 복귀 등 시행에 필요한 세부사항은 별도로 정한다.

(4) 원소속 지정

1) 장기근무를 통한 생활안정에 기여할 수 있도록 경감 이하 경찰공무원과 6급 이하 일반직공무원에 대하여 원소속을 지정할 수 있다. 다만, 해양경찰청장이 정하는 일부 전문분야 등의 경우에는 원소속 지정을 하지 않을 수 있다.
2) 신규 임용되는 사람에 대해서는 원소속 지정 인력의 규모, 본인의 근무희망지 및 신임교육성적 등을 종합적으로 고려하여 원소속을 지정한다.
3) 제2항에도 불구하고 지방청에서 신규채용하거나 신규채용 당시 공고에 따라 최초 임용된 지방청에서의 전보제한 기간이 정해진 사람은 그 지방청으로 원소속을 지정하고, 그 외 기관에서 신규채용하는 사람은 해당 기관이 위치한 지역을 관할하는 지방청으로 원소속을 지정한다.
4) 제1항에 따른 원소속의 구분과 인력운영 상황에 따라 인력 충원이 필요한 경우 인력을 지원하는 지방청과 인력을 지원받는 지방청의 구분은 별표 2와 같다.
5) 제3항에 따라 다른 지방청으로 인력을 지원하여야 하는 경우 전출대상자 선발은 해당 지방청의 인력운영 여건 등을 고려하여 장기근무자순으로 한다.
6) 지방청장은 이 규칙을 준용하여 소속 경찰서별 원소속 지정 등에 관한 사항을 인사운영 규칙에 반영하고, 원활한 인력운영을 위하여 원소속이 아닌 경찰서에서 근무하게 할 수 있다.

(5) 원소속 변경

1) 다음 각 호의 어느 하나에 해당하는 경우에는 원소속을 변경할 수 있다.
   가) 본청에서 2년 이상 연속하여 근무한 후 전출하는 사람(1회에 한한다). 다만, 신규채용 당시 공고에 따라 최초 임용된 지방청에서의 전보제한 기간이 정해진 사람은 그 기간이 경과하지 않은 경우에는 제외한다.
   나) 함정편제 및 직제개편 등에 따른 정원변경으로 전보되는 사람
   다) 제35조의 교류인사에 따라 전출입하는 사람
   라) 음주운전으로 인한 중징계로 전보되는 사람
2) 해양경찰청장은 원소속이 아닌 지방청에서 5년 이상 근무한 경우에는 직권으로 원소속을 현재 근무 중인 지방청으로 변경할 수 있다.
3) 지방청장은 제1항을 준용하여 인사운영 규칙에 원소속 변경 등을 규정하여야 한다.

(6) 원소속 복귀

1) 원소속 외 관서에서 근무 중인 소속공무원등이 본인의 원소속으로 복귀를 희망하는 경우에는 매년 12월 31일을 기준으로 별표 3의 제1호 원소속 전입배점 기준에 따라 전입배점을 평가한 후 별지 제1호서식에 따라 개인별 전입배점 평가서를 작성하여야 한다.
2) 제1항에 따라 조사된 전입배점 순위는 공개하고 그 결과를 정기전보에 반영하여야 한다.
3) 원소속 복귀는 제1항에 따른 개인별 전입배점이 높은 순서로 한다.

(7) 교류인사 실시

1) 해양경찰청장은 원소속이 지정된 소속공무원등에 대하여 교류인사 순위명부에 따라 연 1회 지방청 간 교류인사를 실시한다.
2) 제1항에도 불구하고 효율적인 인력 운영을 위하여 필요한 경우에는 특별 교류인사를 실시할 수 있다.
3) 제1항에 따른 교류인사 수요를 조사하고, 희망자를 대상으로 별표 3의 제2호 교류인사 전입배점 기준에 따른 교류인사 순위명부(이하 "순위명부"라 한다)를 매년 12월 31일을 기준으로 별지 제2호서식에 따라 작성하여야 한다.
4) 제3항에 따른 순위명부는 인력운영의 효율성 및 긴급성을 판단하여 필요한 경우에는 인사위원회의 심의·의결을 거쳐 변경할 수 있다.
5) 제3항에 따라 조사된 교류인사 전입배점 순위는 공개하고 그 결과를 전보에 반영하여야 한다.

(8) 교류인사 대상의 제한

1) 다음 각 호의 어느 하나에 해당되는 사람은 교류인사 대상에서 제외한다.
   가) 「경찰공무원 승진임용 규정」 제6조제1항 또는 「공무원임용령」 제32조제1항 각 호의 어느 하나에 해당하는 사람
   나) 다른 부처 파견 또는 해외교육 중에 있는 사람
   다) 원소속이 아닌 지방청에서 근무 중인 사람
   라) 신규채용 당시 공고에 따라 최초 임용된 지방청에서의 전보제한 기간이 정해진 경우 그 기간이 경과하지 않은 사람
2) 해양경찰청장은 경과·직별·직렬 및 전문인력 현황 등 인사운영 여건을 고려하여 교류인사 범위를 제한할 수 있다.

(9) 순환전보 실시

1) 경감 이하 경찰공무원과 6급 이하 일반직공무원이 본청 직위에서 연속하여 근무할 수 있는 기간은 7년을 초과할 수 없다. 다만, 국외훈련·파견기간은 본청 근무기간에서 제외하고, 인력규모가 작은 직렬의 일반직공무원에 대해서는 필요한 경우 인사위원회 심의·의결을 거쳐 기간을 조정할 수 있다.
2) 소속기관의 경감 이하 경찰공무원이 근무지별로 연속하여 근무할 수 있는 기간은 원칙적으로 다음 각 호에 따른 기간을 초과할 수 없다.
   가) 함정 : 2년
   나) 파출소 : 2년
   다) 사무실 : 4년
3) 연속 근무기간을 산정함에 있어서는 그 소속기관의 변경에 관계없이 파출소, 함정 또는 사무실 근무의 연속 여부를 기준으로 계산한다. 다만, 소속기관장은 해상근무와 육상근무의 인원비율 등 인사운영 여건에 따라 연속 근무기간 산정에 관한 지침을 별도로 정할 수 있다.

(10) 신규채용 경찰공무원 순환근무

1) 제38조제2항에도 불구하고 신규채용된 경찰공무원은 다양한 직무수행을 통한 현장경험 축적과 전문분야 개발 등을 위해 임용된 날부터 일정기간 동안 순환근무를 하여야 한다.
2) 순환근무 기준은 다음 각 호와 같다. 이 경우 경위 이상은 함정 근무를 우선 실시한다.
   가) 경정 : 함정 1년, 육상부서 1년
   나) 경감·경위 : 함정 1년, 육상부서 2년(파출소 1년 이상 포함)
   다) 경사 이하 : 함정 및 육상부서 각 1년 이상(임용된 날부터 3년 이내)
3) 순환근무 중인 경감 이하 경찰공무원은 부서장(파출소의 장을 포함한다) 직위 부여, 현장이 아닌 사무실 지원근무 및 다른 관서로의 전보 등을 할 수 없다.
4) 소속기관장은 제38조제2항 및 제39조제2항에도 불구하고 고령자 및 해양경찰청장이 지정하는 특수임무나 전문분야 등에 해당하는 경찰공무원은 순환전보·순환근무를 하지 않을 수 있고, 해당 기관의 인력운영 여건 등을 고려하여 별도로 기준을 정하여 시행할 수 있다.

[7] 전문직위

「공무원임용령」에 따른 전문직위에 임용된 경찰공무원을 3년의 범위에서 해양경찰청장이 정하는 기간 동안 해당 직위에서 근무하도록 하는 전문직위 제도를 도입한다.

(1) 전문직위의 지정

1) 「공무원임용령」 제43조의3에 따라 해양경찰청장은 전문성이 특히 요구되는 다음 각 호의 직위를 전문직위로 지정·관리할 수 있다.
   가) 기능별 핵심업무 중 장기간의 직무경험 또는 특수한 전문성이 요구되어 장기근무가 필요한 직위
   나) 기능별로 중요도가 높지만 기피되고 있는 업무로서 전문성 제고가 필요한 직위
   다) 대외적인 협상·교류·협력에 관한 업무를 주로 담당하는 직위
   라) 외국제도연구·외자구매·해외기술 도입 등 업무수행에 외국어 구사능력이 반드시 필요한 직위
   마) 그 밖에 해양경찰청장이 전문성이 특히 필요하다고 인정하는 직위
2) 해양경찰청장은 전문직위별로 경력·교육훈련·자격증·어학능력 등 필요한 직무수행요건(별지 제3호서식)을 정하여야 한다.

(2) 전문직위 전문관의 선발 및 관리

1) 해양경찰청장은 해당 전문직위의 직무수행요건을 갖춘 사람을 전문직위 전문관으로 선발하여 전문직위에 보직하여야 한다. 다만, 대상인원의 과다 등 불가피한 사유가 있는 경우에는 선발 권한을 소속기관의 장에게 위임할 수 있다.
2) 제1항의 전문직위 전문관은 직위공모, 면접 등의 방법으로 선발한다.
3) 전문직위 전문관이 해당 전문직위에 근무하지 않게 된 경우에는 전문직위 전문관의 지위를 상실한다.
4) 전문직위 전문관에 대해서는 관련분야에 대한 해외훈련·파견·세미나 참석 등 능력개발을 위한 훈련을 적극 실시하여야 한다.
5) 전문직위에서 전보제한 기간을 경과하여 재직한 전문직위 전문관을 전보하는 경우에는 특별한 사정이 없으면 해당 전문직위 전문관이 희망하는 직위를 고려하여 보직하여야 한다. 다만, 전보권자는 전문가로서의 성장가능성 등을 고려하여 해당 전문직위 전문관을 다른 직위로 전보하지 않을 수 있다.

(3) 전문직위수당 등 지급

해양경찰청장은 전문직위 전문관으로 선발되어 전문직위에서 근무 중인 공무원에 대하여 「공무원수당 등에 관한 규정」에 따라 예산의 범위에서 전문직위수당 등을 지급하며, 전문직위수당을 지급하는 경우 직무수행요건이 동일한 전문직위 간의 승진, 전보 시 근무기간은 통합하여 산정한다.

(4) 전문직위 운영에 관한 세부기준의 수립

전문직위 지정, 직위별 직무수행요건 및 수당지급기준 등에 대해서는 해양경찰청장이 정한 자체 기준에 따르고, 전문직위로 선발되거나 해제된 공무원에게는 이를 통보하고, 인사기록카드에 그 내용을 기재한다. 직제개폐 등에 따라 전문직위 변경이 필요한 경우 해양경찰청장은 신속히 전문직위 및 직무수행요건 등을 다시 지정하여야 한다.

[8] 직별

(1) 직별 부여

경찰공무원에 대하여 다음 각 호의 경과별로 직별을 부여한다.

1) 해양경과 및 수사경과 : 항해, 기관 또는 행정 직별
2) 항공경과 : 조종, 정비, 관제 또는 전탐 직별
3) 정보통신경과 : 통신 또는 전산 직별
4) 특임경과 : 구조, 구급 또는 특공 직별

(2) 직별에 따른 직무

1) 해양경과

해양경과의 직별에 따른 직무는 「해양경찰청 소속 경찰공무원임용령 시행규칙」 제20조제1호(홍보·기획·국제협력·감사·운영지원·경비·해상안전·수색구조·수상레저·정보·장비기술·해양오염방제 또는 그 밖의 직무로서 수사경과, 항공경과, 정보통신경과 및 특임경과에 속하지 아니하는 직무)를 포함하여 다음 각 호와 같다.

가) 항해 : 함정 운항 등 항해 관련 직무
나) 기관 : 함정 기관운용·정비 등 기관 관련 직무
다) 행정 : 항해·기관 직별 이외 정보·교수 등 행정 관련 직무

2) 수사경과

수사경과의 직별에 따른 직무는 「해양경찰청 소속 경찰공무원임용령 시행규칙」 제20조제1의2호(범죄수사에 관한 직무)를 포함하여 다음 각 호와 같다.

가) 항해 : 제1항제1호에 따른 직무

나) 기관 : 제1항제2호에 따른 직무

다) 행정 : 항해·기관 직별 이외 행정 관련 직무

3) 항공경과

항공경과의 직별에 따른 직무는 「해양경찰청 소속 경찰공무원임용령 시행규칙」 제20조제2호(경찰항공기의 운영·관리에 관한 직무)를 포함하여 다음 각 호와 같다.

가) 조종 : 항공기 운항 등 조종 관련 직무

나) 정비 : 항공기 정비 관련 직무

다) 관제 : 항공 관제 관련 직무

라) 전탐 : 항공기 운항의 전탐 관련 직무

4) 정보통신경과

정보통신경과의 직별에 따른 직무는 「해양경찰청 소속 경찰공무원임용령 시행규칙」 제20조제3호(경찰정보통신의 운영·관리에 관한 직무)를 포함하여 다음 각 호와 같다.

가) 통신 : 정보통신 운영·관리 및 그 밖의 정보통신 관련 직무

나) 전산 : 정보화 시스템의 운영·관리 및 그 밖의 정보화 관련 직무

5) 특임경과

특임경과의 직별에 따른 직무는 「해양경찰청 소속 경찰공무원임용령 시행규칙」 제20조제4호(잠수·특공대 또는 응급구조에 관한 직무)를 포함하여 다음 각 호와 같다.

가) 구조 : 해상인명구조, 수색구조 및 해상대테러활동 지원 등의 특수임무활동에 필요한 직무

나) 구급 : 응급환자 처치 등 구호·구급활동에 필요한 직무

다) 특공 : 해상대테러, 폭발물 탐색·처리 및 해난구조 업무 지원 등의 특수임무활동에 필요한 직무

(3) 직별 부여 기준

1) 경찰공무원에게 직별을 부여(직별 변경을 포함한다)하는 경우 다음 각 호의 사항을 기

준으로 한다.

가) 채용분야

나) 관련 분야의 자격증 소지 유무

다) 관련 분야 학교의 졸업·수료 등 여부

라) 관련 분야의 경력 유무

마) 신임교육과정에서 수료한 직별 교육

2) 직별을 부여하면 필요한 직별 인원수보다 많거나 부족하게 되는 경우에는 개인별 적성 등을 고려하여 직권으로 직별을 부여한다.

3) 「해양경찰청 소속 경찰공무원임용령 시행규칙」제28조에 따라 전과하는 경우에도 제1항에 따라 직별을 부여한다.

4) 해양경과 및 수사경과 상호간 전과하는 경우에는 이전 경과에서 부여된 직별은 전과하려는 경과에서 부여된 직별로 본다. 이 경우 제48조제2항은 적용하지 않는다.

(4) 직별 변경

1) 경과를 변경함이 없이 해당 경과에서의 직별 변경은 인력수급 사정을 고려하여 변경신청, 변경방법 및 변경절차 등에 관한 세부계획을 수립하여 시행한다.

2) 직별 변경은 자격 및 변경될 직별의 직무수행 능력 등을 종합적으로 검토하여 인사위원회의 심의·의결을 거쳐 결정한다.

3) 직별 변경이 확정된 경찰공무원에 대한 보직 및 실무수습 등과 관련된 세부사항은 따로 정한다.

[9] 모성 보호 및 일·가정 양립 지원

(1) 기본원칙

1) 해양경찰청장 및 소속기관장은 인사운영에서 남녀의 평등한 기회와 대우를 보장하고 모성 보호와 소속공무원등의 일과 가정의 양립을 적극적으로 지원하여야 한다.

2) 일과 가정이 양립할 수 있는 근무여건 조성을 위하여 공무원이 출산휴가와 육아휴직을 활용할 수 있도록 대체인력 확보에 노력하여야 하고, 출산휴가 등을 마치고 복귀한 공무원이 업무에 잘 적응할 수 있도록 배려하여야 한다.

3) 임신이나 출산휴가 등을 이유로 해당 공무원에 대하여 정당한 이유 없이 보직, 승진 및 평가 등에서 인사상 불리한 처우를 해서는 안 된다.

(2) 모성보호 등

1) 해양경찰청장 및 소속기관장은 임신 중이거나 출산 후 1년이 지나지 않은 공무원(이하 "임산부"라 한다)에 대하여 다음 각 호에 따라 건강상 위험이 발생할 우려가 있는 업무나 부서 등에 종사하지 않도록 보직 부여에 유의하여야 한다.
   가) 임산부는 함정근무, 야간근무 및 출퇴근 시간이 과도하게 소요되는 원거리 근무에서 제외된다. 다만, 함정근무는 출산 후 2년까지 제외할 수 있다.
   나) 임신 중인 공무원은 변사사건 관련 업무, 인체에 유해한 물질을 처리하는 업무 등 보건·환경상 또는 도덕상 유해하거나 위험한 업무에서 제외된다.
2) 제1항에도 불구하고 본인이 희망하고 해당 기관의 인력운영 사정이나 해당 공무원의 건강 등에 미치는 영향 등을 고려하여 필요하다고 인정할 경우 제외하지 않을 수 있다.
3) 여성 공무원 중 만 18세 이하 자녀를 3명 이상 둔 경우에는 해당 소속기관의 인사위원회 심의·의결을 거쳐 함정근무에서 제외할 수 있다.
4) 부부공무원(해양경찰청 소속 공무원으로 한정한다. 이하 같다)이 분리되어 각기 다른 지역에서 근무하면서 여성이 육아를 담당하는 경우에는 제3항과 같이 함정근무에서 제외할 수 있다.

(3) 여성 경찰공무원 보직관리

1) 순환근무가 종료된 경감 이하의 여성 경찰공무원은 근무지별로 연속하여 근무할 수 있는 기간은 원칙적으로 다음 각 호에 따른 기간을 초과할 수 없다.
   가) 함정 : 1년
   나) 육상부서 : 6년(사무실 4년, 파출소 2년)을 준수하되, 관서별 인원비율 등 인사운영 여건에 따라 별도의 기준을 정할 수 있다.
2) 경찰서장은 제1항의 기준에도 불구하고 기관별 인력운영 여건에 따라 예외적으로 육상부서 근무기간 중 사무실에만 보직할 수 있다.
3) 제1항에도 불구하고 본인이 희망하는 경우에는 함정 근무기간을 2년 이상으로 연장할 수 있고, 제1항제2호에 따른 육상부서 근무 가능 기간이 도래하기 전에 함정근무를 할 수 있다.
4) 제1항의 기준에 따라 함정근무 주기가 도래한 여성 경찰공무원이 함정에 수용 가능한 인원보다 많을 경우에는 육상부서 근무기간이 오래된 순서로 함정근무자를 지정한다.
5) 여성 경찰공무원이 육아휴직(출산휴가와 육아휴직을 연속하여 사용하는 경우에는 출산

휴가 기간도 포함)을 실시한 경우에는 해당 기간을 함정 및 육상부서 근무기간 산정시 제외한다.

6) 제1항 및 제39조제2항은 해당 기관에 여성 경찰공무원 생활시설이 있는 함정이 없을 경우에는 적용하지 않을 수 있다.

(4) 해상근무 적립제도

경찰서장은 여성 경찰공무원이 본인의 희망에 따라 함정근무 연장을 신청하여 2년 이상 연속하여 함정근무를 하였거나, 최근 5년 내에 3년 이상 함정근무를 하였을 경우에는 육상부서 근무 가능기간을 1년 연장하여 운영할 수 있다.

(5) 여성 경찰공무원 인사관리

1) 여성 경찰공무원의 수가 여성 가용정원의 10퍼센트 이상이 되도록 신규 채용인원 산정 등 인사관리에 노력하여야 한다.
2) 특수한 임무를 수행하거나 1인이 근무하는 부서 등을 제외한 육상부서와 여성 경찰공무원을 위한 생활공간이 있는 경비함정의 정원을 여성 가용정원으로 산정할 수 있다.
3) 인력 현황을 고려하여 필요한 경우 채용공고 시 여성과 남성을 구분하여 모집할 수 있다.

(6) 부부공무원 인사관리

1) 해양경찰청장은 정기전보시 본청 전입 및 희망하지 않았음에도 다른 지방청으로 전보되는 부부공무원이 동일 지역에서 근무하기를 희망하는 경우에는 인사위원회 심의·의결을 거쳐 결원 관서로 전보할 수 있다. 다만, 신규채용 당시 공고에 따라 최초 임용된 지방청에서의 전보제한 기간이 정해진 사람은 그 기간이 경과하지 않은 경우에는 제외한다.
2) 경찰서장은 부부공무원이 순환전보 주기에 따라 동시에 함정근무를 하게 되었을 경우에는 육아가 가능하도록 부부공무원 중 1명의 함정근무 주기를 인사위원회 심의·의결을 거쳐 조정할 수 있다.

(7) 인사상담관제도

1) 해양경찰청 및 소속기관장은 여성 공무원의 인사상담을 위하여 인사담당 계장 또는 과장을 인사상담관으로 운영한다.

2) 인사상담관은 상담 후 인사조치가 필요한 경우에는 해당 기관장에게 보고하여 신속한 인사조치가 이루어질 수 있도록 하고 그 결과를 상담요구자에게 통보한다.

(8) 인사상 특례

1) 경감 이하 경찰공무원 및 6급 이하 일반직공무원 중 만 18세 이하 자녀를 3명 이상 둔 사람은 본인이 희망하지 않으면 현재 관서의 전입일로부터 10년 이내에는 다른 지방청으로 전보할 수 없다.
2) 공무원이 「한부모가족지원법」에 따른 한부모가족에 해당하는 경우 만 18세 이하 자녀를 양육하는 동안에는 그 생활안정 도모를 위해 본인이 희망하지 않으면 다른 지역으로 전보할 수 없고, 해당 소속기관의 인사위원회 심의·의결을 거쳐 함정근무에서 제외할 수 있다.

[10] 인사감사

(1) 감사계획 수립

1) 해양경찰청장은 소속기관의 인사운영 실태를 점검하기 위하여 연 1회 인사감사(이하 "감사"라 한다)를 실시할 수 있다.
2) 감사 계획에는 감사 대상 소속기관(이하 "피감사기관"이라 한다), 감사 일정, 감사반 편성 및 임무, 주요 감사 사항 등이 포함되어야 한다.

(2) 감사의 범위

1) 임용
2) 시험
3) 근무성적 평정
4) 경력 평정
5) 승진후보자 명부 작성
6) 보수, 호봉
7) 징계
8) 신분보장
9) 복무
10) 교육훈련

11) 그 밖에 인사행정의 실태 파악과 정책 수립에 필요한 사항

(3) 감사 일정 통보

해양경찰청장은 피감사기관의 장에게 감사 시작 10일 전까지 감사 일정을 통보하여야 하고, 감사 일정을 통보받은 피감사기관의 장이 불가피한 사정으로 감사 일정의 변경을 요청하는 경우 소속기관별 감사 일정 등을 고려하여 이를 조정할 수 있다.

(4) 감사 자료의 제출 요구

1) 해양경찰청장은 피감사기관의 장에게 감사에 필요한 기초 자료의 제출을 요구하여 사전 검토를 실시할 수 있다.
2) 피감사기관의 장은 제1항에 따른 감사 자료의 제출 요구가 있으면 감사 시작 7일 전까지 이를 제출하여야 한다. 다만, 제60조제2항에 따라 감사 일정이 변경된 경우에는 제출 기한을 조정할 수 있다.

(5) 감사방법

1) 감사는 원칙적으로 피감사기관에 출장하여 실시하는 현장감사를 원칙으로 한다. 다만, 부득이한 사정이 있는 경우에는 서면감사로 대체할 수 있다.
2) 감사 실시 과정에서 사실관계를 입증하는 데 필요한 경우에는 관계 서류를 복사하거나 별도의 서식으로 자료를 작성·제출하도록 할 수 있다.
3) 제출받은 서류 및 자료에는 업무담당자의 확인을 받아야 하며 그 출처를 기재하여야 한다.
4) 업무담당자가 팩스 송부 또는 전자우편 등의 방법으로 제출한 서류 및 자료도 제2항에 따라 제출받은 것과 같은 효력을 가진다.

(6) 감사 결과 보고

1) 인사담당과장은 특별한 사정이 없으면 감사를 종료한 후 60일 이내에 그 결과를 해양경찰청장에게 보고하여야 한다.
2) 해양경찰청장은 제1항의 감사 결과 부적절한 인사운영 사례가 있을 경우 그 시정을 명할 수 있다.

3) 제2항의 시정명령을 받은 소속기관의 장은 지체 없이 이를 시정하여 그 결과를 해양경찰청장에게 보고하여야 한다.

(7) 비밀유지

감사에 임한 사람은 감사 사무 수행 중에 알게 된 비밀을 누설해서는 안 된다.

[11] 인사기록관리 등

1) 해양경찰청장 및 소속기관장은 소속 공무원의 인사기록을 전산으로 작성·유지·보관할 수 있다. 인사기록의 전산관리는 「공무원 인사기록·통계 및 인사사무 처리 규정」 제6조제3호에 따른 전자인사관리시스템(e-사람)을 이용한다.
2) 해양경찰청장 및 소속기관장은 인사업무의 수행 등을 위하여 필요한 경우 전자인사관리시스템에 보관되어 있는 공무원의 인사기록을 출력하여 이용할 수 있다.
3) 말소된 징계처분 등을 이유로 다른 법령에 근거 없이 승진, 근무성적 평정 등 인사관리에 있어 불리한 처우를 해서는 안 된다.

3장 재무관리론

1 경찰예산관리

재무관리 분야는 조직 및 인사관리와 더불어 관리 분야의 중요한 주제로 논의되고 있다. 하지만, 해양경찰을 비롯한 공공조직에서의 재무관리는 오랫동안 그 중요성이 과소평가되어 왔다. 하지만 예산의 흐름과 관리는 해양경찰활동의 생명선이다. 아무리 근사한 정책도 적절한 자금 제공이 이루어지지 않으면 무용지물이 되기 때문이다 (김상호, 2015: 233).

[1] 예산의 개념

예산이란 일정기간 내에 있어서 국가의 수입과 지출의 예정적 계획을 말한다. 국가의 주요 정책이나 사업계획은 예산을 통하여 구체화되고 실제행동에 옮겨지게 된다. 예산은 국가의 정책이념이나 사업계획을 구체화하는 일련의 계획과정이라 할 수 있다. 예산을 통한 재정활동은 그 규모의 방대성과 기능의 다양성으로 말미암아 국민경제 전체에 대하여 커다란 영향을 미치게 된다.

예산은 항상 국민의 조세부담을 전제로 편성·운영되며 한정된 재원을 가지고 사회 각 부문의 공공욕구를 우선순위에 따라 골고루 배분시켜야 하기 때문에 각 부문의 재정수요에 비하여 재원은 항상 미흡한 상태에 있게 된다. 또한 국민이 납부한 세금이 어느 부문에 어떻게 쓰이느냐 하는 것은 국민의 큰 관심사가 되고 있어서 국민의 이해와 설득을 필요로 하게 된다. 경찰예산관리는 국민이 부담하는 조세의 효율적 활용과 낭비의 제거 및 경찰활동을 뒷받침하는 재원동원과 경찰활동에 대한 재정적 지원을 효과적으로 수행하는 활동이다.

[2] 경찰예산의 기능

경찰예산은 국민의 세 부담을 전제로 하여 적정 재원을 동원하고 동원된 재원의 배분을 통하여 경찰의 범죄예방과 수사 등 범죄에 대처하는 경찰활동을 조장하고 유도하는 역할을 한다. 한편 경찰의 보수, 교육훈련, 물적 시설제공, 근무환경 개선 등 기본 수요를 충족시켜 나감으로써 범죄에 대한 대응력을 높이면서 궁극적으로는 국민생활의 안정과 질서유지를 지원하게 된다.

경찰예산 관리자는 경찰활동을 위한 재원의 확보는 물론이고 배정된 예산의 효율적인 배분과 조정을 통하여 재정지출의 생산성을 최대한 높여야 한다. 나아가 세금을 부담하고 있는 국민으로부터 예산운용에 있어서 공정하고 능률적이라는 신뢰와 지지를 얻어야 할 것이다.

[3] 예산의 제도

예산은 국가 활동의 예정계획을 금액으로 나타내는 것으로 효율적 사용이 이루어질 수 있도록 계획·조정하고 통제할 필요가 있다. 예산편성 및 집행에 있어서 합리적이고 이상과 현실을 조화시킬 수 있는 기준과 절차를 모색하려는 것이 예산제도다.

대표적인 예산제도는 품목별예산, 성과주의예산, 계획예산, 영점기준예산 등이 있다. 예산제도는 초기에는 단순한 품목별 예산제도에 의존하다가 점차 이 제도에서 탈피하여 사업에 대한 성과를 연결할 수 있는 성과주의 예산제도로, 계획과 예산의 연계를 이룰 수 있는 계획예산제도로, 그리고 모든 것을 영점으로부터 출발하여 다시 예산을 편성한다는 영점기준예산제도 등으로 변천해 왔다. 최근에 영점기준예산제도가 한때 유행했었으나 실무상 적용이 쉽지 않아 예산제도로서 정착되지 못하고 있다.

(1) 품목별예산제도

품목별예산제도(Line-Item Budget System)란 예산을 품목별로 분류하는 방식으로서 행정책임의 소재와 회계책임에 대한 감독부서 및 국회의 통제가 용이하도록 하기 위한 제도이다. 즉 이제도는 예산집행의 낭비와 부당집행 방지를 위해서 예산을 품목별로 구체적으로 명시하여 그 집행결과를 결산으로 확인하려는 제도이다. 현재 경찰예산도 품목별예산제도에 따른 것이라고 할 수 있다. 이 제도는 경비주체 및 집행이 품목별로 표시되어 작성이 용이하고 회계집행내용 및 책임소재가 명확해진다는 장점이 있는 반면에 다음과 같은 문제점이 나타날 수 있다.

1) 계획과 지출이 일치하지 않은 경우가 많다. 계획을 효과적으로 수행하려면 계획과 지출이 밀접한 관계를 가져야 하는데 품목별예산제도는 기존의 조직과 활동 때문에 제정구조의 경직화를 초래하는 경향이 있어 계획에 맞도록 지출하기에 어려움이 있다.
2) 기능의 중복을 피할 수 없다. 즉 조직별로 일을 추진할 때에는 사업활동이 중복될 가능

성이 많으므로 사업의 효율적 추진 및 타 사업과의 연계성에 문제점이 있다.

3) 의사결정을 위한 충분한 자료를 제시하지 못한다. 의사결정의 기준은 자원의 효율적 이용인데 품목별예산제도는 지출만을 문제 삼기 때문에 효율성을 따지기에는 문제점이 많다.

(2) 성과주의 예산제도

성과주의예산제도(Performance Budget System)는 종래의 품목별 예산제도를 보완하기 위하여 하나의 전기를 마련해준 제도이다. 성과주의예산제도는 경비지출에 의한 성과와 실적에 그 역점을 두고 있다. 즉, 경비를 지출하기 위한 사업이나 기능에 대하여 그 사업이나 기능을 수행하기 위하여 어느 정도의 예산이 소요되는지를 명백하게 나타내기 위한 예산제도이다.

성과주의예산제도는 사업수행 성과와 그 책임을 명백히 하는 예산제도로서 ①예산과목을 사업별, 활동별로 분류하여 편성하고 ② 목표달성에 적절한 경비를 계산할 수 있도록 사전에 사업별, 활동별로 업무량을 측정하고 업무단위당의 원가를 산출하며 ③ 정부계획의 성과 및 그 수행에 상태를 미리 설정된 성과표준에 의하여 분석·평가한다.

1) 장점

국민의 입장에서 볼 때 예산을 통하여 경찰의 활동을 쉽게 이해할 수 있고, 예산편성에 있어서 자원배분을 합리화 할 수 있으며 예산의 집행에 있어서도 신축성을 부여할 수 있다.

정부정책이나 계획수립을 용이하게 할 뿐 아니라 입법부의 예산 심의를 간편케 하는 장점이 있다. 또한 예산집행 결과에 대한 평가를 통하여 해당 부서의 업무능률을 측정할 수 있으며 다음 연도의 예산에 반영할 수 있다.

2) 단점

업무측정단위 선정의 어려운 문제와 단위 원가를 계산하는데 어려움이 있다. 투자사업 등에 소요되는 예산에는 적용이 용이하나 공무원의 봉급 등 인건비에 들어가는 행정 기본경비에 대해서는 적용이 어려운 점이 있다.

(3) 계획예산제도(PPB)

계획예산제도(Planning Programming Budgeting)는 상당히 혁신적인 개념으로 종래의 관리중심의 예산기능을 지양하고 상대적으로 경시되어 왔던 예산편성에 있어서의 계획기능을 중시하는 예산제도이다. 이는 일명 프로그램 예산이라고도 한다. 계획예산제도는 한마디로 정책결정자의 욕구를 충족시키기 위한 제도이다. 재정에 대한 수요는 많고 이를 뒷받침해 줄 수 있는 재원은 한정된 상태에서 예산을 편성하자면 최소의 비용으로 최대의 정책효과를 거둘 수 있는 사업에 재원이 할당되어야 하는데 이러한 과제를 계획예산제도가 충족시킬 수 있다는 것이다.

장점은 예산의 기획과 통합, 자원배분의 합리화 등이다. 단점은 예산편성의 집권화로 의회의 통제기능이 약화되고, 계량화가 불가능한 경우 적용가치가 저하된다는 점이다.

(4) 영점기준예산제도 (ZBB)

영점기준예산제도(Zero-Base Budgeting)는 예산 편성을 할 때 전년도 예산을 기준으로 하여 점증적으로 예산액을 책정하는 폐단을 시정하려는 데서 나온 예산제도로서 전년도 예산대비 개념을 탈피하기 위하여 전년도와 유사한 사업이라도 그 사업의 수행목적, 수행방법, 수행효과, 소요경비 등을 새로 사업을 시작하는 수준 즉, 영의 수준에서 판단하여 우선순위를 새롭게 결정하고 그에 따라 예산을 책정하는 방법을 의미한다. 우선순위를 매년 새로 결정하므로 사업의 필요성이 적은 것은 이제까지 계속되어 오던 것이라도 중단하고 더 필요한 사업에 자원을 집중하여 배정하게 된다. 따라서 사업의 무계획성과 비효율성을 줄이는 획기적인 예산제도라고 할 수 있다.

영점기준예산제도는 종래의 점증주의적 예산편성 방식과 비교할 때 자원의 효율적 배분과 예산의 합리적 소멸에 기여하고, 그 원리가 일선담당자로부터 상부로 올라가면서 의사결정이 이루어지게 되어 있어 지금까지 예산결정과정에서 도외시되었던 실무계층의 참여를 증대시키는 장점을 갖는다.

그러나 이러한 영점기준예산제도를 적용하는데 있어서의 어려움 또한 적지 않다. 우선 제도상으로서 ZBB의 핵심이라 할 수 있는 우선순위의 결정에 많은 어려움이 있다. 정치적으로 인기 있는 사업은 우선순위가 낮아도 채택될 확률이 많기 때문에 정치적인 흥정에 의해서 결정될 수 가 있다. 그리고 그 우선순위가 어떤 한 가지 측면에 따라 고려되어 결정되었을 경우에 다른 상반된 요인의 고려가 요구될 경우 우선순위가 바뀔 수도 있으므로 절대적인 기준이 되기 어렵다.

(5) 프로그램 예산

프로그램 예산(program budget)은 프로그램을 통해 정책과 예산을 연계하는 예산구조를 의미한다. 다시 말해, 예산의 계획·편성·배정·집행·결산·평가·환류의 전 과정을 프로그램 중심으로 구조화하고 그것을 성과평가체계와 연계시켜 성과를 관리하는 예산기법을 일컫는다 (김상호, 2015: 256).

(6) 일몰법

일몰법(sun-set law)이란 특정 행정기관이나 사업이 일정기간이 지나면 의무적·자동적으로 폐지되게 하는 법률적 방법이다(남재성·이정덕, 2013: 239).

(7) 자본예산

정부 예산을 경상지출과 자본지출로 구분하고 경상지출은 경상수입으로 충당시켜 균형을 이루도록 하지만, 자본지출은 적자재정과 공채발행으로 그 수입에 충당케 함으로써 불균형 예산을 편성하는 제도이다(신현기 외, 2011: 305-308).

2 경찰예산의 분류

일반적으로 국가의 회계는 재정 전반을 일목요연하게 알 수 있도록 하는 것이 바람직하다. 이에 따라 회계방법은 단일회계주의(單一會計主義)를 채택하고, 이에 수반하여 예산면에서 총계예산주의(總計豫算主義)를 원칙으로 하고 있다. 이것은 재정상태의 파악, 수입과 지출의 조정 등을 용이하게 하고, 건전재정의 유지에 적합하기 때문이다. 그러나 행정활동의 비대화와 다양화·복잡화로 국가의 예산규모가 커지고 있어, 일반 행정과 성질이 다른 기업적 성격의 사업은 그 책임의 소재를 명확히 하고, 예산집행의 탄력성을 높이기 위하여 일반회계와 구분하여 특별회계를 운영하고 있다.

[1] 일반회계와 특별회계

(1) 일반회계

일반회계는 중앙정부 예산의 중심회계로서 치안, 사법, 국토방위 등 국가의 안녕과 질서유지를 위한 기본적인 기능은 물론 교육, 주택, 사회보장, 보건의료 등의 사회개발과 농수산개발, 국토자원 보존개발, 수송, 전력 및 동력, 과학기술 등의 경제개발사업이 거의 모두 일반회계를 통하여 이루어지고 있다. 경찰예산의 대부분은 이 일반회계에 속한다.

(2) 특별회계

국가재정법 제4조는 다음과 같은 경우 일반회계와 구분하여 별도의 특별회계를 설치 운영할 수 있는 근거를 두고 있다. 특별회계는 ① 국가에서 특정한 목적의 사업을 운영하고자 할 때, ② 특정한 자금을 보유하여 운용하고자 할 때, ③ 기타 특정한 세입으로 특정한 세출에 충당함으로써 일반회계와 구분하여 계리할 필요가 있을 때에 법률로서 설치하는 회계를 말한다.

[2] 예산의 성립과정에 의한 분류

(1) 본예산

본예산은 당초에 국회의 의결을 얻어 확정 성립된 예산을 말한다. 정부는 회계연도마다 예산안을 편성하여 회계연도 개시 90일 전까지 국회에 제출하고, 국회는 이를 회계연도 개시 30일 전까지 의결하여야 한다.

(2) 수정예산

수정예산은 정부가 예산안을 국회에 제출한 이후 성립·확정되기 전에 국제정세나 국내외의 여건의 변동으로 예산안의 일부 내용을 변경하여 다시 국회에 제출한 예산을 말한다. 수정예산은 예산금액의 감소, 예산목적이나 예산총칙의 변경 등 예산전반에 걸친 수정을 가져올 수 있으나, 예산금액의 합계를 증가시킬 수는 없다(조철옥, 2012: 388).

(3) 추가경정예산

추가경정예산은 예산 성립 후에 생긴 이유로 인하여 필요한 경비의 부족이 생길 때 본예산에 추가 또는 변경을 가한 예산을 말한다. 수정예산은 예산안을 국회에 제출한 후 국회의 심의·확정 전에 내용을 수정하는 예산인데 반해 추가경정예산은 예산 성립 후에 생긴 사유로 예산금액을 추가 또는 변경시킨다는 점에서 다르다.

(4) 준예산

헌법 제54조 제3항은 새로운 회계연도가 개시될 때 까지 예산안이 성립되지 못할 경우 정부는 국회에서 예산안이 의결·확정될 때 까지 헌법이나 법률에 의하여 설치된 기관 또는 시설의 유지·운영과 법률상 지출의무의 이행, 그리고 이미 예산으로 승인된 사업을 계속하기 위한 경비는 전년도 예산에 준하여 집행할 수 있도록 규정하고 있는데 이를 준예산이라고 한다.

3 경찰예산의 편성과 집행

[1] 예산편성 과정

중기사업 계획서 제출	⇒	예산안편성지침 통보	⇒	예산요구서 제출	⇒	예산안의 편성	⇒	국무회의 심의	⇒	예산안 국회의결

(1) 1단계 : 사업계획서의 제출

중앙관서의 장은 매년 1월 31일까지 당해 회계연도부터 5회계연도 이상의 기간 동안의 신규사업 및 기획재정부장관이 정하는 주요 계속사업에 대한 중기사업계획서를 기획재정부장관에게 제출한다.

(2) 2단계 : 예산안편성지침 및 지출한도 통보

기획재정부장관은 국무회의 심의를 거처 대통령의 승인을 얻은 다음 연도의 예산편성지침을 매년 4월 30일까지 각 중앙관서의 장에게 통보한다.

1) 예산안편성지침

예산안편성지침(일반지침과 사업별·비목별 기본지침), 예산 요구 양식, 세입세출예산 과목 구분 및 기준단가(봉급, 상여금, 기타직 보수, 수당, 급량비, 여비, 기관운영경비, 시설부대경비 등)

2) 지출한도

단연도 예산편성방식에서 재정당국이 경제사회 여건변화와 국가발전전략에 입각한 5개년 국가재정운영계획에 근거하여 연도별 재정 규모, 분야별·중앙관서별·부문별 지출한도를 제시하여 정책과 우선순위에 입각한 전략적 재원배분을 목적으로 예산총액배분 자율편성제도(Top-down제도)를 도입하여 그 한도 내에서 각 부처가 예산을 자율적으로 편성한다.

(3) 3단계 : 예산요구서의 제출

각 중앙관서의 장은 예산편성지침에 따라 다음 연도의 세입·세출예산·계속비·명시이월비 및 국고채무부담행위 요구서를 작성 매년 6월 30일까지 기획재정부 장관에게 제출해야 한다.

(4) 4단계 : 예산안의 국회제출 및 의결

정부는 대통령의 승인을 얻은 예산안을 회계연도 개시 90일 전까지 국회에 제출하고, 국회는 회계연도 개시 30일 전까지 이를 의결하여야 한다.

(5) 5단계 : 국회심의, 의결

예산안의 심의를 위한 국회가 개회되고 예산안의 종합심사를 위해 예산결산특별위원회가 구성되고 여기서의 종합심사를 거쳐 국회 본회의의 의결을 거친다. 국회는 정부의 동의 없이 정부가 제출한 지출예산 각 항의 금액을 증가하거나 새 비목(費目)을 설치하지 못하며, 회계연도 개시 30일 전까지 예산을 의결해야 한다(남재성·이정덕, 2013: 235).

(6) 6단계 : 대통령의 예산 공포

예산이 국회에서 심의·확정되어 정부에 이송된 경우에는 대통령은 그 예산을 공포한다. 대통령은 예산에 대한 국회의 의결에 대해서는 거부권을 행사할 수 없다.

[2] 경찰예산의 집행

예산의 집행이란 국회에서 의결·확정된 예산에 따라 재원을 조달하고 경비를 지출하는 재정활동을 의미한다. 정부는 세출예산을 집행할 때 원칙적으로 표시된 목적과 금액의 한도 내에서 지출을 하여야 하며, 세입예산의 집행에 있어서도 법률에 정하여진 세율 및 징수방식을 엄격히 준수하여야 한다. 예산이 국회에서 성립되면 해양경찰청장은 사업운영계획 및 이에 의한 세입·세출예산, 계속비와 국고채무부담행위를 포함한 예산배정요구서를 기획재정부장관에게 제출하여야 한다. 기획재정부장관은 예산배정요구서와 기획재정부장관이 작성한 월별 자금계획에 의하여 분기별 예산배정계획을 작성하고 이를 국무회의의 심의를 거쳐 대통령의 승인을 얻어야 한다. 예산배정은 위의 배정계획을 토대로 하여 기획재정부장관이 하게 된다.

이와 같이 예산집행은 예산의 배정으로 시작된다. 현행 예산회계제도에 의하면 각종 정부 예산사업의 수행과 경비지출을 위한 지출원인행위(대부분 계약형태)는 배정된 예산의 범위 내에서 하도록 되어 있다. 따라서 국회를 통과하여 예산이 확정되었더라도 해당예산이 배정되지 않은 상태에서는 지출원인행위를 할 수 없다.

(1) 예산의 배정

실제 사업시행 부서가 조달청에 계약을 의뢰할 때는 예산이 배정되어 있거나 배정잔액이 남아 있음을 확인하기 위해 예산 배정서를 첨부하도록 하고 있다. 이와 같은 예산의 배정은 국가의 예산을 회계체계에 따라 질서 있게 집행하도록 하는 조정·통제기능도 한다. 기획재정부의 예산배정방법은 정기배정, 긴급배정, 조기배정, 당겨배정, 배정유보, 수시배정, 감액배정의 형태로 구분할 수 있다.

1) 정기배정

분기별 연간배정계획에 의거 정기적으로 예산을 배정하는 것을 말한다. 즉, 예산이 국회에서 의결·확정되면 해양경찰청장은 기획재정부장관에게 예산배정 요구서를 제출하여야 한다. 기획재정부장관은 예산배정요구서와 월별 자금계획에 의거 4분기별 예산배정계획을 작성하여 국무회의의 심의를 거쳐 대통령의 승인을 얻어 각 부처에 시달한다. 이와 같이 작성된 연간예산배정계획에 의거 기획재정부장관은 정기배정을 한다.

2) 긴급배정

회계연도 개시 전에 예산을 배정하는 것으로써 각 중앙관서의 장의 요구에 의해 기획재정부장관이 행하며, ① 외국에서 지급하는 경비 ② 선박에 속하는 경비 ③ 교통·통신이 불편한 지방에서 지급하는 경비 ④ 각 관서에서 필요한 부식물의 매입경비 ⑤ 정보비, 여비 ⑥ 경제정책상 조기집행을 필요로 하는 공공사업비에 한하여 적용된다. 그러나 실제운용에 있어서는 도서벽지의 인건비, 외국으로의 출항중인 선박비, 재외공관의 정보비 등의 경비에 대하여 상당히 제한적으로 적용하고 있다.

3) 조기배정

경제 정책상의 필요에 의하여 사업을 조기에 집행하고자 할 때 연간 정기배정계획 자체를 1/4 또는 2/4분기에 앞당겨 집중 배정하는 제도이다.

4) 당겨배정

사업의 실제 집행과정에서 계획의 변동이나 여건 변화로 인하여 당초의 연간 정기배정계획보다 지출원인행위를 앞당겨 할 필요가 있을 경우 해당 사업에 대한 예산을 분기별 정기배정계획에 관계없이 앞당겨 배정하는 제도이다.

5) 배정유보

정기 배정계획에 의하여 어떤 사업에 대한 분기별 배정계획이 확정되어 있다 하더라도 경제정책이나 재정운용상의 필요에 의하여 그 사업에 대한 예산배정을 유보하는 제도로써 재정운용 여건의 변동에 따라 이를 검토하여 유보를 해제하고 다시 배정할 수 있다.

6) 수시배정

예산 편성시 사업계획의 미확정이나 또는 사업시행의 점검이 필요한 사업에 대하여 분기별 정기배정에 관계없이 수시배정의 요구를 받아 해당사업의 추진상황, 문제점 등을 분석 검토한 후 예산을 배정하는 제도로서, 수시배정 대상사업은 보통 정기배정에서 제외되며 이는 예산집행관리의 수단으로 활용된다.

7) 감액배정

일단 배정된 예산에 대하여 사업계획의 변동 또는 차질이나 재정운용상의 필요에 의하여 배정을 감액하는 경우를 말한다. 이때는 이미 지출원인행위를 통하여 집행된 예산에 대하여는 사실상 감액배정이 어려우며 배정잔액에 대하여만 할 수 있다.

(2) 예산의 탄력적 집행제도

1) 예산집행의 원칙

예산을 집행함에 있어서 원칙적으로 품목별체계에 따라 예산에 정한 목적 이외에 경비를 사용하거나 각 기관 간, 각 분야, 부문, 프로그램 간에 상호 사용할 수 없다. 그러나 예산집행에 탄력성을 부여함으로써 사업계획이나 여건변화에 따른 집행의 신축성을 확보하기 위한 몇 가지 제도를 국가재정법은 인정하고 있다.

2) 예산의 탄력적 집행제도

가) 예산의 이용

예산편제의 입법과목인 분야, 부문, 프로그램간의 상호사용을 말한다. 예산 집행상의 필요에 의하여 미리 국회의 승인을 얻은 부분에 한하여 기획재정부장관의 승인을 얻어 분야, 부문, 프로그램 간에 예산금액을 상호 이용할 수 있다.

나) 예산의 전용

예산의 행정과목인 단위사업 또는 목간의 경비를 기획재정부장관의 승인을 얻어 상호 전용할 수 있다(기획재정부장관의 위임 범위 내 중앙관서의장 자율전용).

다) 예산의 이체

정부조직 등에 관한 법령의 제정, 개정 또는 폐지로 인하여 직무와 권한에 변동이 있을 때에 예산을 정부기관 간 이체하여 사용할 수 있다.

라) 예산의 이월

세출예산을 다음 연도로 넘겨서 사용하는 것을 말하며, 이에는 명시이월과 사고이월이 있다. 명시이월은 세출예산 중 연도내에 그 지출을 하지 못할 것이 예측될 때에 미리 국회의 승인을 얻어 예산을 다음 연도에 넘겨서 사용하는 것을 말하며, 사고이월은 연도 내에 지출원인행위를 하고 불가피한 사유로 인하여 연도 내에 지출하지 못한 경비와 지출원인행위를 하지 아니한 그 부대경비의 금액을 다음 연도에 이월하여 사용하는 것을 말한다. 이월은 1년도에 한하므로 한 번 사고 이월한 경비는 다시 다음 연도에 재차 이월하여 사용할 수 없다.

예산의 이용과 전용은 어떤 사업의 예산을 집행하고 남은 잔액을 사용하기 위한 것이 아니라 사업계획이나 여건변동에 따라 예산집행을 탄력적으로 운용함으로써 사업을 보다 효율적으로 추진하고 예산의 적정한 사용을 도모하기 위한 제도로서 국가재정법에 규정된 목적 외 예산사용금지원칙의 예외적인 제도라 할 수 있다. 예산을 전용하고자 할 때는 원칙적으로 기획재정부장관의 승인을 얻어야 하나, 국가재정법 제46조 제2항은 매 회계연도마다 기획재정부장관이 정하는 범위 안에서 각 단위사업 또는 목의 금액을 자체 전용할 수 있도록 하고 있다. 이와 같이 전용권을 위임한 것은 세출예산을 집행함에 있어서 주무장관의 책임 아래 사업을 보다 효율적이며 탄력적으로 운용하기 위한 조치 중의 하나이다. 자체전용권의 위임범위는 매 회계연도마다 별도로 정하여 시달하며 그 범위는 각 연도마다 조금씩 다르게 조정하고 있다.

(3) 예비비 배정과 사용

예비비의 경우 국가재정법 제22조에 예비비로서 상당하다고 인정되는 금액을 세입세출예산에 계상될 수 있도록 규정하고 있다. 이러한 예비비는 근본적으로 국가 활동을 수행함에 있어서 예측할 수 없는 불가피한 지출소요에 대비케 함으로써 예산운용의 탄력성을 부여함은 물론 국가사업의 효율적인 추진을 도모하기 위한 제도이므로 그 사용과 관리를 엄격히 하여야 하며, 세출예산에 반영되지 아니한 특정사업을 임의적으로 수행하기 위해서 또는 불요불급한 사업 등에는 사용되지 않도록 하여야 한다.

예비비는 예측할 수 없는 예산외의 지출 또는 예산초과지출에 충당하기 위하여 세입세출예산에 계상한 금액을 말하며, 일반회계 총액의 100분의 1 이내로 제한하고 있다.

4 결산 및 회계 관련 공무원의 책임

결산은 각 회계연도 중의 정부의 세입과 지출의 실적을 확정적 계수로서 표시하는 행위이다. 결산은 예산과 달리 정부활동을 규제하는 직접적이고 명백한 법적 성격을 가지진 못하나, 다만 결산이 정당한 경우에 있어서 정부의 책임을 해제시킨다는 의미를 갖게 된다. 정부의 지출소요가 예산에 의하여 국회의 사전감독을 받는 것과 마찬가지로 결산에 의하여 국회로부터 사후에 감독을 받는 것이다.

[1] 결산의 절차

결산은 예산집행이 끝난 후 각 중앙관서의 장은 매 회계연도의 자기 소관에 속하는 세입·세출결산보고서(국가재정법 제58조), 계속비 결산보고서, 국고채무부담행위명세서, 성인지 결산서, 사고이월 명세서등을 작성하여 다음 연도 2월 말일까지 기획재정부장관에게 제출하여야 한다.

기획재정부장관은 세입·세출의 결산 보고서에 의하여 세입·세출의 결산을 작성하여 국무회의의 심의를 거쳐 대통령의 승인을 얻은 후 각 중앙관서의 세입·세출 결산보고서, 계속비 결산보고서 및 국가의 채무에 관한 계산서를 첨부하여 이를 다음 연도 4월 10일까지 감사원에 제출하여야 한다. 감사원은 세입·세출결산서를 검사하고 그 보고서를 다음 연도 5월 20일까지 기획재정부장관에게 송부하여야 하며, 정부는 감사원의 감사를 거친 세입·세출결산을 회계 연도마다 다음 연도 5월 31일까지 국회에 제출하여야 한다.

[2] 회계관계 공무원의 변상책임

변상책임은 회계 관계 직원이 고의 또는 중대한 과실로 직무상 업무에 위배하여 국가에 손해를 끼친 경우에 그 손해를 배상하여야 하는 책임을 말한다. 회계 관계 직원은 그 직무상 직접 국가의 재산상 이해에 관계되는 일이 많으므로, 그 취급을 신중하게 하고자 하는 "예방적 목적"과 일단 손해가 발생한 경우에는 재산상 손해를 신속히 해결하고자 하는 "손해배상 목적"으로 「회계관계 직원등의 책임에 관한법률」을 제정하여 운용하고 있다.

변상책임의 주체는 국가재정법 등 국가의 예산 및 회계에 관계되는 사항을 정한 법령의 규정에 의하여 국가의 회계 사무를 집행하는 자, 대리자, 분임자, 또는 보조자로서 회계사무의 일부를 처리하는 자이다.

변상책임의 유형으로는 단독변상책임, 공동변상책임, 연대배상책임 등이 있다. 변상책임의 판정은 회계 관계 직원 등의 책임의 유무와 그 범위에 관한 감사원의 판정에 의하여 확정된다. 감사원으로부터 변상판정을 받은 자가 그 판정이 위법 또는 부당하다고 인정하는 때에는 본인·소속장관·감독기관의 장 또는 해당기관의 장은 변상판정서가 도달한 날로부터 3월 이내에 감사원에 재심의를 청구할 수 있다.

5 지출원인행위 및 지출과 그 특례

[1] 지출원인 행위 및 지출행위

지출원인행위는 국가의 지출의 원인이 되는 계약 또는 기타의 행위를 말한다. 즉, 지출원인행위는 지출의 원인이 되는 계약 및 이미 법령 또는 계약에 의하여 발생되어 있는 지출의무를 이행하기 위하여 세출예산에서 지출하기로 결정하는 행위를 말한다.

예산은 지출원인행위를 한 때로부터 예산을 지출할 수 있는 근거가 생긴다. 한편, 지출원인행위는 납품이나 공사의 대가를 수표나 현금으로 지출하는 지출행위와 구별되어야 한다. 지출행위는 계약체결을 한 후 자금배정을 받은 범위 내에서 국고를 지출하는 행위를 의미한다. 지출원인행위는 해양경찰 조직의 경우 해양경찰청장 또는 해양경찰청장의 위임을 받은 자, 즉 재무관으로서 경무기획과장이 할 수가 있다. 지출행위는 재무관으로부터 지출원인행위 관계서류를 송부 받고 지출을 명하는 지출관에 의해 이루어지며, 경찰서의 경우 경리계장이 담당한다. 지출관의 지출명령에 따라 현금의 지급을 행하는 집행기관을 출납기관이라고 하며 원칙적으로 한국은행이 담당하며, 예외적으로 일상경비출납공무원 등 현금을 지급할 때가 있다.

[2] 지출원인 행위의 원칙

예산의 지출은 계좌이체에 의해 지급하고, 회계연도 개시 후에 지출해야한다. 또한 당해년도 세출예산의 범위 내에서 지출해야하며, 자의로 과목을 전용해서는 안 된다. 지출원인행위권자로서 계약체결 등 채무부담을 결정하는 재무관은 경찰서의 경우에 경무기획과장이며, 계좌이체로서 지출행위를 하는 지출관은 경찰서의 경리계장이다.

지출관이 채권자에게 공사대금이나 물품구매 대금을 지급할 때 국고금관리법의 규정에 따라 채권자가 계약 시 지정해준 금융기관(우체국 포함)의 예금 계좌에 입금하여야 한다.

[3] 지출의 원칙

지출관이 세출예산에서 경비를 지출할 때는 ① 정당한 채권자에게 지출, ② 당해 회계연도 개시 후에 지출, ③ 당해 연도의 예산에서 지출, ④ 확정채무가 존재하고, 그 이행기가 도래한 때 지출한다.

[4] 지출의 특례제도

지출은 그 요건을 구비하지 않으면 할 수 없는 것이지만, 경리운용상 불편이 적지 않기 때문에 특례를 인정하고 있다. 지출의 특례는 바로 지출의 원칙에 대한 예외로서 인정되는 것이므로 법령에 의거하여야 한다. 그 특례는 다음과 같다. ① 관서의 일상경비와 도급경비의 교부의 경우에 정당한 채권자가 아닌 자에 대한 지출, ② 회계연도 개시전 지출, ③ 과년도 지출이나 이월처럼 타년도 소속경비에 대한 지출, ④ 선금급이나 개산급 같은 미확정 채무 또는 이행기간 만료 전의 채무에 대한 지출 등이 있다.

6 관서운영경비

[1] 관서의 일상경비

경찰서장이나 재무관은 특정경비에 대하여 지출관이 일상경비출납공무원에게 필요한 자금을 교부하여, 그 자금을 가지고 그 성질상 현금지급을 하지 아니하면 업무수행에 지장을 초래할 우려가 있는 경우에 현금을 지급하게 하고 있다.

이는 일상출납공무원이 업무나 특정 사안과 관련 지출관으로 부터 현금을 교부받는 행위가 단지 업무의 편이상의 조치로서, 채권자에게 대가를 지급하는 행위는 아니라는 측면에서 정당한 채권자에 대한 지출의 특례이다.

또한 관서의 일상경비의 범위는 외국에서 지급하는 경비, 선박의 운용·수리 등에 소요되는 경비, 교통이나 통신이 불편한 지방에서 지급하는 경비, 각 관서에 필요한 부식들의 매입경비, 업무추진비 및 특수경비, 여비 등이 포함되어 있는데 이러한 경비는 화계연도 개시 전, 즉 1월 1일 이전에 당해연도의 경비를 출납공무원에게 교부하게 하고 있다는 점에서 회계연도 개시 후의 지출의 특례이다.

[2] 관서운영비

관서운영비의 범위는 관서운영비, 업무추진비, 특수활동비(수사활동경비는 제외), 여비, 비정규직 보수, 수당 중 함정근무수당 및 특수지근무수당 등이 해당하며, 관서운영경비의 집행에 관한 서류와 현금출납부 등은 회계연도 종료 후 5년간 보존해야한다. 경찰의 관서운영비의 집행은 업무현실을 고려하여 다른 행정기관과는 달리, 종래의 도급경비와 같은 예외를 적용하고 있다. 집행시 정부구매카드를 사용해야 하며, 예외적으로 계좌이체나 현금지급 등의 방법을 병행할 수 있다.

일정한 관서운영경비는 회계연도 개시 전에도 필요한 자금의 지급이 가능하며, 경비부족시에는 추가신청이 가능하고, 원칙적으로 사용 잔액은 반납해야 한다. 관서운영비의 사용 잔액은 다음 회계연도 1월 15일까지 지출관에게 반납해야 하며, 관서운영경비도 정산 및 회계검사를 거쳐야 하는 것이 원칙이지만, 예외적으로 정산을 하지 않을 수도 있다.

[3] 관서운영경비의 이월과 전용

지급원인행위를 하고 지급하지 아니한 금액, 직전 회계연도에 사용한 정부구매카드 사용금액 중 그 대금을 지급하지 아니한 금액의 경우에는 예외적으로 사용잔액을 다음 연도에 이월하여 사용할 수 있다. 관서운영경비는 일반적인 전용절차를 거쳐서 일부 세목조정(전용)이 가능하다. 단, 공공요금의 경우 다른 비목으로 전용할 수는 없고, 전용 받을 수는 있다.

4장 장비관리론

1 정비

[1] 함정정비

함정정비에 관한 사항은 「해양경찰청 함정 정비규칙」[109]과 「정비편람」에서 함정정비는 해양경찰청 소속 함정 및 특수정(부선 포함)의 선체와 이에 설치된 제 장비를 정비(수리)하기 위하여 필요한 사항을 해양경찰청 실정에 맞도록 체계적으로 종합 정리하여, 함정정비 업무를 효율적으로 수행하는데 그 목적이 있다. 이 장에서는 함정 정비규칙과 정비편람의 내용을 근거로 설명하고자 한다.

(1) 정비(수리)의 개요

함정정비는 자체정비, 예방정비, 경찰서정비, 계획정비, 창정비로 구분한다.

(2) 용어의 정의

1) "함정 정비"란 함정의 선체와 장비의 성능유지 및 수명연장을 위하여 손질, 검사, 수리, 재생, 개조, 개장, 교정하는 등의 일체 행위를 말한다.
2) "함정 수리"란 함정의 선체 혹은 장비의 설계, 자재, 수량, 위치 또는 구성부품의 상호관계를 변경하지 아니하고 본래의 선체 또는 장비를 사용할 수 있도록 유지하는데 필요한 작업을 말한다.
3) "함정 개조"란 함정의 성능이나 특성에 영향을 미치는 선체, 장비, 설비 및 의장에 있어서 설계상의 기재 수량, 위치 또는 함정구조를 변경하는 작업을 말한다.
4) "선저외판 검사"란 씨체스트를 포함한 수선하부 선저외판 및 선미 격벽 외판의 두께를 계측하여 마모도를 계측하여 확인하는 작업을 말한다.

---

109) 해양경찰청 함정 정비규칙, [해양경찰청예규 제55호, 2020. 4. 20., 일부개정], 해양경찰청(장비관리과).

5) "연안구조장비"란 해양경찰 파출소 및 출장소에 배치하여 운용하는 연안구조정 및 수상 오토바이, 해경구조대 배치하여 운용하는 고속보트를 말한다.
6) "부선거"란 특수함정 중 수리지원정에 해당하며 수리지원업무(상가)를 주 임무로 하는 함정을 말한다.
7) "부선"이란 유류·방제·계류바지를 말한다.
8) "중대복구 수리"란 추산가 1억 이상 수리를 말한다.

(3) 정비기준

1) 함정 정비는 해양경찰정비창에서 실시하는 것을 원칙으로 한다. 다만, 함정의 안전성, 경제성 및 해양경찰서별 정비능력을 감안하여 따로 정하여 실시할 수 있으며, 그 세부 기준은 별표 1과 같다.
2) 톤수별 정비주기 및 기간은 정비 종류와 함정 특성에 따라 실시하며, 그 세부기준은 별표 2와 같다.
3) 주기관 및 발전기관의 총 분해수리 주기는 제작사 지침기준에 따라 실시하는 것을 원칙으로 한다. 다만, 주기관 및 발전기관의 특성, 운전상태를 감안하여 가감할 수 있으며, 그 세부기준은 별표 3, 별표 4와 같다.
4) 발전기관의 총 분해수리는 계획정비 기간 중 시공함을 원칙으로 한다. 다만, 해양경찰서장이 운전시간 및 상태 등을 감안하여 지방해양경찰청장의 승인을 받은 경우에는 그러하지 아니한다.
5) 정비기준을 조정 또는 변경 할 필요가 있는 경우에는 각 지방해양경찰청장은 해양경찰정비창의 타당성, 안정성, 경제성 검토 후 승인한다. 승인결과는 해양경찰청장에게 보고한다.

(4) 정비계획

1) 해양경찰청 장비관리과장은 함정의 주기관 운전시간과 해상경비 소요 및 예산 등을 감안하여 시행 전년도에 연간 정비계획을 수립한다.
2) 함정정비를 실시함에 있어 상가수리와 정기수리의 시차가 3개월 이내이거나 같은 해에 실시될 때에는 상가수리와 정기수리를 통합 실시한다.
3) 해양경찰서장은 정비계획을 변경할 경우 사전에 지방해양경찰청장의 승인을 받아야 하며 지방해양경찰청장은 해양경찰청장에게 보고한다.

4) 자체정비 계획은 함(정)장이 수립하며, 함(정)장은 PMS에 따라 세부 계획을 수립하여 시행한다.

(5) 수리에 관한 정의

수리라 함은 선체 및 장비의 수량, 위치 또는 함정의 각 구성품의 상호 관계를 변경하지 않고 본래의 장비 성능을 계속 유지할 수 있도록 하는데 필요한 공사를 말한다.

※ 장비의 정의 : 장비라 함은 독립적으로 작동할 수 있는 기계의 한 단위를 말한다(이 단위는 보통 여러 개의 구성품으로 이루어진 한 개의 결합체로 형성된다).

[2] 정비의 종류

(1) 자체정비

함정을 정상적으로 운용하면서 운전시간에 따라 정기적으로 함정 승조원이 직접 부속품의 교환과 고장방지를 위한 예방적 정비 및 경미한 수리를 실시하는 정비이다.

(2) 예방정비

PMS에 따라 함정에서 실시하는 정비로서 함정에 설치된 장비의 성능유지를 위하여 제반 장비에 대한 주기적인 정비계획을 수립·시행하는 정비이다.

1) 함(정)장은 PMS 등재된 함정 장비에 대해 담당자를 지정하여 시행한다.
2) PMS 시행여부에 대해 부서장, 순찰정 담당자는 1차 책임을 지며 함(정)장, 파출소장은 2차 책임자이다.
3) 부서장, 순찰정 담당자는 PMS를 이행하지 못할 사유가 있을 시 함(정)장, 파출소장에게 문서로 보고하여야 한다.
4) 함(정)장, 파출소장은 장비고장 발생시 반드시 PMS 이행 여부를 확인하여 보고내용에 첨부하여야 한다.

(3) 경찰서 정비

함정 자체정비의 범위를 초과한 고장발생으로 해양경찰서 장비관리과에서 함정정비반 또는 민간업체에 의뢰하여 수리를 실시하는 정비이다.

1) 함(정)장, 파출소장은 해경서 정비가 필요한 경우 입항 전 또는 입항 직후 수리 목록을 작성하여 제출하며, 수리 완료 후 그 결과를 해양경찰서장에게 보고하여야 한다.

2) 해양경찰서장은 소속 함정의 정비계획을 조정, 집행한다.
3) 경찰서 정비는 중·대형 함정의 경우 함정출동 종료 후 차기 출동 전까지의 정박기간 중에 실시함을 원칙으로 하고, 소형함정(100톤 이하 함정)은 4일(96시간) 이내 실시함을 원칙으로 한다. 다만, 수리기간을 초과하여 함정 불가동이 발생하거나 예상될 경우 해양경찰서장의 승인을 받아 수리를 실시하고 그 결과를 지방해양경찰청장에게 보고한다.
4) 외주수리는 해양경찰서 관할지역 민간수리업체에 의뢰하여 실시하는 것을 원칙으로 한다. 다만, 지역 수리업체의 수리 불가 시 타 지역 수리업체에 의뢰할 수 있다.
5) 함정 주기관의 W5 정비 및 총 분해수리와 1000톤급 이상 함정의 발전기 W5 정비 및 총 분해수리는 해양경찰정비창에서 실시한다.
6) 경찰서 정비의 개별 장비에 대한 수리비용이 5백만 원 미만인 경우에는 「관서운영경비 집행처리지침」에 따라 처리한다.

(4) 계획정비

함정 운용시간 및 수리주기에 맞춰 연간 수리계획에 따라 시행하는 수리로 정기수리와 상가수리가 있다.

1) 정기수리

정기수리는 함정전반에 대한 선체 및 기관, 전기, 전자장비(기타 보조장비를 포함한다) 등의 성능 및 수명을 장기간 보존하기 위하여 기관형별 운전시간 기준에 의하여 정기적으로 총 분해수리, 보수 또는 부속품을 교환하여 기본 성능으로 회복시키는 수리를 말하며, 그 기준은 함정정비규칙을 참조한다.

2) 상가수리

상가수리는 선체를 선가대에 올려놓고 축계, 라다 등을 취외 계측 검사하여 불량개소를 교정 수리하고 수선하의 선저외판 검사, 소제, 청락, 도장 등 기본성능으로 회복시켜 차기 수리시까지 수명을 보존하기 위한 수단을 말한다.

해양경찰정비창장은 해양경찰정비창 및 해군정비창 상가수리 함정에 대해서 선저외판 검사를 실시하여야 한다. 선령 15년 이상 함정은 매 상가수리시 선저외판 검사 시행한다. 그러나 선령 15년 미만 함정은 준공일로 부터 5년 주기로 시행한다. 단. 선령15년 미만 함정에도 불구하고, 상가수리 시 선정외판 파공·균열 함정은 그 상가수리 시점부터 매 상가수리 시 검사 시행한다.

가) 수리기준은 해양경찰청 함정정비규칙을 참조한다.

나) 상가수리 시 검사 범위

① 선저 외판(철판) 부식도 측정 기록

② PROPELLER BLADE 및 PROPELLER SHAFT 굴곡 마모 검사

③ 추진축 베어링(STERN TUBE & BRACKET) 마모 상태 검사

④ 라다 및 씨 체스트, 각 해수 밸브, 아연판 부식도

⑤ 기타 선저 부착 장비류 및 선저부 소제 검사

다) 선저는 주변 환경문제를 최소화하는 방법으로 소제하고 국부적인 불량 개소는 Motor 청락기 및 그라인딩 후 완벽하게 소제, 도장한다.

라) 비닐계 도료의 선저도장은 강선 6회(W/P-1, A/C-2, A/F-2, B/T-1), FRP선은 3회(A/F-2, B/T-1)실시 한다.(다만, 도장의 기준은 선체의 상태, 도료의 성질에 따라 변경할 수 있다.)

마) 선저도료는 함정소모품 운용편람 "페인트 류" 사양기준을 준용한다.

바) 자기 마모성 도료 도장 및 관리

해양 생태계 보존과 경비함정의 선저 보호를 위하여 선저 자기마모 도료(SPC/Self Polishing Copolymer)도장을 다음과 같이 시행, 관리 한다

① 신조함정의 선저 도색은 자기마모성 도장을 원칙으로 하며, 신조 보증 수리 시 동종의 도료로 도장 한다.

② 자기 마모성 도료로 도장된 함정이 정기 및 상가수리 입창 시 시공처의 장은, 선저를 깨끗하게 소제하고 충분히 건조하여 도막의 마모치를 측정, 동종의 도료로 연속성 있게 보정. 도색 한다.

③ 선저도장 기준은 해양경찰청 함정 정비규칙 별표2(톤급별 수리주기 및 기간)의 수리 주기를 유지하도록 도막 두께로 도장 한다

④ 정기수리 및 상가수리 승인 요청시 선저 도료 종류, 전 시공 일자와 시공처를 명기하여 요청 한다

⑤ 각 해양경찰서장과 해양경찰정비창장은 경비함정 선저의 효율적인 관리를 위하여 자기 마모성 도장 관련 자료를 공유 한다

사) 정기 상가수리 후에는 자차수정을 한다. 다만, 응급상가 수리함정 자차수정은 함정장이 판단하여 실시한다.

(5) 창 정비(해양경찰정비창의 정비)

계획정비 이외의 긴급한 수리를 위해 해양경찰정비창 및 해군정비창(수리창)에 의뢰하여 수리를 실시하는 정비이다. 해양경찰정비창의 함정 수리업무는 계획정비와 창 정비로 구분하고, 계획정비는 다시 정기수리, 상가수리로 구분하여 시행한다.

함정의 수리주기, 기간, 수리 부서는「해양경찰청 함정정비 규칙」에 따르고, 해양경찰청 연간 함정수리 계획에 따라 시행한다. 정비창장은 함정의 원활한 운용과 효율적인 정비를 위하여 해양경찰청장의 조정·통제 및 지도감독을 받는다. 그리고 "자체정비"를 제외한 모든 함정정비는 해양경찰청장의 승인하에 실시할 수 있다. 단, 자체정비도 72시간을 초과할 시에는 해양경찰청장의 승인을 받아야 한다. 수리함정 입창시 신속한 수리진행을 위하여 다음 각 호와 같이 예량검사를 실시한다.

1) 정기수리
   ① 500톤 이상 : 72시간 이내
   ② 500톤 미만 : 48시간 이내
2) 상가수리
   ① 500톤 이상 : 48시간 이내
   ② 500톤 미만 : 24시간 이내

[3] 개조수리

함정 성능향상과 승조원 근무편의를 도모하기 위하여 필요시 개조수리를 할 수 있으며, 함정 안전 및 성능에 영향을 미칠 수 있는 중요한 개조수리는 사전에 해양경찰정비창의 타당성, 안전성, 경제성을 검토 후 지방해양경찰청장의 승인을 받아야 하고, 간단한 구조변경은 해양경찰서에서 지방해양경찰청 승인 후 실시 할 수 있다. 개조수리는 건조 당시의 기본 설계 등 원형을 변경하는 것으로 다음의 개조는 수리와 같은 것으로 간주한다.

1) 동일 또는 유사한 용도로 사용할 수 있도록 인정하고 규격품을 대응 할 수 있는 이종(異種) 자재를 사용하는 개조
2) 파손, 손상 혹은 제작자의 생산중단으로 인해 신품 대체가 필요한 장비품을 본래 보다 성능이 우수 하다고 인정한 신품으로 교체하는 개조
3) 설계상의 사용 성능을 보강하기 위하여 필요한 수리 또는 교체를 실시함으로써 그 장비품의 용도를 향상시킬 수 있는 개조

4) 외형, 구조변경, 주요장비 철거 등 함정성능에 영향을 미칠 수 있는 개조는 해양경찰청장의 승인을 받아 시행하되, 해양경찰정비창 및 해군정비창에서 수리 중 장비교체, 개조수리가 요구될 때는 해양경찰정비창장이 타당성, 안전성, 경제성 등을 면밀히 검토하여 승인을 요청한다.
5) 개조사항이 경미하고 장비 가격 및 공사 금액이 500만 원 이하일 경우, 해양경찰정비창장이 계획 수리를 병행하여 결정, 시행할 수 있다.
6) 해경서 자체 개조수리는 함정 건조사와 장비 제작사에 기술검토 실시 후 타당성, 안전성, 경제성 등을 면밀히 검토하여 상급부서에 보고 후 지시에 의거 시행한다.

[4] 수리신청 절차

정기 또는 상가수리시 해양경찰서장은 수리 대상함정의 수리신청 목록을 수리실시 30일전까지 해양경찰정비창 또는 해군정비창(군수전대), 14일전까지 지방해양경찰청장, 7일전까지 해양경찰청장에게 보고 하여야 한다.

(1) 정기수리

해양경찰서장은 당해 수리계획에 포함된 함정에 대해서는 수리신청서 3부를 작성 보관하며 통합정비수리관리시스템에 수리신청을 등록에 입력하는 경우 수리신청 목록은 30일전까지 집행부서, 14일 전까지 지방해양경찰청장, 7일전 해양경찰청장에게 제출한다.

(2) 상가수리

1) 해양경찰서장은 수리신청서 3부를 작성, 2부(해양경찰서1, 함정1)는 보관, 1부는 수리집행부서(해군)에 제출한다.
   (정비창 수리 대상 함정은 통합정비·수리관리시스템에 수리신청 등록 한다)
2) 수리 시행 7일전까지 수리목록 1부를 작성, 승인을 득한 후 시행한다.
3) 경찰서정비는 수리신청서 접수 후 최단 시일 내 수리를 실시한다.
4) 부득이한 사유로 계획수리 완료일을 초과될 시는 즉시 상급부서에 지연 사유와 완료예정 일자를 보고 한다.
5) 상가수리를 시행하는 강선, 알루미늄선의 경비함정(특수정, 부선 포함)은 선저의 외판두께를 측정하여 별지 제32호 서식으로 작성하여 시공처와 해양경찰서, 함정에 보관한다.

(3) 경찰서 정비

1) 운항 중 장비고장(손상)으로 긴급히 수리를 요하는 함정은 상태보고를 해양경찰서장에게 제출한다(별지 제2호 서식 함정장비 상태보고 참조).
2) 중·대형 함정의 경우 함정출동 종료 후 차기 출동 전까지의 정박기간 중에 실시함을 원칙으로 하고, 소형함정(100톤 이하 함정)은 4일(96시간) 이내 실시함을 원칙으로 한다. 다만, 수리기간을 초과하여 함정 불가동이 발생할 경우 해양경찰서장의 승인을 받아 수리를 실시하고 그 결과를 지방해양경찰청장에게 보고한다.
3) 함정이 해양경찰서 관할 해역을 이탈하여 타 지역에서 수리를 해야 할 경우는 수리 일수에 관계없이 지방해양경찰청장의 승인을 받아 시행 한다.

[5] 수리 계획 및 집행 절차

(1) 관계관의 임무

1) 해양경찰청 장비관리과장
   ① 함정 정비 소요예산 편성·배정·집행·결산
   ② 함정 계획정비 수립 및 소속기관 함정정비에 대한 지도·감독
   ③ 함정성능·정비기술 향상을 위한 연구·검토

2) 지방해양경찰청 기획운영과장(해양경찰교육원 교육훈련과장)
   ① 함정 정비 소요예산 집행 및 조정
   ② 함정 계획정비 진행 및 조정
   ③ 중대복구수리 계획 수립 및 조정
   ④ 함정수리관련 유관기관 및 민간업체간 업무협의
   ⑤ 예방정비시스템(PMS) 이행실태 지도 감독

3) 해양경찰서장
   ① 연간 수리계획에 의한 함정정비(수리)로 최고도의 운용태세를 유지
   ② 계획정비(P.M.S) 이행상태 확인 감독.
   ③ 함정정비 유지상 필요시 상급부서 기술 요청
   ④ 함정수리 착수 및 완료 후 상급 관서 보고

4) 기획운영과장

① 예산회계법 등 관련 규정에 의거 회계사무 집행처리

② 함정수리 계약 체결 시는 12시간 이내에 계약서 사본 3부를 작성하여 계획부서, 검사관 및 해당 함정 측에 1부씩 배포하여 수리업무를 원활히 진행

5) 장비관리과장

① 함정 수리신청서 접수 검토 등 함정수리 및 보급에 관한 업무전반 계획, 조정, 통제

② 수리 검사보고서 및 자재명세서 작성, 수리계획서 수립

③ 수리진행사항 확인 감독

④ 500만원 미만의 수리에 대해 관서운영경비지침에 따른 집행

6) 함(정)장

① 연간 수리계획에 의거 수리착수 40일전 수리개소 정확히 파악, 수리신청서 제출

② 수리 소요발생시 해양경찰서장(장비관리과장)에게 상태 보고 후 정비계 지시에 의해 수리 시행, 진행사항 및 자재사용내역 공사감독일지 기록·보고

(2) 수리진행 감독

1) 해양경찰서장은 당해 수리함정에 진행과정 및 진도를 파악한다.

2) 장비관리과장은 수리진행 과정 및 감독을 하고 해양경찰서장에게 보고한다.

3) 함(정)장은 함정수리 총책임자(감독관)로서 일일 추진현황을 해양경찰서장에게 보고한다.

4) 함(정)장은 감독일지를 비치하여 일일 감독 사항을 기록 유지하고 책임 있는 수리를 실시한다.

5) 당해 수리함정의 각 기능별 부서장은 해당 분야별 수리 감독관으로서 수리 진행 사항을 감독한다.

6) 수리함정의 직별장은 부서장 감독업무를 보좌하여, 소관 장비현장 수리진행 상황 및 자재 입·출고 내역을 확인하고 수리 감독일지에 기록유지 한다.

(3) 함정 정비의 책임

1) 함(정)장 : 함정이 설계된 성능을 발휘하도록 정비 유지에 대한 총괄책임

2) 부서장 : 소관장비의 정비유지, 보수의 1차적 책임

3) 장비관리과장 : 함정의 자체정비능력을 초과하는 수리사항에 대하여 함(정)장의 요청에 따라 할당된 수리자금 한도 내에서 정비지원 제공

(4) 함정정비반의 운영

1) 해양경찰서장은 해경서 함정정비 목적으로 경력경쟁 채용된 자(경찰관, 일반직)로 구성된 2명 이상의 함정정비반을 둔다.
2) 함정정비반 업무는 전용부두 및 함정 주·보기관, 전기, 전자, 용접수리를 담당한다.
3) 해양경찰서 장비관리과장은 함정정비반을 운영·감독하고, 매분기 정비반 실적을 지방해양경찰청장에게 보고하며 지방해양경찰청장은 실적을 취합하여 해양경찰청장에게 보고한다.
4) 함정 정비반 운영을 위해 경력경쟁 채용된 자는 최초 임용 후 5년 이내 함정 정비반 업무외 겸직할 수 없으며 다른 보직을 부여할 수 없다.

(5) 함정수리 검사(해양경찰청 검사업무규칙)

1) 검사공무원의 지명 등
   ① 검사공무원 : 사업부서 담당계장급(함·정장, 파출소장)
      ※ 다만, 물품구매에서 검사공무원이 물품출납공무원일 경우에는 계원 중 선임공무원
   ② 감독공무원 : 사업부서 담당자(필요시 사업부서의 장이 별도지정)

2) 관서운영경비출납 회계관서의 검사공무원
   ① 함 정 : 근무시간 중에는 담당 부서장(부장, 기관장, 통신장 등)이며, 근무시간 이후에는 당일 당직관 또는 당직원
   ② 파출소 : 근무자 중 선임공무원
   ③ 사무실 : 사업부서 담당계장급(다만, 계장급이 관서운영경비출납공무원일 경우에는 계원 중 선임공무원)

(6) 경찰서 정비 집행절차

1) 500만원 미만 수리 집행 절차

〈그림 4-8〉 500만원 미만 수리

500만원 미만 수리 집행 절차

상태보고	함(정)장 상태보고서 작성
수리계획	장비관리과 수리계획 및 검사보고서 등 작성
수리시행	함(정)장 수리(공사)감독관 지정, 감독일지 작성
완료보고	함(정)장 수리 완료 보고(감독일지, 사진 첨부)
관서운영경비	정비계장 관련 증빙서류 수령, 편철, 대금 지급

2) 500만 원 이상 수리 집행 절차

〈그림 4-9〉 500만 원 이상 수리

500만원 이상 수리 집행 절차

상태보고	함(정)장 상태보고서 작성
수리계획 및 의뢰	장비관리과 수리계획 및 검사보고서 등 작성 수리계약 의뢰(경리계), 업체 선정 계약, 통보
수리시행	함(정)장 수리(공사)감독관 지정, 감독일지 작성
완료보고	함(정)장 수리 완료 보고(감독일지, 사진 첨부)
계약대금지급	정비계장 관련 증빙서류(준공계 등) 경리계 제출 경리계 계약업체 대금 지급

500만원 이상 수리 집행 절차(경리계)

수리의뢰 접수	품의서 작성
입찰 또는 수의계약	기획운영과장(재무관) 공개입찰 진행(나라장터) 또는 수의계약 진행 여부 결정
계약 체결	입찰의 경우 낙찰자와 계약 수의계약의 경우 사업부서 또는 경리계 조사 업체 계약
준공	수리업체 또는 정비계를 통한 서류 제출 착수계, 공사일정표, 준공계 등
계약대금지급	대금지급

3) 함정 정비반 수리 절차

함정 정비규칙 제7조 ②항의 수리가 필요한 함(정)장은 수리요청서를 작성하여 정비계에 제출하고 장비관리과장은 수리요청서를 검토하여 함정정비반 수리지시를 관장한다.

(7) 함정수리 승인(정기수리 및 상가수리)

함정 수리는, 연간 함정수리 계획 일정에 따라 수리 착수 1주전 각 지방해양경찰청장 승인하며, 승인사항을 해양경찰청장에게 보고 한다.

(8) 수리(공사) 감독일지

1) 경찰서 수리

수리 함정의 소관 부서장은 수리 진행 사항과 자재의 출·입고 내역, 수리 인력의 출입 현황 등을 수리(공사) 감독일지에 기록, 보고한다.

2) 정비창 및 해군 수리

장비 수리(공사) 사항과 부품. 자재 사용 현황을 기관일지 또는 항박일지, 파출장소 근무일지에 기록함으로 수리(공사) 감독 일지를 대신할 수 있다.

(9) 수리 일반사항

1) 함정수리 순위결정

가) 함정의 가동과 관계되는 부분

나) 함정의 수명 연장과 관계되는 부분

다) 승조원의 생활환경 과 관계되는 부분

라) 함정의 일반운영에 관계되는 부분

2) 정비창 외주수리 시행

가) 정비창장은 정비창 수리 수용능력을 감안하여 다음 각 호와 같이 외주 수리를 시행한다.

① 자체 또는 해군 정비 지원 불가한 함정장비의 수리

② 제작업체의 수리를 요하는 경우

③ 긴급복구를 요하는 장비로서 소요자재의 품절, 또는 기술 인력 등의 부족으로 정비창에서의 복구가 불가한 수리

④ 기타 정비창장이 외주수리로 판단되는 수리

나) 계획정비 이외의 수리로 인한 수리비용이 5억 원 이상 소요되는 경우는 해양 경찰청장의 승인을 받아야 한다.

다) 정비창장은 외주수리 시 수리 감독 공무원을 배치하고 소요자재는 가능한 관급으로 한다.

3) 수리 불시공 장비(물품)의 처리

가) 함정수리 중 장비의 노후, 부식으로 수리에 경제성이 없거나 수리 기술력 부족과 수리 교환 부품의 생산중단 등으로 시공처에서 수리 기간 내에 수리지원을 할 수 없는 경우를 불시공이라 하며

나) 수리 시공처에서는 불시공 장비에 대해 "장비(물품) 불시공 판정서"(별지 제35호 서식)를 발행하며 함정에서는 해양경찰서에 보고하여 장비를 수리 또는 교체 할 수 있도록 한다.

다) 불시공 판정 장비는 전문 업체에 수리 의뢰하거나 불필요하다고 판단 될 때에는 불용처리 또는 타 기관에 관리 전환한다.

4) 수리 중 발생한 고품의 처리

가) 고품의 정리

고품이라 함은 함정수리 중 발생한 철판, 기기, 부속류, 기타 함정의 구조물 철거 자재를 말한다.

나) 국가 재산을 관리 운영하는 공무원은 선량한 물품 관리자로 물품의 도난, 손상을 최대한으로 방지함을 근본으로 하고 함정수리 또는 자체 정비로 인하여 관급 또는 시공자의 사급품의 취환으로 발생하는 모든 부속류, 장비, 자재를 회수 처분하여 적정 가격으로 공매 또는 용도 변경 하여 국고 세입에 보탬이 되게 하는데 목적이 있다.

다) 고품의 회수 절차

물품관리법 제 34조 및 동법시행규칙 제 43조 규정에 의거 정비창장 및 해양경찰서장은 회수하여 불용(매각 등) 처분한다.

〈그림 4-10〉 수리중 발생한 고품 회수절차

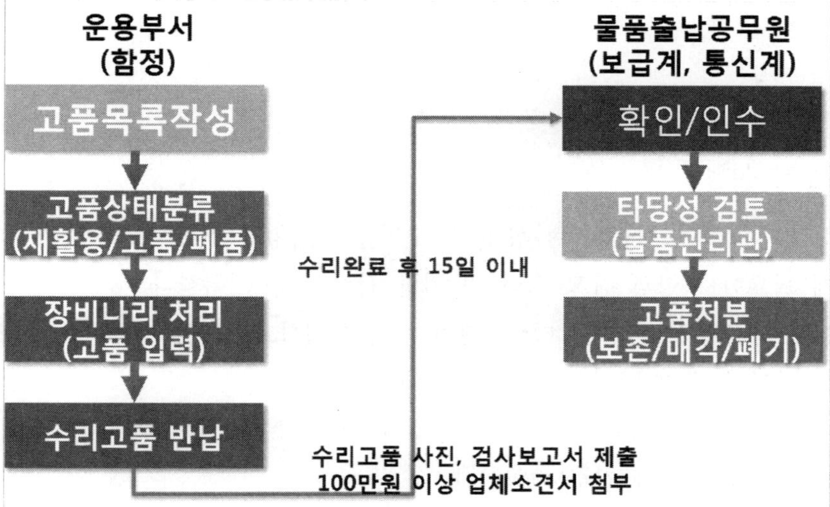

5) 수리의 제한

〈그림 4-11〉 함정수리 제한

함정정비(수리)의 제한

O 함정정비규칙 제8조 수리의 제한
- 적용대상: 함정의 사용기한이 결정되거나 퇴역예정인 함정
- 제한기준: 2년 전(정기수리 및 노후장비 교체)
  1년 전(상가수리 및 단계별정비)
  6개월 전(경찰서 정비)

* (예외) 함정의 가동과 관계되는 장비 2,000만원 미만 및 지방청장 승인

6) 정비기준(해양경찰 함정 정비규칙)

가) 함정 정비는 해양경찰정비창에서 실시하는 것을 원칙. 다만, 함정의 안전성, 경제성 및 해양경찰서별 정비능력 감안 따로 정하여 실시 가능

나) 톤수별 정비주기 및 기간은 정비 종류와 함정 특성에 따라 실시

다) 주기관 및 발전기관의 총분해수리 주기는 제작사 지침기준에 따라 실시. 다만, 주기관 및 발전기관의 특성, 운전상태를 감안하여 가감 가능

라) 발전기관의 총분해수리는 계획정비 기간 중 시공함을 원칙. 다만, 해양경찰서장이 운전시간 및 상태 등을 감안하여 지방청장 승인을 받은 경우 예외

마) 정비기준 조정 또는 변경 필요가 있는 경우 지방청장은 정비창의 타당성, 안전성, 경제성 검토 후 승인, 승인 결과 해양경찰청장 보고.

[6] 정기수리

(1) 정기수리 신청

1) 수리신청서 작성은 장비의 현 상태 및 수리 요구사항을 정확하고 간략하게 기입한다.
2) 수리에 필요한 사항과 참고 도면 및 기술 서적 등을 기록한다.
함정자체 능력으로 수리 불가한 사항만 수리 신청하고 승인된 개조사항이나 수리와 동일한 성격의 개조만을 포함시켜야 한다.
3) 정기수리 신청서를 제출한 후 수리 진행 중 추가 수리 발생시는 추가 수리 신청서를 제출하고 규정에 따라 접수 처리한다.

(2) 정기수리 사전검사

1) 사전 검사

사전검사(P.O.I)는 정기수리 함정의 수리를 원활히 하기 위하여 수리, 개조 및 신조에 대한 수리 범위 등을 검토하여 자재 및 부속품을 사전 확보하기 위하여 실시한다.

2) 사전검사 절차

각 함정에 대한 P.O.I는 정비창장이 주관하여 아래 절차에 의해 시행한다.

※ P.O.I : PRE-OVERHAUL INSPECTION(정기수리 사전 검사)

가) 정비창장은 정기수리 대상 함정에 대해서는 사전 검사반을 편성하여 입창 30일전까지 수리함정을 방문하여 함정측에서 제시하는 수리 항목을 기초로 하여 각 기기에 대한 검사를 실시하고 수리 범위와 기기의 성능 및 장비상태를 검사 확인한다.

나) 함정에서는 검사요원이 요구하는 서류를 즉시 제출하여야 하며, 이는 전 장비에 대한 각종 이력 카드, 정수표, 도면 등이 포함된다.

① 모든 창고는 항시 개방할 수 있어야 한다.

② 각 부서별로 필요한 공구와 시험기기 및 손전지등 점검관이 요구하는 기구를 준비한다.

3) 사전검사 결과 보고서 작성

가) 사전검사 검사 요원은 사전검사 결과 보고서를 별지3호 서식에 의거 3부 작성하여 3일 내에 정비창 정비관리과장(구, 공무과장)에게 제출한다.

나) 정비관리과장은 검사한 사전검사 결과를 정비창장에게 보고하고 해당함정 및 경찰서에 통보한다.

(3) 입창 전 준비사항

정기 수리 대상 함정은 다음과 같은 사항을 사전에 준비한다.

1) 입창 6개월 전 준비사항

가) 정기수리 대상 함정은 수리에 대한 관심을 가지고 각 장비별 성능 상태를 수시 관찰 수리에 대비한다.

나) 시운전 및 개방 검사가 필요한 장비품은 사전 확인 및 준비를 한다.

2) 입창 3개월 전 준비 사항

가) 수리해야 할 항목 명세서를 준비하고, 1차적으로 수리 신청서를 함정 자체 내에서 작성해 나간다.

나) 수리함정은 시행 30일전까지 수리 신청서 3부를 작성한 후, 2부는 해양경찰서장에게 제출한다. 단, 정비창에서 수리하는 함정은 통합정비·수리관리시스템(장비나라)에 입력함으로 수리 신청서를 대신할 수 있다.

3) 입창 1개월 전 준비사항

함정 자체수리, 훈련, 휴가 계획표를 작성한다.

4) 입창 2주전 준비 사항

가) 수리 진도표를 작성한다.

나) 전 승조원에 대하여 정기수리 목적 및 수리사항을 주지시키고 수리진행에 차질이 없도록 사전 교육을 실시한다.

5) 입창 직전 준비 절차

가) 연료유와 인화물질 및 병기, 탄약 등을 규정에 의하여 양육한다.

나) 구급상자에 저장된, 의약품 등을 회수하여 일정한(건·냉한) 장소에 보관한다.

다) BILGE를 완전 배출한다.

라) 함정장은 탄약을 수리 집행부서 책임 하에 전량 보관 및 정비토록 조치하고, 수리 완료 후 함정에 반입(적재)시는 수량, 정비 상태 등 이상 유무를 철저히 확인한다.

(4) 입창 시 주의사항

1) 도난 및 분실이 용이한 물품은 사전에 일정한 장소에 보관 조치한다.
2) 정비창 및 수리함정은 수리계획에 의거 수리 진행에 따른 사전 회의를 실시한다.
3) 수리 함·정장은 정비창 운영규칙에 의거 제반사항 준수토록 승조원을 감독하여야 한다.

(5) 정기수리 진행

1) 함정 입창 시에는 요구한 수리신청 내용이 만족하게 공사 명령서가 전부 발행되었는가를 우선 확인한다.
2) 정기수리 진도표를 작성 유지하며 매일 확인하고 매주 함정장이 주관하는 수리진도에 대한 자체부서별 관계회의를 개최하여 수리 진행사항을 파악한다.
3) 수리자재의 소모(사용)에 관한 사항은 각 부서별 함정 측 감독관이 규격, 수량 등을 직접 확인 후 기록 유지 한다 (단, 함정에 반입 및 반출된 자재는 수리공사 감독일지 또는 각 일지에 기록 유지한다.)

정기수리 준공 단계의 유의사항은 다음과 같다.

1) 준공 단계에 도달한 함정장은 시운전 계획을 검토하여 완벽하게 수리가 종료되도록 사전준비를 한다. (이때의 발전기 시운전 시기, RADAR 및 통신기의 조정 시기, 나침의 자차 수정시기, 주기관의 시동 시기등 상관된 사항을 잘 고려하여 배열함으로써 시간을 절약할 수 있도록 한다.)
2) 정기수리 후 해상 시운전시 통상 전 부하 시운전을 하여야 되나 함·정장은 장비별 수리 부분이 미완료되었거나 또한 신품으로 교환한 부속의 연마(ENGINE LAPPING)를 위하여 규정에 의한 저속(평속)으로 연마 후 서서히 전속 시운전을 실시할 수 있다.

(6) 정비창 함정수리 검사

1) 함·정장은 장비 수리에 대한 감독 책임을 진다.
   단, 공사의 적절한 진행과 규정된 시공여부의 확인 및 검사에 대한 책임은 정비창장에게 있으며 함·정장은 수리 진행시에는 승조원을 입회시키고 공사가 완료된 것은 정비창 측과 같이 시운전 검사를 위하여 해당 부서장으로 하여금 시운전 입회 정상 작동 여부를 확인한다.

2) 일반적으로 각 부서장이 해당부서의 수리 장비에 대한 검사관이 되며 보좌관을 지정하여 각각 공사가 적절히 진행되도록 한다.

(7) 함정 검사관의 임무

수리 신청서에 표시된 검사관은 그 공사의 책임을 진다.

1) 검사 준비

가) 함(정)장은 수시로 수리 사항을 파악한다.

나) 수리계획과 정비창 작업상태, 장비를 취부 검사에 관하여 검사관들로부터 정보를 수집한다.

다) 함정 검사관들은 공사의 내용을 정확히 파악하고 있어야 한다.

2) 시험

함정 검사관은 모든 사항에 입회하여 그 결과를 확인한다.

3) 검사결과 보고

수리사항에 대하여 함정장이 만족스럽지 않다고 생각할 경우 그 내용을 즉시 수리시행 부서장에게 통보하여 재 수리 요청하며, 그 내용이 시정되지 않을 경우 이를 해양경찰청장과 해양경찰정비창장에게 보고 한다. 이러한 보고가 없는 경우 정기수리 결과는 양호하며 그 함정은 수리가 완료된 것으로 본다.

(8) 퇴창 및 정기수리 마지막 주에 취할 사항

1) 입창 후 마지막 주에는 퇴창 마무리 작업으로 수리 내용 중 미비점을 세부적으로 종합 검토 분석하여 보완 수리토록 한다.

2) 정기 수리가 끝나면 소속 해양경찰서로 회항함과 동시에 작전 임무에 임할 수 있도록 사전 준비한다.

※ R.F.S(READY FOR SEA)기간의 계획 수립 시는 아래 내용이 반영 하도록 한다.

가) MAGNETIC COMPASS의 수정

나) RADAR RANGE CALIBRATION

다) 신설된 병기의 구조물 시험사격

라) 항해 계기 시험

마) 탄약 적재
바) 병참 적재

(9) 수리 함정 인원 운영 및 당직

1) 인원 운영

가) 인원 운영 계획 수립 시에는 교육, 훈련, 휴가, 외박 계획을 참고하여 함정 당직 및 부서별 수리 감독자의 배치 계획을 작성 하여야 한다.

나) 교육훈련 계획은 수리완료 예정일을 고려하여 작성하고 자체수리 지연으로 인한 정기수리 지연이 없도록 해야 한다.

다) 공사 진행 및 수리내용이 불만족스럽다고 함정장이 판단될 시는 그 내용을 수리주관 부서에 통보하고 수리주관 부서장은 이를 검토하여 즉시 시정토록 하여야 한다.

라) 시운전은 수리 착수 전·후, 계류 시운전과 함께 시운전으로 구분하여 실시한다.

① 계류 시운전은 수리 완료한 장비별로 함·정장(감독관) 입회하에 정박 시 실시하며 미비 된 수리 개소 또는 하자 발생시는 즉시 재 수리토록 한다.

② 계류 시운전 결과 양호하여 공사 담당요원 및 함정 감독자가 항해 시운전이 가능하다고 판단되면 수리 요원들의 입회하에 함정 승조원에 의하여 실시되며 함·정장이 소기에 목적을 달성할 때 까지 충분한 기간 동안 실시한다.

(장비별 시운전은 규정에 의하여 실시 한 후, 그 성적표를 작성 하여야 한다.)

마) 공사 진행상 문제점 및 수리계획 변경등과 같은 문제점이 발생 될 시는 수리시행 부서와 함정측간에 회의를 개최하여 상호 협의 후 결정한다.

바) 정기수리 진행 중 화재, 도난, 기타 사고에 대한 예방책은 수리 시행부서와 함정간에 입창 시 사전 협의 후 대책을 강구하며 수리시행 부서에서는 보안에 필요한 감독을 실시하고 안전을 유지한다.

2) 당직

수리함정의 당직 구성은 해양경찰청 함정운영관리규칙에 의해 시행하되, 안전사고 방지를 위한 요원과 자체 보안을 유지하기 위한 요원 이외에 수리 협조 요원을 명시하여 수리 진행에 차질이 없도록 사전에 계획, 실시한다.

※ "수리함정 인원운영 및 당직"은 정기수리, 상가수리에 적용하여 운용할 수 있다.

(10) 예비엔진 운용

예비 엔진은 해양경찰정비창장이 관리·운용하고 긴급 상황에 대비하여 수시 활용이 가능하도록 완전한 정비 상태를 유지하며, 다음과 같이 관리 한다

1) 예비 엔진을 탑재할 함정은 현재 탑재하고 있는 엔진의 장비이력(기계경력, 단위장치기록) 카드에 수리 사항, 운전시간 (입청 후, 정기수리 후, 단계별 정비 후), 엔진 고유번호(Serial No) 등의 기록을 확인하여 해양경찰정비창 담당자에게 인계 한다
2) 예비 엔진을 수리 함정에 탑재 시, 해양경찰정비창 담당자는 해당 엔진의 장비이력카드를 기관장에게 인계 한다
3) 예비 엔진을 사용 후 해양경찰정비창에서는 예비엔진 운용보고(별지 제34호 서식)를 해양경찰청에 보고하고 신속하게 정비하여 다음 함정에 활용하게 한다.

(11) 수리 후 시운전 및 정비창과 업무 협조

1) 정기수리 완료 또는 취항 준비 기간 전에 주기와 발전기, 보일러, 전자기기, 장포 병기를 포함한 전 보기에 대하여 수리 후 시운전을 한다. 이 시운전은 수리 완료 직후 계류 시운전이 끝나고 공사담당 요원과 함정 검사관들이 항해 시운전하여도 충분하다고 인정될 때 곧 시행된다.

   항해 시운전은 해상에서 승조원에 의해 자유로이 운전되며 정비창 수리부서 요원들이 입회 한다. 시운전 상태는 수리의 종류에 따라 결정되며 함·정장이 필요하다고 생각하는 방법에 따라 시운전 할 수 있으며 목적을 달성할 수 있도록 충분한 기간 동안 항해 시운전할 수 있다.

   주기에 대하여 중요한 수리를 한 함정은 교환된 부품들이 원활히 작동될 때까지는 전 부하 운전을 하여서는 안 되며 규정에 의한 부하시운전을 한다.

   또한 피스톤 링(PISTON RING)을 신품으로 교환하였을 경우에는 그 장비 제작회사의 총 분해수리 후 시운전 규정에 의거 시행하며 규정에 위배된 전 부하 시운전을 하여서는 안 된다. 단 제작회사의 특별한 규정이 없는 경우엔 8시간 이상 무부하 운전을 할 때 까지 전 부하 운전을 하여서는 안 된다.
2) 함정 측과 정비창 수리요원은 서로 협조하여야 한다.
3) 정기수리 기간 중 공사 명령서 또는 계획 변경요청은 수리 담당관이 한다.

   가) 당직

      정기수리 계획에는 당직 계획표도 포함한다.

나) 이 회의의 목적은 공사 진행 파악과 공사수리 계획의 변경이 필요할 때 변경을 결정하는데 있다.

다) 건강과 복지

함정 승조원들의 건강과 복지에 최대의 관심을 가진다.

라) 보안

함정의 정기수리 중에는 특히 화재, 도난 등의 예방책이 강구되어야 하고 정비창 측은 보안유지상 필요한 제반사항을 제공하며 안전을 유지할 책임은 함정 측에 있다.

[7] 상가수리

(1) 입거 전 준비

1) 함정

가) 유류 및 탄약 하역

나) 청수 및 일시 적재한 중량물 하역

다) 함정의 횡경사 및 종경사가 없도록 한다.

만약 중량물의 취외로 횡, 종 경사(밸런스)에 영향이 있을 시는 선거장에게 통보한다.

라) 타는 "0"도에 위치한다.

2) 정비창

다음 사항을 함정에 통보한다.

가) 입거 일자 및 시간

나) 입거 위치

다) 예인 및 예인선 조정방법

라) 전원, 스팀, 청수 사용

마) 위생시설 및 취사시설 이용(수도, 전기)

바) 폐기물 및 쓰레기, 빌지 처리 방법

사) 선거장의 안전수칙

(2) 입 거

1) 선거 책임자는 입거 함정이 DOCK에 도착하기 전에 함정의 예색에 대하여 승조원에게

할 일을 통보하고 DOCK 주위의 작업에 대하여 각자의 임무를 부여한다.

2) 함정이 DOCK에 입거 시부터, 출거 시 까지 선거 책임자의 지시가 없는 한 함정의 추진기를 회전시켜서는 안 된다.

3) 입거중인 함·정장은 선거 책임자의 허가 없이 적화물 또는 액체를 이동 시켜서는 안 된다.

(3) 출 거

1) 함정의 상가수리가 완료되어 출거하려 할 때 선거 책임자는 다음 사항을 함정에 통보한다.
   가) 출거일자 및 시간
   나) 예색선(曳索線) 조정방법
   다) 사용 할 예인선(曳引船)
   라) DOCK를 떠난 후 함정의 묘지 또는 정박지

2) 함정 측에서는 선거 책임자로부터 출거일자를 통보 받으면 다음 사항을 준수한다.
   가) 출거 시 당직자 배치 및 예색 취급법 교육
   나) 수리부분 재확인
   다) 수선하 부분 검사요원 배치
   라) TANK SOUNDING 요원 배치

3) 출거함정이 DOCK를 빠져나가 함정이 안전하다고 판단될 때 함정 안전에 대한 책임은 함·정장에게 인계된다.

(4) 입거 중 함정 준수사항

1) 연료유, 휘발유 기타 가연성 액체를 DOCK내에 배출시켜서는 안 되며 배출시켜야 할 경우에는 선거 책임자의 사전 허락을 득한 후 특수 용기에 배출한다.

2) 함정이 동절기에 입거 하였을 때는 수선하의 밸브, 파이프, 외판에 취부된 모든 종류의 장치를 검사하는 동시에 여기에 잔류하고 있는 물을 배출시켜서 동파를 미연에 방지한다.

3) 상가수리 시 선거장내의 모든 규정 및 절차는 DOCK MASTER 지시에 따라 행동을 준수하고 조치한다.

2 계획정비제도(PMS)

[1] 개요

계획정비제도는 영어로 PMS(Planned Maintenance System)라고 하는데, 해양경찰 함정에 장착된 주기관 등 여러 기관과 장비들이 고장이 나기 전에 어떤 주기로 점검 주기[110)]를 정해서 점검하고 정비 하는 것을 말한다.

장비가 현대화되고 구조가 점점 복잡 다양해짐에 따라 함정을 기준으로 현실에 맞는 정비절차와 조직을 통해 각종 장비의 예방정비를 철저히 이행함으로써 전비태세에 완벽을 기하고 함정 가동률을 높인다. 즉, 각 함정이 보유 장비의 정비유지에 대한 사전계획을 세워 이를 이행한다면 그 함정은 부여된 사명을 충실히 그리고 완전하게 수행할 수 있을 것이다.

계획정비제도는 이전에 있었던 모든 계획, 예방 정비제도 또는 다른 계획표를 대신하여 사용된다. 계획정비제도는 다른 기술책자 또는 제도 사이에 차이점이 있을 때에는 계획정비제도를 우선으로 하고 관계 기술서적을 참고로 하여 완벽한 지침이 되도록 선정한다. 계획정비제도가 실시되지 않고 있는 장비에 대해서는 계획정비제도가 개발되고 실시될 때까지 제작자 기술편람 또는 다른 정비 교본에 의거 계속 정비해야 한다.

(1) 목적

계획정비제도는 예정의 모든 정비제도의 미비점을 보완한 진보적인 제도로서 각 함정, 각 부서 및 각 분야별 책임자에게 함정정비를 위한 효과적인 계획정비방법 및 감독요령을 제시해 준다.

1) 장비의 복잡한 정비를 쉽게 식별하고 관리할 수 있는 간단한 절차를 제공하고 복잡성을 감소시킨다.
2) 요구되는 사전 정비 한계를 표시하면 요구되는 예방정비를 지시하고 예방정비 이행에 필요한 감독방법, 공구명 그리고 작업순서를 제시하여 완전무결한 정비를 실시할 수 있게 하고 정비를 실시함으로써 사고를 미연에 방지한다.
3) 정비에 소요되는 인력과 물자를 예측하며 이에 필요한 조치를 취할 수 있게 한다.
4) 함 행동에 따른 정비계획과 일정을 쉽게 조종할 수 있다.

---

110) Y:연간 점검으로 1년에 한번 씩은 해야 하는 정비이고, H:반기 점검, 6개월에 한번씩, Q:분기 점검, 3개월에 한번씩, M:월간 점검, 한 달에 한번씩, W:주간 점검, 1주일에 한번씩, D:일일 점검, 매일 한번씩 점검을 해야 한다.

5) 자재준비 태세를 견적하고 검토할 수 있다.
6) 승조원이 정비를 수행하는데 있어서 기술적인 미비점을 발견 시정하게 할 수 있다.

(2) 장점

계획정비제도를 적용함으로써 다음과 같은 장점이 있다.

1) 신뢰도 증가

예방 정비제도를 실시하여 사고를 최소로 감소케 함으로써 신뢰도를 증가시킨다.

2) 경제성의 증가

예방정비는 사고 빈도를 감소시켜 많은 예산을 절약시킬 수 있다.

3) 보다 좋은 계획

사전계획을 작성함으로써 작업계획의 효율과 편의를 촉진시킨다. 불가피한 함 행동계획 변경에 쉽게 적용시킬 수 있다.

4) 지휘 통솔 및 관리 운영의 용이

계획 정비제도의 보다 높은 확실성 및 편의성은 사고를 감소시켜 일과시간 외의 정비시간이 줄어들게 되어, 승조원들의 사기 저하를 방지하여 지휘 통솔 및 관리운용이 용이하다.

[2] PMS에 대한 조직 및 관계관의 임무

(1) 해양경찰청장(장비과장)

1) PMS 함정 자체정비의 기본수단이므로 철저히 수행하고 강력히 추진하는데 필요한 모든 정책을 결정한다.
2) 정비지침 카드의 개발을 포함한 본 제도의 전반에 대하여 연구 발전시킨다.
3) 각 지방해양경찰청 경무기획과장은 PMS 계획 수립에 대한 순회 지도를 실시하고 그 이행상태를 감독 한다.
4) PMS 이행 중 야기되는 제반 문제점(재료, 공구, 기술)의 해결방안을 강구한다.

(2) 해양경찰서장(장비관리과장)

1) 예속함정에 대한 PMS 점검 제도를 마련하고 SYSTEM을 통하여 PMS의 이행상태를 확인 감독하고 아울러 점검결과를 함정 수행능력에 반영한다.

2) 매분기 톤수별, 선형별, 주·보기관의 평균 운전시간을 분석하여 장비의 총 분해수리 시간 및 윤활유 취환 시기를 예측한다.

(3) 함·정장

1) 함·정장은 함정에 장착된 장비가 PMS에 의해 효과적으로 운영되고 있는지 확인할 전반적인 지휘 책임이 있다.
2) 함·정장은 주기적인 점검을 통하여 적용, 운영상태 및 관계자 자질과 적정성 여부를 파악 확인한다.

(4) 부서장

1) 부서내 PMS를 효과적으로 정비요원 조 편성을 하여 운영할 책임이 있다.
2) 매주 PMS 이행상태를 확인한다.
3) PMS에 대한 계획을 수립하고 정비요원에 대한 교육을 실시한다.
4) 연기된 정비 건을 검토 후 지연된 항목에 대하여는 차기계획 수립하고 자체정비 불가한 것에 대하여는 수리신청서를 작성한다.
5) 정비지침 카드가 없는 함정에서는 정비편람 제7장 장비별 운전지침을 기준으로 하여 함정 실정에 알맞게 조정하여 계획표를 작성 시행한다.

(5) 정비요원

1) 주간정비계획표에 의거 해당정비를 정비지침 카드에 의해 실시한다.
2) 계획된 정비를 완료했거나 정비 중 문제가 발생시 정비보고서에 내용을 상세히 기록 부서장에게 보고한다.

[3] PMS 기초 이론

(1) 계획정비제도의 구성요소

함정이 부여된 임무를 신뢰성 있게 수행하기 위해서는 정비요원이 계획정비제도에 대한 충분한 지식을 습득하고 지속적이고 계획적으로 정비를 실시하여야 하므로 모든 정비요원은 계획정비를 수행하는데 필요한 계획정비제도의 구성요소와 역할을 정확히 이해하여야 한다. 계획정비제도의 구성요소는 크게 세 가지로 구분하고 있다.

1) 계획정비제도편람(PMS Manual)

① 부서편람(Master Manual)

② 정비조 편람(Group Manual)

2) 정비지침카드(MAINTENANCE REQUIREMENT CARD)

① 장비안내목록(Requirement Guide List)

3) 정비계획(Maintenance Schedule)

① 주기계획(Cycle Schedule)[111]

② 분기계획(Quarterly Schedule)[112]

③ 주간계획(Weekly Schedule)[113]

(2) 계획정비제도 편람

모든 장비에 대한 정비내역과 필요자료들이 수록된 책자로서 부서편람과 정비조 편람으로 분류한다.

1) 부서편람(Master Manual)

① 부서별로 관리하고 있는 보든 장비의 정비지침에 관련되는 자료를 장비순으로 수록하고 있으며 각 부서장이 관리한다.

② 정비조 편람을 종합한 것으로 각 부서장이 보관 관리한다.

2) 정비조 편람(Group Manual)

① 각 직별별 계획정비제도 편람으로 해당 직별에서 관리 운영하는 장비에 대한 정비지침을 장비의 순위로 수록하고 있으며, 부서편람의 일부분이다.

② 각 직장이 정비계획 수립 시 사용하며, 직별장이 보관 관리한다.

(3) 정비지침 카드(MAINTENANCE REQUIREMENT CARD)

누가, 무엇을 어떻게 그리고 어떤 장구와 공구, 부속, 자재, 계측기 등을 이용하여 정비를 수행해야 하는가를 상세하게 설명해 주며, 해양경찰청 정비계에서 해당 장비별로 입력이 가능하며 다음과 같은 내용이 수록되어 있다.

---

111) 주기계획 : 1회전, 사이클, 주파수 등을 말하나 여기서는 정기수리에서 다음 정기수리까지 즉 5년을 1주기라 한다.
112) 분기계획 : 한해를 3개월씩 4개로 나눈 기간의 계획을 말한다.
113) 주간계획 : 1주일간의 계획(월요일부터 일요일까지의 계획을 말한다.)

1) 카드 수록 내용

① 계통 : 정비하고자 하는 장비의 주목적이 기록되어 있다.

② 장비명 : 정비하고자 하는 장비의 명칭과 형이 기록되어 있다.

③ 정비번호(정비부호)

카드에 지정되어 있는 부호는 두 개의 부분으로 구성되어 있는데, 첫 번째 부분은 해당 정비지침 페이지를 식별하는 첫 번째 부분의 장비번호와 일치하고 두 번째 부분은 다음과 같은 정비주기번호를 사용하여 주기를 식별하게 한다.

〈그림 4-12〉 정비번호(정비부호) 구성

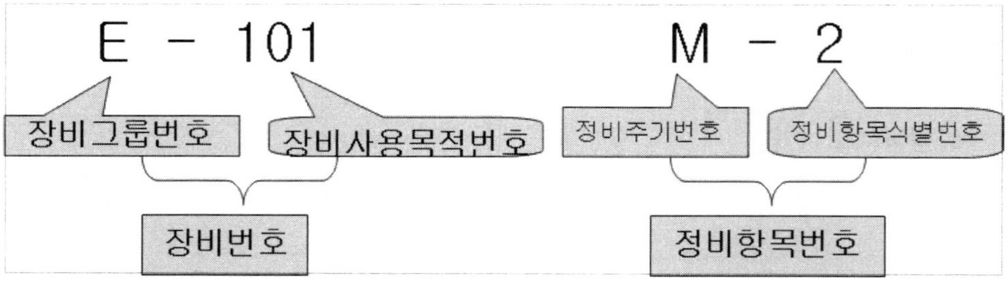

※ 정비부호 약어 해설

D– 매일(DAILY), W– 매주(WEEKLY)

M– 매월(MONTHLY), Q– 매분기(QUARTERLY)

S– 매반년(SEMI ANNUALY), A– 매년(ANNUALY)

C– 매정기수리 주기(CYCLE) : 정기수리 주기 동안 한 번씩 실시한다. 이 주기는 계획된 정기수리 주기를 사용할 수 없을 때에만 사용한다.

R– 필요시(Situation Requirement) : 뚜렷한 정비내용은 구별되어 있으나 확실한 정비주기가 부여되지 않은 정비로 운전시간 및 필요여건이 구비되었을 시 실시하는 정비 주기 부호이다.

④ 세분된 계통 : 정비하고자 하는 장비의 사용처 및 보조목적이 기록되어 있다.

⑤ 관련된 장비 : 같은 시간에 동시에 실시해줘야 할 다른 정비항목이 기록되어 있다. 관련된 정비는 한 장비에 서로 관계되는 정비내용이 있을 시 이를 효율적으로 정비하기 위해서는 함께 정비하도록 계획되어야 한다. 예를 들면 어떤 장비를 정비하기 위하여 분해해야할 때 또 다른 장비도 분해를 요한다면 이 두 장비는 동시에 실시하는 것이 가장 논리적이고 효율적이며 시간도 절약 된다.

관계되는 정비를 기록한 의도는 작업 노력을 절감하고 정비 절차의 반복을 피하기 위한 것이다.

⑥ 직책 : 해당 정비작업을 실시할 수 있는 기술수준의 직책으로 지정하여 정비그룹 책임자에게 인원관리에 필요한 자료를 제공하며 자격이 있는 요원을 임명한다.

⑦ 공시 : 장비를 정비하는데 소요되는 정비시간을 말한다. 각 정비에 대한 공시합계 및 소요시간은 한 사람이 한 시간 소비되는 시간을 1로 기준하여 기록되어 있다. 만일 공시가 0.1이면 6분이고 0.5이면 30분을 뜻한다. 이 공시는 정비를 시작할 때부터 정비완료시까지 걸리는 시간을 말하며, 공시합계는 정비에 참여하는 총인원의 공시를 합한 것이고, 소요시간은 한 사람을 기준으로 가장 많이 소요되는 정비시간을 말한다.

⑧ 정비내용 : 실시하게 될 정비의 간단한 설명한다.

⑨ 안전수칙 : 정비실시중 일어날 수 있는 인명 또는 장비의 손상을 방지하기 위하여 안전수칙이 열거된다.

► 경고 : 정비 중 해당수칙을 정확하게 따르지 않으면 인명에 손상을 준다는 경각심을 주기위한 것이다. 경고는 정비절차 실시 전에 반복되어 나온다.

► 주의 : 정비 중 해당수칙을 정확하게 따르지 않으면 장비에 대한 어떤 고장을 초래한다는 의미로 주의는 정비절차 중에 반복되어 나온다.

※ 경고에 해당되는 정비는 "인명안전", 주위에 해당되는 정비는 "장비안전"이란 붉은 글씨의 도장이 정비지침카드 상단에 찍혀 있다.

⑩ 공구, 자재, 부속, 부속, 시험장비 : 정비에 필요한 공구, 자재, 부속, 시험장비(계기)등이 기록되어 있다.

⑪ 정비내역(작업절차) : 각 장비의 복잡한 정비작업을 반복 체계적으로 실시할 수 있게 정비절차가 순서대로 수록되어 있다.

⑫ 장비위치 : 정비하고자 하는 장비가 설치되어 있는 위치를 기록하며, 도일 장비로서 여러 곳에 분산 설치되어 있을 경우 장비안내목록에 분산되어 있는 위치 및 사용처를 명시해둔다.

⑬ 제정일자 : 정비지침카드가 제작된 연도와 월, 일자가 기록되어 있다.

⑭ 정비지침카드의 고유번호 : 정비지침카드 하부 우측에 수직으로 기록되어 있으며 이 번호는 정비지침카드에 대한 순서이다. SYSTEM 등록 시 자동으로 부여된다.

2) 정비지침카드 등록

새로운 모델의 장비 도입 시 해당 양식에 맞춰 정비지침카드 등록을 해양경찰청 정비계에 요청한다.

3) 정비지침 카드의 내용 변경 또는 수정

함정 자체에서 정비에 필요한 공구, 부속, 자재 및 시험장치의 크기나 형태가 다를 때 또는 미비점 및 문제점이 있을 때 이를 수정할 수 있다. 만일 어떤 장비에 해당되는 정비지침 카드 상에 정비 절차나 주기를 변경해야 할 필요 또는 타당성이 있으면, 해양경찰서에 변경 이유서를 첨부하여 상신해야 한다. 해양경찰서에서는 변경이유와 타당성을 검토하여(유형함과 비교) 이유가 정당하다고 인정되면 해양경찰청에 변경 또는 수정을 상신해야 한다. 해양경찰청은 상신된 내용을 확인 검토하여 정비지침 카드 및 정비주기를 수정 또는 재등록해야 한다.

※ 장비안내목록 : 장비안내 목록은 정비지침카드의 부속카드로서 개체장비 또는 모듬장비에 해당되며 각종 전동기, 제어기, 소화기 등 동일한 장비가 2대 이상 설치되어 있을 때 동일 장비를 각각 계획하지 않아도 모든 장비(동일)를 빠짐없이 정비하는데 사용된다.

(4) PMS 정비계획 수립

1) 주기 PMS 계획

정비계획표(PMS 계획표)는 주기계획, 분기계획, 주간계획표로 구성된다. 주기계획표는 정기수리에서 다음 정기수리까지의 모든 정비사항이 망라된다. 그러나 모든 정비사항이 주기계획표에 포함될 수 없으므로 분기 이상의 정비사항은 매분기에 해당되는 부분에 표시되고 분기이하에 해당되는 정비사항은 매분기 란에 표시된다.

2) 분기 PMS 계획

분기계획은 1분기 즉 3개월 동안에 실시해야 할 전 정비항목을 함·정 행동을 고려하여 주간별로 나열한 계획표이다. 분기 계획표는 부서장이 장비나라 프로그램을 이용하여 작성 후 각 부서장 및 함정장의 승인을 얻은 후 사용한다.

그리고 함·정 행동 또는 기타 변동사항으로 계획표를 수정할 필요성이 있을 경우에는 승인자 즉 함·정장의 허락을 득한 작성자가 수정하여 사용하며, 분기계획표는 분기 시작 2주일 전에 작성 하여야 한다.

3) 주간 PMS 계획(Weekly Schedule)

주간계획표는 각 직별에서 1주 동안에 실시할 정비항목으로 정비주기를 게시한 계획표로서 각 직별원이 실시해야할 정비작업을 직별장이 지정하고 감독하는데 사용되어진다. 항목 중 매주 정비항목은 재 계획이 용이하게 전주 금요일에 계획하고 매일 정비항목을 각 요일마다 계획하고 토·일요일은 계획하지 않는다. 정비항목은 그 실시 결과를 장비나라에 입력하여야 한다.

3 물품관리(보급)

[1] 물품관리의 의의

물품관리는 국가가 행정서비스의 제공 또는 사업수행에 필요한 물품을 취득·보유하여 적극적으로 활용하고 효율적으로 처리하여 행정의 생산성을 높이는 관리기술을 말한다. 해양경찰청이 보유하고 있는 물품은 수천억으로 매년 물품이 증가하고 있다. 이렇게 규모가 방대하고 종류가 다양한 물품을 보다 효율적으로 관리하는 것은 행정목적 달성과 정부예산의 적정한 사용측면에서 매우 중요한 사항이다.

〈표 4-48〉 물품관리의 흐름

취 득	←	구매·기증·생산 (소요산정, 적기구매, 정수관리)
↓		
보 관	←	인수·저장·보존·출급 (반납, 재고조정)
↓		
사 용	←	활용·정비·재물조사
↓		
처 분	←	불용결정 및 처분·관리전환 (매각,무상양여,해체,재활용,폐기 등)

[2] 물품관리법

물품관리법은 국가물품의 취득·보관·사용 및 처분에 관한 기본적인 사항을 정한 「기본법」이며, 물품관리의 원칙을 규정한 「일반법」이다.

국가물품을 관리하는 법 규정으로는 「물품관리법」,「물품관리법시행령」,「물품관리법시행규칙」과 「물품관리사무처리규정」 그 외에 「물품분류지침」,「주요물품정수책정기준」,「정부물품정비관리규정」,「불용품처분지침」,「주요물품내용연수」,「정부미술품보관관리규정」,「정부물품재활용사업운용요령」등 고시·훈령과 지침 등 있다. 물품관리에 관하여 다른 법률에 특별한 규정이 있는 경우를 제외하고는 물품관리법이 정하는 바에 따라 처리하고, 물품관리법에 규정되지 않은 사항은「예산회계법」, 「국유재산법」, 「회계관계직원 등의 책임에 관한 법률」 등 관계법규와 '민법'이나 계약에 의하여 처리한다.

물품관리법은 물품의 관리방법과 회계절차를 정한 행정내부를 규율하는 법률로

1) 물품의 효율적인 사용이나 처분을 위한 물품의 분류 및 표준화
2) 물품의 관리와 회계처리를 위한 물품의 관리기관의 설치
3) 물품의 감사기관의 운영
4) 물품의 취득·보관·사용·처분의 방법과 절차
5) 물품의 수급관리계획, 결산 등의 관리를 위한 제도운영
6) 물품관리공무원의 의무와 책임 등에 대하여 규정하고 있다.

물품관리 적용의 특례설정

7) 군수품의 관리에 관하여는 따로 법률로 정한다(물품관리법 제3조)
8) 각 중앙관서의 장은 그 소관에 속하는 물품의 관리에 관하여「물품관리법시행규칙」에 의하는 것이 곤란할 때에는 미리 조달청장에게 통보하고 기재부장관과 협의하여 특례를 정할 수 있다.(규칙 제4조)

[3] 물품관리기관 체계

물품관리 총괄기관으로 기획재정부장관과 조달청장이 있고, 실제 업무를 집행하는 기관으로 각 중앙관서의 장이 있다. 중앙관서의 장은 물품관리관을 임명하고 물품관리관은 물품출납공무원과 물품운용관을 임명하여 소관물품을 관리한다.

〈그림 4-13〉 물품관리기관의 체계도

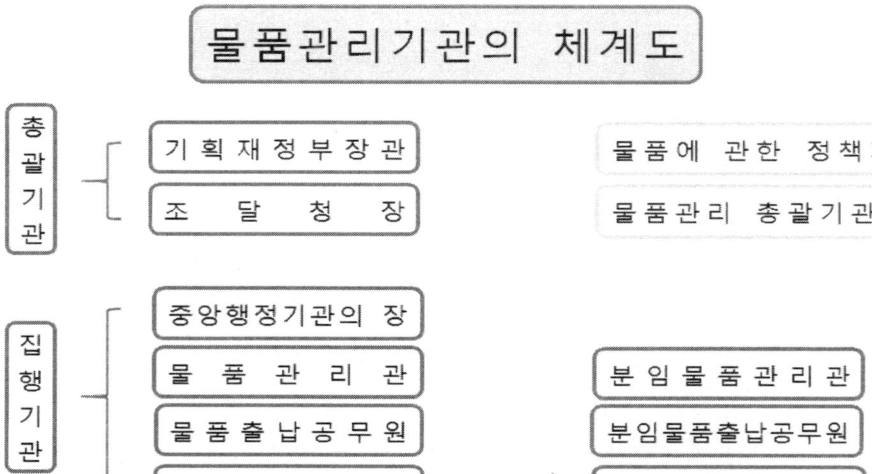

[4] 관리대상 물품

〈그림 4-14〉 관리대상 물품

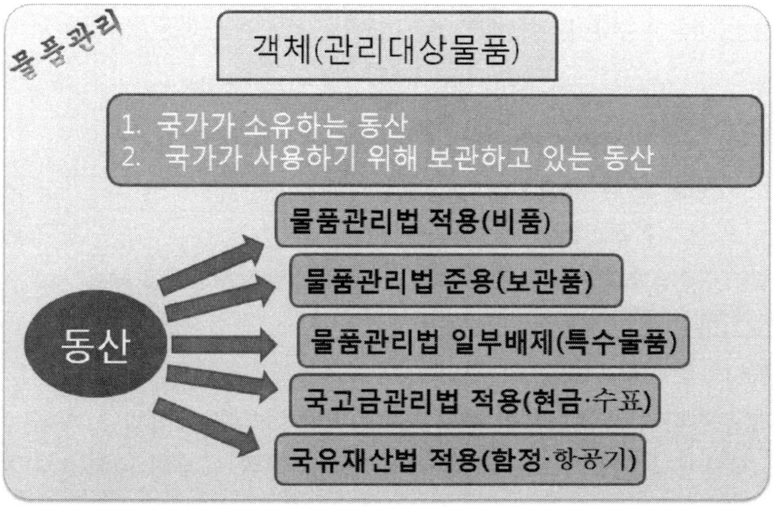

(1) 물품관리법상의 물품

물품관리법에서 물품은 국가가 소유하는 동산과 국가가 사용하기 위하여 보관하는 동산을 말한다. 다만, 현금·유가증권 등 예산회계법에서 관리하는 물품과 국유재산법에서 관리하는 물품 등 다음의 물품은 물품의 범위에서 제외한다(법 제2조).

1) 예산회계법에 의하여 관리하는 동산

현금과 수표(유가증권) 및 한국은행에 기탁하여야 할 유가증권

2) 국유재산법에 의하여 관리하는 동산(의제 부동산)

① 부동산의 종물(從物)인 동산

② 선박·부표·부잔교·부선거 및 항공기와 그들의 종물

③ 정부기업(통신사업·양곡관리사업·조달사업) 또는 정부시설에서 사용하는 기관차 등 궤도차량

〈표 4-49〉 부동산과 동산의 구분

구 분	물건의 구분	적용법규
부동산	• 토지와 건물 등의 부동산 • 토지의 정착물과 그 종물	국유재산법
동 산	• 선박, 부표, 부잔교, 부선거 및 항공기와 그 종물	국유재산법
	• 정부기업 또는 시설의 기계와 기구 → 기관차, 전차, 객, 화차 등 궤도차량의 국유재산	국유재산법
	• 현금 및 유가증권	예산회계법
	• 상기 이외의 동산	물품관리법

* 종물 : 어느 물건(주물)의 사용을 돕기 위하여 자기소유의 다른 물건(종물)을 부속 시킬 경우 그 부속된 물건을 종물이라 하며 종물은 주물의 처분에 따른다.

※ 국유재산으로 관리하던 물품의 관리

부동산에 부착하거나 부동산의 종물관계로 인하여 국유재산법에 의해 관리하던 동산이, 국유재산에서 개별적으로 분리된 경우는 분리된 때부터 물품으로 관리한다.

※ 선박법 일부적용 배제 선박은 물품으로 관리

- "5톤미만의 범선", "노와 상앗대만으로 운전하는 선박",
- 건설기계관리법에 따라 건설기계로 등록된 "준설선",
- 수상레저안전법에 따른 "모터보트", "수상오토바이", "고무보트" 및 "스쿠터"

3) 군수품의 특례

군 작전이나 군 행정사무에 사용되는 물품은 그 특수성과 현실적인 관리체제를 고려하여 물품관리법의 적용을 받지 않고, 따로 정하는 법률에 의하여 관리하도록 규정하고 있다. 군수품이란 국방부와 그 산하 각 기관에서 취득, 사용 또는 처분하는 모든 물품을 말하며 여기에는 전비품(군령품) 뿐만 아니라 통상품(군 행정품)도 포함하고 있다.

(2) 물품관리법 준용물품

시험기관에서 시험을 위하여 보관하는 물품, 수사상 증거물로 제출한 물품 등은 국가물품의 범주에 속하지 않는 타인의 물품이지만 물품관리법의 규정에 준하여 관리하는 '준용동산'이다. 또 국가소유의 미술품이나 도서 등과 사용권만 가지는 소프트웨어 및 리스물품 등은 물품관리법의 일부적용을 배제하고 따로 관리할 수 있는 '일부규정적용배제동산'이다.

〈국가가 보관하는 타인의 물품(준용물품)〉

국가가 관리하거나 보관하기 위하여 점유한 '타인의 물품'은 관계법령에 의하여 관리하되 물품관리법 일부를 준용하여 관리한다(법 제47조).

1) 보관품의 유형

① 국가가 기탁 받은 물품(등기우편물, 탁송품, 시험·검사·검정·심사 등을 위하여 국가에 제출된 물품 등) 다만, 통상우편물은 제외

② 법령에 의하여 증거물로 보관하는 동산(압수물, 영치물 등)

③ 통고처분 또는 국세체납처분 등을 위하여 압수·압류한 물품

④ 기타 중앙관서의 장이 정한 물품

2) 관리방법

관계규정에 의하여 담당부서에서 직접관리[물품관리시스템(d-brain) 입력대상이 아님]하며 물품의 출납절차를 명확히 하고 기록을 유지하여야 한다.

(3) 일부 적용배제 물품

국가가 소유하는 동·식물이나 도서 등과 임차물품, 리스물품 등 국가가 직접 사용하는 타인의 물품에 대하여는 물품관리법의 일부 규정을 그대로 적용하지 않고 다르게 관리할 수 있다. 이러한 일부규정의 적용을 배제(排除)할 수 있는 물품은 그 관리방법을 달리하면서도 출납과 보관 등에 대한 주의 의무 등은 물품관리법을 적용한다.

1) 일부규정 적용배제 물품의 유형 (별도관리 대상품)

① 국가의 사무 또는 사업의 집행에 필요한 서류

② 수표용지(비 유가증권)

③ 법령에 의하여 몰수하거나 국가에 귀속된 물품

④ 국가의 사무 또는 사업의 집행에 필요한 물품으로서 법령에 의하여 국가기관이 점유하여 보관하고 있는 물품(법령에 의한 점유)

⑤ 「국고금관리법」제24조의 규정에 의한 관서운영경비로써 취득한 물품

⑥ 「공직자윤리법」에 의하여 국고에 귀속된 선물

⑦ 서화·예술작품(조달청 미술품보관관리규정에 의하여 관리)

⑧ 도서, 박물관보존물품

⑨ 불용품 중 역사적·학술적 보존가치가 있다고 중앙관서의 장이 인정하여 보관하는 물품

⑩ 조달청장이 재활용하기 위하여 양여 받은 불용품

⑪ 동·식물 등 특수물품

⑫ 리스물품, 소프트웨어

2) 관리방법

① 물품관리법을 적용하여야 할 규정 이외의 다른 법 조항은 선별적으로 적용배제 가능

② 조달청장이 관리방법을 통보한 경우에는 조달청장이 정한 방법에 의하여 관리

③ 조달청장이 관리방법을 정하지 않은 물품은 그 특성을 참작하여 관리방법을 별도로 정하여 관리

④ 관리 주무부서에서 기록관리 및 처리(일반물품과 구분하여 관리)

※ 리스물품 및 소프트웨어는 d-brain 해당관리대장으로 관리

(4) 소모품의 관리

1) 소모품과 비소모품의 구분

〈그림 4-15〉 소모품과 비소모품 구분

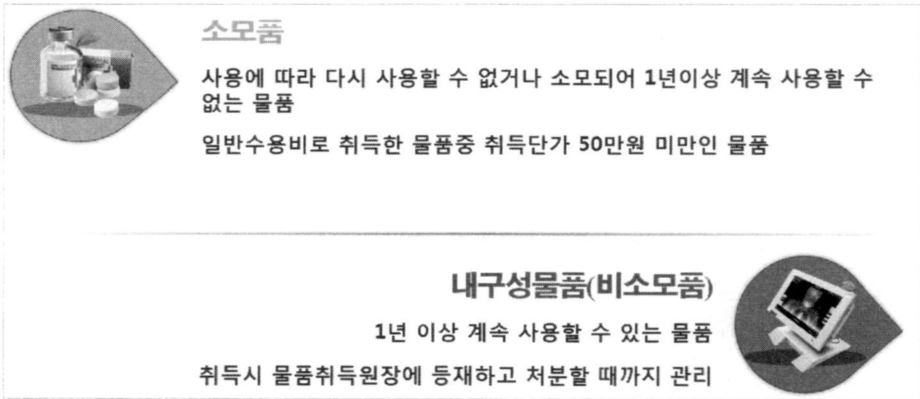

2) 소모품의 수불관리

① 취득금액의 규모가 큰 소모품, 희귀 소모품, 장기적으로 사용할 수 있는 소모품 등 주요 소모품은 '소모품대장(카드)'에 기록하여 수불상황(수입량과 사용량)을 기록 관리하여야 한다.

② 보관 중인 소모품은 물품출납공무원이, 운용부서에 불출하여 관리 중인 소모품에 대하여는 사용공무원이 관리

③ 계속적으로 사용하는 소모품에 대하여는 재고운용수준을 정하여 관리한다.

④ 기록관리가 불필요한 물품까지 소모품대장(카드)을 정리함으로써 비능률이 초래되지 않도록 주의

[3] 물품의 취득

예산을 편성하여 수급관리계획을 수립하고 그 계획이나 주문에 따라 계약을 체결한 후 검사와 검수절차를 거쳐 국가물품으로 등재하는 것이 물품의 구매취득과정이다. 물품은 주로 구매에 의하여 취득하지만 기증이나 가공, 생산 등에 의하여 취득하는 경우도 있고, 관리전환, 사용전환, 국유재산편입, 할당수령, 분류전환 등의 사용기관의 이동이나 관리방법의 변동에 의하여 취득하는 경우도 있다.

구매의 경우 물품관리관이 수급관리계획에 따라 계약담당공무원에게 물품취득을 요청하고, 계약담당공무원은 예산의 범위에서 계약을 체결한다.

물품의 구매과정은 물품관리관의 구매요구에 의하여 계약담당공무원(재무관)이 물품을 구매한다.

〈표 4-50〉 구매품의 취득절차

절 차	내 용
① 사용부서의 주문	물품수급관리계획에 따라 주문
② 물품관리관의 구매요구	예산과 구매규격서 확인
③ 계약담당공무원의 구매계약	조달요구 또는 자체구매
④ 검사공무원의 검사	자체검사 또는 대행검사
⑤ 물품출납공무원의 검수	등재, 보관, 출납
⑥ 사용부서의 사용	사용관리, 정비

[4] 물품의 보관·출납과 사용

(1) 물품의 보관

물품출납공무원은 창고, 야적장 등 국가시설을 이용하여 소관물품을 보관 관리한다. 아주 무겁거나 큰 물건 또는 원격지에 보관할 물건이 있는 경우에는 타인의 시설을 이용하여 보관하기도 한다. 보관품은 관리와 반출이 편리하도록 유형별로 분류하여 보관하고, 사용할 물품은 품질·성능이 보존될 수 있도록 관리하여야 한다.

1) 출납공무원 관리대상 물품의 유형

① 사용전보관품 : 신규품 등 운용관에게 불출하기 전의 물품

② 반납품 : 초과품 또는 수리나 이동을 위하여 운용관으로부터 반납받은 물품

③ 불용품 : 불용결정된 물품으로서 처분을 위하여 보관하는 물품

④ 소모품 : 반복적으로 소요되는 물품으로서 재고관리를 위하여 보관중인 물품

2) 국가소유 이외의 시설에 보관할 수 있는 경우

① 특수시설에 보관하여야 할 폭발물, 인화질 물품 등의 위험물이나 약물류

② 무거운 물품, 부피가 큰 물품, 제품생산용의 원자재 등 국가시설에 보관하는 것이 오히려 비경제적이거나 안전하지 못한 경우

③ 원격지에서의 사업에 필요한 물품을 보관할 경우

④ 현지 조달물품을 일시적으로 보관하는 경우

(2) 물품의 출납

1) 물품의 출납은 창고에 물품이 들어오고 나가는 과정 즉, 물품을 수령하거나 불출하는 것을 말하며 물품의 출납관리는 물품출납공무원이 담당한다.

2) 물품출납공무원의 물품출납은 수입명령, 출급명령, 수령명령 또는 인도명령 등 물품관리관의 출납명령에 의하여 이루어진다.

(3) 할당출급과 할당수령

1) 할당출급이란 예산을 집행하는 기관(예 : 상급기관)에서 물품을 신규 취득하고 취득과 동시에 사용하는 기관(예 : 하급기관)에 이동시키는 것으로서 수령하는 기관에서는 할당수입으로 정리한다.

2) 할당수입품을 다시 하부기관에 할당불출을 할 경우에는 물품운용카드에 등재를 생략할 수 있다. 즉 할당품은 최초로 취득한 기관(예산집행부서)과 최종적으로 수령하는 기관에서만 등재할 수도 있다.

(4) 물품운용관의 물품 반납

1) 반납할 물품

물품운용관은 운용중인 물품중에서 사용할 필요가 없거나 사용할 수 없는 물품, 또는 물품관리관이 반납을 명령한 물품을 물품관리관에게 반납하여야 한다.

2) 물품운용관의 반납 절차

〈표 4-51〉 물품운용관 반납절차

절 차	주 체
① 보 고	물품운용관
② 반납명령	물품관리관
③ 반 납	물품운용관
④ 수 령	물품출납공무원

물품관리법

제34조 (사용 중인 물품의 반납) ① 물품운용관은 사용 중인 물품 중 사용할 필요가 없거나 사용할 수 없는 물품 또는 수선이나 개조가 필요한 물품이 있다고 인정하면 그 사실을 물품관리관에게 보고하여야 한다.

② 물품관리관은 제1항에 따른 보고를 받은 경우에는 그 사실 여부를 확인하여 그에 해당되는 물품이라는 것이 인정되면 물품운용관에게 그 물품의 반납을 명하여야 한다.

물품관리법시행규칙

제48조(반납) ① 물품운용관은 법 제34조제1항에 따른 보고를 할 때에는 사용할 필요가 없는 물품, 사용할 수 없는 물품, 수선이나 개조가 필요한 물품으로 각각 구분하여 그 물품의 물품분류번호·품명·수량·현황과 그 밖에 필요한 사항을 명백히 하여야 한다. 이 경우 물품의 상태 분류에 관해서는 제27조제4항 및 제5항을 준용한다.

② 물품관리관이 법 제34조제2항에 따라 물품운용관에게 물품의 반납명령(이하 "반납명령"이라 한다)을 할 때에는 반납의 시기와 그 밖에 필요한 사항을 명백히 하여야 한다.

③ 물품관리관은 반납명령을 한 물품을 물품출납공무원에게 보관하게 할 때에는 그 물품을 반납하게 된 물품운용관에게는 물품의 인도명령을 하고, 물품을 보관하게 될 물품출납공무원에게는 물품의 수입명령을 하여야 한다.

(5) 물품의 사용

물품을 취득하는 목적은 물품을 적극적으로 활용하여 행정의 능률을 높이기 위해서이다. 물품의 운용과 사용은 물품운용관 및 사용공무원이 관리한다. 장비는 항상 가동될 수 있는 상태를 유지하고 관리비용이 최소화될 수 있도록 경제적인 운영이 병행되어야 하며, 물품을 효율적으로 사용하기 위해서는 적절한 사용방법이 정착되어야 한다.

1) 사용(使用)전환

① 물품관리관이 소관물품의 운용기관을 변경하여 사용하게 하는 것을 사용전환(물품운용관의 변경)이라 한다. 물품관리관이 기관 내부적으로 처리한다는 점에서 외부적으로 처리하는 관리전환과 다르다.

② 물품을 반납할 당초의 물품운용관에게는 물품의 인도명령을, 그 물품을 새로 인수하여 사용하게 될 물품운용관에게는 물품의 인수명령을 하여야 한다.

2) 소속분류전환

① 물품의 소속회계를 변경하여 사용하는 것을 분류전환이라고 한다.

② 각 중앙관서의 장은 그 소관에 속하는 물품의 효율적인 사용이나 처분을 위하여 필요한 때에는 그 소관에 속하는 물품의 소속분류를 전환할 수 있다.

3) 국유재산 편입

물품(비품)을 국유시설에 부착시켜 국유재산으로 전환하는 것을 "국유재산으로 편입"시킨 물품이라 하고, 국유재산에서 분리된 물품을 관리하거나 처분하기 위해서 물품으로 전환하는 것을 "국유재산에서 물품으로 편입"시킨 물품이라 한다. 모두 국유재산과 물품간의 이동이다.

[5] 물품의 관리전환과 처분

(1) 불용결정

관리 중(사용 또는 보관 등)인 물품이 사용할 필요가 없게 되거나 사용할 수 없게 되면 중앙관서의 장(또는 물품관리관)이 불용결정을 하고, 불용품 소요조회를 실시하여 다른 기관에 관리전환을 하거나 매각·재활용양여 등의 처분을 하여 관리를 종결한다. 불용결정은 거래가 자유롭지 못한 물품에 대하여 처분이 가능하도록 융통성을 부여하는 절차라고 볼 수 있으며, 불용의 결정을 한 물품을 〈불용품〉이라 한다.

1) 불용결정 대상물품

각 중앙관서의 장 또는 물품관리관은 그 소관에 속하는 물품 중 사용할 필요가 없거나 사용할 수 없는 물품을 대상으로 불용결정을 하여야 한다.

가) 수명이 다하여 사용할 수 없는 물품(낡은 물품, 변질된 물품, 파손된 물품 등 폐품)

나) 사용이 가능하지만 사용할 필요가 없는 물품(잉여품, 과장품)

2) 내용연수와 불용결정

가) 내용년수가 도래한 물품도 사용이 가능할 경우 불용처분을 하여서는 아니 되며, 내용년수가 도래하지 않은 물품도 상당한 이유가 있을 때에는 불용처리를 할 수 있다.

나) 내용년수 도래 전에 사용이 불가능하여 불용결정할 때에는 불용결정조서에 구체적인 사유를 명시 (수리비용과 수리한계비의 비교, 사용빈도, 관리상태, 고장발생빈도 등 불용사유가 될 만한 자료 등)

※ 중요 ; 불용결정 대상 물품

① 사용할 필요가 없게 된 물품으로서 앞으로도 사용할 전망이 없는 물품

② 정수를 초과하는 물품과 예측할 수 있는 일정기간의 수요를 초과하여 재고로 보유하고 있는 물품

③ 원장비가 사용 불가능하거나 원장비가 없어진 경우로서 이를 새로이 취득할 필요성이나 가능성이 없는 경우의 그 부속품

④ 규격 또는 모형이 달라져 수리가 곤란하거나 수리하여도 본래의 목적에 사용할 수 없는 물품

⑤ 시설물에서 제거된 물품으로서 활용할 수 없는 물품

⑥ 훼손 또는 마모되어 수리하여도 본래의 목적에 사용할 수 없는 물품

⑦ 수선을 요하는 물품으로서 수선을 하는 것이 비경제적인 물품

⑧ 위 각 호에 준하는 사유가 있다고 각 중앙관서의 장이 인정하는 물품(규칙 제51조)

3) 불용의 결정권자

중앙관서의 장 또는 물품관리관이 불용결정의 주체가 된다. 취득가격이 500만 원 이상인 물품에 대하여는 중앙관서의 장이 불용결정을 하고, 취득가격 500만원 미만인 물품에 대하여는 물품관리관이 불용을 결정한다.

〈표 4-52〉 불용의 결정권자

1. 사용이 가능한 물품	① 취득금액 500만원 이상	중앙관서장이 불용결정	관리전환조회
	② 취득금액 500만원 미만	물품관리관이 불용결정	관리전환조회
2. 사용이 불가능한 물품	③ 취득금액 500만원 이상	물품관리관이 불용결정	처 분
	④ 취득금액 500만원 미만	물품관리관이 불용결정	처 분

○ 중앙관서장의 불용결정 : 취득가액 500만원 이상의 물품(물품관리관이 요청)

○ 물품관리관의 불용결정 : 취득가격 500만원 미만인 물품

4) 불용결정시기

불용결정 및 불용처분은 주로 재물조사 후속조치를 위하여 실시하지만, 물품의 사용도중에 불용사유 (사용할 수 없거나 사용할 필요가 없는 물품)가 발생한 물품에 대하여도 실시할 수 있다.

5) 불용결정 실무절차

① 운용관의 상태조사 → (재물조사에서 나타난 불용 예상품에 대한 상태 확인)
② 운용관의 반납요구 → (불용대상품을 선별하여 불용결정 건의)
③ 관리관의 상태확인 → (운용관이 반납을 요청한 물품의 상태 재확인)
④ 사용(부서) 물색 → (사용할 부서를 물색하여 사용전환)
⑤ 관리관의 불용결정 → (취득가 500만원 미만의 물품)
⑥ 중앙관서의 장에게 불용요청 → (취득가액 500만원 이상의 물품)

6) 물품관리관의 불용결정

가) 다음의 물품은 물품관리관이 불용을 결정한다.

① 취득금액 500만원 미만의 물품으로서 사용할 필요가 없는 물품
② 중앙관서의 장으로부터 관리전환의 지시(불용결정요청 전에 지시된 물품)가 있는 물품

나) 불용결정 후속처리

① 불용결정 문서를 작성하고 '불용결정 물품목록'을 첨부하여 물품관리관의 결재를 받으면 불용품으로 확정된다.
② 불용결정이 끝나면 물품관리시스템(d-brain)에 불용결정일자를 입력하여 불용품으로 관리한다.
③ 불용품 중 사용가능품에 대하여는 관리전환조회를 실시한 후 소요가 없을 경우 처분한다.
④ 소요가 없는 불용물품은 조달청(재활용센터)에 양여하거나 다른 처분절차를 취한다.

(2) 물품의 상태조사

상태분류는 물품의 상태를 검증하여 활용 가능여부, 사용할 필요여부, 수리 사용가능 여부를 조사하는 과정을 말한다. 물품의 상태에 따라 불용대상물품을 결정하고, 그 처분방법을 결정하기도 한다. 불용품을 폐기할 것인지 재활용(매각이나 무상양여 등)할 것인지는 물품의 상태에 따라 결정된다.

1) 상태조사의 시기 및 기준

물품관리관은 물품의 〈재물조사〉, 〈반납〉, 〈불용 결정〉을 할 때 각각"물품상태 분류기준"에 의하여 그 상태를 분류하여야 한다.

2) 물품의 상태분류 기준

① 신품 : 사용되지 않은 물품으로서 수리를 요하지 않는 물품

② 중고품 : 사용된 물품으로서 수리를 요하지 않는 물품

③ 정비필요품 : 수리하여 사용함이 경제적인 물품(수리비가 경제적 한계를 초과하지 않는 물품)

④ 폐품 : 수리하여 사용함이 비경제적인 물품(수리비 지출이 경제적 한계를 초과하는 물품)과 기타 수리할 수 없는 물품

3) 불용품처분지침

① 재물조사· 반납· 불용결정을 할 때에는 상태분류 세부기준을 적용

② 취득가액 300만원 이상인 물품에 대하여 폐품으로 분류 시 관련 증빙자료 첨부

③ 동 물품을 매각처분 시 조달청장이 제공하는 전산장치 또는 별도로 지정하는 매각방법에 따라 처분(On-bid 시스템이용)

(3) 물품의 관리전환

관리전환이란 물품의 효율적인 사용 및 처분을 하기 위하여 필요한 때에 특정 물품관리관의 소관물품을 다른 물품관리관의 소관으로 이동(관리권 이동)하는 것을 말한다.

1) 관리전환의 승인

관리전환은 물품관리관이 소속 중앙관서의 장의 승인을 받아 전환하는 것이 원칙이다. 다만 물품수급관리계획에 따라 관리전환을 하거나 아래 물품의 경우에는 물품관리관이 직접 관리전환을 할 수 있다.(물품관리법 제22조)

2) 물품관리관의 관리전환 대상물품

① 6월 이내에 반환하는 조건으로 관리전환 하는 물품

② 감사결과 위법 또는 부당한 사실이 있는 때에 조달청장의 시정요구에 따라 관리전환 하는 물품

③ 동일 물품관리관에 소속되어 있는 분임물품관리관 상호간에 관리전환 하는 물품

④ 취득단가 500만원 미만의 물품중 사용가능한 것으로서 당해 관서에서는 필요하지 아니한 물품을 불용결정하여 관리전환 하는 물품

⑤ 소속중앙관서의 장이 관리전환이 필요하다고 인정하여 지시하는 바에 따라 관리전환 하는 물품

3) 관리전환의 협의

각 중앙관서의 장이 다른 중앙관서에 소관물품의 관리전환을 승인하고자 할 때에는 다음 물품을 제외하고는 조달청장과 미리 협의를 하여야 한다.

> **※ 관리전환 협의 대상 제외물품**
> 1. 1년 이내에 반환하는 조건으로 관리전환 하는 물품
> 2. 국가의 사무 또는 사업의 수행상 필요한 시험·연구·조사 또는 검사를 다른 관서에 위탁하는 경우 그 위탁을 받은 관서에서 당해 업무를 수행함에 필요한 물품
> 3. 취득단가 500만원 미만의 물품
> 4. 물품의 성질상 긴급한 처분을 요하는 물품

4) 유상 관리전환

회계간의 관리전환 즉 대상품의 소속회계가 일반회계와 특별회계 또는 특별회계와 특별회계 간에 관리전환 하는 경우 유상으로 전환하는 것이 원칙이고, 다음의 물품은 무상으로 관리전환 할 수 있다.

※ 무상 관리전환

1. 6월 이내에 반환하는 조건으로 관리전환 하는 물품
2. 국가의 사무 또는 사업의 수행상 필요한 시험·연구·조사 또는 검사를 다른 관서에 위탁하는 경우 그 위탁을 받은 관서에서 당해 업무를 수행함에 필요한 물품
3. 각 중앙관서의 장이 조달청장과 협의하여 무상으로 관리전환하기로 정한 경우

5) 물품관리관의 관리전환 요령

① 물품관리관이 관리전환 할 수 있는 물품 확인(승인관계)

② 물품을 관리전환 할 관서와 관리전환 받을 관서간에 〈관리전환 합의서〉 작성

③ 관리전환을 받을 물품관리관에게 인도하는 자와 인도시기, 장소, 품명 및 기타 필요한 사항을 통지

④ 관리전환을 받을 물품관리관은 출납공무원에게 수입명령 조치(영제34조제4항)

⑤ 물품이동을 완료하고 물품출납부(전산)에 관리전환(−) 등재

6) 중앙관서 장의 관리전환 승인절차

가) 물품관리관의 관리전환 승인요청에 대한 승인

① 승인대상 물품 : 취득가격 500만원 이상의 사용가능한 불용품

② 같은 중앙관서 소속 물품관리관간 관리전환 시 : 중앙관서장이 승인

③ 다른 중앙관서의 물품관리관에게 관리전환 시 :

- 500만원 이상은 조달청장과 협의 후 승인
- 다른 중앙관서의 장과 협의를 하고 그 협의내용을 명백히 하여 조달청장에게 협의를 요청

나) 관리전환 협의

① 취득가격이 500만원 이상인 사용가능품에 대하여 중앙관서의 장이 불용결정을 할 경우

- 불용결정전에 산하기관에 관리전환 소요조회(물품관리관에게 조회 위임 가능)
- 불용결정 후 다른 중앙관서의 장에게 관리전환 소요조회(나라장터 관리전환 사이트를 통하여 '중앙관서간 조회'를 실시)

② 다른 중앙관서 장의 소요가 있을 때 해당 중앙관서의 장과 협의를 완료하고 500만원 이상은 조달청장과 관리전환협의 ("물품관리전환합의서"를 작성하여 첨부)

(4) 불용품의 처분절차

1) 불용품처분의 단계

가) 국가의 의사에 따라 불용품의 소유권을 소멸시키는 행위를 불용품처분이라 하며 처분방법은 매각, 재활용양여(조달청에 양여), 무상양여, 해체, 폐기, 불용품보존이 있다. 불용품 관리전환은 사용가능한 물품의 관리권을 사용이 필요한 관서로 이동하는 점에서 다른 불용품의 처분과 구분된다.

나) 중앙관서장이 다른 중앙관서의 장에게 관리전환 소요조회 결과 소요가 없어 조달청에서 처분방법을 통보한 불용품은 그에 따라 처분하고 처분결과를 조달청에 통보(관리전환 사이트에서 처분결과를 입력)하여야 한다.

2) 불용품 처분 절차

① 불용결정 → (중앙관서의 장 또는 물품관리관)

② 불용품 소요조회 → (소요가 있을 시 관리전환)

③ 불용품 처분

㉮ 1단계 : 매각, 보존, 재활용양여(조달청에 양여) → (재활용)

㉯ 2단계 : 무상양여 → (조달청장과 협의)

㉰ 3단계 : 해체 또는 폐기 → (해체 또는 폐기조서 작성)

④ 조달청장에게 처분요청 → (매각 등 자체 처분이 어려울 경우)

⑤ 처분결과를 출납장부에 등재 → (전산입력)

(5) 불용품 매각

불용품매각은 공공기관이 사용가능한 불용품을 상대방에게 이전하고 그 대금을 받는 매매계약에 의하여 국고의 일부를 회수하는 과정이다. 공용물품은 매각을 목적으로 한 물품이거나 불용품이 아니면 매각할 수 없으며, 물품관리관은 매각이 필요할 때마다 계약담당공무원에게 매각에 필요한 조치를 청구하여야 한다.

※ 불용품 매각시 유의사항

- 사용가능 불용품에 대하여 관리전환 소요가 없을 시 매각할 수 있다.
- 계약담당공무원이 매각을 할 때에는 전자자산처분시스템(on-bid)을 이용한다.
- 매각되지 않은 불용품은 재활용양여(조달청에 양여), 무상양여 또는 폐기할 수 있다.
- 매각대금은 세입처리 하여야 한다.

〈매각처리절차〉

① 매각 대상품 선정 → (불용품 중에서)

② 물품관리관의 매각요청 → (매각의 시기 등 통보)

③ 계약담당 공무원의 매각 → (온비드 시스템이용)

(㉮ 공고 → ㉯ 가격(매각대금)산정 → ㉰ 입찰 → ㉱ 매각대상자 선정 → ㉲ 계약 → ㉳ 대금수납)

④ 물품의 인도

(6) 조달청에 재활용 양여

1) 정부물품재활용 절차

① 무상양여 통보(접수) → (각 기관에서 '불용품양여' 문서송신)

② 재활용센터에 수집 요구 → (조달청에서 센터에 통보)

③ 수집 및 인수증교부 → (센터에서 수집 후 조달청에 인수결과 통보)

④ 수리 → (전문수리 및 가격결정)

⑤ 전시 및 판매 → (조달청 계좌에 대금납부, 수수료 지급)

2) 조달청에 무상양여(讓與)하는 방법

각 기관에서 발생한'재활용이 가능한 불용품'은 조달청에 무상으로 양여하여 민간분야에서 재활용할 수 있도록 한다. 불용품에 대하여 매각절차를 생략하고 바로 조달청에 양여할 수 있다.

> **조달청에 무상양여 할 수 있는 법적 근거**
> ⇒ 물품관리법 제 37조 단서 및 동 시행령 제43조의2 등
> 재활용이 가능한 불용품을 조달청장에게 무상양여 할 때에는 '품명, 규격, 수량, 취득가격, 취득연월일 및 물품상태'를 명시하여 정부물품 재활용사업을 운영하는 지방조달청장에게 통보하여야 하며 당해 불용품을 해체하거나 그 부분품을 발췌하여서는 안 된다.

[6] 물품의 관리와 제도

(1) 물품수급관리계획

「물품수급관리계획」은 불요불급한 구매를 억제하고 필요한 물품을 계획적으로 공급하기 위해서 수립하는'물품의 취득과 처분의 연간계획'을 말한다. 각 중앙관서의 장은 매년 2월 말일까지 동 계획서를「전자태그 기반 국가물품관리시스템(RFID)」에 등재함으로 제출에 갈음한다.

1) 물품수급관리계획은 잉여품이나 과장품의 발생을 방지하고 예산의 낭비요인을 없애기 위한 관리계획서로서 매년 각 물품관리관 단위별로 수립한다.
2) 당해년도의 '품목별 취득과 처분' 실적을 분석하고, 예산의 범위 안에서 다음년도의 '품목별 취득과 처분' 계획을 세운다.
3) 각 기관에서는 〈물품수급관리계획〉에 따라 그 소관에 속하는 물품을 관리하여야 한다
   ☞ 법적 근거 : 물품관리법 제15조, 동법시행령 제15조 및 동법시행규칙 제23조 등

(2) 재물조사 (在物調査)

1) 재물조사의 기준
   가) 재물조사는 장부를 마감하고 현품의 수량과 상태를 동시에 조사하는 현품 확인과정이며 관리상태의 검증과정이다. 정기재물조사는 매년 12월31일 기준으로 실시하고 각 중앙관서의 장은 재물조사보고서를 2월 20일까지「디지털예산회계시스템(d-brain)」에 등재하여야 한다.
   나) 재물조사는 물품관리관이 주관하여 실시하고 조사반원(계수자·검수자)은 물품관리 업무에 직접 종사하지 않는 공무원으로 편성한다.
   ☞ 재물조사근거 : 물품관리법 제19조, 동법시행령 제22조 및 동법시행규칙 제27조 등

2) 재물조사의 종류

〈표 4-53〉 재물조사 구분과 내용

구 분	내 용
정기재물조사	· 매년 12월 31일을 기준으로 하여 실시
특별재물조사	· 법령이나 조직의 변경 등으로 특별점검이 필요할 때 (1개월전까지 지침 통보)
수시재물조사	· 중앙관서의 장이 필요하다고 인정할 때 · 물품관리관 또는 물품출납공무원이 교체된 때 · 특정품에 대한 불시 확인이 필요할 때 등

〈표 4-54〉 재고품의 조사방법

구 분	내 용
폐창식방법 (원칙)	재물조사기간중 출급을 중지(폐쇄)시키고 조사
개창식방법	물품 수입과 출급을 계속하면서 조사
* 폐창식이 원칙. 단, 업무에 특별한 지장이 있는 경우에 한하여 개창식으로 실시	

3) 정기재물조사의 흐름

① 재물조사지침 통보 → (조달청장 : 9월30일까지)

② 재물조사실시 → (각 물품관리기관 : 12월31일 기준)

③ 재물조사결과 제출 → (각 중앙관서 : 익년 2월 20일까지)

④ 정부종합보유재물 통계분석 → (조달청 : 취합작성)

⑤ 조사결과 사후처리 → (각 물품관리기관 : 재물조정, 불용결정)

4) 재물조사결과 사후처리 방법

가) 착오기재 정리

기록착오, 기록누락, 식별불능 또는 착오 수불된 물품의 경우 사무상 착오임이 명백한 것은 착오부분을 정정

나) 수량 과부족 처리

① 초과품

초과품이란 장부상의 수량보다 현품이 많을 경우를 말하며 등재누락 여부를 재

확인하여 착오사항이 있으면 정정하거나 재물조정(다른 유사품의 부족량에 대체)에 의하여 정리한다. 재물조정이 불가능한 초과품은 물품관리 관계장표에 신규 취득물품으로 등재한다.

② 부족품

부족품이란 장부상의 수량보다 현품이 적을 경우를 말하며 부족사유를 규명하여 손망실 처리를 하거나 재물조정에 의하여 장부수량을 정리한다.

다) 상태조사 결과처리

① 불용대상 사용가능품

사용가능품이란 수량은 일치하나 구식물품이 되거나 업무가 종료되어 장래 사용할 필요가 없는 '잉여품'과 통상적인 사용량에 비하여 필요 이상의 물품을 보유하고 있는 '과장품'을 말한다.

- 잉여품 : 불용결정하여 관리전환하거나 처분(매각, 무상양여, 조달청양여 등 재활용)
- 과장품 : 신규 취득을 통제하거나 관리전환 또는 처분

② 폐품

상태조사에서 수리할 수 없거나 수리비용이 과다하여 사용할 수 없는 폐품으로 조사된 물품은 물품관리관이 그 상태를 재조사하여 불용결정절차를 취하고 처분

5) 내용연수

가) 내용연수 제도

① 내용연수는 최소의 수리비로 물품의 기능을 계속 유지할 수 있는 비소모품의 경제적 사용기간으로서 조달청과 각 중앙관서에서 기준을 정하여 운영하고 있다.

② 내용연수는 원래 기업회계에서 물품을 구입당시의 비용으로 처리하지 않고 그 회계기간마다 일정액을 감가상각 처리하여 이를 비용으로 환원시키는 데에 필요한 내구연한을 의미한다.

☞ 내용연수 제도근거 : 물품관리법 제16조2, 동법시행령 제18조, 내용연수(조달청고시)등

나) 불용처분과의 관계

보통 내용연수를 물품의 불용결정시기의 기준으로 이용하고 있으나, 내용연수가 만료되었다 하여 불용처분 하는 것은 아니다. 물품의 수명은 사용 환경에 따라 달라지기 때문이다.

① 내용연수가 경과하여도 사용에 지장이 없는 물품은 계속 사용
② 내용연수가 경과하지 않아도 경제적 수리한계가 초과되었을 경우에는 처분가능
③ 사용량을 정확하게 계량할 수 있는 물품(복사기, 프린터, 차량 등)으로서 경제적 사용량을 제조회사가 공시한 경우에는 내용연수 대신 사용량(차량의 경우에는 주행거리)을 기준으로 관리 가능

4 함정물품관리

함정 운영관리 규칙(해양경찰청훈령) 제7장 물품관리에 따라 해경청장은 함정의 일상운용과 정비유지에 소요되는 물품에 대한 연간 및 분기별 소요량을 산정하여 물품수급의 기준으로 하여야 한다. 물품의 소요량은 예산과 함정운용계획을 고려하여 산정한다.

[1] 물품구매 및 지급

해경서장, 서특단장 및 해양경찰정비창장은 제36조에 따라 산정된 물품을 분기 1회 일괄구매하여 함정장의 청구에 의하여 지급한다. 다만, 긴급히 소요되는 물품에 대하여는 수시구매하여 지급할 수 있다. 해경청장은 함정의 주요장비 부속품에 대하여 기본 정수량의 예비부속품을 확보하여 긴급수요에 대비하여야 한다. 함·정장은 지급 받은 물품에 대하여 물품관리법 및 그 밖의 관계규정에 따라 철저히 관리하고 물품의 수령 및 사용사항을 표준서식에 따라 기록하여 재고를 수시 확인하여야 한다.

[2] 유류 확보

해경청장은 함정의 연간 운항계획과 기관형별, 유류 소모기준에 근거하여 함정운용에 필요한 연간 유류 소요량을 산출한다. 경유는 해양경찰청에서 해양경찰서, 서특단으로 연간 월별 배정하며 매월말 실수령량만 대금지불 운용하고, 윤활유는 분기계획에 따라 해양경찰청에서 일괄구매 해양경찰서, 서특단에 보급 운용한다.

잡유 및 유류바지, 원거리에 배치되어 유류공급이 곤란한 순찰정용 경유는 해양경찰청에서 해양경찰서, 서특단에 예산배정 현지구매 운용하도록 한다.

(1) 유류 소모 기준

① 유류소요량 산출에 있어서 연료유의 소요량은 기관제작회사가 정한 소모기준을 적용하여 산출하고 윤활유의 소요량은 연료유 소요량의 3/100으로 한다.

② 함정운용에 따른 유류의 실제소모량은 제1항의 규정에 불구하고 실측에 의하여 산출한다.

(2) 유류 공급

1) 해경청장은 제40조 제1항의 규정에 의한 연간 유류 소요량에 대하여 유류회사와 공급계약을 체결하고 해양경찰서, 서특단 및 해양경찰정비창에서 운용할 수 있도록 조치하여야 한다.

2) 구입 확보된 유류는 해양경찰서, 서특단 및 해양경찰정비창의 보관시설에 보관하거나 공급업체에서 보관하도록 하고, 공급은 함정장의 청구에 의하여 해경서장, 서특단장 및 해양경찰정비창장이 발급하는 공급지시서에 따라 공급한다. 다만, 공급업체 보관은 자체 보관시설이 없는 해양경찰서에 한한다.

3) 구입한 유류를 공급업체로부터 해양경찰서, 서특단 자체 보관시설로 수용하거나 해양경찰서, 서특단 또는 공급업체에서 보관중인 유류를 함정에 공급할 때에는 해경서장, 서특단장 및 해양경찰정비창장이 지명하는 검수단이 입회하여 수령 또는 공급량을 확인하여야 한다.

[3] 함정의 구조물 변경제한

함정은 건조당시의 설계에 포함되지 아니한 장비 또는 시설물을 설치하거나 탑재하여서는 아니 된다. 다만, 함정건조추진위원회의 심의결과 함정의 안전 및 성능유지에 지장이 없다는 결정이 있는 경우와 목적지까지의 운반을 위하여 일시적으로 물품을 적재하는 경우는 그러하지 아니하다.

5 무기 및 탄약관리

[1] 무기 및 탄약관리 일반

무기라 함은 인명 또는 신체에 위해를 가할 수 있도록 제작된 권총·소총·도검 등을 말하고 탄약은 인원, 장비, 구조물, 기타 표적에 손상을 입힐 목적으로 제작된 폭발물 및 화학·생물학·방사선 작용제 등을 총칭한다. 무기를 구분하면 개인화기로는 권총, 소총(자동소총 및 기관단총을 포함한다) 등이 있고, 공용화기로는 유탄발사기, 중기관총, 함포(부대장비 포함한다) 등이 있다. 탄약은 각 무기별 특성, 성능 및 사용 용도에 따라 구분하고 있다. 용도별로 구분하면 기수탄, 전시 비축탄, 교육훈련탄이 있고, 특성 및 성능별로 구분하면 철갑탄, 방화탄, 예광탄, 보통탄, 공포탄, 항공조명탄, 최루탄, 섬광폭음탄 등이 있다.

무기·탄약류 등 관리 규칙(해양경찰청훈령 제127호)은 「물품관리법」, 「경찰관직무집행법」, 「위해성 경찰장비의 사용기준 등에 관한 규정」의 무기·탄약류 시행을 위하여 필요한 사항을 정하고 효율적 관리·유지를 목적으로 한다. 이 규칙에서 사용하는 용어의 정의는 다음과 같다.

1) "무기"란 인명 또는 신체에 위해를 가할 수 있도록 제작된 장비를 말한다.
2) "개인화기"란 해양경찰청 소속 경찰공무원(의무경찰을 포함한다) 개인이 휴대하며 운용할 수 있는 무기를 말한다.
3) "공용화기"란 경비함정 등에서 공동 임무를 수행하기 위하여 사용하는 무기를 말한다.
4) "무기고"란 해양경찰기관에 배정된 개인화기와 공용화기를 보관하기 위하여 설치된 시설을 말한다.
5) "간이무기고"란 해양경찰기관의 각 기능별 운용부서에서 효율적 사용을 위하여 무기고로부터 무기·탄약의 일부를 대여 받아 별도 보관 관리하는 시설을 말한다.
6) "탄약고"란 경찰탄약 및 최루탄을 집중 보관하기 위하여 다른 용도의 사무실, 무기고 등과 분리 설치된 보관시설을 말한다.
7) "기수탄"이란 탄약 중에서 각 무기별로 지정된 기본 정수량을 말한다.
8) "전시 비축탄"이란 전시에 대비해 보유하고 있는 탄약을 말한다.
9) "교육훈련탄"이란 교육훈련 계획에 따라 실시되는 각종 교육훈련에 소요되는 탄약을 말한다.
10) "항공조명탄"이란 항공기를 이용해 해상항공순찰, 야간 비상착륙, 수색·구조 활동을

위해 사용되는 탄약을 말한다.

11) "무기·탄약 관리책임자"란 해양경찰기관의 장으로부터 무기·탄약 관리업무를 위임받아 무기고, 탄약고 및 간이무기고에 보관된 무기·탄약을 총괄하여 관리 감독하는 자를 말한다.

12) "무기·탄약 취급담당자"란 무기·탄약관리에 관한 사무를 분장 받아 해당 해양경찰기관 무기·탄약의 보관·운반·수리·입출고 등 무기·탄약 관리에 종사하는 자를 말한다.

[2] 무기·탄약 구분

(1) 무기의 구분

1) 개인화기 : 권총, 소총(자동소총 및 기관단총을 포함한다) 등
2) 공용화기 : 유탄발사기, 중기관총, 함포(부대장비를 포함한다) 등
3) 도검 등

(2) 탄약의 구분

1) 용도별 구분 : 기수탄, 전시 비축탄, 교육훈련탄등
2) 특성 및 성능별 구분 : 철갑탄, 방화탄, 예광탄, 보통탄, 공포탄 등

[3] 무기사용 규정

경찰관 직무집행법(제10조의4)의 무기의 사용에 대한 규정으로 ① 범인의 체포·도주의 방지를 위해 필요한 때 ② 자기 또는 타인의 생명·신체에 대한 방호를 위하여 필요한 때 ③ 공무집행에 대한 항거를 억제하기 위해 필요한 때 ④ 필요하다고 인정되는 상당한 이유가 있을 때이다.

위해의 수반이 허용되는 무기의 사용으로는 ① 정당방위의 경우로 자기 또는 타인의 법익에 대한 현재의 부당한 침해를 방위하기 위한 상당한 이유가 있는 때(형법 제21조1항), ② 긴급피난의 경우로는 자기 또는 타인의 법익에 대한 현재의 위난을 피하기 위한 행위는 상당한 이유가 있는 때(형법 제22조1항), ③ 중범인의 체포와 이를 위한 경찰관의 직무집행에 항거할 때(사형·무기 또는 장기 3년 이상의 징역이나 금고에 해당하는 죄를 범하였거나 범하였다고 의심할 만한 충분한 이유가 있는 자와 범죄자를 도주시키려고 경찰관에게 항거하는 제3자 포함) ④ 영장집행의 경우로 체포·구속영장과 압수·수색영장 집행 시 경찰관의 직무

집행에 대하여 항거하거나 도주하려고 할 때(제3자가 그를 도주시키려고 경찰관에게 항거할 때), ⑤ 위험한 물건을 소지한 범인의 경우(3회 이상의 투기명령 또는 투항명령을 받고도 이에 불응하면서 계속 항거하여 이를 방지 또는 체포하기 위하여 무기를 사용하지 않고는 다른 수단이 없다고 인정되는 경우) ⑥ 대간첩작전을 수행하는 경우(개인화기 외에 공용화기 사용 가능) ⑦「무기를 사용하지 아니하고는 다른 수단이 없는」경우이다.

[4] 경찰장비의 사용기준

위해성 경찰장비의 사용기준 등에 관한 규정(대통령령 제30328호)은「경찰관 직무집행법」제10조에 따라 국가경찰공무원이 직무를 수행할 때 사용할 수 있는 사람의 생명이나 신체에 위해를 끼칠 수 있는 경찰장비의 종류·사용기준 및 안전관리 등에 관한 사항을 규정함을 목적으로 한다.

(1) 위해성 경찰장비의 종류

「경찰관 직무집행법」(이하 "법"이라 한다) 제10조제1항 단서에 따른 사람의 생명이나 신체에 위해를 끼칠 수 있는 경찰장비(이하 "위해성 경찰장비"라 한다)의 종류는 다음 각 호와 같다.

1) 경찰장구 : 수갑·포승(捕繩)·호송용 포승·경찰봉·호신용경봉·전자충격기·방패 및 전자방패
2) 무기 : 권총·소총·기관총(기관단총을 포함한다. 이하 같다)·산탄총·유탄발사기·박격포·3인치 포·함포·크레모아·수류탄·폭약류 및 도검
3) 분사기·최루탄등 : 근접분사기·가스분사기·가스발사총(고무탄 발사겸용을 포함한다. 이하 같다) 및 최루탄(그 발사장치를 포함한다. 이하 같다)
4) 기타장비 : 가스차·살수차·특수진압차·물포·석궁·다목적발사기 및 도주차량차단장비

(2) 무기별 사용 기준

1) 영장집행 등에 따른 수갑 등의 사용기준

경찰관(국가경찰공무원은 체포·구속영장을 집행하거나 신체의 자유를 제한하는 판결 또는 처분을 받은 자를 법률이 정한 절차에 따라 호송하거나 수용하기 위하여 필요한 때에는 최소한의 범위 안에서 수갑·포승 또는 호송용 포승을 사용할 수 있다.

2) 자살방지 등을 위한 수갑 등의 사용기준 및 사용보고

경찰관은 범인·주취자 또는 정신착란자의 자살 또는 자해기도를 방지하기 위하여 필요한 때에는 수갑·포승 또는 호송용 포승을 사용할 수 있다. 이 경우 경찰관은 소속 국가경찰관서의 장(경찰청장·해양경찰청장·지방경찰청장·지방해양경찰청장·경찰서장 또는 해양경찰서장 기타 경무관·총경·경정 또는 경감을 장으로 하는 국가경찰관서의 장을 말한다. 이하 같다)에게 그 사실을 보고하여야 한다.

3) 불법집회등에서의 경찰봉·호신용경봉의 사용기준

경찰관은 불법집회·시위로 인하여 발생할 수 있는 타인 또는 경찰관의 생명·신체의 위해와 재산·공공시설의 위험을 방지하기 위하여 필요한 때에는 최소한의 범위 안에서 경찰봉 또는 호신용경봉을 사용할 수 있다. 경찰봉 또는 호신용경봉을 사용하는 때에는 인명 또는 신체에 대한 위해를 최소화하도록 주의하여야 한다.

4) 전자충격기 등의 사용제한

경찰관은 14세미만의 자 또는 임산부에 대하여 전자충격기 또는 전자방패를 사용하여서는 안 된다. 전극침(電極針) 발사장치가 있는 전자충격기를 사용하는 경우 상대방의 얼굴을 향하여 전극침을 발사해서도 안 된다.

5) 가스발사총 등의 사용제한

경찰관은 범인의 체포 또는 도주방지, 타인 또는 경찰관의 생명·신체에 대한 방호, 공무집행에 대한 항거의 억제를 위하여 필요한 때에는 최소한의 범위 안에서 가스발사총을 사용할 수 있다. 이 경우 경찰관은 1미터이내의 거리에서 상대방의 얼굴을 향하여 이를 발사하여서는 아니 된다. 최루탄발사기로 최루탄을 발사하는 경우 30도 이상의 발사각을 유지하여야 하고, 가스차·살수차 또는 특수진압차의 최루탄발사대로 최루탄을 발사하는 경우에는 15도 이상의 발사각을 유지하여야 한다.

6) 가스차·특수진압차·물포의 사용기준

경찰관은 불법집회·시위 또는 소요사태로 인하여 발생할 수 있는 타인 또는 경찰관의 생명·신체의 위해와 재산·공공시설의 위험을 억제하기 위하여 부득이한 경우에는 현장책임자의 판단에 의하여 필요한 최소한의 범위에서 가스차를 사용할 수 있다. 소요사태의 진압, 대간첩·대테러작전의 수행을 위하여 부득이한 경우에는 필요한 최소한의 범위 안에서 특수진압차를 사용할 수 있다.

경찰관은 불법해상시위를 해산시키거나 정선명령에 불응하고 도주하는 선박을 정지시키기 위하여 부득이한 경우에는 현장책임자의 판단에 의하여 필요한 최소한의 범위 안에서 경비함정의 물포를 사용할 수 있다. 다만, 사람을 향하여 직접 물포를 발사하여서는 아니 된다.

7) 살수차의 사용기준

경찰관은 다음 각 호의 어느 하나에 해당하여 살수차 외의 경찰장비로는 그 위험을 제거·완화시키는 것이 현저히 곤란한 경우에는 지방경찰청장의 명령에 따라 살수차를 배치·사용할 수 있다. 또한 필요한 최소한의 범위에서 최루액을 혼합하여 살수할 수 있다.

① 소요사태로 인해 타인의 법익이나 공공의 안녕질서에 대한 직접적인 위험이 명백하게 초래되는 경우

② 「통합방위법」 제21조제4항에 따라 지정된 국가중요시설에 대한 직접적인 공격행위로 인해 해당 시설이 파괴되거나 기능이 정지되는 등 급박한 위험이 발생하는 경우

8) 석궁의 사용기준

경찰관은 총기·폭발물 기타 위험물로 무장한 범인 또는 인질범의 체포, 대간첩·대테러작전등 국가안전에 관련되는 작전을 은밀히 수행하거나 총기를 사용할 경우에는 화재·폭발의 위험이 있는 등 부득이한 때에 한하여 현장책임자의 판단에 의하여 필요한 최소한의 범위안에서 석궁을 사용할 수 있다.

9) 다목적발사기의 사용기준

경찰관은 인질범의 체포 또는 대간첩·대테러작전등 국가안전에 관련되는 작전을 수행하거나 공공시설의 안전에 대한 현저한 위해의 발생을 방지하기 위하여 필요한 때에는 최소한의 범위안에서 다목적발사기를 사용할 수 있다.

10) 도주차량차단장비의 사용기준

경찰관은 무면허운전이나 음주운전 기타 범죄에 이용하였다고 의심할 만한 차량 또는 수배중인 차량이 정당한 검문에 불응하고 도주하거나 차량으로 직무집행중인 경찰관에게 위해를 가한 후 도주하려는 경우에는 도주차량차단장비를 사용할 수 있다. 도주차량차단장비를 운용하는 경찰관은 검문 또는 단속 장소의 전방에 동 장비의 운용중임을 알리는 안내표지판을 설치하고 기타 필요한 안전조치를 취하여야 한다.

(3) 총기사용

1) 총기사용의 경고(제9조)

경찰관은 법 제10조의4에 따라 사람을 향하여 권총 또는 소총을 발사하고자 하는 때에는 미리 구두 또는 공포탄에 의한 사격으로 상대방에게 경고하여야 한다. 다만, 다음 각 호의 어느

하나에 해당하는 경우로서 부득이한 때에는 경고하지 아니할 수 있다.

① 경찰관을 급습하거나 타인의 생명·신체에 대한 중대한 위험을 야기하는 범행이 목전에 실행되고 있는 등 상황이 급박하여 특히 경고할 시간적 여유가 없는 경우

② 인질·간첩 또는 테러사건에 있어서 은밀히 작전을 수행하는 경우

2) 권총 또는 소총의 사용제한(제10조)

① 경찰관은 법 제10조의4의 규정에 의하여 권총 또는 소총을 사용하는 경우에 있어서 범죄와 무관한 다중의 생명·신체에 위해를 가할 우려가 있는 때에는 이를 사용하여서는 아니 된다. 다만, 권총 또는 소총을 사용하지 아니하고는 타인 또는 경찰관의 생명·신체에 대한 중대한 위험을 방지할 수 없다고 인정되는 때에는 필요한 최소한의 범위 안에서 이를 사용할 수 있다.

② 경찰관은 총기 또는 폭발물을 가지고 대항하는 경우를 제외하고는 14세미만의 자 또는 임산부에 대하여 권총 또는 소총을 발사하여서는 아니 된다.

[5] 해양경찰 무기탄약 안전관리

(1) 무기탄약 안전관리

해양경찰기관의 장은 다음 각 호에 해당하는 보유운용중인 무기에 대한 안전기준 검사를 연간 1회 실시하고 이상 유무를 기록·유지 관리하여야 한다.

1) 소총, 권총, 기관총, 유탄발사기

① 총열의 균열유무

② 방아쇠를 당길 수 있는 힘이 1킬로그램 이상인지 여부

③ 안전장치의 작동 여부

2) 20미리이상 함포 : 포열의 균열 여부

3) 탄약 및 폭약류

① 신관부 및 탄체의 부식 또는 충전물 누출 여부

② 안전장치의 이상 유무

경찰관은 권총, 소총 등 총기를 휴대, 사용하는 경우 다음 각 호의 안전수칙을 준수하여야 한다.

가) 권총

① 총구는 공중(안전지역)을 향할 것

② 실탄 장전할 때는 반드시 안전장치(방아쇠울에 설치사용)

③ 1탄은 공포탄 2탄 이하는 실탄장전. 다만, 대간첩작전, 살인강도 등 중요범인이나 무기·흉기 등을 사용하는 범인의 체포 및 위해의 방호를 위하여 불가피한 경우에는 1탄부터 실탄을 장전 할 수 있다.

④ 조준할 때는 대퇴부 이하

나) 소총·기관총·유탄발사기

① 실탄은 분리휴대 및 보관

② 실탄 장전시 조정간 안전위치

③ 사용 후 보관할 때는 약실과 총강을 점검할 것

④ 공포탄약은 총구에서 6미터 이내의 사람을 향해 사격 하지 말 것

다) 20M/M이상 함포

① 실탄은 사격목적 이외는 장전금지

② 실탄 장전할 때는 안전장치 안전위치

③ 사용 전·후에는 약실과 총강을 점검할 것

④ 작동전에는 포대 주위의 안전저해 요소 사전제거

라) 탄약류

① 실탄 및 폭발류 등의 임의 변형금지

② 마찰·충격금지

③ 취급 및 사용할 때는 안전수칙 준수

마) 총기를 손질한 후 검사총을 실시할 때는 총구를 공중 또는 지면을 향하도록 할 것

바) 총기를 사용한 경우에는 지체 없이 무기사용보고서를 작성하여 소속관서의 장에게 보고하고, 소속관서 장은 해양경찰청장에게 보고 할 것. 다만, 훈련의 경우에는 그러하지 아니한다.

사) 대여 받은 총기를 다른 직원에게 임시로 인계할 때에는 검사총을 반드시 실시하여야 한다.

(2) 무기탄약 회수 및 보관

해양경찰기관의 장은 무기를 휴대한 사람이 다음 각 호의 어느 하나에 해당하게 된 때에는

즉시 대여한 무기·탄약을 회수하여 보관하여야 한다.

1) 직무상의 비위로 인하여 징계대상이 된 자
2) 형사사건으로 인하여 조사의 대상이 된 자
3) 사의를 표명한 자

해양경찰기관의 장은 무기를 휴대한 사람이 다음 각 호의 어느 하나에 해당하는 때에는 대여한 무기·탄약을 회수하여 보관할 수 있다.

1) 평소에 불평이 심하고 염세비관 하는 자
2) 주벽이 심한 자
3) 변태 성벽이 있는 자
4) 가정환경이 불화한 자
5) 그 밖에 해양경찰관서의 장이 부적합하다고 판단한 자

해양경찰기관의 장은 무기를 휴대한 사람이 다음 각 호의 어느 하나에 해당하는 경우에는 대여한 무기·탄약을 회수 보관하여야 한다.

1) 술자리 또는 연회장소에 출입할 경우
2) 상사의 사무실을 출입할 경우
3) 그 밖에 정황을 판단하여 필요하다고 인정되는 경우

해양경찰기관의 장은 무기·탄약 보유실태를 매분기말 현재 증감사항을 다음분기 10일한 해양경찰청장에게 보고하여야 하며, 비밀등급은 「보안업무규정」 및 「보존기간 책정기준에 관한 규정」에 따라 3개월 보관 후 파기 한다(1분기 현황은 7월말, 2분기는 10월말, 3분기는 다음해 1월말, 4분기는 다음해 4월말 파기).

함정의 무기·탄약현황은「해양경찰청 보안업무시행세칙」(해양경찰청 훈령) 제63조(국회 등 대외기관에 대한 자료제공 시 보안대책) 규정에 의한다. 무기부품(비품, 공구, 소모품 등)은 전산시스템으로 관리한다.

[6] 해양경찰 진압장비 관리

진압장비 등 관리규칙(해양경찰청훈령)[114)]에 의거 해양경찰청 소속 해양경찰기관에서 운용하는 진압장비, 진압 및 보호장구, 진압용 채증장비 등의 효율적 관리·유지를 목적으로 한다.

1) "진압장비"란 해양경찰청 소속 해양경찰기관 경찰공무원(의무경찰을 포함한다, 이하 같다)이 해상·육상에서 경찰임무 수행 중 공권력에 저항하는 집단행동을 제압하기 위해

114) 진압장비 등 관리규칙, [해양경찰청훈령 제1호, 2017. 7. 26., 타법개정], 해양경찰청(장비관리과).

사용하는 경찰장비를 말한다.

2) "진압 및 보호장구"란 경찰관 진압요원의 신체 보호를 위해 착용 및 휴대할 수 있는 물품을 총칭한다.

3) "진압용 채증장비"란 경찰관 진압요원의 작전임무 수행 시 상황을 녹화할 수 있는 장비를 총칭한다.

4) "해양경찰기관"이란 해양경찰청, 동해·서해·남해·중부·제주지방해양경찰청(이하 "지방해양경찰청"이라 한다), 해양경찰교육원, 해양경찰정비창, 해양경찰서, 함정, 파출소·출장소, 특공대, 항공단, 그 밖에 해양경찰청장이 지정하는 기관을 말한다.

5) "관리책임자"란 해양경찰기관의 장으로부터 진압장비, 진압 및 보호장구, 진압용 채증장비 등의 관리업무를 위임받은 자를 말한다.

(1) 진압장비 종류

해양경찰청 소속 해양경찰기관 경찰공무원(이하 "경찰관"이라 한다)이 사용하는 진압장비의 종류는 다음 각 호와 같다.

1) 장비류 : 가스발사총, 40mm 다목적발사기, 12게이지 비살상탄발사기, 전자충격기 등

2) 탄약류 : 40mm 스폰지탄, 12게이지 비살상탄, 섬광폭음탄 등

3) 최루장비 : 최루액 분사기, 최루탄, 단정소화포, 휴대용 최루액분사기 등

(2) 진압 및 보호장구

1) 진압장구류 : 4단봉, "ㅏ" 자봉, 장봉 등

2) 보호장구류 : 안전화, 방패, 방호장갑, 안전헬멧, 무릎 보호대, 팔꿈치 보호대, 방검부력조끼, 사격용 장갑, 헤드랜턴, 해상 진압복 등

(3) 진압용 채증장비

진압용 채증장비는 탈부착식 카메라와 헬멧형 카메라로 구분한다.

6 해양경찰 통신운용관리

[1] 해양경찰 통신망

해양경찰 정보통신망은 무선통신망, 유선통신망 및 전산통신망으로 구분하며 그 종류는 다음 각 호와 같다.

(1) 무선통신망

1) 전용통신망 : 해양경찰청의 기본임무수행을 위한 통신망으로, TRS전용통신망, VHF전용 통신망 및 위성통신망(KOSNET)이 있다.
2) 보조통신망 : 지휘통신망 불통시 대체수단으로 사용하는 통신망
3) 구난통신망 : 해상 수색 및 구조(SAR)업무수행을 위한 세계해상조난 및 안전제도(GMDSS)의 통신망
4) 군경합동통신망 : 해군 함정 및 해안 레이더 기지, 항공기 등과 육해공 합동작전을 위한 통신망
5) 관공선망 : 해군 함정 및 다른 행정기관 선박과의 통신 연락을 위한 통신망
6) 항무통신망 : 항내 또는 인근해역에서의 선박과 해안국 간 또는 선박상호 간 해상 이동통신으로 수색구조, 항만정보 및 선박의 이동사항 등의 정보
7) Inmarsat(INternational MARitime SATellite) 통신망 : 국제해사위성을 이용하여 구난통신 또는 원해 운항시 사용하는 통신망
8) 휴대통신망 : 근거리 업무연락을 위한 워키토키 이동통신망
9) 공중무선전화(휴대폰)망 : 해·육상에서의 업무연락을 위한 일반 공중 휴대폰 전화망

(2) 유선통신망

1) 경찰전화망 : 해양경찰 전용으로 본청 및 소속기관에 구성된 내부 유선전화망
2) 일반전화망 : 통신사업자 가입전화 약관에 따라 가입 시설된 일반 공중 유선전화망

(3) 전산통신망

1) 내부업무망 : 인터넷에 연결되어 있지 않고 업무용으로 사용되는 전산통신망
2) 외부인터넷망 : 인터넷을 사용할 수 있는 전산통신망

[2] 조난통신

(1) 조난호출

경비함정이 조난통신호출을 하고자 할 때에는 함정장의 명령에 따라야 하며 아래 사항을 순차로 송신하여야 한다.

1) "메이데이" 또는 "조난" : 3회
2) 여기는 : 1회
3) 조난함정의 호출부호 또는 호출명칭 : 3회

(2) 조난통보

조난호출을 행한 경비함정은 지체 없이 조난호출에 이어서 조난통보를 송신하여야 하며 조난통신의 송신은 아래사항을 순차로 송신하여야 한다.

1) "메이데이" 또는 "조난"
2) 조난함정의 명칭
3) 조난함정의 위치(원칙적으로 경도와 위도로 표시) 조난의 종류와 상황, 필요로 하는 구조의 종류, 기타구조에 필요한 사항

(3) 조난통신의 중계

1) "조난중계" 또는 "MAYDAY RELAY(메이데이릴레이)" : 3회
2) 여기는 또는 "THIS IS" : 1회
3) 자국의 호출부호 또는 호출명칭 : 3회
4) 조난통보

(4) 일반통신의 재개

조난통신이 종료할 때 또는 완전한 침묵을 계속 유지할 필요성이 없을 때 조난통신을 관장하는 무선국은 조난통신을 행한 전파에 의하여 다음 각호의 사항을 순차로 송신하여 관계무선국에 그 뜻을 통지하여야 한다.

1) "메이데이" 또는 조난 : 1회
2) 각국 앞 : 3회
3) 여기는 : 1회
4) 자국의 호출부호 또는 호출명칭 : 1회

5) 조난통신의 종료시각, 조난한 선박 또는 항공기의 명칭 조난선박 또는 항공기의 호출부호 : 1회
6) 조난통신해제 : 1회
7) 교신 끝 : 1회

[3] 전보의 우선순위

(1) 위급전보(FLASH) : "Z"

1) 최초 적접상황 또는 작전에 최고도로 긴급을 요하는 전보에 부여하며 전보의 내용은 지극히 간단명료하여야 한다.
2) 긴급히 필요한 전술 전략, 아군간 상호교전 발생대비 등 중요한 전보의 처리는 최우선하여야 한다.
3) "Z"전보는 처리자가 직접 송신, 전파하여야 하며 모든 전보의 우선순위에 앞서 최단시간내 처리하여야 하고 모든 하급전보의 처리를 중단하여야 한다.

(2) 긴급전보(IMMEDIATE) : "O"

1) 국가 및 연합군 또는 주민의 안전에 중요한 영향을 미칠 사항에 관계되는 주요 작전전보에 부여하며 전보의 내용은 간단명료하여야 한다.
2) 즉시 행동하여야 할 긴급한 지시전보 및 중요작전에 관한 전보는 신속히 처리할 것
3) "P"전보 이하의 모든 전보에 앞서 처리하여야 하며 필요시는 송신 중인 우선순위의 전보도 중단하여야 한다.

(3) 지급전보(PRIORITY) : "P"

1) 수신인으로 하여금 어떤 행동을 요구하는 전보이며 우선순위는 보통 전보에 우선하며 중요한 작전에 관계되는 전보는 신속히 처리하여야 한다.
2) 전투의 예상 및 육·해·공 부대 상호간의 긴급한 행동에 관한 전보는 즉시 보고 및 전파하여야 한다.
3) 모든 "R"전보에 앞서 처리되어야 하며 특별한 경우를 제외하고 "R" 전보가 전송중이라도 이를 중단하고 "P"를 전송하여야 한다.

(4) 보통전보(ROUTINE) : "R"

1) 우선순위의 적용이 필요 없는 보통전보이나 가능한 한 신속히 처리 하여야 한다.
2) 평시작전계획, 해상 대간첩 작전훈련 등 해상치안에 관계되는 전보는 특별한 경우의 전보에 영향을 주지 아니하는 범위 내에서 취급하여야 한다.

[4] 해상안전통신제도

(1) 해상조난 및 안전제도(GMDSS)

SOLAS 협약에 의해서 해상에서 조난사고 예방과 사고 발생시 수색과 구조 활동을 신속히 수행하기 위한 전 세계 해상조난 및 안전제도로서, 현재 다른 분야에서 이용되고 있는 위성통신기술을 선박의 조난 및 안전통신업무에 도입하고자 하는 것으로, 인공위성의 중계, 디지털통신, 무선전화, 무선텔렉스 등의 새로운 통신기술을 해상통신 체제에 접목시킨 제도로써 조난선박이 조난경보를 발신하면 조난중인 선박 바로 근처의 선박과 육상의 수색 및 구조당국이 신속 정확하게 조난경보를 감지토록 하여 지체 없이 합동수색 및 구조작업에 임할 수 있도록 하며, 또한 긴급 및 안전통신, 항행경보 및 기상경보를 포함한 해사안전정보(MSI)가 제공되고, 아울러 선박의 운항관리에 관한 일반 무선통신과 선박 간 항행 안전통신에도 이용 되고 있다. 1973년 IMO(국제해사기구)가 GMDSS 개념 최초 사용하였고, 1992년부터 단계적으로 도입하여 전면시행 중이다. 도입배경은 1912년 타이타닉호의 빙산과 충돌로 인한 1490명의 희생자 발생 사건을 계기로 국제 인명안전회의가 열리고 1914년 SOLAS협약 탄생하고 오랫동안 Morse통신을 주체로 사용해오던 중 통신기술의 발달로 디지털 통신, 협대역 직접인쇄전신, 위성통신이 도입되어 조난안전제도의 근본적 재검토 발단이 되었다.

GMDSS라는 새로운 제도의 도입이 가능하게 된 것은 Inmarsat과 같은 해사통신위성의 개발로 중파나 단파의 제약이 해결 되었을 뿐만 아니라 텔렉스, 팩시밀리, 고속데이터 통신이 가능하게 되었고 통신범위가 확대됨에 따라 극히 안정된 신호의 수신과 자동화가 가능해져 획기적인 통신의 질적 개선이 이루어진 것에 기인 한다. GMDSS 운용체계도는 다음 그림과 같다.

〈그림 4-16〉 GMDSS 운용체계도

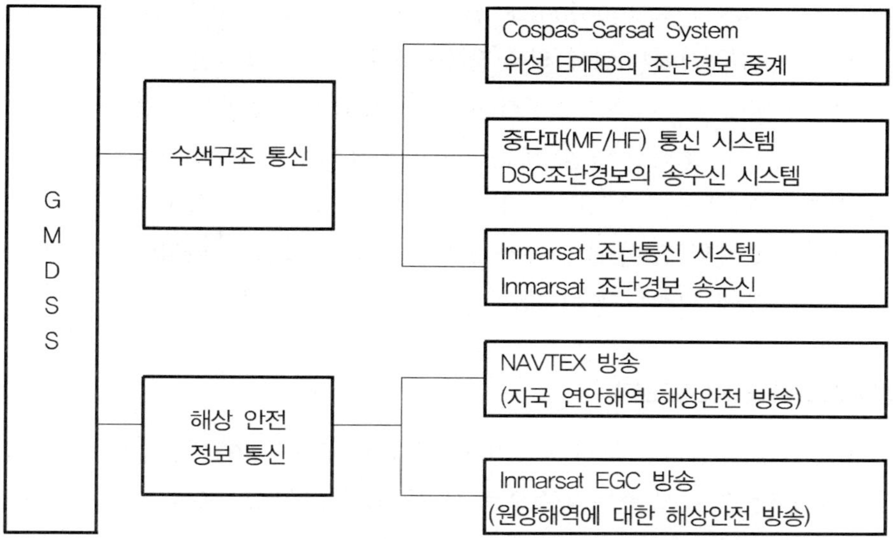

1) Inmarsat(INternational MARitime SATellite)

1979년 관련 협약의 발효와 함께 International Maritime Satellite Organization(국제해사위성기구)로 출발하였으나, 서비스 영역이 초기 해상에서 항공과 육상으로 넓어지면서 Inmarsat로 명칭이 변경되어 국제이동위성기구(International Mobile Satellite Organization)로 불리게 되었다. 그 후 1999년 Inmarsat이 민영화되어 영국에 본사를 둔 다국적기업인 Inmarsat Ltd.와 이를 감독 하기 위한 소규모 정부간 기구인 IMSO(International Mobile Satellite Organization)로 분리한다.

Inmarsat(International Maritime Satellite Organization : 국제해사위성기구)에서 승인된 선박지구국(Ship Earth Station)은 Inmarsat 해사정지위성을 이용하여 통신을 행하는 위성통신 설비로 NBDP에 의한 조난 및 안전통신의 송수신, 조난 우선호출의 개시 및 수신이 가능해야 하고 육상대 선박의 조난경보의 청취를 계속 유지할 수 있어야 하며, 선박의 통상 조선위치에서 조난경보신호를 발신할 수 있어야 한다. 또한 무선전화나 NBDP로 일반 무선통신의 송수신이 가능해야 한다.

Inmarsat 선박지구국 장비로서는 전화, 팩시밀리 및 데이터(이메일 등) 통신을 할 수 있는 Fleet 77형과 텔렉스통신만 할 수 있는 표준-C형이 많이 보급되어 있다.

2) 비상위치지시용 무선표지설비(EPIRB)

EPIRB(Emergency Position Indicating Radio Beacon : 비상위치지시용 무선표지설비)는 선박이 조난 침몰시에 수압에 의해 자동으로 부양되어 조난신호를 발신하도록 되어 있는 선박에서 사용되어지는 비콘을 말한다. 따라서 EPIRB는 선박이 침몰시에 자동으로 부양될 수 있도록 윙브릿지(조타실 양현) 또는 톱브릿지(조타실 옥상)에 개방된 장소에 설치하도록 되어 있다. EPIRB는 VHF용 및 위성용 EPIRB로 구분된다. VHF EPIRB는 156.525Mhz(VHF 채널 70번)를 사용하며 통신 거리는 통상 30마일이지만 위치정보를 찾아내지 못하기 때문에 거의 사용이 되지 않는다.

(2) 선위통보제도(KOSREP)

해상에서 선박의 조난여부 확인은 수색구조작업을 할 것인가를 결정하는 중요한 단서가 된다. 이 결정을 할 수 있게 하는 과정으로 선위통보대상선박으로부터 위치보고가 없을 경우 관계당국은 경계상태에 돌입하고 조난의 불확실단계를 거쳐 조난으로 확인 될 시 수색구조를 펼치는 일련의 작업을 하여 조기에 인명을 구조하고자 하는 것이다. 미국의 선위통보제도인 AMVER(선박자동구조시스템)는 세계 경제를 주도하는 미국으로 상품이 몰리는 5대양에는 미국으로 또는 미국으로부터 화물을 싣고 입·출항하는 선박이 많이 있었으나 대양에서 조난사고 발생시 즉시 이를 구조 할 수 있는 수단이 없어 미국에서 구상해 낸 선박상호간 구조시스템이 선위통보제도이다. 단어의 의미대로 Automated Mutual-assistance Vessel Rescue system 는 조난 발생시 연락 받은 최 인근 선박이 직접구조에 나서게 하도록 하는 것이다.

국제 SAR 협약에서 권장하고 있는 선위통보제도(KOSREP)를 시행하기 위하여 수난구호법 제33조(선박위치통보 등)에서 규정하고 있는 선위통보해역 및 선위통보방법·주파수 등에 관한 고시를 제정하여 1998. 8. 1부터 시행하고 있다.

대상 선박은

① 국제항해에 취항하는 여객선

② 국제항해에 취항하는 총톤수 300톤 이상의 선박중 항해시간이 12시간 이상인 선박

③ 해상교통안전법 제2조의 규정에 의한 조정불능선·조정제한선 및 흘수 제약선

④ 예인선열의 길이가 200미터를 초과하는 예인선

⑤ 원유·제품류·케미컬 등 위험물을 운송하고 있는 선박

그러나 선박위치 발신 장치를 갖추고 항행하는 선박의 경우에는 위치통보 생략가능(수난구

호법 제33조)하다.

선박안전법 시행령(제73조) 선박위치 발신 장치 설치 대상선박으로는

① 총톤수 2톤 이상의 『해운법』에 따른 여객선

② 총톤수 2톤 이상의 『유선 및 도선사업법』에 따른 유선

③ 여객선이 아닌 선박으로서 국제항해에 취항하는 총톤수 300톤 이상의 선박

④ 여객선이 아닌 선박으로서 국제항해에 취항하지 아니하는 총톤수 500톤 이상의 선박

⑤ 연해구역 이상을 항해사는 총톤수 50톤 이상의 예선, 유조선 및 위험물산적 운송선박

(3) 해상교통문자방송

NAVTEX(NAVigation TEleX)는「해상조난 및 안전제도(GMDSS)」의 일환으로 운영되는 시스템으로서 다양한 해상안전정보의 신속한 제공으로 한반도 연안해역을 항행하는 선박의 안전운항 유도 및 해난사고를 예방하기 위한 것이다.

도입배경은 1988년 국제해사기구(IMO) 총회에서 국제해상인명안전협약(SOLAS) 제4장을 개정하여 1999. 2. 1부터 모든 연안국에 대하여 자국의 해상 안전정보를 부근 선박들에게 제공토록 각국에 권고 결의함에 따라 우리나라에도 도입하였다.

NAVTEX 수신장비 설치근거 마련(1991. 3. 8 선박안전법 개정)하고, 1997년 국제해사기구로부터 방송국 설치허가로 육상 방송실 및 송신소 설치공사와 해난구조업무와 연계운용 필요성에 따라 해양경찰청으로 업무가 이관(1998년 9월)되어 1999년부터 해상교통문자방송 개시하고 있다.

NAVTEX 수신기 설치 대상 선박은

1) 국제항해에 취항하는 여객선

2) 총톤수 300톤 이상의 선박(어선제외)

3) 국제항행에 종사하는 총톤수 300톤 이상의 어선으로서 어획물운반업 또는 수산물가공업에 종사하는 어선, 수산업에 관한 시험, 조사, 지도, 단속 또는 교습에 종사하는 어선.

기상청은 태풍정보, 기상예보 및 경보를, 해양경찰은 수색구조, 해상사격훈련, 치안정보를, 해양수산부(지방해양항만청 및 해양조사원)는 항행경보 등을 국방부(합참, 해군본부, 해작사)는 해상사격 및 훈련정보를 기타 기관에서 수로 안전정보 등의 정보를 제공하고 있다.

5장 보안관리론

1 보안일반

[1] 보안의 개념

보안은 국가의 안전보장을 위하여 국가가 보호를 필요로 하는 비밀[115]이나 인원, 문서, 자재, 시설 및 지역 등을 보호하는 소극적 예방활동과 국가안전보장을 해치고자 하는 간첩, 태업이나 전복으로 국가를 위태롭게 하는 불순분자에 대하여 이를 탐지, 조사, 체포하는 등의 적극적인 예방활동을 말한다. 최근 통신과 컴퓨터의 발달로 더욱 중요해진 정보통신과 컴퓨터 보안을 포함하고 있다.

[2] 보안의 법적 근거

1) 국가정보원법
2) 정보 및 보안업무기획·조정규정(대통령령)
3) 보안업무규정(대통령령)
4) 해양경찰청 보안업무시행세칙(해양경찰청 훈령)

[3] 보안의 원칙

비밀보호를 효과적으로 하기 위하여 보안 대상에 대한 최소한의 접근 허용방법과 보안업무 수행 상 지켜야 할 준칙을 보안의 원칙이라 한다.

---

115) "비밀"이란 그 내용이 누설될 경우 국가안전보장에 해를 끼칠 우려가 있는 국가 기밀로서 이 영에 따라 비밀로 분류된 것을 말한다.

(1) 알 사람만 알아야 하는 원칙

보안에 있어서 가장 기본이며 중요한 원칙이다. 보안의 대상이 되는 사실을 전파할 때 전파가 꼭 필요 한가 또는 피전파자가 반드시 전달받아야 하며 필요한 것인가를 검토하여야 한다.

(2) 부분화의 원칙

알 사람만 알게 하고 한 번에 다량의 비밀이나 정보가 유출되지 않도록 하는 원칙을 말한다. 조직에 있어서는 종적 분화와 횡적 분화의 방법이 있고, 문서에 있어서는 내용과 가치의 정도에 따라서 다른 비밀과 관련되지 않게 독립시키거나 부분적으로 있게 하는 원칙을 말한다.

(3) 보안과 능률의 원칙

보안과 업무효율이 균형을 유지하여야 된다는 원칙을 말한다. 통상 보안과 업무효율은 반비례관계에 있으므로 양자의 적절한 조화를 유지하는 방법을 강구해야 할 것이다. 지나친 비밀주의는 꼭 알 필요가 있는 사람이 알지 못하게 되는 문제점을 낳는다.

[4] 비밀의 보호

(1) 비밀의 구분

비밀은 그 중요성과 가치의 정도에 따라 다음 각 호와 같이 구분한다.

1) Ⅰ급비밀 : 누설될 경우 대한민국과 외교관계가 단절되고 전쟁을 일으키며, 국가의 방위계획·정보활동 및 국가방위에 반드시 필요한 과학과 기술의 개발을 위태롭게 하는 등의 우려가 있는 비밀
2) Ⅱ급비밀 : 누설될 경우 국가안전보장에 막대한 지장을 끼칠 우려가 있는 비밀
3) Ⅲ급비밀 : 누설될 경우 국가안전보장에 해를 끼칠 우려가 있는 비밀

(2) 비밀의 보호와 관리 원칙

각급기관의 장은 비밀의 작성·분류·취급·유통 및 이관 등의 모든 과정에서 비밀이 누설되거나 유출되지 아니하도록 보안대책을 수립하여 시행하여야 한다. 이 경우 비밀의 제목 등 해당 비밀의 내용을 유추할 수 있는 정보가 포함된 자료는 공개하지 않는다.

(3) 암호자재 제작·공급 및 반납

국가정보원장은 암호자재[116]를 제작하여 필요한 기관에 공급한다. 다만, 국가정보원장이 필요하다고 인정하는 암호자재의 경우 그 암호자재를 사용하는 기관은 국가정보원장이 인가하는 암호체계의 범위에서 암호자재를 제작할 수 있다.

암호자재를 사용하는 기관의 장은 사용기간이 끝난 암호자재를 지체 없이 그 제작기관의 장에게 반납하여야 한다.

(4) 비밀·암호자재의 취급

비밀은 해당 등급의 비밀취급 인가를 받은 사람만 취급할 수 있으며, 암호자재는 해당 등급의 비밀 소통용 암호자재취급 인가를 받은 사람만 취급할 수 있다.

1) Ⅰ급비밀 취급 인가권자와 Ⅰ급 및 Ⅱ급비밀 소통용 암호자재 취급 인가권자는 대통령, 국무총리, 감사원장, 국가인권위원회 위원장, 각 부·처의 장, 국무조정실장, 방송통신위원회 위원장, 공정거래위원회 위원장, 금융위원회 위원장, 국민권익위원회 위원장 및 원자력안전위원회 위원장, 대통령 비서실장, 국가안보실장, 대통령경호처장, 국가정보원장, 검찰총장, 합동참모의장, 각군 참모총장, 지상작전사령관 및 육군제2작전사령관, 국방부장관이 지정하는 각군 부대장
2) Ⅱ급 및 Ⅲ급비밀 취급 인가권자와 Ⅲ급비밀 소통용 암호자재 취급 인가권자는 위의 1)항의 사람, 중앙행정기관인 청의 장, 지방자치단체의 장, 특별시·광역시·도 및 특별자치시·특별자치도의 교육감, 위의 각 사람이 지정한 기관의 장이다.

(5) 비밀·암호자재취급의 인가 및 인가해제

비밀취급 인가권자는 비밀을 취급하거나 비밀에 접근할 사람에게 해당 등급의 비밀취급을 인가하고, 필요한 경우에는 인가 등급을 변경한다. 비밀취급 인가는 인가 대상자의 직책에 따라 필요한 최소한의 인원으로 제한하여야 한다.

암호자재취급 인가권자는 비밀취급 인가를 받은 사람 중에서 암호자재취급이 필요한 사람에게 해당 등급의 비밀 소통용 암호자재취급을 인가하고, 필요한 경우에는 인가 등급을 변경한다. 이 경우 암호자재취급 인가 등급은 비밀취급 인가 등급보다 높을 수 없다.

116) "암호자재"란 비밀의 보호 및 정보통신 보안을 위하여 암호기술이 적용된 장치나 수단으로서 Ⅰ급, Ⅱ급 및 Ⅲ급비밀 소통용 암호자재로 구분되는 장치나 수단을 말한다.

(6) 비밀의 분류

1) 비밀취급 인가를 받은 사람은 인가받은 비밀 및 그 이하 등급 비밀의 분류권을 가진다.
2) 같은 등급 이상의 비밀취급 인가를 받은 사람 중 직속 상급직위에 있는 사람은 그 하급직위에 있는 사람이 분류한 비밀등급을 조정할 수 있다.
3) 비밀을 생산하거나 관리하는 사람은 비밀의 작성을 완료하거나 비밀을 접수하는 즉시 그 비밀을 분류하거나 재분류할 책임이 있다.

(7) 비밀분류의 원칙

각급기관의 장은 비밀 분류를 통일성 있고 적절하게 하기 위하여 세부 분류지침을 작성하여 시행하여야 한다. 이 경우 세부 분류지침은 공개하지 않는다.

1) 과도 또는 과소분류 금지의 원칙

비밀은 적절히 보호할 수 있는 최저 등급으로 분류하여야 하며 과도 또는 과소하게 분류하여서는 아니 된다.

2) 독립분류의 원칙

비밀은 그 자체의 내용과 가치의 정도에 따라 분류하여야 하며, 다른 비밀과 관련하여 분류해서는 아니 된다.

3) 외국비밀 존중의 원칙

외국 정부나 국제기구로부터 접수한 비밀은 그 생산기관이 필요로 하는 정도로 보호할 수 있도록 분류하여야 한다.

2 해양경찰 보안업무규정

해양경찰 보안업무는 해양경찰청 보안업무시행세칙(해양경찰청훈령)[117]에 근거하여 실시한다. 해양경찰청 보안업무시행세칙은 해양경찰청과 그 소속기관(이하 "해양경찰관서"라 한다)에 적용한다. 단, 정보통신분야는 해양경찰청 정보보안업무시행세칙에 따른다. 보안관리

117) 해양경찰청 보안업무시행세칙, [해양경찰청훈령 제170호, 2020. 2. 10., 일부개정], 해양경찰청(운영지원과).

책임은 부서장에게 있으며, 기관장은 지휘·감독 책임을 진다. 다음 각 호의 어느 하나에 해당하는 자는 임용과 동시에 소속기관의 보안담당관이 된다.

1) 본청 : 운영지원과장
2) 소속기관 : 해양경찰교육원(교육지원과장), 지방해양경찰청(기획운영과장), 해양경찰서(기획운영과장), 해양경찰정비창(기획운영과장), 중앙해양특수구조단장(행정지원팀장), 해양경찰연구센터(연구기획팀장).

보안담당관의 업무수행 능률을 위하여 다음 각 호와 같이 분임보안담당관을 두며 해당 직위에 임용과 동시에 분임보안담당관이 된다.

1) 본청 : 각 과장(담당관)
2) 해양경찰교육원 : 각 과장, 단장
3) 해양경찰연구센터 : 각 팀장
4) 해양경찰정비창 : 각 과장
5) 지방해양경찰청 : 각 과장, 담당관, 특공대장, 항공단장, VTS센터장
6) 해양경찰서 : 각 과장, 함·정장, 파출소장
7) 중앙해양특수구조단 : 각 팀장, 서해5도특별경비단은 제1항 및 제2항에도 불구하고 해양경찰서를 준용

보안담당관의 임무는 본청·소속기관의 보안감사, 해양경찰청 보안진단 및 보안업무수행 기본계획 수립·이행·평가에 관한 사항, 정보보안담당관 및 분임보안담당관과 소속기관 보안담당관의 지휘감독에 관한 사항, 그 밖에 보안업무 전반에 관한 지도, 조정 및 감독에 관한 사항이다.

분임보안담당관은 보안담당관의 지휘감독을 받아 소속 부서 내에서 규칙 제68조 및 세칙 제4조제3항에서 정한 보안담당관의 임무를 수행한다. 보안업무 담당자는 소속 부서의 경사 또는 그에 상당하는 직급 이상의 직원을 임명하여야 한다. 보안업무 담당자는 보안담당관 또는 분임보안담당관을 보좌하여 다음 업무를 수행한다.

1) 비밀의 보관·반출·대출 및 파기에 관한 사항
2) 비밀의 누설·도난·분실 및 그 밖에 손괴 방지를 위한 사항
3) 비밀 소유현황 조사 및 재분류 검토에 관한 사항
4) 비밀과 관련된 서류의 보관 관리
5) 그 밖에 보안업무 수행에 필요한 사항

[1] 인원보안

비밀취급인가 등 인원보안에 관한 사무는 인사업무 취급부서에서 관장한다. 의무경찰에 대한 인원보안 업무는 의무경찰의 인사업무를 담당하는 부서에서 처리한다.

(1) 비밀취급 인가

규정 제9조제2항에 따라 다음 각 호의 기관장을 Ⅱ급 및 Ⅲ급 비밀취급인가권자로 지정한다. Ⅱ급 및 Ⅲ급 비밀취급인가권을 위임받은 기관의 장은 이를 다시 위임할 수 없다.

1) 해양경찰청장
2) 해양경찰교육원장
3) 해양경찰정비창장
4) 해양경찰연구센터장
5) 중앙해양특수구조단장
6) 지방해양경찰청장
7) 해양경찰서장

(2) 비밀취급의 인가 및 해제

비밀취급 인가권자는 임무 및 직책상 상시적으로 비밀을 취급하거나 비밀에 접근할 사람에게 해당등급의 비밀취급을 인가하여야하고, 비밀취급 인가는 인가 대상자의 직책에 따라 필요한 최소한의 인원으로 제한하여야 한다. 신원조사 결과 국가안전보장에 유해한 정보가 있음이 확인된 사람은 비밀취급인가를 받을 수 없다.

비밀취급의 인가는 문서로 발령하고 발령사항을 그 제청자에게 서면으로 통지하여야 한다. 다만, 인가의 제청을 기각하였을 때에는 그 사유를 명시하여 제청자에게 통지한다. 인가된 사항은 대상자의 인사기록카드(특별인가자 제외) 및 비밀취급인가대장에 등재하여야 한다. 해양경찰청장은 6월과 12월말을 기준으로 비밀취급인가자 현황을 파악하고, 다음달 25일까지 국가정보원장에게 통보하여야 한다.

비밀취급인가의 해제절차는 인가절차를 준용한다. 비밀취급 인가가 해제된 사람은 비밀을 취급하는 직책으로부터 해임되어야 한다.

(3) 특별인가

경찰공무원(의무경찰을 포함한다)은 임명과 동시에 Ⅱ급 비밀취급인가를 받는다. 단, 경찰공무원은 임용 시에 제13조제1항에 따른 보안조치를 이행하여야 한다. 신원특이자는 자체보안심사위원회 또는 자체 심의기구에서 인가여부를 의결하고, 불가로 결정된 자는 즉시 인사조치한다.

(4) 서약 및 교육

비밀취급을 인가할 때에는 임용권자 또는 인사업무 취급부서장이 서약을 집행하고 기초보안교육을 실시하여야 한다. 특별인가를 받은 자는 서약서를 인사업무 취급부서장에게 제출하여야 한다.

공무원이 퇴직 시에는 근무 중 지득한 기밀의 누설방지를 위한 보안교육을 실시한 후 서약을 집행하여야 한다.

(5) 비밀취급인가대장

인사업무 취급부서장 및 각 부서의 비밀보관책임자는 비밀취급인가대장 (인사업무 취급부서장은 누적 일련번호와 각 부서별 명부, 각 부서는 연도별 명부)을 작성 비치하고 인가 및 해제사유를 기록하여 유지한다. 다만, 각 부서의 비밀보관책임자는 소속 부서의 인가 및 해제사유를 기록 유지한다.

(6) 비밀취급인가의 특례

업무상 조정감독을 받는 기업체 또는 단체에 대하여 Ⅱ급 이하의 비밀취급인가 특례를 할 경우에는 해양경찰청장만이 이를 행할 수 있다. 기업체나 단체(대표자)에게 발급한 비밀취급인가증의 유효기간은 1년 또는 사업종료로 하고, 공사(사업)단위로 발급한 비밀취급인가증은 공사(사업)종료와 동시에 해당부서에서 회수하여 비밀취급인가 부서에 반납한다.

(7) 신원조사 책임

해양경찰관서의 장은 소속직원, 관리요원, 그 밖에 관할에 속하는 인원에 대한 신원내용을 확인할 책임을 진다. 신원조사회보서는 「공무원 인사기록·통계 및 인사사무 처리규정」이 정하는 바에 따라 관리한다.

소속공무원이 타 소속기관으로 전출할 때에는 신원조사회보서 또는 그 사본을 전출기관에 이송하여야 한다. 해양경찰관서의 장은 신원조사회보서에 신원특이 내용이 있는 자에 대하여는 보직결정 등 보안상 적정성을 판단하는 자료로 활용할 수 있도록 관리한다.

(8) 외국인 공직임용 관련 보안대책

업무상 자문 및 그 밖의 목적을 위하여 외국인과 고용계약을 체결할 경우에는 임용 30일전 국가정보원에 신원조사를 의뢰하여야 하며, 신원특이자는 심사위원회의 심의를 거쳐 임용여부를 결정하여야 한다.

(9) 임시직 및 단순고용직관리

임시직 및 단순고용직을 채용하고자 할 때에는 보안담당관의 사전 합의를 거쳐야 한다. 임시직 또는 단순고용직에게는 보안상 책임 있는 임무를 부여하여서는 아니 된다.

(10) 민간인 등에 대한 보안대책

비밀취급인가를 요하는 비밀사업 또는 중요 외주연구용역, 국가보안시설로 지정된 시설의 중요 시설공사 등을 추진하는 부서의 장은 참여하는 민간인에 대해 신원조사, 보안교육 및 서약 집행 등 비밀 보호를 위한 보안대책을 강구·시행하여야 한다.

[2] 문서보안

(1) 예고문 및 이관

모든 비밀에는「공공기록물 관리에 관한 법률」제33조에 따라 비밀보호기간과 보존기간을 정하여 다음과 같은 같이 기재하여야 한다.

〈그림 4-17〉 비밀보호기간과 보존기간 표시

원본	보호기간: , ~로 재분류 (일자 또는 경우)	보존기간: 년
사본	파기: , ~로 재분류 (일자 또는 경우)	

이 경우 보존기간은 비밀보호기간 이상의 기간으로 책정되어야한다. 비밀기록물 원본은「공공기록물 관리에 관한 법률 시행령」제68조에서 정하는 바에 따라 일반문서로 재분류한 경우, 예고문에 따라 보호기간이 만료된 경우, 생산 후 30년이 지난 경우에는 기록물관리기관으로 이관하여야 한다.

예고문 수정은 원예고문을 대각선으로 주선 삭제하고 다음과 같이 변경 예고문을 부여하여야 한다.

〈그림 4-18〉 예고문 표시

원 예 고 문

보호기간(일자 또는 경우)

변경 예 고 문

보호기간(일자 또는 경우)

비밀관리기록부는 원예고문을 두 줄로 주선삭제 후 처리담당란의 적당한 여백에 변경 예고문을 적색으로 기록한다. 비밀관리시스템 전자문서 예고문은 비밀관리시스템 처리절차에 따른다.

(2) 비밀분류의 재조정

비밀의 검토 및 결재권자는 결재과정에서 비밀의 분류여부, 분류등급의 타당성 등을 검토하여야 한다. 최종결재권자는 검토결과 비밀분류를 재조정(분류되지 않은 것을 비밀로 분류하는 것을 포함)하였을 때에는 결재란에 조정사유를 명시하여야 한다. 분류 착오로 인한 보안사고에 대하여는 기안책임자 및 이를 결재한 관계자가 연대책임을 진다.

(3) 분류금지와 대외비

누구든지 행정상 과오나 업무상 과실의 은닉 및 법령 위반 사실의 은폐 또는 보호가치가 없는 정보의 공개를 제한할 목적으로 비밀이 아닌 사항을 비밀로 분류할 수 없다. 그리고 비밀의 제목을 표시할 때에는 비밀의 내용을 포함하여서는 아니 된다.

규정 제4조에 따른 비밀 외에 「공공기관의 정보공개에 관한 법률」제9조제1항제3호부터 제8호까지의 비공개 대상 정보 중 직무 수행상 특별히 보호가 필요한 사항은 이를 "대외비"로 한다. 대외비도 업무와 관계되지 아니한 사람에게 열람, 복제·복사, 배부되지 않도록 보안관리를 하여야 한다. 보호기간이 만료된 대외비는 일반문서로 재분류한다. 이 경우 대외비에서 일반문서로 재분류된 기록물의 관리 등에 관하여는 「공공기록물 관리에 관한 법률」에 따른다. 대외비는 그 문서의 표면 중앙 상단에 다음과 같은 예고문을 붉은색으로 기재하여야 한다.

〈그림 4-19〉 대외비 표시

대 외 비
20 . . . 까지

(4) 재분류검토 및 비밀소유현황 조사

재분류검토를 비롯하여 비밀소유현황조사는 매월 세 번째 수요일(불가시 다음날 시행)을 "사이버·보안 진단의 날"로 지정하여 월례적으로 실시한다. 비밀보관책임자는 규칙 제19조에 따라 보관비밀 원본에 대하여는 연 2회(6월과 12월) 재분류 검토를 하여야 한다. 본청 각 부서의 장 및 소속기관장은 비밀소유현황조사서와 비밀취급인가자 현황을 다음 기일까지 해양경찰청장에게 보고한다.

가) 1. 1월 1일 ~ 6월 30일 현황은 7월 10일까지

나) 7월 1일 ~ 12월 31일 현황은 이듬해 1월 10일까지

해양경찰청장은 다음달 25일까지 국가정보원장에게 통보하여야 한다.

(5) 비밀의 녹음 등

비밀을 녹음할 때에는 처음과 끝에 그 비밀등급과 허가되지 아니한 사람에게 전달 또는 누설하는 때에는 관계법규에 따라 처벌한다는 경고를 녹음하고 보관한다. 비밀을 구두로 설명 또는 전달할 때에도 이에 준한다.

(6) 재분류 표시

재분류한 비밀은 구(舊)표시를 대각선으로 줄을 쳐서 삭제하고 그 측면 또는 상하단의 적당한 여백에 변경된 비밀등급을 다시 한 번 표시한다. 비밀을 재분류한 때에는 재분류 근거를 다음 서식에 따라 그 비밀의 첫 면 적당한 여백에 기입하고 날인한다. 단, 비밀관리시스템에서 생산한 전자문서 재분류 표시는 비밀관리시스템 처리절차에 따른다.

〈그림 4-20〉 재분류 표시

(발행처)

직권으로 재분류(. .) 직위 성명	인

(접수처)

에 따라 재분류(. .) 직위 성명	인

책자, 팸플릿 및 그 밖에 영구적으로 철하여져 있는 비밀문서를 재분류한 때에는 양면표지(表紙)의 비밀표시만을 삭제하고 표시한다. 다만, 면별로 재분류한 때에는 그 면마다 다시 한 번 삭제하고 표시를 하여야 한다.

(7) 비밀의 파기

비밀의 파기는 파쇄, 용해 또는 그 밖의 방법으로 원형을 완전히 소멸시켜야 한다. 보관책임자 또는 그가 지정하는 비밀취급 인가자가 참여한 가운데 그 비밀의 처리 담당자가 행하며, 비밀관리기록부의 확인란에 참여자의 파기 확인을 받아야 한다. 비밀을 저장·관리해 온 USB 등 보조기억매체는 보관책임자가 내용을 복구할 수 없도록 완전 삭제한 후 파기하여야 한다. 다만, 보조기억매체를 비밀보관용으로 재활용할 경우에는 보안담당관의 승인을 받은 후 사용하여야 한다. 비밀관리시스템 전자문서 파기는 비밀관리시스템 처리절차에 따른다.

(8) 대내·외수발

비밀을 기관 내부에서 부서 간에 수발할 때에는 주무자의 직접 접촉을 통해 행하되, 독립건물을 사용하는 등 주무자의 직접 접촉이 매우 곤란한 경우에는 대외수발 절차를 준용할 수 있다.

비밀의 대외수발 책임자는 각 부서 보안업무담당자로 임명한다. 외부 기관과의 비밀 접수 및 발송은 각 부서 비밀 대외수발 책임자가 직접 만나서 접수·발송하고, 직접 만나기 곤란한 경우에는 비밀 대외수발 책임자가 직접 등기우편으로 접수·발송한다.

잘못 도착한 비밀은 원 발송기관에 반송하되 봉함을 개봉하였을 때에는 개봉한 자가 서명날인 후 다시 봉함하여야 한다.

(9) 비밀접수증

모든 비밀을 접수하거나 발송할 때에는 그 사실을 확인하기 위하여 접수증을 사용한다. 접수증은 발송문서의 내부봉투와 외부봉투 사이에 삽입하여 발송한다. 다만, 취급자가 직접 접촉하는 경우에는 직접 교부한다. 접수기관은 비밀을 접수한 즉시 접수증을 생산기관에 반송하여야 한다. 접수증을 반송 받은 비밀 생산기관은 그 접수증을 비밀송증에 원형대로 첨부하여 보관한다.

(10) 팩시밀리에 의한 문서수발

팩시밀리를 설치 운용하는 기관 또는 부서는 수·발신 기록부를 비치하고 기록을 유지하여야 한다. 팩시밀리에 의한 문서의 수발은 해당 보안담당관의 사전 검열을 마친 일반문서에 한하여 소통할 수 있으며, 비밀문건 및 누설시 국가이익을 해할 우려가 있는 내용은 소통할 수 없다. 다만, 암호기를 설치한 때에는 암호기의 기종에 따라 승인된 범위 안에서 비밀문건을 소통할 수 있다.

(11) 비밀심사관

각 기관의 보안담당관(분임보안담당관 포함)은 비밀심사관이 된다. 대외(상급, 예하, 대외기관을 말한다)기관으로 발송하는 비밀문서는 사전에 비밀심사관의 심사를 받아야 한다. 발송심사 사항은 다음과 같다.

① 비밀분류의 적정여부
② 예고문의 누락 또는 적정여부
③ 배부처의 적정여부
④ 비밀의 형식(열람기록전의 첨부등)의 적정여부

(12) 외국인에 대한 자료제공에 따른 보안대책

외국인에 대하여 각종 자료를 제공하고자 할 때에는 사전에 외국인의 국적, 직위, 성명, 연령, 제공자료명, 제공목적 및 그 밖에 참고사항을 포함한 신청서에 제공하고자 하는 자료 사본 1부를 첨부하여 국제협력업무 담당과장과 협의를 거쳐 보안담당관 또는 분임보안담당관에게 제출하여야 한다.

(13) 보안성검토 책임

해양경찰관서 각 부서의 비밀문서 보관책임관은 임용과 동시에 다음 각 호의 정보자료 제공에 대한 보안성검토 책임을 갖는다.

① 외부 용역발주사업
② 국회 또는 대외기관에 제공 또는 설명하고자 하는 정보자료
③ 홍보 및 보도자료 등 인터넷 서비스망에 게재하거나 제공하는 정보자료
④ 해양경찰청장의 업무와 관련된 대외 활동자료(논문, 대담자료, 기고문, 「해양경찰청에서 관리하는 홈페이지 등 인터넷 서비스망」이외의 홈페이지 등에 게재되는 내용)
⑤ 공공기관의 정보공개에 관한 법률 제9조에 의한 비공개 대상 정보
⑥ 그 밖에 용역사업 등 업무추진과 관련하여 외부에 제공되는 정보자료와 외주용역 등의 방법으로 작성되어 해양경찰청에 제출하는 정보자료

(14) 비밀의 보관단위

비밀은 각 부서(과·실·담당관·팀 등) 단위로 보관함을 원칙으로 하되 사무실이 분실단위로 분산되어 있을 경우에는 분실단위로 보관한다. 다만, 비밀을 분실단위로 분산 보관할 경우에는 비밀관리기록부를 별도 작성 비치하여야 하며 비밀관리시스템에서 비밀관리기록부를 관리하는 경우 예외로 한다.

파출소, 함정은 단위기관별로 집중 보관한다. 다만, 함정에 보안실이나 통신실이 별도로 설치된 곳에서는 별도 보관·관리할 수 있다. 비밀은 보관하는 실별로 비밀관리기록부를 별도 작성 관리하여야 한다. 단, 비밀관리시스템에서 전자문서로 처리한 경우 예외로 한다.

업무처리를 위하여 비밀을 휴대하고자 할 때에는 대출의 형식으로 하고 대출시간은 근무시간내로 하며 일과종료와 동시 회수하여 비밀용기에 보관하여야 한다. 비밀의 반출·대출·열람은 비밀취급인가자로서 해당비밀을 취급하는 업무담당자로 제한한다. 비밀의 대출·열람은 해당 비밀보관책임자 또는 소속기관장의 승인을 얻어야 한다.

(15) 보관책임자

비밀보관책임자는 비밀보관단위로 정·부책임자를 정하여야 한다. 비밀보관책임자는 해양경찰관서의 과장급(함·정장, 파출소장, 단·대장 포함)이 되며, 부 보관책임자는 정 보관책임자의 차하위직에 있는 자로 한다.

보관책임자가 교체되었을 때에는 교체당일 인수인계 근거를 비밀관리기록부 최종 기입란에 기재하여 보안담당관의 검토 후 서명 또는 날인을 받아야 한다. 해양경찰관서의 각 부서 내 보안업무담당자를 변경할 경우, 교체 예정 직원에 대하여 사전 비밀취급인가를 득한 후 (보관책임관 입회하에) 인계인수 하여야 한다.

(16) 비밀의 대출 및 열람

비밀보관책임자는 보관 비밀을 대출하는 때에는 비밀대출부에 관련 사항을 기록·유지한다. 모든 비밀열람자는 비밀을 열람하기에 앞서 비밀열람기록전에 정해진 사항을 기재하고 서명 또는 날인한 후 비밀을 열람하여야 한다.

(17) 비밀의 반출

비밀을 반출하려는 때에는 비밀반출승인서를 그 비밀의 보관책임자에게 제출하여야 한다. 비밀의 보관책임자는 비밀의 반출을 승인할 때에는 보안대책을 수립하여야 한다.

Ⅱ급 및 Ⅲ급 비밀에 대한 복제·복사를 제한하고자 할 때에는 그 비밀의 표지 뒷면 또는 예고문 위에 다음과 같이 적색으로 기입한다.

〈그림 4-21〉 비밀반출 표시

이 비밀의 　　 는 생산기관장의 허가없이 복제 · 복사할 수 없음

(18) 안전반출 및 파기계획

각급기관의 장은 안전반출 및 파기계획을 수립하여 비상시에 대비하여야 한다. 안전반출 및 파기계획은 평상시보다 야간 또는 공휴일 등 지휘계통 부재 시에 발생될 비상사태에 중점을 두어야 한다. 반출 및 파기계획을 수립 시행함에 있어 각 부서별 반출 우선순위를 획일적으로 명시하여서는 안 되고, 각 부서 또는 서류함의 고유번호와는 관계없이 독자적으로 반출 우선순위를 정하도록 하여 외부인이 서류함의 번호를 보고 그 내용물을 추정 불가능 하도록 하여야 한다.

(19) 전시 비밀관리

모든 비밀은 생산 및 접수와 동시에 전시 또는 비상사태 때에 후송할 비밀을 선별, ⓐ자를 표시·관리하여야 한다. 후송대상으로 결정된 비밀은 해당문건에 다음 예시와 같이 적색으로 표시하여야 한다.

〈그림 4-22〉 전시비밀 표시

Ⅱ 급 비 밀

Ⓐ 직경 1㎝원형

[3] 시설보안

시설보안에 관한 일반적 업무는 보안담당관의 조정을 받아 각 기관 시설관리 책임부서가 이를 수행한다. 다만, 보호구역의 운용에 대하여는 구역책임자가 이를 수행한다. 청사 내에 상시 근무하는 종사자에게는 상시출입증을 발급하고, 업무와 관련하여 임시 출입하는 인원에게는 임시출입증을 발급한다. 해양경찰관서의 장은 외부인으로부터 시찰·견학을 요청 받은 경우 출입자 신원사항 및 출입목적·장소 등을 확인하고 허가여부를 결정하며 허가 때 다음 각 호의 보안대책을 강구하여야 한다.

(1) 보호구역 설정

각급 기관의 장과 국가중요시설 장비 및 자재를 관리하는 자는 국가비밀의 보호와 국가중요시설 장비 및 자재의 보호를 위하여 필요한 장소에 일정한 범위를 정하여 보호구역을 설정할 수 있으며, 보호구역 설정자는 보안상 불필요한 인원의 접근 또는 출입을 제한하거나 금지시킬 수 있다.

1) 제한지역

"제한지역"이라 함은 비밀 또는 정부재산의 보호를 위하여 울타리 또는 경호원에 의하여 일반인의 출입의 감시가 요구되는 지역을 말한다.

2) 제한구역

"제한구역"이라 함은 비밀 또는 주요시설 및 자재에 대한 비인가자의 접근을 방지하기 위하여 그 출입에 안내가 요구되는 구역을 말한다.

3) 통제구역

"통제구역"이라 함은 비인가자의 출입이 금지되는 보안상 극히 중요한 구역을 말한다.

〈표 4-55〉 해양경찰 보호구역 설정

제한구역	통제구역
① 기록관, 문서고, 발간실 ② 인사기록카드 보관시설(장소) ③ 중앙망관리센터 내 통합지휘무선통신망 및 정보보안 관제시스템 운용실 ④ 송·수신소 ⑤ 함정 및 항공대 ⑥ 작전·경호 및 정보·보안·외사 업무 담당부서 전역 ⑦ 중앙감시실(CCTV 감시 및 저장 장소) ⑧ 수상레저조정면허 발급실 ⑨ 해상교통관제센터와 VTS 레이더 사이트 및 중계소 ⑩ 그 밖에 해양경찰청장이 필요하다고 인정한 곳	① 을지연습 및 전시 종합상황실 ② TRS 중앙망관리센터 내 통합지휘무선통신망 장비실 ③ 보안실(암호취급소) ④ 무기고 및 탄약고 ⑤ 종합상황실 ⑥ 비밀발간실 ⑦ 사이버보안 관제센터, 행정전산실 ⑧ 백업센터 및 중요 정보통신시설을 집중 제어하는 국소 ⑨ 그 밖에 해양경찰청장이 필요하다고 인정한 곳

보호구역의 추가 설정이 필요한 경우에는 해양경찰관서의 장이 정한다. 보안담당관(분임보안담당관)은 보호구역대장을 비치하여야 한다.

(2) 제한구역 및 통제구역의 표시

통제구역에는 출입 인가자 명단(상주자 및 상시출입자)을 출입문 내부에 게시하되 가림막을 쳐야한다. 보호구역에는 출입자 명부를 비치하고 인가자 이외의 출입상황을 기록·유지하여야 하며 제한구역 및 통제구역에는 표찰을 게시하여야 한다.

〈그림 4-23〉 제한구역

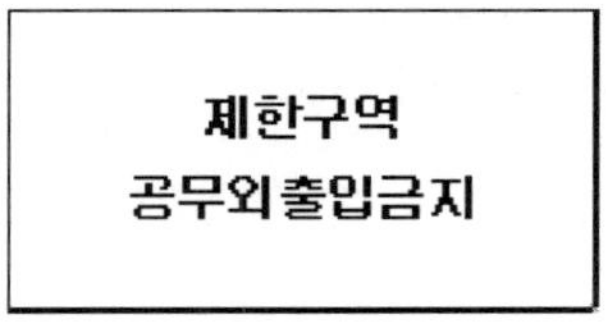

① 백색바탕에 청색 글씨, 청색 테

② 규격은 출입문 크기에 따라 조정 제작

〈그림 4-24〉 통제구역

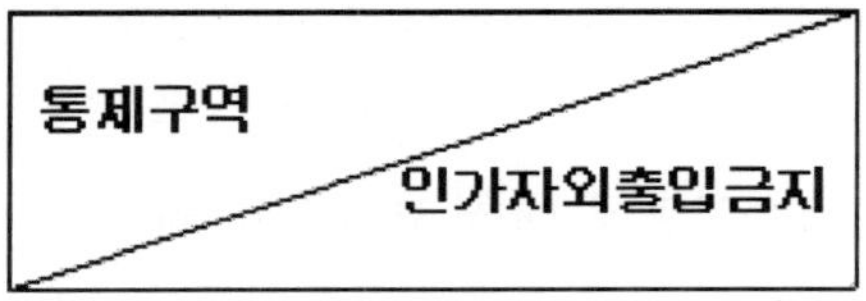

① 백색바탕에 적색 글씨

② 적색 테 및 대각선

③ 규격은 출입문의 크기에 따라 조정제작

(3) 보호구역 출입절차

통제구역에는 출입인가자 명단(상주자 및 상시출입자)을 출입문 내부에 게시하고 가림막을 쳐야 한다. 출입자명부를 비치하고 인가자 이외의 출입상황을 기록·유지한다.

제한구역 및 통제구역에는 출입자명부를 비치하고 고정출입자 이외의 자 출입상황을 기록 유지하여야 한다.

1) 제한구역을 출입하고자할 때는 사전에 제한구역 관리책임자의 승인을 받아야 하며 승인자는 제한구역 관리책임자(또는 출입이 승인된 직원)의 인솔 하에 출입토록 하여야 한다.

2) 통제구역을 출입하고자 할 때에는 통제구역을 관리하는 보안담당관(분임보안담당관을 포함한다)의 사전 승인을 받아야 하며, 승인자는 통제구역 관리책임자(또는 출입이 승

인된 직원)의 인솔 하에 출입하도록 하여야 한다. 다만, 동일기관에 소속된 자가 업무수행을 위하여 출입하는 경우에는 통제구역 관리책임자의 승인을 받고 출입할 수 있다. 보호구역(통제구역, 제한구역) 중 24시간 상시 운용하는 시설에 대하여는 과학적 감시 장비(CCTV 등)를 설치·운영하여야 하며, 유사시 출입자에 대한 추적 검색이 가능하도록 관리하는 등 보안대책을 강구하여야 한다. 보호구역내에 출입시에는 보호구역내 각종 시설물을 촬영, 녹음할 수 있는 기기(카메라 및 녹음기능이 내장된 휴대전화, 카메라, 녹음기 등)의 반입을 차단하여야 한다.

[4] 보안사고 조치 및 보안감사

보안사고시 지체 없이 지휘계통을 통하여 해양경찰청장(보안담당관 참조)에게 보고하여야 하고 해양경찰청장은 국가정보원장에게 즉시 통보하여야 하며,

보안사고를 유발한 자 또는 사고의 발생을 인지하고도 보고하지 아니한 자에 대하여는 징계의결을 요구하여야 한다. 보안사고는 이에 대한 보안사고 조사 및 시정대책 마련이 종결될 때까지 공개하여서는 아니 된다.

해양경찰청장은 본청 및 소속기관에 대한 보안감사 권한을 가지며, 상급기관은 하급기관에 대한 보안감사 권한을 가진다. 보안감사는 보안관리 실태 전반에 대하여 년 1회 정기보안감사를 실시하고 사전에 계획의 통보 없이 불시에 수시 보안감사를 실시할 수 있다. 또한, 필요하다고 인정될 경우에는 특정부서를 대상으로 수시 감사할 수 있다.

[5] 보안교육 및 지도·점검

(1) 보안교육

해양경찰관서의 보안담당관, 분임보안담당관 또는 비밀보관책임자는 소속 공무원에 대한 보안교육의 책임을 진다. 신규임용자에 대하여는 부서 배치 전에 필요한 기본교육을 실시하여야 한다.

(2) 사이버·보안 진단의 날

해양경찰관서의 장은 매월 세 번째 수요일을 '사이버·보안 진단의 날'로 지정하여 운영하여야 한다. 다만, 해당 기관의 실정에 따라 달리 지정하여 운영할 수 있다.

3 해양경찰 정보통신보안

해양경찰청 정보통신 운영규칙(해양경찰청훈령 제143호)은 해양경찰청의 정보통신 업무 수행에 필요한 유·무선통신·항해장비, 정보화시스템, 정보통신 보안 등에 관한 사항을 규정하여 업무의 책임과 권한을 명확히 하며, 관리·운영의 효율성 향상을 목적으로 한다. 해양경찰 정보통신에 관하여 다른 법령·규칙에 특별한 규정이 있는 경우를 제외하고는 이 규칙에 따른다.

이 규칙에서 사용하는 용어의 정의는 다음 각 호와 같다.

1) "정보화부서"란 해양경찰청은 정보통신과, 소속기관은 정보화 업무를 관장하는 과 단위 부서를 말한다. (이하 해양경찰청은 본청으로 한다)
2) "주관부서"란 정보화 사업을 기획· 추진하는 본청과 그 소속기관의 과 단위 부서를 말한다.
3) "운영부서"란 정보시스템 등 물리적 정보자원을 관리·운영하는 부서를 말한다.
4) "정보통신자원"이란 정보통신 관련 인적·하드웨어·소프트웨어 자원을 말한다.
5) "정보기술아키텍처(이하 EA, Enterprise Architecture)"란 일정한 기준과 절차에 따라 업무, 응용, 데이터, 기술, 보안 등 조직 전체의 구성요소들을 통합적으로 분석한 뒤 이들 간의 관계를 구조적으로 체계화하고, 이를 바탕으로 정보화 구성요소들을 최적화하기 위한 방법을 말한다.
6) "경찰조회"란 경찰조회시스템에 접속하여 각종 자료를 열람·출력하는 것을 말한다.
7) "모바일 경찰조회"란 모바일 조회기를 이용하여 수배자, 수배차량, 실종자 등 경찰조회시스템에 접속하여 각종 자료를 열람하는 것을 말한다.
8) "IT관제센터(실)"란 정보화시스템, 위성통신망 관제 등 정보통신시스템과 부대시설을 설치·운영하는 장소를 말한다.
9) "통신망관리실" 이라 함은 유선통신 장비 및 전용회선(전화· 데이터)을 관리·운영하는 곳을 말한다.
10) "사이버보안관제센터"란 사이버 위협을 탐지·분석해 침해사고를 사전예방 및 사고 발생시 즉각적 대응을 통해 피해를 최소화하고 평상시 취약점 분석, 모의해킹 훈련 등 사이버 공격에 대응하기 위한 장소를 말한다.
11) "국제안전통신센터"란 5개 해양안전통신국으로 수신된 조난·긴급통신을 청취·전파하

고, 해양안전 정보를 선박국에 제공하는 업무를 수행하기 위하여 본청에 설치·운영하는 것을 말한다.

12) "보안실"이란 통신보안 장비 및 자재 관리, 통신망 보호 활동 업무를 수행하는 장소를 말한다.

13) "무선정비실"이란 통신·전자 장비의 고장 수리 업무를 수행하는 곳으로 경찰서에서 운용한다.

14) "ICT관제실"이란 IT관제실과 통신망관리실을 한 곳에 설치·운영하는 장소를 말한다.

[1] 무선통신망 관리·운용

(1) 정보통신망의 종류 (무선통신망)

1) "LTE 통신망"이란 상용무선통신망을 이용하여 함정, 파출소, 상황실, 항공기 등에 사용하는 휴대통신망을 말한다. LTE단말기는 함정, 헬기, 상황실에 고정하여 사용하는 고정형단말기와 개인이 휴대하여 사용하는 휴대용단말기로 분류한다.

2) "위성통신망(KOSNET)"이란 무궁화 위성을 이용하여 본청·소속기관·함정 간 음성·영상전화·업무포털·영상전송 등 다양한 통신을 할 수 있는 종합 정보통신망을 말한다. 위성통신망(KOSNET)은 육상에서는 본청, 지방청 및 경찰서, 해상에서는 100톤 이상 함정에 설치 운용한다.

   가) 주 중심국의 위성통신망 운용·관리는 본청 정보통신과에서 한다.

   나) 부 중심국의 위성통신망 운용·관리는 부산해양경찰서 장비관리과에서 한다.

   다) 지방청(육상지구국)·경찰서(해안지구국)의 위성통신망은 소속기관 상황실의 장이 운용하며, 관리는 정보통신부서의 장이 한다.

   라) 선박지구국(함정)의 위성통신망 운용·관리는 각 함정장이 지정한 담당자가 한다.

   마) 주 중심국, 부 중심국, 육상지구국, 해안지구국은 24시간 운용한다.

   바) 선박지구국은 출동기간 중 24시간 운용한다.

3) "전용통신망"이란 VHF대역의 전파를 이용하여 함정 및 상황실에서 기본임무 수행을 위한 해양경찰 전용 무선통신망을 말한다. 설치대상은 본청·지방청·경찰서의 상황실·전경비함정(형사기동정, 방제정 포함)으로 한다.

   무선장비의 출력은 함정 별로 50W ~ 100W로 설치하고, 운용주파수 및 호출부호는 별도의 지침에 따르며 각 경찰서별 운용채널은 다음 각 호와 같다.

   ① 채널 2번은 인천, 여수, 동해해양경찰서 ② 채널 4번은 부산, 군산 ③ 채널 5번은

서해5도특별경비단 ④ 채널 6번은 속초, 목포, 울산 ⑤ 채널 8번은 태안, 포항, 제주 ⑥ 채널 10번은 통영, 평택 ⑦ 채널 12번은 서귀포 ⑧ 채널 14번은 창원, 보령 ⑨ 17번은 완도, 부안, 울진해양경찰서로 한다.

4) "관공선망"이란 VHF대역의 전파를 이용하여 해군 함정 및 다른 행정기관 선박등과 통신 연락을 위한 통신망을 말한다. 설치대상은 전 경비함정(형사기동정 포함)으로 한다. 통신장비 출력은 함정의 크기에 따라 50W ~ 100W로 설치하고 각 경찰서별 운용 채널은 다음 각 호와 같다.

   ① 채널 1번은 통영, 목포(흑산도), 동해(울릉도), 창원, 울진 ② 채널 2번은 인천, 속초, 부산, 울산, 제주, 서귀포, 평택해양경찰서, 서해5도특별경비단 ③ 채널 3번은 여수, 목포(안마도), 동해(일월산)해양경찰서 ④ 채널 4번은 군산, 태안, 포항, 완도, 보령, 부안해양경찰서로 한다.

5) "SSB망"이란 어선 및 상선 등 조난통신 및 어업안전조업국과 정보교환, 특정·조업자제·일반해역에서 어선과 통신하는 통신망 및 예비통신망을 말한다. 설치대상은 경찰서 상황실 및 전 경비함정(형사기동정 포함)으로 한다. 통신장비 출력은 50~250W로 설치하고 SSB망 운용은 다음과 각 호와 같다.

   ① 경비함정은 전용통신망(LTE, 위성, VHF) 사용 불가시 예비통신망으로 무선전화(SSB)를 설치·운용할 수 있다. ② 예비통신망은 평소에는 비상주파수(2182㎑ 또는 2183.4㎑) 및 지역 어선용 주파수를 청취한다.

6) "DSC(Digital Selective Calling)"이란 기존의 VHF, MF, HF 무선설비에 부가된 장치로, 일정한 형태의 디지털 신호로 처리된 호출 부호를 사용하여 선박·국가·해역별 및 전 선박의 선택호출을 자동으로 하는 장치를 말한다.

7) "항무통신망"이란 조난통신 및 항내 또는 인근해역에서의 선박과 육상 간 또는 선박 상호간 해상이동통신으로 정보 교환을 위한 통신망을 말한다.

   설치대상은 경찰서 전 함정으로 하고 함정의 통신장비 출력은 25W로 설치한다. 항무통신망의 운용에서 채널 16번은 조난 구조 비상주파수, 채널 70번은 DSC 조난 주파수로 사용하여야한다.

8) "군경합동망(J-101망)"이란 해군 함정 및 해안 레이더 기지, 항공기 등 육·해·공 합동작전을 위한 통신망을 말한다. 설치대상은 전 경비함정(형사기동정 포함)으로 하고 통신장비 출력은 50W로 설치한다.

9) "항공기유도망(J-201망)"이란 함정에 설치되어 항공기와 이·착륙 및 유사시 전투기를

유도하여 공격대상을 타격하기 위한 통신망을 말한다.

설치대상은 1,500톤 이상 함정으로 헬기 이·착륙이 가능한 함정에 설치하고 통신장비 출력은 25W로 설치한다.

10) "항무용 워키토키"란 근거리 업무연락 및 조난선 구조를 위한 통신망을 말한다.

11) "소형정 통신망"이란 소형정에서 업무포탈 등 행정업무 사용을 위해 이동통신사 중계기와 모바일 라우터를 소형정에 설치하여 사용하는 통신망을 말한다. 설치대상은 100톤 미만 소형정(형사기동정 포함)으로 하며 현장상황, 업무특성 등 사정에 맞게 조정할 수 있고 소속기관의 장은 소형정 통신망의 추가 설치, 이전 설치, 반납 사유가 발생한 경우 즉시 본청 정보통신과로 요청하여야 한다. 소형정 통신망은 오직 업무 목적으로만 운용할 수 있다.

(2) 무선통신망 운용

무선통신은 보안성이 가장 취약한 통신망으로 암호장비가 설치되지 않은 통신망은 보안대책을 강구하여 사용하여야 한다.

1) 무선통신은 필요한 최소 내용만을 통신하여야한다.
2) 무선통신에 사용하는 용어는 간명하여야한다.
3) 무선통신을 할 때는 자국의 호출부호, 호출명칭 등을 붙여 그 출처를 명확히 하여야한다.
4) 군사·대외비 등 비밀사항은 암호장비 및 음어자재 등을 이용하여 통신하여야한다.
5) 비밀은 비밀관리시스템 및 상황정보문자시스템을 이용하여 송·수신해야한다.

〈표 4-56〉 무선통신 운용절차

<table>
<tr><th>구분</th><th>분 류</th><th>운용절차</th></tr>
<tr><td rowspan="3">호출</td><td>완전호출</td><td>(1) 상대국 호출부호 또는 호출명칭 3회 이하
(2) 여기는 1회
(3) 자국의 호출부호 또는 호출명칭 3회 이하</td></tr>
<tr><td>약식호출</td><td>(1) 수신중의 호출 등 통신에 혼란을 일으킬 우려가 없을 때는 상대방 호출부호는 생략한다.
(2) 여기는 1회
(3) 자국호출부호 또는 호출명칭 1회</td></tr>
<tr><td>집단호출
(2이상의 무선국을 호출시)</td><td>(1) 집단호출부호 3회 이하
(2) 여기는 1회
(3) 자국호출부호 또는 호출명칭 3회 이하</td></tr>
<tr><td rowspan="3">응답</td><td>설명</td><td>가. 자국에 대한 호출을 수신한 때에는 즉시 응답하여야 한다.
나. 응답에는 정상응답과 약식응답이 있으며 통신설정 등에 문제가 없을 때에 한하여 약식응답 할 수 있다.</td></tr>
<tr><td>정상응답</td><td>(1) 호출국의 호출부호 또는 호출명칭 3회 이하
(2) 여기는 1회
(3) 자국의 호출부호 또는 호출명칭 1회</td></tr>
<tr><td>약식응답</td><td>(1) 여기는 1회
(2) 자국의 호출부호 또는 호출명칭 3회 이하</td></tr>
<tr><td rowspan="3">통보</td><td>설명</td><td>가. 호출에 대하여 응답을 받았을 때에는 상대국이 "대기" 및 그 밖의 별도의 요청이 없을 때에는 즉시 통보의 사항을 송신하여야 한다.
나. 통보의 송신은 다음 각호의 사항을 순차로 송신하여야 한다. 다만, 호출에 사용한 주파수와 동일 주파수로 송신하는 경우에는 1호 내지 3호의 사항의 송신을 생략할 수 있다.</td></tr>
<tr><td>송신</td><td>(1) 상대국의 호출부호 1회
(2) 여기는 1회
(3) 자국의 호출부호 1회
(4) 통보사항(감명도, 전보 유・무, 주파수 변경 등) 1회</td></tr>
<tr><td>종료</td><td>상기 송신 제1호 내지 제4호의 송신에서 통보사항이 완료되면 "이상"으로 종료한다.</td></tr>
<tr><td>전보</td><td>송화</td><td>수신국에서 수신준비가 완료되었음을 통보 받으면 송신국에서는 아래와 같이 순차 송신한다.
가. 무전번호, 나. 종류, 다. 분류기호, 라. 수신처, 마. 참조,
바. 제목, 사. 본문</td></tr>
<tr><td colspan="2">송신속도</td><td>가. 일반통신의 송신표준속도는 1분간 다음과 같이 한다.
(1) 국문 : 100자
(2) 영문 : 125자
나. 조난, 긴급, 안전통신의 속도는 1분간 다음과 같이 한다.
(1) 국문 : 80자
(2) 영문 : 80자</td></tr>
</table>

수신중	전보를 확실히 수신한때에는 다음 각호의 사항을 순차로 송신하여야 한다. (1) 상대국 호출부호 1회 (2) 여기는 1회 (3) 자국호출부호 1회 (4) 수신완료 1회
통신의 종료	통보의 송신을 종료하고 송신할 통보가 없어 더 이상 통신을 유지할 필요가 없을 때에는 "교신 끝"이라고 전치하고 통신을 종료한다.
조난호출	경비함정이 조난통신호출을 하고자 할 때에는 함정장의 명령에 따라야 하며 아래 사항을 순차로 송신하여야 한다. (1) "조난" 또는 "MAYDAY" 3회 (2) "여기는" 또는 "THIS IS" 1회 (3) 조난함정의 호출부호 또는 호출명칭 3회
조난통보	조난호출을 행한 경비함정은 지체없이 조난호출에 이어서 조난통보를 송신하여야 하며 조난통신의 송신은 아래사항을 순차로 송신하여야 한다. (1) "조난" 또는 "MAYDAY" (2) 조난함정의 명칭 (3) 조난함정의 위치(원칙적으로 경도와 위도로 표시) 조난의 종류와 상황, 필요로 하는 구조의 종류, 그 밖의 구조에 필요한 사항
조난통신의 중계	(1) "조난중계" 또는 "MAYDAY RELAY(메이데이릴레이)" 3회 (2) 여기는 또는 "THIS IS" 1회 (3) 자국의 호출부호 또는 호출명칭 3회 (4) 조난통보
일반통신의 재개	조난통신이 종료할 때 또는 완전한 침묵을 계속 유지할 필요성이 없을 때 조난통신을 관장하는 무선국은 조난통신을 행한 전파에 의하여 다음 각호의 사항을 순차로 송신하여 관계무선국에 그 뜻을 통지하여야 한다. (1) "조난" 또는 "MAYDAY" 1회 (2) "각국" 또는 "HELLO ALL STATIONS" 1회 (3) "여기는" 또는 "THIS IS" 1회 (4) 자국의 호출부호 또는 호출명칭 1회 (5) 조난통신의 종료시각, 조난선박국(항공기) 명칭 또는 비상위치 지시용 무선표지국의 호출부호 1회 (6) "침묵 일부해제", "SEELONCE FEENEE" 또는 "PRU-DONCE" 1회 (7) "(교신)끝" 또는 "OUT" 1회

조난통보의 응답	조난호출을 인지한 무선국은 조난통보를 수신한 후 조난선박이 자국부근에 있는 것이 명확한 때에는 다음 각호의 사항을 순차로 송신하여 응답하여야 한다. 다만 해안국이 행한 조난통신의 중계 호출인 경우에는 함장이 그 선박을 구할 수 있다는 것을 확인한 후가 아니면 응답을 하여서는 아니 된다. (1) 조난통보를 송신한 무선국의 호출부호 또는 호출명칭 3회 (2) "여기는" 또는 "THIS IS" 1회 (3) 자국의 호출부호 또는 호출명칭 3회 (4) "(수신)완료" 또는 "RECEIVED" 1회 (5) "조난" 또는 "MAYDAY" 1회
조난통보 응답 후 후속처리	위 "조난통보의 응답"에 따라 응답한 함정은 함장의 지시를 받아 지체없이 다음 각호의 사항을 순차로 송신하여야 한다. 1. 자국의 명칭 2. 자국의 위치 3. 조난선박을 향하여 진행하는 속도와 이에 도착할 때까지의 개략시간 4. 조난선박의 진방위 등급(조난통보에서 송신된 조난선박의 위치가 의심스러운 경우로서 응답한 선박국이 그 진방위를 확인할 수 있는 때에 한한다) 5. 그 밖의 구조에 필요한 사항

[2] 항해장비 관리·운용

(1) 항해장비의 종류

1) "레이더"란 전파의 직진성을 이용 반사파를 수신한 시각까지의 시간을 측정하여 물체의 방향과 거리를 측정하는 장비를 말한다.
2) "ECDIS(Electronic Chart Display & Information System)"란 해도를 전자적으로 표시하는 장비로 수심, 암초, 위험지역, 해안선, 항로 등의 항해안전정보를 담고 있으며, GPS 등과 연동되어 해도 위에 선박의 위치, 방향, 속력 등을 표현하는 장비를 말한다.
3) "GPS 플로터"란 간소화된 전자해도 위에 GPS의 실시간 위치확인 기능을 접목한 위치장치를 말한다.
4) AIS(Automatic Identification System) : 초단파(VHF)를 이용한 선박 자동 식별장치로 선박의 이름, 위치, 침로, 속력, 목적지등의 데이터를 전송하고, 전송된 데이터를

ECDIS 또는 레이더 화면에 표시하는 시스템으로 해상 교통 관제시 선박을 식별하고 그 위치를 파악하는 장치를 말한다.

5) 음향측심기 : 배 중앙부의 밑바닥에 음파의 송·수파기를 설치하고, 초음파를 해저까지 보내 그 반사파가 돌아올 때까지의 시간으로 깊이를 측정하는 장비를 말한다.

(2) 항해장비 관리책임자

1) 함정 : 정책임관(함정장), 부책임자(항해장, 100톤 이하 부장), 사용자
2) 파출소 : 정책임관(파출소장), 부책임자(파출소 각조 팀장, 출장소 출장소장), 사용자
3) 그 밖의 사용부서 : 정책임관(해당 과장, 단장, 대장), 부책임자(해당 계장, 팀장), 사용자

[3] 조난안전통신망

(1) 조난통신의 취급

조난통신 주파수를 통해 조난통신을 수신한 경우 다른 모든 무선 통신에 우선하여 즉시 응답하고 조난을 당한 선박이나 항공기를 구조하기 위하여 필요한 최선의 조치를 행하여야 한다. 조난통신을 수신한 때에는 조난통신을 방해할 우려가 있는 전파의 발사를 즉시 중지한다.

조난통신용 주파수를 지정받은 함정 및 국제안전통신센터는 「무선국의 운용 등에 관한 규정」에 정하는 주파수 및 청취시간에 의하여 청취하여야 한다.

(2) 항행안전 방송

선박이나 항공기의 항행 중에 발생하는 중대한 위험을 예방하기 위해 조난안전통신 장비를 이용 기상특보, 해상사격, 해양사고 등에 관한 항행안전 방송을 실시한다. 항행안전 방송은 관련 내용 접수 즉시 항무통신망, MF/HF통신망, 해상교통문자방송(NAVTEX)을 이용 방송을 실시한다.

항무통신망, MF/HF통신망 방송절차는 「전파법」및「무선국의 운용 등에 관한 규정」에 따라 실시하며, 해상교통문자방송(NAVTEX)은 국제 조난 및 안전통신 운용규칙(본청 훈령)에 따라 실시한다.

(3) 조난안전 통신 장비의 운용

1) 항무통신망

항무통신망은 조난현장을 포함하여 항내 또는 그 부근 선박, 해안국 또는 선박 상호간의

통신 목적으로 사용한다. 설치대상은 해양안전통신국 및 전 경비함정으로 한다. VHF 무선설비는 주파수 156.525MHz(채널70)에 의한 DSC(디지털선택호출장치) 및 주파수 156.300MHz, 156.650MHz, 156.800MHz에 의한 무선전화를 송·수신할 수 있는 설비를 설치하며, 출력은 25W로 설치한다.

2) MF/HF통신망

조난현장을 포함하여 항내 또는 그 부근 선박, 해안국 또는 선박 상호간의 통신 목적으로 사용한다. 설치대상은 해양안전통신국과 300톤 이상 경비함정으로 한다. MF/HF 무선설비는 주파수 2187.5kHz, 4207.5 kHz·6312 kHz·12577 kHz·16804.5 kHz 중 1파를 사용하는 DSC 및 주파수 2,182kHz 무선전화를 송·수신할 수 있는 설비를 설치하며, 출력은 해양안전통신국 1KW, 함정은 250W로 설치한다.

3) INMARSAT통신망

선박과 육상 또는 선박 간 전화, 팩스, 데이터 통신을 목적으로 사용한다. 설치대상은 1,000톤 이상 경비함정에 1대를 설치한다. 조난이 발생한 경우와 함정 원해 활동 시 기존 통신망의 통달권이 미치지 못할 때 운용하며, 통화내용에 따라 전화, 팩스, 데이터 통신을 적절히 운용한다.

4) EPIRB(비상위치지시용 무선표지설비)장비

조난발생 시 비상위치 표시를 위한 목적으로 사용한다. 설치대상은 전 경비함정(형사기동정 포함)으로 하며, 비치방법은 「선박구명설비기준(해양수산부 고시)」에 따라 설치한다.

5) 트렌스폰더(SART)장비

조난 및 비상 발생 시 수색구조용 위치정보 송신을 위하여 적절한 장소에 비치하고 비치대상은 300톤 이상 경비함정에 2개 이상 비치한다.

6) NAVTEX 수신 장비

기상 및 항행경보 등 선박의 안전항행와 관련된 해사안전정보를 자동으로 수신하기 위한 목적으로 사용한다. 설치대상은 300톤 이상 경비함정으로 한다.

[4] 전용회선망 관리

네트워크의 효율적 관리와 안정적 운용을 기하기 위하여 전용회선은 네트워크 담당자(이하 "담당자"라 한다)가 책임 관리하는 것을 원칙으로 한다.

장애발생 시에는 신속하게 관할 국가정보통신서비스사업자(이하 "사업자"라 한다.) 및 본청 담당자에 신고하여 빠른 시간 내에 복구될 수 있도록 한다.

소속기관의 장은 PC에 적용되는 IP 주소는 정보보안 및 중복사용으로 인한 장애발생 방지를 위하여 통제·관리 하여야 한다. 소속기관의 장은 IP 주소의 신규 또는 추가 배정 사유가 발생하였을 경우에는 본청 담당자에게 공문으로 요청하여 새로 배정 받아 사용하여야 하며, 반납사유가 발생하였을 경우에도 이와 같다. IP 주소는 도용하거나 임의로 변경 사용하여서는 아니 된다.

[5] 경찰조회

경찰조회는 경찰 업무수행에 필요한 경우에만 할 수 있다. 다만, 다른 법률에서 조회할 수 있도록 규정되어 있으면, 의뢰자는 관련 법령을 공문에 명시하여야 하며, 조회 담당자는 면밀히 검토 후 조회여부를 판단한다. 누구든지 공무 이외의 목적으로 전산자료에 대한 조회를 외뢰하여서는 아니 되고, 정보시스템 관리책임자 또는 단말기 사용자는 의뢰받은 내용의 용도가 공무 이외의 목적인 경우 조회를 거부하여야 한다.

경찰조회 단말기(이하 "단말기"라 한다.) 운용부서는 단말기 취급자가 인사발령 등을 이유로 변경되면 해지 및 신규 등록을 요청하여야 한다. 파출소의 단말기 취급자는 각 근무조별 지정·등록한다.

단말기 미설치 부서는 행정정보공동이용시스템(범죄경력 유무조회, 결격사유 유무 다수조회)을 이용하여 범죄경력이 존재하는지를 우선 확인 후 범죄경력이 있는 경우 단말기 설치부서에 경찰조회를 의뢰할 수 있다.

(1) 비밀·대외비 자료

대외비 이상의 자료를 경찰조회 의뢰 시는 별지 제7호 서식의 비밀(대외비)자료 경찰조회 의뢰서에 의하여 신청하여야 하며, 단말기 설치부서에서 조회내용을 회보할 때에는 별지 제8호 서식의 비밀(대외비)자료열람 및 출력대장에 의하여 기록하여야 한다.

대외비 이상의 인쇄된 경찰조회 자료를 수령한 자는 이를 소속과의 비밀관리 기록부에 등재 관리하여야 하며 사용목적 달성 후 파기하여야 한다.

(2) 보안

1) 경찰조회 결과를 임의로 외부에 누설하거나 정보를 제공하여서는 안 된다.

2) 경찰관 이외의 자가 경찰조회 시스템 취급시 Ⅲ급 비밀취급인가를 받아야 한다.
3) 단말기는 취급자만 사용해야 되며 취급자의 비밀번호는 타인이 알 수 없도록 사용하고 누설시는 즉시 변경 사용하여야 한다.
4) 경찰조회를 하는 경우에 조회화면 및 출력물 등을 관련 없는 자가 임의적으로 볼수 없도록 주의하여야 하며 조회 완료 즉시 조회 프로그램을 종료하여야 한다.

[6] 모바일 조회기 운용

모바일 조회기 배포기준은 ① 해양경찰 업무조회 및 모바일 경찰조회가 필요한 경우에 배포 ② 현장 근무자 위주로 배포 ③ 외근 근무자의 경우 조별로 배포 ④ 소형 경비함정 및 조회업무가 필요한 특수함정에 배포한다.

사용자는 업무목적 이외의 조회, 분실, 모바일 조회기를 이용한 정보유출 등이 발생하지 않도록 하여야 하고, 부서관리자는 사용자를 지정하여 운용하고 모바일 조회기와 부속품 등을 관리하여야 한다.

기관관리자는 매년 1회 이상 사용자의 업무 변경 등을 고려하여 모바일 경찰조회 필요성 조사 및 사용자 권한을 현행화하여야 하고, 사용자는 정보유출에 대하여 관리 책임을 진다. 자료관리 및 주의의무의 운용 및 주의사항은 다음 각 호와 같다.

1) 조회자료는 검문검색, 범죄수사, 해상치안 업무 등 해양경찰 업무 목적 이외에는 사용할 수 없으며 자료가 누설될 경우에는 개인의 명예와 인권이 침해될 수 있으므로 전산자료 보안관리 관련 제반 법규를 준수해야 한다.
2) 해양경찰 업무 수행활동 이외는 사용할 수 없으며 개인정보에 관련된 자료를 조회할 수 있으므로 분실·피탈 등의 사고가 발생하지 않도록 특별유념 관리하여야 한다.

[7] 경비함정 구명조끼용 RFID 장비운용

경비함정 구명조끼용 RFID장비(이하 "RFID장비"라 한다)는 운용프로그램(PC), 수신기, 송신기, 안테나, 충전기 등으로 구성되어 있다. RFID장비의 지급대상은 250톤 이상 경비함정이다.

1) 함정장은 함정 승조원을 대상으로 송신기를 휴대하게 하여야 하며, 송신기 운용 시 운용프로그램을 항상 가동하도록 한다.
2) 함정 장비관리자는 송신기(충전기 포함)별로 사용자를 지정·관리한다.
3) 함정 장비관리자는 운용프로그램에 송신기 별 사용자를 등록하고, 변동 사항을 즉시 입

력하여 최신정보를 유지하여야 한다.

4) 사용자는"사용자매뉴얼"또는 교육을 통하여 충전 및 작동방법 등을 숙지하고 사용하여야 한다.

5) 함정 장비관리자는 RFID장비의 작동여부를 매 월 1회 이상 점검하여야 한다.

6) 경찰서 장비관리자는 소속함정의 RFID장비에 대하여 반기별 익월 10일 전까지 운용현황을 점검, 관리하여야 한다.

함정 장비관리자는 송신기 작동이 불량할 경우 경찰서 장비관리자에게 점검을 요청하여야 한다. 사용자는 송신기 운용시 구명조끼 또는 방검부력조끼 등에 부착(소지)하여야 하며, 즉시 사용 할 수 있도록 평상시 송신기배터리의 완충 상태를 유지해야 한다. 사용자는 송신기를 임의로 분해하거나 변경해서는 아니 된다.

[8] 관제센터(실) 관리·운영

본청은 IT관제센터, 보안실, 위성망 주중심국을, 지방청은 IT관제실, 통신망관리실, 보안실을, 경찰서는 IT관제실, 통신망관리실, 보안실, 무선정비실을 설치·운영한다. 부산해양경찰서에 위성망 부중심국과 통신망관리실을 통합 설치·운영하고 정비창 및 교육원은 IT관제실을 설치·운영한다.

본청은 24시간 상시근무를 하고 각 관서는 일근을 원칙으로 한다. 본청 IT관제센터은 24시간 4교대근무를 원칙으로 하되 인력운영 여건에 따라 탄력적으로 조정할 수 있다. 부산해양경찰서 부중심국은 24시간 상시근무를 하고 3교대 근무를 하여야 한다. 격일제(24시간교대)근무의 경우 야간휴게시간 4시간 포함하여야 한다. 출입자관리는 통제운영 되어야 한다.

1) IT관제센터(실), 부중심국은 「보안업무규정 시행규칙」을 준용하여 제한 또는 통제구역으로 설정 운용한다.

2) 제한·통제구역에는 제한·통제구역 출입대장을 비치하여 출입상황을 기록·유지한다.

[9] 사이버보안관제센터 관리·운영

사이버보안관제의 목표는 사이버공격을 탐지분석하고 대응함으로써 그 피해의 발생 또는 확산을 방지하는데 있다. 해양경찰청장(정보통신과장)은 정보통신망에 대한 사이버 공격에 종합적이고 체계적인 대응을 위해 사이버보안관제센터를 설치하고 자체 관제를 실시하여야 한다. 사이버보안관제센터는 24시간 4교대 근무를 원칙으로 하되 인력 운영 여건에 따라 탄력적으로 조정할 수 있다.

누구든지 사이버공격으로 위협상황의 발생 또는 징후를 발견한 경우에 피해를 최소화하는 조치를 하고 그 사실을 지체 없이 해양경찰청장(정보통신과장)에게 보고 하여야 한다.

해양경찰청장(정보통신과장)은 사이버보안관제센터를 보호구역(통제구역)으로 설정하여 관리하여야 하며, 시설·인력·문서·정보통신보안에 관한 세부절차는 보안업무 세부시행 규칙 및 정보보안업무 세부시행 규칙을 준용하여 처리한다.

[10] 정보통신보안 기본활동

해양경찰청 및 지방해양경찰청의 정보보안담당관(정보보안업무 세부시행 규칙 규정)은 연 1회 이상 정보보안감사를 실시하여야 하며 이 경우 소속기관에 대한 점검은 정보보안 지도방문과 병행하거나 별도로 실시할 수 있다. 감사 또는 불시점검은 제도적인 문제점 발굴에 중점을 두고 실시하여야 하며 도출된 취약요인은 근본적인 대책을 수립하여 시행하여야 한다.

정보보안담당관은 사안이 중한 보안위규 사항을 적발한 경우 공무원징계령 시행규칙의 징계기준 및 보안심사위원회 심의를 통해 관련자를 징계 조치할 수 있다.

해양경찰청장(정보통신과장)은 정보통신시스템(정보통신망 포함)에 대한 각종 위협으로부터의 보안취약성을 진단하기 위하여 다음 각 호의 경우 안전측정을 실시하여야 하고, 매월 셋째 수요일을 「사이버·보안진단의 날」로 지정·운용하여야 한다. 만약 셋째 수요일이 공휴일 또는 임시 공휴일 경우 해양경찰청장(정보통신과장)은 「사이버·보안진단의 날」로 임의로 지정할 수 있다.

정보보안담당관은 소관 정보통신망의 악성코드 감염여부, 정보시스템의 보안 취약여부 등 종합적인 보안진단을 실시하여야 한다. 부서의 장은 PC진단프로그램을 실행 후 안정성을 확인하고, 취약점이 발견될 경우 즉시 시정조치를 하여야 한다.

[11] 보안사고 대응

각 소속기관의 장은 사이버공격과 관련한 정보를 확인한 경우 지체 없이 그 사실을 본청 정보통신과장에게 알려야 한다. 통보해야 할 사항은 다음 각 호와 같다.

1) 대규모 사이버공격 발생시
2) 사이버공격으로 인하여 피해가 발생하거나 피해 발생이 예상되는 경우
3) 사이버공격이 확산될 우려가 있는 경우
4) 그 밖의 사이버공격 계획 등 사이버안전에 위협을 초래할 수 있는 정보를 입수한 경우

(1) 정보보안 사고조사

각 소속기관의 장은 정보보안 사고가 발생한때에는 즉시 피해확산 방지를 위한 조치를 취하고 정보통신과장에게 알려야 한다. 이 경우, 사고원인 규명 시까지 피해 시스템에 대한 증거를 보전하고 임의로 관련 자료를 삭제하거나 포맷하여서는 아니 된다.

정보통신과장은 소속기관의 장에게 동일유형의 사고가 발생하지 않도록 제반 보안조치를 요구 할 수 있다. 소속기관의 장은 규정에 따른 관련자 징계, 재발방지를 위한 보안대책의 수립·시행 등 사고 조사 결과에 따라 필요한 조치를 하여야 한다.

(2) 암호자재 사고조사

소속기관의 장은 암호자재를 오인 소각·소실·분실 또는 누설하였을 때에는 정보통신과장에게 알리고 서면으로 자료를 제출하여야 한다.

정보통신과장은 암호자재가 분실 또는 누설되었을 때에는 해당 보안시스템 사용을 즉시 중지하거나 회수 또는 파기 등 보안대책을 시행할 수 있도록 소속기관을 지원하고, 분실 또는 누설의 경위를 조사하여야 한다.

암호자재의 분실 또는 누설의 통보를 받은 소속기관의 정보보안담당관은 그 보안시스템이 사용된 비밀을 검토하고, 분실 또는 누설이 현재 또는 미래의 업무 추진에 미칠 수 있는 영향을 분석한 자료를 소속기관의 장에게 제출하여 필요한 조치를 할 수 있도록 하여야 한다.

[12] 대형해상상황 발생시 통신망 운용

대형 해상상황(훈련, 작전, 해난사고 등) 발생 시 해상 동원 세력을 신속하고 효율적으로 지휘·통제하고 통신 소통 질서 유지를 위하여 다음 각 호와 같이 운용한다.

1) 경찰서(상황실)와 통제 OSC함정은 1차 통신망으로 LTE통신망과 위성통신망을, 2차 통신망으로 전용통신망을 운용하고, 통신 상대국은 통제 OSC함정장 및 각 편대 함정장으로 한다.
2) LTE통신망과 전용통신망은 해당 경찰서 운용 그룹 및 채널을 사용한다.
3) 동원선박 및 방제조합 선박은 1차 통신망으로 항무통신망과 SSB를, 2차 통신망으로 휴대전화를 운용하고, 통신상대국은 함정 또는 타 동원선박으로 한다.
4) 항무통신망과 SSB는 조난통신용 비상채널(주파수)을 이용하여 상황 초기에 사용 채널(주파수)을 설정한 후 운용한다.

5) 동원선박 및 방제조합 선박은 조난통신용 비상채널(주파수)를 이용하여 상황 초기에 통제 OSC함정에 연락 가능한 휴대전화 번호를 알린다.
6) 호출부호의 지정은 별도의 지침에 따른다. 다만 부정 호출부호의 지정은 숫자를 붙여 사용할 수 있다.

대형 해상상황 발생 시 통신운용절차는 다음 각 호와 같다.

1) 통제소와 통신상대국이 LTE통신망을 통해 그룹통화가 가능하도록 통신 상태를 유지하여야 한다.
2) 통제 OSC함정장은 통신망을 관장하며 통신질서를 위하여 순서통신을 할 수 있도록 편대함정에 순번을 정하는 등 각 통신망 운용에 적정성을 기하여 운용한다.
3) 모든 통신국은 LTE통신망 및 전용통신망을 무휴 청취하고, 지정된 통신망의 해당채널(주파수)을 이용하여 필요한 경우 호출 응답 및 통신을 할 수 있다.
4) 통제 OSC함정장은 상황에 따라 통신소통 상태를 감안하여 운용통신망을 변경하여 사용할 수 있다.
5) 동원선박이 관공선 또는 일반선박(어선 포함)인 경우 통제 OSC함정장은 동원선박이 보유하고 있는 통신제원을 파악하여 원활한 통신체제가 유지될 수 있도록 하여야 한다.
6) 모든 통신국은 지정된 통신망 외에 상황실, 통제 OSC함정의 통신망 등에 무단 개입하여서는 안 된다.

참고문헌

〈국내외 도서 및 발간물〉

강성철 · 김판석 · 이종수 · 진재구 · 최근열 (2013). 「새인사행정론」(전정7판). 대영문화사.

강용길 외 (2010). 「경찰학개론 I 」. 경찰공제회.

강욱 외 (2014). 「경찰경무론」. 경찰대학.

김경락 (2013). 육상경찰과 해양경찰의 직무와 관할의 범위에 관한 법적 검토.「법학논집」33(3): 295-296.

김동희 (2017). 「행정법 II 」. 박영사.

김상호 (2015). 「경찰학 제2판」. 청록출판사.

김상호 · 김형만 · 박상주 · 신현기 · 이양남 · 이진권 · 이상열 · 이창무 · 임준태 (2006). 「경찰학개론」. 법문사.

김신복 (2003). 「발전기획론」. 대영문화사.

김영환 (2006). 경찰홍보 효율화를 위한 경찰조직과 군중과의 관계성 형성요인에 관한 연구. 「한국법학회 법학연구」22: 418.

김종선 (2011). 「해양경찰경무론」. 문두사.

______ 외 전국9대학해양경찰학과교수 공저 (2016). 「해양경찰학개론」. 문두사.

김중양·김명식 (2000). 「국가공무원법」. 박영사.

김창윤 외 24인 (2015). 「경찰학」. 박영사.

남궁근 (2012). 「정책학」. 서울: 법문사.

남재성 · 이정덕 (2013). 「경찰학개론 I 」. 대영문화사.

노호래 (2011). 현대 해양경찰사 연구. 「한국공안행정학회보」20(4): 96-98.

______ (2012). 일본 해상보안제도의 특징과 정책적 제언. 「한국공안행정학회보」49: 107-112.

민 진 (2013). 「조직관리론 제4판」. 대영문화사.

______ (2018). 「조직관리론 제6판」. 대영문화사.

박균성 (2012). 「행정법강의」. 박영사.

______ · 김재광 (2014). 「경찰행정법입문」. 박영사.

박상희 (2007). 해양경찰법제정비의 기본방향. 「국제해양문제연구」18(1): 82.

박연호 (1983). 「인사행정신론」. 박영사.

박영대 (2003). 「경찰경무론」. 경찰대학.

박영하 · 이은방 · 김운곤 · 최교호 · 이진철 · 성기주 · 김일평 · 김영철 · 한재철 (2011). 「해양경찰학」. 문두사.

방호삼 외 1인 (2013). 우리나라 항만보안법제 개선에 관한 연구. 「해사법연구」25(1): 12.

손영태 (2013). 『해양경찰법체계』. 지식인.

신현기 외 (2011). 「새 경찰학개론」. 서울: 우공출판사.

______ 외 (2012) 「경찰학사전」. 법문사.

우정열 (2004). 경찰행정 경영시스템 구축 사례. 「한국산업경영시스템학회 발표자료집」: 275.

유민봉 (2003). 「한국인사행정론」. 박영사.

윤성현 · 박주상 · 김경락 (2018). 「해양경찰학개론」. 박영사.

이윤철 외 2인 (2012). 「해사법규」. 다솜출판사.

이재상 (2011). 「신형사소송법 제2판」. 박영사.

이정덕 · 남재덕 (2013). 「경찰학개론 II」. 대영문화사.

이황우 (2002). 「경찰행정학」. 법문사.

정서용 (2007). 국제법질서의 한계와 대량살상무기확산방지구상(PSI)의 출현. 「서울국제법연구」14(1): 2.

정정길 (2002). 「정책학원론」. 서울: 대명출판사.

정하중 (2008). 「행정법개론」. 법문사.

조철옥 (2012). 「경찰학개론 제3판」. 대영문화사.

최선우 (2013). 「경찰학」. 도서출판 그린.

최신용 · 강제상 · 김선엽 · 임영제 (2006). 「행정기획론 제3판」. 박영사.

최영규 (2004). 「경찰행정법」. 서울: 법영사.

최응렬 (2015). 「경찰조직론 개정판」. 박영사.

하상군 · 김종길 · 조성택 (2013). 「경찰학개론」. 대영문화사.

허경미 (2003). 「경찰행정법」. 법문사.

______ (2013). 「경찰학개론」. 박영사.

홍정선 (2007). 「경찰행정법」. 박영사.

______ (2012). 「행정법 특강」. 박영사.

______ (2013). 「행정법원론 (하) 21판」. 박영사.

황교안 (2009). 「집회·시위법 해설」. 박영사.

해양경찰학교 (2008). 「해양경찰신임과정 경무일반」. 해양경찰학교.

해양경찰교육원 (2019). 해양경찰 뿌리 찾기 학술연구용역 중간 보고자료(2019. 10. 01.). 「목포대학교 도서문화연구원」.

____________ (2020). 「해양경찰신임과정 경무행정 · 인사복무청렴」. 해양경찰교육원.

____________ (2020). 「해양경찰신임과정 해양경찰핵심(공직)가치청렴」. 해양경찰교육원.

해양경찰청. 「해양경찰50년사」. 2003.

________ . 「해양경찰백서」. 2009.

________ . 「해양경찰법해설」. 2019.

Albert, S., & D. A. Whetten(1985), Organizational identity, In Research in Organizational Behavior, edited by L. L. Cummings & B. M. Staw, Greenwich, CT, JAI Press.

Aldag, R. J. & L. W. Kuzuhara(2002), Organizational Behavior and Management, Cincinnati, Ohio; South-West.

Hatch, M. J., & M. Schultz(2004), Introduction, In Organizational Identity: A Reader, edited by M. J. Hatch & M. Schultz, New York, Oxford University Press

Roach, J., & Smith, R. (1996). United States Response to Excessive Maritime Claims, Nijhoff, p. 172.

Rothwell, R., & Stephens, T. (2010). The International Law of the Sea, Hart Publishing, p. 80.

〈웹사이트〉

구글(Google) 검색 : http://namu.wiki/w/각국해안경비대 자료

국가법령정보센터 : www.law.go.kr

국제해사기구(IMO) : http://www.imo.org/

미국해안경비대 : https://www.uscg.mil/

일본해상보안청 : www.kaiho.mlit.go.jp/

한국교육학술정보원 : www.keris.or.kr/

한국해양경찰학회 : www.maritimepolice.kr/

해양경찰청 : www.kcg.go.kr/

해양경찰청 홈페이지 법령정보 : http://www.kcg.go.kr/kcg/law/list.do?mi=2818

저자소개

김 종 선

- 목포해양대학교, 성균관대학교 행정학과 졸업 (행정학석사)
- 군산대학교 행정학과 졸업 (행정학박사)

〈경력〉

- 목포해양대학교 해양경찰학부 교수
- 군산대학교 해양경찰학과 초빙교수
- 군산대학교 행정학과 겸임교수
- 해양경찰교육원 행정학과 교수
- 경찰종합학교(경찰교육원) 해양경찰학과 교수
- 해양경찰채용시험 출제 및 면접위원
- 경찰고시 출제위원
- 해기사국가자격시험 면접위원
- 서해지방해양경찰청 고충심사위원
- 해양경찰정비창 운영심의회 위원
- 해양경찰교육원 교육자문위원회 위원
- 해양경찰교육원 징계위원회 위원
- 한국해양경찰학회 부회장
- 한국행정학회 및 한국정책학회 위원
- 한국해양정책기술협의회 위원

〈저서 및 주요 연구〉

- 「해양경찰경무론」, 문두사, 2011.
- 「해양경찰학개론」, 문두사, 2016.
- 「수색구조론」, 문운당, 2018.
- 「해양경찰경비론」, 2020.
- “외국선박의 불법행위 실태와 대응에 관한 연구”, 2005. 해양경찰교육원.
- “공직윤리 인식고찰(신임해양경찰 중심으로)”, 2006. 해양경찰교육원.
- “해양경찰 교육의 문제점과 개선방안 연구”, 2007. 해양경찰교육원
- “해상에서의 무기사용 고찰”, 2008. 해양경찰교육원
- “신임해양경찰 교육만족도에 관한 연구”, 2010. 해양경찰교육원.

– “중국어선 범죄행위 대응 경찰장비 사용에 대한 재검토”, 한국해양경찰학회, 2012.
– “해양경찰의 조직문화 진단과 분석 : 경쟁가치모형을 적용하여”, 경찰학연구소, 2012.
– “수상레저활동 증가에 따른 지역 활성화 방안”, 한국해양경찰학회, 2012.
– “해양경찰 개인적 특성에 따른 직무동기 연구”, 한국해양경찰학회, 2013.
– “교육훈련 특성이 실무전이에 미치는 실증적 연구 : 해양경찰 직무교육을 중심으로”, 한국해양경찰학회, 2013.
– “해경조직 구성원의 핵심가치 인식과 실천에 관한 연구”, 한국해양경찰학회, 2014.
– “해양경찰공무원의 직무탈진이 직무만족에 미치는 영향”, 한국해양경찰학회, 2015.
– “중간관리자 리더십이 조직몰입에 미치는 영향 : 해양경찰조직을 중심으로”, 한국해양경찰학회, 2016.
– “연안해역 사고방지를 위한 안전관리에 관한 연구”, 한국해양경찰학회, 2016.
– “중국어선 불법조업에 대한 대응전략 연구”, 해사법연구, 2017.
– “변혁적·거래적 리더십이 직무만족에 미치는 영향 : 해양경찰 중간관리자를 중심으로”, 한국해양경찰학회, 2017.
– “상사 공정성이 조직침묵에 미치는 영향 : 해양경찰 조직을 중심으로”, 한국해양경찰학회, 2018.
– “해양경찰구성원의 성격5요인과 직무스트레스 간의 관계 연구”, 한국경찰연구, 2018.
– “신임해양경찰 교육프로그램 특성이 실무전이에 미치는 영향”, 한국해양경찰학회, 2018.
– “해양경찰 긴급구조 신고시스템의 문제점과 개선방향”, 한국해양경찰학회, 2019.

해양경찰학 I

초판인쇄 | 2020년 8월 20일
초판발행 | 2020년 8월 27일

저　　자 | 김종선
발 행 인 | 이성범
발 행 처 | 문운당
주　　소 | 서울시 종로구 혜화로5길 16 (명륜1가 45-3)
전　　화 | (02)762-6010
팩　　스 | 영업 (02)745-0265 / 편집 (02)762-8758
이 메 일 | 영업 munun2@chol.com
편집 munundang@naver.com
홈페이지 | http://munundang.co.kr

ISBN 979-11-5692-501-9 93530

정가 45,000원